Deutsche Vereinigung für Politische Wissenschaft

Politische Vierteljahresschrift   Sonderheft 32/2001

Föderalismus

Analysen in entwicklungsgeschichtlicher und vergleichender Perspektive

*Herausgegeben von
Arthur Benz
und Gerhard Lehmbruch*

Springer Fachmedien Wiesbaden GmbH

Die Deutsche Bibliothek – CIP-Einheitsaufnahme

1. Auflage April 2002

Alle Rechte vorbehalten
© Springer Fachmedien Wiesbaden 2002
Ursprünglich erschienen bei Westdeutscher Verlag GmbH, Opladen 2002

www.westdeutschervlg.de

Das Werk einschließlich aller seiner Teile ist urheberrechtlich geschützt. Jede Verwertung außerhalb der engen Grenzen des Urheberrechtsgesetzes ist ohne Zustimmung des Verlags unzulässig und strafbar. Das gilt insbesondere für Vervielfältigungen, Übersetzungen, Mikroverfilmungen und die Einspeicherung und Verarbeitung in elektronischen Systemen.

Die Wiedergabe von Gebrauchsnamen, Handelsnamen, Warenbezeichnungen usw. in diesem Werk berechtigt auch ohne besondere Kennzeichnung nicht zu der Annahme, dass solche Namen im Sinne der Warenzeichen- und Markenschutz-Gesetzgebung als frei zu betrachten wären und daher von jedermann benutzt werden dürften.

Umschlaggestaltung: Horst Dieter Bürkle, Darmstadt

Gedruckt auf säurefreiem und chlorfrei gebleichtem Papier

ISBN 978-3-531-13694-3   ISBN 978-3-663-10075-1 (eBook)
DOI 10.1007/978-3-663-10075-1

Inhaltsverzeichnis

Einführung

Arthur Benz
Themen, Probleme und Perspektiven der vergleichenden Föderalismusforschung . .   9

I. Teil: Entwicklungsmuster föderativer Systeme: Vier Fallstudien

Gerhard Lehmbruch
Der unitarische Bundesstaat in Deutschland: Pfadabhängigkeit und Wandel   53

Leonhard Neidhart
Elementare Bedingungen der Entwicklung des schweizerischen Föderalismus   111

John Kincaid
Federalism in the United States of America: A Continual Tension Between Persons and Places   134

Ronald L. Watts
Federal Evolution: The Canadian Experience   157

II. Teil: Konfliktstrukturen und Interessenvermittlung in Bundesstaaten

Edgar Grande
Parteiensystem und Föderalismus – Institutionelle Strukturmuster und politische Dynamiken im internationalen Vergleich   179

Klaus Armingeon
Verbändesysteme und Föderalismus. Eine vergleichende Analyse   213

Ferdinand Karlhofer
Sozialpartnerschaftliche Interessenvermittlung in föderativen Systemen. Ein Vergleich Deutschland – Österreich – Schweiz   234

Rainer-Olaf Schultze / Tanja Zinterer
Föderalismus und regionale Interessenkonflikte im Wandel: Fünf Fallbeispiele   253

III. Teil: Politikentwicklung in Bundesstaaten

Josef Schmid
Sozialpolitik und Wohlfahrtsstaat in Bundesstaaten 279

Peter Knoepfel
Regulative Politik in föderativen Staaten – das Beispiel der Umweltpolitik 306

Dietmar Braun
Finanzpolitik und makroökonomische Steuerung in Bundesstaaten 333

Tanja A. Börzel
Föderative Staaten in einer entgrenzten Welt: Regionaler Standortwettbewerb
oder gemeinsames Regieren jenseits des Nationalstaates? 363

Schlussfolgerungen

Arthur Benz
Lehren aus entwicklungsgeschichtlichen und vergleichenden Analysen –
Thesen zur aktuellen Föderalismusdiskussion 391

Zusammenfassungen 404

Abstracts 409

Verzeichnis der Autorinnen und Autoren 415

Einführung

Themen, Probleme und Perspektiven der vergleichenden Föderalismusforschung*

Arthur Benz

1. Kontroversen über Föderalismus und Bundesstaat

Der Föderalismus scheint als Strukturprinzip eines politischen Systems[1] eine äußerst erfolgreiche Geschichte zu haben. Es dauerte allerdings lange, bis sich der moderne Bundesstaat durchsetzte. Nachdem dieser Ende des 18. Jahrhunderts fast zeitgleich mit der repräsentativen Demokratie in die Verfassungstheorie und -praxis des modernen Staates eingeführt wurde, waren noch zu Beginn des 20. Jahrhunderts nur wenige Staaten föderativ organisiert. Neben dem ersten Bundesstaat der Neuzeit, den USA (1789), sowie der Schweiz (1848), Kanada (1867), Deutschland (1871) und Australien (1901) finden sich bis dahin nur noch in Mittel- und Südamerika erfolgreiche (Brasilien und Mexiko) wie gescheiterte Gründungen von Bundesstaaten, deren Verfassungen dem nordamerikanischen Vorbild folgten.

In den europäischen Staaten setzte sich zu dieser Zeit die Idee des Nationalstaats durch, der nach der damaligen Theorie eine einheitliche souveräne Herrschaftsgewalt für ein Volk gleichberechtigter Bürger bilden sollte. Der erste moderne Bundesstaat, die USA, stellte eine bewusst von dieser Vorstellung abweichende Konstruktion dar, indem er die souveräne Staatsgewalt aufteilte, um sie zu begrenzen. Dieses Modell wurde dann von den europäischen „Staatenverbindungen", dem Deutschen Reich und der Schweiz, übernommen, die ihren föderativen Charakter dem entwicklungsgeschichtlichen Umstand verdankten, dass der Prozess der Machtkonzentration, der andern Orts zur Entstehung des modernen Nationalstaates führte (Rokkan 1999; Reinhard 1999), hier nicht zu Ende gekommen war. Ähnliches galt für die Bundesstaaten Kanada und Australien, die aus ehemaligen britischen Kolonien mit weitgehend formierter Staatlichkeit entstanden. Die bundesstaatliche Verfassung sanktionierte hier ei-

---

* Dieser Einführungsartikel wurde aus arbeitsökonomischen Gründen nur von einem der beiden Herausgeber dieses Sonderhefts der Politischen Vierteljahresschrift verfasst. Er beruht aber auf einer intensiven Zusammenarbeit im Prozess der Edition des Bandes. Die Gedanken und Anregungen von Gerhard Lehmbruch, die in den Artikel eingegangen sind, sind zu zahlreich, als dass sie an einzelnen Stellen genannt werden können. Daher schulde ich meinem Mitherausgeber mehr Dank, als dies üblicherweise in Fußnoten zum Ausdruck gebracht wird. Darüber hinaus danke ich Katrin Auel, Rainer Eising, Sven Frohwein, Nicole Mauska, Heiko Rottmann, Nathalie Strohm und Ingeborg Voss für Unterstützung unterschiedlicher Art.

1 Ich verwende im Folgenden einen politikwissenschaftlichen Föderalismusbegriff. Er bezeichnet ein Ordnungsprinzip (oder eine Leitidee) des Politischen. Im Bundesstaat ist dieses Prinzip in der Staatsorganisation verwirklicht (vgl. zur entsprechenden Unterscheidung zwischen „federalism" und „federation": King 1982). In diesem Band werden wir den Begriff ausschließlich auf Staaten anwenden, weshalb die Bezeichnungen föderativer Staat und Bundesstaat als synonym gelten.

nen Kompromiss über die Machtverteilung zwischen dem neu gebildeten Zentrum und den etablierten Mächten in den bestehenden Territorien.

Ob sich föderative Staatsverfassungen bewähren würden, war damals, am Beginn des 20. Jahrhunderts, durchaus umstritten. Die Idee einer Nation gleichberechtigter Staatsbürger schien ebenso gegen den Föderalismus zu sprechen wie die mutmaßlich gleichmachende Wirkung von Kapitalismus und Wohlfahrtsstaat, die etwa Harold Laski 1939 als Argument benutzte, um den Föderalismus für obsolet zu erklären (vgl. Bakvis/Chandler 1987: 3). Für die in Kontinentaleuropa dominierende Staatstheorie, die seit Bodin am Begriff einer unteilbaren Souveränität orientiert war, warf die Vorstellung einer föderativen Ordnung ein beträchtliches Problem auf. Nachdem die reale Existenz von Bundesstaaten nicht mehr zu ignorieren war und Georg Jellinek in seiner „Allgemeinen Staatslehre" den Bundesstaat emphatisch als die Staatsform der Zukunft charakterisiert hatte (Jellinek 1914: 785–787), bemühten sich Vertreter der deutschen Staatslehre intensiv um eine Lösung der damit aufgeworfenen staatstheoretischen Fragen. Carl Schmitt etwa setzte an die Stelle der unteilbaren Souveränität die Möglichkeit einer Antinomie zwischen Bund und Gliedstaaten, weshalb sich staatliche Einheit „täglich neu bilden" müsse (Schmitt 1928: 6). Und Rudolf Smend wandelte den Gedanken der Bundestreue in ein Mittel zur „Integration" des Staates um (Smend 1928). Aber dennoch hat es lange gedauert, bis in der Staatslehre die Aufteilung von Staatlichkeit auf zwei Ebenen als mit ihrem Begriff des Staates vereinbar erklärt wurde.[2]

Tatsächlich fand dann der Föderalismus im weiteren Verlauf des 20. Jahrhunderts unter den westlichen wie unter den in früheren Kolonialgebieten entstandenen neuen Staaten eine immer weitere Verbreitung (vgl. Watts 1999: 2–3), was Daniel Elazar (1987) veranlasste, von einer „worldwide federalist revolution" zu sprechen.[3] Die Vor-

---

[2] Die bis in die 1950er und 1960er Jahre heftig diskutierte „Dreigliedrigkeitslehre" der deutschen Bundesstaatstheorie stellte nichts anderes als einen Versuch dar, hinter der Aufteilung von Staatsgewalt und Staatsvolk zwischen dem Bund und seinen Untergliederungen noch eine Einheit zu finden, welcher die Souveränität zugesprochen werden konnte (Oeter 1998: 385–387).

[3] Die im Laufe des 20. Jahrhunderts entstandenen Bundesstaaten lassen sich auf Grund ihrer Entstehungsbedingungen in „Föderalismusfamilien" (so Gerhard Lehmbruch, dem ich diesen Hinweis verdanke) einteilen. Bemerkenswert ist zunächst die Verbreitung des Föderalismus in Staaten des früheren britischen Kolonialreichs (neben Kanada sind Australien, Indien, Malaysia und Südafrika als erfolgreiche Bundesstaaten zu nennen), die oft aus der Vereinigung kleinerer Dominions entstanden. In ihnen verband sich das britische parlamentarische Regierungssystem mit der Idee der Autonomie dezentraler politischer Einheiten, die in der Praxis kolonialer Herrschaft durch indirekte Steuerung angelegt war. Die bereits genannten mittel- und südamerikanischen Bundesstaaten übernahmen das US-amerikanische Vorbild, das allerdings hier unter ganz anderen, für die Stabilität des Bundesstaates ungünstigeren Voraussetzungen implementiert wurde als in Nordamerika. Oligarchische Herrschaftsstrukturen wie einzelne regionale Autonomiebestrebungen ließen eine föderative Balance nicht zu. Zu einer dritten Familie können die Bundesstaaten in Osteuropa gezählt werden, die autonome oder teilautonome Staaten unter der Herrschaft der kommunistischen Einheitspartei zusammenbrachten und die nach dem Niedergang des Kommunismus nach mehr oder weniger blutigen Auseinandersetzungen wieder auseinander brachen. Schließlich können die „neuen" Bundesstaaten in Europa, nämlich Belgien und Spanien, in entwicklungsgeschichtlicher Sicht zusammengefasst werden, weil in ihnen die starke sozio-kulturelle Diversifizierung der Regionen eine Föderalisierung des bestehenden Staates unter der Bedingung der westlichen Demokratie erzwang. Unter den „al-

stellung einer einheitlichen Souveränität hat sich weitgehend verflüchtigt, die institutionelle Differenzierung des Staates in Ebenen wird weithin anerkannt. Und gegenwärtig betrachten nicht wenige Theoretiker oder Politiker eine föderative Ordnung als Zukunftsmodell im nationalen wie internationalen Bereich.

Dabei wird leicht übersehen, dass der Föderalismus noch immer ein höchst umstrittenes politisches Ordnungsprinzip ist, umstrittener jedenfalls als die Prinzipien der Demokratie und des Rechtsstaats. Das gilt nicht nur für die bereits genannte rechtswissenschaftliche Staatslehre. In der Politikwissenschaft wurde die Frage aufgeworfen, ob eine föderative Staatsorganisation für die Bewältigung fundamentaler Aufgaben des Wohlfahrtsstaats, etwa der wirtschaftspolitischen Steuerung und Regulierung oder der sozialpolitischen Umverteilung, geeignet sei. Vor allem aber wurde über konkrete Ausgestaltungen bundesstaatlicher Strukturen, über Zentralisierung und Dezentralisierung, über „intergouvernementale" Kooperation und Politikverflechtung oder über die Steuerverteilung und Finanzbeziehungen zwischen Bund und Gliedstaaten kontrovers diskutiert, und heute geschieht dies mehr denn je. Ein Indiz für Kontroversen in der praktischen Politik ist die Tatsache, dass in allen Bundesstaaten Verfassungsreformen häufig Elemente der föderativen Ordnung betreffen. Die unter dem Schlagwort des „Wettbewerbsföderalismus" geführte aktuelle Debatte (Männle 1998; Ottnad/Linnartz 1997; Schatz u.a. 2000), in der ja viele Argumente alles andere als neu sind, ist ein weiterer Beleg für die anhaltenden Auseinandersetzungen.

Dass der Föderalismus in der politischen Praxis umstritten ist, hat damit zu tun, dass alle mit ihm zusammenhängenden Fragen letztlich die Verteilung von politischer Macht betreffen. Dies gilt zwar auch für andere Elemente einer Verfassung, aber die föderativen Komponenten regeln die Machtverteilung zwischen territorialen Ebenen. Diese ist aus zwei Gründen besonders anfällig für Konflikte. Zum einen kann sie kaum jemals auf Dauer gestellt werden: Mit jeder Veränderung von Staatsaufgaben, sei es, dass der Staat neue Aufgaben übernimmt oder dass Aufgaben privatisiert werden, mit vielen Umorientierungen politischer Programmatiken und mit Modifikationen der Staatsfinanzen, die durch wirtschaftliche Entwicklungen oder politische Entscheidungen bedingt sind, verschieben sich Zuständigkeiten, Verantwortlichkeiten oder Ressourcenausstattungen der Gebietskörperschaften. Zum anderen betreffen föderative Machtverteilungen nicht nur Institutionen, sie tangieren vielmehr auch das Ausmaß der Autonomie von Gliedstaaten, die im Bewusstsein der betroffenen regionalen Bevölkerung häufig einen hohen Stellenwert einnimmt. Schließlich können sie mit den bestehenden Strukturen der Interessenvermittlung in Parteien und Verbänden kollidieren

---

ten" Bundesstaaten der Neuzeit sind die USA als ein singulärer Typus zu betrachten, während Deutschland, Österreich und die Schweiz (diese mit der Besonderheit einer langen Tradition der kommunalen Selbstregierung und der föderativen Vereinigung von Territorien) eine mitteleuropäische Gruppe von Bundesstaaten bilden, die jeweils ihre Eigenheiten aufweisen, aber alle durch die lange andauernde extreme territoriale Fragmentierung der politischen Ordnung geprägt wurden. Für die institutionelle Ausformung der bundesstaatlichen Verfassungen spielen allerdings neben den Ausgangsbedingungen auch Ideentransfers zwischen Staaten eine Rolle, die im Einzelnen zu untersuchen wären. Dabei hat der Bundesstaat der USA eine besondere Vorbildfunktion übernommen, nicht nur in Mittel- und Südamerika, sondern auch in Europa, während etwa die neue südafrikanische Verfassung sich eher an das deutsche Modell anlehnte.

Veränderungen in der Machtverteilung zwischen Bund und Gliedstaaten sind daher besonders legitimationsbedürftig und politisch hoch brisant.

Die Kontroversen um den Föderalismus und föderative Verfassungen mögen auch damit zusammenhängen, dass diese eine komplizierte Staatsform begründen. Das erkannte schon Alexis de Tocqueville, der in seinem Bericht über die amerikanische Demokratie bemerkte, eine Bundesstaatsverfassung passe nur für ein Volk, „das seit langem an die selbständige Führung seiner Geschäfte gewöhnt ist und in dem die politische Wissenschaft bis in die letzten Reihen der Gesellschaft vorgedrungen ist" (Tocqueville 1835/1987: 240–241). Aus heutiger Sicht sind es aber auch die Politikwissenschaft und die Föderalismusforschung selbst, die Ursachen für anhaltende Diskussionen liefern. Denn sie haben es mit einem Gegenstand zu tun, dessen Verständnis stark von Theorien und vom Verwendungskontext abhängt. Das wird in der Wissenschaft, ganz zu schweigen von öffentlichen Debatten, nicht immer hinreichend beachtet. Die Folge ist, dass Föderalismusbegriffe mit normativen Implikationen verwendet werden, die nicht diskutiert werden, oder dass Erkenntnisse generalisiert werden, die nur unter den Bedingungen spezifischer Bundesstaaten gelten.

Solche Missverständnisse könnten durch eine vergleichende und die historische Entwicklung föderativer Systeme berücksichtigende Forschung vermieden werden. Sie zeigt, dass Bundesstaat nicht gleich Bundesstaat ist, dass sich mit dem Begriff Föderalismus kein eindeutiges verfassungspolitisches Programm verbindet und dass eine Übertragung von Erfahrungen und Regelungen von einem zu einem anderen Bundesstaat nicht ohne weiteres zulässig ist (vgl. dazu die schon „klassischen" komparativen Studien von Wheare 1956; Riker 1964; Friedrich 1968). Allerdings unterliegt diese Art der Forschung wiederum erheblichen konzeptionellen Problemen, die der komplexe Untersuchungsgegenstand aufwirft.[4]

Die Notwendigkeit von entwicklungsgeschichtlichen und vergleichenden Analysen des Föderalismus sowie deren besonderen Schwierigkeiten haben uns dazu bewogen, den Schwerpunkt des vorliegenden Sonderhefts der Politischen Vierteljahresschrift auf diesen Forschungsbereich zu legen. Der damit verbundenen Probleme waren wir uns ebenso bewusst wie der Tatsache, dass damit viele empirische Studien zu Einzelaspekten des Föderalismus und einzelner Bundesstaaten ausgeklammert werden. Der vorliegende Band bietet deswegen keine typische Forschungsbilanz und gibt nur in Teilen Auskunft über den „state of the art" der politikwissenschaftlichen Föderalismusforschung. Unsere Absicht war es vielmehr, auf Desiderata der entwicklungsgeschichtlich und vergleichend angelegten Untersuchungen aufmerksam zu machen und auf die damit verbundenen Herausforderungen sowie künftigen Perspektiven der Föderalismusforschung hinzuweisen.

Im Folgenden möchte ich diese Ausrichtung des Bandes näher erläutern. Dazu gehe ich zunächst auf unterschiedliche Föderalismuskonzepte ein und erörtere deren

---

4 Unter den neueren vergleichenden Studien sind die Arbeiten von Duchacek (1970), Elazar (1987 und 1994) und Watts (1999) zuerst zu nennen. Darüber hinaus gibt es Zusammenstellungen von Länderstudien (Brown-John 1988; McKay 2001) oder themenbezogenen Artikeln, die sich oft mit wiederum einzelnen Ländern befassen (Bakvis/Chandler 1987a; Burgess 1986; Burgess/Gagnon 1993; Wachendorfer-Schmidt 2000), zum Teil auf Politikfelder konzentriert sind (Braun 2000; vgl. ferner den Artikel von Pierson 1995).

Grenzen für eine politikwissenschaftliche Forschung. Im Weiteren skizziere ich zentrale Themenstellungen und Hypothesen der vergleichenden Föderalismusforschung,[5] auf die sich dann auch die in diesem Band abgedruckten Beiträge beziehen.

2. Über die Schwierigkeiten, Föderalismus auf den Begriff zu bringen

Schwierige und dem Wandel unterworfene Phänomene entziehen sich im Allgemeinen einer präzisen Begriffsdefinition. Die Literatur zum Föderalismus spiegelt dieses Problem deutlich wider. Es gibt eine große Zahl an Vorschlägen, den Begriff zu bestimmen (vgl. Davis 1978), und die daraus resultierende Begriffsverwirrung hat schon manchen Experten zu der resignierten Empfehlung veranlasst, auf eine Definition völlig zu verzichten. Damit würde man allerdings den Untersuchungsgegenstand der Beliebigkeit von Umschreibungen überlassen und theoretische Implikationen, die jeder Begriff mit sich führt, ignorieren. Wissenschaftliche Begriffe, seien sie explizit definiert oder implizit verwendet, legen eine Betrachtungsweise fest. Dass man das Phänomen Föderalismus in unterschiedlicher Weise definieren kann, verweist daher einerseits auf unterschiedliche Erscheinungsformen, andererseits aber auch auf verschiedene theoretisch-analytische Zugänge zu dessen wissenschaftlicher Erforschung. Diese können im Folgenden nur knapp und ohne Anspruch auf Vollständigkeit skizziert werden.[6]

Der erste Föderalismusbegriff geht auf Theoretiker wie Johannes Althusius[7] oder (über 250 Jahre später) Constantin Frantz zurück. Beide reflektierten in ihrer politischen Theorie die Gegebenheiten der fragmentierten politischen Systeme des „mitteleuropäischen Städtegürtels" (Rokkan 1999), wobei der ansonsten konservative Frantz bereits an eine föderative Ordnung Mitteleuropas dachte (Schnur 1986). Beide verbanden mit dem Begriff Föderalismus eine territorial oder – so besonders Althusius (1614/ 1995) – auch funktional gegliederte politische Vereinigung von politischen Gemeinschaften, die auf gewachsenen sozialen Beziehungen aufbauen und die kulturelle Verschiedenheit der Gesellschaft erhalten sollte. Leitend war der aus der jüdisch-christlichen Denktradition stammende Begriff des Vertrags (foedus), der im Mittelalter die Beziehungen zwischen Personenverbänden regelte, nunmehr aber auch auf die Beziehungen zwischen territorial organisierten politischen Gesellschaften übertragen wurde (*sozietaler Föderalismus*). Indem das politische System die gesellschaftliche Gliederung abbildete und eine Einheit durch einen Vertrag herstellte, der die Autonomie und die Besonderheiten der Glieder gewährleistete, sollte ohne eine übergeordnete, souveräne

---

5 Gemeint ist damit der historische Längsschnittvergleich wie der internationale Querschnittsvergleich, aber auch der intersektorale Vergleich von Politikfeldern.
6 Dabei müssen wir darauf verzichten, detailliert auf die Ideengeschichte des Föderalismus mit ihren verschiedenen Facetten einzugehen (dazu z.B. Davis 1978; Deuerlein 1972).
7 Daniel Elazar (1995) bezeichnete den Föderalismusbegriff von Althusius als vormodern, als noch in der Tradition des mittelalterlichen Denkens befangen, wenngleich er zugesteht, dass er in eine postmoderne Theorie des Föderalismus eingeführt werden kann. Thomas Hueglin (1991) stellt Althusius dagegen in den Kontext der modernen politischen Theorie. Dieser, so Hueglin, begründete eine lange verschüttete Alternative zur Theorie des modernen unitarischen Staates, der sich in Europa durchsetzte.

Staatsgewalt[8] ein friedliches Zusammenleben zum Wohle aller möglich werden. Als Ursache und Grundlage einer föderativen Ordnung wird dabei die Gesellschaft betrachtet.[9]

Auf der Grundlage der politischen Theorie der Neuzeit (insbesondere der Theorien Lockes und Montesquieus) entstand mit der Gründung der USA ein anderer Bundesstaatsbegriff, der sich aus den Ideen des Individualismus, der repräsentativen Demokratie und der *Gewaltenteilung* ableitete.[10] Hier war nicht die sozio-kulturelle Verschiedenheit von politisch organisierten Gesellschaften das Ziel, sondern die Sicherung der individuellen Freiheit der Bürger durch eine Verfassung, die die Macht der Regierung begrenzt. Dass die USA föderativ organisiert wurden, lag natürlich auch daran, dass es die autonomen Kolonien gab und die in ihnen herrschenden Eliten nicht bereit waren, ihre „Organisationsdomäne" aufzugeben. Der Kompromiss zwischen den „Föderalisten", die einen nach außen handlungsfähigen Bundesstaat anstrebten, und den „Anti-Föderalisten", die eine stark dezentralisierte Föderation befürworteten, wurde mit einem neuen Begriff von Föderalismus erreicht. Zum einen wurden die bestehenden Staaten gleichberechtigte Teilhaber an der geteilten Souveränität in der zusammengesetzten Republik („compound republic"; vgl. Ostrom 1987). Zum anderen lieferte die Weiterentwicklung von Montesquieus Verfassungstheorie die Lösung für das Problem, dass in einem großen Staat die Regierung von lokalen Eliten und Bürgern nur schwer zu kontrollieren ist: Die doppelte Gewaltenteilung zwischen Exekutive, Legislative und Judikative sowie zwischen Bund und Gliedstaaten sollte die Autonomie der Einzelstaaten, vor allem aber die Freiheit der Bürger gegenüber den Zugriffen der Staatsgewalt gewährleisten.[11]

---

8 Johannes Althusius wandte sich, wie er im Vorwort zur ersten Auflage seiner „Politica" (1603) deutlich betonte, explizit gegen Bodins Theorie der Souveränitätskonzentration in einer zentralisierten Staatsgewalt (Althusius 1614/1995: 5–7).

9 Ein ähnliches Konzept eines Föderalismus, der als gesellschaftliches Organisationsprinzip dienen sollte, wurde von Pierre-Joseph Proudhon (1863/1963) entwickelt. Proudhon dachte dabei an eine Gliederung der sozialistischen Gesellschaft nach Prinzipien des Korporatismus und der Subsidiarität. Eng damit verwandt ist auch die Philosophie des „integralen Föderalismus", die in den 1930er Jahren in Frankreich entstand. Die Forderungen nach Dezentralisierung und Autonomie lokaler Gemeinschaften, die in dieser normativen Theorie zentral sind, werden aus individualismus-kritischen Vorstellungen abgeleitet, die in vielerlei Hinsicht dem Kommunitarismus gleichen.

10 Dabei darf nicht übersehen werden, dass – wie die neuere Forschung gezeigt hat – die Theorie und Praxis des amerikanischen Bundesstaates auch durch die politische Theorie des reformierten Protestantismus geprägt wurden (als Überblick: Burgess 2001: 4–9; ferner Kincaid, in diesem Band). Der hier skizzierte Föderalismusbegriff stellt die in der amerikanischen Verfassungsdiskussion von James Madison vertretene Variante dar, der die Idee der „compound republic" und der Gewaltenhemmung („checks and balances") am prononciertesten verfocht.

11 Diesen historisch entstandenen Föderalismuskonzeptionen entspricht die Unterscheidung von „holding together"- und „coming together"-Föderalismus (Linz 1999; Stepan 1999). Jener dient dem Zusammenhalt von Regionen, die ihre sozio-kulturellen Eigenarten bewahren wollen, in einem Staat, in dem hierarchische und Mehrheitsentscheidungen zu Lasten strukturell unterlegener Regionen verfassungsrechtlich verhindert werden. Der zweite Typus von Föderalismus ergibt sich aus dem Zusammenschluss von staatlich organisierten Territorien zu einem Bundesstaat, in dem die Gliedstaaten sich Machtbefugnisse gegen die zentrale Regierung sichern. Beide Leitprinzipien einer föderativen Verfassung sollen der demokratischen Legitima-

Diese aus der Ideen- und Realgeschichte ableitbaren Föderalismuskonzepte konkurrieren mit dem Konzept der *ökonomischen Theorie des Föderalismus* (vgl. v.a. Oates 1972; Kirsch 1977). Wenngleich dieses in Orientierung am Vorbild des vertikal differenzierten amerikanischen Bundesstaates entwickelt wurde und auch ihm die Leitnormen der liberalen Demokratie zu Grunde liegen, ist es weder aus historischen noch im eigentlichen Sinn demokratietheoretischen Erkenntnissen ableitbar. Ziel dieser normativ-analytischen Theorie ist die Begründung einer effizienten Staatsorganisation. Die zentrale Prämisse lautet, dass eine optimale Vermittlung der individuellen Interessen in kollektive Entscheidungen erreicht wird, wenn Bürger außer durch Wahlen und Abstimmungen auch durch Wanderungen zwischen Gebietskörperschaften ihre Präferenzen verwirklichen können. Kollektive Entscheidungen seien dann optimal, wenn Bürger nicht nur zwischen Parteien und Kandidaten, sondern auch zwischen unterschiedlichen regionalen Angeboten an kollektiven Gütern wählen können, Willensbekundungen also nicht nur durch „voice", sondern auch durch „exit" in eine andere Gebietskörperschaft möglich sind. Dadurch würden einerseits individuelle Interessen ausreichend berücksichtigt, andererseits würde ein effizienzsteigernder Wettbewerb der dezentralen Gebietskörperschaften erzeugt. Beides gelinge aber nur unter der Voraussetzung, dass Zuständigkeiten eindeutig Gebietskörperschaften zugeordnet sind, sodass diejenigen, die von einer Leistung profitieren oder von ihren Wirkungen betroffen sind, auch darüber entscheiden und die Finanzierung tragen (Prinzip der fiskalischen Äquivalenz; Olson 1969). Aufgaben mit geringer Wirkungsreichweite sollten daher dezentral, solche mit großer Reichweite zentral erfüllt werden.

Im Unterschied zu den ersten beiden Konzepten von Föderalismus unterstellt die ökonomische Theorie die beliebige Gestaltbarkeit von Staatsstrukturen. Während die Staatslehre und die Politikwissenschaft von einem Bundesstaat sprechen, wenn Bund und Gliedstaaten vollständige Staatsgewalt, also Gesetzgebungs- wie Exekutivkompetenzen ausüben, bezeichnen Ökonomen jede Organisation als föderativ, die neben zentralen auch dezentrale Einheiten kennt, gleich welche Kompetenzen die Ebenen ausüben. Entscheidend sind für Ökonomen die Autonomie der dezentralen Gebietskörperschaften, eine klare Aufteilung der Aufgaben und Finanzen zwischen diesen Ebenen des Bundesstaates und der Wettbewerb zwischen den dezentralen Einheiten. Nach dem Modell eines funktionalen Föderalismus kann die Organisation sogar so variabel sein, dass spezialisierte Einheiten in überlappenden Zuständigkeitsgebieten tätig sind (Ostrom u.a. 1961; Frey 1997).

Die knappen Hinweise sollen darauf aufmerksam machen, dass sich mit dem Begriff Föderalismus Unterschiedliches verbinden lässt. Er kann ein politisches System meinen, das vertikale Gewaltenteilung zwischen Ebenen, horizontale Differenzierung zwischen Regionen oder Kompetenzaufteilung zwischen räumlich abgegrenzten Einhei-

---

tion dienen (Linz 1999), im ersten Falle durch Autonomierechte und kollektiven Minderheitenschutz für regionale Gemeinschaften, im zweiten Fall durch wechselseitige Beschränkung und Kontrolle der zentralen und dezentralen Regierungen, um individuelle Freiheit der Bürger zu sichern. Praktisch bilden sich die unterschiedlichen Typen von Bundesstaaten als Kompromiss zwischen politischen Eliten oder Regierungen, wobei im ersten Fall meistens die Sezessionsdrohung einer starken Minderheit, also eher asymmetrische Verhältnisse ursächlich sind, während im zweiten Fall eher gleichgewichtige Machtverhältnisse die Verfassungspolitik prägen.

ten eines Staates verwirklicht. Diese Differenzierung wird verwischt, wenn sich die Föderalismusforschung am deskriptiven Begriff der vergleichenden Verfassungs- und Regierungslehre orientiert. In dieser bemühte man sich, die Besonderheiten eines Bundesstaates gegenüber Einheitsstaaten durch *allgemeine Merkmale der Verfassung* zu bestimmen. In der Literatur finden sich unterschiedliche Merkmalskataloge (vgl. z.B. Riker 1964: 11; Watts 1999: 7; ausführlich Duchacek 1970: 188–275). Als mindestens zu erfüllende Kriterien sind dabei die folgenden anerkannt:
- Die Staatsgewalt, also die Fähigkeit, Entscheidungen mit unmittelbarer Verbindlichkeit für die Bürger zu treffen, ist zwischen (mindestens) zwei Ebenen aufgeteilt.
- Die Gliedstaaten verfügen über eigene Kompetenzen, die sie autonom ausüben und die ihnen durch die Verfassung garantiert sind.
- Die regionalen Einheiten sind im Bund repräsentiert bzw. Gliedstaaten verfügen über eine garantierte Möglichkeit der Mitwirkung im Bund.

Ausgehend von solchen Merkmalskatalogen[12] können Bundesstaaten von Einheitsstaaten unterschieden werden; es können aber auch unterschiedliche Typen von Bundesstaaten danach unterschieden werden, wie Kompetenzen den Ebenen zugeordnet werden (nach Aufgabenbereichen oder nach Staatsfunktionen), wie stark die Autonomie der Gliedstaaten ausgeprägt ist (Dezentralisierungsgrad, Verflechtungsgrad) und wie die Interessen der Gliedstaaten im Bund vertreten werden (z.B. durch direkt gewählte Abgeordnete in einem Senat oder durch Delegierte der Regierungen in einem Bundesrat). Für eine politikwissenschaftliche Analyse ist ein solcher formaler Begriff von Föderalismus aber unzureichend, weil er den Staat von gesellschaftlichen Problemen und Interessen isoliert und keine Hinweise auf die Bewegungskräfte und Funktionslogiken einer föderativen Staatsorganisation enthält. Diese werden in einer institutionalistischen Fassung des Begriffs deutlich, die föderative Institutionen in ihrem Zusammenhang einerseits mit gesellschaftlichen Entwicklungen (a) und andererseits mit den weiteren Elementen des Regierungssystems (b) in den Blick bringt.

(a) Die genannte Definition der vergleichenden Verfassungs- und Regierungslehre, die nur die formalen Strukturen eines föderativen Systems erfasst, stieß in der nordamerikanischen Föderalismusdiskussion schon frühzeitig auf Kritik. Man wies darauf hin, dass die reale Funktionsweise eines föderativen Staates nicht allein von dessen Verfassungsordnung, sondern auch von der im Rahmen einer Gesellschaft gewachsenen „lebenden Verfassung" (Livingston 1967) abhängt. Anhänger dieses *„gesellschaftszentrierten"*, soziologischen Föderalismusbegriffs (Livingston 1956) vertraten die Auffassung, die Struktur einer Gesellschaft sei das entscheidende Definitionsmerkmal für eine föderative Ordnung und bestimme die Ausgestaltung und Dynamik der politischen Verfassung. Auf diese Kritik reagierten Vertreter eines *„staatszentrierten"*, neo-institutionalistischen Föderalismuskonzepts (Cairns 1977; Smiley 1984). Sie argumentierten, dass die föderative Verfassung eines Staates die Gesellschaft gestalten könne, und warfen Vertre-

---

12 Häufig werden darüber hinaus noch die Existenz einer Verfassung, die Entscheidungen durch Mehrheitsabstimmung ausdrücklich begrenzt, ein aus zwei Kammern zusammengesetztes Parlament und ein Verfassungsgericht, das Konflikte zwischen Bund und Gliedstaaten schlichten kann, genannt. Lijphart (1999: 187) bezeichnet diese als „sekundäre Merkmale" eines Bundesstaates. Implizit sind sie in den drei genannten Kriterien enthalten bzw. ergeben sich unmittelbar daraus.

tern der ersten Theorie vor, zu einseitig die realen politischen Strukturen als Ausdruck der gesellschaftlichen Differenzierung oder Unitarisierung zu betrachten und damit einem unangemessenen Determinismus zu folgen.

Betrachtet man die zum Beleg für die jeweilige Theorie herangezogenen föderativen Systeme, so fällt eine Klärung dieser Theoriekontroverse schwer. Die These des staatszentrierten Föderalismus wurde etwa auf Deutschland angewandt (neuerdings: Thorlakson 2000), wenngleich die Herausbildung des unitarischen Bundesstaates hier weniger durch die Verfassung zu erklären ist, sondern durch die bei der Gründung des Bundesstaates wirkenden Leitvorstellungen des Nationalismus und durch bereits bestehende zentralisierte Organisationen gesellschaftlicher Interessen, die dann wiederum durch die Institutionen des unitarischen Bundesstaates stabilisiert wurden (vgl. Lehmbruch, in diesem Band). Die gesellschaftszentrierte Föderalismustheorie wurde in den USA entwickelt, nachdem im 20. Jahrhundert erkannt wurde, dass die ursprünglich dezentrale Verfassung im Zuge der Modernisierung der Gesellschaft einem Zentralisierungsprozess unterlag, ohne dass die Verfassung geändert worden wäre (Kincaid, in diesem Band; Walker 2000). Wenn man diese Dynamik genauer analysiert, so wird aber erkennbar, dass sie maßgeblich durch die Staatstätigkeit bedingt ist, was dafür sprechen würde, gerade die USA als Fall eines staatlich geprägten Föderalismus zu bezeichnen. Besonders bemerkenswert ist der Fall Kanada, für den das staatszentrierte Föderalismuskonzept entwickelt wurde. Hier konnte die auf eine Unitarisierung angelegte Verfassung starke Dezentralisierungs- und Regionalisierungsprozesse nicht verhindern, die in der sozio-ökonomischen und kulturellen Differenzierung des Landes angelegt waren. Vertreter des „state-centred view" erklären dies als Folge der unzureichenden institutionalisierten Vertretung der Provinzen in Ottawa (Gibbins 1982), aber diese wäre ohne die gesellschaftlichen Differenzierungsprozesse kein institutionelles Problem geworden.

Betrachtet man die längerfristige Entwicklung von Bundesstaaten, dann zeigt sich, dass Staatsorganisation und Gesellschaftsstruktur wechselseitig aufeinander einwirken. Die Kontroverse zwischen Vertretern einer staatszentrierten (institutionalistischen) und der gesellschaftszentrierten (soziologischen) Föderalismustheorie kann daher aufgelöst werden mit einem *historisch-institutionalistischen Föderalismusbegriff*, der die in einem föderativen System angelegte Dynamik erfasst. Ihre Ursache liegt darin, dass Bundesstaaten in ihrer institutionellen Struktur gleichermaßen Einheit und Differenzierung einer Gesellschaft organisieren. Daniel Elazar bringt den entsprechenden Föderalismusbegriff wie folgt auf den Punkt.

„Federalism has to do with the need of people and polities to unite for common purposes yet remain separate to preserve their respective integrities. It is rather like wanting to have one's cake and eat it" (Elazar 1987: 33).

Die Spannung aus Einheit und Differenzierung im Bundesstaat resultiert aus der Tatsache, dass das Volk, welches den Staat konstituiert, die demokratischen Organe der Gesetzgebung, in denen das Volk repräsentiert ist, sowie die Organe der Regierung gleichzeitig und prinzipiell gleichgeordnet in zwei Weisen existieren, nämlich im Bund und in dezentralen Gebietskörperschaften. Diese „Dualität" wird in den Institutionen des föderativen Systems abgebildet, die Spannungslage wird aber dadurch nicht aufgelöst, sie ist durch Regelungen der Souveränitäts- oder Gewaltenteilung, durch die Ge-

staltung von Gebietsstrukturen, die Repräsentation dezentraler Interessen im Bund, die Kompetenzverteilung oder die Ressourcenzuweisung nicht zu beseitigen (ähnlich neuerdings Oeter 1998: 565–583). Ihre eigentliche Ursache liegt im Zusammenwirken von institutionellen Strukturen und den jeweiligen gesellschaftlichen Problemlagen und Konfliktstrukturen. Konkret zeigt sie sich daher in mehrfacher Hinsicht:
- in der Entwicklung der institutionellen Mehrebenen-Struktur des Bundesstaates (polity), die die Autonomie oder wechselseitigen Einflussmöglichkeiten zwischen zentralen und dezentralen Regierungen sowie die Kompetenzen- und Ressourcenverteilung zwischen den Ebenen regelt und damit die fundamentalen Konflikte über die Machtverteilung im Staat betrifft;
- in den Strukturen der gesellschaftlichen Interessenorganisation und -vermittlung durch Parteien und Verbände (politics), die sich eher nach Funktionsbereichen oder nach sozialstrukturellen Differenzierungen richten können und demnach eher unitarisierend wirken oder eher eine territoriale Differenzierung widerspiegeln;
- in den Problemstrukturen, d.h. im Ausmaß der wirtschaftlichen, sozialen und kulturellen Ungleichheit zwischen den Territorien sowie in den hierauf bezogenen Zielvorstellungen der Politik (policies), die etwa eher gesamtstaatliches Wachstum oder den interregionalen Ausgleich fördern, Sozialpolitik eher auf Personen oder Regionen richten oder kulturelle Homogenität oder Pluralität der Regionen anstreben können.

Föderative Staaten sind also – aus einer politikwissenschaftlichen Perspektive – dadurch zu charakterisieren, wie sie die aus der territorialen Differenzierung der Gesellschaft und der Staatsorganisation resultierenden Konflikte institutionell verarbeiten. Ob und wie dies geschieht, hängt von den formalen Regeln der Verfassung ab, aber auch von der Art und Weise, wie sich gesellschaftliche Interessen politisch formieren und artikulieren, sowie davon, welche materiellen Ziele und Wertvorstellungen die Staatstätigkeit prägen. Da gesellschaftliche Interessenstrukturen und Problemlagen nicht konstant sind, ist die institutionelle Verfassung des Bundesstaates einer dauerhaften Spannung ausgesetzt, die ihre Dynamik bedingt.

(b) Was in den Föderalismuskonzepten der älteren Staatslehre, der Verfassungstheorie, der ökonomischen Theorie des Föderalismus, aber oft auch in der vergleichenden Regierungslehre übersehen wird, ist neben den politisch-gesellschaftlich bedingten Spannungen die Tatsache, dass föderative Strukturen nur ein Element eines Regierungssystems darstellen (Lijphart 1999; Ordeshook/Shvetsova 1997; vgl. auch Neidhart und Grande, beide in diesem Band). Das bundesstaatliche Element ergänzt die Institutionen der Regierungssysteme in Bund und Gliedstaaten und bildet mit diesen unterschiedliche Kombinationen. Die bundesstaatliche Verfassung bildet also ein *„Regelsystem", das mit anderen interagiert* (Lehmbruch 2000). In den USA ist der Bundesstaat mit einem präsidentiellen, in Kanada, Österreich und Deutschland mit einem parlamentarischen Regierungssystem verbunden, das in Kanada und in Deutschland (hier modifiziert durch das Verhältniswahlrecht) nach dem Vorbild der britischen Konkurrenzdemokratie gestaltet ist; in der Schweiz wird die föderative Verfassung mit einer Konkordanzdemokratie kombiniert, die sich aus der eigentümlichen Mischung aus repräsentativer und Referendumsdemokratie ergibt (Neidhart 1970). Entsprechend diesen unterschiedlichen Demokratieformen variieren die Vermittlungsstrukturen zwischen Gesellschaft und Staat, also das Parteiensystem (Riker 1964) und das Verbändesystem.

Diese Unterschiede zwischen Bundesstaaten werden in den Typologien der vergleichenden Föderalismusforschung nicht hinreichend wiedergegeben. Die Unterscheidungen etwa zwischen zentralem und dezentralem, unitarischem und regional differenziertem, inter-state und intra-state, dualem und verflochtenem, kooperativem oder kompetitivem Bundesstaat beziehen sich allein auf das föderative Regelsystem oder sogar nur auf dessen Einzelmerkmale. Sie werden der Komplexität von Bundesstaaten kaum gerecht. Für eine Erklärung möglicher Wirkungen föderativer Strukturen auf Politikergebnisse leisten diese Typologien nicht sehr viel, weil sie nicht die für die Staatstätigkeit wirklich relevanten Wechselbeziehungen zwischen Bestandteilen der Institutionenordnung sowie zwischen Institutionen und politischen bzw. gesellschaftlichen Konfliktstrukturen und Konfliktregelungsprozessen einschließen. Wenn man diese berücksichtigt, so wird auch klar, dass die im politischen Prozess gebräuchlichen Konzepte wie dualer, kooperativer oder Wettbewerbsföderalismus nicht mit dem Anspruch verbunden werden können, den „richtigen" Föderalismus zu bestimmen. Theoretische Überlegungen und politische Programme, die diese Konzepte implizieren, gehen meist von einer engen formalistischen Sicht aus. Die Strukturen von Bundesstaaten aber bilden eine komplexe *institutionelle Konfiguration*. Diese wird gebildet aus einer Kombination institutioneller Regelsysteme, die durch gesellschaftliche (d.h. sozialstrukturelle, ökonomische und kulturelle) Rahmenbedingungen, Entscheidungen des Verfassungsgebers sowie politische Ziele und Maßnahmen beeinflusst werden. Die Elemente dieser Konfiguration variieren sowohl nach Phasen der Staatsentwicklung als auch im internationalen Vergleich.

3. Entwicklungsdynamik und Entwicklungspfade von Bundesstaaten

Ausgehend von einem historisch-institutionalistischen Begriff von Föderalismus als Konfiguration von Regelsystemen, die gesellschaftliche und politische Spannungslinien abbildet, ergibt sich die Notwendigkeit, Bundesstaaten als dynamische, nach räumlichen und zeitlichen Umständen variable Systeme (Benz 1985) zu betrachten. Dies beinhaltet zum einen, dass die Ausgestaltung und Funktionsweise eines Bundesstaates nur vor dem Hintergrund seiner Entstehungs- und Entwicklungsgeschichte zu verstehen ist. Zum anderen kann die entwicklungsgeschichtliche Analyse auf die jeweiligen Entwicklungspfade besonderer Typen von Bundesstaaten aufmerksam machen und die Differenzen zwischen ihnen erklären.

In der Föderalismusforschung finden sich verschiedene Zugänge, die historische Entwicklung zu analysieren und zu erklären. Zum einen werden spezifische Bedingungen für die Ausprägung eines besonderen Entwicklungspfads verantwortlich gemacht, zum Zweiten wird auf eine in der institutionellen Konfiguration angelegte Entwicklungslogik verwiesen, zum Dritten werden dominierende Probleme oder Regierungsprogramme mit der Entwicklung des Bundesstaates in Verbindung gebracht, viertens schließlich werden die Auswirkungen der Internationalisierung auf Bundesstaaten untersucht.

3.1 Ursachen unterschiedlicher Entwicklungspfade

Entwicklungspfade von Bundesstaaten ergeben sich aus besonderen Ausgangskonstellationen und den Einflussfaktoren, die auf historische Prozesse einwirken. Drei Faktorenbündel, die in der Literatur eine prominente Rolle spielen, sollen im Folgenden näher erörtert werden.

Zum einen ist auf *Gebietsstrukturen* hinzuweisen. Ihre Bedeutung für die Entwicklung territorial untergliederter Staaten erscheint auf den ersten Blick offensichtlich, zumal die Gestaltung der Territorien von Gliedstaaten in einigen Bundesstaaten, insbesondere in Deutschland, aber auch in der Schweiz, ein Thema der Föderalismusreform war und ist. Allerdings ist die Wirkung dieses Faktors auf die Struktur eines Bundesstaates nicht eindeutig.

Zunächst liegt es nahe, zwischen großen und kleinen Bundesstaaten zu unterscheiden. Bekanntlich spielte die Größe des Staatsgebiets für die Begründung des föderativen Systems in den USA eine wichtige Rolle, ein Argument, das in mehreren Artikeln der „Federalist Papers" ausgeführt wird (besonders im 10. und 14. Artikel; Hamilton u.a. 1788/1994). Große Flächenstaaten waren schon immer für das Entstehen regionaler Herrschaften oder Machteliten anfällig; ihre geografische, wirtschaftliche und kulturelle Differenzierung ist in der Regel größer als in kleinen Staaten (vgl. zu Kanada Watts, in diesem Band). Es gibt allerdings auch Kleinstaaten, die sich wegen ihrer regionalen Differenzierung als Bundesstaaten entwickelten, die Schweiz ist hier das eindrücklichste Beispiel. Kleinheit geht hier einher mit Pluralität und regionaler Vielfalt, erzeugt aber auch einen Zwang zur Koordination und Kooperation (vgl. Neidhart, in diesem Band), der, wie das Beispiel Kanadas zeigt, so in großen Bundesstaaten nicht besteht. In großen Staaten machen beträchtliche Distanzen eine Kooperation schwieriger, und der Koordinationsbedarf ist wegen der geringeren Interdependenzen in einem großen Gebiet nicht so stark wie in Kleinstaaten.

Von Bedeutung für die Struktur eines Bundesstaates und dessen Arbeitsweise sind darüber hinaus Größenunterschiede zwischen den Gliedstaaten. Je größer diese sind, desto eher dominieren einzelne Gliedstaaten oder Koalitionen von Gliedstaaten. Als Beispiel kann die Übermacht Preußens im Deutschen Reich genannt werden, wenngleich es sich hier um einen Extremfall handelt, der so in den heutigen Bundesstaaten nicht feststellbar ist. Häufiger beobachten wir dagegen, dass kleine Gliedstaaten Sonderinteressen vertreten und diese in Koalitionen mit anderen in der bundesstaatlichen Politik durchsetzen können. Größenunterschiede können also das Konfliktniveau im Föderalismus steigern und eine Belastung darstellen, jedenfalls besondere Formen der Konfliktregelung erforderlich machen.

Zweitens werden föderative Entwicklungspfade durch *Gesellschaftsstrukturen* beeinflusst. Diese wirken sich sowohl in der Gründungsphase eines Staates aus, in der sich der Typus einer föderativen Konfiguration bildet, als auch im Laufe von dessen weiterer Entwicklung. Allerdings ist es auch hier kaum möglich, generalisierbare Feststellungen zu treffen, zumal die vergleichende historische Erforschung des Föderalismus nicht sehr weit fortgeschritten ist.[13]

---

13 Wichtige Grundlagen liefern vorliegende Forschungsarbeiten zur Entwicklung des Staates in

Plausibilitätsüberlegungen begründen zunächst die Hypothese, dass sich in einer homogenen Gesellschaft, in der wichtige Interessen in stark zentralisierten Verbänden organisiert sind, sich zentralisierte Parteiensysteme herausgebildet haben und die wirtschaftlichen Unterschiede zwischen den Regionen gering sind, eher Vereinheitlichungstendenzen durchsetzen. Solche Gesellschaftsstrukturen können in der Gründungsphase eines Staates die Kräfte, die einen Einheitsstaat unterstützen, stärken oder in der späteren Entwicklung eines Bundesstaates zu Unitarisierungstendenzen führen. Der deutsche Föderalismus ist ein Musterbeispiel für diesen Entwicklungsprozess (vgl. Lehmbruch, in diesem Band). Den alternativen Fall eines Bundesstaates, dessen Entwicklung durch eine heterogene Gesellschaft, eine dezentrale Organisation des Parteien- und Verbändesystems sowie große wirtschaftliche Disparitäten geprägt worden ist, stellt Kanada dar.

Tatsächlich sind die Zusammenhänge aber komplizierter. Zum einen wirken die genannten Faktoren in unterschiedlichen Entwicklungsphasen nicht gleich. Die wirtschaftlichen Ungleichgewichte zwischen den Regionen können wegen der Dominanz des Zentrums die Bildung eines Einheitsstaats fördern, wie sich am Beispiel Frankreichs und Italiens erkennen lässt. In einem entwickelten Bundesstaat können sie eine zentrale Steuerung rechtfertigen, die den Ausgleich der Unterschiede anstrebt. Zentralisierte Interessenorganisationen können den dezentralen, auf regionale Vielfalt angelegten Föderalismus unterstützen, weil sie ein funktionales Äquivalent zur staatlichen Zentralisierung bilden können (am Beispiel der Schweiz: Lehmbruch 1996). Eine starke Dezentralisierung der Parteien muss einer Vereinheitlichung der Politik nicht entgegenstehen, wie das Beispiel der USA zeigt (wo allerdings generell der Einfluss der Parteien auf die Entwicklung des politischen Systems schwach war; vgl. Skowronek 1982). In der Schweiz fördert gerade die starke Ausdifferenzierung des Parteiensystems· den Zwang zur Konkordanz, die in der Spannung zwischen Vielfalt und Einheit tendenziell unitarisierend wirkt. Die zunehmende Heterogenität einer Gesellschaft kann bestehende regionale Kulturen unterminieren und damit territoriale Konfliktstrukturen durch andere „cleavages" ersetzen, ein Prozess, der sich in Zuwanderungsgesellschaften (insbesondere in den USA) beobachten lässt.

Der dritte Faktor, der Entwicklungspfade der föderativen Dynamik erklären kann, ergibt sich aus den in einem politischen System *vorherrschenden Wertvorstellungen*. In der amerikanischen Föderalismusliteratur wird auf die unitarisierende Wirkung einer Politik hingewiesen, welche die allgemeinen Bürgerrechte verwirklicht (vgl. Kincaid, in diesem Band). Eng damit verbunden ist die Idee der politischen Nation, die die Gleichheit der Bürger betont. Selbst in den klassischen Bundesstaaten, in der Schweiz wie in den USA, wirkt das Bewusstsein, einer Nation gleichberechtigter Staatsbürger anzugehören, vereinheitlichend, allerdings im Sinne der Einheit eines aus freien Individuen zusammengesetzten Volkes („people"), während sich aus „kommunitaristischen" Werten Forderungen nach Dezentralisierung und dem Vorrang territorialer Gemeinschaften ableiten. Der zum Konzept der Staatsbürger- oder Willensnation konträre Begriff „Kulturnation" (Meinecke 1917) verweist immer auch auf die territorialen Unterschiede zwischen historisch gewachsenen Regionen. Während er damit vielfach von regionalistischen Bewegungen aufgenommen wird, hat er sich in Deutschland allerdings

---

Europa, welche auf unterschiedliche Entwicklungspfade aufmerksam machen. Bahnbrechend hierzu sind die Arbeiten von Stein Rokkan (1999).

eher vereinheitlichend ausgewirkt, weil er die Legitimationsformel für die deutsche Nationalstaatsbewegung lieferte.

Im Vergleich zwischen den USA und Deutschland wird auch die unitarisierende Wirkung des Wohlfahrtsstaats erkennbar. Die amerikanische Politik setzte seit der Gründung des Bundesstaates tendenziell mehr auf marktwirtschaftliche Lösungen, die Autonomie der Individuen und die Lösung sozialer Probleme in lokalen Gemeinschaften und orientierte sich damit an Ideen, die mit einer Dezentralisierung von Staatsaufgaben verbunden sind. Die USA wurden daher zum Prototypen eines „market-preserving federalism" (Weingast 1993). In Deutschland wurde das in der Verfassung verankerte Sozialstaatsgebot, welches das Ziel der Gleichwertigkeit der Lebensverhältnisse in allen Regionen impliziert, zur wichtigen Triebkraft in Richtung auf eine Unitarisierung (Pierson 1995: 466). Seit den 1970er Jahren setzten sich allerdings Konzepte eines neuen Wohlfahrtsstaates durch, in denen dezentrale Dienstleistungen, die Förderung lokaler Selbsthilfegemeinschaften und die regionale Differenzierung von Lebensverhältnissen betont werden (Hesse/Benz 1990; Münch 1997; Schmid, in diesem Band).

Eine Gesellschaft, die Sonderrechte regional konzentrierter Bevölkerungsgruppen schützen möchte, tendiert zu Lösungen, die differenzierend wirken. Eindrucksvolle Beispiele hierzu bieten der Fall Quebec in Kanada[14] oder die Sprachenpolitik in der Schweiz. Auch regionalistische Ideen fördern die Vielfalt im Bundesstaat und die Autonomie der Gliedstaaten. Eine liberale Wirtschaftspolitik schließlich kann, wie das Beispiel der USA (und auch das der EU) zeigt, unitarisierend wirken, weil sie protektionistische Praktiken der dezentralen Einheiten unterbinden muss. Andererseits zwingt sie nicht zum Ausgleich regionaler Unterschiede, und sie profitiert vom Standortwettbewerb von Regionen und der Vielfalt öffentlicher Leistungen in diesem Wettbewerb.

Übersicht 1: Mögliche Ursachen für Unitarisierung oder territorialer Diversifizierung in Bundesstaaten

	territoriale Vereinheitlichung	territoriale Diversifizierung
Gebiets-struktur	• (kleines Gebiet) • unterschiedliche Größen der Gliedstaaten	• (großes Gebiet) • ähnliche Größen der Gliedstaaten
Gesellschafts-struktur	• homogene Gesellschaft • zentralisierte Interessenorganisation, zentralisiertes Parteiensystem • ausgeglichene Wirtschaftsstruktur	• heterogene Gesellschaft • dezentralisierte Interessenorganisation, dezentralisiertes Parteiensystem • ökonomische Disparitäten zwischen Regionen
Politische Werte	• Allgemeine Bürgerrechte • Nationalstaat • (Wohlfahrtsstaat)	• Sonderrechte für Gruppen • Regionalismus • (Wirtschaftsliberalismus)

---

14 Hier hat allerdings die so genannte „charter politics", die zum Erlass der „Charter of Rights and Freedom" (1981/82) führte, die Orientierung an individuellen Grundrechten verstärkt und in der kanadischen Politik „das Spannungsverhältnis von individuell versus kollektiv begründeten Grundrechtsansprüchen" intensiviert (Schultze 1996: 179).

Wenn in der Übersicht 1 die hier erörterten Hypothesen zusammengefasst werden, so muss nochmals der Vorbehalt bekräftigt werden, dass die genannten Zusammenhänge nicht eindeutig sind (die besonders strittigen bzw. ungeklärten sind eingeklammert). Hinzu kommt, dass in unterschiedlichen Staaten zu unterschiedlichen Zeiten Faktorenbündel festzustellen sind, die teils unitarisierend, teils differenzierend wirken. Insbesondere hinsichtlich der zuletzt genannten Hypothesen sind wir noch auf Vermutungen angewiesen: So bedeutsam offensichtlich der Einfluss der Gesellschaft und ihrer Wertesysteme auf die Dynamik des Föderalismus sind, so unbefriedigend ist die Theorieentwicklung gerade in diesem Bereich.

3.2 Entwicklungslogik institutioneller Konfigurationen

Der zweite Zweig der entwicklungsgeschichtlichen Föderalismusforschung bietet eher eine Grundlage für verallgemeinerbare Aussagen, wenngleich die entsprechenden Ansätze primär in der deutschen Föderalismusforschung und am Beispiel des deutschen Bundesstaates entwickelt wurden. Es gibt allerdings gute Gründe, diesen Ansatz auf andere Bundesstaaten zu übertragen.

In der Analyse der Entwicklungsprozesse im Bundesstaat steht hier das Zusammenwirken der Elemente einer besonderen Variante der Mischverfassungen im Mittelpunkt. In ihr bildet die föderative Struktur einen Bestandteil des „zusammengesetzten" Regierungssystems. Die Funktionslogik, die sich aus dem Zusammenwirken der Regelsysteme dieser Mischverfassung ergibt, wurde für Deutschland durch Gerhard Lehmbruchs Studie zum Parteienwettbewerb im deutschen Bundesstaat eingehend analysiert (Lehmbruch 2000). Lehmbruch konstatierte in seiner zuerst 1976 erschienenen Untersuchung einen „Strukturbruch", der aus der Verbindung der „inkongruenten" Regelsysteme der parlamentarischen Wettbewerbsdemokratie und der föderativen Verhandlungsdemokratie resultiert. Ein derartiges, durch Blockadegefahren belastetes politisches System kann, wie die Arbeiten Lehmbruchs und auch Scharpfs (Scharpf u.a. 1976; Scharpf 1989, 1994) zeigen, nur funktionieren, wenn intergouvernementale, durch die Parteienkonfrontation verstärkte Konflikte entweder durch spezielle Verfahren oder durch Strategien der Akteure reduziert werden. Es ist ferner auf die entlastende Wirkung eines unitarischen Parteiensystems oder auf Koalitionsbildungen von Regierungen des Bundes und der Länder (König 1997; Kropp 2000) angewiesen.

Überträgt man diesen Analyseansatz auf andere Bundesstaaten, so fällt zunächst ins Auge, dass in Kanada eine ähnliche Strukturkombination aus Föderalismus und parlamentarischer Demokratie existiert (Schultze 1996; Watts, in diesem Band). Im Unterschied zum deutschen Bundesstaat erzeugt die kanadische Verfassung aber weniger Kooperationszwänge zwischen den Ebenen. Die in Deutschland institutionell stabilisierten Verhandlungen zwischen Bund und Ländern bestehen in Kanada nicht, hier herrschen informelle, freiwillige Verhandlungssysteme vor, die nicht zwingend die Einigung aller Beteiligten erfordern. Zudem ist im kanadischen „Exekutivföderalismus", der sich in politikfeldspezifischen (sektoralen) Verflechtungsstrukturen zeigt, der parlamentarische Parteienwettbewerb von der Kooperation zwischen Bund und Provinzen weitgehend abgekoppelt (vgl. schon Simeon 1973). Im Unterschied zu Deutschland wirkt also die

Verbindung zwischen Föderalismus und parlamentarischer Konkurrenzdemokratie in Kanada eher differenzierend (Painter 1991).

Die Verfassung der USA schuf eine andere Konfiguration. Hier ist der Föderalismus mit einem präsidentiellen Regierungssystem kombiniert. Beide dienen der Gewaltenteilung und unterscheiden sich damit grundsätzlich von den gewaltenfusionierenden Formen des kooperativen Bundesstaates und des parlamentarischen Regierungssystems. Gewaltenteilige Institutionen erlauben flexiblere Arrangements, mit denen die für den Föderalismus typischen Spannungslagen bewältigt werden können. Intergouvernementale Verhandlungssysteme variieren eher nach Policies, genauso wie die Mehrheitsfindung in „issue"-spezifischen Verhandlungen zwischen dem Präsidenten (bzw. seiner Administration), einzelnen Abgeordneten im Kongress und gegebenenfalls Vertretern gesellschaftlicher Interessen erfolgt. Dies aber bedeutet, dass Unitarisierung oder Differenzierung, Zentralisierung oder Dezentralisierung, Verflechtung oder Entflechtung etc. viel stärker von den jeweiligen politischen Koalitionsbildungen bzw. den themenbezogenen Verhandlungen abhängen,[15] als dies etwa in Deutschland der Fall ist. Während man hier eine kontinuierliche Entwicklung hin zu mehr Unitarisierung und Verflechtung beobachten kann (Benz 1999; Oeter 1998; Schultze 1993), zeichnet sich die Entwicklung in den USA eher durch Phasen aus, in denen unterschiedliche Muster von Föderalismus dominant sind (Walker 2000). Dass dieses föderative System wenig Sicherungen gegen einen Trend zur Stärkung des Zentralstaates bietet (Kincaid, in diesem Band), liegt zu einem beträchtlichen Teil an der schwachen Gegenmacht der Gliedstaaten.

In der Schweiz finden wir einen weiteren Typus eines föderativen Regierungssystems, das in eine „Konkordanzdemokratie" eingefügt ist. Diese Konfiguration entstand in einer Verfassungskonstruktion, die Elemente einer repräsentativen und einer direkten Demokratie verbindet (Neidhart, in diesem Band). Die Dynamik dieses Systems wirkt in der Tendenz vereinheitlichend, allerdings gibt es im schweizerischen Bundesstaat mit einer starken Vertretung dezentraler Interessen im Ständerat sowie mit dem dezentralisierten Parteiensystem ausgeprägte Gegengewichte gegen eine Zentralisierung. Intergouvernementale Verflechtungen bestehen zwischen territorialen Einheiten bzw. deren Repräsentanten. Aber anders als in Deutschland ist die „Konkordanz" im Schweizer Regierungssystem weniger blockadeanfällig, da der Parteienwettbewerb nicht polarisierend wirkt, die Konkordanzverfahren zudem „im Schatten" der Mehrheitsabstimmung durch das Volk stehen. Andererseits stabilisieren Entscheidungen, die im Volk eine Mehrheit finden, häufig den Status quo, was insbesondere bei Verfassungsreferenden der Fall ist. Die institutionelle Dynamik des Bundesstaates wird dadurch erheblich gebremst (Armingeon 2000; Kriesi 1998).

Ein mit diesen Ausführungen skizzierter institutionalistischer Ansatz wurde für die vergleichende Föderalismusforschung bislang nicht ausgearbeitet (vgl. aber Watts 1999a: 271–276; sowie Grande, in diesem Band). Die aus ihm folgenden Hypothesen können hier nur angedeutet werden. Wichtig ist die Feststellung, dass die historische Entwicklung wie die aktuelle Dynamik föderativer Staaten nur unter Berücksichtigung

---

15 Die daraus resultierende Komplexität des amerikanischen Föderalismus wurde immer wieder in Gesamtdarstellungen des Regierungssystems betont (z.B. Grodzins 1966; Wright 1988).

Übersicht 2: Typen föderativer Regierungssysteme

Demokratisches System	Struktur des Bundesstaates	
	eher territoriale Verflechtungsstrukturen	*eher sektoralisierte Verflechtungsstrukturen*
parlamentarische Wettbewerbsdemokratie	Deutschland	Kanada
gewaltenteiliges Regierungssystem/ Konkordanzdemokratie	Schweiz	USA

des Zusammenwirkens der jeweiligen Form des Föderalismus mit den Institutionen der Demokratie in einem Staat verstanden werden können. Die daraus resultierende Entwicklungslogik setzt sich allerdings nicht zwangsläufig durch, weil die Institutionen politische Prozesse nicht vollständig determinieren. Je mehr Konflikte und Blockaden durch inkonsistente Regelsysteme verursacht werden, desto mehr ist damit zu rechnen, dass Akteure im Regierungssystem entweder auf informelle Verfahren oder auf alternative Institutionen wie die Parteien oder das Verfassungsgericht als Konfliktlösungsinstanzen zurückgreifen. Ferner kann es zu Veränderungen in den Koalitionsbildungen innerhalb der Regierungssysteme von Bund oder Gliedstaaten oder in den Beziehungen zwischen den Ebenen des Bundesstaates kommen. Mit anderen Worten: Die institutionelle Funktionslogik eines politischen Systems erzeugt eine Dynamik, die über die in den institutionellen Regeln angelegten Prozesse hinaus wirkt.

3.3 Policy-making und Entwicklungsphasen

Implizit erfasst wird diese Dynamik der praktischen Politik föderativer Staaten von Untersuchungsansätzen, wie sie in der amerikanischen Föderalismusforschung dominieren (z.B. Conlan 1998; Walker 2000; Wright 1988). Die entsprechenden Arbeiten sind allerdings weitgehend deskriptiv und typologisierend. In ihrer Erklärung der Veränderungen verweisen sie auf das Zusammenwirken von polity, policies und politics, d.h. auf die Tatsache, dass Strukturen des Bundesstaates, konkret die Beziehungen zwischen Bund und Gliedstaaten, je nach politischen Interessen- und Konfliktstrukturen sowie Programmatiken der Bundesregierungen (Conlan 1998) oder je nach policies (Peterson u.a. 1986) variieren. Vielfach wurde dabei auch auf akteurszentrierte Ansätze aus dem Bereich der Verhandlungsforschung („intergovernmental bargaining"), der Interessengruppentheorie oder der internationalen Beziehungen („diplomacy") zurückgegriffen.

Der Vorteil dieser Untersuchungen liegt zunächst darin, dass sie die Entwicklung des Bundesstaates nicht nach einem einfachen Dezentralisierungs-Zentralisierungs-Schema beschreiben, wie es in der Finanzwissenschaft und in Teilen der rechts- und politikwissenschaftlichen Literatur oft geschieht. Zwar wird auch hier von einer Kompetenzverlagerung und einem Machtgewinn des Bundes gesprochen. Aber zum einen wird dabei keine einfache Nullsummensituation der Machtverteilung unterstellt, sondern vielmehr erkannt, dass der Bund durch regulative Maßnahmen intergouvernementale Netzwerke erzeugt und durch seine Finanzhilfeprogramme etwa die Problemlösungsfähigkeit von Gliedstaaten und Gemeinden unterstützt, die ihrerseits von intelligenten Strategien der Ressourcenmobilisierung profitieren. Zum anderen interessiert man sich für die strukturellen Veränderungen in den intergouvernementalen Beziehungen, die als abwechselnd kooperativ oder kompetitiv, als mehr oder weniger verflochten, mehr oder weniger sektoral differenziert und mehr oder weniger politisiert bzw. verrechtlicht beschrieben werden. Untersuchungsgegenstand waren und sind weniger die Strukturen der bundesstaatlichen Verfassung, für die der Begriff „federalism" verwendet wird, sondern die politische Praxis der Akteure, die im Rahmen dieser Verfassung öffentliche Aufgaben erfüllen. Für diese Praxis steht der Ausdruck „intergovernmental relations"[16], die das eigentliche dynamische Element des föderativen Systems ausmachen: „Intergovernmental relations are more encompassing; multitiered; more functional, fiscal, administrative in foci; and more flexible and informal, though not lacking formal features. They, like federalism, changed significantly over the past three decades" (Walker 2000: 21).

Veränderungen werden zum Teil durch spezifische Problemlagen wie etwa Kriege, Wirtschaftskrisen oder technologische Herausforderungen erklärt. Darüber hinaus wurde besonders in den USA auf die zentralisierende und die intergouvernementale Verflechtung fördernde Wirkung von distributiven Programmen der Sozialpolitik hingewiesen. Die Ausweitung von Finanzhilfen des Bundes im Rahmen des New Deal und des „Kriegs gegen die Armut" galten als wesentliche Gründe für einen Zentralisierungsschub und für die Verbreitung ebenenübergreifender Politiknetzwerke bzw. Verhandlungssysteme. Die republikanischen Präsidenten Reagan und Bush sen. korrigierten die dadurch ausgelösten Strukturveränderungen partiell, indem sie sozialpolitische Ausgaben des Bundes beschnitten.

Die Argumentation dieser Untersuchungsansätze lässt sich auch auf andere Staaten übertragen. In der Bundesrepublik mag die Entwicklung eines „unitarischen Bundesstaates" (Hesse 1962) durch die Verfassung, durch dominierende politische Werte und durch die zentralisierte Organisation wichtiger gesellschaftlicher Interessen strukturell angelegt gewesen sein, die wohlfahrtsstaatliche Programmatik, die einerseits in der Expansion der sozialen Sicherungssysteme, andererseits in Bundesprogrammen und Gemeinschaftsaufgaben zur Unterstützung wirtschaftlich benachteiligter Länder und Regionen ihren praktischen Ausdruck fand, trug aber das ihre dazu bei. Sie rechtfertigte auch die Entwicklung eines redistributiv wirkenden Finanzausgleichs, der dafür sorgt, dass die Finanzausstattung der Länder pro Einwohner nur begrenzt variiert. Erst nachdem absehbar war, dass eine weitere Ausdehnung der Sozialleistungen und der Leistungen für eine interregionale Ausgleichspolitik nicht mehr finanzierbar war, gerieten die entsprechenden Programme, die mit ihnen verbundene Zentralisierung sowie die Gemeinschaftsaufgaben und Mischfinanzierungen von Bund und Ländern in die Kritik. Ein grundlegender Politikwandel in Richtung auf einen wirklich neuen Föderalismus

---

16 Im Unterschied zum Begriff „federalism", der in der Regel nur den Bund und die „states" einschließt (Ausnahme ist der von Präsident Johnson geprägte Begriff des „creative federalism"), wird mit dem Begriff „intergovernmental relations" ein erweitertes Spektrum von relevanten Akteuren und Institutionen erfasst. Es schließt Gemeinden und special districts ein, zum Teil auch private Organisationen.

wurde aber, anders als in den USA, nie vollzogen (vgl. Laufer/Münch 1998). Die institutionellen Restriktionen der Politikverflechtung erschweren grundlegende Reformen.

Man kann daraus die Vermutung ableiten, dass die durch policy-Veränderungen ausgelösten Dynamiken in den einzelnen Bundesstaaten unterschiedlich stark ausfallen. Offensichtlich bietet der amerikanische Bundesstaat einen flexibleren Rahmen, was bereits die Analyse seiner institutionellen Funktionslogik (siehe Kapitel 3.2) erklären konnte. Allerdings ermöglicht er auch programmatische Politikwechsel in einem Ausmaß, die im Rahmen der institutionalisierten Verhandlungssysteme oft nicht umgesetzt werden können. Die politische Rhetorik ist dann weitreichender als die tatsächlichen Ergebnisse (Kincaid 2001). In Deutschland hingegen, wo grundlegende Richtungswechsel in politischen Programmatiken durch den Zwang zu Koalitionsregierungen und Verhandlungszwänge zwischen Regierungen des Bundes und der Länder ebenso ausgeschlossen sind wie weit reichende Institutionenreformen, sind nur inkrementelle Anpassungsprozesse möglich, die gleichwohl bisher ausreichten, den Bundesstaat auf veränderte Rahmenbedingungen einzustellen (Hesse/Benz 1990), nicht zuletzt auf die deutsche Einheit (Renzsch 1996; Wachendorfer-Schmidt 2000a) und die europäische Integration. Ob das auch in Zukunft noch gilt, ist eine andere Frage (Schmidt 2001).

Worauf die Studien zum policy-making in Bundesstaaten ebenfalls aufmerksam machen ist eine Entwicklungsdynamik, die in allen föderativen Systemen tendenziell mehr Verflechtung zwischen den Ebenen herbeiführt. Aufschlussreich sind hier besonders die Erkenntnisse aus Staaten, die nach ihrer Verfassung zu den so genannten „dualen" Bundesstaaten zählen. Die in ihnen angelegte Trennung der Zuständigkeiten und das Prinzip der Autonomie der Gliedstaaten wurden in der Praxis durch Verflechtungsbeziehungen weitgehend konterkariert. Ursächlich hierfür sind Interdependenzen zwischen Aufgaben der zentralen und dezentralen Einheiten, die in Koordinationsverfahren zu bearbeiten sind. Politikverflechtung (im Sinne von „intergovernmental relations") gehört daher zur Normalität moderner Bundesstaaten, allerdings variieren die institutionellen Formen der Verflechtungsbeziehungen. Ebenfalls unterschiedlich ausgeprägt ist das Niveau der Konflikte in dieser Verflechtung, die durch das Autonomiestreben und die Verteilungsinteressen der Gliedstaaten wie des Bundes ausgelöst werden.

3.4 Internationalisierung und bundesstaatliche Entwicklung

Die in der Europa- und Globalisierungsforschung erkannte Tatsache, dass die Öffnung von Staaten für internationale Beziehungen Auswirkungen auf deren Binnenstrukturen hat, ist in der Föderalismusforschung schon seit längerem Gegenstand von Untersuchungen. Hier ging es zunächst darum, die außenpolitische Rolle der Gliedstaaten zu erforschen, die insbesondere in internationalen Handelsbeziehungen sowie in der Staatengrenzen überschreitenden Zusammenarbeit (Blatter 2000) zunehmende Bedeutung erlangte (Aldecoa/Keating 1999).

Im Hinblick auf die außenpolitische Rolle der dezentralen Einheiten in allen Bundesstaaten ist zunächst festzustellen, dass für die Außenpolitik grundsätzlich der Bund zuständig ist. Zwar wurden angesichts der zunehmenden Interdependenzen und zwischenstaatlichen Beziehungen außenpolitische Kompetenzen auf die dezentralen Ebenen übertragen (Blatter 2001). Insgesamt scheint aber die Expansion von internationalen Beziehungen und Problemverflechtungen fast zwangsläufig eine Machtverlagerung auf den Bund bewirkt zu haben. Internationalisierung von Politik wurde dementsprechend als Ursache für eine Zentralisierung in föderativen Systemen betrachtet. Für diese These sprachen nicht nur nahe liegende theoretische Überlegungen, sondern auch Klagen der Vertreter von Gebietskörperschaften, die gegen den sinkenden Einfluss auf die nationale Regierung sowie gegen die zunehmenden externen Restriktionen in ihrem eigenen Zuständigkeitsbereich protestierten. Entsprechende wissenschaftliche Aussagen wie politische Diskussionen ergaben sich dabei besonders im Zusammenhang mit der Europäischen Integration.

Für den Bereich der regulativen Politik wurde in empirischen Untersuchungen tatsächlich eine Zentralisierung ermittelt (am Beispiel der Finanzmarktregulierung: Deeg/Lütz 2000). Ob diese Zentralisierungsthese generalisierbar ist, wird allerdings mit guten Gründen bezweifelt. Fritz W. Scharpf (1990) etwa wies darauf hin, dass die Europäische Integration im Bereich der Wirtschaftspolitik die Macht des Zentralstaates begrenze, weil dessen Steuerungsmöglichkeiten in der Finanz- und Strukturpolitik infolge der Liberalisierung und Regulierung auf europäischer Ebene erheblich beschränkt worden seien. Demgegenüber würden im europäischen Standortwettbewerb die Angebote an öffentlichen Leistungen der Regionen bedeutsamer, für die in Deutschland die Länder zuständig sind und die auch in anderen Staaten überwiegend dezentral geplant, erstellt und betrieben werden. Diese Feststellung wird inzwischen von Theoretikern der Regionalisierung unterstützt, die argumentieren, die Öffnung von internationalen Märkten führe zu einer gleichzeitigen Regionalisierung von Wirtschaftsstrukturen, konkret zur Entstehung spezifischer regionaler Produktionskomplexe. Sie zu fördern, um damit auch die Wettbewerbsfähigkeit der nationalen Wirtschaft zu erhöhen, sei wesentliche Aufgabe der regionalen und lokalen Gebietskörperschaften. Die Internationalisierung der Wirtschaft sei daher verbunden mit einer politischen Dezentralisierung, welche die Gliedstaaten in Bundesstaaten stärke.

Für diese These spricht die empirische Beobachtung institutioneller Anpassungsprozesse, die in die genannte Richtung wirken. Die reale Regionalisierung der Strukturpolitik sowie wichtiger öffentlicher Infrastrukturpolitiken ist tatsächlich festzustellen. Wenngleich das Schlagwort vom „Europa der Regionen" mehr verspricht als die Praxis hält, so kann doch von einem generellen Machtverlust der dezentralen Ebene nicht gesprochen werden. Allerdings führt dies nicht zu einer Revitalisierung eines „dualen Bundesstaates". Vielmehr gewinnen die dezentralen Gebietskörperschaften durch ihre Einbindung in erweiterte intergouvernementale Verflechtungsstrukturen (vgl. Börzel, in diesem Band; skeptischer hinsichtlich des Machtgewinns der Regionen: Kohler-Koch 1998). In den föderativen Mitgliedstaaten der EU haben sich die Gliedstaaten erfolgreich um eine Beteiligung an der europäischen Politik bemüht, und zugleich wurden sie zu einer wichtigen Ebene der Programmumsetzung für europäische Förderpolitiken (zusammenfassend: Jeffery 1997).

Allerdings ist darauf hinzuweisen, dass sich die hier angesprochene Regionalisierung nicht nach den etablierten Strukturen der Gebietskörperschaften richtet, sie vielmehr funktional definierte Räume betrifft. Zumindest die regionale Strukturpolitik, teilweise aber auch andere regionale Politiken erfordern ein Zusammenwirken von öffentlichen und privaten Akteuren in anderen als den durch bestehende politisch-administrative Grenzen festgelegten räumlichen Zuschnitten (Benz u.a. 1999). Das kann gerade in Bundesstaaten zu Friktionen in der Anpassung an die Europäische Integration führen, wenn die Beharrungskräfte bestehender Gebietskörperschaften und Verflechtungsmuster die neuen Formen regionaler Politik behindern (Benz 1998a).

4. Föderalismus und gesellschaftliche Interessenvermittlung

Die mit der entwicklungsgeschichtlichen Betrachtung bereits angesprochene Funktionsweise föderativer Systeme können wir im Weiteren im Hinblick auf jene Funktionen untersuchen, die dem Föderalismus üblicherweise zugeschrieben werden (Frenkel 1984: 140). Allgemein wird dessen positiver Beitrag zur Demokratie gerühmt (z.B. Bothe 1994: 25–26; Kilper/Lhotta 1996: 58–61). Alle normativen Theorien des Föderalismus rechtfertigen diesen damit, dass er die Beteiligungsmöglichkeiten für Bürger erweitern und die Kontrolle der Regierenden verbessern würde. Den Vertretern eines „sozietalen" Föderalismus zufolge soll er die Sonderrechte regionaler Gruppen sichern und ihnen Selbstbestimmungsrechte gewähren. Das Konzept der amerikanischen Föderalisten wie der deutschen Verfassungsrechtslehre zielte darauf, durch eine Gewaltenbalance die Macht der Regierung zu begrenzen und dadurch Freiheiten der Bürger zu sichern. Gemäß der ökonomischen Föderalismustheorie soll der Föderalismus die Verwirklichung individueller Präferenzen in staatlichen Entscheidungen optimieren.

So überzeugend diese Argumente auf den ersten Blick erscheinen, so problematisch werden sie, wenn wir von dem hier vorgeschlagenen komplexen Begriff von Föderalismus und Bundesstaat ausgehen. Das zeigt eine kritische Prüfung der demokratietheoretischen Prämissen, die diesen Theorien zu Grunde liegen. Sie lassen sich in einiger Vereinfachung wie folgt skizzieren:

Nach der ersten Föderalismuskonzeption besteht Demokratie in der Selbstbestimmung einer politischen Gemeinschaft. Je kleiner diese Gemeinschaft, desto eher könnten demnach besondere Kollektivbelange von Gruppen verwirklicht werden.[17] Eine geringe Ausdehnung eines Territoriums und folglich Dezentralisierung und Föderalisierung gelten als positiv, weil dadurch die Integration einer regionalen Bevölkerungsgruppe bzw. ihre „Identität" als besondere Gemeinschaft erhalten werden könne. Ferner soll die Partizipation der Mitglieder an politischen Prozessen durch die räumliche Nähe intensiver sein als in großen Kollektiven. Das Demokratiekonzept ist also im Prinzip kollektivistisch; das Kollektiv, das Träger von Herrschaft und politischen Entscheidungen sein soll, ist aber nicht die Nation der gleichberechtigten Staatsbürger, sondern eine besondere regionale Gemeinschaft.

Die zweite Föderalismustheorie schließt sich an das Gedankengut der liberalen Demokratietheorie an. Danach gilt die individuelle Freiheit als oberster Wert und Maßstab einer politischen Ordnung. Darüber hinaus wird behauptet, die politischen

---

17 Die These, dass kleine Gebiete einen Demokratiegewinn ermöglichen, ist sehr alt und wurde in der Geschichte des politischen Denkens immer wieder vertreten. Eine ausführliche kritische Auseinandersetzung findet sich in Prätorius (1989).

Mitwirkungs- und Kontrollrechte der Bürger würden im vertikal differenzierten föderativen Staat gestärkt, weil diese auf mehreren Ebenen ausgeübt werden könnten. Auch sollen sich die Organe im Bund und in den Gliedstaaten bei der Machtausübung gegenseitig behindern, wodurch eine Akkumulation von Macht, die den Grundsätzen einer freiheitlichen Gesellschaft widerspricht, unterbunden werde.

Die dritte der genannten Theorien, die ökonomische Theorie des Föderalismus, verbindet sich ebenfalls mit einer individualistischen Demokratiekonzeption. Auch hier soll die territoriale Gliederung des Staates die Beteiligungsmöglichkeiten und die Effekte der Wahlstimme von Bürgern erhöhen. Des Weiteren wird hier die Möglichkeit des „exit", also des Verlassens eines Gliedstaates, als demokratiefördernd betrachtet. Abwanderungen wirkten aus der Sicht der Regierungen, deren Zuständigkeitsbereich verlassen wird, als negatives Votum. Für die Bürger würden sie zusätzliche Wahlmöglichkeiten darstellen. Statt einer Regierung könnten sie auch ein Angebot an öffentlichen Gütern unter den Alternativen wählen, die von anderen dezentralen Gebietskörperschaften hergestellt werden.

Schon die Unterschiede der genannten Demokratiekonzeptionen deuten darauf hin, dass die Begründung für einen Zusammenhang zwischen Föderalismus und Demokratie nicht so einfach ist, wie dies nach dem ersten Anschein vermutet werden kann. Zumindest ist auch hier zwischen Typen von Bundesstaaten, etwa nach dem Ausmaß der Ebenenverflechtung oder der Korrespondenz zwischen gesellschaftlicher und politischer Dezentralisierung, zu differenzieren. Hinzu kommt aber, dass die genannten Vorstellungen von Demokratie nicht nur in modernen Staaten generell kaum realisierbar sind, sie vielmehr auch in Bundesstaaten besonders problematisch ausfallen und daher revidiert werden müssen.

Unrealistisch ist die Vorstellung, moderne Staaten könnten demokratische Legitimation auf kollektive Identität und Partizipation in kleinen Gebietskörperschaften stützen. Regionale Sonderinteressen können zwar einen Minderheitenschutz beanspruchen, der durch Autonomierechte und Beteiligung an zentralen Entscheidungsprozessen unterstützt werden kann. Dies allein bedeutet aber noch keine Garantie für eine demokratische Regierungsform (vgl. Inman/Rubinfeld 1999: 77, m.w.N). Auch kleine Kollektive in Bundesstaaten kommen daher nicht ohne Formen organisierter Interessenvermittlung und institutionalisierter Repräsentation der Bürger aus. Die Idee der regionalen Selbstbestimmung kann gerade in kleinen politischen Einheiten in eine elitäre Praxis umschlagen, weil hier zwar die Bürger unmittelbar beteiligt werden können, aber die Willensbildung leicht von Machteliten zu beherrschen ist. Auch kommt es hier viel eher zur Vorherrschaft der Exekutive und dies umso mehr, wenn Regierungen der dezentralen Territorien in zentralstaatliche Entscheidungsprozesse eingebunden sind und sie dadurch eine zusätzliche Machtbasis gewinnen.

Die Rechtfertigung eines föderativen Systems mit der Idee der Gewaltenteilung ist in der Theorie einleuchtend. Gewaltenteilung wirkt aber nur machthemmend. Demokratische Regierungssysteme müssen auch Macht schaffen und legitimieren. James Madison, der bekanntlich für einen gewaltenteiligen Bundesstaat eintrat, wies darauf in den „Federalist Papers" hin, als er schrieb: „(M)an muss zuerst die Regierung befähigen, die Regierten zu beherrschen, und sie dann zwingen, die Schranken der eigenen Macht zu beachten" (Hamilton u.a. 1788/1994: 314). Ein weiteres Argument ist hier aber noch wichtiger: Wirkliche Machthemmung wird erst erreicht, wenn sich die Kompetenzen der Ebenen eines Bundesstaates überschneiden und diese zur Kooperation gezwungen sind. In solchen Staaten ist einerseits die Dynamik in Richtung auf eine Zentralisierung von Macht stärker gebremst, andererseits lassen sich Entscheidungen, die nicht erwünscht sind, leichter blockieren. Die Verflechtung hat aber demokratische Kosten: Sie reduziert im Allgemeinen den Einfluss der Parlamente auf die Regierungen und fördert die Ausbildung eines „Exekutivföderalismus". Zudem macht sie es wegen der intransparenten Entscheidungsprozesse den Wählern schwer, politische Verantwortung einer gewählten Regierung zuzurechnen, wodurch eine essenzielle Regel der repräsentativen Demokratie verletzt wird.

Angesichts der Komplexität des Politikbetriebs in einer modernen Gesellschaft ist auch die individualistische Demokratiekonzeption der ökonomischen Theorie des Föderalismus problematisch (hierzu Beer 1977). Richtig ist zweifellos, dass Dezentralisierung und Wettbewerb zwischen Gebietskörperschaften die Transparenz politischer Prozesse erhöhen. Die ökonomische Theorie ignoriert aber die Notwendigkeit oder jedenfalls die Bedeutung von Repräsentation und organisierter Interessenvermittlung für politische Prozesse. Hinzu kommt, dass die unterstellten „exit"-Optionen unter den Bürgern sehr ungleich verteilt sind, im Übrigen wegen der hohen Kosten meist nicht realisiert werden. Es sind lediglich Wirtschaftsunternehmen, die ihren Standort auf Grund von öffentlichen Leistungen wählen, wenngleich auch für sie mehrere Faktoren ausschlaggebend sind. Die Mobilität von Bürgern resultiert im Allgemeinen nicht aus der Reaktion auf öffentliche Leistungsangebote, sondern aus privaten Gründen. Insofern kann sie auch nicht als Grund für die Legitimation dezentraler Politik herangezogen werden.

Aufteilung der Staatsgewalt auf mehrere Ebenen und Dezentralisierung von Kompetenzen allein sind also noch keine hinreichenden Indizien für Demokratie, selbst wenn die bekannten Argumente der Gewaltenteilung, der Bürgernähe von Regierungen und Verwaltungen, der Vermehrung von Beteiligungsmöglichkeiten und der transparenzsteigernden Konkurrenz gewichtig sind. Die demokratische Qualität föderativer Systeme ist an zwei weitere Voraussetzungen gebunden (Auel 2002): Zum einen müssen die Repräsentanten dezentraler Gebietskörperschaften wirksam an der zentralstaatlichen Politik beteiligt sein, um die Berücksichtigung besonderer regionaler Interessen in politischen Entscheidungen zu gewährleisten sowie um unnötige Kompetenzzentralisierungen und Eingriffe in die Autonomie der Gliedstaaten wirksam verhindern zu können. Dazu dienen vor allem Vertretungsorgane der Gliedstaaten im Bund, die in den einzelnen Bundesstaaten unterschiedlich ausgestaltet sind (Riescher u.a. 2000; Tsebelis/Money 1997). Zum anderen müssen gleichzeitig die politischen Prozesse auf dezentraler Ebene, in denen das gemeinsame Interesse der regionalen Bevölkerung formuliert wird, den Grundsätzen eines demokratischen Verfahrens, üblicherweise den Regeln der Parlamentsbeteiligung, gerecht werden. Beide Anforderungen sind nicht leicht miteinander zu vereinbaren, weil Vertreter der Gliedstaaten im Bund nicht an Aufträge und Weisungen gebunden werden können und die ex-post-Kontrolle ihres Verhaltens in verflochtenen Entscheidungsstrukturen erschwert ist.

Der Zusammenhang zwischen Föderalismus und Demokratie erschließt sich des Weiteren erst richtig, wenn wir föderative Systeme als Strukturkonfigurationen betrachten, in denen die Institutionen der Demokratie einen Bestandteil bilden, aber nicht mit denen des Föderalismus identisch sind. In diesem Fall wird erkennbar, dass zwischen den beiden Systemelementen Föderalismus und Demokratie mehr oder weniger ausgeprägte Spannungen existieren können. Abstrakt gesprochen handelt es sich um die aus der Doppelexistenz des Volkes resultierenden potenziellen Konflikte zwischen Interessen der gesamten Bürgerschaft und den Interessen von territorialen Teilbürgerschaften. Sie werden in der konkreten Organisation eines Bundesstaates abgebildet und sind durch das Zusammenwirken der Regelsysteme des Regierungssystems zu verarbeiten, etwa in der Interaktion zwischen der Wettbewerbsdemokratie in parlamentarischen Regierungssystemen und den intergouvernementalen Verhandlungssystemen im Bundesstaat, zwischen konkordanzdemokratischen Strukturen und kompetitiven bzw. sektoralisierten intergouvernementalen Beziehungen oder zwischen einer Mehrheit des Volkes in der direkten Demokratie und den Verhandlungen zwischen Regierungen der Gebietskörperschaften im Bundesstaat (vgl. Kapitel 3.2).

Föderative Systeme sind also häufig und je nach ihrer institutionellen Struktur in unterschiedlicher Weise für das Demokratiedilemma anfällig, das in der Literatur zu Mehrebenensystemen erörtert wird (Benz 1998; Czada 1997; Scharpf 1993). Dieses hat aber nicht zwangsläufig ein reales Demokratiedefizit zur Folge. Ob dies der Fall ist, hängt maßgeblich von den Strukturen ab, in denen gesellschaftliche Interessenkonflikte organisiert und in das politische System vermittelt werden. Denn sie können die Bruchstellen zwischen demokratischen und bundesstaatlichen Institutionen verstärken oder aber sie überbrücken. Um die Funktionsweise der Demokratie in föderativen Staaten richtig zu verstehen, müssen wir daher neben der Verfassung des Regierungssystems die Formen des *Parteiensystems* (Riker 1964) und der *verbandlichen Interessenvermittlung* berücksichtigen. Sie bilden einerseits Transmissionsmechanismen, über die individuelle Bürgerinteressen in die kollektiven Prozesse der Demokratie umgesetzt werden und über die wirksame Kontrolle der Regierenden durch die Regierten stattfindet, zum anderen stellen sie Strukturen und Verfahren bereit, die genutzt werden, um die institutionellen Spannungslagen zu bewältigen (Lehmbruch 1989).

Parteien und Verbände im Bundesstaat zeichnen sich durch eine Organisation aus, die entsprechend der föderativen Struktur differenziert ist (Chandler 1987; Coleman 1987). Das Ausmaß dieser Differenzierung entscheidet darüber, ob Konflikte eher territorial, eher parteipolitisch oder eher sektoral ausgerichtet sind und ob die Institutionen des Regierungssystems auf die Verarbeitung dieser Konflikte durch eine entsprechende Organisation eingestellt sind. Sowohl Parteien wie Verbände organisieren allerdings nicht nur – meist nicht einmal in erster Linie – Interessen, die sich auf Territorien beziehen oder sich von Gebiet zu Gebiet unterscheiden. Dies hat zur Folge, dass der Grad von Unitarisierung und Regionalisierung, von Zentralisierung und Dezentralisierung oder von Ebenenverflechtung und -entflechtung in der Staatsorganisation anders ausfallen kann als im Parteien- oder Verbändesystem. Da die Struktur des Parteiensystems darüber entscheidet, wie gesellschaftliche Interessen im politischen Prozess aufgegriffen werden und welche Konfliktlinien sich bilden, hängt die Funktionsweise der bundesstaatlichen Institutionen in besonderem Maße davon ab, ob das Parteiensystem vereinheitlichend oder differenzierend wirkt, ob es territoriale Konflikte verstärkt oder durch „cross- cutting cleavages" überbrückt (vgl. Grande, in diesem Band). Die –

in der Föderalismusforschung insgesamt wenig beachteten (Coleman 1987; Mayntz 1990) – Verbände organisieren überwiegend sektorale Interessen, aber auch ihre Organisationsstruktur und ihre Interaktionsbeziehungen mit dem Staat können mehr oder weniger an die bundesstaatliche Organisation angepasst sein.

Wie Klaus Armingeon (in diesem Band) in seiner Untersuchung zeigt, gibt es tatsächlich eine gewisse Strukturkorrespondenz zwischen Bundesstaat und Verbändestrukturen. Interessant ist dabei, dass Verbände in unitarischen Bundesstaaten, welche die Gleichwertigkeit der regionalen Lebensverhältnisse anstreben, ähnlich stark zentralisiert sind wie in Einheitsstaaten. Diese Strukturkorrespondenz wirft die Frage auf, ob sich eher die Verbände an die Staatsorganisation angepasst haben oder ob diese den Strukturen der Interessenorganisation in einer Gesellschaft folgt. Zu vermuten ist, dass das Verbändesystem vor allem dort die Verfassung oder die politische Praxis im Bundesstaat prägen konnte, wo der Staat zeitlich nach der Formierung von Interessenorganisationen entstand, was etwa im Großen und Ganzen in der „verspäteten Nation" Deutschland der Fall war. In ähnlicher Weise stellt sich – aus historischer Sicht – der Zusammenhang zwischen Parteiensystem und Staatsorganisation dar, für den Grande (in diesem Band) in seinem Vergleich von sechs Staaten allerdings eine größere Variationsbreite in den Strukturkonfigurationen feststellt. Das liegt vermutlich daran, dass Parteiensysteme nicht spezifische Interessen, sondern gesellschaftliche „cleavages" widerspiegeln und diese neben einer territorialen immer auch eine soziale oder kulturelle Dimension besitzen.

Die unterschiedlichen zeitlichen Abläufe in der *„Ko-evolution" von Staatsorganisation, Parteiensystem und Verbändesystem* sind ausschlaggebend dafür, welche Effekte im Zusammenwirken dieser Strukturen entstehen. Parteien und Verbände können als den staatlichen Entscheidungsprozessen vorgelagerte Mechanismen der Konfliktregelung, aber auch der Konfliktverstärkung wirken. Die dezentralisierten Parteiensysteme in der Schweiz und in Kanada, die erst nach der Konstitution des Staates entstanden, bilden die territorialen Konfliktstrukturen ab und stabilisierten in der Schweiz das dezentrale politische System, während sie in Kanada regionale Autonomiebestrebungen der Provinzen politisch artikulierten und die Dezentralisierungsprozesse im ursprünglich zentralisierten Bundesstaat vorantrieben. In Deutschland, wo das Parteiensystem in der Zeit der Nationalstaatsgründung entstand und eher die Konfliktlinien der industriellen Gesellschaft als die territorialen Konflikte abbildete, verstärken die Parteien einerseits die Konkurrenz zwischen Bundes- und Landesregierungen, die von unterschiedlichen Parteien getragen werden, andererseits wirken sie aber auch als ebenenübergreifende, föderativ untergliederte, aber bundeseinheitlich agierende Organisationen der Konfliktregelung zwischen Bund und Ländern. Das Ausmaß an Konflikten und Blockadegefahren hängt damit von situativen Bedingungen, Strategien der Akteure und den Besonderheiten von Politikfeldern ab (Lehmbruch 2000). Die parteipolitische Prägung der Entscheidungsprozesse in der bundesstaatlichen „Verhandlungsdemokratie" erleichtert im Übrigen auch die Zurechnung von politischer Verantwortlichkeit, wenngleich im kooperativen Bundesstaat die Regierungen auf Kosten der Parlamente gestärkt werden.

Verbändesysteme können die Wirkungen des Parteiensystems verstärken oder abmildern. Letzteres ist in der Schweiz der Fall, wo wichtige Verbände eine integrative Wirkung ausüben und wesentlich die Konkordanzdemokratie stabilisieren. In der Bundesrepublik erfüllen die Verbände überwiegend eine ähnliche Integrationsfunktion wie die Parteien und verstärken damit die Unitarisierungstendenzen. Die wechselseitigen Verstärkungseffekte sind in jenen Konkordanzdemokratien noch deutlicher, in denen Parteien und Verbände untereinander verflochten sind, wie dies etwa in Österreich bis ca. 1990 der Fall war. In den USA, wo die Parteien lange Zeit rein lokale Wahlkampforganisationen darstellten, tragen die Verbände zur Sektoralisierung der intergouvernementalen Beziehungen und Verhandlungsprozesse im Gesetzgebungsprozess des Bundes bei. Sie sind gerade deswegen zentrale Organisationen in der pluralistischen Demokratie des amerikanischen Bundesstaates.

Das Zusammenspiel von Parteipolitik, Verbänden und territorialer Interessenvermittlung bietet also in Bundesstaaten erhebliche Variationsmöglichkeiten. Diese zeigen sich zunächst in der Vielfalt der Strukturkonfigurationen. Sie zeigen sich aber auch in der Tatsache, dass auf den unterschiedlichen Ebenen des Bundesstaates verschiedene Formen des Zusammenwirkens von Staat, Parteien und Verbänden existieren und diese im Zeitverlauf variieren können. So lässt sich in Deutschland, Österreich und der Schweiz feststellen, dass angesichts der Blockierung von korporatistischen Verhandlungen auf Bundesebene regionale Verhandlungssysteme entstehen. Ob man bereits von einem stabilen regionalen Korporatismus sprechen kann, ist zurzeit nicht sicher (vgl. Karlhofer, in diesem Band). Unbestreitbar verändern sich aber mit der Regionalisierung von Verhandlungssystemen die Ziele und Auswirkungen der Staat-Verbände-Kooperation, die stärker auf regionale Problemlagen ausgerichtet wird. Dementsprechend anders fallen Verteilungskonflikte aus, was sich auch in der Zusammensetzung von Verhandlungsgremien zeigt, die in der Regel nicht mit der der Gremien des zentralen Korporatismus identisch ist (Heinze/Schmid 1994). Dies deutet auf eine größere Sensibilität föderativer Systeme für neue gesellschaftliche Interessen hin.

Welchen Beitrag der Föderalismus für die demokratische Legitimation politischer Systeme leistet, kann man erst nach einer Analyse der in Bundesstaaten zusammenwirkenden Strukturen der institutionellen und der gesellschaftlichen Machtverteilung feststellen. Auch die vergleichende Demokratieforschung ist daher auf einen Föderalismusbegriff angewiesen, der nicht nur die Verfassungsordnung, sondern auch die Formen gesellschaftlicher Interessenorganisation und Interessenvermittlung erfasst. Erforderlich wären empirische Analysen der je spezifischen Konfigurationen, die sich aus dem Zusammenwirken von Institutionen und den politischen Organisationen der Gesellschaft ergeben. Erforderlich wären darüber hinaus Untersuchungen zur Ko-evolution von Regierungssystemen und gesellschaftlicher Interessenvermittlung, wobei besonders die aus ungleichzeitigen Entwicklungen resultierenden Strukturinkongruenzen und die dadurch ausgelösten Strukturanpassungen zu beachten wären. Komparative Untersuchungen, die dies leisten, sind allerdings Mangelware. Gleiches gilt für die Theoriebildung, die über die genannten normativen Ansätze bislang kaum hinaus gekommen ist.

5. Zur Frage der Leistungsfähigkeit föderativer Staaten

Genauso unbefriedigend wie zur Interessenvermittlung in Bundesstaaten ist der Stand der Forschung zur Leistungsfähigkeit föderativer Systeme. Das ist auf den ersten Blick deswegen erstaunlich, weil die Frage: „Does federalism make any difference in the way that people are governed?" (Ostrom 1974: 198) schon seit langem im Zentrum der theoretischen und vergleichenden Föderalismusforschung steht. Der Schwerpunkt lag dabei zunächst auf dem Vergleich föderativer und unitarischer Staaten. Vincent Ostrom, von dem die hier genannte Formulierung der Forschungsfrage stammt, führte in einer theoretischen Analyse eine ganze Reihe von Gesichtspunkten auf, die Bundesstaaten gegenüber Einheitsstaaten auszeichnen sollen. William Riker, mit dem sich Ostrom dabei kritisch auseinander setzte, gelangte zu einem anderen Ergebnis. Seine Antwort auf die Frage, ob der föderative Charakter von Regierungssystemen einen Unterschied ausmache, lautet schlicht: „Hardly any at all" (Riker 1969: 145).[18] Heute sind wir nicht viel klüger und haben keine gesicherten empirischen Befunde, um diese Kontroverse entscheiden zu können (vgl. z.B. Wachendorfer-Schmidt 2000). Nach wie vor sind wir auf theoretische Überlegungen angewiesen.

Theoretische Argumente für die Überlegenheit von Bundesstaaten gegenüber Einheitsstaaten stammen in erster Linie aus der ökonomischen Theorie des Föderalismus bzw. von Vertretern des Rational Choice-Ansatzes in der Politikwissenschaft. Neben der Behauptung, dass die machtbegrenzende föderative Verfassung weniger Intervention in die Marktwirtschaft zulasse, die die meisten Ökonomen grundsätzlich für effizienter halten als staatliche Entscheidungen (Weingast 1993), wird dabei auf die Möglichkeit einer aufgabengerechten Zuordnung von Kompetenzen auf große und kleine Territorien hingewiesen (vgl. z.B. Thoeni 1986). Im Hinblick auf die effiziente Allokation öffentlicher Güter gilt Dezentralisierung als vorteilhaft, sofern keine externen Effekte auftreten, keine nationalen Kollektivgüter herzustellen sind und Leistungen auch unter Berücksichtigung von Skalenerträgen in kleinen Einheiten produziert werden können. Maßgeblich für die Optimierung der Kosten-Nutzen-Bilanzen bei staatlicher Aufgabenerfüllung sei der Wettbewerb zwischen dezentralen Einheiten. Er bewirke, dass die Kosten reduziert werden, weil sich konkurrierende Gebietskörperschaften im Niveau der Steuern unterbieten wollten (Steuerwettbewerb). Die Nutzen hingegen würden optimiert, weil Wähler und zuwandernde Unternehmen „best practices" bei öffentlichen Leistungen und Regulierungsentscheidungen honorierten („yardstick competition"; Besley/Case 1995).[19] Die Kosten der Informationsverarbeitung und der Kontrolle (Transaktionskosten) seien bei Dezentralisierung geringer als bei zentraler Kompetenzausübung, die Gefahren einer Bürokratisierung würden minimiert, während der Einfluss der „Kunden" öffentlicher Leistungen maximiert werde. Diese Argumente spielen in der neueren Debatte über den Wettbewerbsföderalismus eine wesentliche Rolle.

Wenn in der wissenschaftlichen und politischen Diskussion aus dieser Theorie Argumente für einen dualen, kompetitiven Föderalismus abgeleitet werden, so werden die

---

18 Der Unterschied im Ergebnis lässt sich darauf zurückführen, dass Ostrom mehr die Demokratievorteile (aber nicht nur diese, sondern auch die Effizienzvorteile) föderativer Systeme betont, während Riker mehr auf die Effekte des policy-making abstellt.

19 Theoretische und empirische Studien zum Wettbewerb zwischen Gebietskörperschaften weisen allerdings darauf hin, dass dessen Wirkungen je nach Gegenstand des Wettbewerbs, je nach Politikfeld und je nach institutionellen Rahmenbedingungen unterschiedlich ausfallen (vgl. Benz, in diesem Band). Allerdings besteht hier noch erheblicher Forschungsbedarf.

Gehalte dieser Theorie allerdings einerseits unzulässig vereinfacht, zum anderen wird die Realität nur aus der normativen Sicht der Ökonomie wahrgenommen und die Komplexität von Bundesstaaten ignoriert.

Die vereinfachende Anwendung der ökonomischen Theorie geht an der Tatsache vorbei, dass diese keineswegs generell eine Dezentralisierung und Ebenentrennung bei der Aufgabenzuweisung rechtfertigt. Zunächst gilt zwar die theoretische Prämisse des fiskalischen Äquivalenzprinzips, nach dem jede Gebietskörperschaft für ihre Aufgaben autonom zuständig sein und zugleich die zur Finanzierung ihrer Aufgaben erforderlichen Mittel aufbringen soll. Darüber hinaus ist aber zu berücksichtigen, dass sich bei der Zuordnung von Aufgaben auf Ebenen ein Optimierungsproblem stellt, wobei die Kosten der Zentralisierung (Informationsverarbeitungskosten, Entscheidungsfindungskosten, unzureichende Berücksichtigung räumlich differenzierter Präferenzen von Bevölkerungsgruppen, Implementationskosten) und die Kosten der Dezentralisierung (wie etwa externe Effekte, Skalenerträge, territoriale Ungleichverteilung) minimiert werden sollen. Eine optimale Aufgabenzuordnung auf Ebenen kann gemeinschaftliche Entscheidungszuständigkeiten oder eine Differenzierung nach Entscheidungs-, Finanzierungs- und Vollzugskompetenzen erforderlich machen (Hansmeyer/Kops 1984). Beides erzeugt Politikverflechtung zwischen den Ebenen eines politischen Systems, eine Tatsache, die in der ökonomischen Föderalismusforschung etwa im Rahmen vieler Studien zu Finanzzuweisungen berücksichtigt wurde (vgl. Mieszkowski/Musgrave 1999). Horizontale Politikverflechtung entsteht, wenn Dezentralisierungskosten durch Kooperation zwischen dezentralen Einheiten vermieden werden sollen (vgl. dazu Ostrom u.a. 1961; Scharpf/Benz 1991).

Die ökonomische Sicht des Föderalismus vernachlässigt aber auch dessen reale, in geschichtlichen Entwicklungsprozessen entstandene Komplexität und seinen konfigurativen Charakter. Zu diesem gehört etwa, dass in einem politischen System bestimmte Wertentscheidungen institutionell verfestigt sind. So dominiert etwa in den USA ein politisches Paradigma, nach dem die Effizienzvorteile der intergouvernementalen Konkurrenz auch auf Kosten sozialer und regionaler Ungleichheit realisiert werden sollen. In den europäischen Wohlfahrtsstaaten hingegen wurde das Effizienzziel durch die Berücksichtigung der Verteilungsgerechtigkeit modifiziert. Dies hat Auswirkungen auf die Kompetenzverteilung, die von den Zielen und Modalitäten der Aufgabenerfüllung abhängt. Verteilungspolitiken erzeugen grundsätzlich entweder Zentralisierung oder vertikale Politikverflechtung, in der zentrale und dezentrale Interessen auszugleichen sind (Peterson u.a. 1986; Peterson 1995). Zweitens wird in ökonomischen Analysen oft übersehen, dass Verflechtungen zwischen Ebenen entstehen können, weil ein Machtausgleich zwischen Territorien und ihren Regierungen gefunden werden muss, Strukturen eines Bundesstaates also nicht einfach durch rationale Effizienzerwägungen zustande kommen. Drittens wird nicht bedacht, dass die Qualität des dezentralen Wettbewerbs, auf die Effizienzvorteile des kompetitiven Föderalismus zurückgeführt werden, wesentlich von der regionalen Wirtschafts- und Sozialstruktur sowie der kulturellen Differenzierung einer Gesellschaft beeinflusst wird. Je größer die Unterschiede zwischen Regionen, desto mehr unterscheiden sich die Aufgaben der Gliedstaaten,[20] die

---

20 Das ist in den so genannten „asymmetrischen" Bundesstaaten (Agranoff 1999; Watts 1999:

dann gar nicht effektiv konkurrieren können. In föderativen Staaten, in denen das Ausmaß an regionaler Vielfalt gering ist, kann Wettbewerb innovationsfördernd wirken. Er trägt unter diesen Umständen allerdings nicht unbedingt zur regionalen Differenzierung bei, sondern führt über die Diffusion von neuen Ideen immer wieder zur Vereinheitlichung dezentraler Politik (vgl. Schmid, in diesem Band). In regional diversifizierten föderativen Systemen ist die Realisierung des Wettbewerbs dagegen wenig sinnvoll, wenn dieser zwischen ungleichen Gebieten stattfindet (Wintrobe 1987: 13).

Generelle Aussagen über die Leistungsfähigkeit von Bundesstaaten im Vergleich zu Einheitsstaaten lassen sich aus diesen theoretischen Analysen also kaum gewinnen, allenfalls liefern sie Kategorien, die in empirischen Untersuchungen verwendet werden können. Noch geringer fällt ihr Ertrag aus, wenn spezifische Typen von Bundesstaaten miteinander verglichen werden. Die ökonomische Theorie geht einerseits vom Ideal einer Trennung zwischen Ebenen und Territorien aus, weil nur so die Äquivalenz von Entscheidungs- und Finanzierungsverantwortung sowie eine gleichzeitige Berücksichtigung aller Nutzen und Kosten einer Entscheidung möglich sind. Andererseits liefert sie zahlreiche Argumente, die für eine Verflechtung der Ebenen sprechen, sei es durch kooperative Aufgabenerfüllung oder durch Finanzzuweisungen. Aber sie begründet beides mit Erwägungen, die nicht auf institutionelle Besonderheiten von Bundesstaaten Rücksicht nehmen. Zieht man darüber hinaus in Betracht, dass für die Leistungsfähigkeit von Staaten nicht allein ihre Institutionenordnung den Ausschlag gibt, was ja nach allen politikwissenschaftlichen Erkenntnissen offensichtlich ist, dann erweist sich eine Föderalismustheorie, die nur formale Strukturen mit einem abstrakten Modell erfasst, als wenig hilfreich.

Angesichts der realen Komplexität föderativer Systeme und der in allen Bundesstaaten festzustellenden Verflechtungsprozesse zwischen den Ebenen ist es nicht erstaunlich, dass sich die empirische Politikforschung primär mit den Folgen von Politikverflechtung und intergouvernementalen Beziehungen für die Steuerungs- und Leistungsfähigkeit von Staaten befasste. Vergleichende Analysen sind allerdings selten. Der Grund liegt in den Schwierigkeiten der vergleichenden Föderalismusforschung, die bereits charakterisiert wurden. Diejenigen Analysen, die für einzelne Bundesstaaten überzeugende Erkenntnisse erbrachten, lassen sich nicht einfach auf andere föderative Systeme übertragen, sind zudem oft auf bestimmte Politikfelder begrenzt. Analyseansätze, die für die vergleichende Forschung geeignet sind, können hingegen nur einzelne Merkmale von Institutionen erfassen und vernachlässigen damit den konfigurativen Charakter des Föderalismus.

Die erste Bemerkung trifft auf die Politikverflechtungstheorie von Fritz W. Scharpf und die darauf beruhenden empirischen Untersuchungen zum kooperativen Föderalismus in der Bundesrepublik Deutschland zu (Scharpf u.a. 1976; Scharpf 1994). Diese müssen, auch im Vergleich mit Arbeiten zu anderen Staaten, nach wie vor zu den ela-

---

63–68) natürlich besonders der Fall. In ihnen üben die Gliedstaaten unterschiedliche Kompetenzen aus und können daher bestenfalls in Teilbereichen konkurrieren. Aufgaben der Gliedstaaten werden aber nicht nur durch die formalen Kompetenzregeln bestimmt (sie bestimmen Rechte zum Handeln), sondern auch durch die tatsächlichen Probleme (sie bestimmen Handlungserfordernisse), und diese können unabhängig von der Kompetenzordnung regional differieren.

borierntesten Analysen der Steuerungs- und Leistungsfähigkeit eines Bundesstaates gerechnet werden. Dass die Ergebnisse dieser Untersuchungen vielfach kritisiert wurden, ändert nichts am theoretischen und analytischen Gehalt des verwendeten Ansatzes. Die Aussagen der Politikverflechtungstheorie werden in wissenschaftlichen und praktischen Diskussionen oft stark verkürzt wiedergegeben. Scharpf jedenfalls hat darauf aufmerksam gemacht, dass die institutionalisierten multilateralen Verhandlungssysteme im kooperativen Bundesstaat, die eine Zustimmung fast aller Beteiligten erfordern, zwar für Entscheidungsblockaden anfällig sind, aber Blockaden durch geeignete Entscheidungsstrategien vermieden werden. Das Ergebnis dieser Strategien (und nicht ein vermeintlicher politischer Stillstand) bestimmt die Steuerungsfähigkeit im institutionellen Arrangement der Politikverflechtung. Die „Auswege aus der Politikverflechtungsfalle", auf die in der Literatur inzwischen hingewiesen wird (Benz 1985, 1998; Héritier 1999; Lehmbruch 2000; Pierson 1995: 461–462), wurden in der ursprünglichen Politikverflechtungstheorie also bereits mit bedacht. Ihr eigentliches Problem liegt in der begrenzten Reichweite. Die aus ihrer Übertragung auf die Europäische Gemeinschaft resultierenden Erkenntnisse (Scharpf 1985) hat Scharpf inzwischen deutlich differenziert, und dies nicht nur, weil sich die institutionellen Bedingungen der europäischen Politik seit seinen ersten Studien zum Thema verändert haben (Scharpf 1999). Nicht besonders erstaunlich ist auch, dass die Politikverflechtungstheorie in der Föderalismusforschung anderer Staaten wenig aufgegriffen wurde. Das von Scharpf untersuchte Muster intergouvernementaler Beziehungen ist typisch für den deutschen Bundesstaat, da es institutionalisierte, multilaterale und durch parteipolitische Konfrontationen bzw. regionale Verteilungsinteressen dominierte Verhandlungssysteme betrifft, wie sie in der zustimmungspflichtigen Gesetzgebung, in den Gemeinschaftsaufgaben nach Art. 91a GG oder im Bereich des Steuerverbunds und des Finanzausgleichs bestehen. Die Verflechtungsstrukturen in anderen Bundesstaaten sind in der Regel weniger institutionell verfestigt, d.h. sie erfordern freiwillige Kooperation der Beteiligten, zwingen aber nicht zu einer Einigung, sie erlauben bilaterale Vereinbarungen oder Sonderlösungen für einzelne Gliedstaaten („opting-out") und sie ermöglichen die Verlagerung von Entscheidungen von einer Arena zu einer anderen (am Beispiel Kanadas: Painter 1991). Zudem bestehen in anderen Bundesstaaten Rahmenbedingungen, die den Erfolg von Kooperation begünstigen (vgl. zur Schweiz: Armingeon 2000; Neidhart, in diesem Band).

Theorien, die für vergleichende Untersuchungen geeignet sind oder hierfür entwickelt wurden, leiden dagegen darunter, dass sie föderative Strukturen und Prozesse nur sehr abstrakt beschreiben. Das gilt für die Theorie des dynamischen Föderalismus (Benz 1985; Hesse/Benz 1990), welche die Bedeutung von Leitideen der Politik für die Reform- und Anpassungsfähigkeit von Bundesstaaten betont, aber auch für die neuerdings viel diskutierte Vetospieler-Theorie von George Tsebelis (Tsebelis 1995, 1999, 2000). Letztgenannte erfasst die institutionellen Strukturen nur insoweit, als sie Akteuren ein Veto-Recht gegen Entscheidungen erlauben. Die Anwendung der Blockademacht wird dabei allenfalls mit internen Entscheidungsprozessen der kollektiven Akteure erklärt, es wird aber nicht berücksichtigt, welchen externen Einflüssen diese ausgesetzt sind, welche strategischen Überlegungen sie anstellen und welche blockadelösenden Mechanismen vorhanden sind. Der zweifellos anzuerkennende Vorteil der Theorie, auf unterschiedliche Regierungssysteme anwendbar zu sein und damit einen genuin für die komparative Forschung geeigneten Ansatz zu liefern, wird also erkauft mit dem Nachteil einer zu starken Vereinfachung der Funktionsweise von politischen Systemen. Gerade für die vergleichende Föderalismusforschung, in der verschiedene Typen von Bundesstaaten von Interesse sind, erweist sie sich als problematisch, da sich diese Staaten hinsichtlich der Existenz von Vetospielern oft kaum, in anderen Aspekten ihrer Konfiguration allerdings oft deutlich unterscheiden.

Die Problematik einer Reduktion von föderativen Systemen auf wenige Variablen zeigt sich auch in empirischen Untersuchungen, die in der Tradition der vergleichenden Staatstätigkeitsforschung stehen (Castles 2000; Keman 2000). Diese spiegeln die Schwierigkeit wider, Strukturen eines Bundesstaates (oder auch von Einheitsstaaten) mit Variablen wie Zentralisierung oder Dezentralisierung angemessen zu beschreiben. Dementsprechend sind die Untersuchungsergebnisse zur Leistungsfähigkeit von Bundesstaaten nicht eindeutig. Die Differenzierung zwischen Einheitsstaaten und Bundesstaaten jedenfalls wird von den Vertretern dieser Forschungsrichtung als wenig tragfähig angesehen: „The distinction federal-unitary is indeed a matter of degree and they should therefore not be considered as mutually exclusive concepts. Instead one should focus more explicitly on how the ‚right to decide' per se is organized in the democratic policy" (Keman 2000: 223). Damit ist auch auf die Notwendigkeit hingewiesen, zwischen Bundesstaaten zu differenzieren.

Angesichts des insgesamt unbefriedigenden Forschungsstands bedarf es einer grundlegenden Überprüfung der vorliegenden Ansätze. Dabei ist zu bedenken, dass die Frage nach der Leistungsfähigkeit vermutlich nicht auf Staaten insgesamt bezogen werden kann und insofern weder die Unterscheidung zwischen Einheitsstaat und Bundesstaat noch die zwischen unterschiedlichen Typen von Bundesstaaten einen Sinn macht. Anders als die Demokratie ist die Leistungsfähigkeit keine durch Systemmerkmale bestimmte Größe, sie variiert vielmehr nach Politikfeldern, Problemen und Aufgaben (vgl. auch Braun 2002). Gerade aus diesem Grund sind institutionelle Strukturen eines Bundesstaates auch nicht in allen Politikfeldern identisch, und im Vergleich zwischen Bundesstaaten können zwischen Politikfeldern unterschiedliche Kompetenzverteilungen oder intergouvernementale Beziehungen bestehen. Bei aggregierter Betrachtung, wie sie die ökonomische Theorie des Föderalismus, die Vetospieler-Theorie oder die vergleichende Staatstätigkeitsforschung nahe legen, können diese Unterschiede nicht berücksichtigt werden.[21] Im Übrigen lassen sich Maßstäbe zur Bestimmung von Leistungsfähigkeit nur für konkrete Aufgaben (Ziele, Normen) hinreichend genau definieren.

Es spricht daher vieles dafür, empirische Untersuchungen der komparativen Föderalismusforschung auf Fallstudien zu stützen. Vergleiche sind dann in zweierlei Hinsicht sinnvoll: Entweder man vergleicht innerhalb eines Politikfeldes unterschiedliche Staatsorganisationen (vgl. Braun, in diesem Band; ferner Braun 2000) oder man vergleicht für einen Bundesstaat unterschiedliche Politikfelder (z.B. Wachendorfer-Schmidt 1999). In beiden Fällen verzichtet man darauf, Staaten auf Grund ihrer Verfassungsordnung als mehr oder weniger leistungsfähig zu qualifizieren, und interessiert

---

21 Vielversprechend erscheint hingegen der Vorschlag von Scharpf, in Mehrebenensystemen (zu denen föderative Staaten zu rechnen sind) die Analyse nach Entscheidungsmodi zu differenzieren, für diese Theoriemodule zu erarbeiten, aus denen dann die Theorie des Mehrebenensystems (bzw. der Politik im Föderalismus) zusammengesetzt wird (Scharpf 2000).

sich für die Art und Weise, wie unter bestimmten institutionellen Bedingungen besondere Probleme gelöst bzw. bearbeitet werden. Dabei ist wahrscheinlich, dass sich bestimmte föderative Arrangements für ein Politikfeld eignen, für andere aber nicht. Diese Variationen in der Leistungsfähigkeit von Staaten sollte man nicht durch eine zu hohe Abstraktion der Analyse verdecken.

Dies würde bedeuten, dass man die Wirkung institutioneller Bedingungen im Sinne einer durch die Policyanalyse aufgeklärten, zugleich die historische Entwicklung und Dynamik von föderativen Systemen berücksichtigende Institutionentheorie erklärt. Politikergebnisse können demnach nicht aus der Wirkung von Institutionen direkt abgeleitet werden, sie resultieren vielmehr aus dem strategischen Umgang von Akteuren mit Institutionen, die zum einen für die jeweiligen Probleme und Konfliktsituationen geeignete Lösungsstrategien suchen, zum anderen aber auch nach Machterwerb und nach Erhaltung ihrer Macht streben. Gleichzeitig ist davon auszugehen, dass Institutionen nicht beliebig variierbar sind, sondern sich pfadabhängig entwickeln, sie also gleichsam historisch verfestigte „constraints" bilden und ihre Dynamik dadurch eingeschränkt wird.

Eine derartige Forschungsstrategie impliziert, dass man die Frage nach der Leistungsfähigkeit föderativer Systeme – anders als die Frage nach der Qualität der Interessenvermittlung und der demokratischen Strukturen im Bundesstaat – nicht mehr auf Staatsorganisationen generell, also auf die Unterscheidung zwischen Einheitsstaaten und Bundesstaaten oder bestimmte Typen von Bundesstaaten bezieht, sondern auf politikfeldspezifische Strukturen föderativer (oder auch nicht-föderativer) Staaten. Hinsichtlich der Politikergebnisse und der politischen Steuerungsfähigkeit scheint nämlich die Frage „does federalism matter" zu allgemein gestellt zu sein. Den Unterschied machen konkrete institutionelle Arrangements für einzelne Politikfelder, etwa Formen der Kompetenzaufteilung, der Ressourcenaufteilung bzw. Finanzbeziehungen zwischen Ebenen, der Politikverflechtung bzw. der intergouvernementalen Beziehungen oder der Verbindung föderativer, demokratischer oder anderer Regelsysteme aus. Die Theoriebildung über die Aufgabenerfüllung (policy-making) in Bundesstaaten muss sich folglich darauf beschränken, bereichsspezifische Ansätze zu entwickeln. Insofern ist die Theorie der Politikverflechtung von Scharpf immer noch vorbildlich. Der Versuch einer Generalisierung solcher Theorien für alle föderativen Systeme muss jedoch scheitern, da die strukturellen Konfigurationen zu unterschiedlich sind, zumindest wenn man nicht nach Politikfeldern differenziert. Fallstudien, die auf der Grundlage eines stringenten Analyserahmens durchgeführt werden („analytical narratives"; Bates u.a. 1998) mit dem Ziel, die in den jeweiligen Politikfeldern wirkenden „Logiken" der Institutionen und der Interaktionen staatlicher und gesellschaftlicher Akteure zu ermitteln, bieten vermutlich die beste Strategie für die Erforschung der Frage, welche Leistungen föderative Systeme bringen und welche nicht.

6. Zu den Beiträgen in diesem Band

Mit den Beiträgen, die wir für diesen Band zusammengestellt haben, wollten wir wichtige Bereiche der komparativen Föderalismusforschung abdecken. Dass uns dies nur zum Teil gelang, hängt einerseits mit der Breite des Themas zusammen, zum anderen aber auch damit, dass sich in Sammelbänden nie die Absichten der Herausgeber vollständig realisieren lassen. Wie jedes Buch hat auch dieses seine besondere Geschichte, die hier nicht im Einzelnen erläutert werden muss. Das Ergebnis entspricht aber im Wesentlichen unseren Intentionen.

Eine thematische Einschränkung haben wir bewusst vorgenommen. In diesem Band werden nur die wichtigsten Bundesstaaten berücksichtigt, die man zu den „alten" Föderationen rechnen kann. Damit hat man es zugleich nur mit entwickelten Industriestaaten und Demokratien zu tun. Als vordringlich erschien es uns zudem, mit Kanada, den USA, der Schweiz und der Bundesrepublik Deutschland vier unterschiedliche Typen von Bundesstaaten einzubeziehen. Aus pragmatischen Gründen war es nicht möglich, alle Autorinnen und Autoren auf die gleichen Bundesstaaten festzulegen. Das hielten wir aber auch nicht für notwendig, geht es doch hier nicht um die Überprüfung von Hypothesen, sondern um einen Überblick über ausgewählte Studien der entwicklungsgeschichtlichen und vergleichenden Föderalismusforschung.[22]

Die Beiträge im ersten Teil befassen sich mit den historischen Entwicklungen von föderativen Staaten. In vier Länderstudien werden die Entwicklungspfade der vier wichtigsten Bundesstaaten analysiert. Die Ansätze der Verfasser sind nicht identisch, und gerade dadurch werden unterschiedliche Aspekte der Dynamik des Bundesstaats betont. *Gerhard Lehmbruch* argumentiert auf der Grundlage eines Sequenzmodells des Staatsbildungsprozesses, das die konkrete Ausprägung des deutschen Bundesstaates als Ergebnis einer pfadabhängigen Entwicklung erklärt, deren Richtung durch politische Entscheidungen in Krisen („critical junctures") bestimmt wird. Die Besonderheiten des unitarischen Bundesstaates führt Lehmbruch auf Strukturbildungen und die Ausprägung kultureller Orientierungen zurück, die bereits im 19. Jahrhundert im Wesentlichen festlagen. Die Pfadabhängigkeit der institutionellen Arrangements und deren Verankerung in gesellschaftlichen Wertvorstellungen stellten nach dieser Argumentation zumindest in der Vergangenheit ein unüberwindliches Hindernis für eine Transformation des Bundesstaates in Richtung auf einen Wettbewerbsföderalismus dar, die Auflösung der unitarischen Orientierungen lässt aber in Zukunft institutionelle Änderungen wahrscheinlich werden. *Leonhard Neidhart* stellt für die Schweiz die Auswirkungen der räumlichen Kleinheit, der Ressourcenknappheit und der sprachlichen Vielfalt als Faktoren heraus, die die Entwicklung des Bundesstaates erklären können. Ferner beschreibt er den Föderalismus als ein Element in einem komplexen Regierungssystem, in dem vor allem die Konkordanz zwischen den politischen Eliten und die direkte Demokratie zu eigentümlichen Folgen führen. Unter diesen Bedingungen habe sich der schweizerische Bundesstaat notwendigerweise in Richtung auf einen kooperativen Fö-

---

22 Ausgeklammert haben wir auch die EU, die vielfach als föderatives System bezeichnet wird oder von der behauptet wird, sie befinde sich auf dem Weg zu einem Bundesstaat. Ob dies zutrifft oder nicht, ist Gegenstand der Europaforschung. Klar ist, dass die EU ein eigentümliches politisches System darstellt, dessen endgültige Gestalt die künftige Entwicklung zeigen wird. Mit diesem Sonderfall wollten wir den vorliegenden Band nicht befrachten. Dass die vergleichende Föderalismusforschung Wesentliches zum Verständnis der EU beitragen kann, ist selbstverständlich nicht zu leugnen und wird hier auch nicht ignoriert (vgl. Burgess 2001; McKay 2001).

deralismus entwickelt, der durch Institutionen des Regierungssystems sowie des Parteien- und Verbändesystems unterstützt werde und sich deshalb durch eine bemerkenswerte Stabilität auszeichne. *John Kincaid* beschreibt die Geschichte des amerikanischen Bundesstaates als Prozess, dessen Phasen durch einen von Beginn an ungelösten Konflikt zwischen divergierenden Föderalismuskonzepten erklärt werden können. Diese Konzepte beruhten auf zwei grundlegenden Leitideen der amerikanischen Politik, der individualistischen Orientierung an „people" einerseits und der kollektivistisch-regionalistischen Orientierung an „places" andererseits. Erstere begründe die Politik des Bundes, während die Zweite für einen Vorrang der Einzelstaaten spräche. Der institutionelle Rahmen der amerikanischen Verfassung sei durch politische Entscheidungen sowie durch die Rechtsprechung des Obersten Bundesgerichts unter dem Einfluss wechselnder politischer Föderalismusideen ausgefüllt worden, und dadurch sei die Entwicklung des Bundesstaates wesentlich bestimmt worden. *Ronald L. Watts* stellt für Kanada die ungelöste Spannung zwischen Verfassungsordnung und gesellschaftlichen Aufgabenstellungen in den Mittelpunkt seiner Analyse. Sie resultiere aus dem Widerspruch zwischen einer zentralisierten Verfassungsordnung und den ausgeprägten wirtschaftlichen, sozialen und kulturellen Differenzierungsprozessen. Anders als dies vielfach behauptet wird, sei der kanadische Föderalismus in der Lage, diese Spannungslage durch pragmatische intergouvernementale Politiken zu bewältigen, während alle Versuche einer Verfassungsreform gescheitert seien.

Im zweiten Teil finden sich Artikel, die sich mit der institutionellen Abbildung von gesellschaftlichen Konfliktstrukturen im Bundesstaat sowie mit dem Zusammenhang zwischen föderativer Institutionenordnung und der Interessenorganisation und Interessenvermittlung durch Parteien und Verbände befassen. Hier steht also nicht die Bewertung des Bundesstaates in Bezug auf normative Demokratietheorien im Vordergrund, sondern die Analyse der Interdependenzen und Interaktionen zwischen Staat und organisierter Gesellschaft. Dabei unterstellen wir, dass deren Verständnis die erste Voraussetzung für die Frage nach der Korrespondenz zwischen Föderalismus und Demokratie ist. Fundamental ist dabei die Rolle der Parteien und des Parteiensystems. *Edgar Grande* untersucht in einem Vergleich von sechs Staaten die Auswirkungen von Parteiensystemen auf die Politik im Föderalismus, auf deren Bedeutung in der komparativen Föderalismusforschung vor allem William Riker (1964) aufmerksam gemacht hat. Dabei stellt er eine für die komparative Föderalismusforschung geeignete Typologie von Parteiensystemen vor. Grande argumentiert im Weiteren, dass die Problemlösungsfähigkeit von Bundesstaaten maßgeblich von der Kombination aus Parteiensystem und Ausprägung der Politikverflechtung abhänge. Hierzu entwickelt er Hypothesen, die als Grundlage empirischer Forschung dienen können. *Klaus Armingeon* überprüft in einer quantitativen Untersuchung die These, dass zwischen Staatsorganisation und Strukturen des Verbändesystems eine Korrespondenz bestehe. Er bestätigt diese These anhand seiner Daten insofern, als er in dezentralisierten Bundesstaaten in der Tat überwiegend föderativ organisierte und dezentralisierte Verbände feststellt. In unitarischen Bundesstaaten ähnelten Verbandsstrukturen allerdings denen, die man auch in Einheitsstaaten findet. Über die Erklärung der Zusammenhänge ist damit nichts ausgesagt, wohl aber wird die Notwendigkeit bestätigt, dass man zwischen Bundesstaaten differenzieren muss. *Ferdinand Karlhofer* untersucht, wie sich Verhandlungssysteme zwischen Staat und Verbänden in Prozessen der Regionalisierung verändert haben. Am Beispiel Österreichs, der Schweiz und Deutschlands zeigt er, dass Sozialpartnerschaften auf der Ebene der Länder bzw. Kantone gegenüber dem zentralstaatlichen Korporatismus an Gewicht gewonnen haben. Allerdings sei nicht sicher, ob sie auch stabilisiert werden könnten. Dies hänge nicht zuletzt von der Zielsetzung des regionalen Korporatismus ab. *Rainer-Olaf Schultze* und *Tanja Zinterer* befassen sich in einem Fünf-Länder-Vergleich ebenfalls mit Regionalisierungsprozessen, allerdings geht es ihnen um die Frage, wie in Bundesstaaten regionale Interessen und Konflikte abgebildet werden und wie sich die unterschiedlichen institutionellen Formen der Bewältigung regionaler Interessenkonflikte im Prozess der Globalisierung verändern. Im Ergebnis stützen sie die These einer Stärkung der regionalen Ebene, sehen also eine Entwicklung, die zu einer Stabilisierung des Föderalismus beitragen kann.

Im dritten Teil des Bandes wird die Politikentwicklung (policy-making) in föderativen Systemen untersucht. Entsprechend den im Abschnitt 5 dargelegten Überlegungen präsentieren die ersten drei Artikel Politikfeldstudien, teilweise für einzelne Bundesstaaten, teilweise auch für mehrere Bundesstaaten im Vergleich. Die regulative Politik ist Gegenstand des Beitrags von *Peter Knoepfel*. Er argumentiert auf der Grundlage einer empirischen Untersuchung der schweizerischen Umweltpolitik, dass die hier relevanten raumbezogenen Aufgaben in Zusammenarbeit zwischen den Ebenen des Bundesstaates sowie zwischen öffentlichen und privaten Akteuren bearbeitet werden müssen. Sie erforderten also vertikale und horizontale Verflechtungsstrukturen, die weder mit dem existierenden Modell des Vollzugsföderalismus noch mit dem Reformmodell des Wettbewerbsföderalismus in Einklang zu bringen seien. Knoepfel liefert damit wichtige, in der bisherigen Diskussion nicht berücksichtigte Argumente, die gegen pauschale Forderungen nach einer Ebenenentflechtung sprechen. In der Sache zu einem ähnlichen Ergebnis, aber mit einer ganz anderen Begründung kommt *Josef Schmid* in seiner Studie zur Sozialpolitik im deutschen Bundesstaat. Er setzt sich zunächst mit dem Stand der vergleichenden Sozialpolitikforschung auseinander, in der zwar ein negativer Zusammenhang von Föderalismus und Entwicklung der Sozialausgaben behauptet wird, aber eigentlich, wie schon Paul Pierson feststellte, die Auswirkungen des Föderalismus bislang nicht hinreichend empirisch untersucht wurden (Pierson 1995: 450).[23] Für den deutschen Wohlfahrtsstaat, der trotz einer föderativen Verfassung entstanden sei und der daher in komparativer Sicht als abweichender Fall gelten müsse, zeigt Schmid am Beispiel der Arbeitsmarktpolitik, dass bei Beachtung von sozialen Dienstleistungen sich die Standardthese einer Zentralisierung in Wohlfahrtsstaaten nicht halten lässt. Zudem erlaube der deutsche Bundesstaat in diesem Bereich mehr Wettbewerb als gemeinhin angenommen wird – einen Wettbewerb, der Innovationen begünstige, die sich dann über horizontale Diffusionsprozesse auf alle Länder verbreiten würden. *Dietmar Braun* untersucht am Beispiel der Finanzpolitik, ob die institutionellen Strukturen eines Bundesstaates die politische Steuerungsfähigkeit beeinträchtigen und ob sich Bundesstaaten hierbei unterscheiden. Er zeigt, dass für die Beantwortung dieser Frage die Betrachtung der formalen Kompetenzverteilung nicht ausreicht, sondern die Praxis der intergouvernementalen Koordination zu berücksichtigen ist. Dabei vermutet er, dass Interaktions-

---

23 „Comparative work on federalism is rare – and comparative research on the consequences of federalism for social policy is non-existent" (Pierson 1995: 450).

strategien der zentralen und dezentralen Regierungen in „kooperativen" Bundesstaaten andere Interaktionsmuster erzeugen als in „kompetitiven" Bundesstaaten und dass deren Effektivität im Hinblick auf die Steuerungsziele unterschiedlich zu bewerten sei. Der letzte Beitrag in dieser Abteilung bezieht sich nicht auf ein Politikfeld im engeren Sinne, sondern auf eine spezifische Problemkonstellation. *Tanja A. Börzel* behandelt die Herausforderungen, die für das Regieren in Bundesstaaten unter den Bedingungen der Europäisierung und Globalisierung erwachsen. Sie zeigt am Beispiel europäischer Bundesstaaten, dass die ökonomische Logik der Globalisierung (oder Denationalisierung) innerhalb von Bundesstaaten einen politischen Dezentralisierungstrend ausgelöst habe. Entgegen vielen Vermutungen seien also nicht die zentralisierenden und einheitsbildenden Kräfte gestärkt worden, weshalb die Existenz von Bundesstaaten nicht gefährdet sei.

7. Zur wissenschaftlichen und praktischen Relevanz der vergleichenden Föderalismusforschung

Der vorliegende Band soll auf die Notwendigkeit historisch und international vergleichender Untersuchungen zum Föderalismus, dabei aber auch auf die Möglichkeiten und Grenzen des Vergleichs aufmerksam machen. Vor allem in der Politikwissenschaft wird in diesem Bereich noch zu wenig gearbeitet. Publikationen, die in den letzten Jahren erschienen sind (Braun 2000; Wachendorfer-Schmidt 2000), erfüllen eine wegweisende Funktion, können aber die bestehende Forschungslücke nicht schließen. Die *wissenschaftliche Relevanz* der vergleichenden Forschung ist allein deswegen wohl kaum zu bestreiten. Notwendig ist dabei die stärkere Berücksichtigung der historischen Entwicklung und der Pfadabhängigkeit föderativer Systeme. Wichtig ist des Weiteren, dass Bundesstaaten als komplexe Konfigurationen untersucht werden, deren demokratische Qualität vom Zusammenwirken zwischen der föderativen Institutionenordnung mit den anderen Elementen des Regierungssystems abhängt. Ihre Fähigkeit zur Bewältigung öffentlicher Aufgaben lässt sich dagegen nur erschließen, wenn man die Variationen von institutionellen Strukturen nach Politikfeldern beachtet. Im Hinblick auf die Methode der empirischen Föderalismusforschung, die der Frage nach der Steuerungsfähigkeit nachgeht, spricht dies eher für die Nutzung von vergleichenden Fallstudien als für quantitative Ansätze der vergleichenden Staatstätigkeitsforschung. Für die Theoriebildung bedeutet dies, hinreichend differenzierte Analyseansätze zu nutzen, die sowohl die Unterschiede zwischen Politikfeldern als auch den strategischen Gebrauch variabler Strukturen in der Mehrebenenpolitik berücksichtigen (vgl. Painter 1991; am Beispiel des Mehrebenensystems der EU: Benz 2002; Scharpf 2000).

Die vergleichende Föderalismusforschung hat aber auch eine erhebliche praktische Bedeutung (vgl. dazu den abschließenden Beitrag von Benz). Zwar scheinen die Themen, die im Vorangehenden erörtert wurden, eher theoretischer Natur zu sein und sich nicht mit den konkreten Problemen etwa des deutschen Bundesstaates zu befassen. Allerdings wird hierzulande die öffentliche Föderalismusdiskussion, soweit sie auf eine grundlegende Reform des Bundesstaates zielt, oft implizit in einer vergleichenden Perspektive geführt. Meistens liefert das Modell des gewaltenteiligen amerikanischen Bundesstaates die Maßstäbe, nach denen man den deutschen Föderalismus bewertet. Das gilt besonders in der derzeitigen verfassungspolitischen Diskussion, wenn die sehr weit reichenden Reformpostulate auf eine Föderalismustheorie gestützt werden, deren Prämissen am ehesten in den USA gültig sind, in dem Land also, in dem diese Theorie entwickelt wurde.

Angesichts der immer wieder festgestellten Unfähigkeit des deutschen Bundesstaates zur Entwicklung neuer Politiken und zur institutionellen Reform, die besonders eindrucksvoll im Theorem der „Politikverflechtungsfalle" (Scharpf 1985) beschrieben wurde, mag nun nahe liegen, auf ein ganz anderes föderatives System zu verweisen, das angeblich nicht in dieser Falle gefangen ist. Dann aber ignoriert man, dass komplexe Systeme, wie sie Bundesstaaten nun einmal darstellen, sich in einer langen Geschichte pfadabhängig entwickelt haben und nicht einfach technokratisch gestaltbar sind. Eine Reformpolitik, die die Bedingungen der Entwicklung von Verfassungsinstitutionen außer Acht lässt, ist zwangsläufig zum Scheitern verurteilt. Auf diese Bedingungen kann aber die historisch und international vergleichende Forschung hinweisen. Sie kann zudem zeigen, dass auch die zum Vorbild gewählten Bundesstaaten ihrer eigenen Entwicklungsdynamik unterliegen und in der Realität ganz anders funktionieren, als dies in Theorien und in vereinfachenden Beschreibungen externer Beobachter oft unterstellt wird.

Was sowohl in der politischen und normativen Debatte als auch in der politikwissenschaftlichen Föderalismusforschung ebenfalls nicht hinreichend wahrgenommen wird, ist die Tatsache, dass auch ohne eine Änderung formaler Institutionen ein schleichender Wandel des Föderalismus bereits in Gang ist. Es spricht vieles für die Vermutung, dass das unzureichende Verständnis dieser Veränderungen in der Politikwissenschaft nicht zuletzt einer analytischen Engführung zuzuschreiben ist, die besonders in der deutschen Föderalismusforschung festzustellen ist: Diese befasst sich noch immer vorwiegend mit formalen Institutionen bzw. den Interaktionen zwischen staatlichen Organisationen und Akteuren, und zwar selbst in Arbeiten, die die herkömmliche Sichtweise der staatsrechtlichen Föderalismustheorie durchbrochen haben. Der gesellschaftlichen Einbettung der bundesstaatlichen Institutionen schenkt sie dagegen systematisch zu wenig Aufmerksamkeit. Deshalb vermag sie zwar Reformwiderstände im bundesstaatlichen System theoretisch zu erfassen, aber nicht die realen Veränderungsprozesse, die etwa durch Veränderungen im Parteiensystem, in den Strukturen der gesellschaftlichen Interessenvermittlung oder in dominierenden politischen Werten ausgelöst werden können. Sie erkennt ferner nicht, dass in einzelnen Politikfeldern im Zusammenwirken zwischen staatlichen und gesellschaftlichen Akteuren bereits Strukturveränderungen ablaufen, mit denen auf sich wandelnde Problemlagen reagiert wird. Diese können den abstrakten Reformmodellen entgegenlaufen, was dann bedeuten würde, dass die Föderalismusreform negative Folgeeffekte in diesen Bereichen erzeugen würde (vgl. Knoepfel, in diesem Band). Sie können aber auch bewirken, dass Elemente von Reformmodellen pragmatisch umgesetzt werden, was dann gegen die These einer Strukturverfestigung sprechen würde (vgl. Schmid, in diesem Band).

Diese Zusammenhänge zu ermitteln, bedarf es verstärkter Bemühungen um die historisch und international vergleichende Föderalismusforschung. Der vorliegende Band soll hierzu einen Beitrag leisten.

Literatur

Agranoff, Robert (Hrsg.), 1999: Accommodating Diversity: Asymmetry in Federal States. Baden-Baden.
Aldecoa, Francisco/Keating, Michael (Hrsg.), 1999: Paradiplomacy in Action. The Foreign Relations of Subnational Governments. London/Portland.
Althusius, Johannes, 1614/1995: Politica, an Abridged Translation of Politics Methodically Set Forth and Illustrated with Sacred and Profane Examples, herausgegeben und übersetzt von *Frederick S. Carney*. Indianapolis (Erste Veröffentlichung 1603, 2. überarb. Aufl.: 1614).
Armingeon, Klaus, 2000: Swiss Federalism in Comparative Perspective, in: *Ute Wachendorfer-Schmidt* (Hrsg.), Federalism and Political Performance. London/New York, 112–129.
Auel, Katrin, 2002: Der Beitrag der regionalen Ebene zur demokratischen Legitimation des europäischen Mehrebenensystems. Eine Analyse regionaler Entscheidungsprozesse im Rahmen der europäischen Strukturpolitik. Diss. FernUniversität Hagen.
Bakvis, Herman/Chandler, William M., 1987: Federalism and Comparative Analysis, in: *Herman Bakvis/William M. Chandler* (Hrsg.), Federalism and the Role of the State. Toronto, 3–11.
Bakvis, Herman/Chandler, William M. (Hrsg.), 1987a: Federalism and the Role of the State. Toronto.
Bates, Robert/Greif, Avner/Levi, Margaret/Rosenthal, Jean-Laurent/Weingast, Barry R., 1998: Analytic Narratives. Princeton.
Beer, Samuel H., 1977: A Political Scientist's View of Fiscal Federalism, in: *Wallace E. Oates* (Hrsg.), The Political Economy of Fiscal Federalism. Lexington/Mass., 21–46.
Benz, Arthur, 1985: Föderalismus als dynamisches System. Zentralisierung und Dezentralisierung im föderativen Staat. Opladen.
Benz, Arthur, 1998: Postparlamentarische Demokratie? Demokratische Legitimation im kooperativen Staat, in: *Michael Th. Greven* (Hrsg.), Demokratie – Eine Kultur des Westens? Opladen, 201–222.
Benz, Arthur, 1998a: Politikverflechtung ohne Politikverflechtungsfalle – Koordination und Strukturdynamik im europäischen Mehrebenensystem, in: Politische Vierteljahresschrift 39, 558–589.
Benz, Arthur, 1999: From Unitary to Asymmetric Federalism in Germany: Taking Stock after 50 Years, in: Publius. The Journal of Federalism 29, 55–78.
Benz, Arthur, 2002: Mehrebenenverflechtung in der Europäischen Union, in: *Markus Jachtenfuchs/Beate Kohler-Koch* (Hrsg.), Europäische Integration. 2. Aufl., Opladen (i.E.).
Benz, Arthur/Fürst, Dietrich/Kilper, Heiderose/Rehfeld, Dieter, 1999: Regionalisierung. Theorie – Praxis – Perspektiven. Opladen.
Besley, Timothy/Case, Anne, 1995: Incumbent Behavior: Vote-Seeking, Tax-Setting, and Yardstick Competition, in: American Economic Review 85, 25–45.
Blatter, Joachim, 2000: Entgrenzung der Staatenwelt? Politische Institutionenbildung in grenzüberschreitenden Regionen in Europa und Nordamerika. Baden-Baden.
Blatter, Joachim, 2001: Nationale Souveränität und nationalstaatliche Monopolisierung der Außenpolitik. Historische Entwicklung und Unterschiede in Deutschland, Österreich und der Schweiz, Beitrag zur Konferenz „Der Wandel föderativer Strukturen" der DVPW, OGPW und SVPW am 8./9. Juni 2001 in Berlin.
Bothe, Michael, 1994: Föderalismus – ein Konzept im geschichtlichen Wandel, in: *Tilman Evers* (Hrsg.), Chancen des Föderalismus in Deutschland und Europa. Baden-Baden, 19–31.
Braun, Dietmar (Hrsg.), 2000: Public Policy and Federalism. Aldershot.
Braun, Dietmar, 2002: Hat die vergleichende Föderalismusforschung eine Zukunft?, in: Jahrbuch des Föderalismus 2002, hrsg. von *Rudolf Hrbek*. Baden-Baden (i.E.).
Brown-John, Lloyd C. (Hrsg.), 1988: Centralizing and Decentralizing Trends in Federal States. London.
Burgess, Michael (Hrsg.), 1986: Federalism and Federation in Western Europe. London.
Burgess, Michael, 2001: Federalism and European Union: Building of Europe, 1950–2000. London.
Burgess, Michael/Gagnon, Alain (Hrsg.), 1993: Comparative Federalism and Federation. Toronto.

Cairns, Alan C., 1977: The Governments and Societies of Canadian Federalism, in: Canadian Journal of Political Science 10, 695–726.
Castles, Francis G., 2000: Federalism, Fiscal Decentralization and Economic Performance, in: *Ute Wachendorfer-Schmidt* (Hrsg.), Federalism and Political Performance. London/New York, 177–195.
Chandler, William M., 1987: Federalism and Political Parties, in: *Herman Bakvis/William M. Chandler* (Hrsg.), Federalism and the Role of the State. Toronto, 149–170.
Coleman, William D., 1987: Federalism and Interest Group Organization, in: *Herman Bakvis/William M. Chandler* (Hrsg.), Federalism and the Role of the State. Toronto, 171–187.
Conlan, Timothy, 1998: From Federalism to Devolution. Twenty-Five Years of Intergovernmental Reform. Washington.
Czada, Roland, 1997: Vertretung und Verhandlung. Aspekte politischer Konfliktregelung in Mehrebenensystemen, in: *Arthur Benz/Wolfgang Seibel* (Hrsg.), Theorieentwicklung in der Politikwissenschaft – Ein Zwischenbilanz. Baden-Baden, 237–259.
Davis, Rufus S., 1978: The Federal Principle. A Journey through Time in Quest of a Meaning. Berkeley u.a.
Deeg, Richard/Lütz, Susanne, 2000: Internationalization and Financial Federalism. The United States and Germany at the Crossroads?, in: Comparative Political Studies 33, 374–405.
Deuerlein, Ernst, 1972: Föderalismus. Die historischen und philosophischen Grundlagen des föderativen Prinzips. Bonn.
Duchacek, Ivo, 1970: Comparative Federalism. The Territorial Dimension of Politics. New York.
Elazar, Daniel, 1987: Exploring Federalism. Tuscaloosa.
Elazar, Daniel, 1994: Federal Systems of the World: A Handbook of Federal, Confederal and Autonomy Arrangements. 2. Aufl., New York.
Elazar, Daniel, 1995: Althusius' Grand Design for a Federal Commonwealth, in: Johannes Althusius, Politica, herausgegeben und übersetzt von *Frederick S. Carney*. Indianapolis, xxxv–xlvi.
Frenkel, Max, 1984: Föderalismus und Bundesstaat, Band 1: Föderalismus. Bern.
Frey, Bruno S., 1997: Ein neuer Föderalismus für Europa: Die Idee der FOJC. Tübingen.
Friedrich, Carl Joachim, 1968: Trends of Federalism in Theory and Practice. New York.
Gibbins, Roger, 1982: Regionalism. Territorial Politics in Canada and the United States. Toronto.
Grodzins, Morton, 1966: The American System. Chicago.
Hamilton, Alexander/Madison, James/Jay, John, 1788/1994: Die Federalist-Artikel, hrsg. von *Angela Adams* und *Willi Paul Adams*. Paderborn (Erstveröffentlichung: 1788).
Hansmeyer, Karl-Heinrich/Kops, Manfred, 1984: Die Kompetenzarten und Aufgabenzuständigkeit und deren Verteilung im föderativen Staat, in: Hamburger Jahrbuch zur Wirtschafts- und Gesellschaftspolitik 29, 127–140.
Heinze, Rolf G./Schmid, Josef, 1994: Mesokorporatistische Strategien im Vergleich: Industrieller Strukturwandel und die Kontingenz politischer Steuerung in drei Bundesländern, in: *Wolfgang Streeck* (Hrsg.), Staat und Verbände (PVS-Sonderheft 35). Opladen, 65–99.
Héritier, Adrienne, 1999: Policy-Making and Diversity in Europe. Escaping Deadlock. Cambridge.
Hesse, Joachim Jens/Benz, Arthur, 1990: Die Modernisierung der Staatsorganisation. Baden-Baden.
Hesse, Konrad, 1962: Der unitarische Bundesstaat. Karlsruhe.
Hueglin, Thomas O., 1991: Sozietaler Föderalismus. Die politische Theorie des Johannes Althusius. Berlin.
Inman, Robert P./Rubinfeld, Daniel L., 1999: The Political Economy of Federalism, in: *Dennis C. Mueller* (Hrsg.), Perspectives on Public Choice. A Handbook. Cambridge, 73–105.
Jeffery, Charlie (Hrsg.), 1997: The Regional Dimension of the European Union. London.
Jellinek, Georg, 1914: Allgemeine Staatslehre. 3. Aufl., Berlin.
Keman, Hans, 2000: Federalism and Policy Performance: A Conceptual and Empirical Inquiry, in: *Ute Wachendorfer-Schmidt* (Hrsg.), Federalism and Political Performance. London/New York, 196–227.
Kilper, Heiderose/Lhotta, Roland, 1996: Der Föderalismus in der Bundesrepublik Deutschland. 2. Aufl., Opladen.

Kincaid, John, 2001: The American Devolution Derby: The Devolution Turtle vs. the Centralization Rabbit, in: *Franz Gress* (Hrsg.), Reforming Governance. Frankfurt a.M./New York, 86–129.

King, Preston, 1982: Federalism and Federation. London.

Kirsch, Guy, 1977: Föderalismus. Stuttgart/New York.

König, Thomas, 1997: Politikverflechtungsfalle oder Parteienblockade? Das Potential für politischen Wandel im deutschen Zweikammernsystem, in: Staatswissenschaften und Staatspraxis 8, 135–159.

Kohler-Koch, Beate, 1998: Regionale Leistungskraft und regionale Nutzenbilanz, in: *Beate Kohler-Koch* u.a. (Hrsg.), Interaktive Politik in Europa: Regionen im Netzwerk der Integration. Opladen, 125–152.

Kriesi, Hans, 1998: Le Système Politique Suisse. 2. Aufl., Paris.

Kropp, Sabine, 2000: Verhandeln und Wettbewerb in der Regierungspraxis von Länderkoalitionen – Handlungsarenen, Strategien und Konflikte von Koalitionsakteuren, in: *Everhard Holtmann/ Helmut Voelzkow* (Hrsg.), Zwischen Wettbewerbs- und Verhandlungsdemokratie. Opladen, 151–182.

Laufer, Heinz/Münch, Ursula, 1998: Das föderative System der Bundesrepublik Deutschland. Opladen.

Lehmbruch, Gerhard, 1989: Institutional Linkages and Policy Networks in the Federal System of West Germany, in: Publius. The Journal of Federalism 19, 221–235.

Lehmbruch, Gerhard, 1996: Die korporative Verhandlungsdemokratie in Westmitteleuropa, in: Schweizerische Zeitschrift für Politische Wissenschaft 2, 19–41.

Lehmbruch, Gerhard, 2000: Parteienwettbewerb im Bundesstaat. Regelsysteme und Spannungslagen im Institutionengefüge der Bundesrepublik Deutschland. 3. erw. Aufl., Wiesbaden.

Lijphart, Arend, 1999: Patterns of Democracy: Government Forms and Performance in Thirty-Six Countries. New Haven/London.

Linz, Juan, 1999: Democracy, Multinationalism and Federalism, in: *Wolfgang Merkel/Andreas Busch* (Hrsg.), Demokratie in Ost und West. Frankfurt a.M., 382–401.

Livingston, William S., 1956: Federalism and Constitutional Change. Oxford.

Livingston, William S., 1967: A Note on the Nature of Federalism, in: *Aaron Wildavsky* (Hrsg.), American Federalism in Perspective. Boston, 33–40.

Männle, Ursula (Hrsg.), 1998: Föderalismus zwischen Konsens und Konkurrenz. Baden-Baden.

Mayntz, Renate, 1990: Organisierte Interessenvertretung und Föderalismus: Zur Verbändestruktur in der Bundesrepublik Deutschland, in: *Thomas Ellwein/Joachim Jens Hesse/Renate Mayntz/Fritz W. Scharpf* (Hrsg.), Jahrbuch zur Staats- und Verwaltungswissenschaft, Band 4. Baden-Baden, 145–156.

McKay, David (Hrsg.), 2001: Designing Europe: Comparative Lessons from the Federal Experience. Oxford.

Meinecke, Friedrich, 1917: Weltbürgertum und Nationalstaat. Studien zur Genesis des deutschen Nationalstaates. 4. Aufl., München.

Mieszkowski, Peter/Musgrave, Richard A., 1999: Federalism, Grants, and Fiscal Equalization, in: National Tax Journal 52, 239–260.

Münch, Ursula, 1997: Sozialpolitik und Föderalismus: Zur Dynamik der Aufgabenverteilung im sozialen Bundesstaat. Opladen.

Neidhart, Leonhard, 1970: Plebiszit und pluralitäre Demokratie. Eine Analyse der Funktionen des schweizerischen Gesetzesreferendums. Bern.

Oates, Wallace E., 1972: Fiscal Federalism. New York.

Oeter, Stefan, 1998: Integration und Subsidiarität im deutschen Bundesstaatsrecht: Untersuchungen zur Bundesstaatstheorie unter dem Grundgesetz. Tübingen.

Olson, Mancur, 1969: The Principle of „Fiscal Equivalence": The Division of Responsibilities Among Different Levels of Government, in: American Economic Review 59, 479–487.

Ordeshook, Peter C./Shvetsova, Olga, 1997: Federalism and Constitutional Design, in: Journal of Democracy 8, 27–42.

Ostrom, Vincent, 1974: Can Federalism Make a Difference?, in: Publius. The Journal of Federalism 3, 197–238.
Ostrom, Vincent, 1987: The Political Theory of a Compound Republic. Lincoln.
Ostrom, Vincent/Tiebout, Charles M./Warren, Robert, 1961: The Organization of Government in Metropolitan Areas: A Theoretical Inquiry, in: The American Political Science Review 55, 831–842.
Ottnad, Adrian/Linnartz, Edith, 1997: Föderaler Wettbewerb statt Verteilungsstreit. Vorschläge zur Neugliederung der Bundesländer und zur Reform des Finanzausgleichs. Frankfurt a.M./New York.
Painter, Martin, 1991: Intergovernmental Relations in Canada: An Institutional Analysis, in: Canadian Journal of Political Science 24, 269–288.
Peterson, Paul/Rabe, Barry G./Wong, Kenneth K., 1986: When Federalism Works. Washington D.C.
Peterson, Paul, 1995: The Price of Federalism. Washington DC.
Pierson, Paul, 1995: Fragmented Welfare States: Federal Institutions and the Development of Social Policy, in: Governance 8, 449–478.
Prätorius, Rainer, 1989: Einbindung und Freiraum. Untersuchungen zum Dezentralisierungsbegriff in der Politik und Verwaltungswissenschaft. Opladen.
Proudhon, Pierre-Joseph, 1863/1963: Über das föderative Prinzip der die Notwendigkeit, die Partei der Revolution wiederherzustellen, in: Pierre J. Proudhon, Ausgewählte Texte, hrsg. von *Thilo Ramm*. Stuttgart (erste Veröffentlichung: 1863).
Reinhard, Wolfgang, 1999: Geschichte der Staatsgewalt. Eine vergleichende Verfassungsgeschichte Europas von den Anfängen bis zur Gegenwart. München.
Renzsch, Wolfgang, 1996: Budgetäre Anpassung statt institutionellen Wandels. Zur finanziellen Bewältigung der Lasten des Beitritts der DDR zur Bundesrepublik, in: *Hellmut Wollmann* u.a. (Hrsg.), Transformation der politisch-administrativen Strukturen in Ostdeutschland. Opladen, 49–118.
Riescher, Gisela/Ruß, Sabine/Haas, Christoph M., (Hrsg.), 2000: Zweite Kammern. München/Wien.
Riker, William, 1964: Federalism. Origins, Operation, Significance. Boston.
Riker, William, 1969: Six Books in Search of A Subject or Does Federalism Exist and Does it Matter?, in: Comparative Politics 2, 135–146.
Rokkan, Stein, 1999: State Formation, Nation-Building, and Mass Politics in Europe, The Theory of Stein Rokkan, hrsg. von *Peter Flora* mit *Stein Kuhnle* und *Derek Unwin*. Oxford.
Scharpf, Fritz W., 1985: Die Politikverflechtungsfalle: Europäische Integration und deutscher Föderalismus im Vergleich, in: Politische Vierteljahresschrift 26, 323–356.
Scharpf, Fritz W., 1989: Der Bundesrat und die Kooperation auf der „dritten Ebene", in: *Bundesrat* (Hrsg.), Vierzig Jahre Bundesrat. Baden-Baden, 121–162.
Scharpf, Fritz W., 1990: Regionalisierung des europäischen Raums. Die Zukunft der Bundesländer im Spannungsfeld zwischen EG, Bund und Kommunen, in: *Ulrich von Alemann/Rolf G. Heinze/Bodo Hombach* (Hrsg.), Die Kraft der Region: Nordrhein-Westfalen in Europa. Bonn, 32–46.
Scharpf, Fritz W., 1993: Versuch über Demokratie im verhandelnden Staat, in: *Roland Czada/Manfred G. Schmidt* (Hrsg.), Verhandlungsdemokratie, Interessenvermittlung, Regierbarkeit. Festschrift für Gerhard Lehmbruch. Opladen, 25–50.
Scharpf, Fritz W., 1994: Optionen des Föderalismus in Deutschland und Europa. Frankfurt a.M./New York.
Scharpf, Fritz W., 1999: Regieren in Europa. Effektiv und demokratisch? Frankfurt a.M./New York.
Scharpf, Fritz W., 2000: Notes Towards a Theory of Multilevel Governance, MPIfG Discussion Paper 00/5. Köln.
Scharpf, Fritz W./Reissert, Bernd/Schnabel, Fritz, 1976: Politikverflechtung. Theorie und Empirie des kooperativen Föderalismus in der Bundesrepublik. Kronberg.
Scharpf, Fritz W./Benz, Arthur, 1991: Kooperation als Alternative zur Neugliederung? Zusammenarbeit zwischen den norddeutschen Ländern. Baden-Baden.
Schatz, Heribert/Ooyen, Robert Chr. Van/Werthes, Sascha, 2000: Wettbewerbsföderalismus. Aufstieg und Fall eines politischen Streitbegriffes. Baden-Baden.

Schmidt, Manfred G., 2001: Thesen zur Reform des Föderalismus in der Bundesrepublik Deutschland, in: Politische Vierteljahresschrift 42, 474–491.
Schmitt, Carl, 1928: Verfassungslehre. München/Leipzig.
Schnur, Roman, 1986: Mitteleuropa in preußischer Sicht: Constantin Frantz, in: Der Staat 25, 545–573.
Schultze, Rainer-Olaf, 1993: Statt Subsidiarität und Entscheidungsautonomie – Politikverflechtung und kein Ende: Der deutsche Föderalismus nach der Vereinigung, in: Staatswissenschaften und Staatspraxis 4, 225–255.
Schultze, Rainer-Olaf, 1996: Interessenrepräsentation und Westminster-Modell: Kanada – ein abweichender Fall?, in: Staatswissenschaften und Staatspraxis 7, 163–193.
Simeon, Richard, 1973: Federal-Provincial Diplomacy. Toronto.
Skowronek, Stephen, 1982: Building a New American State. The Expansion of National Administrative Capacities, 1877–1920. London.
Smend, Rudolf, 1928: Verfassung und Verfassungsrecht. München/Leipzig.
Smiley, Donald, 1984: Federal States and Federal Societies, with Special Reference to Canada, in: International Political Science Review 5, 443–454.
Stepan, Alfred C., 1999: Federalism and Democracy: Beyond the U.S. Model, in: Journal of Democracy 10, 19–34.
Thoeni, Erich, 1986: Politökonomische Theorie des Föderalismus. Baden-Baden.
Thorlakson, Lori, 2000: Government-building and Political Development in Federations: Applying Canadian Theory to the German Case, in: Regional and Federal Studies 10, 129–148.
Tocqueville, Alexis de, 1835/1987: Über die Demokratie in Amerika, Erster Teil. Zürich (Erste Veröffentlichung 1835).
Tsebelis, George, 1995: Decision Making in Political Systems: Veto Players in Presidentialism, Parliamentarism, Multicameralism and Multipartyism, in: British Journal of Political Science 25, 289–325.
Tsebelis, George, 1999: Veto Players and Law Production in Parliamentary Democracies: An Empirical Analysis, in: American Political Science Review 93, 591–608.
Tsebelis, George, 2000: Veto Players and Institutional Analysis, in: Governance 13, 441–474.
Tsebelis, George/Money, Jeanette, 1997: Bicameralism. Cambridge.
Wachendorfer-Schmidt, Ute, 1999: Der Preis des Föderalismus, in: Politische Vierteljahresschrift 40, 3–39.
Wachendorfer-Schmidt, Ute (Hrsg.), 2000: Federalism and Political Performance. London/New York.
Wachendorfer-Schmidt, Ute, 2000a: Gewinner oder Verlierer? Der Föderalismus im vereinten Deutschland, in: *Roland Czada/Hellmut Wollmann* (Hrsg.), Von der Bonner zur Berliner Republik. Zehn Jahre deutsche Einheit (Leviathan-Sonderheft 19). Wiesbaden, 113–140.
Walker, David B., 2000: The Rebirth of Federalism. Slouching toward Washington. 2. Aufl., New Jersey.
Watts, Ronald, 1999: Comparing Federal Systems. 2. Aufl., Kingston.
Watts, Ronald, 1999a: German Federalism in Comparative Perspective, in: *Charlie Jeffery* (Hrsg.), Recasting German Federalism. London/New York, 265–284.
Weingast, Barry R., 1993: Constitutions as Governance Structures: The Political Foundations of Secure Markets, in: Journal of Institutional and Theoretical Economics 149, 286–311.
Wheare, Kenneth C., 1956: Federal Government. 3. Aufl., London.
Wintrobe, Ronald, 1987: Competitive Federalism and Bureaucratic Power, in: European Journal of Political Economy 3, 9–31.
Wright, Deil S., 1988: Understanding Intergovernmental Relations. 3. Aufl., Pacific Grove/Cal.

I. Teil:

Entwicklungsmuster föderativer Systeme:
Vier Fallstudien

Der unitarische Bundesstaat in Deutschland: Pfadabhängigkeit und Wandel

Gerhard Lehmbruch

1. Einleitung

Es gibt seit einigen Jahren eine lebhafte Diskussion über die Reform des deutschen Bundesstaates. Aber trotz der Fülle angebotener Reformmodelle ist das Ausmaß der bislang wirklich ernsthaft in Angriff genommenen Veränderungsschritte bescheiden geblieben. Ganz offensichtlich ist dieser deutsche Bundesstaat in einem bemerkenswert starken Maße reformresistent.

Diese Widerständigkeit der bundesstaatlichen Strukturen gegen Optimierungsversuche soll hier erklärt und ihre Reichweite näher bestimmt werden. Mein Ausgangspunkt ist die von nicht wenigen Autoren geteilte Überzeugung, dass die deutsche Föderalismusproblematik durch entwicklungsgeschichtliche Weichenstellungen bestimmt ist, die sich nicht leicht korrigieren lassen. Ich werde diese Überlegung in einer Analyse aufnehmen, die sich als „historisch-institutionell" charakterisieren lässt.

Der Kern des Gedankengangs lässt sich so zusammenfassen: Die Entwicklungsgeschichte des deutschen Bundesstaates ist durch eine einzigartige, anderswo nicht zu beobachtende Abfolge von Entwicklungssequenzen charakterisiert. Will man sie verstehen, dann genügt es nicht, sich auf den Entwicklungspfad der bundesstaatlichen Institutionen zu konzentrieren. Eng damit verflochten, doch analytisch von der Institutionenbildung zu unterscheiden ist die Entwicklung der hegemonialen politisch-kulturellen Orientierungen, die den Prozess der Nationalstaatsbildung begleitet haben und gemeinhin mit dem Begriff der „Unitarisierung" charakterisiert werden. Aus dem Zusammenwirken eigentümlicher institutioneller Ausgangsbedingungen und kultureller Orientierungen resultierten institutionelle Weichenstellungen (oder *critical junctures*), die den Entwicklungspfad in den für Deutschland charakteristischen „Verbundföderalismus" münden ließen.

Diese eigentümliche Hybridisierung von Institutionen und kulturellen Orientierungen führte zur Ausbildung des in neuerer Zeit so genannten „unitarischen Bundesstaates", dessen beiden Hauptelemente institutionelle Verflechtungen und Zentralisierung (beziehungsweise, in der von Konrad Hesse eingeführten Unterscheidung, Unitarisierung) sind. Sowohl der Entwicklungspfad der bundesstaatlichen Institutionen als auch die kulturellen Orientierungen waren später zwei großen externen Schocks ausgesetzt, die die ursprünglichen Weichenstellungen teils fortführten, teils partiell korrigierten. Beide Entwicklungsstränge sind in diesem wechselvollen Entwicklungsprozess weiter so vermascht worden, dass sich schließlich eine ungemein komplexe – und reformresistente – Konfiguration ergab. Nun wird man in dem Maße, in dem die auf den Nationalstaat bezogenen politisch-kulturellen Orientierungen an Relevanz verlieren, auch tiefer greifende Veränderungen für die Zukunft nicht ausschließen können. Indes ist wenig wahrscheinlich, dass sie einen Wandel des Föderalismusmodells (etwa im Sinne der geläufigen Gegenüberstellung von Verbund- und Trennföderalismus) ermöglichen werden.[1]

2. Das Problem

2.1 Die Reformdiskussion

Die Diskussion über die Reform des Bundesstaates, die sich in den zurückliegenden neunziger Jahren entwickelt hat, zeigt einen erstaunlichen Bewusstseinswandel im Vergleich zur Gründungszeit der Bundesrepublik Deutschland. Es gab damals zweifellos in der öffentlichen Meinung und in den politischen Parteien eine breite Mehrheitsströmung, deren Zielvorstellung der dezentralisierte Einheitsstaat war. Die Vorstellung von einer föderalistischen Ordnung wurde zwar von süddeutschen und rheinischen Kreisen vorwiegend konservativ-katholischer Provenienz vertreten, die vor allem aus den Länderverwaltungen kamen und sich im „Ellwanger Kreis" zusammengefunden hatten. Aber sie waren eine Minderheit, die man weithin für merkwürdig rückwärtsgewandt hielt. Vor allem im Parlamentarischen Rat dominierten unitarische Überzeugungen. Die bundesstaatliche Organisation des schließlich verabschiedeten Grundgesetzes erschien dann als ein Oktroi der Besatzungsmächte, dem man sich widerwillig beugte. Ein Umschwung in der Bewertung vollzog sich erst allmählich in der Adenauerzeit und vermutlich nicht zuletzt als Reflex auf die Amtsführung des ersten Bundeskanzlers, der ja dem Föderalismus selbst nicht viel abgewinnen konnte. Seither setzte sich in der Öffentlichkeit die Vorstellung durch, dass der Bundesstaat ein neuartiges Modell der Gewaltenteilung sei – eine Vorstellung, die den Weimarer Demokraten noch ziemlich fern gelegen hatte. Inzwischen tragen die Deutschen in der EU das Bekenntnis zum Föderalismus wie eine Monstranz vor sich her, ganz als hätte es nie die bitteren Kontroversen des Jahres 1949 mit den alliierten Militärgouverneuren gegeben.

Der Bewusstseinswandel in der Bewertung des Bundesstaates manifestiert sich vielleicht nirgends deutlicher als bei den deutschen Liberalen. Vor nahezu hundert Jahren schrieb Heinrich Triepel: „Der Kern der liberalen Parteien ist, so zu sagen, traditionell unitarisch" (Triepel 1907: 91). Und zwischen 1945 und 1949 unterschied sich die FDP in den westdeutschen Auseinandersetzungen um die Gestalt eines künftigen deutschen Staates von den anderen bürgerlichen Parteien vor allem dadurch, dass sie – wie auch die meisten Sozialdemokraten – der Weimarer Modellvorstellung des dezentralisierten Einheitsstaates verpflichtet blieb (Lamberty 1983). Wiederum knapp ein halbes Jahrhundert später aber, am 4. Februar 1998, stellte Graf Lambsdorff (zusammen mit Carl Christian von Weizsäcker) vor der Bundespressekonferenz im Namen der Friedrich-Naumann-Stiftung ein Programm zur Bundesstaatsreform vor, das unter anderem mit der Klage begründet wurde, die Kompetenzverlagerung von den Ländern auf den Bund beschädige den Föderalismus in Deutschland. Sie fördere die schleichende Zentralisierung, die durch den Anspruch auf „Gleichwertigkeit der Lebensverhältnisse" in-

---

[1] Die komplexe Problematik der Wechselwirkungen zwischen der Entwicklung des Bundesstaates und den Wandlungen des Parteiensystems, die ich an anderem Ort (Lehmbruch 2000) ausführlich behandelt habe, muss hier aus Raumgründen außer Betracht bleiben.

tensiviert werde. Dass hier eine radikale Abkehr von einer mehr als hundertjährigen Programmatik des deutschen Liberalismus vollzogen wurde, wie sie Hermann Hoepker Aschoff (später der erste Präsident des Bundesverfassungsgerichts) im Parlamentarischen Rat noch nachdrücklich vertreten hatte, scheint dem Ehrenvorsitzenden der FDP gar nicht mehr bewusst gewesen zu sein. Vergessen war offenbar auch, dass die „zunehmende Vermischung der Aufgaben, Einnahmen und Ausgaben von Bund und Ländern", die in der Erklärung der Friedrich-Naumann-Stiftung bedauert wurde, ganz entscheidende Anstöße von jener „Kommission für die Finanzreform" erhielt, die 1964 von dem liberalen Bundesfinanzminister Dahlgrün eingesetzt worden war.

Die Diskussion über die Reform des Bundesstaates ist nur auf dem Hintergrund der zuvor erwähnten grundsätzlichen Wendung zu einer positiven Bewertung der föderalistischen Ordnung seit den fünfziger Jahren zu sehen. Sie zeigt aber gleichzeitig an, dass jene Wendung voller Ambivalenzen und Inkonsequenzen war. Denn in der neuen Reformdiskussion geht es im Kern um die Revision eben jenes Föderalismusmodells, das im Verlauf der fünfziger und sechziger Jahre allmählich populär geworden war und die Weimarer Leitvorstellung des dezentralisierten Einheitsstaates abgelöst hatte – des unitarischen Verbundföderalismus, in dem das Weimarer Erbe in eigentümlicher Weise doch aufgehoben war.

Die Anstöße kamen aus verschiedenen Interessenkonstellationen der neunziger Jahre, einige davon sind inzwischen nicht mehr von der selben Aktualität, während andere weiterhin stark wirksam sind. Im Vordergrund standen damals einerseits die Rolle des Bundesrates in einer Konstellation des *divided government*, zum andern die neuen Disparitäten zwischen Bundesländern, die sich aus der deutschen Vereinigung ergeben hatten. Wir erinnern uns, dass seit 1991 die SPD die Bundesratsmehrheit und damit die Möglichkeit gewonnen hatte, die Regierung Kohl unter starken, seit 1982 ungewohnt gewordenen Verhandlungszwang zu bringen, der im Steuerreformkonflikt von 1997/1998 kulminierte. Es kam, vor allem wegen des Scheiterns der Regierungsvorlage zur Steuerreform, zu einer Diskussion über den Zusammenhang zwischen der Rolle des Bundesrates und dem viel beklagten „Reformstau". Dieser Aspekt der Föderalismusdiskussion ist inzwischen zurückgetreten, obwohl sich ja auch die rot-grüne Regierung sehr schnell in einer Situation des *divided government* fand. Denn zum einen vermochte die neue Regierung – nachdem sie einmal mühsam genug Tritt gefasst hatte – zu demonstrieren, dass sich mit einer solchen Konstellation flexibel umgehen lässt, zum andern hat sich die strategische Interessenlage wichtiger Akteure verändert: In der FDP-Agenda scheint das Reformthema inzwischen in den Hintergrund getreten zu sein, nachdem die Liberalen in der Staatsangehörigkeitsfrage und bei der Steuerreform gerade über den Bundesrat recht erfolgreich Einfluss auszuüben vermochten. Umso mehr treiben nun die verteilungspolitischen Konflikte zwischen Bundesländern die Diskussion an, die sich nach der deutschen Vereinigung verschärft haben. Die Auseinandersetzungen über den horizontalen Finanzausgleich waren zwar schon in den achtziger Jahren virulent, aber sie mussten sich durch die enormen Ost-West-Disparitäten nach der deutschen Vereinigung verschärfen, und der Potsdamer Kompromiss der Ministerpräsidenten zu Lasten des Bundes (Altemeier 1999) erwies sich ja als längerfristig nicht haltbare Problemlösung.[2]

---

2 Über die unvorhergesehene Verschärfung der föderalen Verteilungskonflikte nach der Potsda-

Von diesen situativ bedingten Anstößen der Reformdiskussion lassen sich die Entwicklungen in den Sozialwissenschaften unterscheiden, die in den zurückliegenden Jahrzehnten zu einer veränderten Problemwahrnehmung beigetragen hatten. Das Föderalismusverständnis war zunächst stark durch die Staatsrechtslehre bestimmt, deren Entwicklung Stefan Oeter in seiner Untersuchung über „Integration und Subsidiarität im deutschen Bundesstaatsrecht" eingehend nachgezeichnet hat (Oeter 1998). Sie kulminierte in den sechziger Jahren im Paradigma des „unitarischen Bundesstaates" (Hesse 1962), das damals wohl nicht zuletzt deshalb so breite Zustimmung fand, weil es mit der politischen Wendung hin zur keynesianischen Globalsteuerung bemerkenswert kompatibel war.

Dieses Paradigma sollte nicht voreilig totgesagt werden, denn es hat nach wie vor seine Anhänger, nicht zuletzt in der politischen Elite. Eines der zentralen Argumente Hesses lautete bekanntlich folgendermaßen: Die Länder hätten zwar kaum noch eine eigene politische Substanz, und deshalb gebe es auch keinen föderalen Wettbewerb, aber der Bundesstaat bleibe auch ohne föderalen Wettbewerb noch sinnvoll als ein Instrument der Gewaltenkontrolle, und zwar vor allem der „horizontalen" Gewaltenkontrolle zwischen Bund und Ländern. Neben die Balancierung der „realen politischen Kräfte", Parlamentsmehrheit und Regierung einerseits, Opposition andererseits, trete im Bundesstaat der Gegenwart „diejenige zwischen Bundestag und Bundesregierung einer-, Bundesrat andererseits, wobei ... der reale Faktor, der sich im Bundesrat zur Geltung bringt, weniger das spezifisch föderalistische Element der Länder als Individualitäten als das Element der Landesministerialbürokratien" sei. „Mit der politischen und rechtlichen Kontrolle innerhalb der obersten Bundesorgane verbindet sich auf diese Weise eine Kontrolle der wichtigsten dieser Organe durch die Länderexekutive" (Hesse 1962: 27–28). Diese zugespitzte These hat Hesse später zwar teilweise zurückgenommen (Hesse 1970: 153–154; Hesse 1973), aber andere prominente Staatsrechtslehrer haben daran festgehalten. Besonders bezeichnend dafür war die Bewertung der „horizontalen Gewaltenteilung" und der Institution des Bundesrates durch den Bundespräsidenten Roman Herzog in seiner „Föderalismusrede" vom 2. Oktober 1996 zum 50. Jahrestag der Konstituierung des Landtages von Nordrhein-Westfalen: „Dass die Einrichtung und Ausgestaltung dieses ‚föderativen Bundesorgans' eine der gelungensten Hervorbringungen des Parlamentarischen Rates ist, habe ich stets betont, wenn auch mein gewichtigstes Argument für dieses Urteil in der Öffentlichkeit kaum einmal gewürdigt wird. Deswegen wiederhole ich es hier. Dadurch, dass die Hauptarbeit des Bundesrates noch mehr als die des Bundestages in den Ausschüssen geleistet wird und in diesen nicht die genuinen Bundesratsmitglieder, also die Regierungschefs und Minister der Länder, zu sitzen pflegen, steht der Ministerialbürokratie des Bundes die kontrollierende Kraft der Landesministerialbürokratien gegenüber. Ich kenne kein Land auf der weiten Erde, in dem es zu einer solchen gegenseitigen Kontrolle mächtig gewordener Bürokratien käme" (Herzog 1996).

Daran ist schon der Umstand bemerkenswert, dass zu jenem Zeitpunkt, als Herzog die „horizontale" Kontrolle der Bundesverwaltung durch die Länderbürokratien zu „einer der gelungensten Hervorbringungen des Parlamentarischen Rates" erklärte, die von

---

mer Einigung – und insbesondere über die treibende Rolle Bayerns – vgl. die sehr aufschlussreiche Untersuchung von Daniel Ziblatt (2001).

der Bundestagsopposition geführten Parteien die Mehrheit im Bundesrat hatten. Der Bundespräsident war offensichtlich auch wenig davon beeindruckt, dass sich schon seit den späteren siebziger Jahren ein Themenwechsel in der deutschen Föderalismusdiskussion abzeichnete, mit dem das historisch ausgebildete System des Verbundföderalismus zunehmend in Frage gestellt wurde.

Dies geschah von zwei Seiten her: einerseits, ausgehend von der Politikwissenschaft, durch die Debatte über die Politikverflechtung, die Fritz Scharpf angestoßen und bestimmt hatte (vgl. Scharpf u.a. 1976), andererseits durch die um 1970 allmählich einsetzende Rezeption der ökonomischen Föderalismustheorie, die seit dem Ende der fünfziger Jahre vor allem von der Finanzwissenschaft in Nordamerika entwickelt worden war und im Zuge der sozialwissenschaftlichen Aufwertung der Neuen Politischen Ökonomie starken Auftrieb erhielt.[3] In der Forschung über die Politikverflechtung sind die spezifisch deutschen Anstöße unübersehbar, und man wird diese Forschungsperspektive als im Grundsatz weithin akzeptiert ansehen dürfen. Dagegen ergibt sich für die Theorie des Finanzföderalismus ein deutliches Rezeptionshindernis daraus, dass sie unübersehbar am US-Modell des dualen Föderalismus mit konsequenter Trennung der Jurisdiktionen und Instanzenzüge orientiert ist. Das hat zwar den Vorzug theoretischer Eleganz, weil sich anhand dieses Modells das Wettbewerbsprinzip viel radikaler konzipieren lässt, als das etwa in einem einfachen Dezentralisierungsmodell der Fall sein würde. Seine Schwäche besteht aber in der Vernachlässigung der Transformationsproblematik: Wenn die Steuerungswirkungen eines Reformmodells dem rationalen Eigeninteresse der beteiligten Akteure zu verdanken sein sollen, dann müsste auch die Transformation des status quo an den Eigeninteressen der hier und heute beteiligten realen Akteure ansetzen, wenn sie nicht à la longue an eben diesen Interessen scheitern soll. Sobald aber die politische Ökonomie des Finanzföderalismus mit dieser Frage konfrontiert wird, fällt sie nur allzu leicht in einen eigentümlich kurzschlüssigen Reformvoluntarismus.[4] Die Grenzen zweckgerichteter Institutionenkonstruktion (Pierson 2000b) werden nicht ausreichend theoretisch reflektiert. Woran es in der Diskussion weithin fehlt, ist eine plausible, theoretisch begründete Analyse der weithin beklagten Reformwiderstände, die es zugleich erlauben würde, Veränderungsspielräume begründet abzuschätzen.

---

3 Bahnbrechend wurden vor allem die Arbeiten von Charles Tiebout (1956, 1961), Mancur Olson (1969), Albert Breton (1970) und Wallace Oates (1972). Für die deutsche Rezeption vgl. den Sammelband von Kirsch (1977).

4 Die weitgehende Vernachlässigung der Transformationsproblematik ist der Schwachpunkt der meisten jüngeren Reformvorschläge aus dem finanzwissenschaftlichen Lager. Vorzurechnen, dass sich für den Übergang zu einer bestimmten Variante des Trennsystems im Bundesrat eine Mehrheit von 36 zu 33 Stimmen finden müsste (Lenk/Schneider 2000 – vgl. dort auch Lenk auf S. 86), kann dafür keineswegs ausreichen. Das bezeichnete Missverhältnis tritt besonders drastisch in einem Gutachten aus dem „Institut für Wirtschaft und Gesellschaft" (Ottnad/Linnartz 1998) zu Tage: Neben 200 Druckseiten mit Analysen und Vorschlägen von unterschiedlicher Gewichtigkeit finden sich hier nicht einmal zwei Seiten zur Frage der „politischen Realisierbarkeit", und deren Realitätsnähe wird man auch bei wohlwollender Betrachtung in Frage stellen müssen.

2.2 Erzählungen und Metaphern zur Entwicklungsgeschichte des deutschen Bundesstaates

In der gegenwärtigen Reformdiskussion wird bezeichnenderweise nicht selten auf historische Abläufe Bezug genommen, um die kontroversen institutionellen Arrangements zu erklären. Sorgfältiger Prüfung bedarf freilich nicht nur die theoretische Frage, worauf die Erklärungskraft historischer Beobachtungen gründet. Problematisch ist oft genug schon der schlichte narrativ-historische Beobachtungsbefund. Denn bei genauerem Hinsehen konkurrieren in der aktuellen Diskussion zumindest zwei ganz verschiedene Erzählungen, die zu unterschiedlichen Metaphern verdichtet werden. Auf der einen Seite begegnen wir einer Geschichtskonstruktion, die auf der Vorstellung von Niedergang und Reform beruht, doch es gibt auch eine entgegengesetzte Lesart, der die Metapher vom „Geburtsfehler" zu Grunde liegt.

Die traditionelle Semantik des „Reform"-Begriffs suggeriert, dass es in einer zyklischen Entwicklung einen idealen Ausgangszustand und dann eine Niedergangsphase gegeben habe, aus der die Reform zum Ausgangspunkt zurückführen solle. Es geht also um die Wiederherstellung eines status quo ante, der durch bedauerliche Fehlentwicklungen verschüttet worden sei und wieder freigelegt werden müsse. Der deutsche Föderalismus sei nach dieser Erzählung ursprünglich als „dualistischer" oder „dualer" Föderalismus auf der Basis eines Trennsystems angelegt gewesen, mit der Zeit jedoch zum Verbundföderalismus degeneriert, und es gehe jetzt darum, dies zu korrigieren. Bei dieser Interpretation der Entwicklung kann man dann wiederum zwei Varianten unterscheiden. Die eine rekurriert auf die Bismarck-Verfassung von 1867/1871 und insistiert nicht zuletzt auf das finanzwirtschaftliche Trennsystem, das dieser Verfassung zu Grunde gelegen habe und später verloren gegangen sei.[5] In der anderen Lesart wird der Ausgangspunkt auf die Verabschiedung des Grundgesetzes 1949 fixiert, dem dann wiederum nachgesagt wird, es sei ursprünglich von der Vorstellung eines Trennföderalismus ausgegangen.[6] In beiden Varianten ist die Suggestivkraft der traditionellen „Reform"-Semantik deutlich zu fassen. Die empirische Evidenz für solche Behauptungen erschöpft sich freilich meist in einer Exegese von verfassungsrechtlichen Regelungen, die einer kritischen Überprüfung anhand der Entstehungsgeschichte nicht ausgesetzt wird. Demgegenüber spricht der historische Forschungsstand viel mehr für die gegenteilige Hypothese, dass sich die beklagten institutionellen Entwicklungen in der Geschichte des deutschen Bundesstaates von Anfang an beobachten lassen. Es wäre dann womöglich nur eine Frage der Zeit gewesen, bis sie die heute vorfindbaren Interessenkonstellationen generierten.

Eine andere, empirisch sehr viel besser fundierte genetische Interpretation versteht denn auch die Entwicklung des Föderalismus zum Verbundsystem als das Ergebnis von Entwicklungen, die schon in der Gründungsphase angelegt waren. Man hat das gelegentlich auf die Formel vom „Geburtsfehler" des deutschen Föderalismus gebracht.

---

5 Bekanntlich finden sich die wesentlichen Elemente der bundesstaatlichen Konstruktion schon 1867 in der Verfassung des Norddeutschen Bundes und sind dann 1871 bei dessen Erweiterung zum Deutschen Reich nicht mehr in nennenswerter Weise modifiziert worden.

6 Zumindest bei Verfassungsjuristen begegnet man dieser Interpretation immer noch. Als charakteristische Beispiele vgl. Schneider (1992); Hanf (1999: 40–57).

Heidrun Abromeit (1992) will damit Fehlentwicklungen charakterisieren, die in der Gründung des deutschen Bundesstaates durch Bismarck angelegt sind. Andere Autoren (so etwa Färber 1998: 90) konzentrieren sich wiederum auf die Gründungsphase der Bundesrepublik. Indes greift nicht nur diese Zeitperspektive zu kurz. Der Entwicklungspfad, der zum Verbundföderalismus der Gegenwart führt, erstreckt sich – wie im Folgenden gezeigt werden soll – über einen Zeitraum, der noch deutlich vor der Bismarckzeit einsetzt. Zentrale institutionelle Weichenstellungen, die bis in die Gegenwart nachwirken, gehen insbesondere auf die Paulskirchenverfassung von 1849 zurück.

Die Metapher vom „Geburtsfehler" bezeichnet ein zentrales Problem der Bundesstaatsreform: Geburtsfehler lassen sich in aller Regel von einem bestimmten Alter an nicht mehr korrigieren. In die aktuelle Bundesstaatsdiskussion übersetzt bedeutet dies, dass die Chancen einer grundlegenden Reform eher skeptisch beurteilt werden müssen (so denn auch Abromeit 1992: 134). Davon abgesehen hat die Metapher aber auch eine eigentümliche normative Implikation: Sie legt nämlich die Vorstellung einer pathologischen Abweichung von einem gesunden Normalzustand nahe, den man beispielsweise als den „echten" Bundesstaat charakterisieren könnte (so Abromeit 1992: 14–15). Wenn man sich indes an die Vorstellung vom „echten" oder „wahren" Parlamentarismus erinnert (Redslob 1918), die bekanntlich die Weimarer Nationalversammlung zu einer prekären dualistischen Konstruktion verleitet hat, dann mag das zur Vorsicht mahnen.[7] Die Vorstellung von einem „Richtigkeitstypus" kann – wie in Weimar – zu riskanten sozialtechnologischen Schlussfolgerungen führen.

Bei der einen wie der anderen Variante der hier referierten genetischen Interpretationen des deutschen Föderalismus wird im Übrigen die Entwicklung nicht selten auf einen Akt der zweckgerichteten Institutionenkonstruktion (*institutional design*) zurückgeführt, sei es durch einen abstrakten Verfassungsgesetzgeber oder durch eine historische Persönlichkeit wie Bismarck. Dabei liegt dann natürlich die Implikation nahe, dass die bundesstaatlichen Strukturen auch durch neue zweckgerichtete Umkonstruktion verändert werden können.

2.3 Analytische Konzepte: Institutionelle Weichenstellungen und Pfadabhängigkeit

Wird nun die in solchen Erzählungen eröffnete Perspektive im Rahmen eines „historisch-institutionalistischen" Forschungsprogramms aufgenommen (dazu insbesondere Thelen/Steinmo 1992, Hall/Taylor 1996), dann verschiebt sich die Problemstellung, und normative Beurteilungsmaßstäbe lassen sich nicht einfach nur aus einer Richtigkeits-Typologie ableiten. Ein solches Forschungsprogramm interessiert sich insbesondere für die eigentümliche Dynamik von Gründungsphasen, in deren Verlauf institutionelle Weichenstellungen vorgenommen werden. Solche Weichenstellungen strukturieren die in der Folgezeit verfügbaren institutionellen Optionen und können auch ihre Spannweite einengen. Das hat einerseits eine kognitive Komponente: An der Modellwirkung der Bundesstaatskonstruktion, die von der Paulskirchenkonstituante entworfen worden war, lässt sich zeigen, dass ein solches Modell, selbst wenn es zunächst gar

---

7 Für weiterführende Hinweise zu dieser Problematik vgl. Lehmbruch (1999).

nicht erprobt worden ist, noch zwei Jahrzehnte später als überlegene Problemlösung erscheint, sodass alternative Konstruktionen nicht mehr gesucht werden. Zum anderen kommen hier auch Macht- und Interessenkonstellationen ins Spiel: Wenn einmal gefundene Lösungen politisch realisiert sind und sich eingespielt haben, dann können sich die Schwellen für neue Konsensbildung stark erhöhen, und Abweichungen vom einmal eingeschlagenen Entwicklungspfad sind dann oft mit hohen Kosten verbunden. Mit einer solchen Konzeptualisierung wird die Überlegung aufgenommen, die hinter der Metapher eines „Geburtsfehlers" der bundesstaatlichen Institutionen steckt. Die Hypothese muss freilich aus ihrer naturalistischen Verfremdung gelöst und empirisch gehaltvoller formuliert werden.

Die hier skizzierte analytische Perspektive versucht man im „historischen Institutionalismus" seit einiger Zeit mit dem Begriff der „Pfadabhängigkeit" systematisch auszuarbeiten. Mit diesem „interpretatorischen Paradigma" (Bassanini/Dosi 2001: 41) soll nicht bloß historische Kausalität in dem Sinne bezeichnet werden, dass Entscheidungen der Vergangenheit Einfluss auf zukünftige Entwicklungen haben. Pfadabhängige Entwicklungen sind vielmehr dadurch charakterisiert, dass Strukturen, die in einer eigentümlichen historischen Ausgangssituation entstanden sind, in der Folge dazu tendieren, sich selbst zu reproduzieren. Veränderungen sind dann zwar denkbar, aber nur als Variationen innerhalb eines durch bestimmte institutionelle Merkmale charakterisierten „Pfades", der als solcher irreversibel ist (Bassanini/Dosi 2001: 57), und Alternativen, die sich nicht in diesen Grenzen halten, haben auch keine Durchsetzungschance. Bezogen auf die Diskussion über eine Reform des Bundesstaates könnte dies heißen: Veränderungen lassen sich insoweit realisieren, als sie sich innerhalb des Rahmens des etablierten deutschen Verbundföderalismus halten. Dagegen können einer radikalen Alternative wie dem ökonomischen Modell des „Wettbewerbsföderalismus" im deutschen, entwicklungsgeschichtlich geprägten Kontext keine ernsthaften Realisierungschancen eingeräumt werden. Diese Prognose setzt voraus, dass die Entwicklung des deutschen Bundesstaates die charakteristischen Merkmale eines pfadabhängigen Prozesses aufweist.

Das analytische Konzept stammt bekanntlich aus der Technik- und Wirtschaftsgeschichte und sollte ursprünglich erklären, warum sich vergleichsweise ineffiziente Technologien auch dann noch auf Märkten behaupten, wenn überlegene Problemlösungen zur Verfügung stehen.[8] Es ging also darum, eine eigentümliche Variante von „Marktversagen" zu erklären. Die sozialwissenschaftliche Rezeption (vgl. insbesondere Pierson 2000a; Mahoney 2000) bemüht sich zunehmend, das Konzept für die Analyse von institutionellen Entwicklungsprozessen nutzbar zu machen Pfadabhängige Prozesse der Institutionenbildung sind in dieser sozialwissenschaftlichen Rezeption dadurch charakterisiert, dass die einmal entstandenen Strukturen selbstverstärkenden Charakter haben, je länger der Prozess andauert.[9] Man kann abstrakt drei Stadien einer pfadabhängigen Entwicklungssequenz unterscheiden: Sie beginnt mit einer *critical juncture*, also einem entscheidenden Entwicklungszeitpunkt, dem dann das Stadium der Selbstreproduktion

---

8 Das klassische Beispiel dafür ist das vor einem Jahrhundert eingeführte Tatstaturschema für Schreibmaschinen (David 1985).
9 Das Folgende lehnt sich u.a. an Pierson (2000a) und an die kritische Analyse von Deeg (2001) an.

folgt. An diesem Ausgangspunkt erhält der Entwicklungspfad durch kontingente Umstände eine ganz bestimmte Richtung. Wenn dann aber einmal eine pfadabhängige Sequenz in Gang gesetzt ist, gehen in der zweiten Phase spezifische kausale Mechanismen ans Werk, die diese Richtung des Entwicklungspfades über den Zeitablauf hinweg reproduzieren. Selbstreproduktive Stabilität kann lange anhalten, aber das Sequenzmodell postuliert in seiner ursprünglichen Fassung, dass in einer dritten Phase neue Ereignisse das selbst-reproduktive Gleichgewicht erschüttern und unter Umständen zerstören können.

Die selbstverstärkende Reproduktion des Entwicklungspfades wird in der mikroökonomischen Modellvorstellung, wie sie Paul David und Brian Arthur entwickelt haben, als positive Rückkopplung interpretiert, der verschiedene Rückkopplungsmechanismen zu Grunde liegen können (Arthur 1989; Bassanini/Dosi 2001: 57–62). Dazu können beispielsweise hohe Startkosten gehören: Wenn die Akteure in eine bestimmte Institution investiert haben, werden sie ein Interesse daran haben, diese Kosten wieder hereinzuholen. Eine weitere Möglichkeit sind Lerneffekte: Wenn Akteure es gelernt haben, mit einer bestimmten Institution umzugehen, dann nimmt die Effizienz dieser Institution zu. Eine dritte Alternative sind „Koordinierungseffekte": Die Individuen ziehen dabei umso höheren Nutzen aus einer bestimmten Tätigkeit, je mehr andere Individuen dieselbe Option wählen. Das geschieht vor allem bei Technologien, die an eine komplexe Infrastruktur gebunden sind und sich infolgedessen durch positive Netzwerkexternalitäten auszeichnen (z.B. das Telefonnetz). Viertens können „adaptive Erwartungen" eine Rolle spielen: Hier wählen die Individuen eine bestimmte Option, wenn sie davon ausgehen, dass die auch von den anderen gewählt wird und dass sie damit, bildlich gesprochen, „auf das richtige Pferd setzen". Im Anschluss an Brian Arthur (1994) wird dies alles gerne auf den Nenner gebracht, dass Pfadabhängigkeit darauf zurückzuführen ist, dass eine institutionelle Neuerung nicht (wie auf neoklassischen Märkten) dem Gesetz abnehmender Grenzerträge unterliegt, sondern im Gegenteil „steigende Erträge" *(increasing returns)* erwirtschaftet: „Initial small advantages become magnified, for example, by creating a large installed base and direct the future, possibly in an inefficient direction" (Kenneth Arrow).[10]

Wie sich zeigen wird, kann die mikroökonomische Modellvorstellung, wie sie im Mittelpunkt der aktuellen sozialwissenschaftlichen Rezeption steht, für die Operationalisierung und Erklärung von Pfadabhängigkeit politischer Institutionen leicht zu kurz greifen. Die Vorstellung von „steigenden Erträgen" *(increasing returns)* klingt zwar suggestiv, hat aber bei näheren Hinschauen außerhalb von Marktprozessen nur metaphorischen Charakter. Pfadabhängige politische Institutionen lassen sich nicht einfach aus aggregierten Nutzenkalkülen erklären; man muss sie vor allem als ein Ergebnis eigen-

---

10 Ineffizienz ist natürlich ein Problem der neoklassischen Ökonomik. In Auseinandersetzung mit neoklassischen Entwicklungstheorien hat insbesondere Douglass North argumentiert, dass auch ineffiziente Institutionen gerade deshalb überleben können, weil sie pfadabhängig sind (North 1990: 99–100). – Das Zitat stammt aus einem Leserbrief von Kenneth Arrow vom 17. Januar 1998 an das „Slate Online Magazine" im Zusammenhang einer Kontroverse über Paul Krugmans Kritik an Brian Arthur. Sie war in Gang gekommen, nachdem das US-Justizdepartment Arthur als Sachverständigen im Verfahren gegen Microsoft wegen Missbrauchs einer marktbeherrschenden Stellung eingeführt hatte
(Quelle: http://slate.msn.com/?id=2485#arrow, 9.2.2002).

tümlicher Machtkonstellationen verstehen. Hingegen kann sich für die folgende Analyse kann die Unterscheidung von drei Phasen einer Entwicklungssequenz, die anhand des mikroökonomischen Modells entwickelt worden ist, jedenfalls für die beiden ersten Phasen als heuristisch durchaus fruchtbar erweisen. Und dabei wird es sich als zweckmäßig erweisen, den Begriff der *„critical juncture"* auch als „Weichenstellung" zu übersetzen, also mit der Konnotation einer nun eingeschlagenen Entwicklungsrichtung zu versehen.

In der ersten Phase einer solchen Entwicklungssequenz sind die weiteren Alternativen zunächst relativ offen, und die Entwicklung könnte im Prinzip verschiedene Richtungen nehmen (es sind *multiple equilibria* möglich). Aber dann erfolgt eine Weichenstellung, von der ab sich die Spannweite der nun verfügbaren Optionen verengt und ein Kurswechsel zunehmend schwierig wird („*lock-in*" oder *single equilibrium*). Die Ausgangsbedingungen, die die Entstehung der Institutionen bestimmen, müssen nun keineswegs mit den Reproduktionsbedingungen identisch sein, die in der zweiten Phase wirksam sind. Die Entstehung einer Institution mag beispielsweise durch kontingente strategische Kalküle eines Akteurs bestimmt sein,[11] aber diese Kalküle können sich später als ganz irrelevant für die Reproduktion der Institution erweisen. Die Reproduktionsbedingungen müssen also unabhängig von den Ausgangsbedingungen analysiert werden. Wichtig bleibt ferner festzuhalten, dass Selbstreproduktion in dem hier gemeinten Sinne nicht bedeutet, dass nun die Strukturen dauerhaft erstarren. „Change continues, but it is bounded change – until something erodes or swamps the mechanisms of reproduction that generate continuity" (Pierson 2000a: 265).

Mit der Vorstellung einer pfadabhängigen Entwicklungssequenz verbindet sich somit auch das Konstrukt eines dritten oder Endstadiums. Die pfadabhängige Sequenz bricht hier ab, weil entweder die Reproduktionsmechanismen aus dem einen oder anderen Grunde versagen oder weil das System einem externen Schock ausgesetzt wird. So lautet jedenfalls die abstrakte Schlussfolgerung aus den Prämissen des Modells, die sich dann auch mit der (aus der Paläontologie importierten) Vorstellung eines *punctuated equilibrium* verbinden kann.[12] Für die Entwicklung des deutschen Bundesstaates gibt sie freilich wenig her. Vielmehr lässt sich unser Gegenstand angemessener mit einer anderen Modifikation des Modells interpretieren: Obwohl die Reproduktionsmechanismen weiterhin funktionieren, kann das Gleichgewicht der Institutionen durch einen externen Schock mehr oder weniger stark erschüttert werden. Die Frage ist dann, ob dieser Schock so kräftig ist, dass er einen tiefgreifenden Institutionenwandel erzwingt, oder ob die Reproduktionsmechanismen so robust sind, dass die Institutionen nach einer mehr oder weniger ausgeprägten Strukturanpassung auf den alten Entwicklungspfad zurückkehren. Man kann hier auch die Vorstellung einer anfänglichen Wei-

---

11 Ein Beispiel wären die komplexen Kalküle Bismarcks bei der Entstehung der bundesstaatlichen Verfassung von 1867/1871.

12 Dem Paläontologen und Entwicklungsbiologen Stephen Jay Gould ist die Vorstellung zu verdanken, dass die Evolution der Arten nicht, wie Darwin gemeint hatte, eine langsame kontinuierliche Bewegung ist, sondern ein *punctuated equilibrium*, bei dem lange Perioden eines statischen Gleichgewichts durch plötzliche Entwicklungsschübe unterbrochen werden, während derer sich neue Formen rasch entwickeln (Gould/Eldredge 1977). Diese Vorstellung (saloppe Abkürzung: „*punk eek*") ist seither auch in den Sozialwissenschaften rezipiert worden.

chenstellung so erweitern, dass die Richtung des bisherigen Pfades durch weitere, nachfolgende Weichenstellungen bestätigt oder aber modifiziert wird. Im Folgenden soll gezeigt werden, dass die zwei starken externen Schocks, denen das deutsche bundesstaatliche System 1918/1919 und dann wieder 1945–1949 ausgesetzt war, eben solche Anpassungsprozesse bewirkt, aber die Pfadabhängigkeit der Institutionen nicht etwa nachhaltig gestört, sondern über anschliessende institutionelle Weichenstellungen noch verstärkt haben.

2.4 Institutionelle Pfadabhängigkeit und kulturelle Orientierungen

Eine weitere und für unsere Analyse grundlegende Hypothese lautet, dass die Ausbildung und Selbstreproduktion des „unitarischen Bundesstaates" in starkem Maße durch politisch-kulturelle Orientierungen von Elitegruppen bestimmt war und ist. Dies führt auf die Frage, welche Rolle eine solche Variable bei der Analyse pfadabhängiger Entwicklungsprozesse spielen kann. Wichtig ist hier zunächst die Überlegung, dass gesellschaftliche Deutungen der politischen Wirklichkeit positive Rückkopplungseffekte entwickeln und so pfadabhängigen Charakter annehmen können.[13] Einflussreiche „Diskurskoalitionen" (Wittrock u.a. 1991: 76) können mit ihren Überzeugungssystemen die Hegemonie für solche Wirklichkeitsdeutungen erringen und zur Reproduktion des institutionellen Entwicklungspfades beitragen.

Man muss hier aber weiter differenzieren und dabei die Unterscheidung zwischen entwicklungsgeschichtlichen Weichenstellungen (*critical junctures*) und pfadabhängiger Selbstreproduktion in die Analyse mit einbeziehen. Die politisch-kulturellen Orientierungen von hegemonialen Diskurskoalitionen oder Elitegruppen können in Situationen, in denen unterschiedliche Weichenstellungen zur Diskussion stehen, ein wichtiger Antriebsfaktor für die Wahl eines bestimmten Entwicklungspfades werden. So werde ich im Folgenden die ersten Weichenstellungen daraus erklären, dass unter den vorgegebenen institutionellen Ausgangsbedingungen und der bestehenden Machtverteilung die Option für ein bestimmtes institutionelles Arrangement (nämlich den Exekutivföderalismus) den kulturellen Orientierungen des liberalen Bürgertums am besten angepasst war. Diese Passgüte zwischen den Elitediskursen und dem institutionellen Arrangement kam dann der Reproduktion des Enwicklungspfades zustatten. Eine solche „ko-evolutionäre" Beziehung zwischen der kognitiven und der institutionellen Dimension kann ein wichtiger Bestimmungsfaktor von Pfadabhängigkeit sein.[14]

---

13 Ausführlicher dazu Lehmbruch (2001: 40–46). Pierson (2000a: 260) formuliert diesen Gedanken so: „The development of basic social understandings involves high start-up costs and learning effects; they are frequently shared with other social actors in ways that create network effects and adaptive expectations". Über die Pfadabhängigkeit von Ideologien als „mental maps" vgl. auch North (1990: 99–100 u.ö.) sowie Denzau/North (1993: 30–31).
14 Dazu des näheren Hirsch/Gillespie (2001: 81–84), Garud/Karnøe (2001: 23–28), Bassanini/Dosi (2001: 62), vgl. auch – an einem anderen Beispiel – Lehmbruch (2001: 40–46).

2.5 Entwicklungssequenzen und institutionelle Landnahme

Das bis hierher entwickelte analytische Instrumentarium lässt sich nun auf der Makroebene an die Frage nach den Verlaufsmustern der Staatsbildung und der Transformation staatlicher Organisation anschließen. Denn hier ist eine sequenzanalytische Perspektive schon längst von Autoren wie Stein Rokkan entwickelt worden, die international vergleichend vorgingen. Staatsbildung vollzieht sich in eigentümlichen Entwicklungssequenzen. Solche Entwicklungssequenzen sind nicht nur vorübergehende Konfigurationen, die im Laufe des Entwicklungsprozesses etwa durch reifere Strukturen abgelöst werden. Vielmehr hinterlässt jede von ihnen spezifische institutionelle Sedimente. Anders ausgedrückt: Bestimmte Strukturelemente „frieren ein" – um die einprägsame Metapher aus der entwicklungsgeschichtlichen Parteientheorie von Lipset und Rokkan (1967) aufzunehmen. Die Reihenfolge dieser Entwicklungssequenzen ist aber nicht überall gleich. Vielmehr können einzelne Sequenzen in einem bestimmten Land, im Vergleich zu einem anderen, in ihrer Abfolge vertauscht sein, in einem dritten aber auch zusammenfallen.

Bei den institutionellen Entwicklungen, von denen hier die Rede ist, geht es immer auch um Machtverteilung, und deshalb haben wir es in der Regel mit mehr oder minder konflikthaften Prozessen zu tun. Dabei können „historische Kompromisse" zu relativ stabilen Machtgleichgewichten führen, aber bei gravierenden Umweltveränderungen mögen diese wieder in Frage gestellt werden. Stephen Skowronnek hat das in seiner Untersuchung der Genesis des modernen amerikanischen Staates so formuliert:

„Short of revolutionary change, state building is most basically an exercise in reconstructing an already established organization of state power. Success hinges on recasting official power relationships within governmental institutions and on altering ongoing relations between state and society.

The premise of this book is that states change (or fail to change) through political struggles rooted in and mediated by preestablished institutional arrangements. From this starting point, the analysis focuses attention on the structure of the preestablished regime, the struggle for political power and institutional position that it frames, and the disjunction in time between environmental changes and new governing arrangements. Such factors do not simply complicate the notion of state building as functional adaptation; they ultimately confound that notion altogether. By demanding consideration of the organization of state power itself, this perspective alters our understanding of the state-building problem, the state-building process, and the state-building achievement" (Skowronnek 1982: ix)

In dieser Perspektive kann schließlich die Vorstellung nützlich sein, dass es während des Entwicklungsprozesses auch zur Besetzung bestimmter „politischer Räume" kommt. Colin Crouch, von dem ich diesen Begriff entlehne (Crouch 1986; 1993: 50–53, 297–299), bezeichnet als „political space" jenen „range of issues over which general, universal decisions are made within a given political unit" (Crouch 1986: 180). Dieser Ansatz lässt sich dahingehend weiterentwickeln, dass bestimmte Politikfelder während des Entwicklungsprozesses des modernen Staates von korporativen Akteuren besetzt werden, die sich dann die Kontrolle über diese Felder nicht mehr ohne weiteres streitig machen lassen. Man kann hier von „institutioneller Landnahme" sprechen.

Übersetzt in die Sprache der Organisationstheorie, werden dabei Organisationsdomänen (Levine/White 1961) ausgebildet, also gewissermaßen Reviere abgesteckt, die von der Organisation sowohl mit Dienstleistungen versorgt als auch kontrolliert werden. Institutionelle Landnahme kann von spezialisierten politischen Institutionen vollzogen werden, bestimmten staatlichen Bürokratien oder Gebietskörperschaften, von Organisationen wie politische Parteien oder Interessenverbände oder vielleicht auch von militanten Religionsgemeinschaften. Bei solcher institutionellen Landnahme kann wiederum die zeitliche Abfolge (das *timing*) von entscheidender Bedeutung werden. So hat Skowronnek (1982) gezeigt, wie folgenreich es geworden ist, dass im amerikanischen Staat zuerst Gerichte und politische Parteien entscheidende Segmente des politischen Raumes besetzten, bevor es zu einer Ausweitung der „national administrative capacities" kam.

Für Bundesstaaten ist nun von besonderem Interesse, wie all diese Prozesse der Institutionenbildung und institutionellen Landnahme jeweils auf der nationalen und auf der subnationalen Ebene ablaufen. Dass gerade die Muster der Machtverteilung zwischen Zentrum und Peripherie oder von Zentralisierung beziehungsweise Dezentralisierung in hohem Maße pfadabhängig sind und dass ihre Wurzeln oft in den frühen Formierungsphasen der Staaten zu suchen sind, ist ja eine alte Einsicht, für die Tocquevilles „Ancien Régime" (1952, Erstveröffentlichung 1856) den *locus classicus* darstellt. In der vergleichenden Föderalismusforschung wird es dabei von besonderem analytischem Interesse sein, das Verhältnis zwischen den zeitlichen Sequenzen der Institutionenbildung auf der nationalen wie auf der subnationalen Ebene genauer zu bestimmen.

Die eben dargestellte analytische Perspektive lässt sich in groben Umrissen sehr gut an dem interessanten Sonderfall des österreichischen Föderalismus exemplifizieren. Denn der eignet sich gerade deshalb hervorragend als Vergleichsfolie für die deutsche Bundesstaatsentwicklung, weil es sich hier in wiederum anderen Sinne auch um einen *outlier* im Vergleich von Bundesstaaten handelt. Die österreichischen Länder zeichnen sich (mit Ausnahme des Burgenlandes, das erst 1920 mit den Friedensverträgen von Trianon und Saint Germain von Ungarn an Österreich abgetreten wurde) durch eine territoriale Kontinuität aus, die bis ins späte Mittelalter zurückreicht und somit sowohl die der deutschen Bundesländer als auch die mancher schweizerischen Kantone deutlich übertrifft. Zwar waren die ständischen Institutionen der habsburgischen Länder seit der absolutistischen Wende nach der Schlacht am Weißen Berge (1620) weitgehend verkümmert, wenngleich ihr institutioneller Rahmen weiterlebte. Und die Ausbildung des „modernen Staates" im Sinne Max Webers, also vor allem der Institutionen des bürokratisch verfassten Verwaltungsstaates, vollzog sich im 17. und 18. Jahrhundert auf der gesamtösterreichischen Ebene.[15] Der Verfassungsentwurf, den der Kremsierer Reichstag von 1848 ausgearbeitet hatte, wollte die Länder mit einem eigenen Gesetzgebungsrecht politisch aufwerten und gestand ihnen außerdem eine Vertretung in einer von den Landtagen zu wählenden Länderkammer (entsprechend dem Senatsprinzip) zu. Dieser erste Föderalisierungsversuch scheiterte an der neoabsolutistischen

---

15 Seit dem Staatsgrundgesetz von 1867 („Dezemberverfassung") hatte sich dafür die Formel „die im Reichsrat vertretenen Königreiche und Länder" eingebürgert.

Reaktion,[16] doch seit 1860 wurden die Länder allmählich als Selbstverwaltungseinheiten institutionell aufgewertet, sodass Österreich sich zum dezentralisierten Einheitsstaat entwickelte. Hinzu kam, dass ihre überlieferten Vertretungskörperschaften dann auch als Zwischeninstanz im Entstehungsprozess eines modernen Repräsentativsystems fungierten: Zunächst wurde das überkommene ständische Repräsentationsprinzip in den Landtagen ansatzweise durch ein Kuriensystem modernisiert, bei dem die Handels- und Gewerbekammern als Vertretung des städtischen Bürgertums fungierten. Dies bedeutete, dass die (korporatistisch) organisierten Interessen in den politischen Raum der Repräsentation eindrangen. Diese korporatistisch konstituierten Landtage dienten seit 1861 (Februarpatent) auch als Wahlkörper für den Reichsrat, die gesamtösterreichische parlamentarische Repräsentation, bis das indirekte Wahlverfahren 1873 zunächst durch ein Zensuswahlsystem und dann im Jahre 1907 durch das allgemeine Wahlrecht abgelöst wurde. Das allgemeine Wahlrecht wurde wiederum zur institutionellen Basis für den Aufstieg der politischen Parteien, die sich aber gerade auf der Ebene der Länder den politischen Raum mit den dort schon installierten Interessenverbänden teilten.

Als sich nun der österreichische Gesamtstaat nach der Niederlage von 1918 auf seine deutschsprachigen Gebiete zurückgeworfen fand, wurde er zum Ansatzpunkt für die (bekanntermaßen über Jahrzehnte hinweg zunächst sehr kontrovers gebliebene) Entwicklung einer nationalen Identität. Zugleich aber erkämpften sich mit der Gründung der Republik Österreich die Länder, die ja seit der zweiten Hälfte des 19. Jahrhunderts allmählich subnationale Netzwerke politischer Repräsentation ausgebildet hatten, ihre weitere institutionelle Aufwertung: Die Republik erhielt eine föderative Verfassung, und die Länderregierungen wurden parlamentarisiert. Indes hatte der republikanische Gesamtstaat – pfadabhängig – einen institutionellen Entwicklungsvorsprung; die Funktionen, die er von der Monarchie geerbt hatte, behielt er im Großen und Ganzen, sodass die Länder von ihrer Kompetenzausstattung her gesehen eher zu stark aufgewerteten Selbstverwaltungskörperschaften geworden sind.[17] Die Mediatisierung der Länder wurde zusätzlich dadurch verstärkt, dass man für die bundesstaatliche Repräsentation auf das Senatsprinzip zurückgriff (wie das übrigens auch schon der Kremsierer Verfassungsentwurf von 1848 vorgesehen hatte). Denn der nach dem Vorbild des US-Senats verfasste Bundesrat hat sich trotz des indirekten Wahlmodus eher zu einer Doublette des Nationalrates entwickelt, weil sich gegenüber 1848 entscheidende Veränderungen vollzogen hatten: Die Landtage – als die Wahlkörper der Bundesratsmitglieder – waren nämlich mittlerweile von den schon seit der Monarchie national organisierten und stark zentralisierten politischen Parteien gleichsam kolonisiert worden. Anders als in

---

16 Die oktroyierte Märzverfassung von 1849 (aufgehoben 1851) behielt zunächst noch die Länderkammer (als „Oberhaus") bei.

17 Zwar wird auch in Österreich die gesamtstaatliche Gesetzgebung zu erheblichen Teilen von den Ländern ausgeführt. Aber anders als in Deutschland (Grundsatz der Länderexekutive als „eigene Angelegenheit", Art. 83 GG) und in der Schweiz („Vollzugsföderalismus", vgl. Knoepfel in diesem Band) herrscht in Österreich bislang das Prinzip der „mittelbaren Bundesverwaltung" vor, das dem Sonderfall der Bundesauftragsverwaltung im deutschen System (Art. 85 GG) ähnelt, insbesondere mit der Weisungsgebundenheit des – vom Landtag gewählten – Landeshauptmanns gegenüber den Bundesbehörden. Im Zuge der seit den neunziger Jahren geführten Dezentralisierungsdiskussion fordern die Länder insbesondere die Übertragung der mittelbaren Bundesverwaltung in die Landeskompetenz.

den USA und in der Schweiz, wo die Senatslösung in einem deutlich früheren Entwicklungsstadium der politischen Partizipationsformen eingeführt wurde, hatten in Österreich inzwischen die zentralisierten und bürokratisierten nationalen Parteiorganisationen den politischen Raum der Repräsentation auf der Länderebene ebenso wie im Gesamtstaat besetzt. Auch bei dieser institutionellen Landnahme wurde also wieder die zeitliche Abfolge der Entwicklungssequenzen wichtig: Die Föderalisierung hinkte der Organisation der Parteien zeitlich nach. In der Schweiz und in den USA waren diese Entwicklungssequenzen vertauscht; so sind die Parteien sehr viel stärker dezentralisiert geblieben, und die bundesstaatlichen Institutionen konnten nicht von starken nationalen Parteiorganisationen kontrolliert werden.

3. Entwicklungssequenzen des deutschen Bundesstaates im Überblick

Die Sonderstellung des deutschen Föderalismus im internationalen Vergleich hat nun ihre entwicklungsgeschichtliche Wurzel in der eigentümlichen Abfolge der institutionellen Entwicklungssequenzen im Prozess der Nationalstaatsbildung. Das *timing*, die zeitliche Reihenfolge der institutionellen Entwicklungssequenzen, sah in Deutschland ganz anders aus als in Österreich, aber auch anders als in den großen westeuropäischen Staaten. Frankreich oder auch Schweden sind klassische Beispiel dafür, wie die Ausbildung des Nationalstaates und des „modernen" oder „rationalen" Staates (im Sinne Max Webers), der sich durch eine bürokratische Organisation auszeichnet und mit einem formalistischen und berechenbaren Rechtssystem arbeitet, eng miteinander verzahnt sind.

In Deutschland waren die Institutionen des Alten Reiches (bis 1806) bis zuletzt rudimentär geblieben, und es gab nicht die geringsten Ansätze für eine bürokratische Organisation. Dennoch hat sich der moderne bürokratische Verwaltungsstaat, wie ihn Max Weber charakterisiert hat, in Deutschland schon lange vor dem Nationalstaat erfolgreich ausgebildet, und zwar auf der subnationalen Ebene. Dabei lassen sich zwei Entwicklungsabschnitte unterscheiden (vgl. Demel 1993): Zunächst entstand der frühmoderne Verwaltungsstaat auf der Ebene der Territorien des Alten Reiches, insbesondere in Österreich und Preußen. Der Entwicklungsvorsprung der Gliedstaaten verstärkte sich weiter nach dem Ende des Alten Reiches. Denn in der für die Entwicklung des modernen Staates so überaus wichtigen napoleonischen Zeit hat es nicht nur die bekannte Reform der preußischen Staatsorganisation unter Stein und Hardenberg gegeben. Vielmehr wurden damals in vergleichbarer Weise auch verschiedene Rheinbundstaaten (insbesondere Bayern unter Montgelas, Baden unter Reitzenstein und Württemberg unter König Friedrich I.) nach dem Modell des napoleonischen Staates reorganisiert und modernisiert.[18] Zudem hatten sich seither in den Gliedstaaten des Deutschen Bundes auch Netzwerke zwischen der Verwaltung und den sich formierenden gesellschaftlichen Interessen ausgebildet, sodass die Organisationsdomäne der Bürokratien gleichsam in die Gesellschaft ausgriff. Zum Beispiel ist es diesem Vorsprung in der

---

18 Vgl. den Überblick von Walter Demel (1993) und die Literaturübersicht von Elisabeth Fehrenbach (2001: 213–227).

Abfolge der Entwicklungssequenzen zu verdanken, dass die Länder heute noch eine ausgeprägtere industriepolitische Aktivität entfalten als der Bund.[19]

Insgesamt bleibt festzuhalten, dass der politisch-administrative Entwicklungsvorsprung der subnationalen Ebene die Genesis des deutschen Bundesstaates in charakteristischer Weise geprägt hat, weil sich die Nationalstaatsbildung in Deutschland – ähnlich wie in Italien – (vergleichsweise) verspätet vollzog.[20] Dieser zeitliche Rückstand (*time lag*) hatte nun bemerkenswerte Implikationen für die Struktur des 1867–1871 entstehenden deutschen Bundesstaates und – wie weiter unten gezeigt werden soll – auch für die eigentümliche Ausbildung der Beziehungen zwischen Staat und Gesellschaft. Dass in Deutschland um die Mitte des 19. Jahrhunderts, als die „nationale Frage" noch offen war, sowohl die beiden großen Gliedstaaten des Deutschen Bundes, Österreich und Preußen, als auch die Mittelstaaten voll ausgebildete und verhältnismäßig effiziente bürokratische Verwaltungen hatten, war ein Umstand, den schon die konstituierende Nationalversammlung von 1848/49 und dann auch Bismarck bei der Verfassungskonstruktion in Rechnung stellen mussten.

Wenn wir den Prozess der deutschen Nationalstaatsbildung mit der zeitlich etwa parallel verlaufenden Einigung Italiens vergleichen, lässt sich die Eigenart der deutschen Institutionenentwicklung noch besser herausarbeiten. Italien zerfiel bekanntlich seit dem Mittelalter, ähnlich wie Deutschland, in Territorien mit kräftigen regionalen Traditionen. Für die italienischen Föderalisten in der Zeit des Risorgimento (vor allem der „Neuguelfen" um Vincenzo Gioberti) legte das eine bundesstaatliche Einigung nahe. Es gab aber einen schwerwiegenden Unterschied: Deutschland verfügte mit dem Kaisertum und dem Reichstag des Alten Reiches (und seit 1815 mit dem Bundestag des Deutschen Bundes) immer über zentrale Institutionen,[21] die später als Anknüpfungspunkte für eine (wiederum bemerkenswert pfadabhängige) föderative Institutionenbildung auf der Ebene des Nationalstaates dienen konnten. In Italien fehlte ein solcher Anknüpfungspunkt – das war ja schon Machiavellis Problem gewesen. Seit den mittelalterlichen Kaiserzügen hatten übernationale Machtträger – hier der Kaiser, da der Papst – die zentrale Position im italienischen Institutionengefüge beansprucht. Doch die Vorstellung der „neuguelfischen" Föderalisten, die bündische Einigung Italiens um das Papsttum herum aufzubauen, erwies sich bald als unrealistisch. Andererseits waren die Piemontesen, die die Einigungsbewegung führten, weit weniger als Preußen darauf angewiesen, auf einen freiwilligen Anschluss anderer italienischer Territorien zu setzen: Sie konnten – teilweise unter geschickter Ausnutzung internationaler Machtkonstellationen – auf militärische Eroberung (Lombardei und Venezien) oder inneren Umsturz (wie in Neapel-Sizilien) setzen. Daher drängte sich für Camillo Cavour (dessen Rolle als leitender Staatsmann Piemonts ja immer wieder mit der Bismarcks

---

19 In einer späteren Untersuchung beabsichtige ich zu zeigen, wie es auf bestimmten Politikfeldern schon vor der Gründung des Nationalstaates zu institutioneller Landnahme durch die Ausbildung von sektoralen Politiknetzwerken auf der Ebene der Gliedstaaten kam.

20 Die wichtigsten institutionellen Grundlagen des deutschen Nationalstaates wurden bekanntlich mit der Verfassung des Norddeutschen Bundes (1867) gelegt, der dann 1871 durch den Beitritt der süddeutschen Staaten zum Deutschen Reich erweitert wurde.

21 Ausgenommen die Phase zwischen 1806 und 1815; das Rheinbundprojekt wurde ja nie realisiert.

verglichen worden ist) statt der lange diskutierten föderativen schließlich die einheitsstaatliche Lösung auf. Das zentralisierte Präfektursystem Frankreichs, den Italienern schon aus der napoleonischen Besetzung vertraut, gab dafür dann (unter seinem Nachfolger Bettino Ricasoli) das naheliegende Modell ab.

Die eigentümliche Entwicklungsdynamik des gegenwärtigen deutschen Verbundföderalismus muss man aus den institutionellen Entstehungsbedingungen des Bundesstaates in dem Gründungsjahrzehnt 1867 bis 1878 verstehen. Dies war die *critical juncture*, die Phase der entscheidenden institutionellen Weichenstellungen. Und diese Phase war durch Bismarcks spannungsreiches Zusammenspiel mit der damaligen, nationalliberal geführten Reichstagsmehrheit charakterisiert.[22] In Auseinandersetzung mit Bismarckbiographen wie Lothar Gall, die den liberalen Anteil am Verfassungswerk nicht sehr hoch einschätzen, hat Wolfgang Mommsen (1983: 212) die Bismarck-Verfassung prägnant als einen „dilatorischen Herrschaftskompromiss" zwischen den traditionellen Herrschaftseliten und dem aufsteigenden Bürgertum gekennzeichnet. Dieser Herrschaftskompromiss und die darauf aufbauende Gesetzgebungspraxis stellten aber auch die Weichen für einen unitarischen Exekutivföderalismus, der nur als Verbundsystem funktionieren konnte – wobei die Implikationen für die spätere Entwicklung den Beteiligten keineswegs schon bewusst waren.

Diese implizierte Dynamik war unter anderem durch die Hegemonie Preußens lange Zeit in gewissem Maße überdeckt. Ein Verbundföderalismus, wie er mit der Bismarckschen Konstruktion angelegt wurde, hat im Vergleich zu einem System des Trennföderalismus naturgemäß einen deutlich höheren Koordinationsbedarf. Koordination ist sowohl als hierarchische als auch als ausgehandelte Koordination denkbar. Die preußische Hegemonie war eine Variante des hierarchischen Koordinierungsmodus, und man kann die weitere Entwicklung des Bundesstaates unter anderem als Wandel der Koordinierungsmodi beschreiben.

Die Krise des verlorenen ersten Weltkrieges hatte die Funktion eines externen Schocks. Die militärische Niederlage und der Zusammenbruch des monarchischen Systems bewirkten, dass die bundesstaatlichen Institutionen auf den Prüfstand kamen. Führenden Akteuren schien sich anfänglich die Chance zur rationalisierenden Umformung des „bündischen Unitarismus" der Bismarckverfassung in einen dezentralisierten Einheitsstaat zu eröffnen, wie er insbesondere Hugo Preuß vorschwebte, dem Autor des ersten Verfassungsentwurfs. Zwar blieb dieses Unternehmen in Ansätzen stecken. Die Weimarer Republik hat jedoch die preußische Hegemonie im Wesentlichen beendet und die hegemoniale Variante der hierarchischen Koordination durch den zentralistisch hierarchischen Koordinierungsmodus ersetzt.

Spätere Weimarer Projekte einer „Reichsreform" wurden durch Papens Preußen-Coup (1930) zunächst pervertiert und dann in der polykratischen Regellosigkeit der NS-Diktatur erstickt und auch diskreditiert. Andererseits hat das nationalsozialistische Regime, das den Einheitsstaat an die Stelle der bundesstaatlichen Organisation setzte, auch wichtige zentralisierende institutionelle Orientierungen der Weimarer Zeit aufgegriffen, sie für seine Zwecke weiterentwickelt und systematisch befestigt – ich nenne

---

22 1878 kann man als das Enddatum der Gründungsphase bezeichnen, weil damals Bismarcks innenpolitischer Kurswechsel die Phase der Zusammenarbeit mit den Liberalen beendete.

als ein Beispiel nur die Entwicklung des Beamtenrechts oder der Finanzverwaltung. Diese Regelwerke zeichneten sich oft durch ein beträchtliches Maß an Kontinuität mit den Entwicklungslinien des deutschen Bundesstaates der vergangenen Zeit aus. Daher mochte es den politisch-administrativen Eliten nach dem zweiten Weltkrieg auch nicht abwegig erscheinen, sie an die veränderten Bedingungen des neuen Bundesstaates anzupassen und bloß Bestimmungen mit einem (wie man damals sagte) „typisch nationalsozialistischen Gehalt" zu eliminieren. Die Veränderungskosten ließen sich bei dieser Strategie am leichtesten berechenbar halten und zugleich minimieren. Das nationalsozialistische Regime stellt insofern durchaus eine eigentümliche Entwicklungssequenz in der pfadabhängigen Fortentwicklung der deutschen Institutionen dar, die auch auf die Rekonstruktion des Bundesstaates durchschlug.

Der Zusammenbruch des Dritten Reiches und das Besatzungsregime wirkten nun als ein erneuter externer Schock, und als nach dessen Zusammenbruch die Alliierten die Auflösung Preußens besiegelten, gab es zunächst zwei mögliche Optionen: Die eine wäre die Fortentwicklung des Weimarer Modells zum dezentralisierten Einheitsstaat gewesen. In der Tat war das die Option, die im Gründungsjahr der Bundesrepublik noch von einer starken – und im Parlamentarischen Rat dominierenden – Strömung in den politischen Parteien und in der öffentlichen Meinung befürwortet wurde. Diese Option wurde zwar durch die Besatzungsmächte blockiert, doch den Militärgouverneuren fehlte aus mancherlei Gründen die Strategiefähigkeit für den enormen institutionellen Kraftakt eines Institutionentransfers, der etwa – als deutlich konstrastierende Option – das duale Modell des amerikanischen Föderalismus durchgesetzt hätte. Sie begnügten sich wohl oder übel mit einem prekären Kompromiss, der die Ziele der Alliierten weitgehend verfehlte, dessen institutionellen Festlegungen aber die Entwicklung zu jenem Verhandlungsföderalismus vorprogrammiert haben, der dann seit den sechziger Jahren voll entfaltet wurde.[23] Denn der Koordinierungsbedarf, der sich aus dem Festhalten am Verbundföderalismus ergab, war durch die Auflösung Preußens erhöht, die Rückkehr zum zentralistisch-hierarchischen Koordinierungsmodus aber durch die alliierten Eingriffe weitgehend ausgeschlossen. So blieb nur der Ausbau der ausgehandelten Koordinierung übrig, die es zwar schon seit den Anfängen des Bismarckreiches gegeben hatte, die damals und bis zum Ende der Weimarer Republik aber eine untergeordnete Rolle gespielt hatte.

Der Hinweis auf die Besatzungseingriffe führt mich zu einem letzten wichtigen Gesichtspunkt. Wie schon erwähnt, beruht die Theorie der Pfadabhängigkeit auf der Annahme, dass pfadabhängige Institutionenentwicklung aus entwicklungsgeschichtlichen Weichenstellungen in bestimmten kritischen Phasen hervorgeht. Tiefgreifende Veränderungen des deutschen Föderalismus sind bislang immer nur im Anschluss an Systemkrisen nach kriegerischen Auseinandersetzungen durchgesetzt worden: Das war – nach dem Dreißigjährigen Kriege – zunächst die Ära der Französischen Revolution und Napoleons. Obwohl die *critical juncture* von 1848 zunächst praktisch folgenlos geblieben zu sein schien, präjudizierte sie die weitere Entwicklung doch durch wichtige verfassungspolitische Innovationen, bei denen in der Folgezeit angeknüpft wurde. Die effek-

---

23 Das hat Wolfgang Renzsch (1991) besonders prägnant in seiner unentbehrlichen Untersuchung über die Geschichte der Finanzverfassung herausgearbeitet.

tiven kritischen Weichenstellungen aber, die dann eine erneute Reorganisation des deutschen Föderalismus zur Folge hatten, waren wiederum alle durch kriegerische Auseinandersetzungen vorbereitet. Das waren die früher so genannten „deutschen Einigungskriege" unter preußischer Führung (1866 und 1870/71), dann der Zusammenbruch der Monarchie infolge des ersten Weltkriegs und schließlich die bedingungslose Kapitulation des Deutschen Reiches 1945 mit der anschließenden Besatzungsherrschaft.

Der intertemporale Vergleich legt daher die Folgerung nahe, dass es unter Bedingungen innerer und äußerer Stabilität nicht um tiefgreifende Reform, sondern nur um Optimierungen des existierenden unitarischen Verbundföderalismus gehen kann. Innerhalb dieses Systems müssen die Veränderungsspielräume ausgelotet werden, und kontrastierende Modelle wie das des Wettbewerbsföderalismus können dabei allenfalls heuristische Funktion für die Konsensbildung über kleine Veränderungsschritte haben. Die Konsensbildung ist aber die Achillesferse jeder Reformstrategie, und inwiefern in der gegenwärtigen Lage des Bundesstaates die Dramaturgie bei der Inszenierung von Verteilungskonflikten der Konsensbildung zugute kommt, muss hier offengelassen werden.

4. Kulturelle Orientierungen und erste Weichenstellungen: Das Programm der Rechtseinheit und das institutionelle Dilemma der deutschen Einigungsbewegung

Der deutsche Exekutivföderalismus, dessen Merkmale der gesetzgeberische Primat des Bundes und die Ausführung der Bundesgesetze durch die Länderverwaltungen sind, verdankt sich den Weichenstellungen der Paulskirchenverfassung von 1849.[24] Dass die verfassungsgebende Nationalversammlung diesen Weg wählte, muss man auf die unitarische Orientierung des liberalen Bürgertums zurückführen. Diese eigentümliche kulturelle Orientierung – die in der Bismarckzeit weit über die nationalliberalen Parteigrenzen hinaus die Hegemonie in der öffentlichen Meinung errang – hat den deutschen Bundesstaat von jeher von den USA und der Schweiz unterschieden.

Wenn man diese unitarische Orientierung verstehen will, muss man sich zunächst die prekäre Legitimation des deutschen Föderalismus seit dem Aufkommen des modernen Nationsbegriffes vor Augen halten. Zwar gab es vor allem in der ersten Hälfte des 19. Jahrhunderts einen „föderativen Nationalismus", der sich die „Einheit der deutschen Nation" ohne straff organisierten Nationalstaat vorstellte (Langewiesche 2000: 55-79). Doch vor allem seit der Jahrhundertmitte wurden die überkommenen föderalen Strukturen Deutschlands von einflussreichen Sektoren der deutschen Öffentlichkeit als archaisch und fortschrittsfeindlich begriffen. Ein ganzes Konglomerat stereotypisierter historischer Erfahrungen ging in diese Interpretation ein. Vorgearbeitet hatte ihr

---

24 Ich vermeide hier den Terminus „Vollzugsföderalismus", wie er neuerdings aus dem schweizerischen Sprachgebrauch in die deutsche Diskussion eingedrungen ist. Denn „Vollzugsföderalismus" hat in der Schweiz die Konnotation von beträchtlicher Autonomie der Kantone im Vollzug der Bundesgesetze (vgl. dazu Knoepfel in diesem Band). Das unterscheidet sich ganz erheblich von der unitarisierenden Regelung des Gesetzesvollzugs in der Bundesrepublik Deutschland.

schon die – an der aufkommenden modernen Staatsvorstellung orientierte – Kritik an den Zuständen des Alten Reiches, wie sie von Autoren wie Pufendorf (De statu Imperii Germanici, 1667) bis zum frühen Hegel (Die Verfassung Deutschlands, 1802) formuliert wurde. Zur Delegitimierung des Föderalismus hatten des Weiteren die radikalen napoleonischen Eingriffe in das Gefüge des Alten Reiches beigetragen und dann auch der Umstand, dass sich nach dessen Ende die Mehrzahl der Territorien – vor allem aber die Gewinner der territorialen Reorganisation in den Mittelstaaten – als Satelliten Napoleons für sein föderalistisches Rheinbundprojekt hatten vereinnahmen lassen. In den Augen vieler Liberaler und Demokraten war danach auch das System der aus dem Wiener Kongress hervorgegangenen deutschen Staaten durch die antiliberale Repressionspolitik des Deutschen Bundes seit den Karlsbader Beschlüssen von 1819 kompromittiert. Die deutsche (und dann speziell die so genannte „borussische") Geschichtsschreibung des späteren 19. Jahrhunderts bezog schließlich auch den Westfälischen Frieden und die deutsche Geschichte des Mittelalters (mit dem Topos von Fürstenmacht gegen Kaisertum) in ein Geschichtsbild ein, das dem Föderalismus eine Schwächung der Nation zuschrieb, die eher im Interesse des französischen „Erbfeindes" lag. Dieses Geschichtsbild hat dann, vermittelt durch den Schulunterricht, bis weit ins 20. Jahrhundert hinein das Föderalismusverständnis in Deutschland geprägt.[25] Man wird insgesamt sagen können, dass die unitarische Orientierung zu einem guten Teil dem Einfluss einer hegemonialen „Diskurskoalition" zu verdanken war, in der insbesondere Staatsrechtler im Verein mit Historikern die Deutungsmuster vorgaben.

Die historisch begründete Abwertung des Föderalismus ließ den „Unitarismus" – wie man es im kaiserlichen Deutschland gerne ausdrückte – zur dominierenden politisch-kulturellen Orientierung der politischen und administrativen Eliten werden. Ihm lag eine spezifische Vorstellung von der deutschen Einheit zu Grunde, deren Ursprünge sich in der Entstehung der deutschen Nationalbewegung aus den napoleonischen Kriegen lokalisieren lassen. Programmatisches Kernstück des Unitarismus war von Anfang an das Postulat der Rechtseinheit. Seitdem die Vorstöße der französischen Revolutionsarmeen und dann der napoleonischen Heere auf deutsches Gebiet eine katalytische Wirkung für die Entwicklung des Nationalbewusstseins entfaltet hatten, stand die Einheitsbewegung im Banne des nationalstaatlichen Modells, wie es aus der Französischen Revolution hervorgegangen war. Und diejenige institutionelle Komponente des Modells, die in dem territorial zersplitterten Deutschland noch die größten Realisierungschancen hatte, war die Rechtseinheit. Frankreich hatte ja mit dem *Code Napoléon* von 1804 die Bedeutung der Rechtseinheit für die Nationsbildung demonstriert.

„As opposed to earlier times, when the *ius commune* constituted a ‚common law' of Europe, the nineteenth century was an age of national codifications. The ideal of a cohesive nation state was implicit in the scope of a Civil Code. To be French, Dutch, German, or Italian meant, among other things, to live under a single regime of civil laws as one's countrymen, young and old, male and female, from birth until death" (Jacobson 2002: i.E.).

---

25 Zur Rolle der „borussischen" Geschichtsschreibung und der Interpretation des föderativen Erbes in der Historiographie des 19. Jh. vgl. jetzt Umbach (2000).

Auch wenn man in Deutschland die überzogenen Zentralisierungstendenzen des französischen Staates kritisch beurteilte (man hatte schließlich seinen Tocqueville gelesen), so sah man doch im damals so genannten „Partikularismus" eine Bedrohung des Prozesses der Nationswerdung. Seit den „Freiheitskriegen" (1813–1815) war die Rechtseinheit eine Hauptforderung der liberalen Einheitsbewegung (John 1985: 342). Sie diente ihr zunächst als Surrogat einer politischen Einheit, die vorerst politisch nicht erreichbar schien, und seit 1848 wurde sie ihr unverzichtbares Grundelement. Schon die berühmte Programmschrift von Anton Friedrich Justus Thibaut aus dem Jahre 1814 „Über die Nothwendigkeit eines allgemeinen bürgerlichen Rechts für Deutschland", der *locus classicus* für das Postulat der Rechtseinheit, stand deutlich im Zeichen der nationalen Einheitsbewegung:

„Ich bin ... der Meinung, dass unser bürgerliches Recht (worunter ich hier stets das Privat- und Kriminalrecht und den Prozess verstehen werde) einen gänzlichen schnellen Umänderung bedarf und dass die Deutschen nicht anders in ihren bürgerlichen Verhältnissen glücklich werden können, als wenn alle deutschen Regierungen mit vereinten Kräften die Abfassung eines, der Willkür der einzelnen Regierungen entzogenen, für ganz Deutschland erlassenen Gesetzbuchs zu bewirken suchen" (Thibaut 1840: 6).

Thibaut argumentiert deutlich in den Kategorien des „föderativen Nationalismus" (Langewiesche 2000) seiner Zeit. Denn die Bildung eines Nationalstaates war gegen Ende der „Freiheitskriege" noch keine starke politische Vision. Aber sein Programm einer ausgehandelten Unitarisierung zeichnete schon deutlich die Logik des unitarischen Bundesstaates vor. Die nationale Bewegung hatte noch auf lange Sicht nicht die Macht oder auch nur die Intention, ihr Einigungsprogramm in der Form des Einheitsstaates zu verwirklichen. Denn sie musste damit rechnen, dass zumindest die größeren deutschen Staaten und ihre Bürokratien ihre Organisationsdomäne nicht aus der Hand geben würden. Unter diesen Umständen entstand zunächst das Programm der ausgehandelten Rechtseinheit als Surrogat für den Nationalstaat.

Bei Thibaut wird aber auch schon ein zweites Motiv deutlich, das – neben der damals aus den napoleonischen Kriegen hervorgegangenen deutschen Nationalbewegung – diese kulturelle Orientierung bestimmte und später über den „föderativen Nationalismus" hinaustreiben sollte, nämlich das Interesse an der Konstitution einer liberalen Marktgesellschaft:

„Sehen wir nun ferner auf das Glück der Bürger, so kann es gar keinen Zweifel leiden, dass ein solches einfaches Gesetzbuch für ganz Deutschland die schönste Gabe des Himmels genannt zu werden verdiente. Schon die bloße Einheit wäre unschätzbar. Wenn auch eine politische Trennung stattfinden muss und soll, so sind doch die Deutschen hoch dabei interessiert, dass ein brüderlicher gleicher Sinn sie ewig verbinde und dass nie wieder eine fremde Macht den einen Teil Deutschlands gegen den andern missbrauche. Gleiche Gesetze erzeugen aber gleiche Sitten und Gewohnheiten, und diese Gleichheit hat immer zauberischen Einfluss auf Völkerliebe und Völkertreue gehabt. Außerdem macht der bürgerliche Verkehr jene Einheit fast zu einer schreienden Notwendigkeit. Unsre deutschen Länder können allein durch einen lebhaften inneren, wechselseitigen Verkehr ihren Wohlstand erhalten, und von dem schneidenden Volksegoismus, den der französische Code ausspricht, darf bei uns durchaus nichts gehört werden. Ist also keine Gleichheit des Rechts, so entsteht das fürchterliche Unwesen der Kollision der Gesetze" (Thibaut 1840: 26).

Im Programm der Rechtseinheit war also von Anfang an auch das Ziel der Wirtschaftseinheit mitgedacht. Als Heinrich Triepel in seinem Rückblick auf die Ursprünge dieses unitarischen Programms den Kern seiner Anhänger bei den Liberalen lokalisierte, wies er darauf hin, dass deren Grundstock der „bürgerliche Mittelstand" sei, „... jene neue gesellschaftliche Schicht, die in den ersten Jahrzehnten des vorigen Jahrhunderts mit dem Aufblühen von Industrie und Handel eine ökonomische Basis von genügender Stärke erhielt, um ihr im öffentlichen Leben eine Stimme zu verleihen, eine Schicht, die auch die geistige Bildung besaß, welche sie befähigte, am Kampfe um politische Ideen teilzunehmen. ... Jener gewerbetreibende Mittelstand hatte nun aber das dringendste Interesse an einer Entfesselung der wirtschaftlichen Kräfte, wie sie unter der Herrschaft der Kleinstaaterei und unter der Leitung des Deutschen Bundes niemals erreicht werden konnte" (Triepel 1907: 91).

Und nun war es der französische Einheitsstaat als Modell des modernen Nationalstaates, an dem sich die deutsche Einheitsbewegung bei ihrer Suche nach institutionellen Lösungen orientierte. Thibauts Polemik gegen den Code Napoléon darf über diesen Modellcharakter Frankreichs nicht hinwegtäuschen. Sein Kodifikationsprojekt geriet freilich zunächst in der berühmten Kontroverse mit Friedrich Carl von Savigny in die Defensive, und es hatte auch angesichts der Schwäche des Deutschen Bundes keine politische Realisierungschance. Seine programmatische Neubelebung verdankte es der Revolution von 1848. Die Rechtseinheit wurde ein zentrales Anliegen der Frankfurter Nationalversammlung 1848/49. Die Paulskirchenverfassung ging aber über den vertragsförmigen Ansatz Thibauts hinaus und erwartete die Herstellung der Rechtseinheit vom Gesetzgeber eines deutschen Nationalstaates. Für unsere Fragestellung ist nun die Beobachtung von besonderem Gewicht, dass das Programm der Rechtseinheit damals, als der föderativ organisierte Nationalstaat eine realistische Chance zu bekommen schien, in die institutionelle Konstruktion des Exekutivföderalismus mündete.

4.1 Die Paulskirchenverfassung:
Exekutivföderalismus als Lösung des unitarischen Dilemmas

In der verfassunggebenden Nationalversammlung waren die Anhänger des Einheitsstaates von vornherein eine schwache Minderheit. Die große Mehrheit strebte eine bundesstaatliche Lösung an. In diesen Diskussionen war naturgemäß – wie zur selben Zeit bei der Entstehung des schweizerischen Bundesstaates – das Modell der amerikanischen Bundesverfassung präsent, nicht zuletzt unter dem starken Eindruck von Tocquevilles *De la démocratie en Amérique*. Doch wie wir schon gesehen haben, unterschied sich die strategische Ausgangssituation von der amerikanischen dadurch, dass in Deutschland starke bürokratische Regierungen auf der subnationalen Ebene schon den politischen Raum der Exekutivgewalt besetzt hatten. Daher konzipierte die verfassunggebende Nationalversammlung eine institutionelle Lösung, die sich – trotz des politischen Scheiterns der Verfassung – als ein Modell erweisen sollte, das seither keiner anderen institutionellen Option mehr eine ernsthafte Chance gelassen hat. Man kann das auch auf die Formel bringen, dass dieses Modell die kognitive Hegemonie errungen hatte, und das sollte sich bei der Gründung des Norddeutschen Bundes durch Bismarck deutlich zeigen.

Der Verfassungsentwurf von 1849 war insofern unitarisch, als er die Länderlegislativen weitgehend zu Gunsten der Gesetzgebungsgewalt des Reichsparlaments entmachten wollte. Faktisch haben wir hier bereits den Vorrang der – wie man es dann später nannte – konkurrierenden Gesetzgebungskompetenz des Gesamtstaates.[26] Aber die innere Verwaltung sollte grundsätzlich den Ländern überlassen bleiben (Triepel 1917: 57–58, 174–175; Huber 1960: 826).[27] Die Abgrenzung der Kompetenzen des Bundes und der Gliedstaaten, wie sie die Konstituante hier entwickelt hatte, ist seither in den Grundzügen verbindlich geblieben. Das wird man daraus erklären können, dass hier eine wichtige Lösung für das institutionelle Dilemma der deutschen Nationalstaatsbildung gefunden wurde. Es ging nämlich darum, die kulturell bestimmte Zielsetzung der Rechtseinheit, also das unitarische Programm des liberalen Bürgertums, mit dem Interesse der Länderbürokratien an der grundsätzlichen Wahrung ihrer Organisationsdomäne vereinbar zu machen. Dem sollte die hier gefundene eigentümliche Form des deutschen Exekutivföderalismus dienen. Sie hatte den Vorzug besonderer Passgüte mit der hegemonial gewordenen kulturellen Orientierung.

Die offene Flanke blieb freilich, dass die Paulskirchenverfassung für die Organisation der Beziehungen zwischen dem Bundesstaat und den Gliedstaaten keine funktionsfähige Lösung fand (Hübner 1930: 42, 44–45). Obwohl die amerikanische Bundesstaatskonstruktion in den Verfassungsberatungen von 1848/49 eine wichtige Rolle spielte, konnte die Konstituante sich nicht in dem selben Maße daran orientieren, wie es die Schweizer Bundesverfassung von 1848 getan hatte. Zwar neigte die Mehrheit der Paulskirchenversammlung prinzipiell dem Senatsmodell zu, wie es auch in der Konstruktion des Schweizer Ständerats aufgenommen wurde. Aber eben weil sie darauf Rücksicht nehmen musste, dass der subnationale politische Raum auf der Ebene der Exekutivgewalt schon besetzt war, hat sie in einer eigentümlichen Kompromisslösung das Senatsmodell „exekutivföderalistisch" modifizieren wollen: Die Mitglieder des Staatenhauses sollten nach § 88 der Frankfurter Reichsverfassung zur Hälfte durch die Regierungen und zur Hälfte durch die Volksvertretungen der Gliedstaaten ernannt werden (Huber 1960: 769, 785, 830). Gewiss, sie hätten dann ein freies Mandat gehabt, aber ob das für die Regierungsvertreter in der Praxis hätte funktionieren können, wird man bezweifeln dürfen.

5. Bismarcks Bundesstaat als hegemoniales Verhandlungssystem

Die Frankfurter Nationalversammlung hatte eine wichtige Option für die Entwicklung bundesstaatlicher Institutionen eröffnet. Aber die Paulskirchenverfassung trat bekannt-

---

26 So der § 66 der Verfassung: „Reichsgesetze gehen den Gesetzen der Einzelstaaten vor, insofern ihnen nicht ausdrücklich eine nur subsidiäre Geltung beigelegt ist."
27 Eine Reichsverwaltung war insbesondere bei der bewaffneten Macht, im Verkehrswesen, bei Post, Zöllen sowie Produktions- und Verbrauchssteuern, im Bank- und Notenwesen und bei der Finanzverwaltung vorgesehen.

lich nie in Kraft, und deshalb blieb die endgültige Richtung des Entwicklung zunächst noch in der Schwebe. Der entscheidende Zeitpunkt in der Entwicklung, die *critical juncture*, war die Bildung des Norddeutschen Bundes, dessen Verfassung in den entscheidenden Grundzügen von Otto von Bismarck gestaltet wurde. Als das kontingente Moment, das die Richtung des Entwicklungspfades bestimmte, wird man darum die Ernennung Bismarcks zum preußischen Ministerpräsidenten betrachten können. In einer kontrafaktischen Rekonstruktion möglicher alternativer Geschichtsverläufe kann man den Überlegungen liberaler Historiker folgen und argumentieren, dass die weitere Geschichte des deutschen Einigungsprozesses einen anderen Verlauf hätte nehmen können, wenn Wilhelm I. 1862 einen eher liberalen Ministerpräsidenten ernannt oder gar – wie er bekanntlich im Konflikt mit der Landtagsmehrheit erwog – zu Gunsten des Kronprinzen Friedrich Wilhelm abgedankt hätte. Es gäbe womöglich keinen „kleindeutschen" Nationalstaat, oder dessen institutionelles Gefüge hätte anders ausgesehen. Deshalb muss es auch keine anachronistische Fixierung auf die große Persönlichkeit bedeuten, wenn der Anfang dieser Entwicklungssequenz des deutschen Bundesstaates in der historischen wie auch der staatsrechtlichen und politikwissenschaftlichen Literatur im Wesentlichen auf Bismarck selbst zurückgeführt wird.

Es ist nämlich unbestreitbar, dass in der Norddeutschen Bundesverfassung von 1867 (deren zentrale institutionelle Normierungen ja in der Reichsverfassung von 1871 im Wesentlichen unverändert übernommen wurden) ein erhebliches Maß an zielgerichteter Verfassungskonstruktion steckte (Becker 1958: 278; dazu zuletzt Pflanze 1997: 345–355). Eben daraus ergibt sich nun aber die Frage, wie man die bemerkenswerte Persistenz einer institutionellen Konfiguration erklären kann, der einerseits an ihrem Ursprung so stark eine Gründerpersönlichkeit ihren Stempel aufgedrückt hat, die andererseits aber auf längere Sicht schliesslich ihre eigene, von den strategischen Zielen des Gründers unabhängige Entwicklungslogik gewonnen hat. Dafür reichen personalisierende Deutungen des Prozesses der Institutionenbildung nicht aus. Die theoretisch interessante Herausforderung ist vielmehr die Rekonstruktion der institutionellen Optionen und der strategischen Kalküle in einer Abfolge von Reorganisationskrisen, die den Entwicklungspfad des deutschen Bundesstaates immer wieder in Frage gestellt haben.

Die geläufigsten Interpretationen des Bismarckschen Bundesstaates knüpfen an überlieferte Topoi der liberalen Kritik an. Zum einen habe der Föderalismus von 1871 an einem gravierenden „Geburtsfehler" in Gestalt des Bundesrates gelitten, den Bismarck als eine Barriere gegen die Parlamentarisierung der Reichsregierung konzipiert habe: Weil die Reichsregierung aus dem im Bundesrat verkörperten Bündnis der deutschen Fürsten hervorgehe, könne sie nicht dem gewählten Parlament verantwortlich sein.[28] Das zweite fundamentale Defizit sei die Hegemonie Preußens gewesen, die einen echten Föderalismus verhindert habe.

Die preußische Hegemonie wird allerdings allzu oft aus ihrem historischen Kontext gerissen. Eine preußische Führungsrolle wurde ja schon Jahrzehnte zuvor weithin als

---

28 Fritz Scharpf (1994: 46) bringt die herrschende Meinung auf diese Formel: „Die besondere Form dieses Föderalismus aber, die Repräsentation der gliedstaatlichen Exekutivgewalten im Bundesrat als dem zentralen Gesetzgebungsorgan des Reiches, entsprang verfassungspolitischen Kalkülen, deren antidemokratische Qualität uns heute eher irritieren sollte."

eine Erfolgsbedingung der deutschen Einigungsbewegung betrachtet.[29] Sie spielte eine zentrale Rolle in den Diskussionen der Frankfurter Nationalversammlung, und der preußisch geführte Deutsche Zollverein hat bekanntlich der Reichsgründung wirtschaftspolitisch den Weg geebnet. Man kann dies alles auf die Formel bringen, dass es nach weit verbreiteten Vorstellungen in einem bundesstaatlich verfassten Deutschland ein Koordinierungsproblem gab, auch als Voraussetzung für die Behauptung eines geeinten Deutschland im europäischen Staatensystem. Und eine preußische Führungsrolle wurde in dem Maße als Lösung dieses Koordinierungsproblems gesehen, als Österreich eher seinen multinationalen Charakter als seine deutsche Rolle betonte. Bismarck hat insofern nur eine längst eingeleitete Entwicklung weitergeführt.

Ihren eigentümlich retardierenden Charakter bekam die preußische Hegemonie erst in Verbindung mit zwei kontingenten institutionellen Elementen der Bismarckschen Konstruktion: dem hybriden Charakter des Bundesrats einerseits, von dem noch zu sprechen sein wird, und andererseits der Absicherung des gliedstaatlichen Konstitutionalismus durch ein ungleiches Wahlsystem. In der zeitgeschichtlichen Perspektive wird man darüber hinaus auch das Prinzip der Länderexekutive zu diesen retardierenden Elementen rechnen müssen, denn unter den Bedingungen des Bismarckreiches implizierte es ja, dass die Ausführung der Gesetze des demokratisch gewählten Reichstags in den Händen von Länderregierungen lag, die einer solchen demokratischen Legitimation ermangelten. Indes greifen all diese Gesichtspunkte in der Perspektive der Pfadabhängigkeit des deutschen Föderalismus zu kurz. Denn sie charakterisieren zwar zutreffend die Entstehungsbedingungen des deutschen Bundesstaates, aber nicht notwendigerweise die Reproduktionsbedingungen seines Entwicklungspfades, die man davon analytisch unterscheiden muss.

Es war schon davon die Rede, dass die *critical juncture*, die Phase der entscheidenden institutionellen Weichenstellungen, auf das Gründungsjahrzehnt 1867 bis 1878 datiert werden muss. Während dieses Zeitraums, der durch die strategische Interaktion Bismarcks und der Nationalliberalen gekennzeichnet war, wurden nicht nur die bundesstaatliche Verfassung, sondern auch wichtige Grundlagen des unitarischen deutschen Rechtssystems geschaffen. Der von Wolfgang Mommsen so genannte „dilatorische Herrschaftskompromiss" (Mommsen 1983) fand seinen Ausdruck darin, dass Bismarcks Bundesstaatskonstruktion mit der Anknüpfung an den Exekutivföderalismus der Paulskirche auf verfassungspolitische Konzepte des liberal-unitarischen Bürgertums zurückgriff und den Weg zur gesetzgeberischen Unitarisierung eröffnete.

Dem Kompromisscharakter der Verfassung war es zuzuschreiben, dass der Bundesstaat zunächst durch das Spannungsverhältnis zweier verschiedener Repräsentationsprinzipien charakterisiert war: Der demokratischen Repräsentation im Reich (allgemeines und gleiches Reichstagswahlrecht) standen Formen plutokratischer Repräsentation (durch ungleiche Zensuswahlsysteme wie das preußische Dreiklassenwahlrecht) in den Ländern gegenüber. So lange das so blieb, konnte der Bundesrat als Barriere gegen die Parlamentarisierung fungieren. Eine Demokratisierung der Landtage (wie sie von der Revolution 1918 erzwungen und dann von der Weimarer Verfassung auch formell vor-

---

29 Einer ihrer frühen Verfechter war bekanntlich schon in den dreißiger Jahren der prominente württembergische Liberale Paul Pfizer (1801–1867).

geschrieben wurde) musste aber einen Funktionswandel der Institutionen zur Folge haben.

5.1 Die föderative Kooptation der einzelstaatlichen Bürokratien

Zwar hat, wie wir gesehen haben, schon die Paulskirchenverfassung wichtige Weichen gestellt. Aber wenn man in diesem Bilde bleiben will, dann war nach dem Scheitern des Verfassungsentwurfs durchaus noch offen, ob nicht ganz neue Strecken für den Zug zur Nationalstaatsbildung gebaut werden müssten. Cavours Strategie im italienischen Einigungsprozess brachte den Einheitsstaat als Alternative zum Bundesstaat neu ins Gespräch.

Einige Jahre nach dem Scheitern der Paulskirchenverfassung hatte der Historiker Georg Waitz – der selbst der Frankfurter Nationalversammlung angehört hatte – in dem Aufsatz „Das Wesen des Bundesstaates" den Bundesstaat als konsequent durchgeführtes Trennsystem konzipiert; dabei war er stark von Tocquevilles Darstellung des amerikanischen Föderalismus beeinflusst (Waitz 1853; später aufgenommen in Waitz 1862, 155–218). Zu den frühen Anhängern dieser Theorie gehörte der junge Heinrich Treitschke, aber er zog daraus den Schluss, dass eine solche bundesstaatliche Konstruktion in Deutschland unter den gegebenen historischen Ausgangsbedingungen nicht realisiert werden könne. Sein Essay „Bundesstaat und Einheitsstaat", den er 1864 – als dreißigjähriger Professor der Staatswissenschaften in Freiburg – veröffentlichte, hat dann die nationalliberale Sicht der deutschen Föderalismusproblematik zur Bismarckzeit stark bestimmt (im Folgenden zitiert nach Treitschke 1886).[30] In seiner von Waitz und Tocqueville bestimmten Perspektive arbeitete Treitschke – auch unter Berufung auf die *Federalist Papers* – die institutionelle Problematik der deutschen Nationalstaatsbildung im Vergleich zum Föderalismus der USA und der Schweiz heraus. Diese beiden Länder charakterisierte er als Bundesstaaten auf demokratischer Grundlage, zusammengesetzt aus demokratisch verfassten Einzelstaaten. Demgegenüber bestehe in Deutschland „nicht das selfgovernment, sondern eine von dreißig kleinen Mittelpunkten ausgehende bureaukratische Centralisation". Zwar sei zu hoffen, „dass diese Macht der Bureaukratie sich in Zukunft mindern werde", doch werde in Deutschland ein amerikanisches *selfgovernment* nie bestehen (Treitschke 1886: 144). Der eigentümliche Vorzug des nordamerikanischen Bundesstaates lasse sich also nicht auf Deutschland übertragen. Treitschke argumentierte nun, die deutsche bürokratisch-konstitutionelle Monarchie sei ohnehin schon eine „komplizierte Staatsform", und wenn man dann noch dreißig solcher Staaten zu der „denkbar kunstvollsten Form des Staatenvereins" vereinige, dann sei ein „chaotisches" Durcheinander zu erwarten. Er sah, mit anderen Worten, einen hohen, kaum zu bewältigenden Koordinationsbedarf voraus (Treitschke 1886: 144–145). Ein vereinigtes Deutschland werde daher nur als Einheitsstaat funk-

---

30 Später hat die Bismarckschen Konstruktion eines hegemonialen Bundesstaates Treitschkes Billigung gefunden, und in diesem Zusammenhang hat er dann auch die Theorie von Waitz grundsätzlich verworfen (Treitschke 1886, 547–548).

tionieren, und als ersten Schritt auf diesem Wege müsse Preußen die kleineren nord- und mitteldeutschen Staaten annektieren (Treitschke 1886: 214–217, 235).[31]

Ein Vorbild für das von ihm anvisierte Szenario erblickte Treitschke damals im italienischen Einigungsprozess (Treitschke 1886: 219–233). Doch Bismarck hatte gute Gründe, nicht den von Treitschke propagierten Weg zu gehen, also ähnlich wie Cavour und seine Nachfolger in Italien die Einheit mit Waffengewalt herzustellen und einen Einheitsstaat zu errichten.[32] Diese Option schied schon deshalb aus, weil das internationale System ihm nicht die erforderliche Bewegungsfreiheit ließ. Aber man wird auch berücksichtigen müssen, dass es sich bei den deutschen Mittelstaaten eben um gefestigte Staaten mit einer modernen Staatsorganisation handelte.[33] Cavour hatte es beim Kirchenstaat und beim Königreich Neapel mit nur sehr partiell modernisierten Staatsgebilden zu tun, die zum Teil durch tiefe soziale Konflikte belastet waren,[34] und die viel weiter entwickelten Gebiete Norditaliens (Lombardei und Venezien) standen unter österreichischer Fremdherrschaft. Bismarck konnte dagegen die süddeutschen Staaten nicht nur aus außenpolitischen Rücksichten, sondern auch wegen ihrer inneren Stärke nicht militärisch in die Zange nehmen.[35] Er hatte sich ja schon mit der Annexion von Hannover genug Probleme aufgehalst, und hinsichtlich der süddeutschen Mittelstaaten war darum Kooptation der näherliegende Weg. Diese Kooptation konnte aber dann am ehesten gelingen, wenn die Organisationsdomäne der mittelstaatlichen Bürokratien gewahrt blieb. Die Verfassung des Norddeutschen Bundes (1867) war geradezu darauf berechnet, den süddeutschen Staaten den Beitritt möglichst annehmbar zu machen. Sie mussten nur davon überzeugt werden, dass ihnen auch bei Aufgabe ihrer völkerrechtlichen Unabhängigkeit ein gutes Stück ihrer bisherigen Organisationsdomäne erhalten bleiben würde. Dem diente eben auch der Rückgriff auf das Modell des Exekutivföderalismus aus der Paulskirchenverfassung mit der eigentümlichen Zuteilung der Gesetzgebungskompetenzen für das Reich und der korrespondierenden Verwaltungskompetenzen für die Länder.[36]

---

31 Weil er auch die Annexion seines Heimatlandes Sachsen empfahl, überwarf sich Treitschke damals mit seinem Vater, der als königlich sächsischer General Kommandant der Festung Königstein war.

32 Treitschke hat allerdings die Übernahme des französischen zentralisierten Präfekturmodells durch die Italiener sehr kritisch gesehen; sein Ideal war bekanntlich der dezentralisierte Einheitsstaat.

33 Das sah immerhin auch Treitschke (1886: 216).

34 „The earlier economic and political ruptures weighted the constitutional outcome of the risorgimento in the direction of a centralized system of government" (Sabetti 1996: 29). Die Entwicklung des deutschen Föderalismus im Vergleich zum italienischen Einigungsprozess wird derzeit in einem Dissertationsprojekt von Daniel Ziblatt (Berkeley) bearbeitet.

35 Wie Karl Bosl (1970) betont hat, war Bayern einer der administrativ am besten organisierten Staaten Deutschlands, und auch die stärkere verfassungsmäßige Tradition der Süddeutschen wäre ein Integrationshindernis geworden.

36 Dieser Rückgriff auf die Paulskirchenverfassung ging auf den Vorentwurf zurück, den Bismarcks Mitarbeiter Max Duncker im Spätsommer 1866 ausgearbeitet hatte (Triepel 1917: 70). Duncker hatte zu den führenden altliberalen Mitgliedern der Frankfurter Nationalversammlung gehört. Bismarck hatte zwar Dunckers Entwurf „zu zentralistisch bundesstaatlich für den dereinstigen Beitritt der Süddeutschen" gefunden (Huber 1988: 649), doch es blieb bei der funktionalen Aufteilung der Kompetenzen.

Aufmerksamen Beobachtern wurde im kaiserlichen Deutschland denn auch zunehmend deutlich, dass die Länderbürokratien zu den Hauptträgern und Hauptnutznießern der föderalistischen Konstruktion gehörten. Nach Heinrich Triepel (1907: 87–88) hatten „der deutsche Föderalismus und seine Fratze, der Partikularismus, ... ihre Stütze zu einem Teil in dem einzelstaatlichen Beamtentum". Erich Kaufmann (1917: 24) zählte zu den Machtfaktoren, die Bismarck habe einkalkulieren müssen, neben den Fürsten der Mittelstaaten „das einzelstaatliche Beamtentum, das seinen eigenen Geist und Dünkel besaß, und nicht zuletzt die partikularen Landtage, neben dem Beamtentum der Haupthort partikularistisch-kleinstaatlicher Absonderung und Selbsteingenommenheit". Und Rudolf Smend (1928; zitiert nach Smend 1994: 231) sprach im Rückblick von „der unerschütterlichen Solidarisierung der Reichsspitze und der Einzelstaaten im Kartell der Fürsten und Bürokratien".

5.2 Der Bundesstaat als „dilatorischer Herrschaftskompromiss" und seine Unitarisierungsdynamik

Seit in den letzten Jahrzehnten die Diskussion über den „unitarischen Bundesstaat" eine kritische Wendung genommen hat, wird oft der Eindruck vermittelt, dass die Unitarisierung eine neue Entwicklung seit der Gründung der Bundesrepublik sei. Doch das trifft keineswegs zu. Was heute „Unitarisierung" genannt wird, ist der Beitrag des liberalen Bürgertums zum Bismarckschen Verfassungskompromiss. Folgerichtig war sie nicht nur in der politischen Kultur tief verankert, sondern in der Bismarckverfassung auch institutionell angelegt. Die deutsche Staatsrechtslehre hat das schon zur Zeit des Kaiserreiches deutlich gesehen (so insbesondere Triepel 1907: 53–62, 78–83; Kaufmann 1917: 64–65). Entscheidender Motor des Unitarisierungsprozesses war die exekutivföderalistische Konstruktion der Paulskirchenverfassung, die Bismarck in die Verfassung von 1867/1871 übernahm. Es ist bezeichnend, dass das – oben erwähnte – konkurrierende Modell eines Trennföderalismus, wie es Georg Waitz damals in seiner Bundesstaatstheorie vorgestellt hatte, zwar einige akademische Aufmerksamkeit fand, für die politische Entwicklung aber marginal blieb.

Mit der Anknüpfung an die Reichsverfassung von 1848 kam Bismark den Vorstellungen der Liberalen weit entgegen. Deren gemeinsame Überzeugung hatte der Nationalliberale Johannes Miquel 1867 im Norddeutschen Reichstag auf die Formel gebracht, dass die Rechtseinheit die notwendige Vorbedingung für den Nationalstaat sei.[37] Daher unterschied sich die neue deutsche Bundesstaatlichkeit von den Vereinigten Staaten und der Schweiz nicht zuletzt durch den ersten großen Zentralisierungsschub, den das neugegründete Reich der Phase der liberalen Vorherrschaft im Reichstag (1867 bis 1878) verdankte. Schon der Reichstag des Norddeutschen Bundes zeichnete sich durch eine umfangreiche unitarisierende Gesetzesproduktion aus, „die nicht nur Konservativen gelegentlich fast den Atem verschlug" (Pollmann 1983: 226). Die Nationalliberalen sind „eine Hauptstütze der Bismarckschen Politik im ersten Jahrzehnt des Reiches gewesen, und es war nicht zum geringsten ihr Einfluss, der der Ge-

---

37 Zitiert nach John (1985: 342); vgl. auch Langewiesche (1988: 167).

setzgebung jener Zeit einen so energischen unitarischen Charakter gegeben hat. Denn der Unitarismus der Partei bleibt auch im neuen Reiche ihr hervorstechendster Zug. Es sind wieder in erster Linie wirtschaftliche Gründe, die das bewirken. Aus der breiten Kernschicht der alten liberalen Partei hat sich allmählich eine neue soziale Gruppe herausgearbeitet: die Aristokratie der Industrie und des Handels. Auch das Interesse dieser, an Bedeutung immer mehr zunehmenden Gruppe geht auf Einheit des Rechts und der Wirtschaft" (Triepel 1907: 92).

Das wichtigste Instrument für den großen Unitarisierungsschub war die konkurrierende Gesetzgebungskompetenz des Reiches (Art. 4 der Verfassung), wie das später in der Staatsrechtslehre des Kaiserreiches genannt wurde.[38] Zum zentralen Akteur dieser frühen Unitarisierung wurde deshalb der Reichstag, vor allem mit den großen Kodifikationen.[39] 1873 wurde der ohnehin schon umfangreiche Katalog der konkurrierenden Gesetzgebungsmaterien mit dem Amendement des Nationalliberalen Lasker noch um das gesamte bürgerliche Recht ergänzt.[40] Der Bundesrat hat sich, wie schon Heinrich Triepel (1907: 85–87) bemerkte, der Unitarisierungsbewegung nie in den Weg gestellt. Dies alles bedeutete zugleich, dass die konkurrierende Gesetzgebung schon im Kaiserreich die Landesgesetzgebung und die Landtage zunehmend zurückgedrängt hat (Triepel 1907: 53–60).

Neben die zentralisierende Variante der Unitarisierung durch die konkurrierende Gesetzgebungskompetenz des Reiches traten zwei weitere institutionelle Varianten. Die eine – die charakteristisch blieb für den hegemonialen Bundesstaat unter preußischer Führung – war die Unitarisierung durch Diffusion. „Ohne daß Preußen einen Federstrich zu tun brauchte, haben andere Staaten seine Steuergesetzgebung, seine Gemeindeorganisation, das System seiner Verwaltungsgerichtsbarkeit, sein Jagd- und sein Bergrecht, seine kirchenpolitischen Gesetze kopiert" (Triepel 1907: 112). Die andere Unitarisierungsvariante, die sich dann unter – oder vielmehr neben – dem Grundgesetz ungemein entfaltete, war schon im kaiserlichen Deutschland die kooperative Unitarisierung durch Zusammenarbeit der Länder.

Wie früh und deutlich dies schon die Zeitgenossen wahrgenommen haben, mag ein Pamphlet belegen, das ein Philologe namens Johannes Flach fünfzehn Jahre nach der Reichsgründung anonym unter dem Titel „Culturbilder aus Württemberg, von einem Norddeutschen" in vierter Auflage veröffentlichte. Der Verfasser, den die Wechselfälle einer prekären Hochschullehrerkarriere aus dem westpreußischen Elbing nach Tübingen verschlagen hatten, beklagte sich nicht nur über das Tübinger Winterwetter und die geringe Verfeinerung der schwäbischen Küche, sondern auch über administrative Eigenbrötelei und Rückständigkeit, insbesondere im Unterrichts- und im Verkehrswe-

---

[38] So beispielsweise von Triepel (1907: 37, 53). Daneben existierte damals in der Literatur auch noch der Begriff der „fakultativen Gesetzgebungskompetenz" des Reiches (Laband 1911: II, 123).

[39] Auf das Strafgesetzbuch (schon 1870) folgten die Straf- und Zivilprozessordnung und das Gerichtsverfassungsgesetz und schließlich, nach langer und intensiver Vorarbeit, das Bürgerliche Gesetzbuch (verabschiedet 1896).

[40] Der ursprüngliche Verfassungstext von 1867/1871 hatte schon das Obligationen- und Handelsrecht, das Strafrecht und das Prozessrecht dem Reich zugeschrieben (Art. 4 Ziff. 13). Die Erweiterung stieß zunächst bei den süddeutschen Staaten auf erheblichen Widerstand (Binder 1971: 54–63).

sen. Stein des Anstoßes waren ihm einerseits die langsamen Züge, die mangelhafte Koordinierung der Fahrpläne zwischen den badischen und württembergischen Bahnverwaltungen und die Schwierigkeiten beim Lösen einer Schnellzugzuschlagskarte auf den innerdeutschen Grenzbahnhöfen. Hier hoffte er, es möge „der rettende Engel in Gestalt des deutschen Reiches erscheinen und diesem Unwesen mit einem Schlage ein Ende machen" und die württembergischen Reservatrechte im Postwesen zu Gunsten der deutschen Reichspost ein Ende finden. Seine Kritik galt aber auch der Vernachlässigung der Mathematik im Gymnasialunterricht, den Mängeln in der Ausbildung der Gymnasiallehrer und den unverständlichen Ferienterminen. Und bei diesem Vergleich des württembergischen mit dem preußischen Schulwesen setzte er „auf die alljährlich stattfindenden Conferenzen von Vertretern des höheren Schulfachs und der Schulbehörden, welche eine allmähliche Vereinbarung der Lehrerverhältnisse in Deutschland und wohl in letzter Instanz eine Freizügigkeit, wie sie bei den Medicinern bereits vollzogen ist, im deutschen Reich erstreben wollen" (Anon. 1886: 38).

Die kulturellen Orientierungen, die zur Triebkraft der Unitarisierung wurden, sind hier anschaulich greifbar. Das deutsche Bürgertum fand sich nicht mit der Heterogenität gesellschaftlicher Lebensverhältnisse und administrativer Regelungen ab, wie sie zu jener Zeit in anderen Bundesstaaten wohl sehr viel selbstverständlicher war. Föderative Heterogenität war für die deutsche Öffentlichkeit des 19. Jahrhunderts – und weit bis ins 20. Jahrhundert hinein – mit dem Makel der „Kleinstaaterei" oder (mit dem Titel der Nestroyschen Posse aus der Revolutionszeit von 1848) der „Krähwinkelei" behaftet. Solche pejorativ besetzten Schlagworte riefen vor allem die buntscheckige Landkarte des Alten Reiches in Erinnerung mit ihren vielen Zwergterritorien, von denen einige (wie die thüringischen Herzogtümer) noch die Flurbereinigung der napoleonischen Zeit überlebt hatten. Zum geläufigsten Kampfbegriff der Unitaristen aber wurde „Partikularismus", ein Wort, das die Konnotation von Eigennützigkeit und provinzieller Beschränktheit hatte.[41] Es wurde zum nationalliberalen Schlagwort par excellence in der Polemik gegen den Widerstand von Einzelstaaten gegen eine starke deutsche Einheit und blieb ein zentraler Kampfbegriff in der Geschichtsschreibung und Publizistik des kaiserlichen Deutschland und noch der Weimarer Republik.

Ernst Rudolf Huber hat darauf aufmerksam gemacht, wie die starke unitarische Grundströmung schon im Bismarckreich auch die noch bestehenden Domänenabgrenzungen unterspülte:

„Ungeachtet der von den Landesbürokratien sorgsam gehüteten Kompetenzvorbehalte und Reservatrechte ergab sich in den Kernbereichen politischer Selbstverwirklichung – in der Wirtschafts- und Sozialordnung, in der Rechts- und der Kulturentwicklung, auch im politischen Machtbewußtsein und Geltungsdrang der sich formierenden Gesellschaft – ein die überlieferten Gegebenheiten der Einzelstaaten überfluten-

---

[41] Die erste Definition stammt von Carl von Rotteck 1838, der „Partikularismus" im „Staatslexikon" als „Mangel an Gemeingeist" verstand, wobei der Gemeingeist gemeint war, der den Zusammenhalt von Staatenverbindungen beleben und gewährleisten muss. In Hoffmanns „Vollständigen politischen Taschenwörterbuch" von 1849 heißt es zu dem Stichwort: „... bei der Einigung Deutschlands sucht jede Regierung nur selbstsüchtige Zwecke zu erreichen, während zum Gemeinwohl Niemand Opfer zu bringen sich bereit zeigt" (zur Begriffsgeschichte vgl. Veit-Brause 1978).

des, permanentes Vordringen der nationalunitarischen Energien. So eindeutig etwa Kirche und Universität und Wissenschaft, Bildung und Kultur in den Kompetenzbereich der Länder gehörten, so eindeutig nahm doch zugleich die Gesamtnation in allen großen Konflikts- und Reformfragen des Kulturbereichs spontan und bestimmend Stellung, etwa im Kulturkampf, im Kampf gegen den Zedlitzschen Schulgesetzentwurf, im Kampf gegen die ‚Lex Heinze' wie schließlich im Kampf um die ‚Voraussetzungslosigkeit' der Wissenschaft. Die Kulturhoheit der Länder wurde durch die unüberhörbare Mitsprache der Nation in Kulturfragen relativiert" (Huber 1970: 175).

5.3 Der Bundesrat und das föderative Verhandlungssystem

Der Bundesrat ist das eigentümlichste Element in der Bundesstaatskonstruktion von 1867. Es besteht Konsens darüber, dass Bismarck ihn als Barriere gegen die Parlamentarisierung konzipiert hat (Becker 1958: 248-249 u.ö.). Aus diesem verfassungspolitischen Kalkül hat Bismarck auch später nie ein Hehl gemacht (vgl. z.B. die Belege bei Rauh 1973: 65-67, 75-79). Indes wird man der Entwicklungsdynamik dieser Institution nicht ausreichend gerecht, wenn man sich darauf beschränkt, auf die erklärten strategischen Intentionen des „Reichsgründers" zu insistieren und jene Dynamik damit zugleich zu personalisieren.[42] Man muss sich vielmehr fragen, welche institutionellen Optionen zur Verfügung standen und welchen pfadabhängigen Restriktionen der Prozess der Institutionenbildung unterlag. Und wenn man die dieser institutionellen Konstruktion inhärente Entwicklungsdynamik untersucht, muss man sich auch ihre unintendierten Folgewirkungen vergegenwärtigen.

Ich habe schon darauf hingewiesen, dass Bismarck nicht zuletzt deshalb eine föderative Strategie gewählt hat, weil er die starken und eigenständigen politisch-administrativen Machtressourcen der größeren Gliedstaaten einkalkulieren musste. Darum übernahm er aus dem Entwurf der Paulskirchenverfassung das Modell des Exekutivföderalismus. Anders stand es mit der Frankfurter Staatenhauskonstruktion. Sie war kein Modell aus einem Guss, das ebenso selbstverständlich nahegelegen hätte. Und was sonst noch an Plänen für eine erste Kammer in die Diskussion gebracht wurde, war widersprüchlich und miteinander nicht vereinbar (Becker 1958: 744-746). Die einen orientierten sich am amerikanischen Senat, andere am britischen Oberhaus als „Pairskammer". Hinzu kam dann aber noch die fortwirkende Modellwirkung der älteren deutschen zentralen Institutionen, insbesondere also der eigentümlichen institutionellen Tradition der Repräsentation der Gliedstaaten, wie sie vom Immerwährenden Reichstag bis zum Bundestag des Deutschen Bundes reichte.

Offen war dabei vor allem, welches Modell der Verklammerung von Bund und Gliedstaaten gerecht würde, die sich aus dem Exekutivföderalismus ergab. Befürworter eines aus den Fürsten (und womöglich dem 1803/1806 mediatisierten Hochadel) zu-

---

42 „Dass Bismarck 1866 und 1870/71 ein Bollwerk gegen den Geist der Zeit errichtet habe, ist eine Formel wohlmeinender Selbsttäuschung, welche die Realitäten der historischen Entwicklung in Deutschland nicht zur Kenntnis nehmen will und die Gestalt eines Einzelnen benutzt, um sich, mit Vorliebe gestützt auf das idealisierte englische Beispiel, ganz andere Entwicklungsmöglichkeiten vorzugaukeln" (Gall 1980: 382).

sammengesetzten „Oberhauses" fanden sich insbesondere unter den kleineren Fürsten, aber diese hatten keinen durchschlagenden Einfluss. Es gab auch unter den Parlamentariern Anhänger einer Senatslösung nach dem amerikanischen oder Schweizer Vorbild und in mancherlei Varianten, aber vor allem die Nationalliberalen hatten andere Prioritäten. Die Bundesratskonstruktion hingegen erschien besonders geeignet, die Bürokratien der Mittelstaaten zu kooptieren, und sie waren ein Machtfaktor, den man nicht vernachlässigen konnte. Es ging darum, „die unitarischen Kompetenzbestimmungen der Verfassung durch den föderalistischen Bundesrat erträglich und möglich zu machen" (Kaufmann 1917: 67).

Die Bundesratskonstruktion erwies sich dafür insofern als besonders geeignet, als Bismarck damit an die ältere deutsche Verfassungstradition anknüpfen konnte. Das Modell des Kongresses weisungsgebundener Gesandter, wie es im Regensburger Immerwährenden Reichstag (1660–1806) vorgebildet war, war im Bundestag des Deutschen Bundes (1815–1866) wieder aufgenommen worden,[43] und der Bundesrat von 1867 knüpft hier unmittelbar an, einschließlich der Bestimmungen über die Stimmenverteilung.[44] Diese Anknüpfung legten Bismarck eigene Erfahrungen nahe; er hatte das Gremium und seine Arbeitsweise ja als preußischer Bundestagsgesandter auch von innen kennen gelernt. Dementsprechend war das Geschäftsverfahren des Bundesrates bis hin zur Protokollführung durch das Vorbild des Frankfurter Bundestages geprägt (Kühne 1993: 65).

Allerdings ging diese institutionelle Anknüpfung einher mit einem Funktionswandel in Form einer eigentümlichen Hybridisierung: Die hergebrachte Repräsentation der Länderregierungen wurde in die Exekutive des neuen Reiches eingebunden, konnte also kein Gegengewicht zur „Reichsleitung" sein (der Terminus „Reichsregierung" wurde vermieden). Statt dessen sollte diese hybride Körperschaft nach Bismarcks Intention als Sperrriegel gegen eine mögliche Parlamentarisierung der Regierung dienen, und diese Funktion hat sie in der Tat bis in den Ersten Weltkrieg hinein erfüllt. Für unseren Zusammenhang ist nun aber auch zu berücksichtigen, dass es danach zu einem neuen Funktionswandel kam und dass der Übergang zum parlamentarischen System sich ohne einen radikalen Bruch im Gefüge der bundesstaatlichen Institutionen vollzog.

Man wird dieser eigentümlichen institutionellen Kontinuität also nur dann gerecht werden, wenn man die zwei Seiten der Medaille sieht. Das Bundesratsmodell passte einerseits vorzüglich in Bismarcks verfassungspolitisches Kalkül einer Gleichgewichtskonstruktion hinein, doch bezeichnend ist auch, dass er es nicht eigentlich erfunden hat. Insgesamt hat er 1867 auf ein Repertoire institutioneller Optionen zurückgegriffen, die entweder durch die ältere deutsche Verfassungstradition oder durch das Verfassungs-

---

43 Wie stark die Modellwirkung des Immerwährenden Reichstags gewesen ist, zeigt auch der Umstand an, dass diese Konstruktion schon in der Rheinbundsakte von 1806 wieder aufgenommen wurde. Der dort vorgesehene Bundestag kann als verfassungsgeschichtliches Übergangsglied zum Bundestag der Deutschen Bundesakte von 1815 gelten. (Freilich sind die Bestimmungen der Rheinbundsakte über die Bundesgewalt nie in Kraft getreten.)

44 Dabei sorgte Bismarck aber für eine Stärkung des Gewichts von Preußen, indem er ihm die Stimmen der 1866 annektierten Länder zuschlagen ließ. Als dann der Bund 1871 um die süddeutschen Länder erweitert wurde, bekamen auch diese die Stimmenzahl, die sie schon im Bundestag von 1815 gehabt hatten – mit der bezeichnenden Ausnahme von Bayern, das mit zwei zusätzlichen Stimmen honoriert wurde.

werk von 1849 vorgegeben waren. Zwar soll hier nicht bestritten werden, dass 1867 eine strategisch offene Situation bestand. Gerade angesichts des großen Handlungsspielraums, über den Bismarck damals verfügte, hätte er wohl auch andere institutionelle Konstruktionen wählen können, wenn er das gewollt hätte. Auch dafür hätte er vermutlich die erforderlichen Koalitionen bilden können. Doch für das Bundesratsmodell dürfte in diesem Zusammenhang nicht zuletzt der Umstand gesprochen haben, dass die Kosten und zugleich die Erträge dieser institutionellen Option sehr viel eher berechenbar waren als die einer (in Deutschland) vergleichsweise unerprobten Alternative. Aber nachdem er diese spezifische Lösung einmal durchgesetzt hatte, gewann sie eine pfadabhängige Persistenz. Dieses Phänomen ist im Rahmen unserer Fragestellung analytisch sehr viel gewichtiger als die Kalküle Bismarcks, wie sie in den personalisierenden Deutungen der Bundesstaatskonstruktion im Mittelpunkt stehen.

Das gilt umso mehr, als sich argumentieren lässt, dass Bismarcks strategische Option für das Bundesratsmodell auf einer eigentümlichen ceteris-paribus-Annahme beruhte und mögliche unintendierte Folgewirkungen außer Betracht ließ. Seine Prämisse nämlich war, dass auch die Länder nicht parlamentarisch regiert waren, und dies wiederum setzte voraus, dass sie sich vom Reich weiterhin durch ein ungleiches Wahlrecht unterschieden. Nur unter dieser Bedingung konnte der Bundesrat als Gegengewicht zum Parlament und den Parteien fungieren. Denn das preußische Dreiklassenwahlrecht und vergleichbare Regelungen in anderen Ländern waren bekanntlich der entscheidende Hebel, um die Parlamentarisierung der Länderregierungen zu vermeiden. In der Spätphase des wilhelminischen Reiches setzte jedoch in den süddeutschen Ländern eine allmähliche Demokratisierung des Landtagswahlrechtes ein, und auch in anderen Ländern kam es zu Auflockerungen. Ohne die Katastrophe des ersten Weltkrieges wäre auf längere Sicht durchaus vorstellbar gewesen, dass dieser Prozess sich fortgesetzt und schließlich auch Preußen erfasst hätte. Ein demokratisches Landtagswahlrecht aber hätte mit großer Wahrscheinlichkeit die Parlamentarisierung der Länderregierungen zur Folge gehabt. Das wiederum hätte aber Rückwirkungen auf das Funktionieren des Bundesrates haben müssen: Es wäre das Problem des „Parteienwettbewerbs im Bundesstaat" aufgetaucht, und der Bundesrat wäre schon unter der Geltung der (parlamentarisch umgeformten) Bismarckverfassung zu einem Akteur in einem „verhandlungsdemokratischen" Institutionengefüge geworden, wie dies dann in Weimar geschah und sich unter der Geltung des Grundgesetzes voll entfaltete.[45]

Die Konstruktion des Bundesrates als Bremse gegen die Parlamentarisierung hatte also, rückblickend gesehen, transitorischen Charakter. Bismarcks dauerhafter und pfadabhängig gewordener Beitrag zur deutschen Föderalismustradition besteht demgegenüber in der Organisation eines bundesstaatlichen Verhandlungssystems, dessen institutioneller Angelpunkt der Bundesrat geblieben ist. Man darf in diesem Zusammenhang

---

45 In der Tat wurde ja in der Endphase des Krieges das allgemeine Wahlrecht in Preußen und dann mit dem Gesetz vom 28. Oktober 1918 das parlamentarische Regierungssystem im Reich eingeführt. Obwohl dieser versuchte Systemwechsel alsbald durch den Zusammenbruch der Monarchie obsolet wurde, hat er doch gezeigt, dass die Fortexistenz des Bismarckschen Bundesrates einer Parlamentarisierung keineswegs im Wege stehen musste. Das Urteil, der Bundesrat habe die Funktion eines „institutionellen Bollwerks gegen alle auf Parlamentarisierung der Reichsregierung zielenden Bestrebungen ... faktisch ... bis heute behalten" (Scharpf 1994: 46), wird dieser Entwicklungsdynamik der bundesstaatlichen Institutionen nicht gerecht.

den Bundesrat auch nicht isoliert betrachten. In der Literatur wird oft ein Umstand übersehen, auf den Rudolf Smend (1916) aufmerksam gemacht und den er auf den Begriff des „ungeschriebenen Verfassungsrechts" gebracht hat: Es gab um den Bundesrat herum ein ganzes Gewebe informeller Koordinierungstechniken zwischen Reich und Ländern und unter den Ländern. Erich Kaufmann (1917) gehörte zu den Autoren, die in der Spätphase des Kaiserreiches auf die „bündische" Praxis der Reichspolitik aufmerksam wurden, und er hat sie als ein Erbe Bismarcks bezeichnet. Die preußische Hegemonie hatte zwar die Funktion, den von Treitschke noch 1864 warnend beschworenen hohen Koordinationsbedarf zu begrenzen, aber Bismarck vermied es, dies demonstrativ herauszustellen (Triepel 1938: 560–561). Geschult als Außenpolitiker und Diplomat, der selbst jahrelang Preußen im Frankfurter Bundestag vertreten hatte, hat er den Bundesstaat bewusst als Verhandlungssystem angelegt. Dazu gehörte zunächst, dass er wichtige Vorhaben in der Regel vorweg informell mit der bayerischen Regierung abstimmte (vgl. dazu u.a. Kaufmann 1917: 33; Rauh 1973: 95; Kühne 1993: 65), und später hat man Bayern geradezu als „Mithegemon" bezeichnet. Aber auch die anderen Mittelstaaten wurden zunehmend in diese Konsultationsprozesse einbezogen (Nipperdey 1992: 91–92). Heinrich Triepel beurteilte diese Prozeduren der Kompromissfindung, in denen „jeder irgendwie wichtige Akt der Gesetzgebung erst nach umständlichem Verhandeln und Feilschen mit den Landesregierungen, namentlich denen der Mittelstaaten, durchgesetzt werden" könne, als ein „fortwährendes, im wahren Sinne ‚diplomatisch' geführtes Spiel, das die Grundsätze und Gepflogenheiten auswärtiger Politik in bedenklicher Weise in das Innere der Staatsorganisation verpflanzt" (Triepel 1907: 122–123). Was dem Unitarier Triepel missfiel, hat Erich Kaufmann (1917: 30–37) im Gegenteil als Stärke der Institution begriffen: Selbst die Hegemonialmacht Preußen habe Mehrheitsabstimmungen nach Möglichkeit vermieden und auf Überzeugungs- und Verhandlungsstrategien gesetzt. Dieser der Konfrontation abholde Stil der Entscheidungsfindung, den Bismarck im bundesstaatlichen System heimisch gemacht hat (vgl. auch Rauh 1973: 91–96), ist über alle Funktionsveränderungen hinweg ein Kennzeichen der Institution geblieben.

Die uns heute geläufige Praxis des kooperativen Föderalismus war mithin schon im kaiserlichen Deutschland angelegt. Zwar äußerten führende Politiker der Mittelstaaten schon früh die Meinung, es sei „die Tätigkeit des Bundesrates eine Farce, an der sich zu beteiligen nicht die Mühe lohnt" (so 1872 der liberale, aber durchaus bismarcktreue badische Minister Julius Jolly), und ließen sich dort im Regelfall von Beamten vertreten (vgl. Fuchs 1983: 248). Doch der Unterschied zur heutigen Praxis darf nicht überzeichnet werden. Bei wichtigen Vorlagen erschienen auch damals schon die Ministerpräsidenten oder die Chefs der zuständigen Länderressorts selbst im Bundesrat oder im zuständigen Bundesratsausschuss.[46] Zudem wurden von der Reichsleitung nicht selten informelle Ministerkonferenzen nach Berlin einberufen (Fuchs 1983: 248). Insbesondere Änderungen des Steuerrechts und der Finanzverfassung wurden schon seit den Anfängen des Bismarckreiches vorweg mit den Finanzministern der Gliedstaaten abgeklärt (Rauh 1973: 98).[47] Noch Matthias Erzberger hat nach dem ersten Weltkrieg als

---

46 Vgl. die Beispiele aus der Justizpolitik bei Poschinger (1898: 229, 293), aus der Finanzpolitik bei Witt (1970: 247, 363), für die Reichstagsauflösung 1893 bei Rauh (1977: 17–18).

47 Mitunter wurden nur die Finanzminister der größeren Gliedstaaten herangezogen. Beispiele

Reichsfinanzminister seine zentralisierende Reichsfinanzreform zunächst in der Konferenz der Länderfinanzminister vorgestellt und sie dann im Staatenausschuss[48] mehrheitlich (gegen den Widerstand vor allem Bayerns) absegnen lassen, bevor er sie im Parlament einbrachte (Möller 1971: 32–33, vgl. auch 45–48; Menges 1971: 203–210). In den folgenden Jahren scheinen vergleichbare Ministerbesprechungen seltener geworden zu sein.[49] Die neuerdings gelegentlich (implizit auch vom Bundesverfassungsgericht) kritisch apostrophierte Praxis, dass Entscheidungen über den Länderfinanzausgleich von der Konferenz der Finanzminister oft weitgehend präjudiziert werden, knüpft also an eine inzwischen mehr als hundertjährige Gepflogenheit an.[50]

Die nach dem zweiten Weltkrieg eingebürgerte Praxis der regelmäßigen Fachministerkonferenzen als Instrument der horizontalen (und vertikalen) Koordinierung ist also kein völliges Novum. Ein bemerkenswerter Unterschied zur Praxis im kaiserlichen Deutschland besteht jedoch darin, dass es damals die Reichsregierung war, von der die Initiative zu den Ministerkonferenzen auszugehen pflegte (Triepel 1907: 73). Mitunter wurden auch die „leitenden Minister" (also die Regierungschefs) der Gliedstaaten nach Berlin eingeladen, wenn es dem Reichskanzler darauf ankam, auch die nicht im zuständigen Bundesratsausschuss vertretenen Länder in die informelle Koordination mit einzubinden (Smend 1916: 248). Im polyzentrischen Föderalismus der Bundesrepublik hat sich demgegenüber die Länderebene sehr viel stärker verselbständigt – am ausgeprägtesten wohl in der „Gemeinsamen Konferenz der Kultusminister" und in der Ministerpräsidentenkonferenz.[51] Soweit das aber vor allem der „horizontalen Koordinierung", also der Angleichung von Länderrecht dient, handelt es sich bei genauerer Betrachtung nicht um eine grundsätzlich neue Praxis, sondern eher um einen Prozess der funktionalen Ausdifferenzierung: Im Kaiserreich und noch in der Weimarer Republik fand die Koordinierung zwischen Ländern vielfach noch formell im Bundesrat (bzw. Reichsrat) statt, insbesondere durch „übereinstimmende Bundesratsbeschlüsse", durch die Verordnungen oder Verwaltungsvorschriften einstimmig vereinbart wurden, die dann in den einzelnen Ländern als Landesrecht in Kraft zu setzen waren.[52] Der Bun-

---

für die eine wie die andere Praxis bei Rauh (1973: 142, 264–268, 300, 331) und bei Witt (1970: 82–84, 103, 184–185).

48 Der Staatenausschuss war zwischen Revolution und Verabschiedung der Weimarer Verfassung die informelle Vertretung der Länderinteressen.

49 1925 berief der Reichskanzler Luther die Regierungschefs, Finanz- und Innenminister der Länder zu einer Konferenz über die Finanzprobleme des Reiches und der Länder ein (Menges 1971: 334–335). Kurz zuvor hatte aber Preußen die Länderfinanzminister schon zu Vorberatungen über den Finanzausgleich eingeladen (Menges 1971: 329; Aders 1994: 81–82).

50 Oeters Darstellung der bundesstaatlichen Verfassungspraxis im Kaiserreich (Oeter 1998: 40–42) vernachlässigt diese informelle Kooperation.

51 Die Kultusministerkonferenz in ihrer heutigen Form entstand 1948, also nach der Gründung der Bundesrepublik, hatte aber ebenfalls Vorläufer in der Weimarer Republik.

52 Das hat schon Triepel (1907: 72–74) an Beispielen wie der Straßenpolizei oder der Rechtschreibregelung gezeigt. Es ist verwunderlich, dass Oeter (1998: 38) dennoch behauptet: „Echte Koordination der Details der Verwaltungspraxis über den Bundesrat – wie im System der Bundesrepublik – hat es im Kaiserreich kaum gegeben". – Als ein späteres Beispiel möge hier die Verfahrensweise bei der Einführung der Vergnügungssteuer dienen, die das Bundesfinanzministerium so beschreibt: „Die Finanznot nach dem Ersten Weltkrieg zwang das Reich, auf Grund des Ländersteuergesetzes von 1920 zur Sicherung des Finanzausgleichs den Gemeinden die Erhebung einer Vergnügungssteuer zur Pflicht zu machen. Dazu wurden 1921 vom

desrat war also faktisch ein hybrides Organ, das sowohl der Reichsgesetzgebung als auch der horizontalen Koordinierung diente. Das funktionierte so auch noch im Reichsrat der Weimarer Republik, und erst unter der Geltung des Grundgesetzes wurden diese beiden Funktionen formell von einander getrennt.[53]

Bis hierher ergibt sich ein Bild bemerkenswerter institutioneller Kontinuität vom Bundesstaat des Kaiserreiches bis zur Bundesrepublik. Über den partiellen Funktionswandel der Institutionen hinweg – von dem noch zu sprechen sein wird – sind nicht nur elementare Verfassungsgrundsätze wie der Exekutivföderalismus, sondern auch viele für den deutschen Föderalismus charakteristische Verfahren beibehalten oder kontinuierlich fortentwickelt worden. Selbst der in der Berichterstattung oft gerühmte „sachliche", von Emotionen und Polemik freie Verhandlungsstil des heutigen Bundesrates ist in der Ära Bismarcks geprägt worden (vgl. Rauh 1973: 109–112).

5.4 Die Finanzverfassung des Kaiserreiches als offenes Problem

Eine vergleichbare Kontinuität lässt sich nun aber in der Finanzverfassung nicht beobachten. Denn eine konsolidierte und funktionsfähige institutionelle Ordnung der bundesstaatlichen Finanzen hat sich bis zum ersten Weltkrieg nicht ausgebildet. Die Finanzverfassung von 1867/1871 trug die Züge des „dilatorischen Herrschaftskompromisses" in einem sehr prekären Sinne. Während sich die beiden institutionellen Eckpfeiler des Bismarckschen Verbundföderalismus, die funktionale Trennung von Reichsgesetzgebung und Länderexekutive sowie die Bundesratslösung, als bemerkenswert veränderungsresistent erweisen sollten, stellte sich die Aufkommensseite des Finanzsystems deutlich als ein Provisorium dar.[54] Die mitunter anzutreffende Auffassung, die Finanzverfassung sei als ein Trennsystem in dem Sinne ausgestaltet worden, dass dem Reich und den Ländern jeweils bestimmte Steuerquellen vorbehalten waren, greift zu kurz. Zwar verlieh die Verfassung dem Reich die ausschließliche Gesetzgebungskompetenz für Zölle, gewisse Verbrauchssteuern und Abgaben, während den „Bundesstaaten" (Ländern) einstweilen die direkten Steuern verblieben (Art. 35). Die Länder haben ihr faktisches Monopol auf diese Steuerquelle auch bis kurz vor dem ersten Weltkrieg erfolgreich verteidigt. Aber die Vorstellung, die direkten Steuern stünden den Gliedstaaten und nicht dem Reich zu, war bloß eine „staatsrechtliche Doktrin", die sich deren Finanzminister – im Widerspruch zum Verfassungstext – „zurechtgemacht" hatten.[55] Denn eine von dem hannoverschen Nationalliberalen Miquel vorgeschlagene Ergänzung des Verfassungsentwurfs hielt (in Art. 4 Abs. 2 in Verbindung mit Art. 70) dem Reich eine konkurrierende Besteuerungskompetenz auch für direkte Steuern gleichsam als Reserve vor. So kann keine Rede davon sein, dass der Trennung der Steuerquellen

---

Reichsrat als Vertretung der Länder einheitliche Bestimmungen erlassen"
(Quelle: http://www.bundesfinanzministerium.de/Lexikon-Steuern-A-Z-.580.1385/
Vergnuegungssteuer.htm? abc=V).

53 In der Praxis ist bekanntlich weiterhin die Arbeit der Fachministerkonferenzen und der Bundesratsausschüsse eng mit einander verschränkt.

54 Die Auseinandersetzungen über das Budgetrecht des Reichstags können hier ausgeklammert werden, weil sie von der bundesstaatlichen Konstruktion prinzipiell unabhängig waren.

55 Vgl. hierzu Cohn (1913; zitiert nach Witt 1970: 23); im selben Sinne auch Thoma (1930: 73).

irgendwelche finanzsystematischen Grundsatzüberlegungen zu Grunde gelegt hätten. Es handelte sich vielmehr um ein im Wesentlichen von politischen Opportunitätsgesichtspunkten bestimmtes Provisorium, das sich dann allerdings nur noch schwer ändern ließ. Und weil sich aus dem Beharren der Länder auf ihrem finanzpolitischen Besitzstand eine Dauerkrise der Reichsfinanzen ergab, hat das im Ergebnis die Etablierung eines echten Trennsystems gerade konterkariert.

Bismarcks Wunschvorstellung war eigentlich ein „solidarisches, das politische Leben der Einzelstaaten durchdringendes und zusammenhaltendes Finanzsystem" und die finanzielle Selbständigkeit des Bundes gewesen (Becker 1958: 533). Die Trennung der Finanzquellen hatte er im Hinblick auf die gegebenen Machtkonstellationen hingenommen: Den Ländern und den sie tragenden gesellschaftlichen Gruppen konnte damit der Verlust der Autonomie am ehesten erträglich gemacht werden. Und wenn es auch bei Bismarck ein darüber hinausgehendes politisches Kalkül gab, dann traf es sich insoweit mit den Interessen der einzelstaatlichen Eliten. Das Trennsystem hatte nämlich – was heute gern übersehen wird – eine eigentümliche plutokratische Ausprägung (Witt 1992: 86–90): Der auf dem allgemeinen und gleichen Wahlrecht beruhende Reichstag konnte nur über solche Abgaben beschließen, die im Wesentlichen den Konsum der breiten Massen belasteten. Über (potenziell umverteilungsträchtige) Steuern auf Einkommen und Vermögen hatten dagegen einstweilen nur die Landtage und Gemeindeparlamente zu beschließen, in denen höchst ungleiche Wahlrechtssysteme die Besitzenden begünstigten, während die breite Masse der Bevölkerung dort keine nennenswerten Partizipationschancen hatte.[56] Naturgemäß waren jene undemokratisch konstituierten Vertretungskörperschaften (allen voran der preußische Landtag) nicht geneigt, finanzpolitische Kompetenzen an das Reich abzutreten. Und auch Bismarck mag ein Interesse daran gehabt haben, dass das von ihm eingeführte allgemeine Wahlrecht nicht als Hebel zur Umverteilung genutzt werden konnte. Seine längerfristige Zielvorstellung war die Abschaffung der direkten Steuern überhaupt, und die Finanzierung des Reiches aus Zöllen und indirekten Steuern entsprach seinen gesellschaftspolitischen Präferenzen (Gerloff 1913: 67–68; Holtfrerich 1987: 127). So ließ sich die Aufkommensseite des Haushalts der Steuerung durch einen demokratisch gewählten Reichstag entziehen.

Freilich mag auch Bismarck bewusst gewesen sein, dass diese Lösung in der ferneren Zukunft das Reich in erhebliche Finanzierungsprobleme stürzen könnte. Das hatte ihn wohl auch bewogen, bei der Verfassungsberatung im Reichstag das oben erwähnte Amendement Miquel gegen den Widerstand des preußischen Finanzministers zu akzeptieren (Becker 1958: 434–435; Hensel 1922: 114–117). Aber diese verfassungsrechtlich begründete Kompetenz lief über lange Zeit politisch leer, weil die Gliedstaaten (und hier allen voran Preußen) im Bundesrat direkte Reichssteuern blockierten. Besonders bezeichnend für die Problematik des finanzpolitischen Verfassungsprovisoriums war aber die Geschichte jener Übergangsvorschrift (Art. 70 Satz 2), die das Reich, nach der dann bekannt gewordenen Formulierung, zum „Kostgänger der Länder" machte. Zwar sollte sich das Reich bis zur (vom Amendement Miquel hypothetisch in

---

56 Wie wenig die Gegner direkter Reichssteuern dieses Motiv verhehlten, illustriert beispielsweise die Ablehnung einer Reichserbschaftssteuer durch den konservativen Parteiführer Ernst von Heydebrand in der Reichstagsdebatte 1906 (zitiert bei Rauh 1973: 288, Fn. 71).

Aussicht genommenen) Einrichtung von Reichssteuern aus Zöllen und Verbrauchssteuern finanzieren. Doch so lange die Einnahmen des Reiches nicht ausreichten, wurden die Länder zu einer Umlage herangezogen, wie sie schon zur Finanzierung des Alten Reiches und später des Deutschen Bundes gedient hatte,[57] den so genannten Matrikularbeiträgen. Gegen diese archaische Regelung hatte es in den Verfassungsberatungen vor allem aus den thüringischen Kleinstaaten starke Widerstände gegeben, weil der Berechnung der Matrikularbeiträge nicht die Finanzkraft, sondern die Einwohnerzahl der Länder zu Grunde gelegt wurde; sie hatte somit den Charakter einer Kopfsteuer und benachteiligte vor allem die armen Länder (Becker 1958: 300–302). Es war damals zwar gelungen, die Opponenten aus den Kleinstaaten durch eine Übergangsregelung zu besänftigen (Becker 1958: 327–329). Aber das Problem der Finanzkraftunterschiede zwischen den Gliedstaaten blieb im kaiserlichen Deutschland ungelöst.

Weiterer Zündstoff ergab sich nun noch daraus, dass die Höhe der Matrikularbeiträge durch Gesetz festgelegt wurde, also vom Reichstag. Um sich diesen Abhängigkeiten zu entziehen, hatte Bismarck 1879 erfolgreich den Übergang zur Schutzzollpolitik betrieben. Er kam damit – wie wir wissen – mächtigen protektionistischen Lobbies entgegen, aber er hoffte auch nicht zuletzt, damit werde das Reich dank der Zolleinnahmen finanziell unabhängig (auch vom Parlament). Wie ihm bei dieser Gelegenheit die Föderalisten im Reichstag einen Strich durch die Rechnung machten, ist nun eine sehr bezeichnende Illustration dafür, dass die finanzwissenschaftliche Logik eines steuerpolitischen Trennsystems der deutschen Politik von Anfang an fremd geblieben ist: Ein führender bayerischer Zentrumsabgeordneter, Georg Freiherr von und zu Franckenstein, setzte nämlich den berühmten Zusatz durch, die Franckensteinsche Klausel, wonach die Zolleinnahmen (ungeachtet der Vorschrift des Art. 38 der Reichsverfassung) dem Reich nur bis zu einem bestimmten Plafond verblieben und der Rest an die Länder abzuführen war. Damit sollte das Reich von den Matrikularbeiträgen – und vom Reichstag – weiterhin abhängig bleiben (Kruedener 1987). Das heißt, man arbeitete damals schon mit der Technik des finanzpolitischen Verschiebebahnhofs, um auf diese Weise die wechselseitige Ressourcenabhängigkeit der verschiedenen Akteure zu befestigen.

Auf die Dauer erwies sich die Finanzverfassung von 1867 nicht als funktionsfähig.[58] Die ständige Finanznot des Reiches führte in den Ausweg der immer weiter steigenden Staatsverschuldung. Und die bundesstaatliche Koordinierungsfunktion des hegemonialen Gliedstaates Preußen versagte in der steuerpolitischen Krise, die seit Ende des 19. Jahrhunderts offen zutage trat, weil das Eigeninteresse der durch Preußens plutokratisches Landtagswahlrecht begünstigten Gruppen mit den finanzpolitischen Bedürfnissen des Reiches kollidierte. Im letzten Jahrzehnt des Kaiserreichs kam es über die Steuerpolitik immer wieder zum Konflikt zwischen dem Reichsschatzsekretär und dem preußischen Finanzminister.

Schließlich mussten die Länder aber Konzessionen machen. Seit der Jahrhundertwende geriet das Reich zunehmend in Schwierigkeiten bei der Finanzierung der kostspieligen Rüstungspolitik, und unter dem Druck der Krise schaffte es letztendlich den

---

57 Für den Deutschen Bund: Wiener Schluss-Akte von 1820, Art. 52.
58 Zum Folgenden vgl. Witt (1970), Rauh (1973: 263–346) und Kruedener (1987).

Durchbruch dafür, auch die bisherige Besteuerungsdomäne der Länder mit in Anspruch zu nehmen. Das ging indes nicht ohne finanzpolitische Kompensationen ab: Als 1906 die Erbschaftssteuer als erste große direkte Reichssteuer eingeführt wurde, musste das Reich den Ländern einen Anteil daran zugestehen, sie also als Verbundsteuer ausgestalten. Mit der Logik eines steuerpolitischen Trennsystems wäre das nicht vereinbar gewesen; vielmehr siegte hier im jahrzehntelang aufgeschobenen Konflikt um die Steuerquellen die politische Verflechtungslogik des Bismarckschen Bundesstaates. Schließlich wurde die widersprüchliche und konfliktträchtige Finanzkonstruktion von 1867 nach einem halben Jahrhundert durch die enormen finanzpolitischen Anforderungen des ersten Weltkriegs ad absurdum geführt.[59]

6. Die erste Krise im Entwicklungspfad: Weimarer Weichenstellungen

Der erste Weltkrieg und die Niederlage Deutschlands mit ihren gravierenden Folgewirkungen stellten nun einen externen Schock dar, der das bundesstaatliche Gefüge der Bismarck-Verfassung zunächst massiv in Frage zu stellen schien. Das System der Kriegswirtschaft hatte einen neuen starken Zentralisierungsschub gebracht, der unvermeidlich auch in die Krisenjahre der Nachkriegszeit nachwirkte. Und das politische Personal, das nach dem Sturz der Monarchie die Regierungsgewalt übernahm, war überwiegend unitarisch eingestellt. Das galt insbesondere für die Liberalen und Sozialdemokraten, aber das Beispiel Erzbergers zeigt, dass in der Spannungslage der Nachkriegszeit auch führende Zentrumsleute keine andere Möglichkeit sahen, als tendenziell zentralistische Lösungen anzustreben. Die unitarische Orientierung bekam zusätzliche Rechtfertigung aus der Sorge um die Behauptung der nationalstaatlichen Einheit, denn nach der militärischen Niederlage von 1918 erschien die Zerschlagung Deutschlands durch die Sieger als unmittelbar drohende Gefahr.[60] Seither blieb die Wirtschaftseinheit neben der Rechtseinheit ein beherrschendes Ziel. Man hätte von der Krise also durchaus eine neue institutionelle Weichenstellung (*critical juncture*) für den bundesstaatlichen Entwicklungspfad erwarten können.

Aber der Fall des deutschen Föderalismus zeigt, dass nicht jede *critical juncture* einen scharfen Bruch des eingeschlagenen Entwicklungspfades zur Folge haben muss.[61] Hugo Preuß, der als erster Innenminister der Republik den Entwurf der Weimarer Verfassung ausarbeitete, hatte zwar im Zusammenbruch des monarchischen Systems offenbar ein *window of opportunity* gesehen, um das gesamte System des Verbundföderalismus in Richtung auf das (theoriegeleitete) Modell des „dezentralisierten Einheitsstaates" umzubauen. In diesem Modell wären die Länder zu nachgeordneten Gebietskörperschaften degradiert worden. Es scheiterte aber am nachdrücklichen Widerstand

---

59 Übrigens begann sich auch schon im Kaiserreich die Praxis zu entwickeln, dass das Reich einzelne Länderaufgaben mitfinanzierte. Doch erst in der Weimarer Republik nahm diese „Fondswirtschaft" an Bedeutung dermaßen zu, dass sie die finanzielle Eigenständigkeit der Länder ernsthaft tangierte (so schon Lassar 1930: 315–317).
60 Welch beherrschende Rolle diese Sorge in Erzbergers Politik gespielt hat, hat sein Biograph sehr deutlich herausgearbeitet (Epstein 1959).
61 Für die Einzelheiten vgl. Schulz (1987: 101–215).

der Länder, denn sie hatten sie sich nach dem Sturz der Monarchie politisch schneller wieder konsolidiert als das Reich. Dies hing wiederum damit zusammen, dass nach der Parlamentarisierung der Länder die – vergleichsweise dezentral verfassten – politischen Parteien auch den politischen Raum der Länderexekutiven und damit eine neue Machtdomäne besetzt hatten, sodass hier kein Machtvakuum entstanden, sondern ein Bündnis aus Länderparteiführungen und Bürokratie an die Stelle der monarchisch-bürokratischen Machtstruktur getreten war. Weil die Nachkriegskrise das Reich in vergleichsweise größere Turbulenzen gestürzt hatte als die Länder, waren die Länderpolitiker in der Lage, ihre durch institutionelle Landnahme neu gewonnenen Einflusspositionen zu behaupten. Über den „Staatenausschuss", der im Prozess der Verfassungsgebung ein Gegengewicht zur (von den nationalen Parteien dominierten) Nationalversammlung darstellte, konnten sie die Ausgestaltung der föderalen Beziehung nachhaltig in ihrem Interesse beeinflussen (Schulz 1987: 156–170).

Die Formel vom dezentralisierten Einheitsstaat blieb aber in der Diskussion und verfestigte sich zu einem neuen verfassungspolitischen Leitbild. Und in der Praxis wurde der Bundesstaat in der Tat deutlich unitarisch weiterentwickelt. Das geschah aber sowohl hinsichtlich des Exekutivföderalismus als auch des bisherigen Bundesrates in durchaus pfadabhängiger Weise. In groben Zügen lässt sich das neue institutionelle Design so charakterisieren: Der institutionelle Rahmen des Exekutivföderalismus wurde beibehalten, aber stärker an die überkommene unitarische, kulturelle Orientierung angepasst. Die Ausweitung der Gesetzgebungskompetenzen des Reiches verstärkte die in der Bismarck-Verfassung angelegten Unitarisierungstendenzen. Die Parlamentarisierung der Reichsregierung und der Länder veränderte die bisherigen Funktionen des Bundesrates und entzog der staatsrechtlichen Hegemonie Preußens den Boden (Triepel 1938: 573–576). Dass die Koordinierungsfunktion der preußischen Hegemonie wegfiel, wurde durch den Übergang zu einem zentralisierenden Koordinierungsmodus kompensiert. Aber der Reichsrat (als Nachfolger des Bundesrates) behielt einen durchaus beachtlichen Einfluss, und in Struktur und Verfahrensweise blieb ein erhebliches Maß an institutioneller Kontinuität. Insgesamt wurden die beiden überlieferten Komponenten, Verbundföderalismus und Unitarismus, so miteinander kompatibel gemacht, dass Reibungsverluste verringert wurden. Nur das labil gebliebene Element des Bismarckschen Bundesstaates, die Finanzverfassung, erfuhr erst jetzt eine tiefgreifende Neuordnung, die sich in der Folgezeit ihrerseits als überaus veränderungsresistent erweisen sollte.

6.1 Der Weimarer Zentralisierungsschub

Die Pfadabhängigkeit der Weimarer Verfassung zeigt sich zunächst darin, dass sie an der aus der Paulskirchenverfassung überkommenen funktionalen Kompetenzaufteilung festgehalten hat. Ein Rückbau, wie er damals von manchen Föderalisten (vor allem in Bayern) erträumt wurde, hatte nicht die geringste Chance. Aber auch die andere Alternative, der Umbau zum Einheitsstaat, hat sich nicht durchsetzen können, weil die Parlamentarisierung der Länderregierungen die schon vorhandenen Netzwerkexternalitäten eher verstärkt als abgeschwächt hat. In der Auseinandersetzung mit den Ländern fiel Hugo Preuß schließlich auf die schon klassische Kompromisslinie zurück, die Organisationsdomäne der Länder zu respektieren und alles Gewicht auf die Stärkung der Kompetenzen des Reiches zu legen (Schulz 1987: 157–159). Es blieb folglich im Wesentlichen beim Gesetzgebungsvorrang des Reiches mitsamt der Systematik der ausschließlichen und konkurrierenden Gesetzgebung,[62] doch wurde die konkurrierende Gesetzgebungskompetenz des Reiches ausgeweitet und um die neue Kategorie der Grundsatzgesetzgebung ergänzt. Das war keine Systemveränderung in der Kompetenzaufteilung, sondern eine pfadabhängige Fortentwicklung des Exekutivföderalismus. Sie brachte indes einen neuen, dramatischen Zentralisierungsschub, vergleichbar dem Zentralisierungsschub des ersten Jahrzehnts nach der Gründung des Norddeutschen Bundes (bis hin zum Amendement Lasker von 1873).

6.2 Vom Bundesrat zum Reichsrat: Funktionswandel und Kontinuität

Am deutlichsten wird das Element der pfadabhängigen Kontinuität an der Institution des Reichsrates. Der erste Verfassungsentwurf von Hugo Preuß hatte mit dem „Staatenhaus", dessen Mitglieder (anders als in der Paulskirchenverfassung) ausschließlich von den Landtagen gewählt werden sollten, auf das reine Senatsmodell zurückgegriffen. Dieser versuchte Systemwechsel scheiterte schon in der Anfangsphase, weil sich die Länder erfolgreich zur Wehr setzten. Auch in der Verfassunggebenden Nationalversammlung scheiterten Vorstöße, nach dem Vorbild des Staatenhauses der Paulskirchenverfassung neben Regierungsvertretern auch gewählte Abgeordnete in den Reichsrat zu entsenden. Entgegen den Intentionen von Preuß wurde schließlich das Bundesratsmodell beibehalten. Allerdings veränderten sich dessen Funktionen: Reichsregierung einerseits, Ländervertretung andererseits waren nun nicht mehr in einem hybriden Organ verklammert, sondern ausdifferenziert. Der Reichsrat war nun ausschließlich ein Organ „zur Vertretung der deutschen Länder bei der Gesetzgebung und Verwaltung des Reichs" (Art. 60 WRV).[63] Weil die Landtage nun ebenso wie der Reichstag durch das allgemeine Wahlrecht legitimiert und die Länderregierungen parlamentarisiert waren, stellten die Länder auch keinen institutionellen Gegenpol zum demokratischen Parlamentarismus mehr dar. Aber die Arbeitsweise der Gremien – Plenum und Ausschüsse – hielt sich, *mutatis mutandis*, in den überkommenen Formen.

Die Beibehaltung des Bundesratsprinzips bedeutete zugleich eine Bremse gegen die Zentralisierung, wie sie Hugo Preuß angestrebt hatte. Denn auch der Vergleichsfall Österreich zeigt ja, dass das Senatsprinzip die ihm oft zugeschriebenen dezentralisierenden Effekte nur dort haben kann, wo (wie 1787 in den USA und 1848 in der Schweiz) der politische Raum der Repräsentation nicht schon von den politischen Parteien in einem Prozess der institutionellen Landnahme besetzt worden war. Zwar hatte sich mit der Parlamentarisierung die Position des Reichsrates im Institutionengefüge

---
62 Der Text der Verfassung nahm mit diesen Begriffen explizit die Terminologie auf, die schon in der Staatsrechtslehre des Kaiserreichs zur Beschreibung der Bismarck-Verfassung entwickelt worden war.
63 Ein Restbestand der früheren institutionellen Verklammerung blieb insoweit erhalten, als der Reichsrat von der Reichsregierung einberufen wurde (Art. 64 WRV) und ein Mitglied der Reichsregierung den Vorsitz führte (Art. 65 WRV).

verändert, und dabei war von besonderem Gewicht, dass seine Zustimmung zu Gesetzen nicht mehr zwingend erforderlich war; er behielt nur ein suspensives Veto, das der Reichstag überstimmen konnte. Aber wenn daraus mitunter der Schluss gezogen wird, der Reichsrat sei nun „jeglicher Macht beraubt" worden (Abromeit 1992: 36), so wird die Tragweite der Veränderung falsch eingeschätzt. Denn man übersieht dabei allzu oft, dass dieses suspensive Veto des Reichsrates vom Reichstag nur mit Zweidrittelmehrheit überwunden werden konnte. Zwar sind nur wenige Vorlagen schließlich am Einspruch des Reichsrates gescheitert, aber eben wegen jener hohen Hürde musste die Möglichkeit eines Einspruchs von vornherein in Rechnung gestellt werden (Bilfinger 1930: 561). Denn im Reichstag war das erforderliche Quorum angesichts des damaligen Vielparteienparlamentarismus nicht leicht zu erreichen, und deshalb hat Richard Thoma seinerzeit geurteilt, dass der Einspruch des Reichsrates „gewichtig und praktisch regelmäßig durchschlagend" war (Thoma 1930a: 181; vgl. auch Triepel 1938: 575).[64] „Macht und Bedeutung des Reichsrates" haben infolgedessen „im Verlauf der Geschichte der Weimarer Republik geschwankt, waren jedoch teilweise recht erheblich" (Schulz 1987: 205).

Folgerichtig blieb es dann auch bei der eingeführten Praxis einer Vorabstimmung des Reiches mit den wichtigeren Ländern, denn auf diesem Wege ließ sich einem Einspruch des Reichsrates am ehesten vorbeugen. Und im Laufe der Zeit entwickelten sich die informellen Koordinationspraktiken, die schon der wilhelminische Bundesstaat gekannt hatte, immer stärker. Als in den ersten Jahren der Republik das Reich in zunehmende Konflikte mit Bayern verwickelt wurde, suchte es in den Ministerpräsidentenkonferenzen die Unterstützung der anderen Länder. Daraus entwickelte sich dann eine Praxis der Konsultation des Reichsrates, die diesem „als dem Element einer Kontinuität in den Reichsgeschäften in einer Zeit rasch wechselnder Mehrheiten allmählich die Stellung eines Oberhauses sicherte" (Schulz 1987: 488). Diese Konsultationspraxis gewann dann in der Periode der Präsidialkabinette von Brüning bis Schleicher noch erheblich an Gewicht (Besson 1959; vgl. auch Menges 1971: 392–393). Die Reichsregierung benutzte gleichsam die Zustimmung des Reichsrates als Legitimationssurrogat für die fehlende parlamentarische Mehrheit. Diese Erfahrung hat auch noch in den Beratungen des Herrenchiemseer Verfassungskonvents über die Bundesratslösung eine Rolle gespielt[65] und hat dann auch zu der bemerkenswerten Konstruktion des „Gesetzgebungsnotstandes" nach Art. 81 GG geführt, die den Bundesrat als „Legalitätsreserve" einer eventuellen Minderheitsregierung vorsieht (Abs. 2).

6.3 Die Weichenstellung zum Verbundsystem in der Finanzverfassung

Der Zentralisierungsschub erfasste aber vor allem die öffentlichen Finanzen. Von der bemerkenswerten pfadabhängigen Kontinuität der Bundesstaatskonstruktion macht die Finanzverfassung scheinbar eine markante Ausnahme, aber das lag daran, dass eine

---

64 Die von der WRV angebotene Alternative, das Überstimmen eines Reichsratseinspruchs durch Volksentscheid, war viel zu aufwändig und ist nie praktiziert worden.
65 Ich habe an anderer Stelle (Lehmbruch 2000) darauf hingewiesen, dass dabei die Erinnerung an die bürokratisch-"sachliche" Praxis des älteren deutschen Exekutivföderalismus leitend war.

dauerhaft funktionsfähige Ordnung der öffentlichen Finanzen bis dahin nicht erreicht worden war. Hier bedeuteten erst der verlorene Krieg und der Zusammenbruch des monarchischen Systems eine *critical juncture*, die neue Weichenstellungen eröffnete. Die Unausgewogenheit der Finanzverfassung des späten wilhelminischen Reiches lag offen zutage, und die Koalition der Verteidiger des *status quo* brach auf (Witt 1992: 90–95). Selbst konservative Spitzenbeamte der Reichsfinanzverwaltung ebenso wie die mit kriegswirtschaftlichen Fragen befassten Militärs hatten im Verlaufe des Krieges die Überzeugung gewonnen, dass die zu erwartenden gewaltigen Kriegsfolgelasten nur durch eine Neuordnung des Finanzwesens ohne Rücksicht auf Länderinteressen bewältigt werden könnten. Ein Konsens entwickelte sich insbesondere darüber, dass es eine reichseinheitliche Neuordnung geben solle und dass die „Bundesstaaten" (Länder) und Gemeinden im Bereich der öffentlichen Finanzen auf den Status nachgeordneter Gebietskörperschaften herabgedrückt werden sollten. Die Aufgabenkonzentration beim Reich sollte auch nach dem Kriege gewahrt bleiben und weiter ausgebaut werden. Insbesondere sollte das Reich die Kompetenz-Kompetenz auf dem Gebiet des Finanzwesens erhalten; die „Bundesstaaten" (Länder) sollten zwar weiterhin eine ausreichende Finanzausstattung erhalten, aber darüber hätte der Reichsgesetzgeber zu entscheiden.

Die Weimarer Verfassung und die daran anschließende, über die Vorgaben der Verfassung noch hinausgehende Reichsfinanzreform, die mit dem Namen des Finanzministers Matthias Erzberger verbunden ist, zogen daraus einschneidende Konsequenzen.[66] Dass Erzberger die umfangreiche Reform in der Zeitspanne von neun Monaten gegen erstaunlich geringen Widerstand durchsetzen konnte, lässt sich nur aus der Krisenlage Deutschlands nach dem verlorenen Kriege erklären. Sie bewirkte, dass die Neuordnung der Finanzen von einem parteiübergreifenden Konsens innerhalb der politischen Führung des Reiches getragen und (gegen manchen Widerstand in den Ländern) durchgesetzt wurde.

Die Verfassung verlieh dem Reich zusätzlich zu der ausschließlichen Gesetzgebungskompetenz für Zölle und Verbrauchsabgaben (Art. 6), die es schon unter der alten Verfassung gehabt hatte, die konkurrierende Gesetzgebung für sämtliche anderen Steuern und Abgaben, soweit es sie ganz oder teilweise für seine Zwecke in Anspruch nehmen wollte (Art. 8), und nach Art. 11 konnte es eine Steuerkonkurrenz durch die Länder ausschließen. Das Reich hatte nach der Verfassung auf die Lebensfähigkeit der Länder Rücksicht zu nehmen (Art. 8), doch es blieb kein Steuerreservat zu Gunsten der Länder übrig. Von dieser neuen Kompetenz machte die Weimarer Nationalversammlung gleich Gebrauch, indem sie das zersplitterte Steuersystem gänzlich neu ordnete. Herzstück der Neuordnung war die Einkommen- und die Körperschaftsteuer, die als Verbundsteuer ausgestaltet wurden: Sie wurden vom Reich erhoben, die Länder aber an ihrem Ertrag mit (anfänglich) zwei Dritteln beteiligt.[67] Der Länderanteil wurde nach Maßgabe des örtlichen Aufkommens verteilt, das Landessteuergesetz (später

---

66 Zu den Einzelheiten vgl. Bühler (1930), Epstein (1959: 328–348), Möller (1971) und Witt (1974: 412–416).
67 Als Verbundsteuern wurden anfänglich auch die Erbschaftsteuer, die Grunderwerbsteuer und die Umsatzsteuer (Länderanteil zunächst 10 Prozent, Gemeindeanteil 5 Prozent) ausgestaltet. Die Umsatzsteueranteile der Länder wurden zu einem Drittel nach dem Verhältnis des Aufkommens, zu zwei Dritteln nach dem Bevölkerungsanteil verteilt.

„Finanzausgleichsgesetz") sah jedoch auch schon einen Ausgleich von Steuerkraftunterschieden zu Gunsten der armen Länder vor.[68] Auch die Erbschafts-, Umsatz- und Grunderwerbssteuer wurden durch das Reich geordnet. Konkurrierende gleichartige Länder- und Gemeindesteuern durfte es nicht mehr geben, und auch die Gestaltungsfreiheit der Gebietskörperschaften bei den zulässigen Landes- und Gemeindesteuern wurde so eingeschränkt, dass die Interessen des Reiches gewahrt blieben.[69] Zuschläge zur Einkommensteuer sollten Länder und Gemeinden in Zukunft nicht mehr erheben.[70]

Mit der Neuordnung des Steuersystems war die Vereinheitlichung der Finanzverwaltung eng verbunden. Nach der Zollverwaltung wurde in einem zweiten Schritt auch die gesamte Finanzverwaltung Sache des Reiches. Diese Abkehr vom Prinzip der Länderexekutive hatte ihre Ursache in dem tiefen Misstrauen, das die Parteien der Verwaltungspraxis der Länder entgegenbrachten. Deren Steuerbehörden waren höchst ungleichmäßig ausgebildet, und ihre Erhebungspraxis war in den Zeiten des Dreiklassenwahlrechts weithin in den Ruf der einseitigen Begünstigung privilegierter Bevölkerungsgruppen geraten.[71] Die bloße reichsrechtliche Regelung der Steuererhebung durch die Länder, wie sie Art. 84 WRV vorausgesetzt hatte, reichte der Mehrheit der Nationalversammlung nicht aus. Die Länder gaben fast durchweg ihre gesamte Finanzverwaltung an das Reich ab, und der Apparat wurde neu und hierarchisch geordnet. Die wichtigste Errungenschaft des „Gesetzes über die Reichsfinanzverwaltung" war aber nicht die straffe Zentralisierung als solche. Vielmehr hat es für große Teile Deutschlands (nicht zuletzt auch Preußen) überhaupt erstmals eine spezialisierte und hoch professionelle Finanzverwaltung gebracht (Möller 1971: 34–35). So war in der Formulierung eines ehemaligen Bundesfinanzministers „das Entscheidende ... nicht der Über-

---

68 Nach § 35 des Finanzausgleichsgesetzes i.d.F. von 1926 hatten Länder, deren Anteil an der Einkommen- und Körperschaftsteuer um mehr als 20 Prozent hinter dem Reichsdurchschnitt zurückblieb, Anspruch auf Auffüllung des Fehlbetrags bis 80 Prozent des Durchschnitts. Zu den Empfängerländern gehörten 1925 Mecklenburg-Schwerin, Anhalt, Schaumburg-Lippe und Detmold, 1926 auch Bayern. Preußen, Württemberg und Baden hatten 1928 einen Anteil an der Einkommensteuer, der in etwa ihrem Bevölkerungsanteil entsprach. Hamburg und Sachsen lagen mit ihren Steueranteilen deutlich über, Bayern unter dem Bevölkerungsanteil (Bühler 1930: 337–338).
69 Im Kaiserreich hatten die Gemeinden vielfach das Recht zur Festsetzung von Zuschlägen zu den direkten Steuern. Dieses System war zunehmender Kritik ausgesetzt, weil es zu krassen Ungleichheiten in der Besteuerung führte und arme Gemeinden viel stärker als reiche gezwungen waren, von dem Recht zur Erhebung von Zuschlägen Gebrauch zu machen.
70 Nur bei der Grunderwerbsteuer wurden später in eng begrenztem Maße Landeszuschläge zugelassen.
71 Während die süddeutschen Länder seit dem 19. Jahrhundert eigenständige, effiziente Steuerverwaltungen ausgebildet hatten, gab es in Norddeutschland keine selbständigen Steuerbehörden. In Preußen war die innere Verwaltung für die direkten Steuern zuständig, und deren Festsetzung oblag Veranlagungskommissionen, die sich aus gewählten oder ernannten Bürgern zusammensetzten. Für die Erhebung waren die Gemeindekassen zuständig. Dieses System wurde unter anderem für erhebliche Missbräuche bei der Besteuerung des Großgrundbesitzes in den preußischen Ostprovinzen verantwortlich gemacht (dazu Epstein 1959: 336–337). Wenn Bismarck bei seinen Steuerhinterziehungen von der Veranlagungskommission bewusst begünstigt wurde, wie das Hellmut von Gerlach aus eigener Anschauung als junger Beamter berichtete, dürfte das wohl kein Einzelfall gewesen sein.

gang der Verwaltungshoheit auf das Reich, auch wenn darin zunächst der eigentliche Fortschritt erblickt wurde; das Dauerhafte war vielmehr die Vereinheitlichung des Verwaltungssystems, das im Grunde bis heute erhalten geblieben ist" (Möller 1971: 30).

Diese Vereinheitlichung wurde schließlich durch das Regelwerk unterstützt, dessen Kernstücke die Reichsabgabenordnung und die Reichshaushaltsordnung waren. Zuvor war schon – noch von der kaiserlichen Regierung (im Sommer 1918) – der Reichsfinanzhof in München eingerichtet worden, um die Gleichmäßigkeit der Steuerrechtsprechung zu sichern. Jetzt wurde die Finanzpolitik der Länder zusätzlich einem unitarischen Regelwerk unterworfen. Insgesamt galt die Finanzreform den Zeitgenossen sehr bald als eine große Gestaltungsleistung. Gewiss blieb mancherlei Kritik aus den Ländern, aber sie galt nicht so sehr der organisatorischen und prozeduralen Unitarisierung, sondern in erster Linie der „Vereichlichung" fast des gesamten Steuerrechts, die den finanzwirtschaftlichen Spielraum der Länder von dem System der Steuerüberweisungen abhängig gemacht hatte. Man sprach darum gerne davon, dass nun nicht mehr das Reich „Kostgänger der Länder" sei (wie seinerzeit im System der Matrikularbeiträge), sondern umgekehrt die Länder „Kostgänger des Reiches".[72] Das war aber insofern eine schiefe Parallele, als das neue System die Länder nicht in eine vergleichbare, strukturell bedingte finanzpolitische Notlage brachte, wie sie das Reich vor 1918 gekannt hatte. Im Laufe der zwanziger Jahre wurde die Position der Länder im Steuerverbund schrittweise deutlich verbessert.[73] Doch Reich und Länder waren seit 1919 in einer finanzpolitischen Schicksalsgemeinschaft verbunden, aus der während der großen Krisen der Weimarer Republik zwangsläufig auch eine Leidensgemeinschaft wurde. Den Haushaltsnotlagen der Länder entsprach damals auch die Notlage des Reiches, und dafür konnte das Verbundsystem – wie immer man es sonst beurteilen mochte – nicht verantwortlich gemacht werden.

7. Die zweite Krise im Entwicklungspfad: Die Rekonstruktion des Bundesstaates zwischen Kontinuitätsdenken und Besatzungseingriffen

Die nationalsozialistische Herrschaft hatte bekanntlich die bundesstaatliche Organisation sehr schnell beseitigt, aber die „gleichgeschalteten" Länder wurden nicht (wie dies 1952 in der DDR geschah) durch neue Verwaltungseinheiten ersetzt, sondern wahrten überwiegend ihre territoriale Kontinuität.[74] Der Weimarer Zentralisierungsschub hat sich aber auch im nationalsozialistischen Deutschland fortgesetzt. Nicht wenige der großen zentralisierenden Gesetze der dreißiger Jahre waren ja Schubladenprojekte der

---

72 Über die Entwicklung der Finanzbeziehungen zwischen Reich und Ländern unterrichtet (aus kritischer bayerischer Perspektive) Menges (1971).
73 Der Länder- und Gemeindeanteil an der Einkommen- und Körperschaftsteuer wurde 1921 auf 75 Prozent erhöht. Die Länder wurden andererseits verpflichtet, einen Teil ihrer Einkommen- und Körperschaftsteuerüberweisungen nach dem örtlichen Aufkommen an die Gemeinden weiterzuleiten. Die Erbschaftsteuer, an der die Länder ursprünglich nur mit 20 Prozent partizipierten, wurde 1924 wieder zu einer reinen Ländersteuer. Bei der Umsatzsteuer wurde der Länder- und Gemeindeanteil allmählich auf 30 Prozent gesteigert.
74 So blieb zum Beispiel Hohenzollern ein preußischer Regierungsbezirk innerhalb württembergischen Territoriums, und sogar Lippe-Detmold blieb erhalten.

Weimarer Ministerialbürokratie, die nun um jene Elemente ergänzt wurden, mit denen man die politische Vorherrschaft der NSDAP sichern wollte.[75] Aber die Kontinuität jenes in der Diktatur fortdauernden Zentralisierungsprozesses wurde auch noch vom Parlamentarischen Rat mit der Übergangsvorschrift des Art. 125 GG nachträglich legitimiert.[76] Dass hier die Wahrung der bereits erreichten Rechtseinheit den Ausschlag gab, belegt die Kontinuität der herrschenden unitarischen Orientierungen. Wie sehr insbesondere die aus der Reichsfinanzverwaltung hervorgegangenen Länderbürokratien diesen Traditionen verpflichtet geblieben waren, hat Shonfield hervorgehoben.[77] „Als die Deutschen in den Westzonen ihre Wirtschaft zu rekonstruieren begannen, bauten sie auf dem vertrauten Fundament und Plan auf; vieles davon ließ sich mit bloßem Auge gar nicht erkennen, sodass es war, als ob sie von einem Archäologen geführt worden wären, der sich auch blind in seiner Lieblingsruine zurechtfindet" (Shonfield 1968: 284).

Eingangs war schon davon die Rede, dass die politischen Eliten im Parlamentarischen Rat in ihrer Mehrheit dem Weimarer Modell oder gar der Fortentwicklung zum dezentralisierten Einheitsstaat zuneigten. Die heute nicht selten anzutreffende Behauptung, der Verfassunggeber von 1949 habe ein bundesstaatliches Trennsystem installieren wollen, übersieht allzu leicht den Tatbestand, dass dieser Verfassunggeber die Föderalismuskonstruktion des Grundgesetzes gleichsam mit zusammengebissenen Zähnen verabschiedet hat. Innerhalb der CDU/CSU hatte zwar mit den süd- und westdeutschen Föderalisten des „Ellwanger Kreises", die besonders aus den Länderregierungen kamen, eine Gruppierung viel Aufmerksamkeit auf sich gezogen, die für eine dezidiert föderalistische Lösung plädierte. Doch wie stark unitarische Positionen in den Verfassungsberatungen dominierten, hat unter anderem Wolfgang Renzsch (1991: 60–69) am Beispiel der Finanzverfassung gezeigt. Diese Intentionen der Mehrheit der deutschen Akteure kollidierten nun mit der Politik der Besatzungsmächte. Die Aufmerksamkeit gilt hier in der Regel ihren Vorgaben beim Prozess der Verfassungsgesetzgebung 1948/1949, beginnend mit der Londoner Konferenz und den Frankfurter Dokumenten (so z.B. Oeter 1998: 110–112). Dabei gerät nicht selten der Umstand aus dem Blickfeld, dass der Aufbau eines künftigen deutschen Bundesstaates schon durch die 1946 erfolgte Auflösung Preußens strukturell ganz erheblich präjudiziert wurde.

7.1 Die Auflösung Preußens

Dieser Eingriff hatte ein merkwürdig ambivalentes Gesicht. Die Auflösung Preußens wurde vom Alliierten Kontrollrat mit der Rolle begründet, die der preußischen Tradition für die Geschichte des deutschen Militarismus zugeschrieben wurde. Dabei fiel ganz unter den Tisch, dass das demokratisierte und parlamentarisierte Preußen in der Weimarer Zeit zur verlässlichen Stütze der Weimarer Demokratie geworden war

---

[75] Für die Entwicklung der Finanzwirtschaft im nationalsozialistischen Regime vgl. Scherpenberg (1984: 21–90).
[76] Soweit es nicht zuvor schon als „spezifisch nationalsozialistisch" aufgehoben war oder dem GG widersprach.
[77] Shonfield (1968: 321, Fn. 20); vgl. ferner Scherpenberg (1984).

(Schulze 1981), während kleine Länder wie Thüringen oder Braunschweig zum ersten Einfallstor für nationalsozialistische Regierungsbeteiligung wurden.

Die Frage, welche indirekten Folgewirkungen die Auflösung Preußens für die Funktionsweise des künftigen deutschen Bundesstaates haben musste, hat bis heute wenig Aufmerksamkeit gefunden. Es gab nun innerhalb der vier Besatzungszonen siebzehn Länder (ohne das Saarland), die zwar unterschiedlich groß und wirtschaftsstark waren, von denen aber keines mehr eine solche Dominanz beanspruchen konnte wie Preußen. Damit musste sich ein bis dahin so nicht gekanntes Koordinierungsproblem stellen. In einem trennföderalistischen System wird die Zahl der Gliedstaaten vergleichsweise geringere Probleme aufwerfen als in einem Verflechtungsföderalismus, der auf ständige Abstimmungsprozesse angewiesen ist. Die Konsenshürden können sich als deutlich höher erweisen, und das System kann anfällig für Entscheidungsblockaden werden. Wenn in der Bundesrepublik die Verhandlungs- und Koordinierungsintensität im Vergleich zum Föderalismus des Kaiserreiches und der Weimarer Republik deutlich zugenommen hat, so ist das gewiss auch der Auflösung Preußens zuzuschreiben, die die Akteurskonstellation deutlich verändert hat.

Dass die Auflösung Preußens nicht als ein besonderes Problem empfunden wurde, hat damit zu tun, dass dieses Programm eigentlich keine Erfindung der Gegner Deutschlands war, sondern schon einen zentralen Programmpunkt der Weimarer Reichsreformbewegung dargestellt hatte. Ein bundesstaatliches Strukturproblem, das die Weimarer Republik nicht dauerhaft zu lösen vermochte, war damals der so genannte Dualismus von Preußen und Reich. Obwohl die Weimarer Verfassung die staatsrechtliche Hegemonie Preußens beendet hatte, behielt es als das mit Abstand größte Land der Republik doch ein deutliches politisches Übergewicht. Das Modell, wie es Hugo Preuß in seinem ersten Entwurf für die Weimarer Reichsverfassung vorgegeben hatte, der dezentralisierte Einheitsstaat, war mit dem Dualismus von Preußen und Reich nicht zu vereinbaren, und deshalb gehörte die Auflösung Preußens zu den Minimalbedingungen einer solchen Reform. Weitergehende Varianten postulierten einen weit greifenden Neuzuschnitt der Länder. In den Verfassungsberatungen ist das Modell freilich ganz schnell gescheitert, nicht zuletzt daran, dass die politischen Parteien in den Ländern neue Machtpositionen errungen hatten und die Kosten einer territorialen Reorganisation scheuten. Hinzu kam, dass auch die einheitsstaatlich gesonnenen preußischen Politiker damals überzeugt waren, dass man auf Preußen mit seiner solide erscheinenden demokratischen Mehrheit als „Klammer des Reiches" vorerst nicht einfach verzichten könne. Einige Jahre später wurde das Programm wieder aufgenommen, und zwar in der Diskussion über eine „Reichsreform", die auch den territorialen Zuschnitt der Länder mit dem neuen Kompromiss kompatibel gemacht hätte.[78] Damals gehörte schon ein guter Teil der Funktionseliten von Reich und Ländern zu seinen Befürwortern (Oeter 1998: 70–71). In der konstitutionellen Perspektive eines dezentralisierten Einheitsstaates wäre mit der Auflösung Preußens 1946 also eine wichtige Funktionsbedingung erfüllt gewesen. Und diese Kontinuität mit der Reichsreformprogrammatik war denn auch die Perspektive, mit der eine Mehrheit der deutschen

---

78 Vgl. dazu Schulz (1987: 453–612), Aders (1994: 118–131) und Oeter (1998: 66–74).

parteipolitischen Eliten an die Verfassungsdiskussion heranging (Oeter 1998: 104–107, 119–126, 131–138).

7.2 Kompetenzaufteilung und Finanzverfassung im Parlamentarischen Rat

Die vergleichsweise unitarische Konstruktion mit ihrer starken Anknüpfung an den Weimarer Bundesstaat, auf die sich der Parlamentarische Rat schließlich verständigt hatte, wurde von den westlichen Militärgouverneuren bei den Beratungen über das Grundgesetz nachdrücklich abgelehnt. In allen Darstellungen des Parlamentarischen Rates spielt die Geschichte jener spektakulären Auseinandersetzungen – insbesondere um die Finanzverfassung und die Verteilung der Gesetzgebungskompetenzen – eine herausragende Rolle. Der Institutionentransfer, wie er speziell dem amerikanischen Militärgouverneur Clay vorgeschwebt haben mag, also eine Orientierung am amerikanischen Modell eines dualen Föderalismus, war aber nicht durchzusetzen. Das hergebrachte Grundelement des deutschen Verbundföderalismus, die funktionale Trennung von Bundesgesetzgebung und Ausführung durch die Länder, wurde von den Alliierten nicht prinzipiell in Frage gestellt. Sie richteten ihr Augenmerk – neben der Eingrenzung der konkurrierenden Gesetzgebungskompetenz des Bundes – vor allem auf die Finanzverfassung. Hier war auf westdeutscher Seite der frühere preußische Finanzminister Hermann Höpker Aschoff als Wortführer in Erscheinung getreten, ein alter Befürworter des Modells des dezentralisierten Einheitsstaates (Höpker Aschoff 1928). Mit seinem Insistieren darauf, dass die Finanzverfassung sich an den Bedürfnissen eines einheitlichen deutschen Wirtschaftsraumes auszurichten habe, stand er ganz in der Traditionslinie des liberalen Unitarismus (Renzsch 1991: 60–62).

Zwar vermochten die Alliierten die Zentralisierung der Finanzverwaltung zu verhindern, nicht aber die institutionelle Verklammerung von Bundes- und Länderfinanzverwaltungen. So hatte die Dezentralisierung der Finanzverwaltung nicht die dysfunktionalen Wirkungen, die man im Lager der strengen Unitarier befürchtet hatte (Renzsch 1991: 74). Schon die Weimarer Finanzpolitik hatte mit ihren unitarischen Regelwerken – insbesondere Reichsabgabenordnung und Reichshaushaltsordnung – ein effektives Zentralisierungssurrogat entwickelt. Unterstützt wurde das durch das Festhalten der unitarisch geschulten Finanzbürokratie am Ziel der fiskalischen Rechtseinheit.[79] Und auch die Institution des Finanzausgleichs, eine wichtige Innovation der Weimarer Republik, wurde – trotz anfänglicher alliierter Widerstände – beibehalten. Denn in der Situation der ersten Nachkriegsjahre waren einige Länder, die ohnehin eher agrarisch strukturiert und schon deshalb finanzschwächer waren, besonders stark durch die Aufnahme von Flüchtlingen und Vertreibungsopfern aus den deutschen Ostprovinzen belastet, und diese Notlage ließ eine Umverteilung von Ressourcen unausweichlich erscheinen. Und langfristig musste auch wegen der Aufteilung Preußens die Bedeutung des Länderfinanzausgleichs zunehmen, weil regionale Disparitäten zwischen früheren preußischen Provinzen, die zuvor ein internes Problem dieses einen Landes dargestellt hatten, nun effektiv externalisiert worden waren.

---

79 Vgl. dazu die oben angeführte Darstellung von Shonfield.

Schließlich schienen die Besatzungsmächte mit ihrem Verlangen nach einem Trennsystem bei den Steuern zwar anfänglich insoweit erfolgreich zu sein, als grundsätzlich die Umsatzsteuer dem Bund, die Einkommensteuer den Ländern zugesprochen wurde. Aber sie konzedierten bei der Einkommensteuer dem Bund das Recht, einen gewissen Anteil der Steuereinnahmen für seine Zwecke in Anspruch zu nehmen. Wolfgang Renzsch hat in seiner Geschichte des Finanzausgleichssystems gezeigt, wie dies zum Hebel wurde, um in den folgenden anderthalb Jahrzehnten das nur widerwillig hingenommene Trennsystem sukzessive zurückzubauen. Im Steuersystem wurden die alliierten Eingriffe (wie Renzsch detailliert gezeigt hat) schrittweise korrigiert, und mit der Finanzreform von 1969 wurde das Verbundsteuersystem, wie es in den Grundzügen durch Erzbergers Reichsfinanzreform geschaffen worden war und auch der Mehrheit des Parlamentarischen Rates vorgeschwebt hatte, endgültig wieder hergestellt und sogar (durch die Einbeziehung der Gewerbesteuer) noch weiter ausgebaut (Renzsch 1991; vgl. auch Renzsch 2000).

Dies alles war natürlich konform mit dem Festhalten am Exekutivföderalismus und dem Prinzip der Länderexekutive. Auch hinsichtlich der Verteilung der Gesetzgebungskompetenzen wurde mit der Unterscheidung in ausschließliche, konkurrierende und Rahmengesetzgebung weitgehend an die Systematik der Weimarer Verfassung angeknüpft. Zwar hatten die Alliierten mit einer weiteren umstrittenen Auflage der konkurrierenden Gesetzgebungskompetenz des Bundes enge Grenzen setzen wollen. Aber die Mehrheit des Parlamentarischen Rates verstand dann doch mit Art. 72 II eine weite Fassung der „Bedürfnisklausel" durchzusetzen, die dem Bund das Gesetzgebungsrecht auch dort zusprach, wo es für „die Wahrung der Rechts- oder Wirtschaftseinheit, insbesondere die Einheitlichkeit der Lebensverhältnisse über das Gebiet eines Landes hinaus" erforderlich sei. Damit fiel die von den Alliierten geforderte restriktive Fassung der „Bedürfnisklausel" des Art. 72 GG im Ergebnis so aus, dass sie dem Tätigwerden des Bundes im Bereich der konkurrierenden Gesetzgebung nicht jene Schranken setzte, die von den Besatzungsmächten eigentlich erwartet worden waren (Oeter 1998: 125–126). Nachdem das Bundesverfassungsgericht die Bedürfnisklausel für nicht-justiziabel erklärt hatte (Oeter 1998: 201–207), lief sie praktisch leer. Sie sei auch auf die Übergangsvorschrift des Art. 125 nicht anwendbar, die – so das Gericht – bestimmt gewesen sei, „einer weiteren Aufsplitterung des bisher einheitlichen Rechts durch die Gesetzgebung der Länder vorzubeugen". So behielt das Institut der konkurrierenden Gesetzgebung die ihm seit jeher eigene Zentralisierungsdynamik.

7.3 Der Bundesrat des Grundgesetzes

Folgenreich wurde schließlich der Kompromiss, der in der Frage der Repräsentation der Länder gefunden wurde. Schon vom Herrenchiemseer Verfassungskonvent war 1948 die Senatslösung als Alternative zur hergebrachten Bundesratslösung in die Verfassungsberatungen eingeführt worden, und die Frontstellungen sahen ursprünglich so aus, dass die Unitarier (einschließlich des stärker unitarischen CDU-Flügels mit Adenauer) der Senatslösung zuneigten, während die süddeutschen Christdemokraten am Bundesrat festhalten wollten. Bekanntlich hat dann der bayerische Ministerpräsident

Hans Ehard mit dem führenden sozialdemokratischen Verfassungspolitiker Walter Menzel ein Tauschgeschäft vereinbart, bei dem die SPD den Bundesrat konzedierte, die Föderalisten dagegen auf das Vetorecht des Bundesrates verzichten und zugleich eine unitarische Finanzverfassung akzeptieren mussten.[80] Damit hatte sich Bayern „im Zielkonflikt zwischen Sicherung der Eigenständigkeit der Bundesländer ... und Verankerung des traditionellen deutschen Beteiligungsmodells" klar für letzteres entschieden (Oeter 1998: 129). Indes sind die beiden Erwartungen, die die Sozialdemokraten damals mit diesem Handel verbanden, dann doch enttäuscht worden: Erstens wurde die unitarische Ausgestaltung der Finanzverfassung von den Alliierten verworfen. Und zweitens hat bekanntlich in den folgenden Jahrzehnten (und nicht zuletzt dank der Rechtsprechung des Bundesverfassungsgerichts) der Bereich der zustimmungspflichtigen Gesetzgebung eine Ausweitung erfahren, an die man damals entfernt nicht gedacht hat. Von besonderer Bedeutung war aber von jeher der Umstand, dass nach Art. 105 III die Gesetzgebung über Verbundsteuern durchweg zustimmungspflichtig ist. Zwar waren auch in der Vergangenheit finanzpolitische Entscheidungsprozesse (wie oben gezeigt wurde) immer schon von intensiven Verhandlungen zwischen Reich und Ländern begleitet. Aber in der Weimarer Republik erfolgten solche Verhandlungen „im Schatten der Hierarchie", während unter dem Grundgesetz die föderalen Konsensschwellen in der Finanzpolitik wieder erheblich angehoben wurden. Dass dies nicht zu ebenso gravierenden Entscheidungsblockaden führt wie unter der Bismarck-Verfassung, ist vor allem dem Umstand zu verdanken, dass nach der Demokratisierung und Parlamentarisierung der Länder das Parteiensystem als zusätzliche Aushandlungsarena fungiert.[81]

7.4 Politikverflechtung als Anpassungsreaktion auf den externen Schock

Mit dem Verfassungskompromiss waren die Weichen für ein dezentralisiertes System gestellt, mit dem eine weiterhin unitarisch orientierte politische Elite, die an der Leitvorstellung des einheitlichen Wirtschaftsraumes festhielt, bei der Suche nach Problemlösungen zurechtkommen musste. Das konnte naturgemäß nur in einem Verhandlungssystem mit hohen Konsensbildungskosten geschehen. Und in diesem Zusammenhang fiel dann eben auch die Auflösung Preußens ins Gewicht. In der Vergangenheit hatte die dominierende Rolle Preußens die Verhandlungssysteme funktionsfähig gehalten – wobei sich das aus preußischer Sicht mitunter auch als Ausbeutung der Großen durch die Kleinen (im Sinne von Olsons Logik des kollektiven Handelns) darstellte.[82] Nach der Auflösung Preußens aber ergab sich ein relatives Kräftegleichgewicht zwischen den Ländern, das unter den gegebenen institutionellen Bedingungen stark er-

---

80 Ehard hat damit übrigens auch die CDU/CSU vor vollendete Tatsachen gestellt.
81 Im Unterschied zum institutionell bedingten Immobilismus des Bismarckschen Bundesstaates waren Entscheidungsblockaden, wie sie immer wieder einmal aus dem dualistischen Parteienwettbewerb resultieren (Lehmbruch 2000), jeweils kontingenter Natur und haben sich dank der Dynamik des Parteienwettbewerbs auch immer wieder aufgelöst.
82 Der langjährige preußische Ministerpräsident Otto Braun hat in der Weimarer Zeit die Funktion des Länderfinanzausgleichs, nicht recht lebensfähigen kleinen Ländern auf Kosten Preußens unter die Arme zu greifen, ganz ähnlich beklagt, wie das in jüngster Zeit Edmund Stoiber und Erwin Teufel getan haben (z.B. Schulz 1987: 599f.).

höhte Konsensbildungskosten nach sich ziehen musste. Das war schon so mit den elf Ländern der alten Bundesrepublik und gilt erst recht für unsere jetzigen 16 Länder. So gesehen sind die alliierten Besatzungsmächte zum Urheber des Verflechtungsföderalismus der Bundesrepublik geworden, ohne dies doch gewollt zu haben – ein höchst bemerkenswertes Beispiel für das der Sozialwissenschaft vertraute Problem nicht intendierter Folgewirkungen in kollektiven Handlungszusammenhängen.

Die weitere Entwicklung des Föderalismus der Bundesrepublik lässt sich nun, von hier ausgehend, auf zwei Ebenen beschreiben: Einerseits sorgt die Hegemonie der auf Rechtseinheit fixierten kulturellen Orientierung dafür, dass sich der Unitarisierungsprozess immer weiter entfaltet, andererseits aber hat das unter den Bedingungen der institutionellen Dezentralisierung die Folge, dass der Koordinationsbedarf immer weiter zunimmt. Darauf antwortete das Wachstum der Politikverflechtung – ein Problemzusammenhang, auf den im vorliegenden Zusammenhang nicht näher eingegangen werden soll. Betrachtet man sie aber im Zusammenhang der Entwicklung seit der Besatzungszeit, so wird man sie als eine Anpassungsreaktion auf den externen Schock der Jahre 1945–1949 interpretieren können, die wiederum charakteristische Merkmale von Pfadabhängigkeit aufweist.

8. Pfadabhängigkeit und Reformspielräume

Drei Elemente machen heute den institutionellen Kern des deutschen Bundesstaates aus: der Exekutivföderalismus mit der „funktionale" Aufteilung von Gesetzgebungs- und Verwaltungskompetenzen auf Bund und Länder, die Bundesratskonstruktion (einschließlich der ergänzenden Ministerkonferenzen und sonstigen Beratungs- und Beschlussgremien) und schließlich die finanzwirtschaftlichen Verflechtungen mit dem Steuerverbund als Kernelement. Wollte man daraus einzelne Elemente (etwa den Bundesrat) herausbrechen, so hätte das derart komplexe Folgewirkungen für das Funktionieren des bundesstaatlichen Systems, dass einem solchen Versuch nur geringe Erfolgschancen eingeräumt werden können. Für diese Prognose spricht schon die Beobachtung, dass solche Reformen im zurücklegenden Jahrhundert schon wiederholt gefordert oder gar in Angriff genommen, schließlich aber immer wieder gescheitert sind. Offensichtlich ist dieser institutionelle Kern des Bundesstaates also pfadabhängig veränderungsresistent.

Nun verlief die Geschichte des deutschen Bundesstaates offensichtlich komplexer, als das in dem oben (Abschnitt 2.3.) erörterten einfachen Modell einer pfadabhängigen Entwicklungssequenz vorausgesetzt wurde. Im Überblick über den institutionellen Entwicklungspfad haben wir hier nämlich mehrere auf einander folgende Sequenzen beobachtet, die jeweils mit Reorganisationskrisen und daraus resultierenden neuen Weichenstellungen begannen. Bemerkenswert ist jedoch, dass die neuen Weichenstellungen nicht etwa eine Umkehr des Entwicklungspfades bewirkten, sondern eine eigentümliche Kompatibilität (oder Passgüte) mit den zentralen Merkmalen der vorangegangenen Entwicklungssequenzen an den Tag legten. Auffallend ist zudem, dass sich aus der ersten Weichenstellung, die mit der Paulskirchenverfassung von 1849 erfolgte, schon das institutionelle Basisarrangement ergab, das über alle Entwicklungssequenzen hinweg festgehalten und nie ernsthaft in Frage gestellt wurde (nämlich der „funktionale" oder Exekutivföderalismus, mit dem gesetzgeberischen Vorrang des Bundes und dem Prinzip der Länderexekutive). Die folgenden Reorganisationskrisen von 1867–1871 und 1919 ergänzten dieses Basisarrangement jeweils um weitere Elemente, nämlich die Bismarckverfassung vor allem um die Verhandlungsmechanismen mit dem Bundesrat als Kern, die Weimarer Verfassung um das finanzpolitische Verbundsystem. Sie wurden gleichsam an das Basisarrangement angebaut und haben sich seither behauptet. Zwar wurden sie (anders als das Basisarrangement des funktionalen Föderalismus selbst) in den folgenden Reorganisationskrisen von starken Kräften jeweils wieder in Frage gestellt, doch dass sie sich gegen die Alternativen behaupteten, spricht dafür, dass sie in hohem Maße komplementär zum funktionalen Föderalismus waren und mit ihm eine enge, pfadabhängige Verbindung eingegangen sind.

Was sich im Rückblick als komplementär darstellt, war aber nicht eine logisch notwendige Folge von Abläufen. Denn die wichtigste dieser Weichenstellungen, die Verfassung von 1867/1871, hatte eine in hohem Maße kontingente Voraussetzung: Das war, wie oben erwähnt, die Ernennung Bismarcks zum preußischen Ministerpräsidenten, die ihm dann jene außergewöhnlichen Gestaltungsmöglichkeiten eröffnete, die die Struktur des deutschen Bundesstaates bis 1918 bestimmten. Das erklärungsbedürftige Problem ist nun, warum zentrale Bauprinzipien jenes Bundesstaates die folgenden Reorganisationskrisen überdauerten und sich damit als persistent im Sinne von „Pfadabhängigkeit" erwiesen. Im mikroökonomischen Modell, an das die sozialwissenschaftliche Rezeption bei Autoren wie Pierson (2000a) und Mahoney (2000) angeknüpft hat, werden Strukturen pfadabhängig, wenn sie „steigende Erträge" (*increasing returns*) erbringen. Dieser Vorstellung, die in unserem Zusammenhang nur metaphorischen Charakter haben kann, soll hier nicht weiter nachgegangen werden. Aus unserer Analyse ergibt sich vielmehr, dass sich früh im Entwicklungsprozess ein eigentümliches Machtgleichgewicht zwischen dem expandierenden Zentralstaat einerseits, den um die Wahrung ihrer Organisationsdomänen besorgten Gliedstaaten andererseits ergeben hatte, das durch komplexe Verflechtungsmechanismen abgesichert war. Innerhalb dieser verflochtenen bundesstaatlichen Architektur konnte über relativen Einfluss gestritten werden, aber keiner der beteiligten korporativen Akteure hat jemals ernsthaft die Bauprinzipien dieser Architektur in Frage stellen können. Der bloße Versuch – wie ihn etwa Hugo Preuß im Jahre 1918 unternahm – reichte aus, um die Widerstandsressourcen der anderen Seite wirkungsvoll zu mobilisieren. Schon das nicht aufhebbare Spannungsverhältnis zwischen dem Interesse der Länderverwaltungen an der Behauptung ihrer Organisationsdomäne und dem Interesse des Zentralstaates an der Expansion seiner Führungsrolle war es, was über mehr als ein Jahrhundert hinweg für die Selbstreproduktion des Verbundföderalismus sorgte.

Dieser Effekt wurde weiter verstärkt durch die Netzwerkeffekte, die aus der immer weiter fortschreitenden Verflechtung der Ebenen resultierten. Eine nennenswerte Auflockerung dieser Verflechtungen wäre mit überaus hohen Reorganisationskosten verbunden, und für die Beteiligten wäre dabei schwer kalkulierbar, inwieweit sie aus einer solchen Operation mehr Gewinne als Einbussen zu erwarten hätten. Die selbstreproduzierende Dynamik, die sich aus dem erreichten hohen Verflechtungsniveau ergibt, lässt sich besonders deutlich an den Rückkopplungseffekten der Finanzverfassung studieren.

Hier gibt es seit einiger Zeit eine Diskussion über eine Reform des Prinzips der Aufgabenkonnexität nach Art. 104 a Abs. 1 GG, derzufolge Bund und Länder in der Regel jeweils die Ausgaben tragen, die sich aus der Wahrnehmung ihrer Aufgaben ergeben. Somit muss die Gebietskörperschaft, die für den Vollzug der Aufgabe verantwortlich ist, auch für die Finanzierung Verantwortung übernehmen, unabhängig davon, wer die gesetzliche Regelung geschaffen hat. Dieses Prinzip setzt offensichtlich falsche Anreize, insofern es den Bund in Versuchung führt, ausgabenwirksame Programme zu beschließen, deren Kosten bei den Ländern (oder Gemeinden) anfallen. Doch auch die Länder sind hier sehr vorsichtig mit Forderungen nach einer Lastenverschiebung auf den Bund, weil die Aufgabenkonnexität sich aus dem Prinzip der Länderexekutive ergibt, und eine Infragestellung dieses Prinzips letzten Endes die Grundlagen der funktionalen Aufgabenverteilung zwischen Bund und Ländern in Frage stellen könnte. Andererseits ergibt sich aus dem Konnexitätsprinzip aber das Erfordernis einer ausreichenden Finanzausstattung der Länder, die dann durch den Finanzausgleich hergestellt werden muss. Wer den Finanzausgleich entbehrlich machen wollte, müsste also das institutionelle Basisarrangement des deutschen Bundesstaates in Frage stellen, das seit 1849 immer akzeptiert worden ist. Finanzwissenschaftliche Reformvorschläge zielen oft auf eine Abkehr vom Prinzip der Aufgabenteilung und seine Ersetzung durch „institutionelle Kongruenz" oder „fiskalische Äquivalenz" (Olson 1969), bei der Normierung, Vollzug und Finanzierung in einer Hand liegen würden. Doch dies würde den Aufbau einer umfangreichen Bundesverwaltung erforderlich machen, oder die Länder würden auf bloße weisungsgebundene Vollzugsorgane des Bundes reduziert. Eine systemgerechte Alternative wäre die Übertragung der Regelungskompetenz an die ausführenden Länder, was wiederum die Aufsplitterung der Rechtseinheit etwa im Strafrecht oder im Straßenverkehrsrecht nach sich ziehen könnte (Renzsch 1999).[83]

Diese Überlegungen müssen natürlich die Frage provozieren, ob die Veränderungsresistenz des Bundesstaates nicht selbstgefährdende Ausmaße angenommen hat. Das System ist in der Tat seiner Komplexität wegen zweifellos anfällig für selbstblockierende Tendenzen, und es setzt allzu oft falsche ökonomische Anreize. Bei genauerem Hinsehen drängt sich aber die Vermutung auf, dass es Unterschiede in der Veränderungsresistenz geben muss. Denn ein wichtiger ursächlicher Faktor bei der Selbstreproduktion des hergebrachten deutschen Föderalismus wird wahrscheinlich zunehmend seine Wirksamkeit einbüßen, nämlich der hier seit dem 19. Jahrhundert dominant gewordene Unitarisierungsdiskurs. Noch in dem Zeitraum zwischen den Beratungen des Parlamentarischen Rates (1948/49) und der Finanzreform von 1969 hat die Ko-Evolution von politisch-kulturellen Orientierungen und institutionellen Arrangements die Fähigkeit des unitarischen Bundesstaates zur pfadabhängigen Selbstreproduktion verstärkt. Die Mitglieder des Parlamentarischen Rates konnten sich die Rechts- und Wirtschaftseinheit nur im nationalstaatlichen Rahmen vorstellen. Doch der nationalstaatliche Bezugsrahmen jener anderthalb Jahrhunderte alten kulturellen Orientierung wird heute obsolet: nationale Wirtschaftseinheit kann im Zeichen des europäischen Binnenmarktes

---

83 Es ist schwer zu sehen, wie der z.B. von Gisela Färber (1998) vorgeschlagene Systemwechsel beim Konnexitätsprinzip – das nicht mehr bei der Ausführungs-, sondern bei der Gesetzgebungskompetenz ansetzen solle – ohne massive Einflussverschiebungen in Richtung auf den dezentralisierten Einheitsstaat vor sich gehen könnte.

kein gestaltungsleitendes Prinzip mehr sein, und auch das Postulat der Rechtseinheit wird zunehmend durch den Integrationsprozess relativiert. Gleichzeitig hat in Europa selbst in den unitarischen Nationalstaaten ein neues Dezentralisierungsparadigma immer mehr Aufmerksamkeit gefunden.

Wenn nicht alles täuscht, haben deshalb in der neuen deutschen Föderalismusdiskussion Dezentralisierungspostulate eine ernsthafte Chance, die nicht die Kerninstitutionen des Verbundföderalismus in Frage stellen, aber seiner Unitarisierungsdynamik Schranken setzen wollen. Die immer fortschreitende Gleichschaltung durch das Instrument der konkurrierenden Gesetzgebungskompetenz des Bundes ist, so wird man behaupten können, kein notwendiges komplementäres Element des exekutivföderalistischen Verbundsystems. Um ein derzeit beliebtes und naheliegendes Beispiel aufzugreifen: Die Aufhebung des Ladenschlussgesetzes und die Rückübertragung der Regelungskompetenz an die Länder (und von dort womöglich an die Gemeinden) wäre möglich, ohne dass irgend welche schwerwiegenden institutionellen Rückkopplungseffekte zu erwarten wären. Eine einfache Daumenregel für die Reform könnte also so lauten, dass die politischen Energien vornehmlich bei solchen Stellgrößen ansetzen sollten, die sich ohne komplexe institutionelle Rückwirkungen verändern lassen. Gerade die Dezentralisierungsbremsen, wie sie derzeit in der politischen Diskussion sind, könnten dem föderativen Verbundsystem gewisse Flexibilisierungsspielräume eröffnen und die Gefahr der Selbstblockade verringern.

Literatur

Abromeit, Heidrun, 1992: Der verkappte Einheitsstaat. Opladen.
Aders, Thomas, 1994: Die Utopie vom Staat über den Parteien: biographische Annäherungen an Hermann Höpker Aschoff (1883 – 1954). Frankfurt a.M.
Altemeier, Jens, 1999: Föderale Finanzbeziehungen unter Anpassungsdruck: Verteilungskonflikte in der Verhandlungsdemokratie. Frankfurt a.M.
Anon., (d.i. Johannes Flach), 1886: Culturbilder aus Württemberg / von einem Norddeutschen. Vierte, vermehrte Auflage, Leipzig.
Arthur, W. Brian, 1989: Competing Technologies, Increasing Returns and Lock-in by Historical Events, in: The Economic Journal 99, 116–131.
Arthur, W. Brian, 1994: Increasing Returns and Path Dependence in the Economy. Ann Arbor.
Bassanini, Andrea P./Dosi, Giovanni, 2001: When and How Human Will Can Twist the Arms of clio: An Essay on Path Dependence in a World of Irreversibilities, in: *Raghu Garud/Peter Karnøe* (Hrsg.), Path Dependence and Creation. Mahwah N.J., 41–68.
Becker, Otto, 1958: Bismarcks Ringen um Deutschlands Gestaltung. Heidelberg.
Besson, Waldemar, 1959: Württemberg und die deutsche Staatskrise 1928 – 1933: eine Studie zur Auflösung der Weimarer Republik. Stuttgart.
Bilfinger, Carl, 1930: Der Reichsrat. § 47: Zuständigkeit und Verfahren, in: *Gerhard Anschütz/Richard Thoma* (Hrsg.), Handbuch des Deutschen Staatsrechts. Erster Band, Tübingen, 559–567.
Binder, Hans-Otto, 1971: Reich und Einzelstaaten während der Kanzlerschaft Bismarcks: 1871–1890; eine Untersuchung zum Problem der bundesstaatlichen Organisation. Tübingen.
Bosl, Karl, 1970: Die Verhandlungen über den Eintritt der süddeutschen Staaten in den Norddeutschen Bund und die Entstehung der Reichsverfassung, in: *Theodor Schieder/Ernst Deuerlein* (Hrsg.), Reichsgründung 1870/71: Tatsachen, Kontroversen, Interpretationen. Stuttgart, 148–163.
Breton, Albert, 1970: Public Goods and the Stability of Federalism, in: Kyklos 23, 882–901.

Bühler, Richard, 1930: Die Zuständigkeitsverteilung auf dem Gebiete des Finanzwesens, in: *Anschütz, Gerhard/Richard Thoma* (Hrsg.), Handbuch des Deutschen Staatsrechts. Erster Band, Tübingen, 321–345.

Cohn, Gustav, 1913: Betrachtungen über die Finanzreform des Reiches und über Verwandtes. Stuttgart.

Crouch, Colin, 1986: Sharing Public Space: States and Organized Interests in Western Europe, in: *Hall, John A.* (Hrsg.), States in history. Oxford, 177–210.

Crouch, Colin, 1993: Industrial Relations and European State Traditions. Oxford.

David, Paul A., 1985: Clio and the Economics of QWERTY, in: American Economic Review, Papers and Proceedings 75, 332 – 337.

Deeg, Richard, 2001: Institutional Change and the Uses and Limits of Path Dependency: The Case of German Finance. Discussion Paper 01/6, Max-Planck-Institut für Gesellschaftsforschung. Köln.

Demel, Walter, 1993: Vom aufgeklärten Reformstaat zum bürokratischen Staatsabsolutismus. München.

Denzau, Arthur D./North, Douglass C., 1993: Shared Mental Models: Ideologies and Institutions, in: Kyklos 47, 3–31.

Epstein, Klaus, 1959: Matthias Erzberger and the Dilemma of German Democracy. Princeton.

Färber, Gisela, 1998: Finanzverfassung: Unbestrittener Reformbedarf – divergierende Reformvorstellungen, in: *Bundesrat* (Hrsg.), 50 Jahre Herrenchiemseer Verfassungskonvent – Zur Struktur des deutschen Föderalismus. Tagungsband zum wissenschaftlichen Symposium vom 19. bis 21. August 1998 im Kloster Seeon. Bonn, 89–132.

Fehrenbach, Elisabeth, 2001: Vom Ancien Régime zum Wiener Kongreß. 4. Aufl., München.

Fuchs, Walther Peter, 1983: Bundesstaaten und Reich. Der Bundesrat, in: *Otto Pflanze* (Hrsg.), Innenpolitische Probleme des Bismarck-Reiches. München, 239–256.

Gall, Lothar, 1980: Bismarck: Der weiße Revolutionär. Frankfurt a.M.

Garud, Raghu/Karnøe, Peter, 2001: Path Creation as a Process of Mindful Deviation, in: *Raghu Garud/Peter Karnøe* (Hrsg.), Path Dependence and Creation. Mahwah N.J., 1–38.

Gerloff, Wilhelm, 1913: Die Finanz- und Zollpolitik des Deutschen Reiches nebst ihren Beziehungen zu Landes- und Gemeindefinanzen von der Gründung des Norddeutschen Bundes bis zur Gegenwart. Jena.

Gould, Stephen Jay/Eldredge, Niles, 1977: Punctuated Equilibria: The Tempo and Mode of Evolution Reconsidered, in: Paleobiology 3, 115–151.

Hall, Peter A./Taylor, Rosemary C.R., 1996: Political Science and the Three New Institutionalisms, in: Political Studies 44, 936–957.

Hanf, Dominik, 1999: Bundesstaat ohne Bundesrat? Die Mitwirkung der Glieder und die Rolle zweiter Kammern in evolutiven und devolutiven Bundesstaaten; eine rechtsvergleichende Untersuchung. Baden-Baden.

Hensel, Albert, 1922: Der Finanzausgleich im Bundesstaat in seiner staatsrechtlichen Bedeutung. Berlin.

Herzog, Roman, 1996: Rede zum 50. Jahrestag der Konstituierung des Landtages von Nordrhein-Westfalen am 2. Oktober (http://195.145.53.84/reden/de/nrw.htm).

Hesse, Konrad, 1962: Der unitarische Bundesstaat. Karlsruhe.

Hesse, Konrad, 1970: Aspekte des kooperativen Föderalismus in der Bundesrepublik, in: *Theo Ritterspach/Willi Geiger* (Hrsg.), Festschrift für Gebhard Müller, zum 70. Geburtstag des Präsidenten des Bundesverfassungsgerichts. Tübingen, 141–160.

Hesse, Konrad, 1973: Bundesstaatsreform und Grenzen der Verfassungsänderung, in: Archiv des öffentlichen Rechts 98, 1–32.

Hirsch, Paul M./Gillespie, James J., 2001: Unpacking Path Dependence: Differential Valuations Accorded History Across Disciplines, in: *Raghu Garud/Peter Karnøe* (Hrsg.), Path Dependence and Creation. Mahwah N.J., 69–90.

Holtfrerich, Carl-Ludwig, 1987: The Modernization of the Tax System in the First World War and the Great Inflation, 1914–1923, in: *Peter-Christian Witt* (Hrsg.), Wealth and Taxation in Central Europe: The History and Sociology of Public Finance. Leamington Spa, 125–135.

Höpker Aschoff, Hermann, 1928: Deutscher Einheitsstaat: ein Beitrag zur Rationalisierung der Verwaltung. Berlin.
Huber, Ernst Rudolf, 1960: Deutsche Verfassungsgeschichte seit 1789. Band II: Der Kampf um Einheit und Freiheit. 1830 bis 1850. Stuttgart.
Huber, Ernst Rudolf, 1970: Die Bismarcksche Reichsverfassung im Zusammenhang der deutschen Verfassungsgeschichte, in: *Theodor Schieder/Ernst Deuerlein* (Hrsg.), Reichsgründung 1870/71: Tatsachen, Kontroversen, Interpretationen. Stuttgart, 164–196.
Huber, Ernst Rudolf, 1988: Deutsche Verfassungsgeschichte seit 1789. Band III: Bismarck und das Reich. Stuttgart.
Hübner, Rudolf, 1930: Die nationalen Einheitsbestrebungen von 1848 bis 1863, in: *Gerhard Anschütz/Richard Thoma* (Hrsg.), Handbuch des Deutschen Staatsrechts. Erster Band, Tübingen, 31–49.
Jacobson, Stephen, 2002: Law and Nationalism in Nineteenth-century Europe: The Case of Catalonia in Comparative Perspective, in: Law and History Review 20 (i.E.).
John, Michael F., 1985: The Politics of Legal Unity in Germany, 1870–1896, in: The Historical Journal 28, 341–355.
Kaufmann, Erich, 1917: Bismarcks Erbe in der Reichsverfassung. Berlin.
Kirsch, Guy (Hrsg.), 1977: Föderalismus. Stuttgart.
Kruedener, Jürgen von, 1987: The Franckenstein Paradox in the Intergovernmental Fiscal Relations of Imperial Germany, in: *Peter-Christian Witt* (Hrsg.), Wealth and Taxation in Central Europe: The history and Sociology of Public Finance. Leamington Spa, 111–124.
Kühne, Jörg-Detlef, 1993: Vom Kaiserreich zur Weimarer Republik: Föderale Elemente des deutschen Nationalstaats, in: *Adolf M. Birke/Hermann Wentker* (Hrsg.), Föderalismus im deutschbritischen Meinungsstreit: Historische Dimension und politische Aktualität. München, 53–69.
Laband, Paul, 1911: Das Staatsrecht des Deutschen Reiches. 2. Band, Tübingen.
Lamberty, Karl-Heinz, 1983: Die Stellung der Liberalen zum föderativen Staatsaufbau in der Entstehungsphase der Bundesrepublik Deutschland 1945–1949, Diss.phil., Rheinische Friedrich-Wilhelms-Universität. Bonn.
Langewiesche, Dieter, 1988: Liberalismus in Deutschland. Frankfurt a.M.
Langewiesche, Dieter, 2000: Nation, Nationalismus, Nationalstaat in Deutschland und Europa. München.
Lassar, Gerhard, 1930: Gegenwärtiger Stand der Aufgabenverteilung zwischen Reich und Ländern, in: *Gerhard Anschütz/Richard Thoma* (Hrsg.), Handbuch des Deutschen Staatsrechts. Erster Band, Tübingen, 312–321.
Lehmbruch, Gerhard, 1999: Das Staatsoberhaupt in den parlamentarischen Demokratien Europas: Der internationale Vergleich, in: *Hermann Rudolph* (Hrsg.), Von Heuss bis Herzog. Die Bundespräsidenten im politischen System der Bundesrepublik. Stuttgart, 108–128.
Lehmbruch, Gerhard, 2000: Parteienwettbewerb im Bundesstaat: Regelsysteme und Spannungslagen im politischen System der Bundesrepublik Deutschland. 3. Aufl., Opladen.
Lehmbruch, Gerhard, 2001: The Institutional Embedding of Market Economies: The „German Model" and its Impact on Japan, in: *Wolfgang Streeck/Kozo Yamamura* (Hrsg.), The Origins of Nonliberal Capitalism: Germany and Japan in Comparison. Ithaca, N.Y., 39–93.
Lenk, Thomas/Schneider, Friedrich, 2000: Grundzüge der föderalen Finanzverfassung aus ökonomischer Perspektive – Trennsystem versus Mischsystem, in: *Hans-Jörg Schmidt-Trenz/Matthias Fonger* (Hrsg.), Bürgerföderalismus: zukunftsfähige Maßstäbe für den bundesdeutschen Finanzausgleich. Ergebnisse eines von den Handelskammern Hamburg und Bremen veranstalteten Symposiums. Baden-Baden, 63–81.
Levine, Sol/White, Paul E., 1961: Exchange as a Conceptual Framework for the Study of Interorganizational Relationships, in: Administrative Science Quarterly 5, 583–601.
Lipset, Seymour Martin/Rokkan, Stein, 1967: Cleavage Structures, Party Systems, and Voter Alignments: An Introduction, in: *Seymour Martin Lipset/Stein Rokkan* (Hrsg.), Party Systems, and Voter Alignments: Cross-national Perspectives. New York, 1–64.
Mahoney, James, 2000: Path Dependence in Historical Sociology, in: Theory and Society 29, 507–548.

Menges, Franz, 1971: Reichsreform und Finanzpolitik: die Aushöhlung der Eigenstaatlichkeit Bayerns auf finanzpolitischem Wege in der Zeit der Weimarer Republik. Berlin.
Möller, Alex, 1971: Reichsfinanzminister Matthias Erzberger und sein Reformwerk. Bonn.
Mommsen, Wolfgang J., 1983: Die Verfassung des Deutschen Reiches von 1871 als dilatorischer Herrschaftskompromiss, in: *Otto Pflanze* (Hrsg.), Innenpolitische Probleme des Bismarck-Reiches. München, 195–216.
Nipperdey, Thomas, 1992: Deutsche Geschichte 1866–1918. Zweiter Band: Machtstaat vor der Demokratie. München.
North, Douglass C., 1990: Institutions, Institutional Change and Economic Performance. Cambridge.
Oates, Wallace Eugene, 1972: Fiscal Federalism. New York.
Oeter, Stefan, 1998: Integration und Subsidiarität im deutschen Bundesstaatsrecht: Untersuchungen zur Bundesstaatstheorie unter dem Grundgesetz. Tübingen.
Olson, Mancur, 1969: The Principle of "Fiscal Equivalence": The Division of Responsibilities Among Different Levels of Government, in: American Economic Review 59, 479–487.
Ottnad, Adrian/Linnartz, Edith, 1998: Föderaler Wettbewerb statt Verteilungsstreit: Vorschläge zur Neugliederung der Bundesländer und zur Reform des Finanzausgleichs. Frankfurt a.M.
Pflanze, Otto, 1997: Bismarck: Der Reichsgründer. München.
Pierson, Paul, 2000a: Increasing Returns, Path Dependence and the Study of Politics, in: American Political Science Review 94, 251–267.
Pierson, Paul, 2000b: The Limits of Design: Explaining Institutional Origins and Change, in: Governance 13, 475–499.
Pollmann, Klaus Erich, 1983: Der Norddeutsche Bund – ein Modell für die parlamentarische Entwicklungsfähigkeit des deutschen Kaiserreichs?, in: *Otto Pflanze* (Hrsg.), Innenpolitische Probleme des Bismarck-Reiches. München, 217–237.
Poschinger, Heinrich von, 1898a: Fürst Bismarck und der Bundesrat. 3. Band, Stuttgart/Leipzig.
Poschinger, Heinrich von, 1898b: Fürst Bismarck und der Bundesrat. 4. Band, Stuttgart/Leipzig.
Rauh, Manfred, 1973: Föderalismus und Parlamentarismus im Wilhelminischen Reich. Düsseldorf.
Rauh, Manfred, 1977: Die Parlamentarisierung des Deutschen Reiches. Düsseldorf.
Redslob, Robert, 1918: Die parlamentarische Regierung in ihrer wahren und in ihrer unechten Form: eine vergleichende Studie über die Verfassungen von England, Belgien, Ungarn, Schweden und Frankreich. Tübingen.
Renzsch, Wolfgang, 1991: Finanzverfassung und Finanzausgleich: die Auseinandersetzungen um ihre politische Gestaltung in der Bundesrepublik Deutschland zwischen Währungsreform und deutscher Vereinigung (1948 bis 1990). Bonn.
Renzsch, Wolfgang, 1999: Modernisierung der Finanzverfassung. Möglichkeiten und Grenzen. Bonn.
Renzsch, Wolfgang, 2000: Kommentar, in: *Hans-Jörg Schmidt-Trenz/Matthias Fonger* (Hrsg.), Bürgerföderalismus: zukunftsfähige Maßstäbe für den bundesdeutschen Finanzausgleich. Ergebnisse eines von den Handelskammern Hamburg und Bremen veranstalteten Symposiums. Baden-Baden, 104.
Sabetti, Filippo, 1996: Path Dependency and Civic Culture: Some Lessons from Italy about Interpreting Social Experiments, in: Politics & Society 24, 19–44.
Scharpf, Fritz W., 1994: Optionen des Föderalismus in Deutschland und Europa. Frankfurt a.M.
Scharpf, Fritz W./Reissert, Bernd/Schnabel, Fritz, 1976: Politikverflechtung: Theorie und Empirie des kooperativen Föderalismus in der Bundesrepublik. Kronberg/Ts.
Scherpenberg, Jens van, 1984: Öffentliche Finanzwirtschaft in Westdeutschland 1944–1948: Steuer- und Haushaltswesen in der Schlußphase des Krieges und den unmittelbaren Nachkriegsjahren dargestellt unter besonderer Berücksichtigung der Entwicklung in der britischen Zone. Frankfurt a.M.
Schneider, Hans-Peter, 1992: Die bundesstaatliche Ordnung im vereinigten Deutschland, in: *Jochen Huhn/Peter-Christian Witt* (Hrsg.), Föderalismus in Deutschland: Traditionen und gegenwärtige Probleme. Baden-Baden, 239–261.
Schulz, Gerhard, 1987: Zwischen Demokratie und Diktatur. Band 1: Die Periode der Konsolidierung und der Revision des Bismarckschen Reichsaufbaus 1919–1930. 2., Aufl., Berlin.

Schulze, Hagen, 1981: Otto Braun oder Preußens demokratische Sendung. Frankfurt a.M.
Shonfield, Andrew, 1968: Geplanter Kapitalismus: Wirtschaftspolitik in Westeuropa und USA. Köln.
Skowronnek, Stephen, 1982: Building a New American State: The Expansion of National Administrative Capacities, 1877–1920. Cambridge.
Smend, Rudolf, 1916: Ungeschriebenes Verfassungsrecht im monarchischen Bundesstaat (Hrsg.), Festgabe für Otto Mayer zum siebzigsten Geburtstag: dargebracht von Freunden, Verehrern und Schülern. Tübingen, 247–270.
Smend, Rudolf, 1928: Verfassung und Verfassungsrecht. Berlin.
Smend, Rudolf, 1994: Staatsrechtliche Abhandlungen und andere Aufsätze. 3. Aufl., Berlin.
Thelen, Kathleen/Steinmo, Sven, 1992: Historical Institutionalism in Comparative Politics, in: *Sven Steinmo/Kathleen Thelen/Frank Longstreth* (Hrsg.), Structuring Politics: Historical Institutionalism in Comparative Analysis. Cambridge, 1–32.
Thibaut, Anton Friedrich Justus, 1840: Über die Nothwendigkeit eines allgemeinen bürgerlichen Rechts für Deutschland. Neue Ausgabe, Heidelberg.
Thoma, Richard, 1930a: Das Reich als Bundesstaat, in: *Gerhard Anschütz/Richard Thoma* (Hrsg.), Handbuch des Deutschen Staatsrechts. Erster Band, Tübingen, 169–186.
Thoma, Richard, 1930b: Das Staatsrecht des Reiches, in: *Gerhard Anschütz/Richard Thoma* (Hrsg.), Handbuch des Deutschen Staatsrechts. Erster Band, Tübingen, 69–80.
Tiebout, Charles M., 1956: A Pure Theory of Local Expenditures, in: Journal of Political Economy 64, 416–424.
Tiebout, Charles M., 1961: An Economic Theory of Fiscal Decentralisation, in: *National Bureau of Economic Research* (Hrsg.), Public Finances: Needs, Sources, and Utilization. Princeton N.J., 79–96.
Tocqueville, Alexis de, 1952: L'ancien régime et la révolution, tome II, vol. 1. Paris.
Treitschke, Heinrich von, 1886: Historische und Politische Aufsätze. Zweiter Band: Die Einheitsbestrebungen zertheilter Völker. Fünfte, vermehrte Auflage, Leipzig.
Triepel, Heinrich, 1907: Unitarismus und Föderalismus im Deutschen Reiche. Eine staatsrechtliche und politische Studie. Tübingen.
Triepel, Heinrich, 1917: Die Reichsaufsicht. Berlin.
Triepel, Heinrich, 1938: Die Hegemonie: ein Buch von führenden Staaten. Stuttgart.
Umbach, Maiken, 2000: Reich, Region und Föderalismus als Denkfiguren in politischen Diskursen der Frühen und der Späten Neuzeit, in: *Dieter Langewiesche/Georg Schmidt* (Hrsg.), Föderative Nation: Deutschlandkonzepte von der Reformation bis zum Ersten Weltkrieg. München, 191–214.
Veit-Brause, Irmline, 1978: Partikularismus, in: *Otto Brunner* u.a. (Hrsg.), Geschichtliche Grundbegriffe. Stuttgart, Band 4, 735–766.
Waitz, Georg, 1853: Das Wesen des Bundesstaates. Reden und Betrachtungen von J. v. Radowitz, in: Allgemeine Wochenschrift für Wissenschaft und Literatur, 494–530.
Waitz, Georg, 1862: Grundzüge der Politik: nebst einzelnen Ausführungen. Kiel.
Witt, Peter-Christian, 1970: Die Finanzpolitik des Deutschen Reiches von 1903 bis 1913: eine Studie zur Innenpolitik des Wilhelminischen Deutschland. Lübeck.
Witt, Peter-Christian, 1974: Finanzpolitik und sozialer Wandel in Krieg und Inflation 1918–1924, in: *Hans Mommsen* u.a. (Hrsg.), Industrielles System und politische Entwicklung in der Weimarer Republik. Düsseldorf, 395–426.
Witt, Peter-Christian, 1992: Finanzen und Politik im Bundesstaat – Deutschland 1871–1933, in: *Jochen Huhn/Peter-Christian Witt* (Hrsg.), Föderalismus in Deutschland: Traditionen und gegenwärtige Probleme. Baden-Baden, 75–99.
Wittrock, Björn u.a., 1991: Social Science and the Modern State: Knowledge, Institutions, and Societal Transformations, in: *Peter Wagner* u.a. (Hrsg.), Social Sciences and Modern States: National Experiences and Theoretical Crossroads. Cambridge, 28–85.
Ziblatt, Daniel F., 2001: Just how Powerful are Ideas? The Failed Push for Fiscal Decentralization and the Persistence of Germany's Federal System. Referat für 2001 Annual Meeting of the American Political Science Association, August 30-September 2, 2001, San Francisco.

Elementare Bedingungen der Entwicklung des schweizerischen Föderalismus

Leonhard Neidhart

1. Vorbemerkungen: Eingrenzungen und Analyseansatz

Die Entwicklung politischer Institutionen vollzieht sich nicht und nirgends in einem „leeren Raum", sondern sie wird überall durch Bedingungen bzw. durch einen Kontext beeinflusst und gelenkt. Die folgende Skizze will auf einige primordiale oder fundamentale Bedingungen der Entwicklung des schweizerischen Föderalismus aufmerksam machen. Doch bevor man auf dieses (weit gespannte) Thema eingeht, gilt es drei Punkte zu klären. Erstens muss definiert werden, was unter dem Begriff Föderalismus verstanden werden soll, denn bekanntlich wird er ganz unterschiedlich aufgefasst. Zweitens wird ein solcher Text nur dann sinnvoll, wenn die Fragestellung, mit der man an diesen komplexen und häufig behandelten Sachverhalt herangeht, genau bezeichnet und eingegrenzt wird. Das gilt vor allem auch für den Fall Schweiz, denn sie kennt und praktiziert den ältesten, den am stärksten ausgebauten und auch den kompliziertesten Föderalismus Europas. Manches hat sie den USA nachgebildet, doch geht sie z.B. mit der Trennung der Finanzkompetenzen zwischen den Bundesgliedern und den daraus entstehenden Folgen noch weiter als die Vereinigten Staaten. Drittens schließlich wird ein passendes analytisches Konzept notwendig, mit dem diese Einrichtungen beschrieben und ihre Entwicklung erklärt bzw. die spezifischen Aspekte erfasst werden können.

Zunächst ein paar Anmerkungen zum Begriff des Föderalismus: Als normative politische Theorie soll der Föderalismus die konkurrierenden Ziele von Einheit und Vielheit erreichen. Sodann umfasst er Sollvorstellungen zur subsidiären Bearbeitung politischer Probleme, zum Wettbewerb zwischen den Gebietskörperschaften, zur Kontrolle der Macht, zum Schutz von Minderheiten sowie zu anderen politischen Funktionen. Wählt man diesen normativen Ansatz, dann wäre (gemäß der Themenstellung) zu prüfen, ob und wie diese Sollvorstellungen (oder Funktionen) im Laufe der Zeit erfüllt worden sind oder nicht, warum das gegebenenfalls, mit welchen Folgen, für wen nicht geschehen ist und was sich daran verändert hat. Eine derartige Analyse liegt aber außerhalb der Möglichkeiten eines solchen Beitrages. Des Weiteren ist der Föderalismus auch eine Idee, ein Ideal oder ein Konstrukt in den Köpfen der politischen Eliten und der Gesellschaftsmitglieder, und deshalb könnte gefragt werden, warum und wie sich diese kollektiven Vorstellungen bzw. diese öffentliche Meinung über den Föderalismus in der Vergangenheit entwickelt und verändert haben. Analoges gilt für den Föderalismus als Ideologie bzw. als Praxis, in seinem Namen partikuläre Interessen zu legitimieren und durchzusetzen. (Vorweg soll dazu vermerkt werden, dass in der Schweiz – im Gegensatz zu den USA – meist dann vom Föderalismus die Rede ist, wenn es um Interessen, um Verteilungsfragen, um die Finanzen und um die Unabhängigkeit der vielen verschiedenen, ungleichen und meist kleinen Kantone und Gemeinden und weniger um Gemeinsamkeiten bzw. die Einheit geht. Daran hat sich im Laufe der Zeit wenig geändert, was im Folgenden auch erklärt werden soll.)

Sodann besteht der Föderalismus aus einem Gefüge oder einem „Gerüst" von rechtlichen Regelungen und institutionellen Vorkehrungen, welche hauptsächlich erstens die gesetzgeberischen Kompetenzen und Funktionen dezentralisieren, d.h. auf den Zentralstaat und die Bundesmitglieder (Kantone und Gemeinden) verteilen, zweitens die Beteiligung der Bundesmitglieder an der zentralstaatlichen Willensbildung regeln und drittens die Finanzen im Bundesstaat ordnen. Dabei ist allein schon die föderalistische Finanzverfassung mit ihrer Verteilung der Besteuerungshoheiten und der Steuererträge sowie mit ihren Bestimmungen über den vertikalen und horizontalen Finanzausgleich ein kompliziertes Gefüge. Schließlich gehören auch die horizontalen Koordinations- und Kooperationsformen zwischen den Kantonen (in den USA zwischen den Staaten, in Deutschland zwischen den Ländern) sowie die Rolle der Gemeinden zum Föderalismus. Und alle diese Einrichtungen haben sich im Laufe der Zeit verändert, sodass nach den Ursachen und Auswirkungen dieser Veränderungen gefragt werden müsste. Zudem: Je stärker dieses föderalistische „Gerüst" ist – und in der Schweiz ist es sehr stark –, desto weitreichender beeinflusst es auch die anderen Einrichtungen und Akteure eines Regierungssystems. Wie gesagt, in der Tat eine weit gespannte Fragestellung.

Der folgende Beitrag beabsichtigt nicht, vorliegende Forschungsergebnisse über den schweizerischen Föderalismus zu referieren. Dazu sei auf die im Literaturverzeichnis angeführten beiden Handbücher zur schweizerischen Politik hingewiesen, wo sich die notwendigen Angaben finden. Auch kann kein Abriss über die politische Entwicklung des schweizerischen Föderalismus erwartet werden, weil das im Rahmen eines solchen Beitrages nicht zu bewerkstelligen wäre oder nur zu Allgemeinplätzen und Wiederholungen führen würde. Vielmehr versteht sich der folgende Text als ein Essay, der, wie bereits angedeutet, die Rahmenbedingungen, die Determinanten oder gewissermaßen die Metastrukturen (den Kontext) des schweizerischen Föderalismus beschreiben will, welche auch die Richtung, die Bandbreite und die Dynamik der Entwicklung sowie die Veränderungen seiner Funktionen und institutionellen Vorkehrungen verstehbar machen. Er stützt sich dabei auf eine Studie über „Fundamente und Institutionen der politischen Schweiz" des Verfassers, die im Frühjahr 2002 erscheinen wird.

Damit eine solche Arbeit zu Ergebnissen kommen kann, bedarf sie eines analytischen Konzeptes bzw. einer Theorie und einer entsprechenden Terminologie. Um es kurz zu machen: Für die Politologie bzw. für den in diesem Versuch gewählten approach ist der Föderalismus ein Gefüge von Institutionen, ein Teil der polity, das erstens aus angebbaren Gründen entstanden ist, deshalb bestimmte Funktionen erfüllt und in entsprechender Weise strukturiert ist; ein Gefüge auch, das zweitens die politischen Prozesse (politics) beeinflusst und damit drittens Auswirkungen auf die „Qualität" der politischen Problemlösungen bzw. der staatlichen Aufgabenerfüllung (policies) erzeugt, an denen die Politikwissenschaft in erster Linie interessiert ist.

Solche Polito-Logiken des Föderalismus und ihre Veränderungen in der Zeit aufzuzeigen, ist die Absicht dieses Beitrages. Er wird dabei, wie bereits erwähnt, von den existenziellen Rahmenbedingungen des schweizerischen Gemeinwesens ausgehen und dazu einfache Vorstellungen der funktionalen Systemtheorie zur Hilfe nehmen. Das heißt, dass der Föderalismus als ein Subsystem oder Element des politischen Systems begriffen und analysiert wird. Daraus folgt erstens, dass er (als Subsystem) in seinen Funktionen und seiner Struktur von den anderen Elementen des Regierungssystems geprägt bzw. ermöglicht und begrenzt wird und dass er selbst die anderen Systemelemente (etwa die Funktionen der Parteien, der Parlamente, der Wahlen, die direkte Demokratie usw.) auch beeinflusst. Zweitens folgt aus diesem Ansatz, dass seine inneren Elemente (Kompetenzverteilung, Repräsentation und Partizipation der Bundesmitglieder, Finanzverfassung usw.) selbst funktional interdependent sind, und drittens, dass dieses föderalistische Element (wie das gesamte politische System) auch durch die Eigenheiten der gesellschaftlichen Rahmenbedingungen (Kontext, Umwelt) beeinflusst wird, sich ihnen auch angepasst hat und so in seinen Funktionen und seiner Struktur erklärbar wird.

In allgemeineren Aussagen: Politische Systeme sind entstanden, dazu da und ändern sich, um (auch) die Komplexitäten ihrer Umwelten (der gesellschaftlichen Rahmenbedingungen) zu erfassen und zu reduzieren, um damit politische Handlungsmöglichkeiten zu schaffen. Auch der Föderalismus ist ein politisches Subsystem, das (u.a.) auf funktionale Erfordernisse oder Notwendigkeiten bzw. Probleme oder Erschwernisse der gesamtgesellschaftlichen Rahmenbedingungen antwortet, entsprechende funktionale Leistungen erbringt (bzw. erbringen soll) und dadurch in seiner Struktur erklärbar wird. Und indem sich solche funktionalen Erfordernisse oder Probleme (und natürlich auch der Umfang der Staatsaufgaben) verändern, ändern sich auch die Funktionen und Strukturen des Föderalismus. Aus diesen Feststellungen ergeben sich drei „Zugriffe" auf die Frage nach der Entwicklung des schweizerischen Föderalismus: Dieser ändert sich erstens in Abhängigkeit von den gesellschaftlichen Rahmenbedingungen, zweitens aus dem Zusammenwirken mit den anderen Elementen des politischen Systems und drittens als Folge des Zuwachses des gesellschaftlichen Problemlösungsbedarfes und damit der Aufgaben des Staates. (Natürlich wandelt er sich auch, wenn er nicht funktioniert, seine Legitimität verliert oder wenn er „gewaltsam" verändert wird.)

Sodann orientiert sich dieser Versuch am Äquivalenzfunktionalismus, der zeigen will, warum und wie von Fall zu Fall identische Probleme der politischen Willensbildung durch alternative institutionelle Vorkehrungen gelöst bzw. bearbeitet werden. Die Hauptursachen für solche alternativen institutionellen Lösungen werden in den gesellschaftlichen Rahmenbedingungen gesucht, denn die Lebensumstände einer politischen Gemeinschaft beeinflussen auch ihre Zustände. Zur grundlegenden These der folgenden Skizze gehört, dass das politische Gemeinwesen Schweiz, damit auch die Entstehung und die Entwicklung ihres Föderalismus, in besonderem Maße als eine Kreation durch und als eine Adaption an ihre existenziellen Rahmenbedingungen verstanden werden kann. Deshalb ist es das Hauptziel dieses knappen Beitrages, die Erklärungskraft dieser Kontextlogik verständlich zu machen. Es soll gezeigt werden, und das ist das besondere und ausführlicher behandelte Anliegen, dass und wie stark alle Elemente des schweizerischen Föderalismus, die Aufgabenverteilung, die Integration und Beteiligung der Bundesmitglieder an der zentralstaatlichen Willensbildung sowie die Finanzverfassung, aber auch die Gesetzmäßigkeit seiner Entwicklung durch die Merkmale des gesamtgesellschaftlichen Kontextes bestimmt worden sind und immer wieder bestimmt werden.

Mit dem Blickwinkel des systemischen Denkens wird anschließend knapp auf die funktionalen Interdependenzen des Föderalismus mit den anderen Elementen der schweizerischen „Mischverfassung" hingewiesen, weil diese Wechselwirkungen für die Entwicklung des Föderalismus besonders bedeutsam geworden sind. Im Gegensatz dazu kommen der Zuwachs der Staatsaufgaben, ihre Zentralisierung samt den Folgen für die Institutionen und Prozesse des Föderalismus nicht zur Sprache, weil sich der schweizerische Föderalismus diesbezüglich nur wenig von der Entwicklung in den anderen Bundesstaaten unterscheidet. Einige Aufmerksamkeit richtet sich abschließend auf jene institutionellen Vorkehrungen, mit denen der schweizerische Föderalismus die Probleme der Integration, der Repräsentation und der Partizipation der „souveränen" Kantone an der Bundeswillensbildung löst, weil sie sich im Zeitverlauf als besonders erfolgreich erwiesen haben. Im Sinne der Differenzmethode der vergleichenden Politikanalyse sollen dabei vor allem Unterschiede und Eigenheiten des schweizerischen Föderalismus hervorgehoben werden.

2. Die Rahmenbedingungen des schweizerischen Föderalismus

Die Entwicklung und die Struktur des Föderalismus lassen sich somit aus einer ganzen Reihe von Faktoren oder Determinanten erklären. Erstens ist klar, dass der Zuwachs der Probleme des gesellschaftlichen Zusammenlebens und damit der Aufgaben des Staates auch die Kompetenzverteilung und damit die Finanzverfassung sowie die föderalistischen Konflikt- und Konsensbildungsprozesse in allen Bundesstaaten verändert und aufwändiger gemacht haben. Und je nach der Funktionalität eines real existierenden Föderalismus sind dann auch seine Einrichtungen und Prozeduren legitim und stabil geblieben oder nicht. Vorweg sei betont: Weil die Schweiz als Willens- oder Staatsnation nicht durch das integrative Band einer einzigen Sprache zusammengehalten wird und deshalb erhebliche Probleme mit ihrer Einheit und ihrem Zusammenhalt zu bewältigen hat, kommt der einigenden Funktion des Föderalismus ein hoher Wert zu. Entsprechend hoch ist auch der Legitimationsglaube und sein Rang in der politischen Kultur. „Die Schweiz ist föderalistisch oder sie ist nicht", wurde (jedenfalls früher) immer wieder geschrieben. Oder anders formuliert: Weil der Föderalismus in der Schweiz besonders schwierig, aufwändig und auch konfliktträchtig ist, wird er durch die politische Kultur kompensatorisch hoch bewertet.

Zweitens wird die Entwicklung des Föderalismus auch durch die Wirksamkeit und den Wandel der anderen Elemente des politischen Systems beeinflusst. Damit ist gemeint, dass sich das föderative Element nicht (nur) autonom, sondern im Zusammenhang mit und in Abhängigkeit von dem gesamten Staatsbildungsprozess verändert und entwickelt hat. In den USA ist es wohl die (telekratisch) wachsende Bedeutung des Präsidentenamtes, in Deutschland die Expansion der parteienstaatlichen Demokratie und in der Schweiz die direkte Demokratie, welche den Föderalismus verändert haben, was für die Schweiz noch gezeigt werden soll. Außerdem hat es immer wieder unvorhergesehene Ereignisse wie Krisen und Kriege gegeben, welche die Zentralisierung der Staatsaufgaben beschleunigt und damit den Föderalismus beeinflusst haben. Derzeit sind es z.B. die neuen Sicherheitsbedürfnisse und die Bekämpfung der Kriminalität, welche die Organisation der Polizei, die in der Schweiz Aufgabe der Kantone ist, zentralisieren.[1] Nicht vergessen werden sollen die Prozesse der Internationalisierung und die Entwicklung der EU, die auch im Nichtmitglied Schweiz Folgen für die überkommene Struktur des Föderalismus zeitigten.

Drittens: Versteht man Institutionen (und damit auch den Föderalismus) als standardisierte und verrechtlichte Vorkehrungen und Praktiken zur Lösung von Handlungs- und Entscheidungsverfahrensproblemen, dann sind solche Probleme und Herausforderungen (neben den inhaltlichen Entscheidungsschwierigkeiten) auch und sogar primär mit den Eigenschaften der Rahmenbedingungen bzw. dem Kontext einer gesellschaftlichen Gemeinschaft gegeben. Zum Beispiel: Ist ein Staat territorial oder bevölkerungsmäßig klein oder groß, dann lässt sich ein Teil seiner politischen Entscheidungsverfahrensprobleme einfacher (positive Kontexteffekte) und ein anderer Teil schwerer (negative Kontexteffekte) lösen. In den USA dient der Föderalismus u.a. gewiss der Bearbeitung von politischen Problemen der territorialen und bevölkerungsmäßigen Größenverhältnisse, in Deutschland (historisch bedingt) der Kontrolle von Macht und in der Schweiz vor allem der Organisation des politischen Zusammenlebens, trotz des politischen Eigensinnes der traditional hoch legitimierten Kantonalstaaten (der Kantonsvölker, wie es in der alten Bundesverfassung noch hieß) und trotz des Fehlens der integrativen Kraft einer einheitlichen Sprache.

Die territorale Größe, die Geschichte der Organisation, der Anwendung und des Missbrauchs von Macht im politischen System oder die Verschiedenheit der Sprachen u.a.m. werden im systemischen Denkmuster als (relativ unabhängige) Kontextvariablen bezeichnet. Mit ihnen sind Erschwernisse und Erleichterungen des kollektiven Zusammenlebens verbunden, auf deren Bearbeitung teilweise auch der genuine Föderalismus funktional spezialisiert ist. Deshalb kann man solche Rahmenbedingungen als Determinanten des Föderalismus bezeichnen. Weil sie im Vergleich zu den oben genannten anderen Determinanten als relativ konstante Prägekräfte wirken und deshalb dem Föderalismus einen Anfang, eine Bandbreite und eine Richtung der Entwicklung gegeben haben und immer wieder geben, soll im ersten Darstellungsschritt auf diese Kontextlogik des schweizerischen Föderalismus eingegangen werden. Je spezifischer („extremer") solche existenziellen Rahmenbedingungen einer Gesellschaft sind, desto stärker wirken auch ihre positiven und negativen Prägekräfte auf alle Subsysteme einer Gesellschaft und damit auch auf das politische System und auf den Föderalismus ein.

Gewiss gibt es überall auf der Welt solche Besonderheiten und jedes Land ist ein Sonderfall. Als Besonderheiten der Schweiz wird angenommen, dass sie ein vergleichsweise kleiner Staat ist, in dem sich gleichwohl ein großes Ausmaß von natürlichen, gebietskörperschaftlichen, siedlungsmäßigen sowie sprachlich-kulturellen und konfessionellen Pluralitäten findet, und dass zentrale Teile (vor allem die Territorialstruktur und die staatstragenden Institutionen) ihres politischen Systems eine hohe Bestandsdauer aufweisen und von einer starken traditionalen Legitimität gestützt werden. Die politische Kulturbedeutung von Institutionen ist für eine kleinstaatliche Willensnation besonders groß, deshalb ändert man sie (und damit auch den Föderalismus) nur vorsich-

---

[1] Eine übrigens schwierige Aufgabe, denn eine Bundessicherheitspolizei ist vor Jahren bereits einmal in einer Volksabstimmung und auch an den föderalistischen Empfindlichkeiten der französischen Schweiz gescheitert.

tig und schrittweise. So sei daran erinnert, dass die ein Vierteljahrhundert lang andauernde Debatte über eine Totalrevision der Bundesverfassung vor kurzem nur redaktionelle Veränderungen und Vereinfachungen zustande gebracht hat. In diesem Sinne ist jetzt in knapper, illustrativer Form von drei Bündeln von Rahmenbedingungen, nämlich von der Kleinstaatlichkeit, von der Pluralität und von der Geschichtlichkeit die Rede, um zu zeigen, wie der Föderalismus von ihnen abhängt und damit in seinen Funktionen, in seiner Struktur und in seiner Entwicklung erklärbar wird.

Um Missverständnisse zu vermeiden, sei noch eine Präzisierung zum Begriff der Rahmenbedingung oder des Kontextes vorgenommen: Allein schon das Wort Rahmenbedingung umschreibt sowohl Bedingendes als auch Bedingtes; um solche wechselseitigen Zusammenhänge geht es. Zudem hat dieser Begriff eine objektive und eine analytische Funktion, wobei die analytische das trennt, was objektiv kaum zu trennen ist, um z.B. Zusammenhänge zwischen Eigenschaften der Kleinstaatlichkeit und den Institutionen des Föderalismus erkennbar zu machen. Denn die „kleine Größe" gehört objektiv zum Wesen der Kantone, zugleich kann diese Eigenschaft der Kleinheit für Zwecke der Analyse auch als Kontextvariable betrachtet werden.

3. Effekte der Kleinstaatlichkeit

Als Attribute der Kleinstaatlichkeit werden die Lage des schweizerischen Staatsterritoriums in der internationalen Staatenumwelt, seine innere topographische Gestalt, die territoriale und bevölkerungsmäßige Kleinheit des Landes und der genuinen Gebietsstände, nämlich der Kantone, sowie die damit verbundenen Knappheiten an Ressourcen verstanden. Alle haben sie die Lösung von Problemen der Vielheit und der Einheit, auch jene der Aufgabenverteilung und Finanzierung erleichtert und erschwert und damit die Funktionen und die Struktur des schweizerischen Föderalismus notwendig gemacht und geprägt.

Was die Lage des Staatsgebietes der Schweiz in der Staatenumwelt betrifft, so „liegt" sie zugleich zentral und peripher. Dank ihrer zentralen Lage hat sie, obwohl nur ein Kleinstaat, seit dem Aufkommen der europäischen Nationalstaaten zugleich vier große Staaten, nämlich Frankreich, Deutschland, Italien und Österreich, als Nachbarn. Nun ist Kleinheit eine relative Variable und die Schweiz ist insofern relativ klein, als ihre Nachbarn mittelgroße Staaten sind. Mit der Entstehung der EU ist ihr aber eine noch größere Außenumwelt entstanden, was den Föderalismus im Zusammenhang mit der Volksabstimmung über den (knapp abgelehnten) Beitritt zum EWR (Europäischer Wirtschaftsraum) 1992 in eine schwere Zerreißprobe gestürzt hat. Bekanntlich wollte die Romandie den Beitrittsvertrag, während die kleinen deutschschweizerischen Kantone deutlich dagegen votierten. Auf jeden Fall hat der Widerstand gegen einen Beitritt der Schweiz zur EU auch mit ihrem komplizierten Föderalismus zu tun.

Hinzu kommt, dass alle Nachbarstaaten mit ihrer Sprache, ihrer Kultur und ihren politischen Stilen (grenzenlos) in die Eidgenossenschaft hineinragen, damit dort innere Spaltungen, zentrifugale Kräfte und Außenabhängigkeiten sowie besondere innere Integrationsprobleme bewirken bzw. eine komplexe und kontingente politische und kulturelle Außenumwelt erzeugen. Das Subsystem Föderalismus hat auf jeden Fall auch die

Funktion, die Kontingenzen und Komplexitäten dieser Außenumwelten zu reduzieren. Und je stärker sich diese verändern, desto massiver gerät auch der innere Föderalismus unter Druck.

Diese besonderen Außenabhängigkeiten und die damit verbundenen (und auch die propagierten) Bedrohungs- bzw. Überfremdungsängste wirkten aber auch immer (in jüngster Zeit allerdings nachlassend) als integrative Kräfte des schweizerischen Mehrsprachenföderalismus. Jedenfalls hat der Außendruck die kleine multikulturelle Willensnation zusammengehalten. Hinzu kommt, dass ein Kleinstaat im Verhältnis zu seiner inneren, flächenmäßigen Größe besonders lange Außengrenzen hat, was zusätzliche Probleme des inneren Zusammenhaltes erzeugt und dem Föderalismus entsprechende Funktionen zuweist. Angemerkt werden kann überdies, dass die Neutralität sowie der Verzicht auf Mitgliedschaften in internationalen Organisationen wie der EU, der NATO und der UNO auch als Strategien zur Bewältigung dieser externen Kontingenzen und Komplexitäten verstanden werden können. Im Ganzen haben sie den genuinen Föderalismus durch die damit mögliche langsamere und geringere Zentralisierung der Staatsaufgaben konserviert.

Zugleich liegt das schweizerische Staatsterritorium in Bezug auf die alteuropäischen Machtzentren wie Paris, Wien, London, Rom oder Berlin aber auch peripher, was Distanzschutz bewirkte und damit das spätmittelalterliche eidgenössische Staatenbündnis schützte, aus dem der moderne Föderalismus vergleichsweise bruchlos entstanden ist. So konnten schon die alpinen Waldstätte bzw. die Urkantone auch wegen ihrer Ferne und ihrer schweren Zugänglichkeit reichsunabhängig bleiben, und auch die (singuläre) Separation der Eidgenossenschaft aus dem Römischen Reich Deutscher Nation und ihr „Sonderweg" sind aus diesem Grund vergleichsweise problemlos gelungen. Ähnliches gilt für das Revolutionsjahr 1848, in dem die alte, funktionsunfähig gewordene Eidgenossenschaft zum Ärger der konservativen Mächte in Wien und Berlin schnell in einen progressiven Bundesstaat umgewandelt werden konnte. So haben nicht nur der Außendruck, sondern auch die Distanzen den genuinen Föderalismus geschützt und seine weitere Entwicklung verstetigt.

Zweitens: Auch die alpine Topographie hat die Entstehung und Entwicklung des schweizerischen Föderalismus beeinflusst. Denn einerseits schuf sie zahlreiche kleine Naturräume als Staatsräume, was die politische Autonomie dieser Talschaften als den Gründungsmitgliedern das alten Staatenbundes begünstigte. Andererseits ließ sie durch ihre hohen Gebirge auch Abgrenzungen und Barrieren entstehen, sodass zu ihrer Überwindung und zur Bewältigung der Überlebensprobleme (Bau von Transportwegen und Pässen usw.) regelmäßige Kooperationen und dauerhafte Bündnisse notwendig wurden. Gleichzeitig fungierte die schwierige Topographie auch als natürlicher Schutz vor fremden Herrschaftsinteressen, der die innere Selbständigkeit der Gebietsstände und die Dauerhaftigkeit ihres politischen Bündnisses ebenfalls erleichterte.

Drittens: Ganz besonders stark prägend für den schweizerischen Föderalismus wirkte immer schon die territoriale und bevölkerungsmäßige Kleinheit der genuinen Gebietsstände. Weil in der alten Eidgenossenschaft der Boden sehr knapp und karg war, hatten sich keine großfeudalen und großaristokratischen Strukturen und damit keine dynastischen Herrschaftsformen entwickeln können. Deshalb war sie nie ein Personenverbandsstaat, sondern von Anfang an ein Bündnis von halbwegs genossenschaftlich organisierten Gebietsständen. Damit unterscheidet sich der schweizerische Staatsbildungsprozess wesentlich von den kontinentaleuropäischen Entwicklungen. So haben sich die Prozesse der Föderalisierung und auch der Parlamentarisierung immer von unten nach oben vollzogen, was für die institutionellen Strukturen wie für die föderalistischen Prozesse konstitutiv wurde und immer noch ist. Institutionelle Urform wurde deshalb das „Rätesystem". Auch heute noch heißen alle Parlamente und Exekutiven „Räte" (Nationalrat, Ständerat, Bundesrat im Bund, Großer Rat und Regierungsrat in den Kantonen und Gemeinderat und Stadtrat in den Kommunen).

Sodann bedeutet räumliche Kleinheit auch Nähe und damit gute Erreichbarkeit der urbanen Zentren mit ihren spezialisierten Einrichtungen. Vor allem durch die Modernisierung der Verkehrsmittel (Eisenbahnen, Automobilisierung, leistungsfähige Nationalstraßen) ist dank dieses Nähevorteils in der Schweiz vieles für die meisten Gesellschaftsmitglieder vergleichsweise gut erreichbar. Das hat regionale Marginalisierungen und Disparitäten gering gehalten und damit auch den historischen Föderalismus geschützt bzw. weniger in Frage gestellt.

Nun ist die Schweiz als politisches Gemeinwesen im Verhältnis zu den Nachbarstaaten nicht nur gemessen am Gebiet klein. Vielmehr verschärfen sich diese kleinheitsbedingten Knappheitsprobleme noch einmal durch die begrenzte wirtschaftliche Tragfähigkeit des Bodens und durch den Mangel an klassischen Rohstoffen. Rund zwei Drittel der Bevölkerung leben in der Schweiz auf einem Drittel des Staatsgebietes. Kleinheit heißt also auch Knappheit und Abhängigkeit und beide Effekte wirken paradox. Einerseits wird alles, was knapp ist, auch wertvoll, und deshalb halten die ursprünglichen Gebietsstände, nämlich die Kantone und die Gemeinden, entsprechend unerbittlich an ihren hergebrachten kleinen Territorien, an ihren politischen Kompetenzen und finanziellen Ressourcen und an ihrer Unabhängigkeit kompromisslos fest, und zwar umso stärker, je kleiner sie sind, was den Zusammenhang zur föderalistischen Willensbildung deutlich macht. Reformen der historisch gewachsenen politischen Territorien sind in der Schweiz tabu, weil solche Veränderungen wegen der Knappheit besonders konfliktträchtig werden. Andererseits muss ein kleiner Staat aus Gründen seiner kleinheitsbedingten Kontingenzen die politische Konflikthaftigkeit in Grenzen halten – eine Funktion, die neben der Konkordanzdemokratie insbesondere dem Föderalismus zufällt.

Kleine politische Kollektive verfügen auch über weniger finanzielle Ressourcen, über geringere Handlungsspielräume und über weniger Macht. Und je weniger sie davon besitzen, desto stärker halten sie an ihren knappen Besitzständen fest, was die Aufgabenverteilung und die Modernisierung der Finanzverfassung und auch anderer Einrichtungen des Föderalismus in der Schweiz oft außerordentlich aufwändig macht und verlangsamt hat. Aus Gründen der knappheitsbedingten Besitzstandswahrung wollen die Kantone an der überkommenen Aufgaben- und Finanzverteilung festhalten, und gerade deshalb werden die Aufgaben- und Finanzverflechtungen zwischen dem Bund und den Kantonen als Folge der Zunahme und der Komplizierung der Staatsaufgaben immer dichter. Dazu ein paar Beispiele: So hat die Schweizerische Eidgenossenschaft (so lautet der offizielle Staatsname) im gesamten vergangenen Jahrhundert eine dauerhafte Bundesfinanzordnung nicht zustande gebracht, sondern musste sich wegen des Referendums immer mit befristeten Lösungen begnügen, was nota bene die Staatsquote durchaus gedrückt hat. Sodann war es auch aus Gründen des sensiblen föderalistischen Machtausgleichs bisher nicht möglich, die in der Bundesverfassung festgeschriebene Anzahl von sieben Bundesräten (als den Mitgliedern der kollektiven Regierung) zu vermehren, weil alle, die Landesregionen, die Parteien usw., davon Machtverluste (und Kosten) befürchteten. Als weiteres Beispiel liegt eine Wiedervereinigung des nach der Französischen Revolution in zwei Halbkantone auseinander gebrochenen Basel außerhalb der Reichweite, obwohl sie dringend notwendig wäre. Vielmehr haben sich die beiden geschiedenen Gebietskörperschaften seither immer wieder gestritten. Oder: Der alpine Urkanton Uri versteht sich zwar als unabhängiges Gebilde, muss aber auch wegen seiner „Armut" und seiner großen Straßenlasten zu rund 80 Prozent aus der Bundeskasse leben.

Die Kleinheit relativ unabhängiger Territorien hat gleichwohl offensichtlich zur Folge, dass dort die Politik stärker in die Gesellschaft integriert wird bzw. dass die Gebietskörperschaften stärker als Bezugsrahmen des politischen Handelns fungieren. Und weil dem so ist, wirken Territorien bzw. die Gebietsstände auch stärker als „Gefäße" der Politik und damit als Basis von politischen Repräsentationsprozessen, was die föderalistische Willensbildung stark prägt. Noch zwei weitere Effekte der Kleinheit auf die Entwicklung des schweizerischen Föderalismus seien erwähnt: Im Gegensatz zum alten Deutschen Staatenbund gab und gibt es in der Eidgenossenschaft kein hegemoniales Bundesmitglied (wie Preußen), vielmehr waren alle vergleichsweise klein. Das verhinderte zum einen Partikularismus, weil die Bundesmitglieder für ein solches politisches Separatleben zu klein sind, und zum anderen verstärkte jene Bedingung auch die Notwendigkeiten zur Kooperation und vielleicht sogar zur föderalistischen Solidarität.

Damit man die politische Wirksamkeit dieser Kleinheitslogik versteht, sollte bedacht werden, dass ein politisches System – im Gegensatz zu jenen der Wirtschaft und der Kultur – stark an die Grenzen seines Territoriums gebunden ist und bestimmte Funktionen auch angesichts kleinheitsbedingt knapper Ressourcen erfüllen muss, was ebenfalls zur besonderen Kooperation bzw. Verbündung zwingt. Denn natürlich beeinflussen die „Größe" des Staatsgebietes und des Staatsvolkes auch die Organisation der Staatsgewalt und damit den Föderalismus – und zwar umso stärker, je größer die beiden erstgenannten Staatsmerkmale sind. Hinzu kommt in der Schweiz, dass der gesamthaft kleine Staat durch seine innere Pluralisierung vor allem hinsichtlich des politischen Betriebes geradezu „miniaturisiert" wird. Diese Verkleinerung prägt alle politischen Prozesse (und damit die Institutionen), so die Informationsbeschaffung, die Kommunikation, die Partizipation, die Repräsentation, die Legitimation und auch die Kontrolle (damit die Medien, die Parteien usw.), und alle diese Effekte wirken auch in den föderalistischen Prozess hinein.

Zum Beispiel: Weil die Bundesmitglieder so klein sind, können zahlreiche politische Funktionen im Nebenamt (Milizsystem) ausgeübt werden, was wiederum die Möglichkeit bietet, kommunale, kantonale und eidgenössische Parlamentsrollen zu kombinieren. Für den Föderalismus entstehen damit „kostengünstige" Lösungen von Kommunikations- und Repräsentationsproblemen, aber auch intransparente Verfilzungen von Machtbeziehungen.

Gemäß dem funktionalistischen Verständnis der Kultur haben ihre Werte oder Bewertungen auch die Funktion, die Lebensweisen der Menschen an die knappen und damit konflikträchtigen und herausfordernden Lebensumstände anzupassen. Und weil wirtschaftliches und politisches Eigentum, damit auch die Freiheit und die Unabhängigkeit in einem Kleinstaat und insbesondere in den vielen kleinen Kantonen und Gemeinden besonders knapp sind, werden jene Güter durch die politische Kultur kompensatorisch entsprechend hoch bewertet. Damit wird die politische Kultur, wie man gut erkennen kann, zu einer zentralen Steuerungsgröße des schweizerischen Föderalismus.

Offensichtlich wirkt die Kleinstaatlichkeit ambivalent auf den Föderalismus: Einerseits nämlich halten die kleinen politischen Gemeinschaften, die Kantone und Gemeinden (auch der Gesamtstaat), unerbittlich an ihren knappen Potenzialen fest. Andererseits sind sie aus eben diesen Knappheitsgründen in besonderer Weise zur Kooperation und zur „Fusion" ihrer knappen Ressourcen und Kräfte gezwungen, um ihre Probleme zu lösen. Deshalb wird die Einheit neben der Vielheit zum zweiten zentralen Wert der föderalistischen Kultur und Praxis der Schweiz. Beide Werte sind tief im kollektiven Bewusstsein verankert und zugleich in zahlreiche institutionelle Vorkehrungen (Föderalismus, Konkordanz, Rätesystem, Zweikammersystem, Gemeindeautomie usw.) eingebaut.

Dennoch: Diese simultane Lösung der (konkurrierenden) Probleme der Einheit und der Vielheit ist unter den Bedingungen der kleinstaatlichen Willensnation und der Zunahme der Staatsaufgaben oft besonders schwierig und „frustrierend". Das führt zu Widersprüchen und damit zu häufigen (auch berechtigten) Kritiken am Föderalismus. Doch sind es politische Reibungen, die auch deshalb ertragen werden können, weil sie durch die anderen Elemente des schweizerischen Regierungssystems – vor allem durch die direkte Demokratie – „kompensiert" werden, wie noch gezeigt werden wird.

Eine letzte Notiz zur Kleinstaatlichkeit: Räumliche Kleinheit heißt auch Enge, Distanzverluste, konfliktträchtige Reibungsflächen und damit besondere Bedürfnisse nach Distanz, Abgrenzung, Unabhängigkeit, Privatheit und Konfliktbegrenzung. Letztere werden in der Schweiz sowohl durch die Kultur des Liberalismus wie auch durch den politischen Föderalismus befriedigt. Der Liberalismus (auch die stark ausgebaute Handels- und Gewerbefreiheit) sichert die Freiheit und Privatheit der Individuen in den kleinen Kollektiven und der Föderalismus jene der gebietsständischen Akteure. So wird auch verständlich, warum sich der politische Liberalismus und der Föderalismus in der Schweiz vergleichsweise lange gehalten haben. Sie schaffen kontrafaktisch Distanzen, „Frieden" und Freiheiten im kleinen Raum und bewirken zugleich eine Pluralisierung und einen Wettbewerb der Akteure, was dann zur erfolgreichen Bewältigung der kleinheitsbedingten Knappheitsprobleme beigetragen hat. Ordnung und Wohlstand sind in der Schweiz ohne den Föderalismus nicht denkbar. Formuliert man diese Beobachtungen in der Sprache der Systemtheorie, dann erzeugen die Attribute der Kleinstaatlichkeit aber auch besondere Kontingenzen (Abhängigkeiten, Unsicherheiten), welche ein entsprechendes „Kontingenzmanagement" notwendig machen, zu dem der kulturelle und institutionelle Föderalismus ganz wesentlich auch gehört. Das enorme Wachstum der schweizerischen Wirtschaft hat die knappen räumlichen Ressourcen dieser kleinen Gesellschaft weiter verknappt und konflikthaft gemacht. Und eben aus diesem Grund verteidigen die überkommenen Gebietsstände ihre Territorien umso stärker, was den Föderalismus ebenfalls stabilisiert. Zugleich, und das zählt zu den großen Herausforderungen des schweizerischen Föderalismus, sind die Inkongruenzen zwischen den kleinen politischen Räumen der Kantone und den groß gewordenen Funktionskreisen der Wirtschaft inzwischen tief geworden.

4. Effekte der Pluralität und der Geschichtlichkeit

Nachdem der kontextualistische „approach" erkennbar geworden ist, folgen jetzt ein paar analoge Anmerkungen zur Kontextlogik des Föderalismus, welche sich aus dessen Zusammenwirken mit den Pluralitäten und der Geschichtlichkeit ergibt. Mit der Bezeichnung „Pluralitäten" sind die im kleinen Raum reichlich vorhandenen natürlichen Vielfältigkeiten, dann die große Anzahl der geschichtlich gewachsenen Gebietsstände, die Kantone und ihre Städte, weiter der für den Föderalismus (ursprünglich wichtige) Bikonfessionalismus und die (permanent bedeutsame) Mehrsprachigkeit gemeint. Zur Verdeutlichung: Die Schweiz ist gemessen an der Bevölkerungszahl und dem Gebiet etwas kleiner als das Bundesland Baden-Württemberg, umfasst gleichwohl 26 teilautonome Kantone, rund 3.000 teilautonome Gemeinden und dazu drei Sprachregionen in einem vielfältigen Naturraum. Hinzu kommt, dass die Kantone und auch die Gemeinden größenmäßig und wirtschaftlich sehr unterschiedlich sind, wodurch sich quantitative Ungleichheiten mit qualitativen Verschiedenheiten der Sprache kumulieren. So ist die Stadt Zürich nach der Einwohnerzahl größer als zwei Drittel der Kantone. Auf jeden Fall machen diese Pluralitäten die Einheit, die Gemeinsamkeit und die konfliktsparende Problemlösung zu einem knappen Gut bzw. einem hohen politischen Wert und auch zum Problem, auf dessen Lösung wiederum die Kultur und die Institutionen des Föderalismus spezialisiert sind.

Auch diese Pluralitäten wirken auf alle gesellschaftlichen Subsysteme ambivalent. Denn zum einen verkleinern sie alles im Kleinstaat noch einmal, vor allem die politischen Einrichtungen, so die Parteien, die Medien, die Parlamente, die Behörden und Verwaltungen, und verstärken damit die eben skizzierten positiven und negativen bzw. problemlösungserschwerenden Effekte der sogenannten Kleinheit. Zum anderen multiplizieren und vergrößern sie den gesamten politischen Betrieb und vermehren damit die funktionalen Erfordernisse nach Autonomie, Repräsentation, Partizipation, Koordination, Interessenaggregation, Konfliktbegrenzung, Mehrheitsfindung, Ausgleich und Kontrolle. Es bedarf keiner langen Ausführungen mehr, um klar zu machen, dass die institutionellen Vorkehrungen des Föderalismus wesentlich die Funktion haben, die Komplexitäten und Kompliziertheiten dieses Pluralismus zu erfassen und in politische Handlungsfähigkeit zu transformieren, und dass damit hohe politische Verfahrenskosten entstehen. Zudem ist klar, dass dieser Pluralismus die ursprünglichen Strukturen des Föderalismus konserviert und seine Modernisierung konflikthaft gemacht, verlangsamt und auch in bestimmte Richtungen gedrängt hat.

Die Anmerkungen zu den Sprachverschiedenheiten bedürfen einer Ergänzung. Denn die Sprache ist das Medium, durch das Informationen, Wissen, Meinungen, Emotionen und Kultur vermittelt werden. Wenn ein politisches Gemeinwesen mehrsprachig ist, dann entstehen entsprechende Unterschiede der Kulturen und der Wahrnehmungen, was innere Konflikte verschärfen und den Aufbau von Zustimmung und

Mehrheiten erschweren kann. Hinzu kommt, dass in der Schweiz die Sprachregionen unterschiedlich groß und wirtschaftlich stark sind, was die Konflikte zusätzlich verschärft und ihre Bearbeitung aufwändig macht. Dennoch hat diese Mehrsprachigkeit den Kleinstaat Schweiz und vor allem auch ihren Föderalismus außerordentlich bereichert und ihn für die Kommunikation und den Austausch mit ihren Außenumwelten erfolgreich und deshalb entwicklungsfähig gemacht. Das integrative politische Band fehlt aber und muss durch funktionale Äquivalente ersetzt werden. Dazu zählen in erster Linie der Föderalismus, dann auch die sogenannte Konkordanzdemokratie und jenes Konstrukt, das als Willensnation bezeichnet wird. Gemeint ist damit, dass die Schweiz ein Staat ist, nicht weil sie eine gemeinsame Sprache und Kultur kennt, sondern weil sie ein Staat sein will. Dabei ist der Föderalismus eine zentrale Bedingung der Möglichkeit dieser Willensnation.

Wie in den USA sind auch in der Schweiz die Kantone als die Gründungsmitglieder des Bundesstaates nach Größe, Geographie und Wirtschaftskraft sehr ungleich. Man denke etwa an die „Stadtstaaten" Basel und Zürich (faktisch ist auch Genf ein Stadtstaat) oder die Gebirgskantone Uri oder Graubünden. Diese Ungleichheiten erzeugen und erzwingen natürlich entsprechende föderalistische Ausgleichsprozesse, die mit der Zunahme der Staatsaufgaben weiter zunehmen. Zudem schaffen sie politische Empfindlichkeiten der kleinen Kantone, denen die Eidgenossenschaft (wie die USA) mit der Gleichvertretung aller Kantone im völlig gleichberechtigten Ständerat als der „zweiten Abteilung" der Bundesversammlung (Bundesparlament) Rechnung trägt. Dort sind die zahlreichen kleinen konservativen Kantone aber stark überrepräsentiert, was den ursprünglichen Föderalismus ebenfalls konserviert und damit seine Entwicklung bzw. Veränderung verlangsamt hat. Krisenhaft ist diese Übervertretung deshalb nicht geworden, weil sie im stark eigenkomplexen schweizerischen Regierungssystem („Mischverfassung") durch andere Einrichtungen und Prozesse – vor allem durch jene der direkten Demokratie und der Konkordanz – wieder korrigiert werden kann.

Was schließlich die große Anzahl von Kantonen und Gemeinden im Kleinstaat betrifft, so erzeugt diese föderalistische „Rahmenbedingung" gewiss jede Menge von Redundanzen und auch von Verfahrenskosten und politischen Enttäuschungen. Sie bewirkt auch, dass die Schweiz tatsächlich eine hochpolitisierte Gesellschaft darstellt, wobei allerdings die Politisierung durch einen gewissen Antietatismus, durch den Liberalismus und durch privatistische Haltungen kompensiert wird. Dass die durchschnittlichen Beteiligungen an Wahlen und Abstimmungen unter diesen Umständen geringer ausfallen, versteht sich. Umgekehrt schafft dieser Pluralismus und damit die Multiplizierung der teilautonomen und selbstverantwortlichen Gebietskörperschaften aber auch Kräfte des Wettbewerbs und eine Vielzahl von kollektiven Akteuren, die sich alle stark um ihre eigenen Angelegenheiten und Einrichtungen kümmern und damit ohne Zweifel wesentlich zu den geordneten und komfortablen schweizerischen Lebensverhältnissen beitragen. So ist es eine offene Frage, ob diese vielen kleinen Verwaltungen teurer oder doch effizienter, effektiver und flexibler sind als größere. Im Übrigen begünstigt auch die äußere Neutralität den föderalistischen Pluralismus und „Anarchismus" des staatlichen Kunstgebildes Schweiz. Auch deshalb sind die Befürchtungen gegenüber einem Beitritt zur EU besonders groß und in jüngster Zeit sogar in der ursprünglich EU-freundlichen Romandie gewachsen.

Da vieles vom Vergangenen im Gegenwärtigen noch präsent ist und da das Gegenwärtige ein Produkt der vergangenen Entwicklung darstellt, kann auch die Geschichtlichkeit als Kontextvariable der Politik und damit des Föderalismus begriffen werden. Auch dabei gilt, dass die prägenden Kräfte und Anpassungszwänge eines historischen Kontextes umso stärker wirken, je „besonderer" die geschichtliche Entwicklung abgelaufen ist. In dieser Hinsicht ist als erste Besonderheit der Schweiz zu nennen, dass hierzulande strukturprägende politische Entwicklungen, so die Bildung von politischen Bündnissen (Staatenbund, die politische Territorialisierung) und die genossenschaftliche Demokratie, vergleichsweise früh eingesetzt haben und weder durch einen Absolutismus noch durch Kriege unterbrochen worden sind. Deshalb sind sie inzwischen sehr „alt" geworden und mit hoher traditionaler Legitimität ausgestattet. Immerhin sind die Gebietsgrenzen der innerschweizerischen Gründungskantone seit dem späten Mittelalter nicht mehr verändert worden, sodass es sich dabei um Kantonalstaaten (mit Kantonsvölkern) handelt, die ein halbes Jahrtausend alt sind und sich in ihrer politischen Grundstruktur kaum gewandelt haben. Mit diesen traditionalen Legitimitäten sind vergangene Strukturen auch in die Gegenwart hineingewachsen, was vor allem für den Föderalismus gilt.

Zweitens kann zu dieser besonderen Geschichtlichkeit auch gezählt werden, dass viele Entwicklungen in der Schweiz kontinuierlicher, sukzessiver, konfliktfreier und auch erfolgreicher verlaufen sind. So hat das Überleben genuiner Formen der korporativen Demokratie, die Nichtexistenz dynastischer Herrschaftsstrukturen, sieht man von den langen und heftigen Konfessionsstreitigkeiten ab, keine bürgerliche Revolution „notwendig" gemacht, zumal das Notwendige aus der (nahen und teils sprachgleichen) Französischen Revolution importiert wurde. Weil man im Kleinstaat weniger Mittel hat, waren auch die Konflikte (und damit die Gefährdung der Föderation) ebenfalls weniger zerstörend. Während der amerikanische Sezessionskrieg eine halbe Million Menschenleben gefordert hat, gab es im „Sonderbundskrieg" (1847) nur etwa ein Dutzend Tote. Damals wollte die katholische Innerschweiz einer Umbildung des alten Staatenbundes in einen modernen Bundesstaat nicht zustimmen. Auch weil die politische Modernisierung wesentlich vor der industriellen und ihren konfliktorischen Folgen erfolgte, konnten zahlreiche gesellschaftliche Probleme sukzessiv gelöst werden. Deshalb kamen in der Schweiz weniger radikale Ideologien auf, die den Bundesstaat und seinen überkommenen Föderalismus gesprengt hätten. Der unbedingte Friedenszwang im heterogenen und deshalb potenziell konfliktträchtigen Staat sowie die Sukzessivität und Kontinuität der Entwicklung haben den Föderalismus geschützt.

Drittens soll daran erinnert werden, dass der schweizerische Staatsbildungsprozess von unten nach oben erfolgte. Auch diese Entwicklungsrichtung hat das institutionelle Gefüge des Föderalismus sehr stark geprägt.

Viertens schließlich ist auf den ökonomischen Hintergrund des schweizerischen Föderalismus hinzuweisen. Zweifellos war das Berggebiet als Folge der geringen wirtschaftlichen Tragfähigkeit lange Zeit ein armes Land. Gleichwohl hat die Nähe zu starken wirtschaftlichen Märkten in der Lombardei, in Süddeutschland und im Elsass die Möglichkeit des Exportes eigener Produkte erleichtert und damit marktwirtschaftliche Strukturen und Kapitalbildungsprozesse auch im Alpengebiet früh begünstigt. Ohne diese Tauschmöglichkeiten hätten die „Waldstätte" politisch kaum überleben können, und ohne den säkularen Erfolg der schweizerischen Wirtschaft im vergangenen Jahrhundert wäre auch der schweizerische Föderalismus nicht gleichermaßen stabil geblieben.

5. Der Föderalismus als Element des schweizerischen Regierungssystems

Die Schweiz praktiziert, obwohl sie nur einen Kleinstaat bildet, eine aufwändige Mischverfassung bzw. ein stark eigenkomplexes Regierungssystem, das sich aus den Elementen oder Organisationsmustern des Föderalismus, der repräsentativen und der direkten Demokratie sowie der Konkordanz- bzw. den Mustern der Verhandlungsdemokratie zusammensetzt. Diese Mischverfassung ist weniger das Ergebnis einer rationalen Planung als vielmehr das Produkt der Nachahmung anderer Verhältnisse (z.B. jenen in den USA) und der kontinuierlichen und leistungssteigernden Anpassung alter Einrichtungen, auch jener des Föderalismus, an die veränderten Gegebenheiten. Gemeint ist damit auch, dass diese Institutionen gewachsen, deshalb gegenseitig „synchronisiert" bzw. mehrfach interdependent sind.

Dabei ist der Föderalismus, wie die Skizzen über die Effekte der Rahmenbedingungen deutlich gemacht haben, das ursprünglichste und auch das tragende Element des schweizerischen Regierungssystems. Auffällig an ihm ist zunächst, dass er trotz der Kleinheit des Gesamtstaates die drei Ebenen der Kantone, der Gemeinden und des Bundes deutlich voneinander trennt und damit zugleich funktionale Erfordernisse und institutionelle Vorkehrungen der Reintegration und der Beteiligung erzeugt. Damit liefert er diesem kleinen Land ein vertikal dreistufiges und auch horizontal breit abgestütztes Staatsgerüst, wobei auf jeder dieser drei Stufen die Elemente der direkten und repräsentativen Demokratie eigenständig, weitreichend und damit auch redundant eingebaut sind. Auf den beiden unteren Stufen findet sich zudem die große Anzahl der kommunalen und kantonalen Gebietskörperschaften, die wegen ihrer traditionalen Legitimität nach wie vor (jedenfalls dem politisch aktiven Teil der schweizerischen Bevölkerung) starke Zugehörigkeitsgefühle stiften. Möglicherweise erfüllen solche räumlichen Einbettungen im abhängigkeitsbedrohten Kleinstaat besondere Funktionen. Jedenfalls können die Struktur, die Dynamik und die Entwicklung des schweizerischen Föderalismus nicht richtig verstanden werden, wenn man die nach wie vor starke soziale Integrationskraft der politischen Territorien, also der Gemeinden und der Kantone, verkennt. Außerdem: Obwohl in der Schweiz häufig über die Schwächung des Föderalismus geklagt wird, haben der Zuwachs der Staatsaufgaben und auch die Vergrößerung der Budgets alle drei Ebenen stärker gemacht.

Nach allem, was oben über die gesamtgesellschaftlichen Rahmenbedingungen skizziert wurde, ist klar, dass der Föderalismus das tragende Element dieser schweizerischen Willensnation darstellt, das auch alle anderen Institutionen und Prozesse des Regierungssystems, nämlich die Einrichtungen der direkten Demokratie, die Parteien, die Wahlen, den Parlamentsbetrieb und sogar die Zusammensetzungen der Exekutiven, stark prägt und von diesen selbst determiniert wird. Und weil er sich von unten nach oben und auch außerordentlich kontinuierlich entwickelt hat, sind die drei Ebenen (oder Subsysteme) der Gemeinden, der Kantone und auch jene des Bundes institutionell, kulturell und auch im Bewusstsein der Wahlberechtigten vergleichsweise autonom und auch legitim geblieben. Jedenfalls verfügen sie alle über einen hohen Grad an Organisationsautonomie, über einen eigenen Kompetenz- und Funktionsbereich und auch über eigene Steuerquellen. Die Gemeinden, die Kantone und auch der Bund kennen alle voll ausdifferenzierte, gewaltenteilige politische Systeme mit unterschiedlichen direktdemokratischen Einrichtungen.

Das hat zur Folge, dass auch die Prozesse der politischen Willensbildung stark nach einer ebenenspezifischen Logik bzw. nach den Eigenheiten und Unterschieden der Kommunen und Kantone ablaufen. Deshalb fallen Wahlen häufig unterschiedlich aus, wobei von Kanton zu Kanton auch unterschiedliche Wahl- und Stimmbeteiligungen zustande kommen. Auch existiert nur ein geringer Zusammenhang zwischen den kantonalen und eidgenössischen Wahlen. Darüber hinaus folgt aus dieser dreistufigen Architektur, dass auch die politischen Parteien nach wie vor stark in den kantonalen Kontexten verankert und selbst stark föderalistisch organisiert sind. Und weil die Kantone sehr unterschiedlich und auch sehr zahlreich sind, existiert in der Schweiz, trotz ihrer direkten Demokratie, eine außerordentlich vielfältige Parteienlandschaft. Weil die nationalen Wahlkreise mit den Kantonen identisch sind, spielt sich das soziologische und finanzielle Parteileben überwiegend im kantonalen Rahmen ab. Deshalb sind die nationalen Parteien eher Dachverbände ihrer kantonalen Parteigesellschaften und vergleichsweise schwach, was wiederum Konsequenzen für die Willensbildung im Bundesparlament hat. Auf jeden Fall laufen auch die parteiinternen Prozesse stark von unten nach oben ab.

Eng sind auch die Wechselwirkungen zwischen dem Föderalismus und der direkten Demokratie. Einerseits gliedert er den Staat in die drei Ebenen und wird so zu einer der Funktionsvoraussetzungen für Volksabstimmungen, weil und insofern jene politische „Triage" die Zurechenbarkeit von Nutzen und Kosten von Sachentscheidungen erleichtert und zugleich das erhebliche Konfliktpotenzial von direktdemokratischen Ja-oder-Nein-Entscheiden dreiteilt und damit reduziert. Umgekehrt stützt die direkte Demokratie auch den Föderalismus. Denn wenn die Stimmberechtigten einer Gemeinde oder eines Kantons über alle wichtigen Sachfragen selbst und verbindlich entscheiden können, dann kümmern sie sich auch stärker um deren Angelegenheiten und halten stärker an ihren Gebietskörperschaften fest.

Entwicklungsprägend für den Föderalismus ist (neben der Kompetenzvermutung zu Gunsten der Kantone) sodann die Bestimmung geworden, dass alle Veränderungen der Bundesverfassung und damit des Föderalismus (Kompetenzverteilung, Finanzverfassung) auch direktdemokratisch legitimiert werden müssen und zwar obligatorisch und durch doppelte Mehrheiten des Volkes und der Kantone. Das so genannte „Ständemehr" für Verfassungsänderungen erfordert, dass auch die Mehrzahl der 26 Kantone zustimmen muss.[2] Das sind, wie man schnell erkennt, hohe Mehrheitsschwellen, welche eine präventive Konsensbildung durch die Anhörung der Kantone im legislatorischen Vorverfahren notwendig gemacht haben. Zudem hat die direkte Demokratie zu einer kontinuierlichen und eher konservativen Verfassungspolitik und damit zur Erhaltung des überkommenen Föderalismus beigetragen. So wurde im letzten halben Jahr-

---

2 Im Übrigen verfügen auch die Kantone über das Recht des fakultativen Gesetzesreferendums und der „Standesinitiative" – Einrichtungen, die aber eher wirkungslos geblieben sind.

hundert rund vierzig Mal allein über die Bundesfinanzordnung abgestimmt. Über die Modernisierung des vertikalen Finanzausgleiches, der jetzt zu gelingen scheint, wird ebenfalls seit Jahrzehnten „gestritten".

Ohne eine präventive Zustimmung der Mehrheit der Kantone kann der Bund keine wichtigen Entscheidungen fällen. Dass dabei auf die Kantone der Romandie besondere Rücksichten genommen werden müssen, versteht sich von selbst. Obwohl die Schweiz zu den Konkordanzdemokratien gezählt wird, verfügt sie mit ihrem Konkurrenzföderalismus und ihrer direkten Demokratie auch über starke kompetitive Elemente, die aber im Kleinstaat durch die Konkordanz moderiert werden (müssen).

Nicht weniger intensiv und politisch folgenreich ist schließlich die Verzahnung (funktionale Interdependenz) des föderativen mit dem repräsentativen Element des schweizerischen Regierungssystems. Obwohl sich die Schweiz als eine direkte Demokratie versteht, verfügt sie in Wirklichkeit über drei Säulen der Repräsentation, nämlich über eine föderative, über eine parteienmäßig-parlamentarische und über eine korporative. Durch die korporative Repräsentation werden die Interessenverbände und weitere Organisationen angehört, um damit die Zustimmungschancen eines nachträglichen Referendums zu verbessern. Die starken Bedürfnisse der föderativen Repräsentation sind formell vor allem im Zweikammersystem, in der Anhörung der Kantone, im Ständereferendum, in den Regeln zur Wahl des Bundesrates (Bundesregierung), im jährlichen Turnusprinzip der Vorsitze im Parlament und in der Regierung und auch in der Konkordanz institutionalisiert. Sie werden kleinstaatlich-informell durch viele personelle und administrative Kontakte praktiziert.

Nachdem auf den Staatsbildungsprozess, auf die Föderalisierung und die Parlamentarisierung von unten nach oben schon hingewiesen worden ist, bedarf es jetzt keiner langen Ausführungen mehr, um zu zeigen, dass auch das föderative und das repräsentative Element eng verzahnt sind, sodass sie sich gegenseitig wenig blockieren können, was die Entwicklung und die Legitimität des Föderalismus ebenfalls stark beeinflusst hat. Auch die Tatsache, dass die nationalen Wahlkreise und damit auch der Parteienbetrieb stark um die kleinen Kantone herum organisiert sind, ist bereits erwähnt worden. Weil die meisten Kantone klein sind und deshalb nur wenige Nationalräte und nur zwei Ständeräte zählen, kennt man diese Personen, was diese (auf Kosten der Parteilichkeit) stark in den kantonalen Kontext einbindet, wie das in den USA auch der Fall ist. So geschieht es, dass die Nationalräte in Bern auch kantonale und regionale Interessen und die Ständeräte umgekehrt auch nationale Interessen repräsentieren (müssen). An dieser polyvalenten Repräsentation hat sich im Laufe der Zeit nichts verändert.

Hinzu kommt das Prinzip des Nebenamtsparlamentarismus, der es ermöglicht, dass die Parlamentsangehörigen (zusätzlich zu ihrer Parteizugehörigkeit) auch noch jede Menge anderer Ämter in Gemeinden, Kantonen und Verbänden ausüben können und dürfen. Deshalb sind auch Angehörige von kantonalen und kommunalen Exekutiven Mitglieder des Nationalrates, und manche Ständeräte fungieren als Mitglieder kantonaler Regierungen. Solche Ämterhäufungen finden sich in kleinen Kantonen noch ausgeprägter, weil diese auf ihre Vertretungskraft im Bund besonderen Wert legen. Daraus entstehen enge Verbindungen zwischen den parteipolitischen, den föderativen und den sozio-ökonomischen Subsystemen, somit ebenso Synergien wie intransparente Verfilzungen.[3]

Wesentlich für den Zusammenhang dieses Beitrages ist es, dass die Möglichkeit der Kumulation von Rollen die Unterschiede von Nationalrat und Ständerat als den beiden Räten des Bundesparlamentes (ähnlich dem amerikanischen Kongress) vergleichsweise klein hält und damit Blockierungen verhindert. Tatsächlich werden föderalistische Interessen sowohl im Nationalrat wie im Ständerat vertreten, und im kleinen Rat kommen auch wirtschaftliche Interessen zur Geltung. Vor allem der Ständerat fungiert, obwohl wegen des Mehrheitswahlrechtes einseitig bürgerlich zusammengesetzt, als „Mehrzweckinstitution". Durch die Gleichvertretung aller Kantone befriedigt er nämlich politische Vertretungsinteressen der Kantone und der Landesregionen, und die im vergangenen Jahrhundert überall durchgesetzte Direktwahl seiner Mitglieder durch das Volk verschafft ihm Legitimität. Das Fehlen eines imperativ-föderalistischen Mandats und auch eines parteipolitischen Fraktionszwangs ermöglicht ihm jene Handlungsspielräume, die für das Funktionieren der Konkordanzdemokratie unabdingbar sind. Als Institution hat er an Ansehen gewonnen. Demgegenüber ist die alte Regel, dass jeder Kanton mit nur einem Mitglied in der siebenköpfigen Landesregierung vertreten sein darf, vor kurzem abgeschafft worden. Gleichwohl steht die Vertretung der Landessprachen außer Frage.

6. Neuere Entwicklungen im schweizerischen Föderalismus

Die voranstehenden Ausführungen sollten verständlich machen, dass und warum sich der schweizerische Föderalismus in Teilen nicht und in anderen Teilen nur langsam und kontinuierlich verändert hat bzw. verändert. In historischen Demokratien werden zentrale staatliche Institutionen in aller Regel kaum grundlegend umgestaltet, weder in den USA noch in Großbritannien (wo es sogar noch eine Königin gibt), und in einer Willensnation kommt ihnen eine besondere staatstragende Bedeutung zu. Deshalb geht ein solches Land noch konservativer mit seinen grundlegenden Einrichtungen und Spielregeln um, vor allem auch mit seinem Föderalismus.

Stärker als z.B. in Deutschland identifiziert sich ein Großteil der politisch interessierten schweizerischen Bevölkerung nach wie vor mit den Gliedern des Bundesstaats, in erster Linie mit den Kantonen, dann mit den Gemeinden (weil beide als kleine Einheiten den Leuten auch besonders nahe sind und weil man dort schließlich die direkten Steuern zahlt) und erst an dritter Stelle und im Außenverhältnis mit dem Bund. Deshalb sind die politischen Parteien, auch die Bundesparlamentarier und sogar die Bundesräte (die Regierungsmitglieder) nach wie vor stark in den kantonalen Gesellschaften verankert, und sie werden dort nach erfolgreichen Wahlen auch gefeiert oder lassen sich feiern. (Und weil im Bund die Präsidien von Parlament und Regierung,

---

3 Ein exorbitantes Beispiel liefert derzeit der Vertreter des Halbkantons Appenzell Innerrhoden im Ständerat, der zugleich als dortiger (jährlich rotierender) Landammann (Regierungschef) und als Präsident des schweizerischen Werbeverbandes und der ASTAG (Lastwagenverbandes) usw. amtiert. Kürzlich ist die Ständerätin des Kantons Zürich wegen ihrer Mandate in den Verwaltungsräten der konkursiten Swissair und einer Großbank in Verlegenheit geraten.

auch aus föderalistischen Rücksichtnahmen, jährlich reihum gehen, können viele Kantone bzw. „Kantonsvölker" feiern und sich in ihrer Identität und in ihrem Ansehen bestärkt fühlen.) Hinzu kommen die kleinstaatlichen Ängste vor Machtveränderungen, der ausgeprägte und alte kollektive Egoismus der kleinen Gliedstaaten sowie der Wille, an den hergebrachten kommunalen und kantonalen Errungenschaften festzuhalten. Dem schweizerischen Nein gegen einen Betritt zu internationalen Organisationen entspricht, mutatis muntandis, im Landesinneren ein unbedingtes Nein gegen kantonale oder kommunale Gebietsveränderungen bzw. Reformen.

Auch hat die große Zahl der Kantone und Gemeinden (mit ihren vielen Behörden und Parteien) eine ebenso große Anzahl von politischen Rollenträgern und Funktionären hervorgebracht, die alle an ihren Positionen festhalten wollen und deshalb den überkommenen Föderalismus verteidigen. All das macht die Kantone als Bausteine und Bindeglieder der Eidgenossenschaft stark und unveränderbar.[4]

Das alles heißt aber nicht, dass sich am schweizerischen Föderalismus formell und informell nichts verändert hätte. Die politischen Uhren der Schweiz gehen wohl langsamer, aber oft auch sicherer. Die moderne schweizerische Wirtschafts- und Dienstleistungsgesellschaft hat inzwischen Funktionsräume geschaffen, welche die engen politischen Grenzen fast aller Kantone überqueren und überlagern, was erhebliche Probleme für die horizontale Kooperation zwischen den Kantonen erzeugt. So reicht der Wirtschaftsplatz Zürich inzwischen in zahlreiche andere Kantone hinein. Daraus entstehen auch föderalistische Unstimmigkeiten und Ungleichgewichte, die sich aus Gründen von Kleinheit und Nähe aber doch in Grenzen halten. Denn innerhalb einer Autostunde oder dank des neuen, leistungsfähigen und die Kantonsgrenzen überschreitenden S-Bahnnetzes können die Arbeitsplätze in den Städten, die Universitäten, die kulturellen Institutionen und andere urbane Einrichtungen von einem großen Teil der Bevölkerung der Nachbarkantone schnell erreicht werden. Auch deshalb ist die historische Territorialstruktur des Föderalismus nicht entlegitimiert worden.

Sodann ist die Schweiz rundum und somit in den Regionen Basel und Genf, im Tessin, im St. Galler Rheintal, im Raume Konstanz und Schaffhausen außerordentlich stark mit der ausländischen Nachbarumwelt verflochten, was den Kantonen neue Aufgaben einer kleinen „Außenpolitik" verschafft hat. Zu solchen Veränderungen kommen die föderalistischen Effekte des „autonomen Nachvollzuges" bzw. der Anpassungen an das Recht der EU hinzu. Ferner hat der Zuwachs der Staatsaufgaben auch den Föderalismus stark verändert. Schlagartig klar wird diese Tatsache, wenn man sich daran erin-

---

4 Symbolisch wird ihre Existenz und Präsenz übrigens auch durch die Nummernschilder der Automobile repräsentiert, auf denen neben dem nationalen auch das Kantonswappen aufgemalt ist. Deshalb ist man in der Schweiz als Automobilist immer auch mit dem Image als Angehöriger eines Kantones oder eines Landesteiles unterwegs und kann entsprechend, positiv oder negativ, identifiziert werden, was für den populären Föderalismus und für die Beziehungen zwischen den „Kantonsvölkern" durchaus von einiger Bedeutung ist. Diese Anmerkung mag manchem Leser als belanglos erscheinen. Sie ist es aber nicht ganz, weil der Föderalismus auch eine Sache der Einstellungen ist und weil die Intensität und die Konflikthaftigkeit des Automobilverkehrs auch jene Symbolik verstärken. Hinzu kommt, dass nach dem Bau der Autobahnen die kleinen Kantone alle schnell und unbeachtet durchfahren werden können. Wohl deshalb sind inzwischen viele von ihnen dazu übergegangen, ihre Grenzen auf den Autobahnen optisch zu markieren bzw. die Autofahrerinnen und Autofahrer zu begrüßen und zu verabschieden.

Elementare Bedingungen der Entwicklung des schweizerischen Föderalismus 129

nert, dass der Bund im Jahre 1950 rund 1,6 Mrd. Schweizerische Franken Ausgaben und 1,9 Mrd. Einnahmen verzeichnete, während er gegenwärtig bei je 50 Mrd. (d.h. etwa 3000 Prozent mehr) angelangt ist. Schon erwähnt worden sind die föderalistischen Effekte der Deregulierungen im Kommunikations- und Energiewesen.

Will man diese neueren Entwicklungen des schweizerischen Föderalismus knapp skizzieren, dann könnten zwei analytische Gliederungsprinzipien herangezogen werden. Das eine unterscheidet föderalistische Veränderungen danach, ob sie föderalismusendogen oder exogen bewirkt worden sind, und das andere danach, ob sie sich in den Dimensionen von materiellen Politiken (policies), von Institutionen (polity) oder von Prozessen (politics) abspielen. Hinzugerechnet werden müsste auch die Dimension der politischen Kultur.

Was die föderalismusendogenen, d.h. die aus Eigenproblemen des Föderalismus entstandenen Veränderungen anbetrifft, so soll zunächst an die nach langen Wirren und Konflikten möglich gewordene Gründung des neues Kantons Jura erinnert werden. Für den Mehrsprachenföderalismus und für die traditional hoch legitimierten Kantone war dies ein großer und wichtiger Schritt. Weil die Stabilität des heterogenen schweizerischen Föderalismus stark auf der Integrität der überkommenen politischen Gebietsstruktur beruht, sind Gebietsveränderungen hierzulande weitgehend tabu. Während sich beispielsweise die beiden sehr kleinen Halbkantone Appenzell nicht vereinigen wollen, verweigert man den beiden Basel, den Halbkantonen Baselstadt und Baselland, eine Aufwertung zu Vollkantonen. Dies könnte ja die Stimmenverhältnisse im zahlenmäßig kleinen Ständerat verändern und andere Veränderungen auslösen. Überraschenderweise war während der vergangenen neunziger Jahre eine Debatte über kantonale Gebietsreformen aufgekommen, die inzwischen bereits wieder vergessen worden ist.

Sodann wurde im Jahre 1993, zusätzlich zu den bereits bestehenden Direktoren- bzw. kantonalen Fachministerkonferenzen, eine „Konferenz der Kantonsregierungen" (kantonale Regierungspräsidenten) zur Koordination und Repräsentation von fachübergreifenden Kantonsinteressen gegründet. Im Gegensatz zu den bisherigen Kontaktgremien zwischen Bund und Kantonen wird diese neue Konferenz nicht vom Bundesrat (Bundesregierung) geleitet. Sie entstand aus einer gewissen (unberechtigten, aber üblichen) Unterlegenheitsrhetorik der Kantone heraus, ist aber bisher ziemlich wirkungslos geblieben. Gleichwohl gebar diese Regierungspräsidentenkonferenz dann auch gleichartige Gremien für die Ostschweiz, für die Zentralschweiz und für die Westschweiz, die als Folge von Regionalisierungen möglicherweise bedeutsamer werden könnten.

Erwähnt werden soll auch, dass zahlreiche Kantone ihre meist aus dem vorletzten Jahrhundert stammenden Verfassungen einer so genannten „Totalrevision" unterziehen. Der Kanton Zürich z.B., und das ist kennzeichnend für den schweizerischen Föderalismus, hat dazu eigens einen Verfassungsrat gewählt, dem fünf Jahre (!) für die Ausarbeitung einer neuen kantonalen Grundordnung zur Verfügung stehen. (Gegenwärtig spielen sich übrigens heftige Auseinandersetzungen um eine Reorganisation der Polizeibehörden zwischen der Stadt und dem Kanton Zürich ab. Solche Parallelitäten zwischen den Behörden der Kantone und ihren Hauptstädten existieren auch in anderen Kantonen und sie werden als Folge des New Public Management zunehmend kritisiert.) Weitere endogene Probleme erwachsen dem schweizerischen Föderalismus auf der kommunalen Ebene, wo immer mehr kleine Gemeinden mit der Erfüllung ihrer übertragenen Aufgaben überfordert sind und wo das Prinzip der Nebenamtlichkeit an seine Kapazitätsgrenzen stößt.

Auf der Bundesebene gleicht sich der Ständerat (analog dem US-Senat) immer stärker dem Nationalrat an, wodurch der Einfluss der Kantone im Verhältnis zu jenem der Wirtschaft abgeschwächt wird. Im Gegensatz zum Deutschen Bundesrat sind die Mitgliedsrollen im Schweizer Ständerat funktional diffus. So hat kürzlich ein Ständeratsmitglied, zugleich Präsident des Hauseigentümerverbandes, in dieser „Zweiten Kammer" massiv die Interessen der Hauseigentümer vertreten. Ein anderer Ständerat, der darüber hinaus Landamann bzw. Regierungschef von Appenzell Innerrhoden und zugleich Präsident des Schweizerischen Werbeverbandes und des Lastwagenverbandes (ASTAG) ist, muss dementsprechend zahlreiche Interessen vertreten. Ein Vorteil dieser diffusen Mitgliedschaftsrollen ist, dass sich die beiden Räte nicht blockieren können, was der Mehrsprachenföderalismus (und die direkte Demokratie) nicht „ertragen" könnten. Schließlich gehören zu solchen endogenen Föderalismusproblemen auf der Bundesebene auch die bereits erwähnte Abschaffung der Kantonsklausel für die Wahl der Regierungsmitglieder sowie die Modernisierung des eidgenössischen Finanzausgleichs.

Findet die in langen Auseinandersetzungen erarbeitete Vorlage über diesen Neuen Finanzausgleich auch die Zustimmung von Parlament, Volk und Ständen (im obligatorischen Verfassungsreferendum), dann wird er „die Schweiz zweifellos stärker verändern als andere Großprojekte der letzten Jahrzehnte, etwa die Totalrevision der Bundesverfassung" (NZZ vom 15.11.2001). Ein Ziel ist es, die erheblichen Unterschiede in der Finanzkraft der Kantone zu verkleinern. Zugleich sollen die föderalistischen Finanzströme, durch die bisher 13 Mrd. Franken verteilt werden, vereinfacht werden und zwar nach dem Motto „Wer zahlt, befiehlt". Im Gegensatz zu den alten zweckgebundenen Bundessubventionen, mit denen die Kantone bisher viel Geld aus der Bundeskasse erlangt haben, erhalten sie vermehrt Mittel ohne Zweckbindung, mit denen sie ihre Aufgaben eigenverantwortlich finanzieren können. Um regionale Ungleichgewichte zu vermeiden, soll es einen Ressourcenausgleich (für die finanzschwachen Kantone), einen Lastenausgleich (für Berggebiete und Agglomerationen) und einen Härteausgleich (als Übergangsregelung) geben. „Mit der Reform werden die Transparenz und die Effizienz – das Preis-Leistungs-Verhältnis – der staatlichen Leistungen erhöht. (...) Wertmäßig werden knapp 40% der heute eng verschlungenen Aufgaben entflochten, was die Handlungsspielräume der Kantone erweitert. Insgesamt erzeugt die Reform keine Lastenverschiebung zwischen den Staatsebenen von Bund und Kantonen; sie gilt als haushaltsneutral" (NZZ vom 15.11.2001).

Zu den endogenen Föderalismusproblemen zählt auch die Frage der politischen Kultur des Föderalismus und damit die der Einstellungen zu dessen Einrichtungen. Dabei ist zu beachten, dass die Unterschiede zwischen den zahlreichen „souveränen" Kantonen nach Sprache, Größe und Wirtschaftskraft ein erhebliches Konfliktpotenzial erzeugen, das durch eine Hochbewertung der Einheit, der Solidarität und der „freundeidgenössischen Konkordanz" unter Kontrolle gehalten werden muss. Hinzu kommt, dass die Zunahme der Staatstätigkeit auch die Interessengegensätze zwischen Kantonen und Landesregionen multipliziert hat, was die Pflege der Föderalismuskultur auf Dauer besonders notwendig macht. Obwohl sich in der Schweiz im Normalfall nicht einmal mehr die Hälfte der Stimmberechtigten an den Wahlen und Volksabstimmungen beteiligt – sei es, weil sie durch das komplexe politische System überfordert werden, sei es, weil sie mit dem Gang der Dinge einverstanden sind, sei es aus privaten Gründen – hat sich an der Zustimmung zum Föderalismus kaum etwas geändert. Schließlich soll erwähnt werden, dass die Eidgenossenschaft vor kurzem ihre Verfassung einer (formellen) Totalrevision unterzogen hat. Dabei ist der Föderalismus etwas gestärkt worden. Auffallend ist jedenfalls, dass das Wort „kantonal" in dieser neuen Verfassung nicht weniger als 158 Mal Anwendung findet.

Was die exogenen Effekte auf den Föderalismus betrifft, so sollen zwei kurz erwähnt werden, nämlich zum einen der Zuwachs der Staatsaufgaben und zum anderen die Anpassungserfordernisse an die EU. Beide verändern in erster Linie die policies und die politics und weniger die polity des Föderalismus.

In Bezug auf das Wachstum der Staatsaufgaben führt die Tatsache, dass die Schweiz territorial sehr klein ist, aber topographisch starke Unterschiede aufweist, zum einen dazu, dass zahlreiche und besonders immer mehr aktuelle Politikfelder föderalismusrelevant werden. Zweitens benötigen die geographischen und topographischen Unterschiede auch differenzierte Politiken. Drittens lassen sich viele Staatsaufgaben im Kleinstaat gleichwohl kaum noch nach Ebenen oder Gebieten aufteilen und müssen einheitlich bearbeitet werden. Zu diesem Dilemma kommt hinzu, dass die Kantone zwar ihre Steuerhoheiten behalten wollen, zur eigenständigen Erfüllung von komplexen Staatsaufgaben aber immer weniger in der Lage sind.

Eine Auflistung von aktuellen Politikfeldern macht diese Problematik schnell deutlich. Föderalismusrelevant sind vor allem der Umwelt-, der Gewässer-, der Landschafts-, der Moor- und Auenschutz sowie die Raumplanung, weil die Interessen von Landwirtschaft und Wirtschaft in den alpinen Gebieten und im engen Staatsraum besonders hart aufeinander treffen können. Hinzu kommen die Politikfelder des Verkehrs (Alpentransit, Eisenbahn- und Straßenbau), der Energie (Nutzung und Abgeltung der Berggewässer für die Alpen-OPEC, Entsorgung von Atomabfällen usw.), auch jene der Ausländer-, Asyl- und Einbürgerungsfragen (20 Prozent der Einwohner sind ausländischer Nationalität, zudem gibt es im Land rund 200.000 „Sans-papiers"), dann jene der Gesundheit, der Ausbildung und Forschung und der Sicherheit, schließlich Aufgaben, die soziale Fragen betreffen. Wie in Deutschland die Länder so sind in der Schweiz die Kantone mit dem Vollzug der Bundesgesetze beauftragt. Zugleich erlässt der Bund immer häufiger Rahmengesetze, um so den Kantonen Handlungsspielräume offen zu lassen. Im Gegenzug entstehen der Zentralregierung damit wachsende Kontrollaufgaben. Als Folge davon expandierten die politischen Prozesse (politics) zwischen Bund, Kantonen und Gemeinden und auch die informellen Institutionen des schweizerischen Föderalismus, die zunehmend komplizierter werden und zwar in einem Maße, das dem wahlberechtigten Volk wohl gar nicht vollumfänglich bewusst geworden ist.

Auch die Anpassungszwänge an das Recht der EU verändern eher die policies und politics des Föderalismus und weniger seine herkömmliche polity. Nach der gescheiterten Volksabstimmung über einen EWR-Vertrag von 1992, der den Föderalismus nicht stark betroffen hätte, versucht die Schweiz, sich durch bilaterale Abkommen mit der

EU zu arrangieren. Die EU-Beitrittsgegner reden gleichwohl von einer Bedrohung des Föderalismus. Sie besteht insofern, als die Finanzautonomie der Kantone betroffen würde. „Ein weiteres Problem liegt in der zu erwartenden Überforderung vorwiegend der kleineren Kantone bei der Umsetzung und beim Vollzug europäischen Rechts. Kein anderer Bundesstaat besteht aus so viel kleinen Gliedstaaten wie die Schweiz" (Schindler 1994: 76). Außerdem befürchten die Kantone, keinen Einfluss auf die Europapolitik zu haben. Gegenwärtig ist der Beitritt zum Schengener Abkommen umstritten. Obgleich die Europäisierung des Rechtes auch vor dem schweizerischen Föderalismus nicht halt macht, bleibt er als kollektives Konstrukt aber unbeschadet erhalten.

7. Schluss

Ein Blick auf die schweizerischen Lebensverhältnisse zeigt, dass die Entwicklung des Föderalismus hierzulande nicht in Sackgassen geführt hat. Gleichwohl sind die starren Elemente seines institutionellen „Gerüstes" (historische Gebietsgliederung, zentrale Verfahrensregeln), die aus den dargelegten Gründen kaum veränderbar sind, offensichtlich – auch insoweit bestehen Parallelen zur historischen Demokratie der USA. Die Erstarrung dieser Elemente hat ihren „Preis", den das wirtschaftlich prosperierende und kriegsverschonte Land gezahlt hat. Teils sind die Nachteile der „suboptimalen" Größen der Gemeinden und vieler Kantone durch zusätzliche horizontale Kooperationsformen (insbesondere durch eine wachsende Anzahl von kommunalen Zweckverbänden, durch Konkordate zwischen den Kantonen) bearbeitet worden. Geblieben ist vor allem der dreistufige Staatsaufbau, der alle Lasten und Pflichten, aber auch alle Anreize und Leistungen verdreifacht.[5] Zudem haben der „Selbsterhaltungstrieb" und die Flexibilität der kleinen Gebietskörperschaften und auch ihr gegenseitiger Wettbewerb die Nachteile der traditionalen Legitimationen kompensiert. Schließlich ist dieses historisch gewachsene föderative Element auch dank der hohen Eigenkomplexität des schweizerischen Regierungssystems funktionsfähig geblieben.

Literatur

Germann, Raimund E./Weibel, Ernest (Hrsg.), 1986: Handbuch Politisches System Schweiz, Band 3: Föderalismus. Bern/Stuttgart.
Geser, Hans, 1981: Bevölkerungsgröße und Staatsorganisation, Bern.
Klöti, Ulrich/Knoepfel, Peter/Kriesi, Hanspeter/Linder, Wolf/Papadopoulos, Yannis (Hrsg.), 1999: Handbuch der Schweizer Politik. Zürich.
Linder, Wolf, 1998: Schweizerische Demokratie: Institutionen, Prozesse, Perspektiven. Bern.

---

5 Wenn sich aktuell die öffentliche Hand an der Sanierung der Swissair beteiligt, dann wird der Steuerzahler der Stadt Zürich gleich dreimal zur Kasse gebeten, zugleich kann das Unternehmen aber offenbar gerettet werden. Und zum „Durcheinandertal" des schweizerischen Föderalismus gehört auch, dass die welsche Presse hämisch und neidisch auf diese Förderungen des Finanzplatzes Zürich reagiert.

Neidhart, Leonhard, 2002: Fundamente und Institutionen der politischen Schweiz. Zürich.
Schindler, Dietrich, 1994: Bericht zum Thema „Europäische Union: Gefahr oder Chance für den Föderalismus in Deutschland, Österreich und der Schweiz?", in: Veröffentlichungen der Vereinigung der Deutschen Staatsrechtslehrer, Bd. 53. Berlin/New York, 70–87.

Federalism in the United States of America: A Continual Tension Between Persons and Places

John Kincaid

1. Introduction

The development of American federalism since the 1780s can be analyzed from various perspectives. The approach taken here will focus on conflicting normative values attributed to the federal arrangement and on changes in those values that have altered this arrangement – in particular, the rise of federal power and of coercive federalism during the latter half of the last century. The basic argument is that the development of American federalism has been substantially shaped by what, in shorthand, can be called a continual tension between persons and places. That is, is the United States a union of persons in which individualism and individual rights are paramount, or is the United States a union of places in which communitarianism and the states as polities are paramount? This tension stems from compromises embedded in the founding of the federal union, compromises necessitated by the fact that this tension was not only present at the founding but also predated it by some 160 years.

2. Places versus Persons During the Colonial and Founding Eras

Tension between self-interested individualism and place-based communitarianism was inherent in the Reformed Protestantism that generally dominated the cultural climate of the colonial and founding eras. On one hand, Reformed Protestantism was thoroughly modern in its emphasis on the individual, on liberty, and on human equality before God. On the other hand, Reformed Protestantism was pre-modern in its emphasis on building holy commonwealths – "a city upon a hill," as John Winthrop, the first governor of Puritan Massachusetts, put it – that would demonstrate God's redemptive grace and the willing obedience of individuals to God's laws. In doing so, Protestants, and Winthrop especially, drew a sharp distinction between "natural liberty" and "federal liberty". Natural liberty is the unfettered liberty of beasts, which act from purely selfish instincts. Federal liberty is the liberty born of the covenant between God and man and of the covenants among men in which individuals consent to do good according to God's laws. (The word "federal" comes from the Latin *foedus*, meaning covenant.) The covenanted theo-political community, therefore, was both the expression and the instrument of federal liberty. Consequently, even though these communities practiced deliberative democracy, they were often governed in an authoritarian manner. However, in frontier conditions, dissenting communities could readily escape such tyranny by founding new towns a few miles away where they could establish their own balance between natural and federal liberty according to their interpretation of God's law. Individuals who valued natural liberty preeminently could migrate as well. Hence, Winthrop's "city upon a hill" experienced dissension and declension induced, in part, by the very individualism inherent in Reformed theology, an individualism that made it difficult to construct faithful communities on the rubble of Protestantism's rejection of Medieval communalism.

This Reformed vision was not far removed from that of Thomas Hobbes, for whom natural liberty was man's condition in the state of nature, and federal liberty was man's condition in political society. The first law of nature for Hobbes was that men keep their covenants. However, the extreme authoritarianism and unitarism of Hobbes' theory had little appeal to colonial Americans. Instead, the "venerable" John Locke was highly influential among more secular leaders. Locke seemed to portray natural liberty as being less destructive in both the state of nature and political society than did Hobbes and the Puritans. A liberal, Lockean polity, therefore, would give more free play to natural liberty and more protection of individual rights against covenantal authoritarianism or majoritarian tyranny.

The founding of the federal union in the 1780s occurred in the context of this tension in which, generally, the Antifederalists (i.e., opponents of the proposed U.S. Constitution) sought to preserve and protect the rights of places (i.e., the rights of the constituent communities to govern themselves in all important respects with no interference from a union government), while the Federalists sought to protect and enhance the rights of persons by creating an expansive commercial, not holy, republic that would liberate individuals from provincial constituent communities and give them freedom to pursue their self-interests between and among those communities. Already, moreover, Adam Smith had published his *Wealth of Nations* in 1776, the year of the U.S. Declaration of Independence. The seductive appeals of the marketplace, which so often subvert holy covenanted communities, were evident and debated in the 1780s.

The tension between persons and places is reflected in every aspect of the founding. The government established by the Constitution of the United States in 1789 is, according to James Madison, neither wholly federal (i.e., confederal) nor wholly national. The federal republic is a "compound" of confederal and national elements. The confederal elements appealed to the Antifederalist defenders of the rights of places; the national elements appealed to the Federalist proponents of the rights of persons. In turn, the opening phrase, "We the People of the United States," of the preamble to the U.S. Constitution has been subject to continual debate. Does the phrase mean "we the whole people of the whole United States" or "we the peoples of the different constituent states?" Proponents of the latter interpretation emphasize the power of the states and seek to preserve, for example, the electoral-college mechanism for electing presidents; proponents of the former interpretation emphasize the power of the federal government and seek to replace the electoral college with direct, popular election of presidents.

The Antifederalist defenders of places could support the defense powers delegated to the federal government because they recognized the value of a united defense by small republics against the superpowers of the 1780s – France, Great Britain, Russia, and Spain – all of which had military forces in North America. Yet, Antifederalist fears of an imperial national army produced an intergovernmental defense structure in which the federal government was dependent on state militias willing to obey presidential orders to fight for the union. The Second Amendment (i.e., right to bear arms) to the U.S. Constitution, which figures so prominently in contemporary federal gun-regulation debates, was an Antifederalist proposal put forth not to protect the rights of persons per se but to preserve the rights of the constituent states to have armed citizens able to protect their communities against any tyranny emanating from an avaricious federal establishment. Indeed, the entire U.S. Bill of Rights (i.e., the first ten amendments to the U.S. Constitution) was a Federalist concession to the Antifederalists and, thus, contrary to contemporary interpretations of the Bill of Rights, was intended to protect the rights of places not persons.

The Federalists championed the power of the federal government to regulate foreign and interstate commerce (Art. I, Sec. 8) as crucial to expanding the sphere of natural liberty. Antifederalists believed that fidelity to federal liberty would be impossible in a huge republic. Hence, the regulation at least of intrastate commerce was left to the states. Even today, despite the federal government's enormous regulatory regime, the Antifederalist tradition endures in some areas of commerce important to local values, such as the licensing of professional occupations – from attorneys and physicians to beauticians and egg inspectors – plus the regulation of alcoholic beverages re-guaranteed by the Twenty-First Amendment of 1933. The Federalists, however, achieved an immediately important victory for persons over places by constitutionally prohibiting the states from "impairing the Obligation of Contracts" (Art. I, Sec. 10). For many Federalists, the right of individuals to contract and to have their contracts enforced by impartial courts was the most fundamental human right. Both the Federalists and the Antifederalists, though, could compromise on the "full faith and credit" and "privileges and immunities" clauses of the federal Constitution (Art. IV, Secs. 1 and 2). These clauses met the Federalists' common-market objectives while satisfying the Antifederalists' desire to maintain state laws and values against preemption or harmonization exercises by federal elites.

As a result, while there is a clear delegation of powers to the federal government in the U.S. Constitution, there is also considerable ambiguity about the scope of those powers, especially in light of the "necessary and proper" (i.e., implied powers) clause (Art. I, Sec. 8), which opened the door, as Madison recognized, for competition between the federal government and the states for power and public affection.

3. Roots and Historical Manifestations of the Persons/Places Tension

Although every federal system experiences tensions of some sort between persons and places, the tension is intense and salient in American federalism for several reasons. For one, religiosity has been more popularly intense in the United States than in other Western democracies. American religiosity is also as modern as religion can be, and even the nation's largest pre-modern religion, Roman Catholicism, has adapted to American conditions. Americans are not anti-clerical, largely because, as Alexis de Tocqueville and others have long noted, the nation's religions, especially Reformed Protestantism, have generally supported democracy, liberty, equality, individual rights, and commerce. American religiosity is also evangelical, eager to convert souls and reform society. Second, modern individualism is deeply embedded in American culture, and inclinations toward natural liberty tug strongly against federal liberty. Free-market principles also emerged early in U.S. history, not only because of this individualism but also because the federal government was too weak to impose any contrary system. In turn, the freedoms of speech, press, and religion have generally prevailed undisturbed nationwide for more than two centuries, however much they were periodically disturbed in various ways by the union's diverse constituent communities. Third, the United States is the first new nation of the modern era (Lipset 1963), a dynamic frontier society lacking a feudal past and inhabited by immigrants who left ancient and organic ties of community behind in order to pursue individual objectives in a new land. Communities had to be established *de novo*, and founders across the country had to strike balances between communitarian federal liberty and individualistic natural liberty. Fourth, the federal republic is a union of both places and persons in the sense that the constituent political communities are themselves constituted by diverse individuals. The United States is not a federation of territorially defined ethnic, religious, or linguistic political communities like Belgium, Canada, and Switzerland. The ties that persons have to places in the United States are consensual rather than organic, and there is a high rate of mobility of persons among those places.

The tension between persons and places has been played out through three eras of American federalism: constitutional, cooperative, and coercive. Constitutional federalism was marked predominantly by issues of constitutional balance, especially maintenance of the independent integrity of federal powers and state powers through separations of federal and state spheres of authority even while there was considerable federal-state administrative cooperation (Elazar 1962). The place-based interests and politics of the union's constituent communities predominated, and the rights of persons were seen as best protected by states and localities. Cooperative federalism was marked largely by concerns about processes of federal-state-local interaction able to bridge the previous era's constitutional abyss between federal and state powers so as to promote nationwide policies but not necessarily national power. Cooperative federalism was the product of public demands on all governments – federal, state, and local – to address the needs of persons subject to economic turbulence and social inequality during the urban-industrial era. The federal government came to be seen as a partner in protecting certain individual rights, especially economic rights, in the face of state and local incapacities. Coercive federalism, a product of the late 1960s, has been marked predominantly by political considerations of national public policy, shaped largely by public concerns about negative externalities (e.g., environmental pollution) and adverse individual-rights policies (e.g., racial segregation) emanating from states and localities (Kincaid 1993a). As a result, federal power now penetrates deeply into state and local affairs, mainly to liberate persons from the places once so beloved by the Antifederalists.

This development has created a seeming paradox: namely, federal dominance coupled with a "resurgence of the states" (Bowman/Kearney 1986) in which the states seem stronger, more professional, more activist, and more innovative than ever. Indeed, President Bill Clinton's "reinventing government" effort took as its principal exemplars innovations generated by state and local governments (Osborne/Gaebler 1992;

Gore 1993). This paradox, though, is a function of increased governmental action throughout the system and of increased state and local government activity induced by federal interventions.

4. Constitutional Federalism

Constitutional federalism, which had a dualistic character and prevailed generally from 1789 to 1932, was an explicable conceptualization of the new Constitution, which, on its face, seems simply to delegate limited powers to the union government, with some interpretative room for implementation through the elastic "necessary and proper" clause. Otherwise, the U.S. Constitution is silent about an enormous range of government powers and also about the largest order of government: local government. Such powers were retained by the previously plenarily sovereign states, an intention reiterated by the Tenth Amendment (1791) to the U.S. Constitution – so much so that 150 years later, the U.S. Supreme Court could, ironically, dismiss the Tenth Amendment as merely a truism (*Darby* v. *United States* 1941).

The era's dualistic character also stemmed from the U.S. Constitution's implicit division of powers. The federal government was given significant authority to manage the external affairs of the union as well as internal economic externalities. Although the modern concept of externalities was unknown to the founders, the notion of spillovers in a multi-jurisdictional polity was familiar, and helped motivate the founders to transform the confederation of 1781 into the federation of 1789. They established a general federal-state division of labor to achieve what they regarded as the principal purposes of creating "a more perfect union": namely, liberty, prosperity, and peace (see *The Federalist*, passim). Despite disagreements between and among Federalists and Antifederalists, as well as opponents and proponents of slavery, about the specific meanings of these purposes and the best ways to achieve them, general agreement on a need to improve the union was sufficient to produce narrow ratification of the Constitution in 1788.

During the debate, the protection of liberty emerged primarily as a state responsibility, along with most other domestic functions, despite objections from James Madison and Alexander Hamilton, who saw more tyranny than democracy in the behavior of the state legislatures. The Antifederalists, however, saw a tyrannical central government lurking in the U.S. Constitution. Their fears were evoked by what Hamilton regarded as the federal Constitution's masterful innovation: the authority of the federal government to legislate for individuals. "We must," wrote Hamilton in *Federalist* 15, "extend the authority of the Union to the persons of the citizen, the only proper objects of government." Alarmed by this innovation, Antifederalists insisted at least on attaching a bill of rights to the Constitution, which includes the Tenth Amendment. Responsibility for keeping peace among the union's constituent states and defending the union was delegated mostly to the federal government, though with state militias being the principal armed forces. This functional assignment provoked less heated debate, although later implementation often evoked deep controversy over U.S. foreign and military policies.

Promoting prosperity by building a great commercial republic produced concurrent and shared powers, with the federal government having principal responsibility to regulate externalities through the interstate, foreign, and Indian commerce clauses; the states sharing in this responsibility through the obligations of the "full faith and credit" and "privileges and immunities" clauses; and the states otherwise retaining authority to regulate intrastate commerce. Consequently, the commerce clause, along with the necessary and proper clause, figured prominently in legislative and jurisprudential considerations of federal power in the nineteenth century. Given the founders' limited conception of externalities, however, and the federal government's limited revenue-raising authority, as well as the prevailing view that the rights of persons were best protected by states and localities, the Constitution's general welfare clause and Congress' spending power (Art. I, Sec. 8), which are central to federal power today, elicited little attention.

The dualistic character of constitutional federalism was structurally reinforced by dual federal and state constitutionalism, and by the federal government and the states being fully equipped governments with their own legislative, executive, and judicial institutions. There was, for the most part, no perceived need for one order of government to depend on the other in order to perform its functions.

The dual court system was especially important for perpetuating dualism because the courts have principal responsibility for interpreting constitutional and statutory law, and for policing the boundaries of federal and state powers. Establishment of the federal courts, especially the U.S. Supreme Court, was necessitated by the Constitution's authorization of congressional legislation for persons, thus requiring recourse for individuals to a federal court system as well as state recourse to challenge assertions of federal power when the Congress breached state sovereignty to touch the persons of state citizens. Many Antifederalists, believing that the U.S. Supreme Court would be an engine of centralization rather than a neutral umpire of intergovernmental relations, sought to limit its power through restricted jurisdiction, the federal Bill of Rights, and then the Eleventh Amendment to the Constitution (1795), which protects states' sovereign immunity against certain lawsuits filed in federal courts.

Dualism was also fostered by federal and state concerns about preserving their respective powers. Neither wished to be invaded by the other. Federalists and later nationalists were especially apprehensive about the federal government's ability to establish its legitimacy and assert its constitutional authority against the powerful states. After the Union's victory in the Civil War (1861–65), however, states' rights advocates sought to shield state powers from federal intrusions.

At the outset, however, the nature of the federal government was quite unclear. Throughout *The Federalist*, for example, Madison, Hamilton, and John Jay were at pains not only to explain how the new government was neither wholly national nor wholly confederal but also to find an appropriate label for it. Calling it the federal, national, or central government was inaccurate and even threatening. Antifederalists labeled the new government as "national" or "central", precisely to heighten public fears about impending tyranny and "consolidation" of the states into a unitary empire. Hence, Federalists often resorted to the label "general government", connoting a limited government established to address externalities of general interest to the newly united states rather than matters of internal interest to states or regions.

As a result, the era of constitutional federalism was marked by close attention to constitutional issues, an attention strongly reinforced by the singular events of the times. Unlike later eras, the urgency of legitimizing the federal Constitution as the covenant of union and bible of intergovernmental relations loomed large because the first 65 years of the republic witnessed the nation's most momentous constitutional events: the founding and the Civil War. The decades prior to the war witnessed a vigorous debate over the definition of "We the people" and, thus, over the fundamental nature of the federal Constitution and union. The debate is epitomized by the words of two of the nineteenth century's great U.S. senators, Daniel Webster and John C. Calhoun. The U.S. Constitution, proclaimed Webster, is "the people's Constitution, the people's government, made for the people, made by the people, and answerable to the people" (Webster 1830: 480). No, said Calhoun, "the General Government emanated from the people of the several States, forming distinct political communities, and acting in their separate and sovereign capacity, and not from all of the people forming one aggregate political community" (Calhoun 1831: 247). Calhoun defended state interposition and nullification of federal law and, then, secession as the ultimate right of states aggrieved by federal tyranny.

These issues were settled only by the Civil War, such that the perpetual existence of the union and the lack of state authority to nullify federal law have not been questioned since 1865; however, the purposes of the union and the balance between federal and state powers continue to be debated. Later generations of Americans (except for southerners) and the huge post-war immigrant population, which had no experience with the constitutional issues underlying the Civil War, could ultimately come to view social policy and individual rights as more urgent than constitutional federalism. However, the U.S. Supreme Court, partly because of the life tenure of the justices, most of whom were southerners, perpetuated dualistic federalism after the war beyond its general political viability.

Indeed, in congressional and presidential politics, there was considerable intergovernmental cooperation (Elazar 1962), in part because of state and local insistence on federal assistance in land acquisition, infrastructure development, and then welfare for veterans and women (Skocpol 1992). Congress also enacted the first cash grant-in-aid in 1879 (Walker 1981), thus establishing a key tool of cooperative federalism. Nevertheless, outside of the western territories directly under federal authority, the federal government's domestic role remained minimal, and virtually all of the needs of persons were addressed by the governments of their places of residence.

Under Chief Justice John Marshall, a Federalist, the U.S. Supreme Court did assert federal powers in the early days of constitutional federalism. Arguably, the Court's most important expansion of federal power occurred in *McCulloch v. Maryland* (1819), which upheld the congressional charter for the Bank of the United States and shielded the bank from state taxation. In so doing, the Court established the doctrine of intergovernmental tax immunity (i.e., neither the federal government nor the states can tax each other's property or instrumentalities). Yet, Marshall also rendered so broad an interpretation of the necessary and proper clause that his contemporary critics dubbed it "the sweeping clause". In 1832, however, President Andrew Jackson – acting, in part, to satisfy state demands that federal monies be deposited in state banks – vetoed a bill to extend the life of the bank. Jackson epitomized dualistic federalism by destroying what he regarded as an unconstitutional national institution that oppressed the common people. Although often viewed as the precursor of the strong presidency, Jackson defended states' rights against unconstitutional federal infringements while also defending clearly enumerated federal powers against state intrusions, as in his threat to use military force against South Carolina to enforce the "Tariff of Abominations" against state nullification and military interposition in 1832.

Likewise, in commerce-clause jurisprudence, the Marshall Court asserted in *Gibbons* v. *Ogden* (1824) that the commerce clause alone, without congressional legislation, can supersede state regulation, and thereby nullify the steamboat monopoly challenged in *Gibbons*. This notion of the "negative commerce clause" advanced the idea "that though we are a federation of states, we are also a nation and ... that state authority must be subject to such limitations as the Court finds it necessary to apply for the protection of the national community" (Frankfurter 1964: 18). However, this nationalist view was not fully embraced by the Court for another 120 years. Instead, the Court derived from *Gibbons*, and from the contract clause (Art. I, Sec. 10), a doctrine of *laissez faire* capitalism, which, entangled with the Court's federalism doctrines, contributed to political discontent with dualistic constitutional federalism by the late nineteenth century.

Otherwise, commercial regulation was left mostly to the states, including the chartering of corporations and much of the development of nationwide railroads. Congress did enact the Interstate Commerce Act of 1887, the Sherman Antitrust Act of 1890, the permanent Bankruptcy Act of 1898, the Federal Reserve Act of 1913, and other commerce laws; yet, aside from tariffs and western land grants, the federal government did not forge a significant activist role in economic development and commercial regulation until the 1930s.

Even the Civil War did not significantly alter dualistic federalism. Although the war is often called a victory for the national government, President Abraham Lincoln carefully interpreted it as a triumph of the Union over secession, not of the national government over the states. The U.S. Supreme Court reaffirmed dualism in *Texas* v. *White* (1869) and, after the "Compromise of 1877", helped the South recover from its staggering war debt by construing the Eleventh Amendment so as to make it almost impossible for creditors to compel states to honor their financial obligations (Orth 1987) Similarly, Congress and the U.S. Supreme Court declined to enforce against the states the individual-rights guarantees for natural persons of the new Fourteenth Amendment (1868) to the U.S. Constitution. The South reasserted states' rights and instituted racial apartheid with Supreme Court consent (*Plessy* v. *Ferguson* 1896), and Woodrow Wilson, the Progressive president elected in 1912, set out to rid the federal government of African-American employees.

These, of course, are among the reasons why dualistic constitutional federalism is viewed negatively today. The era's defense of places regardless of the rights of persons led reformers to associate constitutional federalism with states' rights, which, in turn, was the bulwark of human slavery and racial oppression. Likewise, the U.S. Supreme

Court's use of constitutional federalism to support *laissez faire* capitalism from the 1860s to the 1930s by striking down federal efforts to abolish child labor, regulate wages and hours, and support labor unions, and the like as exceeding Congress's power under the interstate commerce clause and, in turn, striking down similar state legislation as violations of the contracts clause or interferences with interstate commerce led reformers to associate constitutional federalism with economic injustice and oligarchy as well. Progressive reformers even reinterpreted the founding and ratification of the federal Constitution as little more than a scheme by economic elites to protect private-property interests, including slave ownership, against the democratic masses. Thus, in contrast to reformers in some countries today who view federalism and constitutionalism as liberating concepts against a history of centralized tyranny or corruption, American reformers came to view federalism as an oppressive concept – a view that continues to influence debates about federalism.

5. Cooperative Federalism

Eventually, dualistic federalism could not withstand rising democratic demands for government responses to the externalities and rights disorders of the new urban-industrial era that emerged after the Civil War. The new economy generated numerous negative externalities that were seen as being beyond the reach of state regulation. Reformers and some presidents, such as Theodore Roosevelt, urged the federal government to behave more like a national government in order to manage the new national economy. Large industrial corporations and combines also seemed to threaten democracy and worker rights. Just as states were viewed as unable or unwilling to regulate large interstate businesses, they were also seen as unable to protect the rights of ordinary persons against corporate "robber barons". The only government potentially large enough to counteract corporate power was the federal government. Thus, the federal government was pressed to turn its attention from states' rights within the completed union to worker rights within labor unions and to the civil rights of persons within the context of what President Theodore Roosevelt called the "New Nationalism". Completion of the continental union by 1912, the rise of a polyglot, potentially divisive urban immigrant population, and the emergence of the United States as a world power enhanced the urgency to redefine the federal union as a modern nation-state.

The fundamental criticism of dualistic federalism was well expressed by a leading constitutional scholar, Edward S. Corwin (1941: 98): the "relationship which ... prevailed with the Court was a competitive conception" in which "the National Government and the states [were seen] as rival governments bent on mutual frustration." The remedy was to bridge the constitutional divide between the federal and state governments by means of intergovernmental cooperation that would mobilize the powers of all governments in the federal system, but especially the latent powers of the federal government, to create nationwide policies responsive to national problems.

In seeking to transform federalism, Progressive reformers secured three important constitutional changes: the Sixteenth Amendment (1913) giving the federal government authority to tax income, the Seventeenth Amendment (1913) providing for the direct election of U.S. senators by state voters, and the Twentieth Amendment (1920) extending the suffrage to women. The U.S. Supreme Court also upheld federal grants to states (*Frothingham* v. *Mellon* 1923) and positioned itself to enforce individual rights against states by holding in *Gitlow* v. *New York* (1925: 666) that "freedom of speech and of the press – which are protected by the First Amendment from abridgement by Congress – are among the fundamental personal rights and 'liberties' protected by the due process clause of the Fourteenth Amendment from impairment by the States."

Constitutional federalism, however, did not expire until the Great Depression, the election of President Franklin D. Roosevelt's New Deal coalition in 1932, and Roosevelt's threat to pack the U.S. Supreme Court with justices sympathetic to federal activism. These momentous events discredited *laissez faire* capitalism, constitutional federalism, and the Court that had done so much to perpetuate them both.

What replaced constitutional federalism became known as cooperative federalism – a mobilization and coordination on an intergovernmentally consensual basis of the resources of all governments in the federal system, largely under federal leadership but not domination. As an early exponent wrote: "Cooperation between the federal and state governments is one solution of the difficulties caused by the governmental attempt to regulate the centripetal forces of modern industrial life and the centrifugal elements of state interest and tradition" (Clark 1938: 7). Cooperative federalism was strongly supported by many state and local governments, which were beleaguered by the Great Depression.

This new federalism was not so much a deliberate redesign of federalism as it was an outcome of systemic forces. For one, despite changing interpretations, the U.S. Constitution remained a barrier to simple nationalization. Second, Americans have generally resisted overt centralization, partly out of fear of "big government". At the outset of the movement toward cooperative federalism, for example, President Theodore Roosevelt sought to assure the country in his last State of the Union message that expanding federal power did "not represent centralization". Third, Franklin Roosevelt's New-Deal coalition rested on state and local political party bosses. The coalition could not hold federal power without the support of southern white-supremacist bosses committed to states' rights and of northern big-city bosses committed to local autonomy for their immigrant and white-ethnic communities. Despite pleas from Democratic reformers to crush the bosses, Roosevelt poured federal funds and patronage into their coffers. By controlling huge blocs of voters – alive and dead – the bosses ensured federal cooperation. Indeed, one characteristic of cooperative federalism distinguishing it from constitutional and coercive federalism was the emergence of local government as "third partner" in the federal system. Given their clout in presidential and senatorial elections, big-city bosses gained a seat at the intergovernmental bargaining table on behalf of local governments as coequal partners with federal and state officials. Cities also formed lobbying organizations, such as the U.S. Conference of Mayors, to advance their interests in Washington, D.C. (Farkas 1971).

The linchpin of cooperative federalism was federal fiscal generosity toward state and local governments. Grants-in-aid, loans, direct spending, and other transfers served not only state and local interests but also federal interests in furthering national policy objectives and inducing reforms in state and local governments. Federal aid grew steadily, except during World War II, from insignificance to a high point of 26.5 percent of state and local outlays and 17.0 percent of federal outlays in 1978. Intergovernmental cooperation flourished under these fiscal conditions; along with it, came a gradual intermeshing of federal, state, and local administration (Wright 1988).

This federal generosity flowed from the second most significant fiscal revolution in U.S. history. As a result of the Great Depression and then war, federal revenue leaped from 31 percent of all own-source government revenue in 1927 to 50 percent in 1940 and 72 percent by 1952. Local governments' share of all own-source revenue plummeted from 52 percent in 1927 to 19 percent by 1952. The federal fiscal system was turned upside down, and Americans began, for the first time, to speak of "levels" of government, with the federal government on top, states in the middle, and local governments on the bottom. This hierarchical view of federalism was reinforced by public acceptance of deficit spending as legitimate federal policy, thus further enhancing federal fiscal dominance.

The federal government, however, could not readily translate this fiscal dominance into political dominance, largely because the state and local Democratic bosses would not permit it. Although the New Deal is often viewed as a great nationalizing period that nearly rendered federalism obsolete, its centralizing thrusts pale in comparison to later developments.

For one, under the cooperative federalism initiated by the New Deal, the federal government focused its expanded powers largely on domestic externalities generated by capitalism. Roosevelt attacked industrial bosses, not the state-local party bosses. The federal government acted to regulate the private sector, not the state and local public sector. This was true even in *Darby* v. *United States*, which sounded the death knell for the Tenth Amendment, and thereby constitutional federalism, in 1941. In this case, the U.S. Supreme Court upheld the U.S. Fair Labor Standards Act against the private sector. The Congress and Roosevelt could act to protect workers against predatory industrial bosses, but they dared not extend the FLSA to protect the employees of state and local governments against predatory state and local party bosses.

Second, even in the principal rights issue of the era, labor rights, the federal government limited its reach by allowing some state regulation, including state options to enact anti-union right-to-work laws. The federal government also maintained dual (federal and state) banking, provided for dual federal-state taxation and regulation of such major industries as telecommunications and securities, contravened the U.S. Supreme Court by preserving exclusive state regulation of the business of insurance, and did little to interfere with state chartering of corporations, licensing of occupations, and regulation of public health, safety, and morals. Thus, by concentrating on the negative externalities of industrial giantism, the New Deal provided many protections for the voting constituents of state and local bosses without treading on their sovereign prerogatives.

Third, the New Deal's centerpiece, the Social Security Act of 1935, provided direct federal benefits to elderly persons based on a direct federal tax, thus imposing no political or fiscal burden on state and local officials, while also providing for intergovernmental cooperation and federal aid in public welfare (Aid to Families with Dependent

Children) and unemployment insurance. These and other policies, such as housing programs, helped state and local officials quiet the wrath of voters hurt by the Depression, while also giving those officials substantial control over benefits distribution and, therefore, political credit for federally assisted programs. Generally, federal policies of cooperative federalism barely disturbed state and local prerogatives. For example, the huge federal housing and education programs initiated after World War II mostly provided direct financial benefits to individuals, while leaving substantive housing and education policymaking almost entirely to state and local governments. Other programs, such as Medicaid, enacted in 1965 to provide health care to the poor, involved joint financing with substantial state or local administrative control.

Fourth, the New Deal and then World War II vastly increased the federal role in public works. This role was maintained even under Republican President Dwight D. Eisenhower (1953–60), who initiated the interstate highway system. The federal government financed much or all of public works construction while leaving ownership or substantial administrative control to states and localities.

Fifth, the Republican victories accompanying Eisenhower's election in 1952 reflected a brief reaction against perceived centralization. By appointing a Commission on Intergovernmental Relations, for example, the president tried to sort out federal, state, and local roles and to roll back federal power. Democrats regained control of Congress, however, and continued to press for larger federal roles. These efforts bore fruit in the 1960s under Presidents John F. Kennedy and especially Lyndon B. Johnson, whose Great Society signaled the last hurrah of cooperative federalism.

Sixth, federalism was also rendered cooperative by the federal government's willingness to overlook state suppression of the rights of black Americans. When it could no longer maintain this posture, cooperative federalism began to unravel. Civil rights developments revealed the extent to which cooperative federalism depended on Democratic party control of the federal government, the South, and big states and cities. Federal, state, and local officials could cooperate more easily within the party fold than would have been the case if they had to cross party and jurisdictional lines. Thus, when civil rights advocates became a force in the Democratic party and President Harry S. Truman ordered desegregation of the armed forces, southerners began to abandon the Democratic party, and the federal government had to become more coercive with the states in order to protect civil rights.

Indeed, another feature of cooperative federalism was the minimal role of the U.S. Supreme Court. Although the Court's "switch in time that saved nine" against Roosevelt's Court packing plan in 1937 sanctioned the federal government's expanded commerce power, the Court played only a small role in creating cooperative federalism. Furthermore, no constitutional amendments were instituted or even believed needed to establish cooperative federalism. The new federalism was forged and honed almost entirely in the political arena.

In summary, despite considerable expansions of federal power under cooperative federalism, the era was cooperative because federal policies were largely solicitous of state and local interests, and federal programs provided many direct and indirect benefits to state and local officials. Furthermore, many of the national policy objectives of cooperative federalism, especially economic prosperity and worker rights, were achieved during the era with little disturbance of states' rights.

6. Coercive Federalism

Cooperative federalism began to collapse in August 1968 when the Democratic party's presidential nominating convention in Chicago was split asunder by civil-rights and Vietnam-War protesters. Reformers captured the party; expelled the party bosses; instituted affirmative action for women, young adults, and minorities; insisted on greater reliance on primary elections in presidential nominations; and advocated a reorientation of federal policymaking from the interests of places (i.e., state and local governments) to the interests of persons, particularly the aggregate of minorities (e.g., women, blacks, Hispanics, and gays) who make up the majority of Americans. For many reformers, federalism was associated with reactionary states' rights and, thus, was antithetical to their interests (e.g., state racial segregation, anti-abortion, and anti-sodomy laws), and cooperative federalism was little more than white-male collusion. As one prominent scholar wrote in 1964: "[I]f ... one approves of Southern white racists, then one should approve of American federalism. If ... one disapproves of racism, one should disapprove of federalism" (Riker: 153). In essence, the era of coercive federalism has been a massive project to complete the unfinished work of the founding and of the two previous eras of federalism, namely, the abolition of racial oppression and the liberation of other minorities.

This cultural "civil war" of the 1960s was largely precipitated by the U.S. Supreme Court. In contrast to the demise of constitutional federalism, which required a political assault on the Court, cooperative federalism was initially undone by a judicial assault on the states, beginning with the Supreme Court's momentous race-desegregation decision in *Brown v. Board of Education* (1954). *Brown* provoked massive southern-state resistance to federal "invasions of state sovereignty" and compelled federal officials to shift from cooperation to coercion, leading even President Eisenhower to dispatch federal troops to Little Rock, Arkansas, to enforce school desegregation in 1957. Southern resistance and later northern resistance to desegregation reinforced reformers' determinations to strengthen cosmopolitan federal power against provincial state and local governments. As one scholar wrote, reflecting an emerging liberal political consensus, the new era required "increased coordination and coercion from the centralizing authorities in the" federal system (Tarlton 1965).

Furthermore, during a period of liberal activism, which lasted from 1954 to about 1973 when the U.S. Supreme Court struck down state bans on abortion (*Roe v. Wade*), the Court nationalized much of the U.S. Bill of Rights by holding that the Fourteenth Amendment (1868) rendered most of the individual-rights protections in the U.S. Bill of Rights applicable to state and local governments. As a result, federal courts engaged in extensive institutional reform action against states and localities, while also sanctioning congressional and presidential intervention.

The Court's most significant structural changes in federalism were its "one person, one vote" reapportionment decisions (*Reynolds v. Sims* 1964, and *Wesberry v. Sanders*

1964) based on the "equal protection of the laws" clause of the Fourteenth Amendment. The Court required election districts for the U.S. House and state legislatures to be as equal in population as possible. For centuries (including the colonial era), legislative districts had almost always conformed to the boundaries of local governments, usually counties, and thus were unequal in population. Given that American federalism entailed a union of sovereign jurisdictions, this representation of persons through places was deemed necessary and equitable.

By elevating equal voting weights for persons over places, the Court weakened the political foundations of federalism and strengthened the electoral foundations of social interest-group pluralism. The decisions had substantial consequences for federalism because, by requiring election districts to conform to population distributions rather than to local government boundaries, reapportionment undercut county party organizations, which had been the bedrock of power in the party system, and disconnected members of state legislatures and Congress from their historic dependence on local party and government officials. Given that reapportionment coincided with the rising prominence of primary elections and mass-media campaigning, members of Congress hitched their political fortunes more to the voters and interest groups in their districts than to local and state governments and party organizations. The political future lay in rewarding persons, not places. As one U.S. senator commented (to this author) in 1988, "There is no political capital in intergovernmental relations."

Reapportionment also helped to demote local government from "third partner" to "junior partner" in the federal system because it fragmented the political bases of the big-city bosses who had used their electoral muscle to ensure a role for local government in intergovernmental bargaining under cooperative federalism. Big-city bossism became extinct by 1976. Although proponents of reapportionment had sought to increase the power of big cities in legislative bodies, this was rarely the result, partly because the locus of population was shifting to the suburbs such that, by 1990, the United States became a suburban nation. In addition, it was city residents who gained more representation in legislatures, not city governments and party organizations. Big-city voters now elect multiple representatives more beholden to interest groups and neighborhoods than to their city government. Furthermore, many big-city bosses controlled their entire metropolitan county and, therefore, introduced some political cohesion to their metropolitan region and attracted intergovernmental transfers to it. Reapportionment fragmented that regional political cohesion.

Reapportionment achieved its full impact on the Congress by 1973. As many observers have noted, congressional behavior became more individualistic, even atomistic (Hertzke/Peters 1992), and Congress asserted its power with respect to both the presidency and state and local governments. Decades of southern control of virtually all important congressional committees also came to an end by 1974. Consistent with the rights revolution initiated by the U.S. Supreme Court in 1954, and with the rising tide of well-organized civil-rights groups, Congress began to enact more rights legislation and benefits for individual citizens, even overturning conservative rights rulings of the high Court by the late 1980s.

In addition to the transforming effects of the rights revolution, new externalities, particularly environmental degradation, were placed on the national political agenda, and the term "externality" itself became common in political discourse. Given that most human activity can be said to generate externalities, this concept has been broadened to help legitimize federal activity in a wide range of policy fields. Consequently, by the 1990s, virtually all government activity entailed more or less federal presence.

Federal rights and externality policies are necessarily coercive for state and local governments because those policies either prohibit or compel state or local government action. Prior to the late 1960s, the federal government had limited its infrequent uses of coercion to prohibitions of state action. By the late 1960s, however, Congress began increasingly to mandate (i.e., compel) state and local implementation of policies formulated by federal officials. In contrast to cooperative federalism's reliance on grants to induce state and local action, under coercive federalism, the federal government has relied more on unfunded and underfunded mandates as well as on conditions (i.e., regulations) attached to federal aid. Indeed, on October 27, 1993, state and local officials held their first national protest against coercive federalism – National Unfunded Mandates Day.

The era of coercive federalism is marked by a number of characteristics, including:

1. *Aid Reduction.* Federal aid has declined from its 1978 peak to about 22 percent of state-local outlays and 13 percent of federal outlays. Particularly significant has been a steep drop in direct federal aid to local governments. One reason for the decline is that Republican President Ronald Reagan (1981–89) opposed federal aid to local governments, especially big Democratic cities. Viewing federalism as a federal-state relationship, Reagan refused to accept local governments as the third partner. Hence, two major federal-local programs were terminated by Congress with presidential support: General Revenue Sharing in 1986 and Urban Development Action Grants in 1988.

2. *Aid to Persons.* Aid to local governments would have declined anyway, however, because federal aid for persons (e.g., Medicaid and other welfare) now exceeds aid for places (e.g., highways and urban renewal). Approximately 63 percent of all federal aid to states and localities is now dedicated for payments to persons, compared to 32 percent in 1978. Most of the 88 percent increase in federal aid during the last six Reagan-Bush years (1987–1992) was for payments to persons. Aid for persons is mostly rights-based entitlement money for which states have the principal administrative role; hence, 89 percent of all federal aid now goes to states. Medicaid alone amounts to more than 40 percent of all federal aid to states and localities.

This shift of federal aid toward persons follows the rise of entitlement (i.e., social welfare) spending in the federal budget. Such spending accounts for well over half of the federal budget. According to the Bipartisan Commission on Entitlement and Tax Reform, unless reforms are enacted soon, spending on entitlements and interest on the national debt will consume every dollar the federal government collects in taxes by 2012. Consequently, more and more responsibilities with less and less federal aid must be shifted to state and local governments.

3. *Aid Conditions.* Congress has significantly increased conditions attached to federal aid in two ways. (Conditions are legal policy requirements that must be fulfilled by states and localities that accept federal fiscal assistance.) First, Congress prefers narrow categorical grants intended for specific purposes rather than block grants and revenue

sharing. Although Reagan succeeded in reducing the number of grants from 539 in 1981 to 404 by 1984, after Democrats regained control of the Senate in 1986, the number of grants increased to 633 by the end of 1994. The number has remained at about that level since then. Congress places about 90 percent of all federal-aid money in categorical grants, which must be spent within the narrow program limits established by Congress.

Another facet of aid conditions has been the increased use of crossover sanctions since 1965, especially in the major place program – federal-aid highways. At present, some 20 crossover conditions are attached to federal highway aid. A significant example was a 1985 condition requiring states to raise to 21 the legal age for purchasing alcoholic beverages as a condition for receiving full federal highway aid. This device allowed the federal government to circumvent its lack of constitutional authority to regulate the legal drinking age. The U.S. Supreme Court upheld this condition of aid in one of the most significant federalism cases of the 1980s (*South Dakota* v. *Dole* 1987). Although the Court has noted that conditions of aid "might be so coercive as to be unconstitutional" (*South Carolina* v. *Baker* 1988), it has declined to invalidate conditions because any state is, legally, free to refuse federal funds, even though, as a fiscal and political reality, state and local governments cannot withdraw from the major and most conditioned aid programs, such as Medicaid and highways.

4. *Mandates.* Federal mandates have also increased significantly. Mandates are direct orders requiring state and local governments to perform certain functions under pain of federal civil or criminal penalties. The first major mandate statute was enacted by the Congress in 1931. Another was enacted in 1940; none were enacted from 1941 to 1963; nine were enacted from 1964 to 1969; 25 were enacted during the 1970s; and 27 were enacted during the 1980s (U.S. Advisory Commission on Intergovernmental Relations 1993). The pace of mandating continued in the 1990s, although an accurate count is not available, and the Unfunded Mandates Reform Act of 1995 has reduced the number of unfunded mandates.

5. *Preemption.* Likewise, preemption (i.e., displacement) of state and local powers has reached unprecedented levels. Of 439 explicit preemption laws enacted by Congress from 1789 to 1991, 233 (53 percent) were enacted after 1969 (U.S. Advisory Commission on Intergovernmental Relations 1992). Although states won more preemption cases (51 percent) before the U.S. Supreme Court in 1970 to 1991 than in 1930 to 1969 (41 percent), preemption cases increased from 95 in 1930 to 1969 (2.4 per year) to 232 in 1970 to 1991 (10.5 per year) (O'Brien 1993). Again, the pace of preemption continued in the 1990s, though no accurate count is available.

6. *Intergovernmental Tax Comity.* In the past, the federal government permitted many state and local tax immunities – that is, protections from federal tax law – but as federal expenditures and deficits grew, the federal government increasingly intruded on state and local tax bases. In 1986, for example, Congress eliminated deductions of state and local sales taxes from federal personal income-tax liabilities and placed restrictions on state and local tax-exempt bond financing. Currently, states are protesting a federal moratorium on their authority to tax the internet.

7. *Less Cooperative Programming.* The cooperative features of major intergovernmental programs, such as Medicaid, have eroded in recent years. To mask deficits or inflate surpluses, for example, federal officials have delayed and reduced disbursements to the states from the highway, mass-transit, and aviation trust funds and from the Employment Security Administrative Account for state unemployment insurance. Also, in 1990, the Congress raised the federal motor-fuels tax by five cents but, for the first time, did not dedicate the entire increase to highway aid.

8. *Judicial Hostility.* Although some observers suggested that states were faring well before the U.S. Supreme Court (Wise/O'Leary 1992), the empirical evidence suggested otherwise. Despite establishing a State and Local Legal Center in 1983 to help defend state and local interests before the U.S. Supreme Court, state and local governments won only 39 percent of the federalism cases decided by the Court in 1981–1989 (Kearney/Sheehan 1992).

One of the most significant federalism cases was *Garcia* v. *San Antonio Metropolitan Transit Authority* (1985), in which the Court applied the Fair Labor Standards Act to state and local government employees, thereby overturning a 1976 ruling (*National League of Cities* v. *Usery*) that blocked application of this law on Tenth Amendment grounds and also accomplishing what the New Deal dared not attempt in the face of boss rule. The Court opined in *Garcia* that states cannot expect the judiciary to protect their powers from federal encroachment by invoking the Tenth Amendment; instead, they must protect their powers by lobbying in the national political process like other interest groups. This case epitomizes coercive federalism and the shift of federal attention from places to persons because, for the first time, the Court legitimized federal regulation of all persons employed by state and local governments. The authority of a government to control its own personnel is a basic attribute of sovereignty (Kincaid 1993). *Garcia*, moreover, was based on a new constitutional philosophy which holds that it is the duty of the Court to protect the rights of persons, not places.

9. *Weakened Intergovernmental Infrastructure.* The federal government has dismantled or weakened many intergovernmental institutions that were established in earlier decades to promote cooperative federalism. The intergovernmental division of the president's Office of Management and Budget was abolished in 1983, as were the federal regional councils created by President Nixon. After Democrats recaptured the Senate in 1986, the Senate's activist Subcommittee on Intergovernmental Relations was reorganized into a low-prestige Subcommittee on Government Efficiency, Federalism, and the District of Columbia. The House subcommittee was renamed Human Resources and Intergovernmental Relations. The intergovernmental division of Congress's General Accounting Office was eliminated by 1992. Efforts also were made to abolish the U.S. Advisory Commission on Intergovernmental Relations (ACIR) in 1985, 1989, 1993, and 1994, with ACIR's 1996 appropriation finally ordering termination of the commission. Although the system continues to be essentially cooperative in its administrative aspects, this intergovernmental cooperation occurs within the context of unprecedented federal coercion.

10. *Federalization of Criminal Law.* Until the late 1960s, criminal law was almost entirely a state responsibility. Since then, however, Congress has enacted statutes defining

more than 3,000 federal criminal offenses, including more than 50 death-penalty offenses. This trend is a graphic illustration of the shift of federal policymaking from places to persons, with members of Congress eager to respond to citizen demands for government to "get tough on criminals". Consequently, federal criminal statutes are almost always more punitive than their state criminal-law counterparts.

By a variety of measures, therefore, American federalism can be said to have entered a coercive era for state and local governments, an era that began in the late 1960s, accelerated during the 1970s, and was legitimized in the 1980s. This movement toward federal coercion has been driven most strongly by issues of individual rights and other benefits for persons. The movement has, in effect, sought to liberate persons from what came to be regarded as the oppression of the historic constituent places of the federal union and, in so doing, redefine the nature of the federal union. U.S. Supreme Court Justice Harry A. Blackmun articulated the basic premise of this movement when he opined in 1991: "Ours ... is a federal republic, conceived on the principle of a supreme federal power and constituted first and foremost of citizens, not sovereign states" (*Coleman* v. *Thompson*).

The rise of coercive federalism was initially precipitated by the black civil-rights movement, which sought federal intervention against state and local oppression. The independent U.S. Supreme Court responded first, in part because a liberal sociological jurisprudence had become influential, a jurisprudence which emphasized judicial responses to social problems with principles of justice rather than constitutional niceties. The black civil-rights movement became a mass movement that also spawned other rights movements during the 1960s, which, combined with affluence and protests against the Vietnam War, placed tremendous pressure on the federal government to obliterate state and local obstacles to the flowering of rights and benefits for persons. The Court's reapportionment decisions and the rise of the mass media during the 1960s helped reorient political and cultural attention from the states to the federal government. The old party system, seen as antithetical to individual rights, collapsed, and national interest groups proliferated to fill the vacuum. Relations between state and local officials and federal officials, therefore, became mediated and obstructed by national interest groups, most of which seek to employ federal power to impose their policy preferences nationwide. New issues, such as environmental protection, also produced new demands for federal intervention, and as policy analysts increasingly concluded that all public policy fields are interconnected, they generated demands for broader as well as more intricate federal action.

The second wave of coercive federalism came during the Reagan administration, which, despite its states' rights rhetoric, advanced coercive federalism for four reasons. First, Reaganites sought to use federal power to displace liberal Democratic national policies with conservative Republican national policies. They were reluctant to restore significant powers to the states because they believed that state and local governments had been captured by liberal Democrats. Second, Reagan turned federal attention to the rights of a different class of persons, namely, entrepreneurs, and thus supported massive federal preemptions of state laws, including consumer-protection laws, deemed to be obstacles to a free-market economy. Business, too, prefers to be regulated by one federal regime rather than 50 state regimes. Third, Reagan turned federal attention to the rights of what President Nixon had called "the silent majority" by championing tax cuts, the federalization of criminal law, and other policies friendly to the average quiescent citizen. Fourth, it proved politically impossible for Reagan to ignore all of the liberal rights issues being pressed onto the federal agenda, especially in light of Democratic control of one or both houses of Congress. Hence, coercive federalism has been a bipartisan development, and approximately eight bills to ameliorate coercive federalism – bills strongly supported by state and local officials – have been pending in Congress, several for more than a decade, without favorable action.

7. A New Era on the Horizon?

Nevertheless, signs of impending change are evident throughout the system, suggesting that a new era might emerge after more than 30 years of coercive federalism. The system cannot be returned to the previous patterns of constitutional or cooperative federalism, nor can coercive federalism be dismantled, because federal power has reached a new, generally legitimized plateau. However, a new era is likely to constrain further significant expansions of federal power, insist on more policy-implementation and administrative discretion for state and local governments, and seek to strike a more co-equal balance of power between the federal government and the states. Signs pointing to possible change include the following.

Because of the vast expansion of federal rights-protection, younger generations have no personal experience with the raw oppression of states and localities experienced or perceived by their parents and grandparents. Instead, they are more likely to see the activist federal government as less benign than state and local governments. In addition, despite the vast expansion of federal power, state and local governments still provide all of the services that matter most to citizens.

State and local governments have also been significantly reformed, strengthened, and professionalized since the 1950s, partly as a result of federal inducements and coercion. In addition, massive migration from the North into the South since World War II has helped to modernize the southern states and even to liberalize them to some extent, thus blunting the sharpness of the historic North-South divide. As a result, the federal government is no longer regarded as the most capable and progressive government. On the contrary, state and local governments, on average, can now be said to be more efficient, effective, and innovative than the federal government.

The nationalizing effects of the mass media also seem to have boomeranged on the federal government. During the rise of coercive federalism in the 1960s, the media generally portrayed the federal government as liberal and progressive. Since the Watergate era (1972–74), however, the media has publicized virtually everything that can be regarded as squalid and wasteful about politics and government in Washington, D.C., while giving much less attention to state and local governments. Merely by omission, the media creates the impression that state and local governments are less corrupt than the federal government. Furthermore, even though a more activist federal government has produced many policy successes, it has also produced many policy failures, failures previously associated with state and local governments. Given that the media publicizes policy failures much more than policy successes, and given that federal policy failures have nationwide consequences, often at very high costs, media coverage of federal policy failures is more frequent and spectacular than relatively insignificant state or local policy failures.

Opinion-poll data suggest, as well, that since the late 1980s, citizens have become more hostile toward the federal government, viewing it as too big, too powerful, and too wasteful. Citizens have more positive views of local governments especially and of state governments secondarily, and they support increased power for these governments and decreased power for the federal government. However, these general attitudes are mitigated by specifics. That is, when asked about specific policies, such as welfare, education, and environmental protection, sizable majorities support a sizable federal role. Hence, efforts to reduce federal funding or regulation in specific policy areas generate strong public resistance.

Suburbanization appears to have renewed interest in local communitarianism as an appropriate environment in which to raise children and enjoy the amenities of life in peace and security. Most suburban governments are small, nonpartisan entities administered by a professional manager and governed by part-time elected officials who focus on service efficiency and the maintenance of property values. Homeownership is the average American's single largest financial asset, and citizens recognize that the maintenance of public mores and civility is crucial for property values. Indeed, there has been an extraordinary increase in residential community associations, which are small, private governments financed and operated by residents themselves under strict, enforceable covenants that are no less authoritarian than Puritan communities of John Winthrop's era.

The liabilities of centralization also became more evident by the 1990s, just as they became more evident worldwide. For example, advocates of coercive federalism had argued that centralization would produce more rational, uniform, and coordinated policymaking nationwide compared to the fragmentation produced by the independent policymaking of 50 states and some 86,000 local governments. Yet, with centralization, policymaking was immediately fragmented by the separation of powers, partisan rivalry, congressional committees, bureaucratic agencies, and national interest groups. This fragmentation was then imposed on state and local governments through more than 600 grant-in-aid programs, multiple mandates, and hundreds of thousands of pages of uncoordinated regulations. The Clinton administration recognized this problem in its reinventing government effort and sought, among other things, to obtain substantial discretion for state and local governments to coordinate and consolidate fragmented federal grant monies, mandates, and regulations in ways that make sense locally. Congress declined to grant such discretion. Clinton did succeed, however, in obtaining congressional approval for many specific waivers to federal law that permit states to experiment with new ways of implementing particular federal policies.

The rise of free-market principles, deregulation, and privatization, as well as public-choice analyses of government failures, have also contributed to re-evaluations of the federal role in the federal system. Even some liberal Democrats (e.g., Rivlin 1991) have urged reductions in federal power, in part on grounds of efficiency and equity, and in part from realization that conservative Republicans can capture the federal establishment and wield its coercive powers, too.

There has also been rising criticism of the hyper rights-consciousness associated with coercive federalism. Excessive emphasis on individual rights and individualism, it is argued, destroys community, atomizes society, isolates individuals, subverts deliberative democracy, and judicializes public policy. A better balance, therefore, should be struck between the rights of persons and the rights of places.

Most surprising, however, has been a series of decisions since 1991 by the U.S. Supreme Court in which it has reasserted constitutional rules of dualistic federalism. In *New York* v. *United States* (1992), for example, the Court struck down a federal mandate, in part as a violation of the Tenth Amendment, which the Court invoked in partial defense of state authority. In *United States* v. *Lopez* (1995), the Court voided, for the first time since 1936, a federal law (the Gun-Free School Zones Act) as an unconstitutional exercise of the Congress' commerce-clause power. In *Seminole Tribe of Florida* v. *Florida* (1996), the Court resuscitated the Eleventh Amendment, which protects states from certain types of lawsuits filed against them in federal courts. In subsequent decisions into 2001, the Court has employed the Eleventh Amendment especially, as well as a more restrictive conception of interstate commerce, as means to restrain federal power, mainly by striking down provisions in federal statutes that permit individuals to sue states in federal courts for alleged violations of federally protected civil rights.

These decisions, however, have been enormously controversial, and virtually all of the Court's state-friendly decisions have been 5 to 4 rulings with the same "Federalism Five" justices, all appointed by Republican presidents, ruling in favor of the states. These decisions contributed substantially to the divisiveness of the 2000 presidential election because supporters of George Bush and supporters of Al Gore recognized that the winner of the 2000 election will likely have opportunity to nominate one or more new justices. Gore's decision to contest the 2000 vote in Florida was motivated in part by the desperate desire of his supporters to reduce the "Federalism Five" to a minority on the Court.

The 2000 election, therefore, can be viewed as a renewed contest between persons and places as to the nature and future course of American federalism. However, the extraordinary closeness of the election outcome indicated how evenly divided the electorate, the Supreme Court, and the Congress are on these matters. Such closeness makes it perilous to predict a new era of federalism; yet this closeness also suggests that coercive federalism is now too contested to survive in its present form, and that the continuing tension between persons and places in American federalism will be played out in new ways during the twenty-first century.

References

Bowman, Ann O'M./Kearney, Richard J.C., 1986: The Resurgence of the States. Englewood Cliffs, NJ.

Calhoun, John C., 1831: Fort Hill Address On the Relation Which the States and the General Government Bear to Each Other, in: *Michael B. Levy* (ed.), Political Thought in America: An Anthology. Homewood, IL, 247–253.

Clark, Jane P., 1938: The Rise of a New Federalism: Federal-State Cooperation in the United States. New York.

Corwin, Edward S., 1941: Constitutional Revolution, ltd., Claremont.

Elazar, Daniel J., 1962: The American Partnership: Intergovernmental Co-operation in the Nineteenth-Century United States. Chicago.

Farkas, Suzanne, 1971: Urban Lobbying: Mayors in the Federal Arena. New York.

Frankfurter, Felix, 1964: The Commerce Clause Under Marshall, Taney and Waite. New York.

Gore, Al, 1993: From Red Tape to Results: Creating a Government that Works Better and Costs Less. Washington, DC: Report of the National Performance Review, U.S. Government Printing Office.

Hertzke, Allen D./Peters, Ronald M. (eds.), 1992: The Atomistic Congress: An Interpretation of Congressional Change, Armonk. New York.

Kearney, Richard C./Sheehan, Reginald S., 1992: Supreme Court Decision Making: The Impact of Court Composition on State and Local Government Litigation, in: Journal of Politics 54, 1008–1025.

Kincaid, John, 1993: Constitutional Federalism: Labor's Role in Displacing Places to Benefit Persons, in: PS: Political Science & Politics 26, 172–177.

Kincaid, John, 1993a: From Cooperation to Coercion in American Federalism: Housing, Fragmentation and Preemption, 1780–1992, in: Journal of Law and Politics 9 (2), 333–430.

Lipset, Seymour M., 1963: The First New Nation. New York.

O'Brien, David M., 1993: The Rehnquist Court and Federal Preemption: In Search of a Theory, in: Publius: The Journal of Federalism 23, 15–31.

Orth, John V., 1987: The Judicial Power of the United States: The Eleventh Amendment in American History. New York.

Osborne, David/Gaebler, Ted, 1992: Reinventing Government: How the Entrepreneurial Spirit is Transforming the Public Sector. Reading, MA.

Riker, William H., 1964: Federalism: Origin, Operation, Significance. Boston.

Rivlin, Alice M., 1991: Reviving the American Dream. Washington, DC.

Skocpol, Theda, 1992: Protecting Soldiers and Mothers: The Political Origins of Social Policy in the United States. Cambridge.

Tarlton, Charles D., 1965: Symmetry and Asymmetry as Elements of Federalism: A Theoretical Speculation, in: Journal of Politics 27, 861–873.

U.S. Advisory Commission on Intergovernmental Relations, 1992. Federal Statutory Preemption of State and Local Authority. Washington, DC.

U.S. Advisory Commission on Intergovernmental Relations, 1993: Federal Regulation of State and Local Governments: The Mixed Record of the 1980s. Washington, DC.

Walker, David B., 1981: Toward a Functioning Federalism. Cambridge.

Webster, Daniel, 1830: Second Reply to Hayne, in: *Benjamin F. Wright* (ed.), American Political Theory. New York (1929), 480–488.

Wise, Charles/O'Leary, Rosemary, 1992: Is Federalism Dead or Alive in the Supreme Court? Implications for Public Administrators, in: Public Administration Review 52, 599–572.

Wright, Deil S., 1988: Understanding Intergovernmental Relations. 3rd. ed., Pacific Grove, CA.

Court Decisions

Brown v. Board of Education of Topeka, 347 U.S. 483 (1954).
Coleman v. Thompson, 111 S.Ct. 2546 (1991).
Darby v. United States, 312 U.S. 100 (1941).
Frothingham v. Mellon, 262 U.S. 447 (1923).
Garcia v. San Antonio Metropolitan Transit Authority, 469 U.S. 528 (1985).
Gibbons v. Ogden, 22 U.S. (9 Wheat.) 1 (1824).
Gitlow v. New York, 268 U.S. 652 (1925).
McCulloch v. Maryland, 17 U.S. (4 Wheat.) 1 (1819).
National League of Cities v. Usery, 426 U.S. 833 (1976).
New York v. United States (1992).
Plessy v. Ferguson, 163 U.S. 537 (1896).
Reynolds v. Sims, 377 U.S. 533 (1964).
Roe v. Wade, 410 U.S. 113 (1973).
Seminole Tribe of Florida v. Florida (1996).
South Carolina v. Baker, 485 U.S. 505 (1988).
South Dakota v. Dole, 483 U.S. 203 (1987).
Texas v. White, 74 U.S. 700 (1869).
United States v. Alfonso Lopez, 115 S. Ct. 1624 (1995).
Wesberry v. Sanders, 376 U.S. 1 (1964).

Federal Evolution: The Canadian Experience

Ronald L. Watts

1. The Significance of the Canadian Experience

The original Canadian federal constitution of 1867 was marked by the allocation of strong central powers enabling the federal government to override the provinces in certain circumstances. Despite its originally centralized character, more than a century and a quarter of pressures to accommodate linguistic duality and provincial regionalism have made Canada one of the world's most decentralized federations, legislatively, administratively, and financially (Watts 1999a: 75–80). The Constitution Act of 1867 recognized the particular character of Quebec by including some asymmetry in the provisions relating to language, education and civil law as these applied to Quebec. But efforts within the past four decades to recognize the reality of Quebec's distinctiveness by comprehensive constitutional revision that would further increase constitutional asymmetry have been highly controversial.

The most innovative feature of the Canadian federation created in 1867 was that, in contrast to the preceding United States and Swiss federations, which emphasized the separation of the executive and legislature within each level of government, Canada was the first federation to incorporate a system of parliamentary responsible government in which the executive and legislature are fused. This combination of federal and parliamentary systems was subsequently adopted in Australia and in many other later federations. In Canada the majoritarian character of its federal parliamentary institutions has had a particularly significant impact on the dynamics of federal politics and upon intergovernmental relations.

The motivations and interests leading to pressures both for political diversity and for common political action within Canada, the legal constitutional structure, and the actual processes and practices of governments have all been important aspects interacting with each other in the operation and evolution of the Canadian federal system. At one time authors examining federal systems tended to concentrate primarily on the legal constitutional framework within which federal and provincial or state governments carried on their activities. More recently scholars writing about federal systems have emphasized the importance and influence of the social forces underlying federal systems. Still more recently, scholars have come to recognize that constitutions and institutions are not only shaped by societies, but themselves, once instituted, in turn channel and shape societies (Stein 1968; Cairns 1977; Smiley 1987: 3–11; Simeon/Robinson 1990: 9–16). Indeed Canada provides a good illustration of the way in which a society, its constitution, and its political institutions interact with each other and are not static but have evolved as the result of this continual interaction.

2. The Origins of the Canadian Federation

2.1 Political History Prior to the 1860s

Before the arrival of European settlers Canada was inhabited by a variety of indigenous aboriginal peoples. These consisted of several hundred distinct groups or bands, some of which were nomadic hunters and some agrarian. With the arrival of European settlers many of these bands made treaties with the settlers under which in exchange for goods they gave up land while usually reserving some land to live on where they retained their own customs and way of life. Today, aboriginal peoples in Canada number over one million, representing about 3 percent of the population.

From around 1600 Europeans began to settle permanently in North America. In the north, in what is now Canada, the French established along the St. Lawrence River valley the colony of New France. To the south in what is now the United States of America, a number of British colonies were established, as well as some in Newfoundland and on the Atlantic coast of what is now Canada. The period between 1600 and 1760 saw intense rivalry between these French and English colonies, accentuated by the frequent wars during this period between the mother countries of France and England.

As a result of one of these major wars in Europe between 1759–1763, the British army in North America conquered New France. From 1763 to the 1860s, British rule was marked by alternating efforts at assimilation and absorption of the French colony and at recognition of Quebec's French and Roman Catholic distinctiveness. The Royal Proclamation of 1763 attempted to impose British laws and institutions, but the Quebec Act of 1774 reversed this, giving official status to the Roman Catholic religion and restoring the French civil law and social system. In 1791, in response to the influx into what is now Ontario of English-speaking "loyalists" from the United States who had opposed the revolution there, the Constitution Act of 1791 split the colony into Upper and Lower Canada each with its own representative institutions. At the same time already existing separate British colonies in the Atlantic region, Nova Scotia, New Brunswick, Prince Edward Island and Newfoundland developed their own representative institutions.

Despite the separation of Upper and Lower Canada, tensions between the English and French populations remained, especially with the large influx of settlers from Britain consisting mostly of Scots and Irish. Consequently, the British government reversed itself again and with the Act of Union 1840 joined Upper and Lower Canada into a single unitary province within which it was expected that the French Canadians would be submerged and absorbed by the rapidly growing British population of Upper Canada. In practice however over the next two decades the single unitary colony was troubled by continuing tensions between its French and English populations. This resulted in shifting governmental coalitions, deadlocks and lack of effective policy.

2.2 The Motives and Processes leading to Federation

A major motive for adopting a federal structure was the need to resolve the internal political deadlocks arising within the colony of Canada during the operation of the Act of Union of 1840. By the 1860s both its British and French people came to see the advantage of creating separate autonomous provinces of Ontario (the former predominantly British Upper Canada) and Quebec (the former predominantly French Lower Canada), each responsible for its own affairs in those areas where the French and English Canadians were sharply divided, such as language, religion, culture, legal systems and social institutions, while at the same time retaining a strong federal government for those matters such as defence, the economy and transportation, where they shared common interests.

There were strong motives not only for keeping the newly divided French and British parts of the colony together, but also for adding the other British colonies on the Atlantic coast within a wider federation. These related to defense and trade. Concern about defense arose from the fear of invasion from the United States. The experience of earlier hostilities with the United States in the war of 1812–14, the possibility with the end of the American Civil War in 1865 that the victorious army of the North might be turned to absorbing Canada, the provocative armed Fenian raids in the 1860s, and the withdrawal of protecting British troops to save imperial costs all made a greater self-reliance on the part of the colonies imperative.

The desire to increase east-west trade among the British North American colonies was another strong factor. The expiration in 1864 of the Reciprocity Treaty of 1854 which had ensured free trade with the United States emphasized the importance of intercolonial trade. This was reinforced by the vigorous advocacy by commercial and railway interests of strong east-west links among the British North American colonies.

At the same time there were equally strong motives for provincial self-government. Quebec wished to maintain its own distinct French Canadian culture. Ontarians saw provincial autonomy as providing freedom at the provincial level from irksome restraints of having always to accommodate French Canadian concerns. The Atlantic colonies saw provincial autonomy as providing protection from dominance by the distant and more populous Ontario and Quebec.

In the creation of the new federation it was the political leaders within the British North American colonies rather than the imperial government that provided the driving force. The colonial elites held meetings in Charlottetown in 1864 and Quebec City in 1865 where negotiations reached agreement on the shape of the proposed new federal structure. They then traveled to London in 1866 to persuade the imperial government to enact the new constitution in British law. The new political order was thus a product of elite compromises and accommodation among the leaders within the colonies. There was no extensive public debate about the issues, however.

2.3 The Nature of the Federal Structure Created in 1867

The new federal constitution of Canada, as requested by the colonial leaders, was passed with only minor modifications as a British law, the *British North America Act*, which came into effect on 1 July 1867. This, although renamed in 1982 as the *Constitution Act, 1867,* has been the basic constitution of Canada since 1867, i.e. for 134 years.

The constitutional structure established in 1867 had two fundamental pillars: it created a federal system and it combined it with parliamentary institutions.

Canadians often refer to the creation of the federation in 1867 as "confederation". This terminology is misleading and confusing since what was established was clearly a federation with federal and provincial governments each deriving their authority from the constitution rather than another level of government, and each having its own direct electoral, legislative and taxing relationship with its citizens. The explanation of the Canadian usage of "confederation" is that it refers not to the essential character of the political system that was created, but rather to the process of bringing the separate units together in 1867. What this process created was in fact a federation, and in terms of its constitution a relatively centralized one at that.

Seven characteristics of the federation created in 1867 are worthy of note: First, it consisted of four provinces, later to grow to ten by 1949.

Second, the constitution embodied strong central powers, especially in matters relating to the economy. A factor was the belief of the Canadian political leaders that it had been the weakness of the United States federal government that had led to its civil war, ending just at the time when the Canadian federation was being designed. To reinforce the strength of the federal government, the new Canadian Constitution included some quasi-unitary features. These included provisions for the reservation and disallowance of provincial legislation, the over-riding federal public works power even in areas of provincial jurisdiction, the sweeping "peace, order and good government" powers of the federal government, the appointment by the federal government of provincial lieutenant-governors, and the power to determine appeals from provincial decisions affecting minority education rights (Constitution Act, 1867, Sections 90, 92[10], 91, 58, 93[4]).

Third, unlike the United States Constitution which emphasized the shared concurrent powers of the federal government and the states, the new Canadian Constitution emphasized the exclusive nature of the jurisdiction of the federal and provincial levels of government. This reflected the desire of the proponents for both a strong federal government and for autonomous provinces that would each be unrestrained in their areas of jurisdiction. Section 91 listed 29 specific matters as exclusive federal legislative powers. These included the regulation of trade and commerce, transportation and communication, foreign affairs and defense as well as a general grant of authority to legislate for the "peace, order and good government of Canada". The exclusive powers of the provincial legislatures were set out in Section 92, listing 16 matters and Section 93 relating to education. Among the major exclusive provincial powers were natural resources, property and civil rights, health, social services, education and local government. Unlike most other federal constitutions that have allocated substantial areas to shared or concurrent jurisdictions, Section 95 of the original constitution listed only two areas of concurrency: agriculture and immigration. Subsequently, more than a century later, old age pensions were made concurrent but with provincial paramountcy (Section 94A), and in 1982 certain aspects of non-renewable resources were placed under concurrent jurisdiction (Section 92A). The general residual legislative authority is assigned by Section 91 to the federal government, but the provinces have a residual authority over matters of a merely local or private nature under Section 92 (16). With the exception of criminal law, where the federal parliament has legislative jurisdiction under Section 91 (27) but the provinces are responsible for its administration under Section 92 (14), the assignment of executive and administrative jurisdiction coincides with the allocation of legislative jurisdiction.

Fourth, in the area of taxation, the federal government is allocated authority to raise money by any mode or system of taxation under Section 91 (3), while the provinces are restricted to direct taxation by Section 92 (2). Thus, there is considerable overlap in their taxing powers. Both levels of government have authority to borrow.

Fifth, under Section 132 the federal executive has the power to make treaties that are binding on Canada in international law. But as a result of subsequent judicial interpretation, the federal Parliament has the power to implement treaties negotiated by the federal government only insofar as they involve matters within federal legislative jurisdiction. If a given treaty involves matters within provincial jurisdiction, then the individual provinces must legislate to implement the federally negotiated treaty before it becomes binding in the provinces.

Sixth, the Canadian Constitution included from the beginning an element of asymmetry, i.e. non-uniformity, among the provinces. To recognize the predominately French character of Quebec, which contrasted with the English-speaking majorities in the other provinces, special provisions relating to the use of language, minority education, and the use of civil law in Quebec were set out in Sections 133, 93 and 94 of the original Constitution (with further modification made in 1982 by the Constitution Act, Sections 16–23).

Seventh, because in 1867 Canada was a colonial federation, its constitution was embodied in British law. It did not include a formal procedure for amendment since it was assumed that amendment would be by British law. This situation was not remedied until the Constitution Act of 1982 introduced a set of amendment procedures.

The second pillar of the new Canadian constitutional structure in 1867 was the establishment of British parliamentary cabinet institutions responsible to Parliament. The preceding modern federations, the United States and Switzerland, had adopted systems of fixed term executives and the separation of powers between executive and legislature. The creation of a federation with parliamentary institutions was therefore a Canadian innovation, subsequently followed in a number of federations in the British Commonwealth and in Europe. This Canadian innovation was a natural outcome of the pre-federation period in which each of the British North American colonies had been developing their own representative parliamentary institutions. The combination of parliamentary and federal institutions in Canada has led to distinctively different political dynamics in the way the federation has operated compared with the earlier federations. It has given the parliamentary executives at both levels of government a particularly predominant role.

3. The Evolution of the Canadian Federation up to the 1960s

A number of features mark the pattern of evolution during the first century of the operation of the Canadian Federation up to the 1960s.

The federation has proved remarkably flexible. Operating within the framework of the 1867 Constitution and without major formal constitutional amendments, flexibility was achieved largely through pragmatic intergovernmental adaptation. The federation proved able to respond to the urgent needs for centralization during the world wars of 1914–18 and 1939–45 and to the very different peacetime pressures in other periods for substantial decentralization.

During its first century the federation's population and economy grew enormously, and the federation was enlarged from four to ten provinces and two territories filling the northern half of the continent. With substantial immigration the population grew tenfold from 2.5 million in 1867 to just over 20 million in 1967. Canada also underwent enormous economic growth, especially under the stimulus of the pressure to industrialize during the two world wars. Its expansion during its first century into ten provinces and two territories also altered the internal political dynamics and balance of the federation and the relative roles of various provinces.

During its first century Canada was marked by two parallel and competing thrusts: federation-building and province-building, with the federal government engaged in the former and the various provincial governments in the latter (Black/Cairns 1966: 27–45). In different periods these two processes advanced at different speeds, giving the impression of a pendulum swinging between periods of centralization and decentralization. In fact over the century, the activity of both the federal and provincial governments increased, with both levels of government coming to do more than envisaged in 1867. Thus, both federation-building and province-building occurred in parallel. This had two effects. First, the strengthened role of the provinces has given the appearance of increased decentralization, especially by contrast with the United States where the federal government started much weaker but has become much stronger at the expense of the states. Second, the increased activities of both orders of government has created areas of overlap, competition, friction and sometimes conflict between them. This has led to the need for intergovernmental cooperation and processes of conflict resolution.

Judicial review has played an important role in the evolution of the Canadian federation. During the nineteenth century and the first half of the twentieth century, when Canada was a colonial federation, the Judicial Committee of the Privy Council (JCPC) in the United Kingdom was the ultimate appeal court on the Canadian constitution. The Judicial Committee's judgments in a number of major cases, especially during the period between 1890 to 1930, had a strong decentralizing impact which was in fact in tune with the federal nature of Canadian society (Lederman 1964; Cairns 1988: 43–85). Because, unlike many other federal constitutions, the Canadian Constitution specifically enumerated exclusive provincial powers, the JCPC was able to give a generous interpretation of them, especially the provincial authority over property and civil rights, and a narrow interpretation of the federal powers relating to trade and commerce, foreign treaties, and "peace order and good government" (Fletcher 1968). This contrasted with the Supreme Court of the United States and the High Court of Australia where over the years, relying on the doctrine of "implied powers," they expanded the enumerated federal powers at the expense of the non-specified residual state powers. Thus, the JCPC played a major role in converting the Canadian federation, which was more centralized than the United States and Australia at its origin, to one that is now considerably more decentralized. The Supreme Court of Canada, created in 1875, has since 1949 been the final court of appeal on constitutional questions in Canada. Although its judges are appointed by the federal government, studies analyzing its decisions have generally concluded that on matters relating to the jurisdictions of the federal and provincial governments they have been balanced without especially favoring one at the expense of the other.

A major feature in Canada's evolution was the development of what has come to be labeled "executive federalism" (Smiley 1987: 83–100). Because the parliamentary cabinet systems based on parliamentary majorities in both federal and provincial governments have been dominated by their cabinets (i.e. executives), intergovernmental relations have taken the form mainly of negotiations between ministers or their officials at the two levels (Watts 1989). As a result many major issues have been resolved not in parliament but at intergovernmental meetings. The pinnacle of this process is represented by the First Ministers' Conferences (FMCs) at which the federal prime minister and the provincial premiers meet from time to time. While there are no constitutional provisions establishing these processes, the development of the tradition of elite accommodation among federal and provincial political leaders became during its first century a predominant characteristic of Canadian politics.

During the first two to three decades after 1945, there developed an emphasis upon the Canadian federation as a "sharing community". Under the aegis of executive federalism, federal-provincial cooperation led to a range of programs whereby federal assistance was provided to the provinces in support of minimum national standards in health, post-secondary education and social services. In addition a formal system of unconditional equalization transfers to assist the poorer provinces was developed. Canadians have come to take pride in these programs and to emphasize as a contribution to political unity the notion of Canada as a "sharing community," contrasting these programs with the relative lack of them in the United States.

Another feature marking the federation's evolution, particularly during the 1960s, was the development of additional arrangements permitting greater asymmetry among the provinces. The major pressure for such arrangements came from Quebec, but they have often also been made available to the other provinces. Examples have been provisions in some general federal-provincial programs enabling individual provinces to opt in or to opt out of them.

A significant characteristic has been the continued dominance of two provinces, Ontario and Quebec. A contributing factor was their relative population: 37 percent and 24 percent respectively of the total federal population and 61 percent when combined. Another factor was the weakness within the federal Parliament of the Senate, with weighted regional representation but lacking political legitimacy because it is only an appointed body. This has left the House of Commons where representation is based on population, predominant within Parliament because the federal cabinet is responsible to it. The other eight smaller provinces, together representing only 39 percent of the federal population have resented the dominance of Ontario and Quebec. The size of these two provinces has also come to shape the strategies of the major federal political parties which have tended to focus their electoral efforts in those two provinces in order to achieve a majority in the House of Commons.

Although the unilateral federal powers to override provincial jurisdiction such as reservation and disallowance and the public works power were frequently used during the first three-quarters of a century of the federation's existence, by the 1960s they had, in deference to provincial autonomy, fallen by convention into disuse. They have not been resorted to since.

Over the first century of the federation's evolution, such areas as natural resources, health, education, and social services, which in 1867 had been regarded as relatively minor or local responsibilities and therefore were assigned exclusively to the provinces, came to assume greatly increased importance within society with large budgetary significance. This contributed to the greatly increased importance of the provincial governments in policy and budgetary terms.

On the other side, the evolution of the colonial federation of 1867 into an independent one, confirmed by the Statute of Westminster of 1931, enhanced significantly the role and importance of the federal government. A few formal vestiges of colonial status remained, but these were subsequently removed by the Constitution Act of 1982, which established an indigenous Canadian process for constitutional amendments.

4. The Era of Mega-Constitutional Politics Since the 1960s

Beginning in the 1960s Canada experienced over three decades of mega-constitutional politics turning on issues of constitutional reform (Russell 1993). The period has been marked by three major pressures for increased decentralization. One was the result of the Quiet Revolution in Quebec which brought to the fore a new middle class desiring, even among those who were federalists, greater control of their own affairs. The growth of a sovereignist movement in Quebec accentuated this pressure. The second was the increased social and economic diversity within the other provinces and their sharpened resentment at the predominance of Ontario and Quebec. This sharpened regionalism led these provinces, and especially the wealthier ones like Alberta, to seek greater provincial powers. The third was the increasing self-consciousness of the Aboriginal peoples and their desire for self-government and greater control over their own affairs. But there have also been counter-pressures in support of a stronger federal government. One was the desire for a federal government able to carry out more effective economic and taxing policies and to reduce the public debt. Another was for improved implementation of the "sharing community" in order to reduce disparities between the poorer and wealthier parts of the country. A third was directed at reforms of the

House of Commons, the electoral system and the Senate, to make these bodies more representative and responsive to citizens and to provide better representation for the smaller provinces in a more powerful Senate.

The result of these various pressures is that since the 1960s, Canada has gone through four phases of comprehensive constitutional deliberations (Watts 1996). The first round, 1963 to 1971, directed particularly at Quebec's concerns, culminated in the Victoria Charter in 1971, which brought near agreement but in the end failed to receive the endorsement of the Quebec government. The second round during 1976 to 1982 followed the election of the first sovereignist Parti Québécois government in Quebec. Issues relating to Quebec were central in this phase, but a wide range of other concerns was also addressed. The passage of the Constitution Act in 1982, which added formal constitutional amendment procedures and the Charter of Rights and Freedoms to the constitution marked a partial success, but the major issues relating to Quebec were left unresolved. The third round, 1987 to 1990, involved the attempt to ratify the Meech Lake Accord of 1987, which was intended to reconcile Quebec by recognizing its distinctiveness. But in the end, when the three-year time limit for ratification expired two of the ten provinces had not yet ratified it, and Quebec was left sharply embittered by this failure. The fourth round, 1991 to 1992, embodied an extensive and inclusive range of constitutional reforms in the Charlottetown Agreement of 1992. Its complex set of compromises were based on the unanimous agreement of the federal prime minister, all the premiers of the provinces and territories and the leaders of all four national aboriginal organizations. A subsequent Canada-wide referendum produced support from only 46 percent of the electorate, however, and there was no further move to ratification.

As a result of this series of near-misses, many of the issues that gave rise to the three decades of "mega-constitutional politics" in Canada remain unresolved. Particularly serious is the issue of Quebec's place in Canada. In 1994 after a decade out of office, the sovereignist Parti Québécois returned to power in Quebec. It immediately set about organizing a referendum on Quebec sovereignty in October 1995, in which the Quebec electorate rejected sovereignty by a very narrow margin of 50.6 percent. Surveys suggest that since then the support for sovereignty has declined somewhat, but it still remains significant (Opinion Canada, 2000, Vol 2, No. 10: 1–3). The lack of success in efforts at comprehensive constitutional reform has left Canadians including Quebeckers weary and wary of constitutional deliberations and more inclined to piecemeal and incremental reform (Laponce/Meisel 1994; Lazar 1998; Watts 1999a: 120–123).

A significant event in the evolution of the Canadian federation, nevertheless, was the Constitution Act of 1982, which was a major amendment to the Constitution Act of 1867. Two important changes were embodied. First it added formal processes for the amendment of the Constitution in Canada without reference to the British Parliament. It thereby achieved what came to be called the "patriation" of the Canadian Constitution. It in fact established five different procedures for amending different parts of the Constitution, most involving both federal and a measure of provincial assent. Second, the Constitution Act added to the 1867 Constitution a Charter of

Rights and Freedoms to provide protections for individual citizens and for minority groups.

The Charter added to the two original pillars, federalism and parliamentary institutions, a third fundamental pillar in the Canadian constitutional framework. The Charter set out an extensive set of fundamental freedoms, democratic rights, mobility rights, legal rights and equality rights of individual citizens. In addition it set out the collective rights of official language minorities including their education rights, of aboriginal peoples and of multicultural groups. The Charter was intended not only to protect minority rights but also to provide a focus for unity by identifying the rights shared by all Canadians. A novel provision gave legislatures the flexibility to override some rights for a limited five-year period where a special law is enacted for this purpose. The addition of the Charter has had a major impact upon the courts, enormously expanding their role since its enforcement was made their responsibility.

5. Factors Affecting the Operation of the Canadian Federation

5.1 A Fragmented and Plural Political Culture

A fundamental factor affecting the operation of the Canadian federal system has been the political culture expressed in the attitudes, beliefs and values that influence the political behavior of politicians and citizens in Canada. A marked feature of the Canadian political culture is its fragmented and plural character. Its diversity is illustrated by the fundamental duality between French-speaking and English-speaking Canadians, and by the strength of regionalism in the different regions and provinces (Task Force on Canadian Unity 1979). It is further complicated by the existence of a significant Aboriginal population, by the policies of bilingualism and multiculturalism, and by the tension between supporters of North American continentalism and of Canadian self-sufficiency.

Linguistic duality within Canada has been rooted in the two major linguistic groups, the French-speaking and English-speaking Canadians, who together played a major role in the founding of the federation in 1867. This duality has maintained its importance because of the determination of Quebec, as the only province with a French-speaking majority, to ensure its continued distinctiveness within Canada and to protect and enhance its language, culture, civil law legal system, and social customs.

In the province of Quebec, which is the second largest province containing about 24 percent of the Canadian population, about 80 percent are French-speaking. Furthermore, about 80 percent of all French Canadians are concentrated in that province, although there are significant French Canadian minorities in other provinces, most notably New Brunswick and Ontario.

With respect to the actual functioning of Canadian federalism, over the years Quebec has been the most vocal and vigorous advocate of provincial autonomy and the leading, although not the only, proponent of a decentralized form of federation (Watts 1997: 52-3, 58-61). The continuing search for greater autonomy and the strong sense of identification with the Quebec "nation" as opposed to the Canadian "nation," has given rise to nationalist movements and political parties within Quebec. Since the 1970s the Quebec Liberal Party, which supports federalism but with increased autonomy for Quebec, and the Parti Québécois, which seeks political sovereignty for Quebec albeit with continued economic links with Canada, have alternated in power in the government of Quebec. The Parti Québécois when in power has held referendums within Quebec in 1980 and 1995 on their proposals, but both failed to obtain a majority, although in the latter case they failed by only a very narrow margin obtaining 49.4 percent in support.

The impact of Quebec upon the Canadian federation is illustrated by the recognition of the two official languages within the federation (Constitution Act, 1867, Section 133, enhanced by the Constitution Act, 1982, Sections 16–23), the continued assertions by Quebec to ensure its autonomous authority, the tradition of the major federal political parties to alternate their leadership between French-speaking and English-speaking leaders, and the practice of ensuring that there is always a significant component of Quebec members in the federal cabinet and the Supreme Court. Because of the size of Quebec, major federal political parties have found it necessary to seek support in Quebec if they are to obtain a majority in the federal Parliament. Thus, accommodation of French Canadian nationalism, primarily concentrated within the province of Quebec, has been a recurring theme in Canadian politics and has been at the heart of the mega-constitutional political debates of the past 35 years.

Regional consciousness has also been a major factor. Canada occupies the northern half of the continent of North America. With a land mass of more than nine million square kilometers, it is second in territory only to the Russian Federation and it spans six time zones. Its modest population of 30 million is in fact concentrated in a narrow band 200 kilometers north of the United States border but stretching 5000 kilometers from the Atlantic to the Pacific. Demographically, therefore, Canada is like a long string of beads. The distance of the eastern and western peripheries from central Canada and the capital in Ottawa has contributed to their sense of regionalism. In terms of the political implications of this population distribution, it can be said of Canada that while many other countries have suffered from legacies of too much history, Canada has felt the effect of too much geography. Regional attitudes have been further accentuated by the fact that the combined population of Ontario and Quebec totaling over 60 percent of the total federal population has enabled those two provinces to dominate in parliamentary politics. This has contributed to the sense in the eight smaller provinces to the east and west of their peripheral situation. Differences in regional attitudes and interests have also been reinforced by differences in economic products, differing degrees of industrialization and urbanization, and by historically different patterns of immigrant settlement. Furthermore, Canadians living near the Atlantic have tended to look to Europe for trade and international contacts, while those near the Pacific, especially British Columbia, have naturally looked in the opposite direction to Asia for international trade opportunities.

The result has been considerable variation in attitudes and values in the different provinces, and a strong sense of regional consciousness and distinct provincial identity. This has had an important impact on the dynamics of Canadian politics. It has emphasized both the importance of provincial governments and the requirement within key federal institutions, such as the cabinet, for representation of members from all the provinces.

Aboriginal peoples lived throughout Canada prior to the arrival of European settlers. The 1991 census indicated that about one million people in Canada, i.e. about three percent of the total population, reported having aboriginal origins in whole or in part. More than three quarters of these reported North American Indian ancestry, 200,000 reported Metis (mixed ancestry), and somewhat less than 50,000 were Inuit (formerly referred to as Eskimos).

Under the 1867 Constitution (Section 91 [24]) legislative jurisdiction for "Indians and lands reserved for Indians" was assigned to the federal government. As a result of a Supreme Court decision, the Inuit were included within the scope of this provision. The principal federal statute dealing with Indians is the Indian Act (amended from time to time) which includes a provision authorizing provincial laws of general application to be enforced. As a result provincial laws on education, health and child welfare apply on Indian lands.

In recent years a rising political self-consciousness of the Aboriginal peoples has led to negotiations over aboriginal land claims and self-government (Royal Commission on Aboriginal Peoples, 1996). Most of the land, and the accompanying natural resources being claimed by the Aboriginal peoples is provincially-owned public land, and therefore tripartite negotiations involving representatives of the federal and provincial governments and the particular aboriginal groups have been under way. The Aboriginal peoples have also been advancing claims to an inherent right of self-government. The result has been a series of negotiations, still far from complete, over the development of autonomous aboriginal governments integrated into and synchronized with the existing federal system so that there would result three orders of government: federal, provincial and aboriginal. One distinct development has been the splitting of the Northwest Territory in 1999 to create a new third territory, Nunavut, with an Inuit majority.

5.2 Non-Territorial Pluralism

Multiculturalism as a federal government policy has grown out of the great variety of lands from which immigrants have come to settle in Canada since the federation was formed. It has been a federal policy to recognize the cultural variety in the country and encourage immigrants to preserve their cultures rather than imposing a "melting pot approach" (Watts 1996: 54–55, 62–63). A political expression of this was the recognition of Canada's multicultural heritage in the Charter of Rights and Freedoms added to the constitution in 1982 (Constitution Act, 1982, Section 27).

The Charter of Rights and Freedoms generally emphasizes conceptions of citizenship rooted in non-territorial identities based on common rights, common gender or common ethnicity. Thus, the territorial pluralism that was inherent in the federal system now must also accommodate within Canada a different kind of non-territorial pluralism centered around claims to rights and the enhancement of cultural identities (Eisenberg 1999: 61–83). These non-territorial identities have created new bonds among Canadians previously territorially disconnected from each other, but have also tended to come into conflict with the basic linguistic dualism reflected in the original constitutional settlement and with the territorially based provincial identities. This was illustrated by character of the debate over the Meech Lake Accord between 1987 and 1990 (Cairns 1991; Cairns 1992).

5.3 Continentalism versus Canadian Nationalism

Major factors in the original creation of the Canadian federation included concern about the security of Canada from possible invasion from the United States and the end in the mid-1860s of free trade with the United States which made imperative the improvement of east-west trade links among the British North American colonies. Thus both security and economic factors provided a strong impetus for Canadian unity and economic nationalism in the nineteenth century and the first half of the twentieth century.

But since the end of the Second World War, this Canadian nationalism has faced increasing pressures for continentalization and closer ties with the rest of North America. One factor was that during the Cold War Canada found itself directly in the potential line of fire over the Arctic between the U.S.A. and the USSR. A result was the integration of Canada into the North American Air Defense System (NORAD). The other has been the increasing dependence of Canada upon its exports to the United States. By the 1980s over 80 percent of Canada's exports were going to that country and Canada had become the largest single trading partner of the U.S.A. As a consequence, in order to ensure the market for Canada's exports to the United States against American protectionism first a Canada-US Free Trade Agreement, 1989, was negotiated, and then a North American Free Trade Agreement (NAFTA) in 1994, also involving Mexico. The rapid increase in bilateral trade with the United States and the more rapid growth of international as opposed to internal trade has drawn considerable attention (Courchene 1998), although Helliwell has countered by pointing out that merchandise trade among Canadian provinces is still 12 times greater than that between Canadian provinces and states in the U.S.A., when taking account of differences in population size and distance (Helliwell 1999: 87–100). The recent pressures for closer continental ties exist in tension, however, with the continued strength of Canadian nationalism determined to resist domination by the economic giant to the south. The result has been a continued distinctiveness in the social, cultural and political dimensions of Canadian life.

5.4 The Social Union

A marked feature of the post World War II decades was the vast expansion in the Canadian welfare state through federal-provincial shared-cost programs in such areas as health, post-secondary education and social security. Over time the myth developed that Canada was a "sharing community in which Canadians were united by a sense of shared social purpose" (Lazar 1999: 15–16). In the 1990s some damage to this social connectedness was done by the large unilateral cuts in federal transfers to the provinces made by the federal government to control its own budget deficits. Some of this damage was repaired in 1999, however, as Ottawa and nine provinces, all but Quebec, signed a social union framework agreement (SUFA). This laid out a collaborative approach for setting social policy priorities, and for the design, delivery and financing of existing and new social programs. Simultaneously the federal government, now in a budgetary surplus position, restored some of the cuts that had been made to the Canada Health and Social Transfers. How SUFA will play itself out remains to be seen, but formalizing the social union has created an instrument that may encourage a stronger sense of shared social rights among Canadians.

5.5 Identity and National Attachments

While much of the literature on federalism in Canada has emphasized its pluralism and internal divisions, it is important to note that empirical comparative research into Canadian attitudes and opinions indicates that among Canadians overall levels of attachment to Canada are, nevertheless, high and have been strengthening over the past 30 years (Graves 1999: 307–354). Indeed, levels of attachment are the highest among countries tested in the World Values Survey (Graves 1999: 316). The attachment of Quebeckers to Canada is significantly lower than those of Canadians in other provinces, but surprisingly the attachment of Quebeckers to Canada remains substantial when compared to reported levels of attachment in other countries (Lazar 1999: 27).

6. The Operation of the Canadian Federation

6.1 The Impact of Institutions

The operation of the Canadian federation has not only reflected the societal factors referred to above, but has also been shaped by its particular institutional character and the way in which these institutions have channeled and shaped the political processes.

One of the primary institutional factors influencing the dynamics of Canadian politics has been the combining of federal and parliamentary institutions. This has affected both the processes for determining policies within the federal government and the processes of intergovernmental relations.

With regard to the former, parliamentary institutions have, by comparison with those in such non-parliamentary federations as the United States and Switzerland given to the federal decision-making processes a primarily majoritarian character. This has been because of the reliance of cabinets upon parliamentary majorities, the related emphasis upon party discipline as a means of ensuring cabinet stability, and the relative weakness of the Canadian Senate as a parliamentary second chamber. Although it has been conventional practice to ensure representation of every province in the cabinet, nevertheless, the two largest provinces, Ontario and Quebec, because of their preponderant populations have come to dominate central politics. This has had both negative and positive effects. It has accentuated the feelings of citizens in the other eight provinces that ultimately they lack substantial influence in decisions on major policies. On the other hand, because Quebec as the lone French-speaking province is one of the two largest provinces, it has meant that federal governments have nearly always had to take serious account of the concerns of Quebec in order to obtain and maintain a parliamentary majority.

In parliamentary systems the second chamber is normally weaker than the first because the executive has to be responsible to the popularly elected house. In Canada the Senate's influence as a check upon the majoritarian House of Commons is further weakened by the fact that it is composed of federal government appointees, thus undermining its political legitimacy in representing provincial and regional interests. Almost since its inception the Senate has been the subject of proposals for reform, but while most Canadians now agree on the need for reform, there has been no agreement on the nature of such reform. Consequently, the Canadian Senate has remained unreformed, continuing a serious weakness in the representation of regional interests within the Canadian Parliament (Smiley/Watts 1985). This inadequacy has given greater prominence to the provincial premiers in the First Ministers' Meetings as spokesmen for regional interests on the national scene. It has led also to an emphasis upon ensuring regional and minority representation in the membership of the federal public service, in the various federal agencies, and, most important, in the federal cabinet itself (Watts, 1997: 79–81).

6.2 The Role of Political Parties, the Electoral System, and Interest Groups

The way in which the Canadian federal system has operated has been strongly affected by the character of its political parties, its electoral system and the activity of interest groups. Because of the variety of regional and other interests and the plural political culture, Canadian political parties have generally aimed to encompass as wide a variety of groups and interests across Canada as possible rather than being strongly ideological in their outlook (Smiley 1987: 101–124). The general pattern has been for each major federal party, such as the Liberals and the Progressive Conservatives, to try to build within itself a winning coalition of interests in order to obtain a parliamentary majority rather than to seek coalitions with other parties. At the same time, a recent trend at the federal level has been for some parties to focus primarily on a regional base, the Reform (later Alliance) Party rooted in Western Canada, and the Bloc Québécois with members only from Quebec being examples.

A feature of party politics in Canada is that party systems at the federal and provincial levels tend to be quite distinct (Smiley 1987: 117–120). Over time each province has developed its own party system with different parties predominating. Even where parties with the same name operate at the federal and provincial levels, the cooperation between them has at best been loose. They normally have separate organizations and fund-raising at the two levels, and most politicians make their whole career at one level or the other, with few moving from one level to the other. Indeed, during the Twentieth Century, no former provincial premier has succeeded in becoming a federal Prime Minister. Thus, the clearly federal rather than hierarchical character of the political parties themselves has been both the result of, and a reinforcing factor for, the federal character of Canadian politics.

The particular form of the Canadian electoral system, based on the single member constituencies with the candidate receiving the largest number of votes being elected, has tended, in a multi-party situation, to over-represent parties gaining pluralities and under-represent minor parties. Indeed, in recent decades it has not been unusual for a party with something like 40 per cent of the federal popular vote to win 55 per cent of the seats in the House of Commons, enabling it to form a majority government. While this has usually produced stable majority governments, it has done so by distorting the extent of their actual electoral support. The Canadian electoral system has also introduced another form of distortion. Parties with strength concentrated in a particular region have often won an exaggerated number of seats in that region due to the accentuating impact of the electoral system. The effect of this has been to exaggerate regional differences by emphasizing disproportionately the number of seats won by the party gaining the largest number of votes in a region (Cairns 1998: 111–138). In addition it has had the pernicious effect of encouraging federal parties to concentrate their efforts in those regions where, by achieving a plurality of votes, they might win an exaggerated number of seats, thereby contributing to a heightened regional consciousness.

In Canada, as in most federations, there is a whole range of interest groups, including business groups, trade unions, farmers' organizations, cultural groups and environmental advocates, who do not run for office as political parties do, but instead seek by organized action to influence the decisions of governments and political parties. Three features mark the operation of interest groups in Canada. First, they have tended to focus their attention on one or other level of government depending on whether the policy they wish to influence is in the realm of federal or provincial jurisdiction. Second, they have usually been organized with distinct federal and provincial branches to facilitate operation at both levels. Third, because of the predominance of parliamentary cabinets in policy-making within each level of government, they have tended to concentrate more upon influencing cabinet members and senior government officials than on legislators by comparison with such groups operating within the American congressional system.

6.3 Intergovernmental Relations

A major factor affecting the operation of the Canadian federalism has been the arrangements established for the conduct of intergovernmental relations. The constitution itself makes no reference to the structures for conducting intergovernmental relations. Consequently, intergovernmental policy interaction in Canada has developed in a pragmatic way.

In the past half century Canadian intergovernmental relations have gone through a number of stages. Indeed as the federation has evolved so have its intergovernmental relations. In the 1950s and 1960s the intergovernmental agenda focused on the construction of the welfare state. This was achieved with few changes in the formal distribution of powers. Although major areas of health, post-secondary education and social welfare were an exclusive provincial responsibility, the federal government provided much of the policy design and funding for these by using its spending power to proliferate a variety of shared-cost programs. In the 1970s and 1980s the growth of the public sector in both levels of government increasingly brought them into conflict with each other. Furthermore, Quebec nationalism and growing regionalism in western provinces made them less willing to defer to federal leadership. During this period the Trudeau federal government adopted the policy of confronting Quebec nationalism and western regionalism in their policies on the constitution and on energy policy. Thus, "competitive" federalism replaced "cooperative" federalism. In the mid-eighties the new federal government of Brain Mulroney embarked on a new era aimed at federal-provincial harmony and cooperation, particularly at reconciling Quebec through intergovernmental negotiations that produced the Meech Lake Accord (1987) and the Charlottetown Agreement (1992). Ultimately the failure to obtain public support for these efforts at comprehensive constitutional reform led in the later 1990s to a focus upon non-constitutional ways to achieve change and to make the existing federal structure work better. The trend has been to a "collaborative" model of intergovernmental relations characterized by the principle of co-determination of broad federal-provincial national policies (Lazar 1998).

Throughout these different phases the conduct of intergovernmental relations has been primarily between the executive branches of the federal and provincial governments (Smiley 1987: 83–100). Because each order of government in Canada is characterized by a parliamentary cabinet responsible to its own legislature, and can usually deliver a majority of votes in the legislature, power has tended to be concentrated in the hands of their cabinets, a trend common to most parliamentary federations. This has come to be characterized as "executive federalism."

The character of intergovernmental relations in Canada has been strongly influenced, as well, by the fact that there are only ten provinces and three territories. This means that representatives of the federal and of the provincial and territorial governments can meet together in a relatively small room and engage in more effective and intimate bargaining than could occur for instance among the leaders of the 50 states in the United States.

"Executive federalism" occurs at several levels and in a variety of forums. There are meetings of first ministers, meetings of cabinet ministers responsible for specific sectors, meetings of deputy ministers (the most senior appointed officials), and meetings of less senior officials. Many are federal-provincial meetings but others are inter-provincial meetings. They may involve all the governments, regional groups of them, or be bilateral. In a typical year during the past two decades there have been 70 to 130 intergovernmental meetings at the senior levels of first ministers, ministers or deputy ministers with about 60 percent of these involving federal, provincial and territorial governments and 40 percent involving provinces and territories without federal representatives (Canadian Intergovernmental Conference Secretariat 1998). A corollary to the pragmatic but extensive development of "executive federalism" has been the development within the federal and most provincial governments of specialized offices, often with their own Minister, to coordinate their relations with other governments. Line departments also often have units devoted to federal provincial relations. Thus, the management of intergovernmental relations has involved both intergovernmental affairs specialists and program specialists (Watts 1997: 56–58).

"Executive federalism" in Canada has to its credit some major accomplishments. Canadian governments have been able to achieve together agreement in such areas as the establishment of universal health care, payments to help in social assistance and post-secondary education, and constitutional amendments enabling federal jurisdiction over unemployment insurance in 1940 and entrenchment of processes for constitutional amendment and the Charter of Rights and Freedoms in 1982. Other major areas of intergovernmental collaboration have included regional development initiatives, manpower and vocational training, numerous fiscal arrangements, and the social union framework agreement. Despite the appearance from time to time of sharp intergovernmental competition and conflict, executive federalism in reducing tension and conflict and achieving policy coordination and harmonization has had a major impact on the evolution of the Canadian federation. And it has done so by providing a means for pragmatic adaptation without formal constitutional amendment.

"Executive federalism" has not been without its critics in Canada, however. The major criticism has been that intergovernmental decisions and agreements are reached behind closed doors in meetings relatively insulated from public pressure, partisan debate and electoral combat. This has been described as a form of intergovernmental collusion, reducing the role and effectiveness of legislatures, political parties, elections, interest groups and the public (Smiley 1979; Breton 1985).

A particularly important aspect of intergovernmental relations has been that of fiscal adjustments. These have been a major factor in the trend to decentralization and emphasis upon provincial autonomy within the federation (Lazar 2000). Indeed by 1996, both in terms of federal revenues (before transfers) as a percentage of total (federal-provincial-local) revenues (47.7 percent) and of federal government expenditures (after transfers) as a percentage of total (federal-provincial-local) expenditures (40.6 percent), among such major federations as the United States, India, Australia, Germany and Switzerland, only Switzerland was less financially centralized than Canada (Watts 1999b: 52–53). Furthermore, as a result of the emphasis upon the desirability of provincial autonomy, there has been a progressive transformation since 1977 of most federal transfers to the provinces into unconditional transfers. By 1996 conditional transfers as a percentage of all federal transfers in Canada were only 4.3 percent and as a percentage of total provincial government revenues only 0.9 percent, the lowest by far among all contemporary federations (Watts 1999b: 56–57).

7. Conclusions

Beginning with a relatively centralized form of federation established by the Constitution Act of 1867, Canada has evolved into one of the most decentralized federations in the world. This evolution was shaped over a century and a third primarily by the impact of the linguistic dualism and regional diversity of Canadian society rather than by constitutional amendments.

But that has not been the whole story. Certain key features of the Canadian constitution have themselves in turn channeled the social inputs in particular directions, thereby affecting the political dynamics and pragmatic evolution of the federation. A primary institutional factor affecting the pattern of federal evolution has been the combining of parliamentary with federal institutions. This has affected the development of the federation in two distinctive ways. First, the resulting operation of the federal parliament, the political parties and interest groups has given the decision-making processes within the federal government a decidedly majoritarian rather than plural character. This in turn has accentuated the reliance by linguistic and regional minorities upon their provincial governments to protect and promote their interests. Second, the combination of parliamentary and federal institutions, because of the prominence of the parliamentary executives within each government, has produced a pattern of intergovernmental relations dominated by these cabinets. This "executive federalism" has involved strong elements of both competitiveness and collaboration, and has also reinforced the role of the provincial governments within the federation.

Like all federations Canada continues to undergo a constant evolution of its structure and practices, while still operating under the basic framework established by the Constitution Act of 1867. Much of this evolution has occurred, not through constitutional amendment, but through the pragmatic development of intergovernmental practices and collaboration. These have responded to powerful internal political, social and economic pressures and to changing conditions and circumstances which in turn have been channelled by the particular combination of federal and parliamentary institutions. During Canada's history of 134 years the federation has been faced with many challenges and crises to which, so far, its federal processes have managed to respond pragmatically, making Canada, next to the United States and Switzerland, the third oldest continuing federation in the world.

References

Black, Edwin R./Cairns, Alan C., 1966: A Different Perspective on Canadian Federalism, in: Canadian Public Administration IX(1), 27–45.
Breton, Albert, 1985: Supplementary Statement, in: Royal Commission on the Economic Union and Development Prospects for Canada, Report, Vol. III. Ottawa, 485–526.
Cairns, Alan C., 1977: The Government and Societies of Canadian Federalism, in: Canadian Journal of Political Science 10(4), 695–725.
Cairns, Alan C., 1988: Constitution, Government and Society in Canada. Toronto.
Cairns, Alan C., 1991: Disruptions: Constitutional Struggles, from the Charter to Meech Lake. Toronto.
Cairns, Alan C., 1992: Charter versus Federalism: The Dilemmas of Constitutional Change. Montreal/Kingston.
Canadian Intergovernmental Conference Secretariat, 1998: Report to Governments, 1997–8. Ottawa.
Constitution Act, 1867. Ottawa.
Constitution Act, 1982. Ottawa.
Courchene, Thomas J., 1988: From Heartland to North American Regional State: The Social, Fiscal and Federal Evolution of Ontario. Toronto.

Eisenberg, Abigail, 1999: Two Types of Pluralism in Canada, in: *Harvey Lazar/Tom McIntosh* (eds.), Canada: The State of the Federation 1998/99: How Canadians Connect. Montreal/Kingston, 61–83.

Fletcher, Martha, 1968: Judicial Review and the Division of Powers in Canada, in: *J. Peter Meekison* (ed.), Canadian Federalism: Myth or Reality. Toronto.

Graves, Frank L., et al., 1999: Identity and National Attachments in Contemporary Canada, in: *Harvey Lazar/Tom McIntosh* (eds.), Canada: The State of the Federation 1998/99: How Canadians Connect. Montreal/Kingston, 307–354.

Helliwell, John F., 1999: Canada's National Economy: There's More to It Than You Thought, in: *Harvey Lazar/Tom McIntosh* (eds.), Canada: The State of the Federation 1998/99: How Canadians Connect. Montreal/Kingston, 87–100.

Laponce, Jean/Meisel, John (eds.), 1994: Debating the Constitution. Ottawa.

Lazar, Harvey (ed.), 1998: Canada: The State of the Federation: Non-Constitutional Renewal. Kingston.

Lazar, Harvey (ed.), 2000: Canada: State of the Federation 1999/2000: Towards a New Mission Statement for Canadian Fiscal Federalism. Montreal/Kingston.

Lederman, William R., 1964: The Courts and the Canadian Constitution. Toronto.

Opinion Canada, 2000: Support for Quebec Secession 1988–1999, in: Volume 2 (10) 3, 1–3.

Royal Commission on Aboriginal Peoples, 1996: Report (5 volumes). Ottawa.

Russell, Peter H., 1993: Constitutional Odyssey: Can Canadians Become a Sovereign People? 2nd ed., Toronto.

Simeon, Richard/Robinson, Ian, 1990: State, Society and the Development of Canadian Federalism. Toronto.

Smiley, Donald V., 1979: An Outsider's Observations of Federal-Provincial Relations Among Consenting Adults, in: *Richard Simeon* (ed.), Confrontation and Collaboration: Intergovernmental Relations in Canada Today. Toronto.

Smiley, Donald V., 1987: The Federal Condition in Canada. Toronto.

Smiley, Donald V./Watts, Ronald L., 1985: Intrastate Federalism in Canada. Toronto.

Stein, Michael, 1968: Federal Political Systems and Federal Societies, in: *J. Peter Meekison* (ed.), Canadian Federalism: Myth or Reality. Toronto, 37–48.

Task Force on Canadian Unity (Pepin-Roberts), 1979: A Future Together: Observations and Recommendations. Ottawa.

Watts, Ronald L., 1989: Executive Federalism: A Comparative Analysis. Kingston.

Watts, Ronald L., 1996: Canada: Three Decades of Periodic Federal Crisis, in: International Political Science Review 17 (4), 353–371.

Watts, Ronald L., 1997: Federalism: The Canadian Experience. Pretoria.

Watts, Ronald L., 1999a: Comparing Federal Systems. 2nd ed., Montreal/Kingston.

Watts, Ronald L., 1999b: The Spending Power in Federal Systems: A Comparative Study. Kingston.

II. Teil:

Konfliktstrukturen und Interessenvermittlung
in Bundesstaaten

Parteiensystem und Föderalismus.
Institutionelle Strukturmuster und politische Dynamiken
im internationalen Vergleich

Edgar Grande

1. Einleitung: Thesen zur Funktionsweise und Entwicklung föderativer Systeme[1]

Föderative Systeme sind dynamische Systeme. Die Beziehungen zwischen dem Bund und den Gliedstaaten, die Wahrnehmung von Aufgaben und die Verteilung von Ressourcen sind ständigen Veränderungen unterworfen (Friedrich 1964; Benz 1985). Auf diese Weise versuchen föderative Systeme, auf Veränderungen in ihren ökonomischen, politischen und gesellschaftlichen Umweltbedingungen zu reagieren. Der Blick in die Geschichte föderativer Systeme zeigt, dass sich diese situativen Anpassungsleistungen mitunter zu *strukturellen Dynamiken* verdichten, die nachhaltige Verschiebungen zwischen den Ebenen und strukturelle Brüche in den Beziehungen zwischen Institutionen und Akteuren zur Folge haben.

Lange Zeit schien es, als ob diese strukturellen Dynamiken, aller nationaler Besonderheiten zum Trotz, eine einheitliche und eindeutige Entwicklungsrichtung aufweisen. Föderative Systeme schienen einem universellen Unitarisierungs- und Zentralisierungstrend zu unterliegen, der eine grundlegende und irreversible Gewichtsverlagerung zwischen den Zentralregierungen und den Gliedstaaten bewirkt (vgl. Hesse 1962). Für diese Entwicklung wurden vor allem strukturelle Veränderungen in der Organisation kapitalistischer Ökonomien und die Herausbildung moderner Wohlfahrtsstaaten mit ihren Gleichheits- und Gleichbehandlungspostulaten verantwortlich gemacht.

Diese – lange Zeit unbefragte – Unitarisierungs- und Zentralisierungsannahme hat sich längst als unhaltbar erwiesen (vgl. Lehmbruch 1976: 93–95; Schultze 1982, 1984). Im internationalen Vergleich zeigt sich, dass die Aufgaben- und Kompetenzverlagerung auf die zentralstaatliche Ebene nicht in allen Ländern in gleichem Umfang erfolgte und dass in einigen Ländern sogar gegenläufige Entwicklungen zu beobachten sind. Nicht nur in Deutschland, sondern auch in den meisten anderen Ländern mit föderalistischem Staatsaufbau gibt es Reformbestrebungen, die darauf abzielen, die Rolle der Gliedstaaten zu stärken und die föderativen Systeme zu dezentralisieren.

Vor diesem Hintergrund stellt sich die Frage, welche Triebkräfte für die strukturelle Dynamik föderativer Systeme verantwortlich sind. Eine überzeugende Antwort hierauf steht noch immer aus. Die Föderalismusforschung hat inzwischen zwar eine Viel-

---

[1] Dieser Beitrag hat eine lange und wechselhafte Geschichte hinter sich. Sein Zustandekommen und seine Fertigstellung verdankt er nicht zuletzt den Anregungen, der Ermunterung und der Geduld von Arthur Benz, Stephen Clarkson, Gerhard Lehmbruch, Wolfgang C. Müller, Louis W. Pauly, Rainer Prätorius und Richard Simeon sowie der Gastfreundschaft des Munk Centre for International Studies der University of Toronto.

zahl von Faktoren identifiziert, von denen angenommen wird, dass sie Einfluss auf die Funktionsweise und die Entwicklung föderativer Systeme besitzen. Der Stand der Forschung ist aber seit Jahrzehnten durch die Konkurrenz höchst unterschiedlicher Hypothesen gekennzeichnet. In zugespitzter Form lassen sich in der Föderalismusliteratur zumindest drei konkurrierende Ansätze identifizieren, (a) ein institutionalistischer, (b) ein gesellschaftszentrierter und (c) ein parteienzentrierter Ansatz:

- Der *institutionalistische Ansatz* geht von der Annahme aus, dass die Funktionsweise und die Entwicklungsdynamik föderativer Systeme von ihrer jeweiligen institutionellen Architektur bestimmt werden. Dieser Ansatz dominiert nicht nur die ältere, konstitutionell orientierte Föderalismusforschung (vgl. Wheare 1947), er spielt in modifizierter Form auch in neueren Arbeiten zum deutschen Föderalismus und zum europäischen Mehrebenensystem eine wichtige Rolle. Im Mittelpunkt institutionalistischer Analysen steht der Versuch, verschiedene institutionelle Typen von Mehrebenensystemen zu definieren und diesen unterschiedliche Funktionslogiken zuzuordnen. Scharpf (1985, 1994, 1995) beispielsweise unterscheidet in diesem Zusammenhang vor allem zwischen einem „dualen" und einem „verflochtenen" Föderalismus.[2]
- Dagegen behauptet der *gesellschaftszentrierte Ansatz,* der in der Föderalismusforschung zuerst von Livingston (1952) und später dann unter anderem in den Arbeiten von Schultze (1977, 1982) vertreten wurde, dass föderalistische Institutionen in erster Linie die ethnische, kulturelle und ökonomische Diversität einer Gesellschaft widerspiegeln. Variationen in der institutionellen Struktur und in der Entwicklung föderativer Systeme sind nach diesem Ansatz primär das Resultat unterschiedlicher gesellschaftlicher Rahmenbedingungen und Entwicklungsprozesse (vgl. Schultze 1982: 114).
- Der *parteienzentrierte Ansatz* schließlich nimmt an, dass die Struktur des Parteiensystems die wichtigste Variable ist, um die spezifische Funktionsweise eines föderativen Systems zu erklären. Dabei wird insbesondere zwischen zentralisierten und dezentralisierten Parteiensystemen unterschieden. Dieser Ansatz wurde maßgeblich von Riker (1964) entwickelt, der damit der Auffassung widersprach, dass sich die Parteien in föderativen Systemen einfach der institutionellen Struktur des Staatsaufbaus anpassen, um so ihre politischen Einflusschancen zu optimieren.

Alle diese Ansätze haben ihre Schwächen. Die beiden ersten Ansätze unterschätzen, wie sich im Folgenden zeigen wird, die Bedeutung der Parteiensysteme für die Entwicklung und die Funktionsweise des Föderalismus ganz erheblich. Der parteienzentrierte Ansatz von Riker erkennt zwar die autonome Bedeutung von Parteien an, er unterstellt aber ein einfaches, statisches Verhältnis zwischen der Struktur eines Parteiensystems und der eines föderalistischen Systems. Diese Annahme ist jedoch höchst problematisch, wie Lehmbruch (1976 und 1998) in seiner historischen Fallstudie zum deutschen Föderalismus gezeigt hat. Seine Analyse lässt deutlich erkennen, dass die Beziehungen zwischen Parteiensystem und Föderalismus weit komplizierter und variabler

---

2 Exemplarisch hierfür ist Scharpfs Analyse von Parteiensystemen und föderativen Arrangements, in der er zu dem Ergebnis kommt: „(I)t is fair to say that of the institutional variables here, the difference between two-party systems and multi-party systems seem to be much less salient in their policy implications than the differences between dualist and joint-decision forms of federalism" (Scharpf 1995: 37).

sind, als Riker dies angenommen hatte. Im Kern erweitert Lehmbruch in seiner Untersuchung zum „Parteienwettbewerb im Bundesstaat" den parteienzentrierten Ansatz Rikers zu einem *politisch-institutionellen* Ansatz. Auf diese Weise kommt Lehmbruch zu dem Ergebnis, dass sich in Deutschland in den 1950er und 1960er Jahren eine eigentümliche politisch-institutionelle Konfiguration herausgebildet hat: ein dualistisches Parteiensystem mit großer Wettbewerbsintensität einerseits, eine spezifische Form des stark verflochtenen Föderalismus andererseits. Diese Konstellation war für den Föderalismus in Deutschland historisch neu, und sie wurde von Lehmbruch für die Funktionsdefizite des politischen Systems der Bundesrepublik verantwortlich gemacht.

Der vorliegende Artikel beabsichtigt, den politisch-institutionellen Ansatz, den Lehmbruch am Beispiel des deutschen Föderalismus entwickelt hat, zu verallgemeinern und für die vergleichende Analyse fruchtbar zu machen. Im Mittelpunkt des internationalen Vergleichs werden die sechs klassischen Bundesstaaten Australien, Deutschland, Kanada, Österreich, die Schweiz und die USA stehen. In diesen Ländern, die alle über einen längeren Zeitraum hinweg nicht nur föderalistisch, sondern auch demokratisch verfasst sind, müssten sich am ehesten Einsichten in die strukturellen Dynamiken des Föderalismus in modernen Demokratien gewinnen lassen. Der Beitrag behandelt die Zusammenhänge zwischen Parteiensystem und Föderalismus in vier Schritten. Im *ersten Schritt* wird ein zweidimensionales Modell der Entwicklungsdynamiken föderativer Systeme präsentiert, das als Ordnungsschema für die weitere Interpretation der empirischen Fälle dienen wird. Im *zweiten Schritt* wird zunächst eine eigene Typologie von Parteiensystemen entwickelt, mit deren Hilfe dann die Parteiensysteme der sechs Untersuchungsländer vergleichend analysiert werden, und im *dritten Schritt* erfolgt eine vergleichende Analyse der institutionellen Strukturen des Föderalismus. Im *vierten Schritt* schließlich werden verschiedene Konfigurationen von Parteiensystem und Föderalismus herausgearbeitet und in einen Zusammenhang mit der Funktionsweise und den Entwicklungsdynamiken föderativer Systeme gestellt.

Das zentrale Argument lautet, dass die Entwicklung und die Funktionsweise föderativer Systeme durch die je spezifische Konfiguration zweier interdependenter Variablen erklärt werden kann: dem Typus des Parteiensystems einerseits und der institutionellen Struktur des Föderalismus andererseits. Die Bedeutung gesellschaftlicher Faktoren soll damit keineswegs in Abrede gestellt werden. Im Einklang mit der neueren Parteienforschung wird lediglich angenommen, dass diese Faktoren in demokratischen politischen Systemen erst dann politisch relevant werden, wenn sie den betroffenen Individuen bewusst geworden und von einer politischen Organisation artikuliert worden sind (vgl. Bartolini/Mair 1990).

2. Ein Modell der Entwicklungsdynamiken föderativer Systeme

Politische Entscheidungen in föderativen Systemen sind mit einer doppelten Anforderung konfrontiert: Auf der einen Seite muss versucht werden, für ein politisches Problem eine angemessene *Lösung* zu finden; und gleichzeitig muss sichergestellt werden, dass es sich dabei auch um eine *föderative* Problemlösung handelt. Weder das eine noch das andere ist selbstverständlich. Die Föderalismusliteratur erweckt mitunter sogar den Eindruck, als ob föderative Systeme zumindest eines dieser beiden Ziele ständig verfehlen. Es kann hier dahin gestellt bleiben, ob dieser Eindruck auch tatsächlich zutreffend ist. Wichtig ist zunächst nur, dass sich föderative Systeme offensichtlich in einem zweidimensionalen Spannungsfeld bewegen, das sich aus einer territorialen und aus einer funktionalen Dimension konstituiert (vgl. Abbildung 1).

Abbildung 1: Entwicklungsdynamiken föderativer Systeme

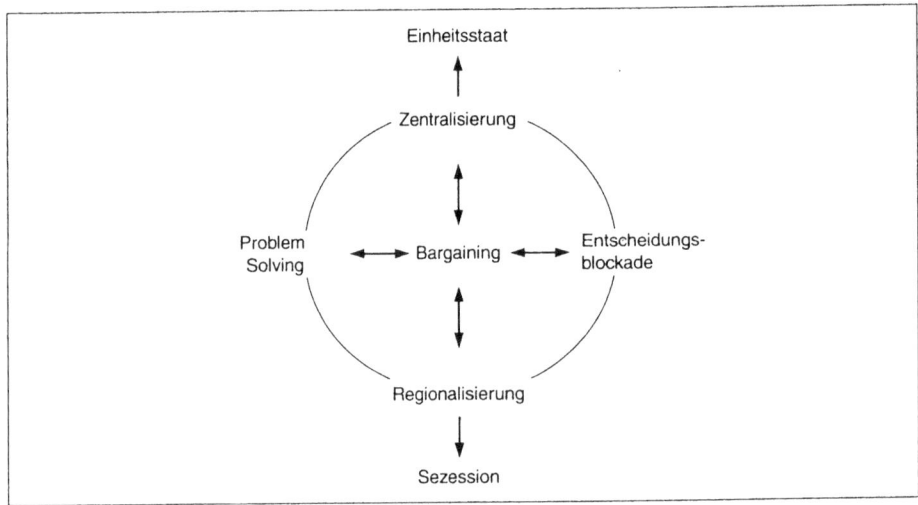

In der territorialen Dimension befinden sich föderative Systeme bekanntlich in dem Dilemma, die föderative Balance zwischen Zentralstaat und Gliedstaaten zu halten, also Problemlösungen zu finden, die zugleich „autonomieschonend" *und* „gemeinschaftsverträglich" sind (vgl. Scharpf 1994). Solche Lösungen sind im Einzelfall mitunter schwer zu finden und noch schwieriger ist es, die föderative Balance dauerhaft zu halten. Gelingt dies nicht, dann besitzen föderative Systeme in der territorialen Dimension zwei Fluchtpunkte: die Zentralisierung von Kompetenzen und Ressourcen auf der einen Seite und ihre Dezentralisierung bzw. Regionalisierung auf der anderen Seite. *Zentralisierung* bedeutet hier im Wesentlichen das Erzielen einheitlicher, für alle Gliedstaaten verbindlicher Lösungen durch (hierarchische) Entscheidungen auf der Ebene der Zentralregierung.[3] In dieser Richtung besteht das Kernproblem föderativer Systeme darin zu verhindern, dass durch die zweifellos in vielen Bereichen vorhandene Notwendigkeit von zentralen Entscheidungen die autonome Problemlösungsfähigkeit der Gliedstaaten nachhaltig beeinträchtigt wird. Kurz gesagt, die Entscheidungsfindung der Zentralregierung muss „autonomieschonend" sein. Gelingt dies nicht, dann wird der Bestand des föderativen Systems gefährdet, droht ein Systemwandel hin zum *Einheits-*

---

3 Im Unterschied dazu werden bei einer Unitarisierung zwar ebenfalls einheitliche Lösungen erzielt, aber nicht durch Entscheidungen der Zentralregierung, sondern durch freiwillige, einvernehmliche Verhandlungen zwischen den Gliedstaaten (vgl. Hesse 1962).

staat.[4] Den zweiten Fluchtpunkt bildet die *Dezentralisierung* bzw. *Regionalisierung*.[5] Damit ist ganz allgemein gemeint, dass die Gliedstaaten über Problemlösungen autonom, ohne die Beteiligung des Zentralstaats und im Rahmen eigenen Ermessens entscheiden. Die Verschiedenartigkeit der Lösungen, die dabei zustande kommen können, wird innerhalb eines föderativen Staates nicht nur in Kauf genommen, sondern ausdrücklich gewollt. Auch eine dezentrale Entscheidungsfindung ist freilich nicht unproblematisch. Das Kernproblem föderativer Systeme besteht in dieser Richtung darin zu vermeiden, dass die dezentral getroffenen Entscheidungen für den Zentralstaat und/oder für die anderen Gliedstaaten unerwünschte Folgewirkungen haben. Kurz gesagt, es muss sichergestellt werden, dass die dezentral gefundenen Lösungen auch „gemeinschaftsverträglich" sind. Gelingt dies nicht, dann entsteht in föderativen Systemen das Problem des *Partikularismus* der Gliedstaaten. Im Extremfall kann dies sogar die *Sezession*, d.h. den Austritt von Gliedstaaten aus dem gemeinsamen Staatsverband, zur Folge haben (vgl. Hicks 1978).

Mit dem Erreichen einer territorialen Balance ist es allerdings noch nicht getan. An föderative Systeme wird zusätzlich die Anforderung gestellt, dass sie mit ihren Entscheidungen auch *problemangemessene* Lösungen finden. Folgt man der deutschen Föderalismusliteratur, dann scheint gerade hier eine strukturelle Schwachstelle des Föderalismus zu liegen. Zumindest in seiner bundesdeutschen Variante scheint er bestenfalls suboptimale, d.h. problemunangemessene Lösungen zuzulassen (vgl. Lehmbruch 1976, 1998; Scharpf u.a. 1976; Scharpf 1994; Schultze 2000). Die hiermit verbundene Problematik lässt sich in einer zweiten, funktionalen Dimension abbilden. Auch in dieser Dimension können verschiedene Systemzustände identifiziert werden, die sich mit Hilfe von Konzepten aus der Entscheidungs- und Verhandlungstheorie genauer bestimmen lassen. Für die folgende Analyse genügt es, zwischen drei solchen Systemzuständen zu unterscheiden: der Entscheidungsblockade, dem Bargaining und dem Problemlösen (vgl. hierzu ausführlich Scharpf 2000). Diese drei Systemzustände lassen sich wie folgt definieren:

- Mit „*Entscheidungsblockade*" ist eine Konstellation gemeint, in der sich Bund und Gliedstaaten im politischen Entscheidungsprozess gegenseitig blockieren. In diesem Fall kommt *keine* Problemlösung zustande, weil zumindest einer der Beteiligten seine Vetomöglichkeiten nutzt und gleichzeitig weder eine Zentralisierung noch eine Dezentralisierung der Entscheidungskompetenzen möglich ist.
- Das „*Bargaining*" bezeichnet eine Konstellation, in der zwar gemeinsame Problemlösungen zustande kommen, diese Lösungen aber suboptimale Kompromisse darstellen. Vereinfacht ausgedrückt handelt es sich hierbei um „Nullsummen-Spiele", bei

---

[4] Abromeit (1992) argumentierte, dass die Bundesrepublik genau diesen Systemwandel längst vollzogen und sich zu einem „verkappten Einheitsstaat" entwickelt hat.

[5] Da in föderativen Systemen die dezentralen Entscheidungseinheiten vielfach identisch sind mit den Gliedstaaten, fallen Dezentralisierung und Regionalisierung dort häufig zusammen, sodass die Begriffe hier synonym verwendet werden können. Entscheidend ist, dass es sich zum einen um autonome Entscheidungseinheiten innerhalb föderativer Systeme handelt und nicht um untergeordnete Einheiten von Einheitsstaaten, und zum anderen, dass diese autonomen regionalen Entscheidungseinheiten deckungsgleich sind mit den Gliedstaaten und sich nicht auf andere Weise definieren.

denen der Gewinn des einen Verhandlungspartners identisch ist mit dem Verlust des anderen.
- Mit *„Problemlösen"* schließlich ist eine Art der Konfliktbewältigung gemeint, bei der sich die Beteiligten gemeinsam bemühen, ein für alle Beteiligten optimales Ergebnis zu erzielen. Es handelt sich also um „Nicht-Nullsummen-Spiele" oder „win-win solutions", die sich insbesondere dadurch vom Bargaining unterscheiden, dass der Gewinn des einen Verhandlungspartners nicht zwangsläufig identisch ist mit dem Verlust des anderen Verhandlungspartners. Problemlösen ist, mit anderen Worten, eine kreative Strategie, bei der zuerst versucht wird, den Kuchen gemeinsam zu vergrößern, bevor er verteilt wird.

Bei der Beurteilung von Verhandlungslösungen mit Hilfe dieser Unterscheidungen ist zum einen zu beachten, dass das Bargaining zur Lösung von Verteilungskonflikten mitunter eine durchaus angemessene Verhandlungsstrategie sein kann. Zum anderen muss berücksichtigt werden, dass nicht in allen Fällen „win-win"-Lösungen erzielt werden können. Solche Lösungen sind nur dann erreichbar, wenn der Konfliktgegenstand aufgeteilt oder erweitert werden kann (Brams/Taylor 1999). Kurz gesagt, es gibt Fälle, in denen gar nicht mehr möglich ist als Bargaining-Lösungen, und mitunter sind diese auch völlig ausreichend. Problematisch sind, wie Lehmbruch (1976: 153) gezeigt hat, insbesondere jene Fälle, in denen regulative und redistributive Probleme in Verteilungskonflikte transferiert werden, was dann zu problemunangemessenen Lösungen auf der Basis des kleinsten gemeinsamen Nenners führt.

Die beiden hier skizzierten Dimensionen föderativer Problemlösung und Konfliktbewältigung lassen sich in ein zweidimensionales Modell integrieren. In diesem Modell können verschiedene Systemzustände identifiziert werden, die auf den eben diskutierten territorialen und funktionalen Spannungslinien föderativer Systeme angesiedelt sind. Meine weiteren Überlegungen sind von der Annahme geleitet, dass sich die *strukturelle* Dynamik föderativer Systeme entlang dieser Spannungslinien abspielt und sich als Wechsel des jeweiligen Systemzustandes festmachen lässt. So ist denkbar, dass ein föderatives System eine Tendenz zur Zentralisierung oder zur Regionalisierung von Aufgaben und Entscheidungen aufweist, es kann zu Entscheidungsblockaden oder zu „Bargaining"-Konstellationen neigen.[6] Die von mir vertretene politisch-institutionelle These behauptet in diesem Zusammenhang, dass es in erster Linie von der Struktur des Parteiensystems und der institutionellen Struktur des Föderalismus abhängt, zu welchem Systemzustand ein föderatives System tendiert. Diese These soll im Weiteren empirisch belegt werden.

---

6 Im Unterschied zu Kirsch (1987) gehe ich aber nicht davon aus, dass es sich bei einem föderativen System um ein „homöostatisches" Gebilde handelt, ein Gebilde, „das mit steigender Zentralisierung zentrifugale Kräfte und mit steigender Dezentralisierung zentripetale Kräfte mobilisiert, sich also homöostatisch auf einem intermediären Gleichgewicht einpendelt" (Kirsch 1987: 19). Ein solches Modell, das auf Annahmen der ökonomischen Theorie des Föderalismus basiert, unterschätzt nicht nur die Trägheit institutioneller Strukturen, es überschätzt auch die Rationalität und die strategische Handlungsfähigkeit der Politik.

3. Die Wettbewerbslogiken und die vertikale Organisation von Parteiensystemen im Föderalismus

Die Analyse der Parteiensysteme wird in Ländern mit föderativem Staatsaufbau dadurch erschwert, dass sich die beiden damit befassten Forschungsrichtungen der Politikwissenschaft, die Parteiensystemforschung und die Föderalismusforschung, bislang gegenseitig kaum zur Kenntnis genommen haben. Die Föderalismusforschung – soweit sie sich überhaupt mit Parteiensystemen beschäftigte – hat sich häufig mit der Unterscheidung zwischen Zwei- und Mehrparteiensystemen begnügt, die sich bereits bei Duverger (1959) findet, und den weiteren Entwicklungen in der Parteiensystemforschung wenig Beachtung geschenkt. Die Parteiensystemforschung wiederum hat inzwischen zwar eine ganze Reihe von quantitativen und qualitativen Typologien zur Analyse von Parteiensystemen entwickelt, sie hat dabei aber deren territoriale Dimension weitgehend unberücksichtigt gelassen. Dies gilt auch für die Typologie von Sartori (1976), die in der Parteiensystemforschung nach wie vor am gebräuchlichsten ist und der insbesondere das Verdienst gebührt, die diffuse Kategorie der Viel- und Mehrparteiensysteme durch eine differenzierte Unterscheidung von verschiedenen Arten pluralistischer Parteiensysteme abgelöst zu haben. Sartoris Typologie von Parteiensystemen weist aber insbesondere zwei Defizite auf. Zum einen ergeben sich bei ihrer Verwendung zahlreiche Klassifikationsprobleme, die auf grundsätzlicheren Konstruktionsmängeln beruhen; und zum anderen konzentrierte sich Sartori auch bei der Analyse von Ländern mit föderativem Staatsaufbau ausschließlich auf die nationale Ebene der Parteiensysteme und ließ die Gliedstaaten unbeachtet.

Die Probleme, die sich hieraus ergeben, lassen sich am Beispiel Kanadas illustrieren. Sartori ordnete Kanada den Zweiparteiensystemen zu, „with a dubious format, but with a satisfactory mechanics" (Sartori 1976: 189).[7] Dagegen klassifizierte von Beyme (1982: 328) – im Anschluss an Duverger (1959: 225) – Kanada als gemäßigt pluralistisches Parteiensystem mit vier Parteien; und Schultze (1977: 95) beschrieb seinerzeit den kanadischen Fall als „spezifisches Mehrparteiensystem mit verschiedenen kleineren Dritt-, Viert- und Fünft-Parteien".

3.1 Sartori Revisited: Eine Typologie von Parteiensystemen

Auf Grund der offensichtlichen Unzulänglichkeiten der bislang gebräuchlichen Ansätze in der Parteiensystemforschung werde ich für meine vergleichende Analyse von Parteiensystemen im Föderalismus ein eigenes Klassifikationsschema benutzen, das die üblichen Klassifikationsprobleme vermeidet und zugleich die territoriale Dimension von Parteiensystemen berücksichtigt. Im Mittelpunkt dieses Schemas stehen zwei Variablen: erstens die horizontale Logik des Parteienwettbewerbs und zweitens die vertikalen Beziehungen zwischen den Parteien und Parteiorganisationen.

---

7 Aus einem ähnlichen Grund hatte bereits Epstein Kanada als „two-plus party system" bezeichnet (Epstein 1964: 49).

1. Die erste Variable, die *Logik des Parteienwettbewerbs*, lässt sich durch eine Rekonstruktion der Typologie Sartoris genauer bestimmen. Diese Rekonstruktion folgt der Grundidee Sartoris und begreift ein Parteiensystem als „system of interactions resulting from inter-party competition" (Sartori 1976: 44). Im Unterschied zu Sartori beginnt sie aber nicht mit einer quantitativen Bestimmung des „Formats" eines Parteiensystems, sondern mit einer qualitativen Bestimmung seiner „Mechanik"; und bei der Ermittlung der „Mechanik" eines Parteiensystems schließlich ist das entscheidende Kriterium nicht die ideologische Distanz zwischen den Parteien, sondern die Machtverteilung zwischen ihnen. Der Vorzug einer solchen Vorgehensweise ist, dass für die Klassifikation eines Parteiensystems nicht mehr die Zahl der Parteien ausschlaggebend ist, sondern – zumindest in demokratischen politischen Systemen – die jeweilige Logik des Parteienwettbewerbs, d.h. die strukturelle Konfiguration der Machtbeziehungen zwischen den Parteien in ihrem Wettbewerb um politische Ämter. Die verschiedenen Logiken des Parteienwettbewerbs lassen sich mit Hilfe von zwei Indikatoren operationalisieren:

– erstens der *Struktur des Parteienwettbewerbs*, die sich aus der Zahl der relevanten Konfliktdimensionen in einem Parteiensystem sowie der Verteilung von Wählerpräferenzen auf diesen Konfliktdimensionen ergibt. In dieser Hinsicht können Parteiensysteme unipolar, bipolar oder multipolar strukturiert sein (vgl. Sartori 1976: 285–286).

– zweitens der *Intensität des Parteienwettbewerbs*, die sich über den Grad der Ungewissheit über den Ausgang von Wahlen ermitteln lässt. Diese wird unter anderem von den Koalitionsmöglichkeiten der Parteien und dem Grad der Wählervolatilität beeinflusst.[8] Die Wettbewerbsintensität ist beispielsweise in einem Zweiparteiensystem mit starken Wählerbindungen sehr gering, während sie in einem Mehrparteiensystem mit unbeschränkten Koalitionsmöglichkeiten und großer Volatilität sehr groß ist.

Mit Hilfe dieser Variablen lassen sich vier unterschiedliche Logiken des Parteienwettbewerbs unterscheiden: (a) eine hegemoniale Logik, (b) eine dualistische Logik, (c) eine pluralistische Logik und (d) eine polarisierende Logik (vgl. Abbildung 2). Für unseren Zusammenhang sind vor allem zwei dieser Wettbewerbslogiken, die dualistische und die pluralistische, von Bedeutung. Im Einzelnen können diese Wettbewerbslogiken wie folgt beschrieben werden:

(a) Parteienwettbewerb mit einer *hegemonialen* Logik liegt vor, wenn das Parteiensystem unipolar strukturiert ist und eine geringe Wettbewerbsintensität aufweist.[9] Charakteristisch für ein solches Parteiensystem ist eine dominante Partei, für die das Risiko des Ämterverlustes bei Wahlen gering ist. Das entscheidende Kriterium

---

8 Der Vorschlag, die Ungewissheit über den Ausgang von Wahlen in den Mittelpunkt der Analyse von Mehrparteiensystemen zu stellen, stammt von Elkins (1974).

9 Mit dem Begriff „Hegemonie" wird hier eine besondere Form des Parteienwettbewerbs in Mehrparteiensystemen bezeichnet. Dies entspricht dem Fall des „prädominanten" Parteiensystems bei Sartori, der unter einem „hegemonialen" Parteiensystem eine besondere Form des (nicht-kompetitiven) Einparteiensystems versteht (vgl. Sartori 1976: 230–238). Auch in diesem Fall, genauso wie später beim Zweiparteiensystem, verwechselt Sartori die polare Machtstruktur eines Parteiensystems und die daraus resultierende Wettbewerbslogik mit der Zahl der Parteien in einem Parteiensystem.

Abbildung 2: Die vier Logiken des Parteienwettbewerbs

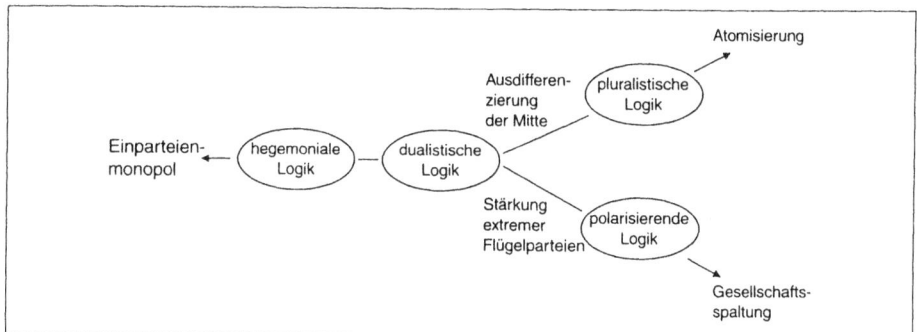

ist in diesem Fall nicht – wie bei Sartori – die Zahl der von einer Partei bereits gewonnenen Wahlen, d.h. eine ex post-Kalkulation, sondern die geringe Ungewissheit über den Ausgang künftiger Wahlen, d.h. eine ex ante-Kalkulation.[10]

(b) Parteiensysteme mit einer *dualistischen* Wettbewerbslogik sind bipolar strukturiert und durch die Konkurrenz zweier Parteien bzw. Parteienlager um politische Ämter charakterisiert. Dabei muss es sich aber nicht um ein Zweiparteiensystem handeln. Für die „systemic logic of twopartism" (Sartori 1976: 189) in einem Parteiensystem ist nicht die Zahl der Parteien entscheidend, maßgeblich ist, ob diese sich um zwei Pole gruppieren, d.h. zu zwei (mehr oder weniger geschlossenen) politischen Lagern formieren. Diese Parteienlager bilden sich im Unterschied zu Regierungskoalitionen in pluralistischen Parteiensystemen bereits *vor* den Wahlen – sei es in Form von Wahlbündnissen, sei es durch verbindliche Koalitionsaussagen – und nicht erst als Folge des Wahlausgangs.

(c) Parteiensysteme mit einer *pluralistischen* Logik sind multipolar strukturiert und ihre Wettbewerbsintensität ist im Idealfall sehr groß. Multipolare Parteiensysteme entstehen vor allem dadurch, dass es „verschiedene Arten dualistischer Gegensätze gibt, die nicht miteinander zusammenfallen" (Duverger 1959: 244), seien dies nun ethnische, konfessionelle, soziale oder ideologische Gegensätze. Entsprechend groß kann die Zahl der Parteien und ihre Vielfalt sein. In pluralistischen Parteiensystemen gruppieren sich die Parteien allerdings nicht zu stabilen Parteienlagern, im Idealfall sind Koalitionen zwischen allen Parteien möglich. Diese Koalitionen bilden sich, wenn überhaupt, erst *nach* einer Wahl, der Parteienwettbewerb wird also nicht bereits durch die Bildung von Parteienlagern bzw. Wahlbündnissen strukturiert.

(d) Einen Sonderfall stellen Parteiensysteme mit einer *polarisierenden* Wettbewerbslogik dar. Dabei handelt es sich um multipolar strukturierte Mehrparteiensysteme mit mindestens einem, mitunter sogar mehreren extremen Polen. Die extremen Pole

---

10 Ein Beispiel für ein Parteiensystem mit einer hegemonialen Wettbewerbslogik wäre Bayern in den 1970er und 1980er Jahren. Zu dieser Zeit standen Wahlsiege der regierenden CSU selbst für die Oppositionsparteien außer Zweifel. Die geringe Ungewissheit über den Wahlausgang kam unter anderem in der von der CSU seinerzeit zur Bestimmung ihres Wahlziels gebrauchten Formel „50 Prozent plus x" zum Ausdruck.

sind vor allem dadurch charakterisiert, dass die Parteien, die sie besetzen, aus ideologischen Gründen entweder nicht als „koalitionswürdig" gelten oder nicht „koalitionsbereit" sind, also für eine Regierungsbildung nicht zur Verfügung stehen.[11] Entscheidend ist, dass dadurch die Koalitionsmöglichkeiten zwischen den Parteien in einem Parteiensystem erheblich eingeschränkt werden und die Parteien der Mitte mitunter zur Regierung „gezwungen" werden. Dies kann dazu führen, dass die Wettbewerbsintensität zwischen den Parteien der Mitte gering ist, da für eine Regierungsbildung die Alternativen fehlen, wie auch immer die Wahlen ausgehen.[12]

Die hier skizzierten vier Logiken des Parteienwettbewerbs erlauben es, die Parteiensysteme in modernen Demokratien zu klassifizieren, ohne dass sich dabei die üblichen Probleme ergeben. Die Frage, ob wir es in Kanada mit einem Zwei-, Drei- oder Vierparteiensystem zu tun haben, ist für unsere Zwecke zweitrangig, solange die – in diesem Fall dualistische – Logik des Parteienwettbewerbs stets die gleiche ist. Das soll nicht heißen, dass die Zahl der Parteien in einem Parteiensystem gänzlich ohne Bedeutung ist, aber ihr Stellenwert wird doch erheblich relativiert. Sie ist erst dann von Belang, wenn es darum geht, die „Feinabstimmung" *innerhalb* der verschiedenen Wettbewerbslogiken genauer herauszuarbeiten. Darauf kommt es hier jedoch nicht an.

2. Die zweite zentrale Variable bei der Analyse von Parteiensystemen im Föderalismus sind die *vertikalen Beziehungen zwischen Parteien und Parteiorganisationen*. Dieser territorialen Dimension von Parteiensystemen wird in der Parteiensystemforschung in der Regel wenig Beachtung geschenkt. Es wird nicht nur unterstellt, dass die nationale Ebene im staatlichen Entscheidungsprozess und im Parteiensystem die maßgebliche ist, es wird in der Regel auch angenommen, dass die Parteien und Parteiensysteme auf den verschiedenen Ebenen politischer Willensbildung mehr oder weniger identisch sind. Beide Annahmen sind in föderativen Systemen äußerst problematisch. Bei der Analyse der vertikalen Struktur von Parteiensystemen sind insbesondere zwei Aspekte von Bedeutung: (a) der Grad der *Kongruenz* zwischen nationalen und subnationalen Parteiensystemen und (b) die *interorganisatorischen Beziehungen* zwischen nationalen und subnationalen Parteiorganisationen.

(a) In föderativen Systemen besteht die Möglichkeit, dass in den Gliedstaaten eigenständige Parteiensysteme existieren, die sich erheblich vom nationalen Parteiensystem unterscheiden. Die regionalen Parteiensysteme können nicht nur eine andere Wettbewerbslogik aufweisen als das nationale Parteiensystem, es ist auch denkbar, dass dort ganz andere – vor allem regional orientierte – Parteien um politische Ämter konkurrieren. Deshalb ist es in der territorialen Dimension zunächst wich-

---

11 Beispiele hierfür waren in der Vergangenheit die kommunistischen und faschistischen bzw. postfaschistischen Parteien. In den vergangenen Jahren galten dann grün-alternative, rechtspopulistische und postkommunistische Parteien als nicht „koalitionswürdig" – sofern sie denn überhaupt bereit waren, in eine Regierung einzutreten.
12 Man könnte dies deshalb auch als „zentrierende" Wettbewerbslogik bezeichnen. Da Sartori für diesen Typus von Parteiensystem, für den das italienische Parteiensystem bis zum Jahr 1993 wohl das bekannteste Beispiel war, den Begriff des „polarisierten Pluralismus" (polarized pluralism) geprägt hat (vgl. Sartori 1976: 145), werde ich im Weiteren von einer „polarisierenden" Logik sprechen.

tig, zwischen *kongruenten* und *inkongruenten* Parteiensystemen zu unterscheiden. Wenn wir auf der nationalen und auf der gliedstaatlichen Ebene unterschiedliche Parteien und Parteiensysteme antreffen, dann haben wir es mit einem inkongruenten Parteiensystem zu tun, sind die Parteien und Parteiensysteme auf den verschiedenen Ebenen dagegen identisch, dann wäre dies ein kongruentes Parteiensystem.

(b) In der vertikalen Dimension muss jedoch noch ein zweiter Aspekt berücksichtigt werden. In föderativen Systemen können die Beziehungen zwischen den nationalen und den regionalen Gliederungen einer Partei höchst unterschiedlich ausgestaltet sein. In dieser Hinsicht können wir zunächst zwischen *integrierten* und *desintegrierten* Parteien unterscheiden. Die Unterschiede zwischen diesen beiden Typen lassen sich unter anderem an der Programmatik, der Ressourcenverteilung, den Karrieremustern und dem Koalitionsverhalten der jeweiligen Parteigliederungen festmachen. Integrierte Parteien verfügen im Idealfall über eine einheitliche Programmatik, ein einheitliches Koalitionsverhalten, gemeinsame Ressourcen und durchlässige Karrierepfade; desintegrierte Parteien bestehen dagegen aus losen Verbindungen weitgehend selbständiger regionaler Parteigliederungen mit eigenem programmatischem Profil, eigenen Ressourcen und eigenständigen, weitgehend abgeschotteten Karrierepfaden. Insbesondere im Fall vertikal integrierter Parteien ist noch eine zweite Unterscheidung wichtig, die Unterscheidung zwischen *zentralisierten* und *dezentralen* Parteien. Mit dezentralen Parteien hätten wir es dann zu tun, wenn die regionalen Parteiorganisationen ein großes Maß an politischer, personeller und finanzieller Autonomie aufweisen. In zentralisierten Parteiorganisationen dagegen ist die Autonomie der regionalen Parteiorganisationen gering und der Parteienwettbewerb wird von den nationalen Parteien bestimmt.

3.2 Die Parteiensysteme in den untersuchten Bundesstaaten im Vergleich

Im Folgenden werden nun diese beiden Variablen – die horizontale Logik des Parteienwettbewerbs und die vertikale Struktur der Parteien und Parteiensysteme – dazu benutzt, um die Parteiensysteme der sechs Länder vergleichend zu analysieren. Die Darstellung muss zwangsläufig kurz und selektiv bleiben. Im Mittelpunkt der Analyse steht der nach dem Ende des Zweiten Weltkriegs vorherrschende Typus von Parteiensystem. Außerdem wird auf jene Veränderungen in den Parteiensystemen eingegangen, von denen angenommen werden kann, dass sie Auswirkungen auf die Entwicklung und Funktionsweise des Föderalismus im jeweiligen Land haben könnten.

Beginnen wir mit den *Vereinigten Staaten*, die den klassischen Fall eines weitgehend homogenen, dezentralisierten Zweiparteiensystems mit alternierenden Regierungen und einer dualistischen Wettbewerbslogik repräsentieren.[13] Der Dualismus zweier Parteien reicht dort bis in die Frühphase der Republik, an das Ende des 18. Jahrhunderts, zurück, als sich „Föderalisten" und „Anti-Föderalisten" gegenüberstanden. Die derzeitige Konstellation von Republikanischer und Demokratischer Partei bildete sich in der Zeit des Sezessionskrieges heraus, und ihr für die Jahrzehnte nach dem Zweiten Weltkrieg

---

13 Zum US-amerikanischen Parteiensystem vgl. Herrnson (1994), Shea/Green (1994) und Wattenberg (1991, 1998).

maßgebliches soziales und ideologisches Profil erhielten diese Parteien in der Ära des New Deal in den 30er Jahren des 20. Jahrhunderts. Allerdings ist hierbei zu berücksichtigen, dass es sich bei beiden Parteien nicht um Programm- oder Weltanschauungsparteien im europäischen Sinne handelt, sondern eher um „locker organisierte Verflechtungen wirtschaftlicher, sozialer und ethnischer Interessenverbände" (Fraenkel 1960), die „weder durch gemeinsame Klassen-, Religions- oder sonstige Zugehörigkeit noch durch eine verbindende Ideologie oder Programmatik zusammengehalten werden, sondern im Prinzip allein durch das Pfründen-Interesse" (Abromeit 1993: 104). Das schwach ausgeprägte ideologisch-programmatische Profil der beiden großen US-amerikanischen Parteien trug allerdings erheblich dazu bei, dass weitere Parteien keinen nennenswerten politischen Einfluss gewinnen konnten. Veränderungen im US-amerikanischen Parteiensystem erfolgten in der Regel nicht durch die Gründung neuer Parteien, sondern durch Umschichtungen in der sozialen Basis der beiden bestehenden Parteien („realignment"). Dies gilt nicht nur für die nationale Ebene, sondern auch für die Bundesstaaten.

Das US-amerikanische Parteiensystem ist in seiner vertikalen Struktur weitestgehend homogen. Sieht man von den wenigen Einparteienregionen ab, dann prägt der Dualismus zwischen Demokraten und Republikanern auch die Parteiensysteme in den Bundesstaaten. Trotz der vielfältigen regionalen, ethnischen und konfessionellen Unterschiede blieben regionale Parteien bislang ohne Bedeutung. Für diese große Integrationsfähigkeit des US-amerikanischen Parteiensystems war zweifellos auch die starke Dezentralisierung der beiden Großparteien verantwortlich. Die beiden Großparteien sind keine vertikal integrierten Organisationen, die nationalen und die einzelstaatlichen Parteien sind formell voneinander unabhängig. Das Schwergewicht der Parteien liegt eindeutig auf der kommunalen und regionalen Ebene. Die nationalen Parteiorganisationen dagegen waren lange Zeit nur schwach entwickelt, und der Einfluss der Bundesparteien auf die regionalen und lokalen Parteiorganisationen war gering (vgl. Herrnson 1994: 68).

Die Stabilität und Leistungsfähigkeit des US-amerikanischen Parteiensystems werden seit geraumer Zeit in der einschlägigen Literatur höchst kontrovers diskutiert (beispielhaft für viele Abramson u.a. 2000; Wattenberg 1998). Drei Entwicklungen stehen im Mittelpunkt dieser Kontroverse: erstens der Auf- und Ausbau der nationalen Parteiapparate und die damit verbundene Verschiebung der innerparteilichen Machtverhältnisse, zweitens die zunehmende Personalisierung der Wahlkämpfe und die zunehmende Bedeutung der Kandidaten bei der Organisation und Finanzierung von Wahlkämpfen („candidate-centered system"; vgl. Wattenberg 1991), und drittens schließlich die beachtlichen Erfolge unabhängiger Kandidaten bei einigen Präsidentschaftswahlen und, damit verbunden, die Stimmenverluste der beiden großen Parteien. Letzteres wird allerdings weniger als Indiz für eine Krise des Parteiensystems gewertet, sondern eher als Folge des unzulänglichen Kandidatenangebots der etablierten Parteien. Die Grundstruktur des US-amerikanischen Parteiensystems mit seiner dualistischen Wettbewerbslogik gilt nach wie vor als stabil (vgl. Abramson u.a. 2000).

Das *australische* Parteiensystem wies in seinen Grundzügen lange Zeit große Ähnlichkeiten mit dem US-amerikanischen auf.[14] Auch in Australien finden wir seit Be-

---

14 Zum australischen Parteiensystem vgl. insbesondere Jaensch (1994) und Marsh (1995).

ginn des 20. Jahrhunderts ein Parteiensystem, das von zwei großen Parteien – der bürgerlich-konservativen Liberal Party und der sozialdemokratischen Australian Labour Party (ALP) – dominiert wird und in dem der Parteienwettbewerb einer ausgeprägten dualistischen Wettbewerbslogik folgt. Auf Grund von Abspaltungen von den beiden großen Parteien entstanden zwar immer wieder neue Parteien, von diesen konnte sich zunächst aber nur die Country bzw. National Party, die in erster Linie die Interessen der ländlichen Bevölkerung vertritt, dauerhaft etablieren.[15] Die Existenz einer dritten Partei auf nationaler Ebene führte jedoch nicht dazu, dass das Parteiensystem eine pluralistische Logik entwickelte. Die Logik des Parteienwettbewerbs wurde geprägt durch den Umstand, dass die Country bzw. National Party mit den Liberalen eine ständige Allianz bildete und feste Wahlverbindungen und Regierungskoalitionen einging. Dadurch standen immer zwei eindeutig identifizierbare Alternativen zur Wahl.

Auch das australische Parteiensystem ist weitgehend kongruent, regionale Parteien blieben ohne größere Bedeutung. Zwischen den Parteiensystemen der einzelnen Bundesstaaten gibt es zwar durchaus Unterschiede, alles in allem wird das Bild jedoch auch auf Länderebene vom Dualismus der beiden Großparteien bestimmt (vgl. Rydon 1988). In 63 von 68 Wahlen, die in den Bundesstaaten zwischen 1945 und 1986 abgehalten wurden, waren sie die beiden stärksten Parteien. Die einzige Ausnahme hiervon bildet Queensland, wo die Country bzw. National Party besonders stark ist (Sharman 1990: 90).

In vertikaler Hinsicht ist das australische Parteiensystem außerdem relativ stark dezentralisiert. Die regionalen Parteiorganisationen sind weitgehend autonom, und vor allem bei den Liberalen und der National (Country) Party liegt der Organisationsschwerpunkt eindeutig in den Einzelstaaten. Auf der nationalen Ebene bieten die australischen Parteien das Bild von „state-based coalitions" (Holmes 1984: 404), deren nationale Parteiorganisationen vor allem die Funktion haben, die Aktivitäten der verschiedenen dezentralen Einheiten zu koordinieren. Im Unterschied zu den US-amerikanischen Parteien besitzen die australischen dennoch ein deutliches nationales Profil. Für diese ideologisch-programmatische Kohärenz sind allerdings weniger die nationalen Parteiorganisationen verantwortlich, sondern vor allem die Parlamentsfraktionen, denen unter anderem die wichtigsten Personalentscheidungen (insbesondere die Wahl des Premierministers) vorbehalten sind. In vergleichenden Untersuchungen wird das australische Parteiensystem deshalb als weniger dezentralisiert eingestuft als das US-amerikanische, aber als weit weniger zentralisiert als die meisten europäischen Parteiensysteme (vgl. u.a. Epstein 1977).

Die neuere Entwicklung des australischen Parteiensystems ist durch eine gewisse Pluralisierung der Wettbewerbslogik charakterisiert. Auf Grund der Einführung des Verhältniswahlrechts bei der Wahl zur zweiten Kammer, dem Senat, spielten kleinere Parteien dort bereits seit den 1950er Jahren eine gewisse Rolle. In der Zeit zwischen 1955 und 1975 war die Democratic Labour Party, eine rechte Abspaltung der Labour Party, im Senat vertreten. Seit der Mitte der 1970er Jahre spielt eine neue Partei der bürgerlichen Mitte, die Australian Democrats, eine nicht unwichtige Rolle im Senat; und in den 1990er Jahren konnten außerdem grüne Kandidaten Sitze im Senat gewin-

---

15 Die Australian Country Party wurde 1920 gegründet; seit 1985 nennt sie sich National Party.

nen. Dadurch wurde die dualistische Wettbewerbslogik im australischen Parteiensystem zwar noch nicht durch eine pluralistische abgelöst, aber die Existenz kleiner Parteien hat, wie wir noch sehen werden, durchaus Auswirkungen auf die Funktionsweise des australischen Föderalismus.

Das *kanadische* Parteiensystem bereitet, wie bereits erwähnt, die größten Klassifikationsprobleme.[16] Das liegt zum einen daran, dass sich auf der nationalen Ebene die Parteienkonstellationen mehrfach gewandelt haben, und zum anderen liegt es an seiner starken vertikalen Inkongruenz. Der Parteienwettbewerb auf der nationalen Ebene war allerdings ungeachtet der jeweiligen Parteienkonstellationen bis zum Beginn der 1990er Jahre durch eine dualistische Wettbewerbslogik und die Konkurrenz zwischen zwei großen Parteien, der Liberal Party und der Progressive Conservative Party, gekennzeichnet.[17] Diese beiden Parteien haben seit dem Ersten Weltkrieg die Regierung gestellt, und es ist ein deutliches Indiz für die Dominanz der dualistischen Wettbewerbslogik im kanadischen Parteiensystem, dass eine Minderheitsregierung gebildet wurde, wenn keine dieser beiden Parteien eine Parlamentsmehrheit erhielt und keine wie auch immer geartete Koalitionsregierung.

In der vertikalen Dimension unterscheidet sich das kanadische Parteiensystem von allen anderen hier untersuchten Fällen durch seine große Inkongruenz. Diese Inkongruenz zeigte sich bisher in verschiedenen Formen: Erstens waren die so genannten „dritten" Parteien im nationalen Parlament – insbesondere die sozialdemokratisch orientierte New Democratic Party (NDP) und neuerdings auch die Reform Party bzw. Canadian Alliance – in einigen Provinzen besonders stark; und zweitens haben wir in Kanada mit dem sezessionistisch orientierten Bloc Québécois eine starke Regionalpartei, die zunächst nur zu Provinzwahlen angetreten ist und dort auch immer wieder die Regierung stellen konnte. Der Parteienwettbewerb in den Provinzen folgt zwar ebenfalls einer dualistischen Wettbewerbslogik, aber in den Provinzen sind es zumeist andere Parteien und Parteienkonstellationen, die zur Wahl stehen und unter Umständen die Regierung bilden. Diese Asymmetrie wird noch dadurch verstärkt, dass die Wahlchancen der großen nationalen Parteien in den verschiedenen Provinzen auf Grund der ethnischen und sozioökonomischen Differenzen in der kanadischen Gesellschaft höchst ungleich sind: Die Liberalen sind im agrarisch geprägten Westen des Landes nur sehr schwach vertreten, während auf der anderen Seite die Konservativen in den industriellen Zentren (Ontario, Quebec) deutlich unterrepräsentiert sind. Dies hat insgesamt zur Folge, dass der Parteienwettbewerb in mehreren Provinzen zwischen einer der beiden großen Parteien und einer Regionalpartei oder einer Drittpartei mit regionaler Basis stattfindet (vgl. Schultze 1977).

Allein die Existenz starker Regionalparteien in einem dualistisch strukturierten Parteiensystem lässt erwarten, dass der regionale Partikularismus in Kanada einen stärkeren politischen Ausdruck findet als in Australien und den USA. In Kanada wird dieser Effekt dadurch verstärkt, dass die Parteien nur schwach integriert und relativ stark de-

---

16 Zum kanadischen Parteiensystem vgl. insbesondere Schultze (1997a), Carty u.a. (2000) und Pammett/Dornan (2001).
17 Auch Schultze (1997a: 282) bezeichnet das kanadische Parteiensystem als „dualistisch" strukturiert. Er meint damit aber die Inkongruenz und die geringe vertikale Integration der kanadischen Parteien.

zentralisiert sind (vgl. Epstein 1964; Bakvis 1988). Die beiden großen Parteien sind „eigentlich in jeder Beziehung, in ihrer Wählerbasis und ihren Organisationsstrukturen, im Blick auf die Karrieremuster der Politiker, hinsichtlich Parteienfinanzierung, ideologischer Ausrichtung und Programmatik konföderal strukturiert" (Schultze 1982: 135). Sie sind vertikal nicht integriert, d.h. sie verfügen über keinen durchgehenden innerparteilichen Aufbau von der untersten Organisationsebene bis zur Bundesebene.[18] Die dezentrale Struktur des kanadischen Parteiensystems hat zur Folge, dass die Provinzpolitik von den regionalen Parteien weitgehend autonom formuliert wird. Die nationalen Parteiführungen können nicht einmal damit rechnen, dass sie in jedem Fall die Unterstützung ihrer Provinzparteien erhalten, ihr direkter Einfluss auf deren Politik gilt als gering (Bakvis 1988: 258).

In den 1990er Jahren ist das kanadische Parteiensystem in eine „Repräsentationskrise" (Schultze 1997a) geraten, deren Tragweite und Folgen derzeit höchst kontrovers diskutiert werden. Diese Repräsentationskrise, die erstmals bei den nationalen Parlamentswahlen 1993 deutlich wurde, hatte zum einen zur Folge, dass etablierte Parteien wie die Konservativen und die NDP erheblich an Bedeutung verloren und neue Parteien wie die rechtspopulistische Reform Party bzw. die Canadian Alliance sowie eine Regionalpartei wie der Bloc Québécois in das nationale Parlament einzogen. Zum anderen wurde – nicht zuletzt auf Grund des Mehrheitswahlrechts – der Trend zur Regionalisierung des kanadischen Parteiensystems weiter verstärkt. Inzwischen ist keine Partei mehr in der Lage, in allen Landesteilen einen größeren Anteil an den Parlamentssitzen zu gewinnen.[19] Welche Auswirkungen dies auf die Wettbewerbslogik des kanadischen Parteiensystems hat, ist derzeit noch unklar. Während Carty u.a. (2000) behaupten, dass dadurch die bisherige dualistische Wettbewerbslogik durch eine regionalistische Variante des Pluralismus abgelöst wird, vermutet Clarkson (2001), dass diese Entwicklung die Liberalen strukturell begünstigt und zu einer Hegemonie der Liberal Party im kanadischen Parteiensystem führen wird.

Das *schweizerische* Parteiensystem ist in der horizontalen Dimension durch seine große Fragmentierung und die große Zahl von strukturellen Konfliktlinien zwischen den verschiedenen Parteien und Parteiengruppen gekennzeichnet.[20] Dadurch erhält es eine multipolare Struktur und folgt einer pluralistischen Wettbewerbslogik. Im Nationalrat, der ersten Kammer, waren in den vergangenen zwanzig Jahren jeweils mehr als ein Dutzend Parteien vertreten, im Ständerat waren es zumeist sechs Parteien. Unter diesen spielen seit dem Ende des Ersten Weltkriegs, mit der Einführung des Verhält-

---

18 Die einzelnen Parteien unterscheiden sich allerdings deutlich in ihrer vertikalen Struktur. Am schwächsten sind die Liberalen integriert, am stärksten die NDP. Die Liberalen haben ihre Organisationsschwäche vor allem durch eine starke Personalisierung der politischen Führung kompensiert.

19 Bei der letzten nationalen Wahl gewannen die Liberalen 58 Prozent ihrer Sitze in einer einzigen Provinz (Ontario), die Konservativen gewannen 75 Prozent ihrer Mandate in den Atlantikprovinzen und die NDP 62 Prozent in den Westprovinzen. Noch stärker ist die regionale Orientierung bei der Canadian Alliance (CA) und dem Bloc Québécois. Die CA gewann 97 Prozent der Mandate in den Westprovinzen, der Bloc hat seine Mandate bislang ausschließlich in Quebec gewonnen (vgl. ausführlich Pammett/Dornan 2001).

20 Zum schweizerischen Parteiensystem siehe insbesondere Kerr (1987), Neidhard (1988), Kriesi u.a. (1998) und Church (2000).

niswahlrechts, vier Parteien eine besondere Rolle: die Christlichdemokratische Volkspartei (CVP), die Schweizerische Volkspartei (SVP), die Freisinnig-Demokratische Partei (FDP) und schließlich die Sozialdemokratische Partei (SP). Diese vier Parteien konnten bei den Nationalratswahlen zumeist mehr als 80 Prozent der Wählerstimmen auf sich vereinen, und sie bilden trotz aller ideologischer Differenzen seit 1959 nach einer festen Formel die Regierung. Auf Grund des eigentümlichen Systems der Kollegialregierung, die vom Parlament unabhängig ist, handelt es sich dabei aber nicht um Koalitionsregierungen im üblichen Sinne, der Wettbewerb zwischen den Parteien wird dadurch nicht vollständig suspendiert. Deshalb kann das schweizerische Parteiensystem trotz der großen Stabilität der Regierungskoalitionen als pluralistisch klassifiziert werden, allerdings mit einer stark eingeschränkten Wettbewerbsmechanik.[21]

In seiner vertikalen Dimension ist das schweizerische Parteiensystem leicht inkongruent und dezentral strukturiert. Für die Inkongruenzen im schweizerischen Parteiensystem sind weniger regionale Parteien verantwortlich, die es in der Schweiz in der Form wie in Kanada nicht gibt; im schweizerischen Fall rühren die Inkongruenzen daher, dass die Parteien auf Grund der konfessionellen, sprachlichen und sozioökonomischen Unterschiede in den einzelnen Kantonen eine unterschiedliche Stärke und Präsenz besitzen. Dies führt dazu, dass die Parteien und Parteiensysteme von Kanton zu Kanton teilweise recht verschieden sind (vgl. Neidhart 1988: 190). Hinzu kommt, dass die schweizerischen Parteien eine dezentrale Organisationsstruktur aufweisen (vgl. Kerr 1987; Neidhart 1988). Das organisatorische Schwergewicht der schweizerischen Parteien liegt eindeutig auf der kantonalen und lokalen Ebene: „Die nationalen Parteien sind nicht mehr als ein lockerer Dachverband von vielen, sehr heterogenen Kantonalparteien" (Neidhart 1988: 190).

Angesichts der Vielzahl von Parteien und politischen Konfliktlinien wies das schweizerische Parteiensystem in den vergangenen fünfzig Jahren eine bemerkenswerte Stabilität auf. Dies lässt sich nicht nur an der Stabilität der Regierungen ablesen, es lässt sich auch daran erkennen, dass sich die Stimmanteile der großen politischen Lager, der bürgerlichen und rechten Parteien auf der einen Seite, der linken Parteien auf der anderen Seite, insgesamt nur wenig geändert haben. Die jüngsten Erfolge der rechtspopulistischen SVP, die bei der letzten Nationalratswahl 1999 zur stärksten Partei wurde, haben allerdings zu einer stärkeren Polarisierung des schweizerischen Parteiensystems und zu Spannungen innerhalb des Regierungslagers geführt (vgl. Church 2000).

Das *österreichische* Parteiensystem der Nachkriegszeit war lange Zeit geprägt durch die Existenz zweier politischer „Lager", die durch jeweils eine Großpartei repäsentiert wurden: Die Sozialistische Partei Österreichs (SPÖ) war die politische Organisation der österreichischen Arbeiterbewegung und die Österreichische Volkspartei war die Vertreterin der verschiedenen Strömungen des bürgerlichen „Lagers". Diese beiden Parteien vereinten bis Mitte der 1980er Jahre mehr als 80 Prozent der Wählerstimmen bei nationalen Wahlen auf sich und sie stellten in der Regel auch – teils alleine, teils

---

21 Außerdem darf die Bedeutung der kleineren Parteien im schweizerischen Parteiensystem nicht unterschätzt werden. Auf Grund der besonderen Bedingungen der „Referendumsdemokratie" können auch kleine Parteien in einzelnen Fällen großen Einfluss erhalten (vgl. Kerr 1987: 117).

gemeinsam in einer großen Koalition – die Regierungen auf Bundesebene. Der Parteienwettbewerb war während dieser Zeit durch die dualistische Konkurrenz zwischen den beiden großen Parteien geprägt, weshalb Sartori (1976: 189) das österreichische Parteiensystem zu den Zweiparteiensystemen zählte. Neben den beiden Großparteien konnten sich zunächst zwei kleinere Parteien im österreichischen Parteiensystem über einen längeren Zeitraum etablieren: die Freiheitliche Partei Österreichs (FPÖ) am rechten Rand des Parteienspektrums[22] und die Kommunistische Partei Österreichs (KPÖ) am linken Rand. Diese beiden Parteien galten jedoch nicht als „koalitionswürdig", sodass die Großparteien zunächst zur Koalition gezwungen wurden. Das österreichische Parteiensystem wies damit auch Ansätze eines polarisierten Pluralismus auf, der jedoch durch die Dominanz der beiden Großparteien überdeckt wurde.

In der vertikalen Dimension fällt am österreichischen Parteiensystem seine vollständige Kongruenz und seine starke Zentralisierung auf. Regionale Parteien spielen in Österreich keine nennenswerte Rolle, die Parteiensysteme der Bundesländer werden ebenfalls von den beiden Großparteien bestimmt. In den meisten Bundesländern waren die kleineren Parteien sogar noch schwächer als auf der nationalen Ebene. Zu dieser großen Kongruenz kommt hinzu, dass die österreichischen Parteien stark zentralisiert sind. In beiden großen Parteien besitzt die nationale Parteiführung eine sehr starke Position im internen Entscheidungsprozess und in beiden Parteien ist die interne Kohäsion sehr groß (vgl. Gerlich 1987: 83). Die hierarchische Struktur und der oligarchische Führungsstil gelten als allgemeines Kennzeichen der politischen „Lager" und der sie repräsentierenden Parteien (vgl. Luther 1992: 65–67).

Seit Mitte der 1980er Jahre ist das österreichische Parteiensystem starken Veränderungen unterworfen (vgl. insbesondere Müller 2000). Als Auslöser für diese Entwicklung gilt die Erosion der traditionellen politischen „Lager", die ihre frühere Prägekraft und Bindungsfähigkeit verloren haben. Dies zeigt sich erstens in den starken Stimmenverlusten der beiden Großparteien, die bei der letzten Nationalratswahl 1999 nur noch 60 Prozent der Stimmen auf sich vereinen konnten; zweitens formierte sich innerhalb der Wählerschaft mit der so genannten „neuen Mittelschicht" ein neuer, dritter „Block" (vgl. Gerlich 1987: 79); und drittens hat die Mobilität des Wählerverhaltens deutlich zugenommen. Dies hatte insgesamt zur Folge, dass die Wettbewerbsintensität des österreichischen Parteiensystems deutlich angestiegen ist. Von dieser Entwicklung hat – neben den Grün-Alternativen Parteien, die seit 1986 im österreichischen Parlament vertreten sind – insbesondere die rechtspopulistische FPÖ profitiert, der es in den 1990er Jahren gelungen ist, die Dominanz der beiden Großparteien aufzubrechen, und die bei der letzten Nationalratswahl zur zweitstärksten Partei wurde. Da die FPÖ nach der Übernahme des Parteivorsitzes durch Jörg Haider 1986 nicht mehr als koalitionswürdig galt, hatte dies zur Folge, dass der Dualismus im österreichischen Parteiensystem zunächst durch eine polarisierende Wettbewerbslogik abgelöst wurde. Mit der Bildung einer ÖVP-FPÖ-Koalition auf Bundesebene nach der Nationalratswahl 1999 wurde diese durch einen asymmetrischen Pluralismus ersetzt.[23]

---

22 Die FPÖ ist die Nachfolgepartei des „Verbandes der Unabhängigen" (VdU), der 1949 und 1953 zum Nationalrat kandidierte.
23 Als „asymmetrisch" ist dieser Pluralismus deshalb zu bezeichnen, weil die FPÖ für die zweite

Das Parteiensystem der *Bundesrepublik Deutschland* schließlich ist in der horizontalen Dimension durch seine dualistische Wettbewerbslogik gekennzeichnet.[24] Der Parteienwettbewerb war von Beginn an vom „Dualismus von CDU – SPD" (Duverger 1959: 226–269) gekennzeichnet. Auf Grund der Existenz anderer, kleinerer Parteien besaß das bundesdeutsche Parteiensystem zwar nie das Format eines „klassischen" Zweiparteiensystems, es wies aber immer eine ausgeprägte „Zwei-Parteien-Mechanik" (Abromeit 1993: 74) auf. Für seine Funktionsweise war diese „Zwei-Parteien-Mechanik" weit wichtiger als die Zahl und die ideologische Kontur der kleineren Parteien. Daran hat auch die Tatsache, dass die beiden großen Parteien in der Regel nicht in der Lage waren, alleine die Regierung zu stellen, und zu Koalitionen gezwungen waren, nur wenig geändert. Für die Logik des Parteienwettbewerbs entscheidend war, dass die lange Zeit wichtigste kleinere Partei, die FDP, seit ihrem Eintritt in die sozialliberale Koalition feste Koalitionsbindungen zu einer der beiden großen Parteien einging, die über mehrere Legislaturperioden reichten. Der Wettbewerb zwischen den Parteien wurde davon geprägt, dass die FDP auf Bundesebene ihre Koalitionsentscheidung nicht ernst nach der jeweiligen Wahl traf, sondern bereits mit einer festen Koalitionsaussage zu den Wahlen antrat. Der Parteienwettbewerb fand deshalb ähnlich wie in Australien zwischen zwei eindeutig identifizierbaren Parteienlagern statt, denen der Wähler selbst die Regierungs- und Oppositionsfunktion zuweisen konnte. Hierdurch unterschied sich das bundesdeutsche Parteiensystem von einem pluralistischen Parteiensystem mit seinen variablen Koalitionsmöglichkeiten.

In der vertikalen Dimension zeichnete sich das bundesdeutsche Parteiensystem zum einen lange Zeit durch eine relativ große Kongruenz aus. Sieht man vom bayerischen „Sonderfall" mit der eigenständigen Rolle der CSU innerhalb der Unionsparteien ab, dann finden wir auf der Landesebene nicht nur die gleichen Parteien wie auf der Bundesebene, sondern auch eine gleichlaufende Entwicklung im Parteiensystem (vgl. Roberts 1990: 101–107). Dies hat sich erst nach der deutschen Vereinigung mit der Etablierung der PDS im deutschen Parteiensystem geändert, die auf Grund ihrer sozialen Basis in den neuen Bundesländern auch als „Partei regionaler Sonderinteressen" (Klingemann 1999: 115) bezeichnet wird. In vergleichender Perspektive sind die bundesdeutschen Parteien außerdem stark integriert und zentralisiert. Es ist zwar richtig, dass die Organisationswirklichkeit in den beiden Großparteien CDU und SPD von vielfältigsten internen Differenzierungen geprägt ist, aber im Vergleich zu den Parteien in den meisten anderen föderativen Systemen fällt doch auf, dass die deutschen „einen durchgehenden Aufbau von der untersten Ebene bis hin zur Parteispitze auf[weisen], mit einigermaßen funktionierenden Willensbildungsprozessen, wobei zwischen Bundes- und Länderparteien vielfältige Abhängigkeiten und vor allem auch personelle Verflechtungen bestehen" (Schultze 1982: 125; vgl. auch Lehmbruch 1976: 143–149; Renzsch 2000). Hinzu kommt, dass in den deutschen Parteien die bundespolitische Orientierung eindeutig dominiert. Dies zeigt sich nicht zuletzt auch daran, dass die Bundespo-

---

Großpartei, die SPÖ, nach wie vor nicht als koalitionswürdig gilt und deshalb die Koalitionsmöglichkeiten noch immer, allerdings einseitig zu Lasten der SPÖ, eingeschränkt sind.

24 Zum deutschen Parteiensystem vgl. Gabriel u.a. (1997), Klingemann (1999) und von Alemann (2000).

litik in Landtagswahlen und bei der Bildung von Landesregierungen mitunter eine wichtige Rolle spielt.

Zusammenfassend kann zunächst festgestellt werden, dass die hier untersuchten Länder mit einer föderalistischen Staatsorganisation sehr unterschiedliche Parteiensysteme aufweisen. Das gilt insbesondere für die vertikale Dimension der Parteiensysteme, die in unserem Zusammenhang von besonderer Bedeutung ist. Die Parteiensysteme der sechs untersuchten Länder weisen im Grad ihrer Kongruenz und ihrer internen Integration enorme Unterschiede auf. Sie decken die gesamte Bandbreite von Möglichkeiten, vom stark inkongruenten, schwach integrierten und dezentralisierten Parteiensystem in Kanada bis hin zum weitgehend kongruenten, stark integrierten und zentralisierten Parteiensystem in Österreich, ab. Welche Folgen dies für die institutionelle Architektur föderativer Systeme, ihre Funktionsweise und ihre Entwicklungsdynamiken hat, das soll in den kommenden Schritten analysiert werden.

4. Art und Intensität der Politikverflechtung: Die institutionelle Struktur des Föderalismus in vergleichender Perspektive

Die vorliegenden Untersuchungen, die sich mit der institutionellen Struktur des Föderalismus in vergleichender Perspektive beschäftigt haben,[25] zeigen alle, dass die Politikverflechtung kein deutsches Spezifikum ist, sondern ein allgemeines und unvermeidliches Merkmal föderativer Systeme in hochentwickelten kapitalistischen Demokratien (vgl. Scharpf u.a. 1976). So fand Bothe (1982: 166) bereits zu Beginn der 1980er Jahre in allen von ihm untersuchten Bundesstaaten „eine Verflechtung von Kompetenzen, die zur Kooperation, zur Verflechtung von Entscheidungsvorgängen, zur Politikverflechtung in vielerlei Gestalt führt". Daran hat sich seither nur wenig geändert. Angesichts dessen darf die empirische Analyse der institutionellen Architekturen föderativer Systeme ihren Ausgangspunkt nicht bei der Unterscheidung zwischen „getrennten" und „verflochtenen" Systemen nehmen, sie muss vielmehr an der jeweiligen Art und dem konkreten Ausmaß der Politikverflechtung zwischen den verschiedenen staatlichen Ebenen ansetzen. Bei der Ausgestaltung der Politikverflechtung in föderativen Systemen können zahlreiche Faktoren (Kompetenzverteilung, Entscheidungsverflechtung, Aufgaben- und Ressourcenverteilung etc.) eine Rolle spielen. Für die Zwecke dieses Vergleichs genügt es, zwei Aspekte der Politikverflechtung näher zu betrachten:
– erstens die Entscheidungsverflechtung, d.h. das Ausmaß, in dem die verschiedenen staatlichen Handlungsebenen interdependent sind;
– und zweitens die Ressourcenverflechtung, d.h. den Umfang, in dem die einzelnen staatlichen Ebenen bei der Mobilisierung und Allokation der Finanzmittel, die sie zur Erfüllung ihrer Aufgaben benötigen, voneinander abhängig sind.

1. *Entscheidungsverflechtung:* Die Frage, auf welche Weise und in welchem Umfang die Interessen der Gliedstaaten in staatlichen Entscheidungen Berücksichtigung finden, zählt zu den Kernproblemen des Föderalismus. Eine Schlüsselrolle nimmt in diesem

---

[25] Zum Vergleich föderativer Systeme siehe insbesondere Duchacek (1970), Bothe (1977, 1982), Frenkel (1986), Elazar (1994) und Watts (1996).

Zusammenhang die zweite Kammer der nationalen Parlamente ein, bei deren Zusammensetzung in föderativen Systemen das Prinzip der territorialen Repräsentation eine wichtige, wenn nicht die ausschlaggebende Rolle spielt. Die Stärke der zweiten Kammer kann deshalb als Indikator für den Grad der formellen Entscheidungsverflechtung in föderativen Systemen genommen werden. Die faktische Stärke der zweiten Kammer hängt vor allem von zwei Faktoren ab: erstens der formalen Kompetenzausstattung der beiden Kammern und zweitens von ihrer Zusammensetzung.[26] Mit einem starken Bikameralismus haben wir es dann zu tun, wenn die formalen Kompetenzen der beiden Kammern mehr oder weniger symmetrisch sind; und gleichzeitig müssen die beiden Kammern in ihrer Zusammensetzung inkongruent sein, d.h. die zweite Kammer darf nicht lediglich ein Spiegelbild der ersten sein.

Der Vergleich der sechs Länder zeigt zunächst deutliche Unterschiede bei der Kompetenzausstattung der beiden Kammern. In Australien, Kanada, der Schweiz und den USA sind die beiden Kammern im Gesetzgebungsverfahren formal völlig gleichgestellt.[27] Die zweite Kammer besitzt in diesen Ländern ein absolutes Vetorecht. In der Bundesrepublik sind Bundestag und Bundesrat bekanntlich nur bei Verfassungsänderungen und bei zustimmungspflichtigen Gesetzen gleichberechtigt, zu denen freilich inzwischen mehr als die Hälfte aller Bundesgesetze zählen. In Österreich schließlich verfügt die zweite Kammer nur über ein suspensives Vetorecht, das durch eine einfache Mehrheit in der ersten Kammer, dem Nationalrat, wieder aufgehoben werden kann.

Wenn man außerdem die Modalitäten der Zusammensetzung der zweiten Kammer berücksichtigt, dann muss dieser Befund insbesondere in zwei Fällen qualifiziert werden. Im kanadischen Fall ist zu beachten, dass der Senat zwar formal eine sehr große Kompetenzfülle besitzt, dass er auf Grund der eigentümlichen Modalitäten seiner Besetzung politisch bislang aber bedeutungslos geblieben ist. Die Mitglieder des Senats werden nicht von den Gliedstaaten bestimmt, sondern auf Vorschlag der nationalen Regierung durch den Generalgouverneur ernannt. Dies hat in der Vergangenheit dazu geführt, dass sich „jede Regierung ihre bequeme Mehrheit im Senat" (Bothe 1977: 99) verschaffte. Kanada ist deshalb trotz der weitreichenden formalen Kompetenzen – neben Österreich – zu den Ländern mit schwachem Bikameralismus zu zählen. In den anderen vier Ländern ist nicht nur die formale Kompetenzausstattung der zweiten Kammer groß, dort ist auch die Möglichkeit inkongruenter Mehrheiten sehr viel wahrscheinlicher und politisch auch folgenreicher. Unter diesen Ländern nimmt die Bundesrepublik wiederum eine Sonderstellung ein, da die Bundesländer im Bundesrat auf Grund des Besetzungsmodus eine besonders starke Vertretungsmacht besitzen.[28] Aus diesem Grund können wir die föderale Entscheidungsverflechtung in Deutschland als

---

26 Lijphart (1999: 205–211) verwendet zur Ermittlung der Stärke des Bikameralismus als dritten Faktor den Wahlmodus für die zweite Kammer, am Ergebnis ändert sich dadurch in unseren Fällen wenig. Im Gegenteil, gerade wenn man diesen Faktor genauer betrachtet, dann kann man erkennen, dass Lijpharts Klassifikation Kanadas als mittelstarker Bikameralismus falsch ist.

27 Eine Ausnahme bilden in Australien und Kanada die Haushalts- und Steuergesetzgebung, für die Sonderregelungen gelten (vgl. Bothe 1977: 96, 100).

28 In Australien, der Schweiz und den USA wird die zweite Kammer durch das Volk gewählt (in der Schweiz und den USA mit Mehrheitswahl, in Australien mit Verhältniswahl); in Österreich wird der Bundesrat durch die Länderparlamente im Verhältniswahlverfahren gewählt.

stärker einstufen als in Ländern wie Australien, der Schweiz und den USA, in denen die Kompetenzen der zweiten Kammer zwar größer sind, wo aber die föderative Komponente nicht so stark zum Tragen kommt.[29] Insgesamt lassen sich die sechs Länder in zwei Gruppen einteilen: eine erste Gruppe mit einem starken Bikameralismus, bestehend aus Australien, Deutschland, der Schweiz und den USA; und eine zweite Gruppe mit Ländern, in denen die zweite Kammer nur schwach ist, zu denen Kanada und Österreich zählen.

2. *Ressourcenverflechtung:* Im Idealfall gilt für Staaten mit föderalistischer Verfassung, dass jede Gebietskörperschaft ihre Ausgaben mit eigenen Finanzmitteln bestreiten sollte. In der Realität finden wir jedoch in allen bundesstaatlichen Finanzverfassungen gewisse Formen der Ressourcenverflechtung zwischen dem Bund und den Gliedstaaten (vertikale Ressourcenverflechtung) sowie zwischen den Gliedstaaten (horizontale Ressourcenverflechtung) (vgl. Bothe 1977; Bird 1986). In keinem der sechs hier untersuchten Länder sind die Gliedstaaten in der Lage, ihre Ausgaben aus eigener Finanzkraft zu bestreiten, und in keinem der sechs Länder sind die Ressourcenverflechtungen zwischen dem Zentralstaat und den Gliedstaaten marginal. Allerdings weisen die sechs Länder auch erhebliche Unterschiede im Grad und in der Art der Ressourcenverflechtung auf. Dies gilt sowohl für die Einnahmenseite wie auch für die Ausgabenseite der Finanzverfassungen.

Der deutsche Föderalismus ist im internationalen Vergleich vor allem durch sein hohes Maß an Einnahmenverflechtung gekennzeichnet. Die Einnahmenseite wird weitgehend durch ein Verbundsystem dominiert, in das die wichtigsten Steuerarten (Einkommen-, Körperschaft- und Umsatzsteuer) einbezogen sind. Demgegenüber ist die Ausgabenseite vergleichsweise schwach verflochten. Von den sechs untersuchten Ländern spielen in Deutschland die Finanzzuweisungen des Bundes an die Länder die geringste Rolle. Dennoch kann die Ressourcenverflechtung im deutschen Föderalismus auf Grund der großen Bedeutung der Einnahmenseite als stark eingestuft werden.

In Australien, der Schweiz und den USA erfolgt die Ressourcenverflechtung vor allem über die Ausgabenseite. In diesen Ländern verfügen die Gliedstaaten zwar über eigene Steuereinnahmen in nennenswertem Umfang, der Zentralstaat monopolisiert aber in allen Fällen die ertragsstärkste Steuerart, die Einkommensteuer. Dies hat zur Folge, dass die Gliedstaaten einen beträchtlichen Teil ihrer Aufgaben durch direkte Finanzzuweisungen des Zentralstaats finanzieren müssen. Im Fall der USA und der Schweiz lag der Anteil dieser Bundeszuweisungen an den Einnahmen der Gliedstaaten in den vergangenen zwanzig Jahren zwischen 20 und 25 Prozent, in Australien machte er nahezu die Hälfte der Einnahmen der Provinzen aus (vgl. Watts 1996: 44). Bei der Bewertung dieser Finanzzuweisungen muss allerdings zwischen Politikverflechtung und Zentralisierung unterschieden werden. Zweckgebundene Ressourcentransfers vom Bund zu den Gliedstaaten, die diesen keinerlei Gestaltungsmöglichkeiten lassen, sind nicht als Politikverflechtung, sondern als Zentralisierung einzuordnen. Dadurch wird insbesondere der australische Fall relativiert, da dort die Hälfte der Zahlungen des Bundes zweckgebunden sind. Hieran lassen sich aber auch die Zentralisierungstendenzen im US-ameri-

---

[29] Der US-Senat beispielsweise gilt als „a national institution first, and a federal one a very poor second" (Sharman 1987: 89).

kanischen Föderalismus ablesen, denn dort machen zweckgebundene Zahlungen an Individuen, die von den Bundesstaaten und den Gemeinden verwaltet werden, inzwischen mehr als 60 Prozent der Finanztransfers des Bundes an die Gliedstaaten aus (vgl. Walker 1996: 272). Insgesamt können wir die Ressourcenverflechtung in diesen drei Ländern als mittelstark einstufen.

In diese Kategorie lässt sich auch, wenngleich mit Abstrichen, Kanada einordnen. In Kanada entstand nach dem Zweiten Weltkrieg ein Steuerverbund zwischen dem Bund und den Provinzen, in den die Einkommen-, Körperschaft- und Erbschaftsteuer einbezogen war. Aus diesem Verbund sind inzwischen aber die wirtschafts- und finanzstärksten Provinzen Quebec und Ontario ganz oder teilweise ausgeschieden. Finanztransfers vom Bund an die Provinzen spielen zwar eine nicht unbedeutende, aber deutlich rückläufige Rolle. Der Dezentralisierungstrend im kanadischen Föderalismus lässt sich auch daran erkennen, dass die Provinzen inzwischen auf Druck Quebecs die Möglichkeit des „opting-out" aus zweckgebundenen Zuweisungsprogrammen besitzen.

Im österreichischen Föderalismus schließlich finden wir nur eine schwache Ressourcenverflechtung. Die Finanzverfassung dort ist stark zentralisiert, die Länder besitzen keine eigenen Einnahmequellen von größerer Bedeutung. Sie erhalten ihre Einnahmen zum einen aus einem Steuerverbund aus Bund und Ländern, über dessen Ausgestaltung der Bund allerdings mit einfachen Bundesgesetzen beschließen kann, und zum anderen durch Finanzzuweisungen und Zuschüsse des Bundes.

Aus den beiden hier untersuchten Variablen – der Entscheidungsverflechtung und der Ressourcenverflechtung – lässt sich ein Indikator für den Grad der Politikverflechtung in föderativen Systemen konstruieren. Dieser Indikator liefert in unserem Fall das folgende Gesamtergebnis: Zwei Länder (Kanada, Österreich) weisen nur eine schwache föderative Politikverflechtung auf, in drei Ländern (Australien, Schweiz und USA) finden wir eine mittelstarke Politikverflechtung und in einem Fall (Deutschland) erhalten wir eine starke föderative Politikverflechtung.

5. Funktionsweise und Entwicklungsdynamik föderativer Systeme: Eine vergleichende Analyse politisch-institutioneller Konfigurationen

Im letzten Schritt möchte ich nun den Versuch unternehmen, die politisch-institutionellen Konfigurationen von Parteiensystem und Föderalismus vergleichend zu analysieren und in einen Zusammenhang mit der Funktionsweise und Entwicklungsdynamik föderativer Systeme zu bringen. Das erste Ergebnis dieses Konfigurationenvergleichs ist leicht zu erkennen: In jedem Land finden wir eine andere Variablenkonstellation. Die Logiken des Parteienwettbewerbs, die vertikalen Strukturen der Parteien und Parteiensysteme und der Grad der Politikverflechtung sind in den einzelnen Ländern auf ganz unterschiedliche Art und Weise kombiniert. Selbst bei einem relativ sparsam angelegten Vergleich von makrostrukturellen Variablen haben wir es also ausschließlich mit Unikaten zu tun. Dies bestätigt natürlich nur die in der Föderalismusforschung gängige Auffassung von der „unendlichen Vielfalt" (Earle 1968) des Föderalismus. Darauf kommt es hier aber nicht an. Entscheidend ist, dass sich auf Grund dieser unterschiedlichen politisch-institutionellen Konfigurationen auch die Funktionsweise und die Entwicklungsdynamik der föderativen Systeme ganz erheblich unterscheiden. Ich möchte dies nun abschließend anhand des oben entwickelten Modells der Entwicklungsdynamiken föderativer Systeme zeigen (vgl. Abbildung 1). Ich werde mich dabei auf vier Konstellationen konzentrieren: (a) die Zentralisierung, (b) die Entscheidungsblockade, (c) die Dezentralisierung und (d) die föderalistische Balance und das Bargaining.

(a) Die politisch-institutionellen Bedingungen einer *Zentralisierung* föderativer Systeme lassen sich am Beispiel des österreichischen Föderalismus mit seiner außerordentlich starken Zentralisierung in nahezu idealtypischer Weise beobachten. Zwei Faktoren spielen hierbei zusammen: zum einen ein stark zentralisiertes und völlig kongruentes Parteiensystem und zum anderen das Fehlen wirksamer institutioneller Gegengewichte gegen eine Zentralisierung. Bereits die äußerst asymmetrische Kompetenzverteilung zwischen Bund und Ländern war das Resultat eines bis in die 1920er Jahre zurückreichenden und nach dem Zweiten Weltkrieg erneuerten „historischen Kompromisses" zwischen den beiden österreichischen Großparteien. Während der ersten Großen Koalition von 1945 bis 1966 konnte sich die „Zentralisierungsneigung" der beiden Großparteien dann voll durchsetzen, da die Länder nicht in der Lage waren, ein effektives institutionelles Gegengewicht zu bilden. Der Bundesrat war dazu in Österreich ungeeignet. Er gilt dort nach vorherrschender Meinung als ein „untaugliches Instrument zur Vertretung der Länderinteressen" (Ermarcora 1976: 99), da er „straff parteipolitisch organisiert ist und daher bei Einigung der beiden Großparteien im Nationalrat keine abweichende Haltung im Bundesrat zu erwarten ist" (Pernthaler 1988: 85, FN 29).

(b) Die Gefahr der *Entscheidungsblockade* ist prinzipell in allen föderativen Systemen mit einem starken Bikameralismus gegeben. Ihre faktische Bedeutung variiert jedoch erheblich zwischen den einzelnen Ländern. Hierfür sind weniger institutionelle Faktoren verantwortlich, sondern vor allem die Unterschiede in den jeweiligen Parteiensystemen. Besonders anfällig für Entscheidungsblockaden ist der bundesdeutsche Föderalismus. Ein kongruentes, zentralistisch-integriertes Parteiensystem mit einem dualistischen Parteienwettbewerb und einem hohen Maß an Politikverflechtung, wie wir es hier haben, tendiert zu zwei Systemzuständen: der Zentralisierung und der Entscheidungsblockade. Welchen dieser beiden Systemzustände es einnimmt, das hängt vor allem davon ab, ob wir in Bundestag und Bundesrat kongruente oder inkongruente Mehrheitsverhältnisse haben. Bei kongruenten Mehrheitsverhältnissen, wenn der Bundesrat kein effektives politisches Gegengewicht gegen den Bund bilden kann, unterlag der deutsche Föderalismus in der Vergangenheit deutlichen Zentralisierungstendenzen. Dies war insbesondere in den 1950er und 1960er Jahren der Fall.[30] Bei inkongruenten Mehrheitsverhältnissen dagegen, wie wir sie in den 1970er Jahren und dann vor allem in den 1990er Jahren hatten, besteht die Gefahr, dass der Bundesrat von der Opposition „instrumen-

---

30 Die Folgen der Zentralisierung wurden ergänzt und verstärkt durch den Unitarisierungsprozess im deutschen Föderalismus, d.h. die Neigung der Bundesländer, auch in jenen Bereichen freiwillig einheitliche Lösungen herbeizuführen, in denen sie autonome Entscheidungskompetenzen besitzen (vgl. Hesse 1962).

talisiert" wird und sich Bund und Länder in der Gesetzgebung gegenseitig blockieren.[31]

Die Anfälligkeit des deutschen Föderalismus für Entscheidungsblockaden wird allerdings durch drei Faktoren abgeschwächt. Am wichtigsten dürfte sein, dass im Bundesrat auf Grund seiner eigentümlichen Besetzung nicht nur Parteiinteressen eine Rolle spielen, sondern auch die institutionellen Interessen der Länder. Deshalb lässt er sich selbst im Fall von inkongruenten Mehrheiten nicht so leicht parteipolitisch instrumentalisieren. Der Bundesrat fungiert zwar nicht als „Widerlager" zur Parteipolitik, wie dies ursprünglich wohl gedacht worden war (vgl. Lehmbruch 1976: 66–71), aber der internationale Vergleich zeigt doch, dass die Parteien in Deutschland bei der Vereinnahmung der zweiten Kammer für ihre Zwecke eine Hürde zu überwinden haben, die es in anderen Ländern so nicht gibt. In den 1990er Jahren musste sowohl die SPD als auch später die CDU die Erfahrung machen, dass es gar nicht so leicht ist, die Ministerpräsidenten der Bundesländer auf eine „Parteilinie" zu bringen. Das lag nicht nur an den immer vielfältiger werdenden Koalitionskonstellationen in den Bundesländern, es lag auch an den höchst unterschiedlichen institutionellen Interessen der Länder im Bundesrat. Hinzu kommt, wie Wolfgang Renzsch (2000) gezeigt hat, dass vertikal integrierte Parteiapparate nicht nur dazu beitragen, Entscheidungsblockaden aufzubauen, sie können genauso dazu genutzt werden, diese wieder abzubauen. Und schließlich steht mit dem Vermittlungsausschuss eine sehr effiziente Institution zur Verfügung, in der Konflikte zwischen den Parteien im Gesetzgebungsprozess beigelegt werden können (vgl. Lhotta 2000).

Im Zusammenspiel bewirken diese Faktoren, dass Entscheidungsblockaden im deutschen Föderalismus weit seltener sind, als dies das ständige Lamento über den „Reformstau" vermuten lässt. Damit ist aber nicht gesagt, dass die große Anfälligkeit des deutschen Föderalismus für Entscheidungsblockaden politisch folgenlos ist. Entscheidungsblockaden lassen sich zwar durch föderatives Bargaining auflösen, aber die Entscheidungskosten sind oftmals sehr hoch, höher als in anderen föderativen Systemen mit günstigeren Bedingungen der politischen Kompromissbildung oder einer geringeren Anfälligkeit für Entscheidungsblockaden.

Im Hinblick auf die Möglichkeiten der Entscheidungsblockade durch inkongruente Mehrheiten weisen die zweiten Kammern in den USA und in Australien weit bessere Bedingungen auf als der deutsche Bundesrat. Wenn der Föderalismus in diesen beiden Ländern keine Tendenz zur Entscheidungsblockade aufweist, dann liegt dies vor allem daran, dass diese Möglichkeiten nicht systematisch genutzt werden. Im Fall der USA hat dies insbesondere zwei Gründe. Zum einen hat sich dort auf Grund des präsidentiellen Regierungssystems das Problem des „divided government" bislang auf andere Weise geäußert, nämlich zwischen dem Präsidenten und einer parteipolitisch anders gelagerten Mehrheit des Kongresses. Hinzu kommt, dass auf Grund der ideologischen Heterogenität und der dezentralen, lose gekoppelten Struktur der beiden Großparteien ein einheitliches Abstimmungsverhalten zum Zwecke der Entscheidungsblockade im US-amerikanischen Kongress

---

31 Zur Entwicklung des deutschen Föderalismus nach dem Zweiten Weltkrieg vgl. zusammenfassend Benz (1999).

schwieriger zu erreichen ist als in den „durchfraktionierten" Parlamenten Mitteleuropas.

In Australien haben wir zwar auch ein dezentralisiertes Parteiensystem, aber die nationalen Parteien sind dort kohärenter als in den USA. Diese Kohärenz wird in einem parlamentarischen Regierungssystem wie dem australischen – wie im Übrigen auch in Kanada – insbesondere durch die Parlamentsfraktionen im nationalen Parlament hergestellt (vgl. Jaensch 1994, Kap. 5). Unter diesen Bedingungen überrascht es nicht, dass der Senat von den großen Parteien lange Zeit vor allem zu parteipolitischen Zwecken genutzt wurde und weniger den Interessen der Gliedstaaten diente (Epstein 1977: 9, 20; Holmes 1984: 403–404). Da die Regierung im Senat in der Regel über keine Mehrheit verfügt, sind Abstimmungsniederlagen in der zweiten Kammer auch keine Seltenheit. Dennoch sind Entscheidungsblockaden im australischen Föderalismus nicht der Normalfall. Dies liegt zum einen an einer eigentümlichen Schlichtungsregel, die vorsieht, dass *beide* Kammern des Parlaments aufgelöst werden, wenn der Senat nach zweimaliger Befassung einem Gesetz seine Zustimmung verweigert und dass das Gesetz dann den neugewählten Kammern erneut zur Abstimmung vorgelegt wird. Die Verfassungskrise des Jahres 1975 hat jedoch gezeigt, dass diese Schlichtungsregel nicht immer eine Einigung erzwingen kann. Wichtiger dürfte die Tatsache sein, dass seit der Mitte der 1950er Jahre nicht nur die Regierung, sondern auch die stärkste Oppositionspartei selbst in der zweiten Kammer über keine Mehrheit verfügte (Sharman 1999). Die Konfrontation zwischen den beiden großen Parteien wird im australischen Föderalismus durch kleinere Parteien und unabhängige Kandidaten in der zweiten Kammer abgeschwächt, was, wie wir noch sehen werden, interessante Folgen für seine Funktionsweise hat.

(c) Auch für die dritte Konstellation, die *Dezentralisierung*, lassen sich in den hier untersuchten Ländern Beispiele finden. Dabei handelt es sich überwiegend um Versuche, dem Zentralisierungstrend der Nachkriegsjahrzehnte entgegenzuwirken und den Föderalismus wieder in seine „richtige" Balance zu bringen. Dies sollte insbesondere durch eine Rückverlagerung von Kompetenzen vom Bund auf die Gliedstaaten und eine Verringerung ihrer finanziellen Abhängigkeit vom Zentralstaat erfolgen. Das bekannteste Beispiel für eine solche Neujustierung ist zweifellos der US-amerikanische Föderalismus, Ansätze zur Stärkung der Bundesländer finden sich seit den 1970er Jahren aber auch in Deutschland und in Österreich, den beiden föderativen Systemen mit dem stärksten Zentralisierungsgrad. In allen diesen Ländern hatte eine Reform des Föderalismus bislang allerdings erst sehr bescheidene oder zumindest widersprüchliche Folgen.[32]

Viel wichtiger und von ganz anderer Qualität sind die Dezentralisierungstendenzen im kanadischen Föderalismus. Dort geht es nicht darum, einer Überzentralisierung entgegenzuwirken und den Föderalismus wieder in eine – wie auch im-

---

32 In den USA wirken als Folge der verschiedenen Föderalismusreformen inzwischen zentralisierende und dezentralisierende Entwicklungen zu einem „ambivalenten Föderalismus" (Walker 1996) zusammen. Daraus scheint sich ein neues Gleichgewicht zwischen Bund und Bundesstaaten zu ergeben, das durch eine relativ starke Stellung des Bundes und durch ein hohes Maß an Politikverflechtung gekennzeichnet ist (vgl. O'Toole 2000).

mer definierte – Balance zu bringen; im kanadischen Fall hat die Regionalisierung dazu geführt, gerade diese Balance nachhaltig zu stören. In Kanada hatten wir bis zum Ende des Zweiten Weltkriegs die paradoxe Situation, dass die Verfassung ursprünglich zwar eine starke Stellung des Bundes gegenüber den Gliedstaaten vorsah, die weitere Verfassungsinterpretation sowie die besonderen Restriktionen der Verfassungsänderung dann aber zum genau umgekehrten Ergebnis führten: einem stark dezentralisierten Bundesstaat (vgl. Schultze 1997b). Nach dem Zweiten Weltkrieg erfolgte dann mit der Lockerung dieser Restriktionen zunächst eine Zentralisierung von Aufgaben und Kompetenzen, was durch den dualistisch organisierten Parteienwettbewerb und die schwache Politikverflechtung zweifellos begünstigt wurde. Das Ergebnis war ein „Exekutivföderalismus" (executive federalism), in dem das Bargaining zwischen den Exekutiven von Bund und Gliedstaaten eine wichtige Rolle spielte. Seit den frühen siebziger Jahren ist jedoch ein gegenläufiger Trend zu beobachten, eine Machtverlagerung vom Bund auf die Provinzen (grundlegend Simeon/Robinson 1990; vgl. Schultze 1982, 1984, 1997b; Bakvis/Skogstad 2002). Diese Stärkung des provinziellen Partikularismus betraf keineswegs nur die frankophone Provinz Quebec. Auch in den anderen Provinzen gab es Regionalisierungsbestrebungen, die allerdings überwiegend ökonomisch motiviert waren. Die Regionalisierung des kanadischen Föderalismus wurde zweifellos durch die zunehmenden ethnischen und sozioökonomischen Differenzen und Disparitäten in der kanadischen Gesellschaft ausgelöst und vorangetrieben. Dieser Prozess wurde jedoch durch politisch-institutionelle Faktoren entscheidend verstärkt: Zum einen entwickelte der dualistische Parteienwettbewerb mit dem Entstehen starker Regionalparteien (Bloc Québécois) und der zunehmenden Regionalisierung der beiden Großparteien eine zentrifugale Tendenz; und zum anderen fehlten in Kanada auf Grund der relativ geringen Politikverflechtung institutionelle Gegengewichte gegen den Partikularismus einzelner Provinzen. Die Sezessionsbestrebungen der Provinz Quebec haben diesem Prozess eine neue Qualität und eine zusätzliche Dynamik verliehen.

(d) Unter den hier untersuchten Ländern scheint es nur drei Länder zu geben, denen es gelungen ist, mehr oder weniger dauerhaft eine *föderalistische Balance* zu halten oder zumindest wiederherzustellen: Australien, die Schweiz und die Vereinigten Staaten. Damit ist nicht gesagt, dass der Föderalismus dort ungefährdet ist, und es soll auch nicht unterstellt werden, dass der Föderalismus dort problemlos funktioniert. Aber es ist doch offensichtlich, dass in diesen Ländern die Probleme der Zentralisierung, der Regionalisierung, der Sezession oder der Entscheidungsblockade geringer sind als in den anderen Fällen. Wie wir gesehen haben, sind solche Gefahren aber auch in diesen Ländern gegeben. Dies haben die Möglichkeiten zur Entscheidungsblockade im australischen Zweikammer-System ebenso gezeigt wie die Zentralisierungsschübe im US-amerikanischen Föderalismus nach dem New Deal, durch die sich die Gewichte zwischen dem Bund und den Bundesstaaten signifikant verschoben haben. Im internationalen Vergleich ist es diesen Ländern dennoch am ehesten gelungen, eine – von Land zu Land freilich ganz unterschiedlich definierte – föderalistische Balance zu halten und die Beziehungen zwischen dem Bund und den Gliedstaaten durch ein föderalistisches Bargaining zu gestalten.

Wenn wir die Parteiensysteme und den Föderalismus in diesen drei Ländern vergleichend betrachten, dann lassen sich dort die folgenden Variablenkonstellationen beobachten, von denen ich annehme, dass sie ein Gleichgewicht zwischen Bund und Gliedstaaten und ein föderalistisches Bargaining begünstigen:
- erstens ein zumindest *mittleres Maß an Politikverflechtung*, sodass institutionelle Gegengewichte sowohl gegen eine Zentralisierung als auch gegen eine Partikularisierung politischer Entscheidungen vorhanden sind;
- zweitens ein eher *dezentral strukturiertes, aber kongruentes Parteiensystem*, sodass Bestrebungen zur Zentralisierung oder zur Regionalisierung keinen starken politischen Rückhalt finden;
- und drittens einen Parteienwettbewerb mit einer *dualistischen Wettbewerbslogik*, durch den Nullsummenspiele zwischen den Parteien bzw. Parteienlagern und zwischen dem Bund und den Gliedstaaten begünstigt werden.

Sieht man von der Schweiz mit ihrem quasi-pluralistischen Parteienwettbewerb ab, dann finden wir in allen drei Ländern eine politisch-institutionelle Konfiguration von Parteiensystem und Föderalismus, die diese Merkmale mehr oder weniger deutlich ausgeprägt aufweist. Und es ist auch zu erkennen, dass jene drei Länder, in denen der Föderalismus mit größeren Problemen konfrontiert ist, von dieser Konfiguration mehr oder weniger deutlich abweichen. In Kanada und in Österreich scheinen weder das Parteiensystem noch die institutionelle Ausgestaltung des Föderalismus die Voraussetzungen für ein ausbalanciertes föderatives System aufzuweisen. Im Fall der Bundesrepublik scheint vor allem die föderale Politikverflechtung zu stark ausgeprägt zu sein, wodurch das System eine gewisse Anfälligkeit für Entscheidungsblockaden aufweist. Dies bestätigt im Wesentlichen die Befunde der politikwissenschaftlichen Föderalismusforschung in Deutschland, die in den vergangenen Jahren intensiv Möglichkeiten einer „Entflechtung" des deutschen Föderalismus diskutiert hat (vgl. Lehmbruch 1998, 2000; Scharpf 1999; Schultze 1999, 2000).

6. Schlussfolgerungen: Politisch-institutionelle Bedingungen effektiver Problemlösungen in föderativen Systemen

Der Blick auf das eingangs skizzierte Modell föderaler Entwicklungsdynamiken (vgl. Abbildung 1) zeigt allerdings, dass der bisherige Vergleich politisch-institutioneller Konfigurationen eine Frage offen gelassen hat: Unter welchen politisch-institutionellen Bedingungen entwickeln föderative Systeme eine Tendenz zu problemlösenden Verhandlungen? Das föderalistische Bargaining, von dem bisher die Rede war, besitzt diese Eigenschaft nach übereinstimmender Einschätzung der Föderalismusliteratur nicht. Der Föderalismus scheint im besten Fall suboptimale Verhandlungslösungen zu erreichen. Für die praktischen Möglichkeiten effektiver Problemlösungen in föderativen Systemen finden wir allenfalls sporadische Hinweise. Dies könnte verschiedene Gründe haben. Ein Grund könnte sein, dass die empirische Föderalismusforschung bislang nicht systematisch zwischen verschiedenen Typen von Verhandlungslösungen unterschieden hat und deshalb die Qualitäten problemlösender Verhandlungen verkannte. Dazu könnte auch beigetragen haben, dass die Unterscheidung zwischen „Problem Solving" und

„Bargaining" zwar analytisch leicht getroffen werden kann, dass diese Unterschiede in der Verhandlungspraxis aber nicht immer so ohne weiteres nachvollzogen werden können. Für den Mangel an überzeugenden Beispielen für problemlösende Verhandlungen in föderativen Systemen könnte es jedoch noch einen anderen Grund geben: Es wäre durchaus denkbar, dass sich ein solches Systemverhalten im Föderalismus empirisch deshalb nicht beobachten ließ, weil die politisch-institutionelle Konfiguration, die es am ehesten begünstigen würde, bislang noch nirgendwo in ausgeprägter Form gegeben war.

Wenn wir die kombinatorischen Möglichkeiten von Parteiensystemen und Föderalismustypen etwas vereinfachen und im Hinblick auf den Grad der Politikverflechtung lediglich zwischen schwach und mittelstark bzw. stark verflochtenen Systemen unterscheiden und bei Parteiensystemen zwischen Parteiensystemen mit einer dualistischen und einer pluralistischen Wettbewerbslogik, dann lassen sich nicht nur die bisherigen Konstellationen einordnen; theoretisch denkbar wäre auch die Möglichkeit eines pluralistischen Parteiensystems in einem mittelstark bis stark verflochtenen Föderalismus. Diese Konstellation war in den hier untersuchten „klassischen" Fällen von föderativen Systemen bislang nicht vertreten. Das lag weniger an der institutionellen Ausgestaltung des Föderalismus. Unter den hier untersuchten Ländern befinden sich vier Fälle mit einer mittelstarken bzw. starken Politikverflechtung. Aber in allen diesen Fällen erfüllte das Parteiensystem mit seiner überwiegend dualistischen Wettbewerbslogik lange Zeit nicht die erforderlichen Voraussetzungen.

Am nächsten kommt dieser Variablenkonstellation die Schweiz. Allerdings ist die pluralistische Wettbewerbslogik im schweizerischen Parteiensystem aus mehreren Gründen nur höchst unvollkommen entfaltet und der Parteienwettbewerb bei der Regierungsbildung selbst stillgestellt. Auf diese Weise ist es in der Schweiz gelungen, zwei eigentlich inkompatible Regelsysteme, den Parteienwettbewerb und die Konkordanzdemokratie, dauerhaft zu integrieren. Eine solche Kartellisierung der politischen Macht kann allerdings erhebliche Folgeprobleme aufwerfen. Solche Machtkartelle leiden zum einen unter Innovationsproblemen, weil ihnen die Innovationskraft des Parteienwettbewerbs fehlt, und gleichzeitig sind sie mit Legitimationsproblemen konfrontiert, weil sie keinen Wechsel an der politischen Macht erlauben. Dies begünstigt, wie das Beispiel Österreichs gezeigt hat, den Erfolg rechtspopulistischer Anti-Systemparteien. In der Schweiz konnten diese Defizite bislang weitgehend durch die Referendumsdemokratie kompensiert werden. So konnte Obinger (1998) für den Bereich der wohlfahrtsstaatlichen Entwicklung feststellen, dass Föderalismus und Referendum zusammengenommen „important institutional channels favouring innovation" (Obinger 1998: 260) waren. Die jüngsten Wahlerfolge der SVP und deren Bestrebungen, das bestehende Konkordanzsystem aufzulösen, deuten allerdings darauf hin, dass auch die Integrationskraft des politischen Systems der Schweiz an Grenzen zu stoßen beginnt.

Instruktive Hinweise für die Auswirkungen eines pluralistischen Parteiensystems auf den Föderalismus in verflochtenen föderativen Systemen erhalten wir auch aus einigen Ländern, in denen sich in den vergangenen zwanzig Jahren Ansätze zu einer Pluralisierung des Parteiensystems beobachten ließen. Ein erstes Beispiel hierfür liefert Deutschland. Die Wahlerfolge neuer Parteien in den 1980er und 1990er Jahren auf Bundes- und Länderebene haben dort die dualistische „Mechanik" des Parteienwettbewerbs deutlich abgeschwächt. Die neuen Parteien entstanden allerdings nicht in der Mitte, sondern an den linken und rechten Rändern des Parteiensystems. Dies hat zunächst zur Herausbildung eines polarisierten Pluralismus im Sinne Sartoris geführt, bei dem die Koalitionsmöglichkeiten zwischen den Parteien trotz der wesentlich größeren Zahl der Parteien äußerst begrenzt blieben. Dieser polarisierte Pluralismus wurde inzwischen aber durch einen *asymmetrischen Pluralismus* abgelöst, nachdem die SPD mit den beiden kleineren Parteien am linken Rand des Parteienspektrums auf Bundes- und Landesebene Koalitionen eingegangen ist. Damit hat sich die Zahl der Koalitionsmöglichkeiten deutlich erhöht, aber nur für die eine der beiden großen Parteien. Diese Konstellation unterscheidet sich von einem Mehrparteiensystem mit einer dualistischen Wettbewerbslogik vor allem dadurch, dass die Parteien zumindest auf Länderebene auch „lagerübergreifende" Koalitionen eingehen. Durch diese „lagerübergreifenden" Koalitionen haben sich die Bedingungen der Kompromissbildung zwischen Bund und Ländern bei inkongruenten Mehrheiten im Bundesrat zeitweise erheblich verändert. Sie bilden im Bundesrat die Gruppe der C-Länder, die weder eindeutig der Bundesregierung noch der größten Oppositionspartei nahestehen. Diese C-Länder spielten zwischen 1991 und 1996 im Bundesrat das Zünglein an der Waage.[33] Ihre Existenz schränkte den Handlungsspielraum von Bundesregierungen zwar ebenfalls ein, sie machte aber Entscheidungsblockaden weniger wahrscheinlich.[34] Es bleibt abzuwarten, ob sich auf diese Weise auch die Qualität des föderalistischen Bargaining verbessern lässt.

Anhaltspunkte dafür, dass dies durchaus der Fall sein kann, finden sich im zweiten Beispiel, in Australien. Dort spielt seit 1977 eine neu gegründete Partei der Mitte, die Australian Democrats, zumeist die Rolle des Zünglein an der Waage (vgl. Sharman 1999; Young 1999). Diese verfolgt ausdrücklich das Ziel, ihren Einfluss im Senat dazu zu nutzen, um eine mäßigende Wirkung auf die Aktivitäten der jeweiligen Regierung auszuüben. Durch die kleineren Parteien wurde zum einen der Senat im politischen Institutionensystem beträchtlich aufgewertet; und zum anderen spielen Verhandlungslösungen im australischen Gesetzgebungsprozess inzwischen eine größere Rolle, da die kleineren Parteien es vorziehen, Änderungen an Vorlagen der jeweiligen Regierung auf dem Verhandlungswege zu erreichen. Die Qualität der dabei erreichten Verhandlungslösungen wird in der Literatur durchaus als gut bezeichnet, Sharman (1999: 354) spricht in diesem Zusammenhang von „kreativen Kompromissen".

Vor dem Hintergrund dieser Beispiele lassen sich zwei politisch-institutionelle Bedingungen formulieren, unter denen meines Erachtens problemlösende Verhandlungslösungen in föderativen Systemen begünstigt werden:

---

33 Die Bundesregierung war auch zwischen 1949 und 1961 auf die Unterstützung der C-Länder im Bundesrat angewiesen. Diese Konstellation ist allerdings nur bedingt mit jener in den 1990er Jahren vergleichbar, da in den 1950er Jahren in den Bundesländern noch häufig „oversized coalitions" zu finden waren und der dualistische Parteienwettbewerb konkordanzdemokratisch abgeschwächt wurde.
34 Die Handlungsspielräume der Bundesregierung bei unterschiedlichen Koalitionskonstellationen im Bundesrat wurden ausführlich von Thomas Bräuninger und Thomas König analysiert (vgl. u.a. Bräuninger/König 1999).

– Die erste Bedingung wäre ein *pluralistisch strukturiertes Mehrparteiensystem*, das eine variable Konstellation von Regierungskoalitionen auf den verschiedenen staatlichen Entscheidungsebenen ermöglicht. Dies begünstigt überlappende Koalitionen und reduziert die Gefahr von Entscheidungsblockaden; gleichzeitig erhalten Minderheitenpositionen eine größere Durchsetzungschance, wodurch die Innovationskraft des politischen Systems gestärkt wird. Die vertikale Integration des Parteiensystems erlaubt darüber hinaus die horizontale und vertikale Kommunikation über innovative Problemlösungen und begünstigt ihre Diffusion.[35]
– Die zweite Bedingung wäre ein *zumindest mittelstarkes Maß an Politikverflechtung*, in der sowohl ein hohes Maß an Ausgaben- und Ressourcenverflechtung besteht als auch ein beträchtliches Maß an formeller Entscheidungsverflechtung. Eine starke Politikverflechtung fördert in mehrerlei Hinsicht ein innovatives Problemlösungsverhalten bei Verhandlungen: Dadurch werden partikularistische Strategien der Akteure erschwert, dadurch werden die Risiken unkooperativen Verhaltens erhöht und schließlich werden dadurch die Tauschpotenziale der Akteure vergrößert, sodass die Erfolgschancen eines „integrativen Bargainings" vergrößert werden.

Insgesamt vermute ich, dass die Kombination von pluralistischem Mehrparteiensystem und mittelstark verflochtenem Föderalismus sehr viel flexibler, kooperativer und innovativer sein kann als die meisten bisher bekannten föderativen Systeme und eine Alternative zur schweizerischen Kombination von Konkordanzdemokratie, föderalistischer Politikverflechtung und Referendumsdemokratie darstellt. Diese Hypothese bedarf zweifellos noch der weiteren empirischen Fundierung. Es dürfte aber sowohl aus theoretischen als auch aus praktischen Gründen lohnend sein, diese Überlegungen weiter zu verfolgen. Der theoretische Reiz eines solchen Forschungsprogramms besteht darin, dass durchaus denkbar ist, dass zwei wichtige Bestandteile der politischen Systeme westlicher Demokratien, die für sich genommen nach vorherrschender Meinung als suboptimal gelten, nämlich das pluralistische Mehrparteiensystem und der verflochtene Föderalismus, gerade in ihrer Kombination eine *optimale* Lösung ergeben. Dies könnte interessante neue Perspektiven für die Typenbildung in der vergleichenden politischen Systemlehre eröffnen.

Es hätte aber auch wichtige Implikationen für die Reform des deutschen Föderalismus, die seit Jahren auf der politischen Tagesordnung steht. Selbst wenn man das Problem der Neuordnung des Bundesgebietes ausklammert, dann befindet sich diese Reformdiskussion offensichtlich in einem Dilemma: Einerseits wird eine weitreichende Reform des deutschen Föderalismus für erforderlich gehalten; andererseits wird aber konzediert, dass das politische System der Bundesrepublik gerade solche grundlegenden Strukturveränderungen nicht zulässt. Der internationale Vergleich der politisch-institutionellen Funktionsbedingungen föderativer Systeme zeigt, dass die Reformdiskussion unter erheblichen Einseitigkeiten und Verkürzungen leidet. Dies gilt zum einen für das Problem der Neuordnung des Bundesgebietes, das erheblich überschätzt wird.[36] Dies betrifft aber auch die Überbewertung institutioneller Aspekte (Kompetenzverteilung

---

35 Hierzu vgl. insbesondere Schmid (1990).
36 Aus international vergleichender Perspektive trägt der Eifer, mit dem in Deutschland über die Neuordnung des Bundesgebietes diskutiert wird, geradezu skurrile Züge (vgl. als Beispiel für viele Leonardy 1999).

zwischen Bund und Ländern, Rolle des Bundesrates im Gesetzgebungsprozess, Finanzverfassung) in der deutschen Reformdiskussion. Die Rolle des Parteiensystems wird dabei überwiegend vernachlässigt. Sollten die bisherigen Überlegungen zutreffen, dann könnte die Pluralisierung des deutschen Parteiensystems gerade jene Flexibilisierung des deutschen Föderalismus bewirken, die bislang vor allem mit institutionellen Reformen erzeugt werden sollte. Institutionelle Reformen würden damit nicht gänzlich überflüssig, entscheidend wäre aber, dass unter diesen veränderten Umständen inkrementelle Reformen durchaus ausreichen könnten, um die Funktionsfähigkeit des deutschen Föderalismus nachhaltig zu verbessern.

Literatur

Abramson, Paul R./Aldrich, John H./Paolino, Philip/Rohde, David W., 2000: Challenges to the American Two-Party System: Evidence from the 1968, 1980, 1992, and 1996 Presidential Elections, in: Political Research Quarterly 53, 495–522.
Abromeit, Heidrun, 1992: Der verkappte Einheitsstaat. Opladen.
Abromeit, Heidrun, 1993: Interessenvermittlung zwischen Konkurrenz und Konkordanz. Opladen.
Alemann, Ulrich von, 2000: Das Parteiensystem der Bundesrepublik Deutschland. Opladen.
Bakvis, Herman, 1988: The Canadian Paradox: Party System Stability in the Face of a Weakly Aligned Electorate, in: *Steven B. Wolinetz* (Hrsg.), Parties and Party Systems in Liberal Democracies. London, 245–268.
Bakvis, Herman/Skogstad, Grace (Hrsg.), 2002: Canadian Federalism. Performance, Effectiveness, and Legitimacy. Oxford.
Bartolini, Stefano/Mair, Peter, 1990: Identity, Competition and Electoral Availability: The Stabilization of European Electorates 1885–1985. Cambridge.
Benz, Arthur, 1985: Föderalismus als dynamisches System. Zentralisierung und Dezentralisierung im föderativen Staat. Opladen.
Benz, Arthur, 1999: Der deutsche Föderalismus, in: *Thomas Ellwein/Everhard Holtmann* (Hrsg.), 50 Jahre Bundesrepublik Deutschland. Opladen, 135–153.
Beyme, Klaus von, 1982: Parteien in westlichen Demokratien. München.
Bird, Richard M., 1986: Federal Finance in Comparative Perspective. Toronto.
Bothe, Michael, 1977: Die Kompetenzstruktur des modernen Bundesstaates in rechtsvergleichender Sicht. Berlin.
Bothe, Michael, 1982: Die Entwicklung des Föderalismus in den angelsächsischen Staaten, in: Jahrbuch des öffentlichen Rechts NF 31, 109–167.
Bräuninger, Thomas/König, Thomas, 1999: The Checks and Balances of Party Federalism: German Federal Government in a Divided Legislature, in: European Journal of Political Research 36, 207–234.
Brams, Steven J./Taylor, Alan D., 1999: The Win Win Solution. Guaranteeing Fair Shares to Everybody. New York.
Carty, Kenneth/Cross, William/Young, Lisa, 2000: Rebuilding Canadian Party Politics. Vancouver.
Church, Clive E., 2000: The Swiss Elections of October 1999: Learning to Live in More Interesting Times, in: West European Politics 23, 215–230.
Clarkson, Stephen, 2001: The Liberal Threepeat: The Multi-System Party in the Multi-Party System, in: *Jon H. Pammett/Christopher Dornan* (Hrsg.), The Canadian General Election of 2000. Toronto, 13–57.
Duchacek, Ivo D., 1970: Comparative Federalism. The Territorial Dimension of Politics. New York.
Duverger, Maurice, 1959: Die politischen Parteien. Tübingen.
Earle, Valerie (Hrsg.), 1968: Federalism. Infinite Variety in Theory and Practice. Itasca, IL.
Elazar, Daniel J. (Hrsg.), 1994: Federal Systems of the World: A Handbook of Federal, Confederal and Autonomy Arrangements. 2. Aufl., Harlow.

Elkins, David J., 1974: The Measurement of Party Competition, in: American Political Science Review 68, 682–700.
Epstein, Leon D., 1964: A Comparative Study of Canadian Parties, in: American Political Science Review 58, 46–59.
Epstein, Leon D., 1977: A Comparative Study of Australian Parties, in: British Journal of Political Science 7, 1–21.
Ermarcora, Felix, 1976: Österreichischer Föderalismus. Vom patrimonalen zum kooperativen Bundesstaat. Wien.
Fraenkel, Ernst, 1960: Das amerikanische Regierungssystem. Köln/Opladen.
Frenkel, Max, 1986: Föderalismus und Bundestaat. Band II. Bern u.a.
Friedrich, Carl J., 1964: Nationaler und internationaler Föderalismus in Theorie in Praxis, in: Politische Vierteljahresschrift 5, 154–187.
Gabriel, Oscar W./Niedermayer, Oskar/Stöss, Richard (Hrsg.), 1997: Parteiendemokratie in Deutschland. Opladen.
Gerlich, Peter, 1987: Consociationalism to Competition: The Austrian Party System Since 1945, in: *Hans Daalder* (Hrsg.), Party Systems in Denmark, Austria, Switzerland, The Netherlands, and Belgium. New York, 61–106.
Herrnson, Paul S., 1994: American Political Parties: Growth and Change, in: *Gillian Peele* u.a. (Hrsg.), Developments in American Politics 2. Houndmills, 67–84.
Hesse, Konrad, 1962: Der unitarische Bundesstaat. Karlsruhe.
Hicks, Ursula K., 1978: Federalism: Failure and Success. A Comparative Study. London.
Holmes, Jean, 1984: The Australian Federal System, in: International Political Science Review 5, 397–414.
Jaensch, Dean, 1994: Power Politics. Australia's Party System. Sydney.
Kerr, Henry H., 1987: The Swiss Party System: Steadfast and Changing, in: *Hans Daalder* (Hrsg.), Party Systems in Denmark, Austria, Switzerland, The Netherlands, and Belgium. New York, 107–192.
Kirsch, Guy, 1987: Über zentrifugale und zentripetale Kräfte im Föderalismus, in: *Kurt Schmidt* (Hrsg.), Beiträge zu ökonomischen Problemen des Föderalismus. Berlin, 13–34.
Klingemann, Hans-Dieter, 1999: Kontinuität und Veränderung des deutschen Parteiensystems, 1949-1998, in: *Max Kaase/Günther Schmid* (Hrsg.), Eine lernende Demokratie: 50 Jahre Bundesrepublik Deutschland. Berlin, 115–128.
Kriesi, Hanspeter/Linder, Wolf/Klöti, Ulrich (Hrsg.), 1998: Schweizer Wahlen 1995. Bern.
Lehmbruch, Gerhard, 1976: Parteienwettbewerb im Bundesstaat. Stuttgart.
Lehmbruch, Gerhard, 1998: Parteienwettbewerb im Bundesstaat. Regelsysteme und Spannungslagen im institutionellen Gefüge der Bundesrepublik. 2., erw. Aufl., Opladen.
Lehmbruch, Gerhard, 2000: Bundesstaatsreform als Sozialtechnologie? Pfadabhängigkeit und Verteilungsspielräume im deutschen Föderalismus, in: Jahrbuch des Föderalismus 2000. Baden-Baden, 71–93.
Leonardy, Uwe, 1999: Deutscher Föderalismus jenseits 2000: Reformiert oder deformiert?, in: Zeitschrift für Parlamentsfragen 30, 135–162.
Lhotta, Roland, 2000: Konsens und Konkurrenz in der konstitutionellen Ökonomie bikameraler Verhandlungsdemokratie: Der Vermittlungsausschuss als effiziente Institution politischer Deliberation, in: *Everhard Holtmann/Helmut Voelzkow* (Hrsg.), Zwischen Wettbewerbs- und Verhandlungsdemokratie. Wiesbaden, 79–103.
Lijphart, Arend, 1999: Patterns of Democracy. Government Forms and Performance in Thirty-Six Countries. New Haven.
Livingston, William S., 1952: A Note On the Nature of Federalism, in: Political Science Quarterly 67, 81–95.
Luther, Kurt Richard, 1992: Consociationalism, Parties and the Party System, in: *Kurt Richard Luther/Wolfgang C. Müller* (Hrsg.), Politics in Austria: Still a Case of Consociationalism? London, 45–98.
Marsh, Ian, 1995: Beyond the Two Party System. Political Representation, Economic Competitiveness and Australian Politics. Cambridge.

Müller, Wolfgang C., 2000: Wahlen und Dynamik des österreichischen Parteiensystems seit 1986, in: *Fritz Plasser/Peter A. Ulram/Franz Sommer* (Hrsg.), Das österreichische Wahlverhalten. Wien, 13–54.

Neidhart, Leonhard, 1988: Das Parteiensystem der Schweiz, in: *Hans-Georg Wehling* (Hrsg.), Die Schweiz. Stuttgart, 181–200.

Obinger, Herbert, 1998: Federalism, Direct Democracy, and Welfare State Development in Switzerland, in: Journal of Public Policy 18, 241–263.

O'Toole, Laurence (Hrsg.), 2000: American Intergovernmental Relations. 3. Aufl., Washington, D.C.

Pammett, Jon H./Dornan, Christopher (Hrsg.), 2001: The Canadian General Election 2000. Toronto.

Pernthaler, Peter, 1988: Landesbericht Österreich, in: *Christian Stark* (Hrsg.), Zusammenarbeit der Gliedstaaten im Bundesstaat. Baden-Baden.

Renzsch, Wolfgang, 2000: Bundesstaat oder Parteienstaat: Überlegungen zu Entscheidungsprozessen im Spannungsfeld von föderaler Konsensbildung und parlamentarischem Wettbewerb in Deutschland, in: *Everhard Holtmann/Helmut Voelzkow* (Hrsg.), Zwischen Wettbewerbs- und Verhandlungsdemokratie. Wiesbaden, 53–78.

Riker, William H., 1964: Federalism. Origin, Operation, Significance. Boston.

Roberts, Geoffrey K., 1990: Party System Change in West Germany: Land-Federal Linkages, in: *Peter Mair/Gordon Smith* (Hrsg.), Understanding Party System Change in Western Europe. London, 98–113.

Rydon, Joan, 1988: The Federal Structure of Australian Political Parties, in: Publius 18, 159–171.

Sartori, Giovanni, 1976: Parties and party systems. A framework for analysis. Cambridge.

Scharpf, Fritz W., 1985: Die Politikverflechtungs-Falle: Europäische Integration und deutscher Föderalismus im Vergleich, in: Politische Vierteljahresschrift 26, 323–356.

Scharpf, Fritz W., 1994: Optionen des Föderalismus in Deutschland und Europa. Frankfurt a.M.

Scharpf, Fritz W., 1995: Federal Arrangements and Multi-Party Systems, in: Australian Journal of Political Science 30, 27–39.

Scharpf, Fritz W., 1999: Föderale Politikverflechtung: Was muss man ertragen, was kann man ändern? MPIfG Working Paper 99/3. Köln.

Scharpf, Fritz W., 2000: Interaktionsformen. Akteurzentrierter Institutionalismus in der Politikforschung. Opladen.

Scharpf, Fritz W./Reissert, Bernd/Schnabel, Fritz, 1976: Politikverflechtung. Theorie und Empirie des kooperativen Föderalismus in der Bundesrepublik. Kronberg/Ts.

Schmid, Josef, 1990: Die CDU: Organisationsstrukturen, Politiken und Funktionsweisen einer Partei im Föderalismus. Opladen.

Schultze, Rainer-Olaf, 1977: Politik und Gesellschaft in Kanada. Meisenheim.

Schultze, Rainer-Olaf, 1982: Politikverflechtung und konföderaler Föderalismus: Entwicklungslinien und Strukturprobleme im bundesrepublikanischen und kanadischen Föderalismus, in: Zeitschrift für Kanadastudien 2, 111–144.

Schultze, Rainer-Olaf, 1984: Entwicklungen des Föderalismus in Deutschland, Kanada und Australien. Wider den Fatalismus unbefragter Unitarisierungsannahmen, in: Zeitschrift für Parlamentsfragen 15, 291–304.

Schultze, Rainer-Olaf, 1997a: Repräsentationskrise, Parteiensystem- und Politikwandel in Kanada seit den 80er Jahren, in: *Rainer-Olaf Schultze/Steffen Schneider* (Hrsg.), Kanada in der Krise. Bochum, 269–313.

Schultze, Rainer-Olaf, 1997b: Verfassungspolitik im kanadischen Föderalismus seit Beginn der 80er Jahre, in: *Rainer-Olaf Schultze/Steffen Schneider* (Hrsg.), Kanada in der Krise. Bochum, 3–42.

Schultze, Rainer-Olaf, 1999: Föderalismusreform in Deutschland: Widersprüche – Ansätze – Hoffnungen, in: Zeitschrift für Politik 46, 173–194.

Schultze, Rainer-Olaf, 2000: Indirekte Entflechtung: Eine Strategie für die Föderalismusreform?, in: Zeitschrift für Parlamentsfragen 31, 681–698.

Sharman, Campbell, 1987: Second Chambers, in: *Herman Bakvis/William M. Chandler* (Hrsg.), Federalism and the Role of the State. Toronto, 82–100.

Sharman, Campbell, 1990: The Party Systems of the Australian States: Patterns of Partisan Competition, 1945–1986, in: Publius 20, 85–104.
Sharman, Campbell, 1999: The Representation of Small Parties and Independents in the Senate, in: Australian Journal of Political Science 34, 353–361.
Shea, Daniel M./Green, John C. (Hrsg.), 1994: The State of the Parties: The Changing Role of Contemporary American Parties. Lanham, MD.
Simeon, Richard/Robinson, Ian, 1990: State, Society, and the Development of Canadian Federalism. Toronto.
Walker, David B., 1996: The Advent of an Ambiguous Federalism and the Emergence of New Federalism III, in: Public Administration Review 56, 271–280.
Wattenberg, Martin P., 1991: The Rise of Candidate-Centered Parties: Presidential Elections of the 1980s. Cambridge, MA.
Wattenberg, Martin P., 1998: The Decline of American Political Parties, 1952–1996. Cambridge, MA.
Watts, Ronald, 1996: Comparing Federal Systems in the 1990s. Kingston, Ont.
Wheare, Kenneth C., 1947: Federal Government. New York.
Young, Liz, 1999: Minor Parties and the Legislative Process in the Australian Senate: A Study of the 1993 Budget, in: Australian Journal of Political Science 34, 7–27.

Verbändesysteme und Föderalismus. Eine vergleichende Analyse[*]

Klaus Armingeon

1. Einleitung

Der Gegenstand dieses Beitrags ist das Ausmaß von Unitarisierung[1] und Regionalisierung von Verbändesystemen in Demokratien. Unter einem Verbändesystem verstehe ich die einzelnen Verbände, ihre Ziele, ihre Ressourcen und ihre Stellung zueinander.[2] Meine Leitfrage lautet, ob sich Verbändesysteme in Einheitsstaaten, in unitarischen Bundesstaaten und in nicht-unitarischen Bundesstaaten[3] voneinander unterscheiden. Die Ausgangshypothese lautet, Verbändesysteme seien in Einheitsstaaten interregional

---

[*] Ich bin den beiden Herausgebern für ihre umfangreiche und konstruktive Kritik einer ersten Version dieses Beitrags sehr dankbar. Diese Kritik ist an vielen Stellen in den Aufsatz eingeflossen, ohne dass jedes Mal die Urheberschaft säuberlich angegeben worden ist. Fehler und Mängel gehen selbstverständlich ausschließlich zu meinen Lasten, und die Übernahme vieler Argumente der Herausgeber bedeutet noch nicht, dass damit ihre Auffassungen mit meinen übereinstimmen. Diese Analyse entstand im Zusammenhang mit zwei vom Schweizerischen Nationalfonds zur Förderung der wissenschaftlichen Forschung unterstützten Projekten (Projekt: ‚Critical Junctures' im Projektverbund: Persistence and change of Swiss Institutions – Domestic and international causes, sowie Projekt: ‚Soziale Integration und politische Partizipation').

[1] Im Folgenden benutze ich den Begriff der Zentralisierung für den Prozess der Verlagerung von Regelungskompetenzen von den Gliedstaaten an den Bundesstaat. Unitarisierung bedeutet die Vereinheitlichung von materiellen Regelungen, Strukturen und Einstellungen ohne formale Kompetenzverlagerung an den Bundesstaat. Die Unitarisierung kann somit ein Ersatz für die Zentralisierung sein (vgl. Lehmbruch 1998: 93). Nationalisierung bezeichnet die Homogenisierung einer Variablen über Regionen hinweg (Caramani 1996 und 2000); sie ist der Überbegriff für Zentralisierung und Unitarisierung. Soweit nicht anders angegeben oder aus dem Zusammenhang eindeutig ersichtlich, sind Regionen im Falle von Bundesstaaten identisch mit den Gliedstaaten.

[2] Die Regionalisierung eines Verbändesystems kann mit einer vertikalen Strukturdifferenzierung einhergehen; sie ist jedoch damit nicht identisch. In Deutschland sind Interessenverbände zwar in der Regel föderativ gegliedert, aber die einzelnen Unterorganisationen unterscheiden sich nicht bedeutsam voneinander. Andererseits können in einem Einheitsstaat mit ausschließlich hoch zentralisierten Verbänden große regionale Variationen der Verbändesysteme existieren, weil in einem Gebiet Verbandstypen kaum vertreten sind, die an anderer Stelle mit großer Häufigkeit zu beobachten sind. Der Fokus auf die Spannung zwischen Regionalisierung und Unitarisierung von Verbändesystemen folgt aus der Überlegung, dass zentralisierte Organisationsstrukturen dann ein zentralisiertes Vorgehen der Verbände besonders gut ermöglichen, wenn es keine internen regionalen Differenzen gibt. Andererseits wird ein regional unterschiedliches Verbändesystem regional unterschiedliche Effekte haben, und die Vereinheitlichung der Verbände und ihrer Strategien dank einer zentralisierten Organisationsstruktur wird seine Schranken an den regionalen Interessendifferenzen finden. Es lohnt sich deshalb, zunächst die Einheitlichkeit und Unterschiedlichkeit von Verbändesystemen zu prüfen, bevor deren Organisationsstruktur untersucht wird.

[3] Der Begriff der nicht-unitarische Bundesstaaten bezeichnet Staaten, in denen die Einheitlichkeit der Lebensverhältnisse kein zentrales Ziel der politischen Ordnung ist. Von diesen nicht-unitarischen Bundesstaaten werden die unitarischen Bundesstaaten unterschieden.

eher einheitlich und in Bundesstaaten interregional eher differenziert. Bei Verbändesystemen in unitarischen Bundesstaaten ist anzunehmen, dass sie gegenüber jenen in Einheitsstaaten mehr Chancen zur regionalen Unterschiedlichkeit haben, die jedoch nicht das Ausmaß erreichen kann, wie es in nicht-unitarischen Bundesstaaten angetroffen wird. Diese Vermutung lehnt sich an die bekannte Kongruenzhypothese von Harry Eckstein an: „Pressure groups tend to adjust the form of their activities ... to the formal structure of power" (zitiert nach Lehmbruch 1999: 1).

Der Zusammenhang zwischen der Struktur des Verbändesystems und der Staatsstruktur kann auf verschiedene Weise erklärt werden:

(1) Einheitsstaaten können Verbänden eine Struktur vorschreiben, die kaum mehr eine Chance für regionale Besonderheiten lässt. Beispielsweise müssen japanische Verbände von einer zentralisierten Bürokratie zugelassen werden und sie müssen zahlreiche zentral definierte Ansprüche an Mitglieder, Verwaltungspersonal, Büros und finanzielle Ressourcen erfüllen (Pempel 2000: 66).

(2) Kulturelle, soziale und ökonomische Merkmale zwischen Regionen sind in Einheitsstaaten ähnlich, weil dies eine Voraussetzung der Gründung des Einheitsstaats war oder weil der Einheitsstaat diese regionalen Unterschiede nivelliert hat. Damit ist das kulturelle, ökonomische und soziale Substrat, auf dem Verbände gedeihen, über Regionen hinweg ebenfalls ähnlich und es besteht wenig Möglichkeit zur regionalen Differenzierung.

(3) In Einheitsstaaten mit zentralisierten staatlichen Entscheidungs- und Machtzentren ist es für Verbände vorteilhaft, wenn sie gesamtstaatlich ihre Mitglieder und Unterorganisationen koordinieren können. Aus diesem Grund werden Verbände in Einheitsstaaten wenig Interesse an regional unterschiedlichen Organisationen haben. Hingegen kann es in Bundesstaaten mit dezentralisierten Macht- und Entscheidungsinstanzen für Verbände sinnvoll sein, regional jene Organisationen auszubilden, die für die Interessenverfolgung in diesem Gliedstaat besonders gut geeignet sind.

In diesem Beitrag konzentriere ich mich darauf, ob es einen Zusammenhang zwischen Staatsstruktur und Verbändestruktur gibt. Vorläufig zurückgestellt wird die Frage, weshalb dieser Zusammenhang – ob durch die Unitarisierung der Verbandsumwelt oder direkt durch die politische Steuerung der Verbände oder durch die strategischen Entscheidungen in Verbänden – zustande kommt.

Die Hypothese der Strukturkongruenz soll in einer international vergleichenden Untersuchung von Verbändesystemen in 16 Demokratien geprüft werden. Die Daten stammen aus drei Befragungen im Rahmen des „World Values Survey" im Zeitraum von 1981 bis 1997. In einigen wenigen Fällen wurden in einem Land alle drei Umfragen durchgeführt, in anderen Fällen lagen Daten nur aus einer oder zwei Erhebungen vor. Die Länder wurden im Anschluss an Schultze (1992) folgendermaßen klassifiziert: Als nicht-unitarische Bundesstaaten gelten Belgien, Kanada, die Schweiz, Spanien und die USA. Spanien gehört in diese Gruppe der nicht-unitarischen Bundesstaaten, obwohl es formal ein Einheitsstaat ist. Tatsächlich haben jedoch die Regionen eine starke Stellung im politischen Systems Spaniens, und es gibt keinen Anspruch auf die Einheitlichkeit des Lebensverhältnisse im ganzen Land. Deutschland, Australien und

Österreich sind unitarische Bundesstaaten. Die restlichen Länder – Dänemark, Finnland, Frankreich, Großbritannien, Irland, Italien, Japan und die Niederlande – sind Einheitsstaaten.

2. Zwei Kontroversen

Bevor über die empirische Untersuchung und ihre Ergebnisse berichtet wird, werden zwei politikwissenschaftliche Kontroversen für die Fragestellung dieses Beitrags ausgewertet. Die erste Debatte betrifft die Rolle von Verbänden in modernen Demokratien. Sie liefert die Begründung, weshalb das gesamte Verbändesystem – vom Ornithologenverein über den Fußballclub bis zum Arbeitgeberverband – als Einheit untersucht werden soll. In der zweiten Debatte werden Argumente genannt, weshalb Verbändesysteme in Demokratien nur teilweise von der jeweiligen Staatsstruktur geprägt werden. Daraus folgt eine Modifizierung der Leithypothese dieser Untersuchung.

Die Rolle von Verbänden in modernen Demokratien: Der Begriff Verbände bezeichnet sämtliche Vereinigungen von Bürgerinnen und Bürgern auf freiwilliger Basis zur Förderung ihrer wirtschaftlichen, kulturellen und sozialen Interessen. Dazu gehören so verschiedenartige Organisationen wie Gewerkschaften, Sportvereine, karitative Organisationen oder der Förderkreis eines lokalen Kunstmuseums. So unterschiedlich diese Verbände sind und so unterschiedlich die jeweilige Mitgliedermotivation sein mag, so haben sie dennoch eine Reihe von gemeinsamen politischen Funktionen: Sie strukturieren die Gesellschaft, indem sie Interessen artikulieren, Koalitionen und Frontstellungen bilden, Bürger integrieren und andere ausgrenzen: Arbeitgeber werden nicht in die Gewerkschaft aufgenommen, nur wenige Mitglieder des Schrebergartenverbandes empfinden den lokalen Freundeskreis der Gegenwartskunst als attraktives Ambiente, und vom Mieterverein vermeintlich verfemte Hausbesitzer stoßen im Hausbesitzerverband auf verständnisvolle Mitbürger.

Ferner wird Verbänden nachgesagt, Schulen und Förderer der Demokratie zu sein: Bürger lernen im Verband ihre Konflikte zu regulieren, und Verbandsmitgliedschaft geht aus verschiedenen Gründen mit einer höheren Bereitschaft zu politischer Partizipation einher (Aarts 1995; Deth 1996; Billiet/Cambré 1999; Siisiäinen 1999; Gray/Caul 2000). In der neueren Literatur wird zudem die These vertreten, Verbandsmitgliedschaft sei dem Aufbau von sozialem Kapital zuträglich: Dabei handle es sich um „... features of social organization, such as trust, norms, and networks, that can improve the efficiency of society by facilitating coordinated actions" (Putnam 1993: 167). „(S)ocial capital also can have ‚externalities' that affect the wider community, so that not all the costs and benefits of social connections accrue to the person making the contact ... A well-connected indivdiual in a poorly connected society is not as productive as a well-connected individual in a well-connected society. And even a poorly connected individual may derive some spillover benefits from living in a well-connected society" (Putnam 2000: 20). Sozialkapital sei ein wichtiger Bestimmungsgrund von ökonomischer und politischer Performanz (Putnam 1993; Rice/Sumberg 1997; Freitag 2000; Whiteley 2000).

Diese These ist freilich umstritten, soweit eine direkte kausale Verbindung zwischen Verbandsmitgliedschaft und Vertrauen in Mitmenschen oder politische Institutionen behauptet wird. Die empirische Evidenz hierfür ist erstaunlich schwach. Ein plausibles und empirisch gut begründbares Gegenargument lautet, eine starke verbandliche Organisation der Gesellschaft sei der Leistungsfähigkeit des politischen Systems zuträglich. Auf Grund der guten Performanz dieser Systeme hätten deren Bürger positive Einstellungen zum politischen System, in dem sie partizipieren (Newton/Norris 2000; Newton 2001).

Aber nicht nur auf Grund der Produktion von Sozialkapital oder der weit weniger kontroversen Integration und politischen Sozialisation von Bürgern durch Verbände seien Vereinigungen förderlich für die Leistungsfähigkeit von Demokratien. Ein weiteres Argument für die positive Rolle der Verbände bezieht sich darauf, dass sie viele Aufgaben übernehmen, die sonst dem demokratischen Staat mit großer Wahrscheinlichkeit zufallen würden. Dazu gehören nicht nur die bekannten Beispiele, die in der Korporatismusforschung betrachtet werden (Schmitter/Lehmbruch 1979; Lehmbruch/Schmitter 1982), sondern auch vielfältige alltägliche Leistungen, wie beispielsweise der Unterhalt einer Kindertagesstätte, die Festlegung des Lernstoffes in einer Stufe der Berufsausbildung, die Bestimmung der Wasserungsstellen von Surfbrettern oder – in expliziter Vertretung staatlicher Stellen – die Erteilung von Pilotenlizenzen für Segelflugzeuge oder Gleitschirme. Bereits Tocqueville hat auf die verbandliche Selbstorganisation der Bürger in seiner Analyse der amerikanischen Demokratie hingewiesen und argumentiert, in Amerika würden Aufgaben von Verbänden übernommen, die in Frankreich dem Staat zufallen würden (Tocqueville 1961: 154–155).

Diesem Loblied auf Verbände ist freilich noch die gängige Kritik hinzuzufügen. Verbänden wird vorgeworfen, sie würden ihre Partikularinteressen auf Kosten des Gemeinwohls durchsetzen. Nur wenn sie umfassende Organisationen seien und auf Grund ihrer großen Bedeutung nicht die Kosten ihrer gruppenegoistischen Politik externalisieren könnten, wären sie gemeinwohlverträglich. So lautet beispielsweise die Kritik von Mancur Olson (1982). So richtig diese Kritik auch in vielen Fällen ist, ist ihr entgegen zu halten, dass die empirisch belegbaren positiven Funktionen und Korrelate von Verbänden geeignet sind, diese Nachteile aufzuwiegen. Würden Verbände beseitigt, würde in vielen Ländern nicht nur der Zusammenbruch der Verwaltung der Sozialversicherung drohen (vgl. Süllow 1982), sondern es würden auch gesellschaftlich nützliche Einrichtungen von der Kinderkrippe über die Lehrlingsausbildung bis zur Seniorenpflege wichtige Stützen verlieren.

Aus politikwissenschaftlicher Sicht ist diese Gleichsetzung aller Verbände problematisch. Verbände könnten im Anschluss an Truman (1962) als Interessengruppen verstanden werden, die Forderungen an andere Gruppen und den Staat stellen. Alle anderen Gruppierungen wären als Vereine zu klassifizieren, deren Tätigkeit sich erstrangig auf die Mitglieder und deren Interessen am Vereinszweck – sei es Geselligkeit, Sport, Austausch, Bildung etc. – richtet. Ohne Zweifel ist die Außenorientierung von Interessengruppen und Vereinen unterschiedlich. Andererseits haben auch eindeutige Interessenverbände wie Gewerkschaften zur Lösung der Trittbrettfahrerprobleme von Organisationen (Olson 1965) Leistungen und Angebote in Bezug auf die Mitglieder und nicht nur die Interessenartikulation hoch gewichtet. Sie haben in dieser Hinsicht auch

Vereinscharakter. Umgekehrt sind viele Vereine äußerst aktiv beim Stellen von Forderungen an den Staat und werden auf Grund ihrer Forderungen und ihres Beitrags zum Gemeinwohl großzügig staatlich alimentiert. Ein eindrückliches Beispiel sind Sportverbände. Andere Vereine befinden sich in einer Grauzone zwischen „pressure group" und Verein. Ein Beispiel sind einzelne Berufsverbände im öffentlichen Sektor und im Gesundheitswesen, die früher nur das Ziel der beruflichen Qualifizierung und der Geselligkeit ihrer Mitglieder hatten und zunehmend in einzelnen Arbeitsmarktsegmenten gewerkschaftsähnliche Funktionen bekommen, weil den herkömmlichen Interessenorganisationen der Arbeitnehmer die Organisierung dieser Segmente misslungen ist (Fluder 1996; Armingeon 2001a).

Die schwache Korrelation zwischen Staats- und Verbändestruktur: Die Struktur des Staates ist kaum die einzige wichtige Bestimmungsgröße der Struktur des Verbändesystems. Es gibt gute Gründe für die Annahme, Verbändesysteme seien prinzipiell regional differenziert. Der Ausgangspunkt der Verbandsbildung sind Interessen und Bedürfnisse von Bürgern, die sich zusammenschließen. Naheliegend ist ein lokaler Organisationskern, aus dem sich später regionale und nationale Organisationen entwickeln können. Auf Grund der Lösung örtlicher Probleme durch Verbände wird der Einsatz staatlicher Politik ebenso unnötig wie unerwünscht. Da die lokalen Voraussetzungen unterschiedlich sind, ist davon auszugehen, dass die Verbandsstrukturen zwischen Gemeinden und Regionen variieren. Bekanntlich war dies die Sichtweise von Tocqueville (1961: 154–160; vgl. auch Brehm/Rahn 1997). Nur wenn der Einheitsstaat die Lebens- und Arbeitsbedingungen zwischen den Regionen vollständig nivellieren wollte und könnte, wäre eine interregionale Homogenität der Verbändesysteme zu erwarten. Freilich würde dieser Nivellierungsversuch spätestens an der Topographie und an den kulturellen Unterschieden zwischen Regionen seine Grenzen finden: In einer ausschließlich protestantischen Gegend lassen sich keine katholischen Frauenvereine organisieren, und in einem industriell-urbanen Zentrum treffen die Freunde des Alphornblasens ebenso auf erhebliche Organisationsrestriktionen wie die Bergsteiger in Hamburg[4]. Da eine vollständige Nivellierung der Lebens- und Arbeitsbedingungen in Einheitsstaaten aber kaum verwirklicht werden wird, stellt sich auch dort die Notwendigkeit verbandlichen Handelns regional unterschiedlich. In Regionen mit umfangreicher und effizienter staatlicher Infrastruktur wird beispielsweise der Bedarf an privater kollektiver Initiative geringer sein. Auch deshalb ist eine regionale Variation der Verbändesysteme zu erwarten. Dies betrifft ihren Umfang – den Anteil der verbandlich organisierten Bürger – und ihre Struktur, also den „Mix" verschiedener Verbandstypen.

Das Bild eines Verbändesystems, das alleine von den gesellschaftlichen Bedingungen bestimmt wird, ist jedoch unangemessen. Verbandssysteme werden auch durch staatliche Vorgaben geprägt, wie die staatliche Politik von den Koalitionsverboten bis zur steuerlichen Bevorzugung und staatlichen Alimentierung von Verbänden zeigt.

---

4 Tatsächlich hat der Deutsche Alpenverein eine Sektion in Hamburg, und es könnte ihr zugute kommen, dass die wenigen Hamburger Bergsteiger besonders stark an einer Organisation in der alpinistischen Diaspora interessiert sind. Freilich werden die Chancen auf einen hohen Koeffizienten zwischen Mitglieder- und Einwohnerzahl an der Mündung der Elbe geringer sein als in Oberammergau. Ich danke Arthur Benz für diesen Hinweis.

Selbst auf den ersten Blick so vermeintlich bürgernahe und autochthone Vereinigungen wie die Schweizer Schützenvereine erweisen sich als hochgradig staatlich beeinflusst. Der Schweizerische Schützenverband ist einer der größten und ältesten Verbände in der Schweiz, bei ca. 6 Millionen Einwohner gehören ihm eine Viertelmillion Mitglieder an. Diese Stärke der nationalen Organisation ist weitgehend eine Folge von deren historisch frühen Indienstnahme für staatliche Aufgaben: Alle Schweizer Männer müssen als Milizsoldaten regelmäßige Schießübungen durchführen, und bis vor kurzem war die Voraussetzung für die Benutzung der dazu notwendigen Schießanlagen an eine Mitgliedschaft im regionalen Schützenverein gebunden.

Wie dieses Beispiel auch zeigt, können schwache Zentralregierungen starke nationale Verbände fördern, und die Folgen dieser einmal getroffenen Entscheidung sind zu einem späteren Zeitpunkt nicht mehr beliebig revidierbar. Gerhard Lehmbruch hat diesen Zusammenhang für den Fall der Organisationsstruktur der schweizerischen Interessenverbände der Unternehmer, der Bauern und der Arbeiter diskutiert (Lehmbruch 1991, 1994, 1999). In der politisch-administrativ stark dezentralisierten Schweiz sei ein zentralisiertes System dieser Interessenverbände entstanden, weil der schwache Bundesstaat in einer frühen Entwicklungsphase des Verbändesystems auf zentrale Verbände bei der Erstellung unverzichtbarer Statistiken angewiesen gewesen sei und deshalb die Zentralisierung dieser Organisationen durch staatliche Subventionen unterstützte (Gruner 1954: 107–113). Zu einem frühen Zeitpunkt trafen die beteiligten Akteure strategische Entscheidungen, durch die eine für Staat und Verbände gleichermaßen vorteilhafte Divergenz zwischen der Struktur des Staates und der Verbände befördert wurde. Sie wurde früh institutionalisiert und erwarb damit Widerstandskraft gegenüber späteren Veränderungen der Umwelt dieser Institutionen (Pierson 2000). Ähnliche Strukturdifferenzen lassen sich in Deutschland und Österreich finden, wo eigentümliche, historisch zu erklärende „Mischsysteme" institutionalisiert wurden, die Staats- und Verbandsstrukturen bis in die Gegenwart prägen (Lehmbruch 1999).

Ein weiteres Argument für eine schwache Korrelation zwischen der Struktur des Staates und des Verbändesystems wurde von Theda Skocpol und Ko-Autoren (2000) vorgetragen. Die Autorin und Autoren können zeigen, dass schon im Amerika des 19. Jahrhunderts ein nationales Verbändesystem mit geringen regionalen Variationen entstand. Der Grund bestand im Interesse der Verbände, ihre Ziele auf nationaler Ebene durchzusetzen. Dies erforderte eine zentrale Organisation und die landesweite Formierung der Mitgliedschaften durch die Verbandseliten. Weil man beispielsweise überall den Kampf gegen die Trunksucht gewinnen wollte, musste man in Washington Einfluss nehmen und gleichzeitig sicherstellen, dass die Organisation in jedem Landesteil vertreten war. Im Rahmen dieser Untersuchung weisen Skocpol u.a. noch auf einen zweiten Zusammenhang hin, der ähnlich auch in anderen Ländern vorhanden sein dürfte: Die bewusste Zentralisierung der Organisation und Homogenisierung der Mitgliederschaft ging zwar von den politischen oder Interessenverbänden aus, andere Verbände folgten ihnen aber bald. Der Grund für dieses Kopieren der Strategie der Interessenverbände sei die Unübersichtlichkeit und Komplexität der Organisationskontexte, denen die Verbandseliten gegenüber gestanden hätten und die sie dadurch bewältig haben, dass sie jenes Modell übernahmen, mit dem andere zuvor schon Erfolg gehabt hatten.

Auf Grund dieser Überlegungen und Befunde ist nicht anzunehmen, dass Einheitsstaaten vollständig interregional einheitliche Verbändesysteme haben. Aber es ist zu vermuten, dass dort die interregionale Heterogenität in der Regel geringer ist. Und in Bundesstaaten sind einheitliche Verbändesysteme nicht unwahrscheinlich, weil der Staat solche Entwicklungen gefördert hat oder weil die Verbände selbst eine bewusste Politik der Zentralisierung der Organisation und eine interregionale und politische Homogenisierung ihrer Mitgliedschaft erfolgreich anstrebten. Im Folgenden möchte ich die derart modifizierte Kongruenzhypothese von Harry Eckstein empirisch überprüfen. Im Gegensatz zu Eckstein erwarte ich, dass der Zusammenhang für alle Verbände und nicht nur für Interessenverbände gilt, und im Gegensatz zu Eckstein erwarte ich keine starke, sondern nur eine schwache Korrelation zwischen der Struktur des Staates und des Verbändesystems.

3. Forschungsanlage und Datenbasis

Soweit komparative Verbändeforschung nicht als qualitativer Vergleich weniger Fälle betrieben wird, stellt sich das Problem der Verfügbarkeit international vergleichbarer quantitativer Daten. Erst seit kurzem liegt ein Handbuch mit Aggregatdaten zu europäischen Gewerkschaften vor, das jedoch keinerlei regionale Differenzierung aufweist (Ebbinghaus/Visser 2000). Wenn schon die Gewerkschaften als jene Verbände, die in vorliegenden Datensammlungen besonders häufig untersucht wurden, in Bezug auf regionale Unterschiede unzureichend dokumentiert sind, so gilt dies noch mehr für das gesamte Verbändesystem in regionaler Untergliederung. Die Aussichten auf vergleichbare Daten über die Struktur des Verbändesystems sind relativ schlecht, wenn diese Daten aus Quellen wie Geschäftsberichte von Verbänden und Verbänderegister gewonnen werden müssten, die hinsichtlich Verfügbarkeit und Qualität national stark variieren. Der Aufbau einer entsprechenden Datenbasis bot sich aus diesen Gründen nicht an.

Deshalb habe ich in dieser Studie eine alternative Datenquelle ausgewählt: Es handelt sich um die World Values Surveys (Inglehart u.a. 2000). Verfügbar sind drei Wellen dieser international vergleichbaren Datenerhebungen, die um 1981, 1990 und 1995 durchgeführt wurden. In den World Values Surveys werden Daten über die Mitgliedschaft in Verbänden erhoben. Ferner finden sich Angaben zu den Regionen, in denen das Interview durchgeführt wurde. Diese regionale Gliederung deckt sich bei Bundesstaaten mit dem Land bzw. Kanton oder stellt eine Aggregation mehrerer benachbarter Gliedstaaten dar. Damit besteht die Möglichkeit, regional differenzierte Informationen über den verbandlich organisierten Anteil der Bevölkerung sowie über die Struktur des regionalen Verbändesystems (Mitgliedschaften in einzelnen Verbandstypen als Anteil aller Verbandsmitgliedschaften) zu erhalten. Da in diesen Befragungen auch Daten zu politischen Einstellungen und Verhaltensweisen erhoben wurden, können auch die entsprechenden Werte für die Verbandsmitglieder angegeben werden.

Diesen Vorteilen der Auswertung von zahlreichen Umfragen stehen auch gravierende Nachteile gegenüber:

(1) Befragte erinnern sich oft nicht, ob und in welchen Organisationen sie eine Mitgliedschaft erworben haben. Leichte Veränderungen der Fragestellung oder eine längere Liste der abgefragten Mitgliedschaften führen zu unterschiedlichen Ergebnissen. Man kann auf Grund der Befragung nicht sagen, wie viele Mitglieder in einem Verband sind, sondern nur, ob sich ein Mitglied an seine Mitgliedschaft erinnert hat. Dies wird bei als wichtig empfundenen Verbänden eher der Fall sein als bei jenen, bei denen sich die Verbandsaktivität auf die Entrichtung des Mitgliedsbeitrags beschränkt. Mit diesen Einschränkungen benutze ich im Folgenden die Angaben der Befragten als Indikator für tatsächliche Mitgliedschaften.

(2) Die Frageformulierung zu Mitgliedschaften wurde zwischen allen drei Wellen des World Values Surveys geändert. 1981–84 wurde nicht nach der Mitgliedschaft in Sport- und sonstigen Verbänden gefragt. In der dritten Welle 1995–97 wurde eine andere Frageformulierung als in den zwei vorhergehenden Wellen gewählt. Sie führte zu einer generellen Erhöhung der Zahl angegebener Mitgliedschaften. Deshalb ist die wünschenswerte Kumulation der drei Wellen pro Land nicht möglich; sie müssen separat ausgewertet werden. Insbesondere die Daten aus der ersten Welle verdienen eine besonders vorsichtige Interpretation.

(3) Die Regionen wurden im Codebuch nicht oder nur teilweise dokumentiert. Dies betrifft besonders die Umfragen von 1981, deren Statistiken auch deshalb mit großer Zurückhaltung ausgewertet werden müssen.

(4) Bei Bundesstaaten wurden zuweilen mehrere Gliedstaaten in größere Regionen zusammengefasst. Dies betrifft durchgängig die USA, bei der die Daten nicht für die 50 Bundesstaaten, sondern nur für 10 Großregionen (New England, Middle Atlantic States etc.) ausgewertet werden konnten.

(5) Obwohl die Umfragen zum Teil sehr viele Befragte ausweisen, sinken die Zahlen bei einer nach Regionen differenzierten Auswertung rasch. Als Entscheidungskriterium wurde deshalb eine Irrtumswahrscheinlichkeit von kleiner 5 Prozent festgesetzt, ab der davon gesprochen wird, dass Regionen einen Unterschied machen. Diese Irrtumswahrscheinlichkeit wurde mit Hilfe von Varianzanalysen oder Chi-Quadrat-basierten Analysen berechnet. Dabei ist jedoch festzuhalten, dass die Chance auf signifikante Ergebnisse mit der Zahl der Fälle steigt und fehlende regionale Unterschiedlichkeit auch ein Fehlschluss auf Grund zu kleiner Fallzahlen sein kann.

(6) Am gravierendsten ist ferner das Unvermögen – auf der Basis dieser Befragung von Mitgliedern – uneingeschränkt verlässliche Aussagen über Ziele und Politiken der Verbände bzw. Verbändesysteme zu machen. Vielmehr verfügen wir nur über Informationen über Verbandsmitglieder und können nur vermuten, dass die Verbände repräsentativ für ihre Mitglieder sind. Die zentrale Grundannahme dieser Forschungsstrategie ist mithin die Deckung der Informationen zur Mitgliedschaft und der angegebenen Einstellungen und Handlungsweisen der Mitglieder mit den Mitgliederstatistiken und den Zielen und Orientierungen der Verbände. Dies ist der problematische Preis, der für den Versuch einer systematischen Erfassung der Verbändesysteme gezahlt werden muss. Er lässt sich rechtfertigen, wenn man sich klar macht, dass die bisherige For-

schung ihre generalisierenden Schlussfolgerungen häufig aus wenigen qualitativen Fallanalysen zog.

Die Auswertung diente der Feststellung von Unterschieden zwischen regionalen Verbändesystemen. Die entsprechenden Werte wurden für die jeweilige Region aggregiert. Es wurde geprüft, ob die Region einen statistisch signifikanten Unterschied mache. Zudem wurde bei der Analyse der Mitgliederdichte und -struktur zu Illustrationszwecken ein Maß für die Heterogenität der regionalen Werte berechnet. Es handelt sich dabei um den Variationskoeffizienten. Er ist der Quotient aus Standardabweichung und Mittelwert. Im Gegensatz zur Standardabweichung hat er den Vorteil, keine lineare Funktion des Mittelwertes zu sein.

Bei der Auswahl der Länder folgte ich der Regel der Selektion der ähnlichsten Systeme, d.h. der etablierten Demokratien der OECD-Ländergruppe. Nicht für alle dieser Länder und alle dieser drei Wellen wurden Daten erhoben. Für Deutschland weisen frühere Analysen auf eine große Differenz bezüglich des Organisationsverhaltens und der Einstellungen von Verbandsmitgliedern in der alten Bundesrepublik (im Folgenden Deutschland-West) und den fünf neuen Bundesländern (im Folgenden Deutschland-Ost) hin. Diese Differenz hat ein Ausmaß, das jenem gleicht, wie es zwischen Nationalstaaten besteht (vgl. Armingeon 2001b). Aus diesem Grund habe ich getrennte Analysen für beide Teile Deutschlands durchgeführt und spreche im Folgenden vereinfachend von zwei Ländern. Aus der Anhangtabelle 1 lassen sich jene Nationen und Zeitpunkte ersehen, die analysiert wurden.

Verbändesysteme werden in zwei Dimensionen abgebildet. Die erste betrifft die Mitgliederstruktur. Dazu gehört die Mitgliederdichte (also der Koeffizient zwischen tatsächlichen und potenziellen Verbandsmitgliedern), die Verteilung der Mitgliedschaften über Verbandstypen und die durchschnittliche Häufigkeit einer Mitgliedschaft. Die zweite Dimension bezieht sich auf Einstellungen und Aktivitäten, die mit der Mitgliedschaft in Verbänden verbunden sein sollen. In beiden Dimensionen erwarten wir in nicht-unitarischen Bundesstaaten eine größere regionale Heterogenität als in unitarischen Bundesstaaten und in Einheitsstaaten.

Bei dieser Untersuchung geht es nur darum zu prüfen, ob es eine, wenn auch beschränkte Korrelation zwischen der Struktur des Staates und der Verbändesysteme gibt. Es liegt außerhalb der Fragestellung dieses Aufsatzes, dem Problem nachzugehen, ob beispielsweise Homogenität entsteht, weil die regionale Sozialstruktur sowie die regionalen Lebens- und Arbeitsbedingungen sehr ähnlich sind oder weil die Verbände oder der Staat die Mitgliedschaften interregional angeglichen haben, obwohl die sozio-ökonomischen Voraussetzungen der Regionen sehr unterschiedlich sind.

4. Interregionale Heterogenität der Mitgliederstruktur

In den World Values Surveys wurde gefragt, ob man in einem der folgenden Verbandstypen Mitglied sei: kirchliche oder religiöse Organisationen; Sport- oder Freizeitverbände; Kunst-, Musik- oder Bildungsverbände; Gewerkschaften; Umweltschutzorganisationen; Berufsverbände; karitative Organisationen sowie andere Organisationen. Es wurde also nicht die Zahl der Verbandsmitgliedschaften, sondern die Zahl der Mit-

Tabelle 1: Heterogenität der Mitgliederstruktur. Variationskoeffizienten und Signifikanz der regionalen Unterschiede

Land	Welle	Mitgliederdichte	Gewerkschafts-anteil	Zahl der Mitgliedschaften in Verbandstypen	Anzahl signifik. Unterschiede
Australien	1995	0.02	0.09	0.07	0
Belgien	1981	0.34	0.21	0.10	0
Belgien	1990	0.23*	0.30	0.11*	2
Dänemark	1981	0.14	0.07	0.09	0
Deutschland-Ost	1997	0.06	0.17	0.07	0
Deutschland-West	1981	0.18*	0.11	0.10	1
Deutschland-West	1990	0.15*	0.21	0.11	1
Deutschland-West	1997	0.07	0.26	0.12	0
Finnland	1996	0.03	0.10	0.06	0
Frankreich	1981	0.18	0.19	0.12	0
Frankreich	1990	0.25*	0.46	0.13*	2
Großbritannien	1990	0.15	0.27*	0.13*	2
Irland	1981	0.29*	0.39	0.11	1
Irland	1990	0.49*	0.78*	0.24	2
Italien	1981	0.25	0.17	0.09	0
Italien	1990	0.39*	0.60	0.30*	2
Japan	1981	0.29	0.17*	0.12*	2
Japan	1990	0.09	0.21	0.10	0
Japan	1995	0.32	0.37	0.18	0
Kanada	1990	0.20*	0.29	0.07	1
Niederlande	1981	0.15*	0.25	0.09	1
Niederlande	1990	0.08	0.28	0.11	0
Österreich	1990	0.18*	0.29*	0.07	2
Schweiz	1996	0.15*	0.68*	0.15*	3
Spanien	1981	0.30*	0.35*	0.19*	3
Spanien	1990	0.51*	0.87*	0.25*	3
Spanien	1996	0.32*	0.61*	0.36*	3
USA	1990	0.10*	0.28*	0.12*	3
USA	1995	0.05*	0.17*	0.08*	3

Quelle: World Values Surveys 1981–1997
* = signifikante Unterschiede zwischen den Regionen

gliedschaften in verschiedenen Verbandstypen gezählt. Zur Beschreibung der organisatorischen Aspekte des Verbändesystems wurden drei Variablen gebildet: ob ein Befragter Mitglied in irgendeiner Organisation ist („Mitglied"), wie hoch der durchschnittliche Anteil der Mitgliedschaften in Berufsverbänden und Gewerkschaften an den gesamten Mitgliedschaften in Verbandstypen ist („Gewerkschaftsanteil") und wie viele Mitgliedschaften in Verbandstypen ein Verbandsmitglied durchschnittlich aufweist („Zahl der Mitgliedschaften in Verbandstypen"). Die Variable „Mitglied" informiert über die Mitgliederdichte, also den Grad zu dem in einem Land oder in einer Region die Bürger verbandlich integriert sind. Die Variable „Gewerkschaftsanteil" zeigt an, wie stark das Verbandssystem durch klassische Interessengruppen geprägt ist. Schließlich informiert die Zahl der Mitgliedschaften über das Ausmaß, in dem Verbandsmitglieder überlappende Mitgliedschaften haben und deshalb innerhalb der Verbandes moderierend wirken (Truman 1962: 508–510; Putnam 1993: 90). Zur Information finden sich die auf nationaler Ebene aggregierten Daten in der Anhangtabelle 1. Ihr ist beispielsweise zu entnehmen, dass 1997 in Deutschland-West 86 Prozent der Bevölkerung Mitglied in mindestens einem Verband waren, dass pro Mitglied durchschnittlich 2,4 Mitgliedschaften bestanden und der durchschnittliche Anteil an Gewerkschafts- oder Berufsverbandsmitgliedschaften an allen Mitgliedschaften 15 Prozent betrug. Wie bereits dargelegt, sind die Zahlen nicht zwischen, aber innerhalb der Befragungswellen vergleichbar. Es bestätigt sich der Befund früherer Untersuchungen, dass in den USA, Deutschland-West, den Niederlanden und den nordischen Ländern eine besonders hohe Bereitschaft der Bevölkerung zur verbandlichen Organisation besteht (Curtis u.a. 1992; Deth 1996; Beyme 1993).

Tabelle 1 informiert über die Heterogenität der regionalen Mitgliederstrukturen. Die signifikanten Unterschiede sind mit einem Stern (*) gekennzeichnet. Zur schnelleren Übersicht finden sich in der letzten Spalte Angaben über die Zahl der signifikanten regionalen Unterschiede. Die Daten entsprechen den Erwartungen einer modifizierten Hypothese der Strukturkongruenz: Verbändesysteme sind in der Tat in den meisten Ländern interregional heterogen. Die Nationalisierung der Verbändesysteme hat auch in Einheitsstaaten nicht durchgängig stattgefunden, aber im Vergleich mit Bundesstaaten sind die regionalen Verbändesysteme homogener. Es zeigt sich ferner, dass die Chance für viele und ausgeprägte regionale Unterschiede der Verbändesysteme in nicht-unitarischen Bundesstaaten besonders hoch ist. Die einzige Ausnahme ist der Fall Belgien 1981. Hier bietet sich die Erklärung an, dass die Dezentralisierung der Verbände zeitlich verzögert auf jene des Staates erfolgte. Hingegen lassen sich zwischen unitarischen Bundesstaaten und Einheitsstaaten keine markanten Unterschiede feststellen. Soweit der Unitarismus als Surrogat der Zentralisierung wirkt, ist dieser Befund auch einleuchtend.

5. Interregionale Unterschiede der Mitgliedereinstellungen und -aktivitäten

Selbst wenn – beispielsweise auf Grund einer Nivellierung der sozio-ökonomischen Unterschiede zwischen Regionen durch den Einheitsstaat – Umfang und Struktur der regionalen Verbändesysteme keine Unterschiede aufweisen würden, wäre es möglich, dass sich diese Systeme in Bezug auf die Mitgliedereinstellungen und -aktivitäten unterscheiden. Diese zweite Dimension der Verbändesysteme wurde in einem weiteren Analyseschritt untersucht. Prüfkriterien waren Einstellungen und Aktivitäten, von denen in der Literatur behauptet wird, sie würden mit der Verbandsmitgliedschaft zusammenhängen. So könnte man sich beispielsweise vorstellen, dass die Produktion sozialen Kapitals durch die Verbände regional verschieden ist: Mafiöse Organisationen Süditaliens werden nicht ebenso stark die Förderung des Gemeinwohls betreiben wie karitative Verbände im Piemont, und in manchen Verbänden mag man mit großer Häufigkeit Mitglieder finden, die der Karikatur des engstirnigen, eigensüchtigen, spießigen, misstrauischen und intoleranten Vereinsmeiers stark entsprechen (Putnam 2000: 350–363). Eine zweite Klasse von Prüfkriterien waren Variablen, die für wesentliche Aspekte politischer Einstellungen in modernen Demokratien stehen.

Zur ersten Gruppe von Prüfkriterien gehören folgende Variablen, die auf Grund theoretischer Überlegungen mit der Verbandsmitgliedschaft korrelieren sollten:

Verbände sind in Tocquevillescher Perspektive in erster Linie lokale und regionale Organisationen, die Leistungen erbringen, die sonst der (Zentral-)Staat zu erfüllen hätte. Es wäre mithin zu erwarten, dass sich Verbandsmitglieder stärker mit der Region identifizieren als Nichtmitglieder und sie sich folglich in erster Linie der Gemeinde, der Stadt, dem Gliedstaat[5] oder – in Einheitsstaaten – der Wohnregion und nicht der Nation, dem Kontinent oder gar der Welt zugehörig fühlen (Variable „Regionszugehörigkeit").

Auf Grund der ebenfalls an Tocqueville angelehnten Debatte über soziales Kapital wäre zu vermuten, dass Verbandsmitglieder sich von den Nichtmitgliedern durch ein größeres interpersonales Vertrauen unterscheiden. Auf die Frage, ob man den meisten Leuten trauen oder nicht vorsichtig genug sein könne, sollten Verbandsmitglieder eher mit dem Ersteren antworten (Variable „Interpersonales Vertrauen"). Verbandsmitglieder seien politisch interessierter und aktiver, behaupten zahlreiche Untersuchungen der politischen Soziologie. Sie sollten deshalb auf die Frage, ob sie häufig, gelegentlich oder nie politische Diskussionen führen, eher mit häufig oder gelegentlich antworten (Variable „Häufigkeit politische Diskussion"). Es wäre auch zu erwarten, dass sie sich auf einer Skala, die das generelle politische Interesse angibt, eher auf der Seite des politischen Interesses verorten (Variable „Politisches Interesse"). Verbandsmitgliedern wird eine höhere politische Aktivität nachgesagt; sie sollten also leichter für legale politische Aktivitäten mobilisierbar sein (Variable „Mobilisierbarkeit")[6]. Schließlich sollten Verbandsmitglieder eine stärkere Gemeinwohlorientierung aufweisen. Dies ist besonders dann zu erwarten, wenn die Mitgliedschaft nicht in einer klassischen Interessengruppe (Gewerkschaften, Berufsverbände) besteht oder wenn es überlappende, d.h. vielfache Mitgliedschaften gibt. Die Gemeinwohlorientierung (Variable „Gemeinwohl")[7] zeigt sich, wenn Steuerbetrug, Schwarzfahren und das unberechtigte Beziehen staatlicher Leistungen eher abgelehnt werden.[8]

---

[5] Leider wurde im Falle der Schweiz bei dieser Frage bezüglich des Gefühls der Regionszugehörigkeit nicht nach dem Kanton, sondern nach der Sprachregion gefragt. Diese deckt sich bekanntlich nicht mit den Kantonsgrenzen.

[6] Gefragt wurde, ob man bereits einmal eine Petition unterzeichnet, an einem Boykott oder an einer genehmigten Demonstration teilgenommen habe (1), ob man zumindest bereit wäre, dies zu tun (2) oder ob man dies niemals tun würde (3). Diese drei Skalen korrelieren in der kumulierten Stichprobe der hier untersuchten Länder stark miteinander (Cronbach's alpha = .71), sodass ich einen additiven Index gebildet habe.

[7] Diese drei Skalen des World Value Surveys korrelieren in der kumulierten Stichprobe der hier untersuchten Länder stark miteinander (Cronbach's alpha = .66), sodass auch hier die Zusammenfassung in einem additiven Index sinnvoll war.

[8] Eine Überprüfung dieser theoretisch vermuteten Zusammenhänge ergibt freilich, im Einklang mit der neueren Forschung, dass die förderliche Wirkung der Verbände für die Demokratie übertrieben wird. Dies gilt am wenigsten für das generelle politische Interesse und die Häufigkeiten politischer Diskussionen. Die Zusammenhangsmaße (Cramer's V-Koeffizienten) zwischen Mitgliedschaft und diesen zwei Variablen schwanken für die einzelnen Zeiträume in der kumulierten Stichprobe zwischen 0.16 und 0.24. Hingegen ist der Zusammenhang mit interpersonalem Vertrauen viel schwächer (0.13 bis 0.17) und jener mit der Gemeinwohlorientierung und der regionalen Zugehörigkeit ist entweder nicht signifikant (Region * Mitgliedschaft

Verbändesysteme können sich regional nicht nur in Bezug auf diese theoretisch angenommenen Korrelate der Verbandsmitgliedschaft unterscheiden. Naheliegend ist auch die Annahme, die allgemeinen politischen Einstellungen der Mitglieder eines Verbändesystems seien durch die Besonderheiten der Region und dem damit verbundenen spezifischen „Mix" von Verbänden sowie von regionalen Eigentümlichkeiten der jeweiligen Verbandsgruppe geprägt. Diese allgemeinen Einstellungen wurden mit der Selbstverortung auf einer Links-Rechts-Skala, mit der Zuordnung zu den Wertetypen „Postmaterialistisch", „Mischtyp" oder „Materialistisch" (Inglehart 1977, 1990) sowie mit einer Skala gemessen, die Forderung nach staatlicher Intervention vs. Selbstverantwortung der Bürger misst[9].

In der Anhangtabelle 2 wird angegeben, bei welchen Variablen in welchem Land und in welcher Befragungswelle signifikante regionale Unterschiede der politischen Einstellungen und Aktivitäten der Verbandsmitglieder zu finden sind. Zur schnelleren Übersicht wird in der letzten Spalte angegeben, ob bei der Mehrzahl der Variablen signifikante Unterschiede zwischen den Regionen vorliegen. Die Informationen über die regionale Unterschiedlichkeit der Verbandssysteme lassen sich in der folgenden Kreuztabelle zusammenfassen.

Die Kreuztabelle stützt die bisherigen Befunde: Ein interregional homogenes Verbändesystem (Zelle A) gibt es nur in einer Minderheit der untersuchten Fälle, und ebenso wenig finden sich in der Mehrheit der Länder regional stark differenzierte Verbändesysteme (Zelle F). Die modifizierte These der Strukturkongruenz wird gestützt. Nicht-unitarische Bundesstaaten haben die höchste Chance, ein regional differenziertes Verbändesystem aufzuweisen (Zelle F sowie die benachbarten Zellen E und D). Hingegen gibt es kaum Unterschiede zwischen Einheits- und unitarischen Bundesstaaten in Bezug auf die interregionale Heterogenität der Verbändesysteme.

1981), sehr schwach (Gemeinwohl * Mitgliedschaft 1981, 1990) oder die Zusammenhänge sind signifikant, wobei jedoch die Zellenbesetzungen nicht den theoretischen Erwartungen entsprechen (Gemeinwohl * Mitgliedschaft 1995; Region * Mitgliedschaft 1990, 1995). Verbandsmitglieder sind demnach eher weniger als Nicht-Mitglieder an die Region gebunden, ihr interpersonales Vertrauen ist im Durchschnitt nur geringfügig systematisch größer als jenes der Nicht-Mitglieder und in Bezug auf die Gemeinwohlorientierung gibt es keine systematischen Zusammenhänge. Diese Befunde über die schwachen oder fehlenden Zusammenhänge der Verbandsmitgliedschaft mit der Gemeinwohlorientierung müssen nicht revidiert werden, wenn in weiteren Auswertungen die Zahl der Mitgliedschaften (overlapping memberships) oder der Anteil der Gewerkschafts- und Berufsverbandsmitglieder an allen Mitgliedschaften berücksichtigt werden. Insofern gehören die Loblieder auf die generell demokratieförderliche Wirkung der Verbände zur empirisch schlecht gestützten sozialwissenschaftlichen Folklore. Dies muss nicht für einzelne Verbandstypen gelten, ebenso wie nicht auszuschließen ist, dass auf Grund verschiedener Wirkungsmechanismen das aggregierte soziale Kapital einer Region oder eines Landes positiv mit Aggregatdaten zur Verbandsdichte stark korrelieren, obwohl diese Zusammenhänge auf der individuellen Ebene nicht oder nur schwach vorhanden sind (Newton 1996, 1997).

9 Die Pole diese Skala sind: „Die Regierung sollte mehr Verantwortung übernehmen, um zu sichern, dass für alle Leute gesorgt ist" vs. „Die Leute sollten selbst mehr Verantwortung dafür übernehmen, dass für sie gesorgt ist". In einer Tocquevilleschen Perspektive ist die Bereitschaft zur Übernahme von Selbstverantwortung ebenfalls ein Korrelat der Verbandsmitgliedschaft (vgl. auch Brehm/Rahn 1997).

Graphik 1: Die regionale Unterschiedlichkeit von Verbändesystemen sowie von politischen Einstellungen und Aktivitäten der Verbandsmitgliedschaften

Anzahl der signifikanten Unterschiede der Organisationsmerkmale \ Prozentsatz der Variablen mit signifikanten Unterschieden	< 50% aller Variablen	> 50% aller Variablen
0	A Belgien 1981 Deutschland-West 1997 Finnland 1996 Frankreich 1981 Italien 1981 Japan 1990 / 1995	B Australien 1995 Dänemark 1981 Deutschland-Ost 1997 Niederlande 1990
1–2	C Deutschland-West 1981 / 1990 Frankreich 1990 Großbritannien 1990 Irland 1981 Italien 1990 Japan 1981 Niederlande 1981	D Belgien 1990 Irland 1990 Kanada 1990 Österreich 1990
3	E USA 1990	F Schweiz 1996 Spanien 1981 / 1990 / 1996 USA 1995

Quelle: Tabelle 1 und Anhangtabelle 2, berechnet aus World Values Surveys 1981–1997

6. Die Repräsentativität regionaler Verbändesysteme

Die von Skocpol u.a. (2000) vertretene Hypothese der Nationalisierungsanreize lässt erwarten, dass die Mitglieder der Verbände eine größere interregionale Homogenität der politischen Einstellungen und Aktivität aufweisen als die Nicht-Mitglieder. Diese Hypothese habe ich in einem Vergleich der Streuungen der entsprechenden Variablen bei Mitgliedern und Nicht-Mitgliedern geprüft. Auf Grund der hohen angegebenen Mitgliederdichte in der Befragungswelle 1995–1997 ergibt sich das Problem, dass die Kontrollgruppen der Nichtmitglieder sehr klein werden. Wie schon bei den vorhergehenden Analysen empfiehlt sich deshalb eine sehr zurückhaltende und vorsichtige Interpretation der Daten, bei denen das beobachtbare offensichtliche Muster mehr Aufmerksamkeit beanspruchen sollte als Einzelergebnisse für ein Jahr oder ein Land.

In der Anhangtabelle 3 wird berichtet, für welche Variablen sich signifikante Unterschiede der regionalen Streuungen der Werte der Mitglieder und der Nicht-Mitglieder ergeben. Der Befund ist eindeutig: Mit wenigen Ausnahmen lassen sich keine signifikanten Unterschiede feststellen, die Streuung der Einstellungsmuster der Mitglieder zwischen den Regionen ist nicht von jener der Nicht-Mitglieder verschieden. Damit lässt sich die generelle Behauptung nicht halten, Verbände würden im Hinblick auf Einflusschancen oder auf effiziente Organisationen die Mitglieder über Regionen hinweg formieren, sodass sie einheitlicher seien als der Rest der Bevölkerung. Richtig ist vielmehr, dass die regionalen Verbandssysteme in Bezug auf die untersuchten Variablen so unterschiedlich sind wie die Regionen, in denen sie arbeiten.

Eine partielle, wenn auch empirisch schwach fundierte Stützung der These Skocpols lässt sich finden, wenn die Streuungswerte zwischen Mitgliedern und Nicht-Mitgliedern verglichen werden, obwohl die Differenzen in der Regel nicht signifikant sind. Es zeigt sich nämlich, dass die interregionalen Heterogenitäten der Mitglieder in Einheitsstaaten und traditionellen Bundesstaaten mit großer Regelmäßigkeit etwas geringer sind als jene der Nicht-Mitglieder. Verbände formieren anscheinend in Systemen mit einer stabilen Konzentration der Entscheidungsmacht auf zentraler Ebene in bescheidenem Maße die Einstellungen ihrer Mitglieder. Hingegen sind in Belgien, Spanien, Italien (und Irland) in der Regel die Differenzen zwischen den regionalen Mitgliedschaften und Nicht-Mitgliedschaften größer (Anhangtabelle 3). Zumindest für die drei erstgenannten Länder bietet sich die mit Ecksteins und Skocpols Theorien kompatible Erklärung an, dass sich dort die staatliche Entscheidungsgewalt in einem Prozess der Dezentralisierung befindet und die Verbändesysteme sich entsprechend heterogenisieren.

7. Schluss

In diesem Beitrag wurde die interregionale Heterogenität der Verbändesysteme in den etablierten Demokratien der OECD-Ländergruppe beschrieben, und es wurden Erklärungen für Gemeinsamkeiten und Unterschiede zwischen den untersuchten Nationen vorgeschlagen. Eine modifizierte Hypothese der Strukturkongruenz zwischen Verbändesystemen und Staatsstruktur bewährt sich bei einer Re-Analyse der World Values Surveys. In nicht-unitarischen Bundesstaaten sind die regionalen Differenzen vergleichsweise groß; in Einheitsstaaten sind sie klein; und die Verbändesysteme unitarischer Bundesstaaten gleichen eher jenen der Einheitsstaaten als jenen der Bundesstaaten, die nicht das Ziel der Einheitlichkeit der Lebensverhältnisse anstreben.

Der Vorteil dieser Untersuchung im Vergleich zu bisherigen Analysen der regionalen Aspekte der Verbändesysteme ist die umfassende und systematische Berücksichtigung der Verbände im internationalen Vergleich. Ein Nachteil der Analyse besteht in einer Interpolation der Mitgliederangaben, Mitgliederaktivitäten und Mitgliedereinstellungen auf die Verbände, oder weniger technisch ausgedrückt: der Generalisierung von Zusammenhängen auf der individuellen (Mikro-)Ebene auf die kollektive (Makro-)Ebene, wobei die Untersuchungseinheiten (Mitglieder vs. Verband) nicht identisch sind. Ein zweiter Nachteil besteht in der Datenbasis, die in Bezug auf zeitliche und internationale Vergleichbarkeit und Zahl der Untersuchungsfälle in den Regionen noch immer weit entfernt von den Ansprüchen ist, wie sie die theoretischen Fragestellungen erfordern. Diese Einschränkungen sind bei der Interpretation der Ergebnisse zu berücksichtigen.

Die Befunde dieser Untersuchung sind für die Problematik wichtig, die Robert Putnam (1993) in einer Analyse der Differenzen der ökonomischen und politischen Performanz italienischer Regionen identifizierte. Verbändesysteme können als Produzenten von sozialem Kapital verstanden werden, das wesentlich über die Leistungsfähigkeit des politischen Systems und der Wirtschaft entscheidet. Regional stark unterschiedliche Verbändesysteme würden in dieser Sichtweise zu regional stark unterschiedlichem sozialen Kapital beitragen. Unterschiedliche Ausstattung mit sozialem Kapital könnte für die Chancen einer Konkurrenz zwischen Regionen bedeutsam werden, soweit der Wettbewerb nicht durch politische Strukturen verhindert oder eingedämmt wird, wie dies für Einheitsstaaten typisch ist. Freilich liefern die Daten dieser Untersuchung keine starken Hinweise auf eine Förderung der Entwicklungen des Konkurrenzföderalismus durch die regionale Struktur des Verbändesystems in den unitarischen Bundesstaaten. In den nicht-unitarischen Bundesstaaten, in denen die politischen Voraussetzungen für eine Konkurrenz zwischen den Gliedstaaten gegeben sind, sind auch die Verbändesysteme regional so heterogen, um ihrerseits bezüglich des sozialen Kapitals Unterschiedlichkeit zwischen den Regionen zu schaffen.[10]

Deutschland stellt im Rahmen dieser Untersuchung einen Sonderfall dar. In den neuen Bundesländern und noch stärker in der alten Bundesrepublik sind die Verbändesysteme im internationalen Vergleich stark unitarisiert. Insofern ist die Annahme eines verstärkten regionalen Wettbewerbs auf Grund unterschiedlicher Verbändesysteme innerhalb der alten Bundesrepublik bzw. den neuen Bundesländern nicht durch die vorliegenden Daten gestützt. Hingegen unterscheiden sich die deutschen Verbändesysteme merklich zwischen den beiden Teilen Deutschlands. Oberhalb der Ebene der Länder ergibt sich somit eine Konstellation von zwei unterschiedlichen Verbändesystemen, die zu deutlich unterschiedlichen Rahmenbedingungen wirtschaftlichen und politischen Handelns beitragen könnten.

---

10 In diesem Zusammenhang muss auch auf die Möglichkeit hingewiesen werden, dass die Einstellungsmuster einer Region maßgeblich durch das dortige Verbändesystem geprägt werden. Solange dieser Nachweis jedoch nicht vorliegt, wird man vorsichtigerweise eher davon ausgehen, dass die Verbände nicht eine derart immense Prägekraft für die politische Kultur einer Region haben. Ganz auszuschließen ist dies jedoch nicht, wie neuere, argumentativ gut unterlegte Spekulationen in der Debatte über soziales Kapital zeigen (Newton 1997, 2001).

Anhangtabelle 1: Indikatoren der Verbandsmitgliedschaften (Nationale Werte)

Land	Welle	N	Mitgliederdichte	Durchschnittl. Zahl Mitglieder	Anteil Gewerkschafts-Mitglieder
Australien	1981	1228	0.58	1.52	0.36
Belgien	1981	1145	0.38	1.28	0.43
Dänemark	1981	1182	0.58	1.31	0.79
Deutschland-West	1981	1305	0.42	1.34	0.45
Finnland	1981	1003	0.43	1.00	0.69
Frankreich	1981	1200	0.23	1.29	0.44
Großbritannien	1981	1231	0.49	1.51	0.43
Irland	1981	1217	0.47	1.45	0.25
Italien	1981	1348	0.20	1.26	0.44
Japan	1981	1204	0.28	1.19	0.54
Kanada	1981	1254	0.53	1.59	0.27
Niederlande	1981	1221	0.56	1.70	0.20
Spanien	1981	2303	0.33	1.46	0.26
USA	1981	2325	0.69	1.60	0.20
Belgien	1990	2792	0.51	1.82	0.24
Dänemark	1990	1030	0.78	1.83	0.48
Deutschland-Ost	1990	1336	0.81	1.67	0.53
Deutschland-West	1990	2101	0.63	1.70	0.22
Finnland	1990	588	0.73	1.97	0.38
Frankreich	1990	1002	0.36	1.64	0.17
Großbritannien	1990	1484	0.49	1.80	0.29
Irland	1990	1000	0.45	1.73	0.16
Italien	1990	2018	0.31	1.50	0.21
Japan	1990	1011	0.31	1.48	0.29
Kanada	1990	1730	0.61	2.11	0.21
Niederlande	1990	1017	0.82	2.46	0.15
Österreich	1990	1460	0.47	1.70	0.33
Schweden	1990	1047	0.83	1.99	0.47
Schweiz	1990	1400	0.38	1.50	0.36
Spanien	1990	4147	0.22	1.43	0.18
USA	1990	1839	0.70	2.11	0.14
Australien	1995	2048	0.88	2.96	0.19
Deutschland-Ost	1997	1009	0.72	1.97	0.27
Deutschland-West	1997	1017	0.86	2.36	0.15
Finnland	1996	987	0.96	2.47	0.26
Japan	1995	1054	0.50	1.73	0.34
Schweiz	1996	1212	0.80	2.67	0.17
Spanien	1996	1211	0.58	2.24	0.12
USA	1995	1542	0.91	3.41	0.15

Anhangtabelle 2: Signifikante Unterschiede der Streuung der Mitgliedereinstellungen und -aktivitäten zwischen den Regionen

Land	Welle	Regionszu-gehörig-keit	Interpersonales Vertrauen	Politisches Interesse	Häufigkeit v. polit. Diskussion	Mobilisie-rung	Links-rechts-Skala	Gemein-wohlorien-tierung	Materialismus Postmaterial.	Interven-tion	Anteil signifikanter Unterschiede (%)
Australien	1995	x	x	x	ns	x	ns	x	ns	x	>50
Belgien	1981	x	ns	x	ns	ns	x	ns	ns		<50
Belgien	1990	x	x	x	x	x	x	ns	x	x	>50
Dänemark	1981	x	x	ns	ns	x	x	ns	x		>50
Deutschland-Ost	1997	x	x	ns	ns	x	x	x	x	ns	>50
Deutschland-West	1981	ns	ns	ns	x	x	ns	ns	ns	ns	<50
Deutschland-West	1990	ns	x	ns	ns	x	ns	x	ns	ns	<50
Deutschland-West	1997	ns	ns	ns	ns	x	x	x	x	x	<50
Finnland	1996	ns	x	ns	ns	x	ns	ns	x	x	<50
Frankreich	1981	ns	ns	x	ns	ns	x	x	ns		<50
Frankreich	1990	x	ns	ns	ns	x	x	ns	ns	x	<50
Großbritannien	1990	x	ns	ns	ns	x	x	x	ns	x	<50
Irland	1981	ns	ns	ns	ns	x	ns	ns	x		<50
Irland	1990	x	ns	ns	ns	x	x	ns	x	x	>50
Italien	1981	ns	x	x	x	x	x	ns	ns		<50
Italien	1990	ns	ns	ns	ns	ns	ns	x	x	x	<50
Japan	1981	ns	ns	ns	ns	x	ns	ns	ns		<50
Japan	1990	ns	ns	ns	ns	ns	ns	ns	ns	x	<50
Japan	1995	ns	x	x	ns	ns	x	ns	ns	x	<50
Kanada	1990	x	x	x	ns	x	x	x	ns	x	>50
Niederlande	1981	x	ns	x	x	x	ns	ns	ns	ns	<50
Niederlande	1990	x	x	x	x	x	x	x	ns	x	>50
Österreich	1990	x	x	x	ns	x	x	ns	x	x	>50
Schweiz	1996	x	x	x	ns	x	x	x	x	x	>50
Spanien	1981	x	ns	ns	x	x	x	x	x		>50
Spanien	1990	x	x	x	x	x	x	x	x	x	>50
Spanien	1996	x	x	x	x	x	x	x	ns	x	>50
USA	1990	x	x	ns	ns	ns	ns	ns	x	ns	<50
USA	1995	x	x	ns	ns	x	x	x	ns	x	>50

x = signifikant p < .05; ns = nicht signifikant.

Verbändesysteme und Föderalismus

Anhangtabelle 3: Signifikante Unterschiede der Streuung (Standardabweichung) von Einstellungen und Aktivitäten von Verbandsmitgliedern zwischen Regionen im Vergleich mit Nicht-Mitgliedern

Land	Welle	Regionszugehörigkeit	Interpersonales Vertrauen	Politisches Interesse	Häufigkeit pol. Diskussion	Mobilisierung	Links-Rechts-Skala	Gemeinwohl-Orientierung	Materialismus/ Postmat.	Intervention	Anteil mit kleinerer Streuung[1]
Australien	1995	(k)	(k)	(k)	(k)	(k)	(k)	(k)	(k)	(k)	100.0
Belgien	1981	(g)	k	(g)	(g)	(k)	(g)	(k)	(g)	.	33.3
Belgien	1990	(g)	(g)	g	g	(g)	(g)	(g)	(g)	(g)	33.3
Dänemark	1981	(k)	(g)	(k)	(k)	(k)	(k)	(g)	(k)	.	75.0
Deutschland-Ost	1997	(g)	(k)	(k)	(g)	(g)	(g)	(g)	(k)	k	44.4
Deutschland-West	1981	(k)	(g)	(k)	(g)	(g)	(g)	(g)	(g)	.	33.3
Deutschland-West	1990	(k)	(k)	(k)	(k)	(k)	g	(g)	(k)	(g)	88.9
Deutschland-West	1997	(k)	(k)	k	k	(k)	(k)	(k)	k	(k)	100.0
Finnland	1996	k	k	k	k	k	k	k	k	k	100.0
Frankreich	1981	(g)	(g)	(g)	(g)	(g)	g	(k)	(g)	.	22.2
Frankreich	1990	(g)	(k)	(k)	(g)	k	(g)	k	(k)	(g)	77.8
Großbritannien	1990	(g)	(g)	k	(k)	(k)	(g)	(g)	(k)	(k)	44.4
Irland	1981	(g)	(g)	(g)	(g)	(g)	(g)	(g)	(g)	.	12.5
Irland	1990	(g)	(k)	(g)	(g)	(g)	(k)	(g)	(g)	(g)	33.3
Italien	1981	(g)	(g)	(g)	g	g	(g)	(g)	(k)	.	12.5
Italien	1990	(k)	(g)	(g)	(g)	(k)	(k)	(g)	(g)	(g)	22.2
Japan	1981	(g)	(g)	(g)	(g)	(k)	(g)	(k)	(g)	.	50.0
Japan	1990	(k)	(k)	(g)	(g)	(g)	(g)	(g)	(g)	(g)	22.2
Japan	1995	(g)	(g)	(g)	(g)	(g)	(g)	(g)	(g)	(g)	55.5
Kanada	1990	(k)	(g)	(k)	(k)	(k)	(g)	(k)	(g)	(g)	66.7
Niederlande	1981	(k)	(g)	(k)	(k)	(k)	(k)	(k)	(k)	(k)	75.0
Niederlande	1990	(k)	(k)	k	(k)	(k)	(k)	(k)	(k)	.	100.0
Österreich	1990	(g)	(g)	(g)	(g)	(k)	(g)	(k)	(k)	k	55.5
Schweiz	1996	(k)	k	k	k	(k)	(k)	(k)	(k)	k	100.0
Spanien	1981	(k)	(g)	(k)	(k)	(k)	(k)	(k)	(k)	(k)	100.0
Spanien	1990	(g)	g	g	g	(g)	g	(g)	g	.	25.0
Spanien	1996	(k)	(k)	(g)	(g)	(g)	g	(k)	(k)	(g)	0
USA	1990	(k)	(k)	(k)	(k)	(k)	(k)	(k)	(k)	(k)	66.7
USA	1995	k	(k)	k	(k)	(k)	(k)	k	k	k	66.7
											100.0

1 Prozentsatz der Variablen, bei denen die Streuung der Mitglieder zwischen den Regionen kleiner ist als jene der Nicht-Mitglieder.
k/g = Interregionale Streuung der Verbandsmitglieder ist kleiner = k bzw. größer = g als jene der Nicht-Mitglieder.
( ) = Differenzen zwischen interregionalen Streuungen der Mitglieder/Nicht-Mitglieder sind nicht signifikant.

Literatur

Aarts, Kees, 1995: Intermediate Organizations and Interest Representation, in: *Hans-Dieter Klingemann/Dieter Fuchs* (Hrsg.), Citizens and the State. Beliefs in Government. Vol. 1, Oxford, 227–257.
Armingeon, Klaus, 2001a: Sozialer Wandel und politische Stabilität. Politische Einstellungen von Arbeitnehmern in der Schweiz, in: Revue Suisse de Science Politique 7, Heft 4 (i.E.).
Armingeon, Klaus, 2001b: Zwei Gewerkschaftsbewegungen und die sozio-politische Heterogenität der Angestelltenschaft. Organisations- und Mobilisierungsprobleme der deutschen Gewerkschaften im internationalen Vergleich, in: *Bernhard Wessels/Annette Zimmer* (Hrsg.), Interessengruppen, Verbände, Bewegungen und Demokratie in Deutschland 1945–1999. Opladen, 55–76.
Beyme, Klaus von, 1993: Das Politische System der Bundesrepublik nach der Vereinigung. München/Zürich.
Billiet, Jaak B./Cambré, Bart, 1999: Social capital, active membership in voluntary organisations and some aspects of political participation, in: *Jan W. van Deth/Marco Maraffi/Kenneth Newton/Paul F. Whiteley* (Hrsg.), Social Capital and European Democracy. London/New York, 240–262.
Brehm, John/Rahn, Wendy, 1997: Indvdiual-Level Evidence for the Causes and Consequences of Social Capital, in: American Journal of Political Science 41, 999–1023.
Caramani, Daniele, 1996: The Nationalisation of Electoral Politics: A Conceptual Reconstruction and Review of the Literature, in: West European Politics 19, 205–224.
Caramani, Daniele, 2000: The Societies of Europe. Elections in Western Europe since 1815. Basingstoke/Oxford.
Curtis, James E./Grabb, Edward G./Baer, Douglas E., 1992: Voluntary Association Membership in Fifteen Countries, in: American Sociological Review 57, 139–159.
Deth, Jan van, 1996: Voluntary Associations and Political Participation, in: *Oscar W. Gabriel/Jürgen W. Falter* (Hrsg.), Wahlen und politische Einstellungen in westlichen Demokratien. Frankfurt a.M.
Ebbinghaus, Bernhard/Visser, Jelle, 2000: Trade Unions in Western Europe since 1945 (The Societies of Europe). New York u.a.
Fluder, Robert, 1996: Interessenorganisationen und kollektive Arbeitsbeziehungen im öffentlichen Dienst der Schweiz. Entstehung, Mitgliedschaft, Organisation und Politik seit 1940. Zürich.
Freitag, Markus, 2000: Soziales Kapital und Arbeitslosigkeit. Eine empirische Analyse zu den Schweizer Kantonen, in: Zeitschrift für Soziologie 29, 186–201.
Gray, Mark/Caul, Miki, 2000: Declining Voter Turnout in Advanced Industrial Democracies, 1950 to 1997: The Effects of Declining Group Mobilization, in: Comparative Political Studies 33, 1091–1122.
Gruner, Erich, 1954: Wirtschaftsverbände und Staat. Das Problem der wirtschaftlichen Interessenvertretung in historischer Sicht, in: Schweizerische Zeitschrift für Volkswirtschaft und Statistik 90, 1–27.
Inglehart, Ronald, 1977: The Silent Revolution: Changing Values and Political Styles Among Western Publics. Princeton.
Inglehart, Ronald, 1990: Culture Shift in Advanced Industrial Society. Princeton.
Inglehart, Ronald u.a., 2000: World Values Surveys and European Values Surveys, 1981–1984, 1990–1993, and 1995–1997 (Computer file). Ann Arbor.
Lehmbruch, Gerhard, 1991: The Organization of Society, Administrative Strategies, and Policy Networks. Elements of a Developmental Theory of Interest Systems, in: *Roland Czada/Adrienne Windhoff-Héritier* (Hrsg.), Political Choice. Institutions, Rules, and the Limits of Rationality. Frankfurt a.M., 121–158.
Lehmbruch, Gerhard, 1994: Institutionen, Interessen und sektorale Variationen in der Transformationsdynamik der politischen Ökonomie Ostdeutschlands, in: Journal für Sozialforschung 34, 21–44.
Lehmbruch, Gerhard, 1998: Parteienwettbewerb im Bundesstaat. Regelsysteme und Spannungslagen im Institutionengefüge der Bundesrepublik Deutschland. 2. Aufl., Opladen.

Lehmbruch, Gerhard, 1999: Patterns of Interest Intermediation in Federal Systems: A Sequence Analysis. Unveröffentlichtes Manuskript. Tübingen.
Lehmbruch, Gerhard/Schmitter, Philippe C. (Hrsg.), 1982: Patterns of Corporatist Policy Making. London/Beverly Hills.
Newton, Kenneth, 1996: Social and Political Trust in Established Democracies, in: *Pippa Norris* (Hrsg.), Critical Citizens. Global Support for Democratic Governance. Oxford, 169–187.
Newton, Kenneth, 1997: Social Capital and Democracy, in: American Behavioral Scientist 40, 575–586.
Newton, Kenneth, 2001: Trust, Social Capital, Civil Society, and Democracy, in: International Political Science Review 22, 201–214.
Newton, Kenneth/Norris, Pippa, 2000: Confidence in Public Institutions: Faith, Culture, or Performance?, in: *Susan J. Pharr/Robert D. Putnam* (Hrsg.), Disaffected Democracies. What's Troubling the Trilateral Countries? Princeton, 52–73.
Olson, Mancur, 1965: The Logic of Collective Action. Public Goods and the Theory of Groups. Cambridge/London.
Olson, Mancur, 1982: The Rise and Decline of Nations. Economic Growth, Stagflation and Social Rigidities. New Haven/London.
Pempel, T.J., 2000: Regime Shift. Comparative Dynamics of the Japanese Political Economy. Ithaca/London.
Pierson, Paul, 2000: Increasing Returns, Path Dependence, and the Study of Politics, in: American Political Science Review 94, 251–267.
Putnam, Robert A., 1993: Making Democracy Work. Civic Traditions in Modern Italy. Princeton.
Putnam, Robert D., 1995: Bowling Alone: America's Declining Social Capital, in: Journal of Democracy 6, 65–78.
Putnam, Robert D., 2000: Bowling Alone. The Collapse and Revival of American Community. New York u.a.
Rice, Tom W./Sumberg, Alexander F., 1997: Civic Culture and Government Performance in the American States, in: Publius: The Journal of Federalism 27, 99–114.
Schmitter, Philippe C./Lehmbruch, Gerhard (Hrsg.), 1979: Trends Towards Corporatist Intermediation. Beverly Hills/London.
Schultze, Rainer-Olaf, 1992: Föderalismus, in: *Manfred G. Schmidt* (Hrsg.), Lexikon der Politik. Band 3. Die westlichen Länder. München, 94–110.
Siisiäinen, Martti, 1999: Voluntary associations and social capital in Finland, in: *Jan W. van Deth/Marco Maraffi/Kenneth Newton/Paul F. Whiteley* (Hrsg.), Social Capital and European Democracy. London/New York, 120–143.
Skocpol, Theda/Ganz, Marshall/Munson, Ziad, 2000: A Nation of Organizers: The Institutional Origins of Civic Voluntarism in the United States, in: American Political Science Review 94, 527–546.
Süllow, Bernd, 1982: Korporative Repräsentation der Gewerkschaften. Zur institutionellen Verbandsbeteiligung in öffentlichen Gremien. Frankfurt a.M./New York.
Tocqueville, Alexis de, 1961: De la démocratie en Amérique. Tome II, Paris.
Truman, David B., 1962: The Governmental Process. Political Interests and Public Opinion. New York.
Whiteley, Paul F., 2000: Economic Growth and Social Capital, in: Political Studies 48, 443–466.

Sozialpartnerschaftliche Interessenvermittlung in föderativen Systemen. Ein Vergleich Deutschland – Österreich – Schweiz

Ferdinand Karlhofer

1. Einleitung

Der Zusammenhang Sozialpartnerschaft und Föderalismus ist aus zwei verschiedenen Blickwinkeln von Interesse: Zum einen ist die Frage zu erörtern, welche Bedeutung die subnationale Ebene für das Funktionieren makrokorporatistischer Arrangements hat. Dass regionale Sozialpartnerschaft keine *conditio sine qua non* für den Bestand einer Sozialpartnerschaft auf nationaler Ebene sein muss, liegt auf der Hand, denn Korporatismus als Muster der Interessenvermittlung ist keine Spezialität von föderativen Systemen. Wohl aber könnte, so die Annahme, das Ineinandergreifen von Makro- und Mesoebene gerade im kooperativen Bundesstaat in einer besonderen Weise stabilisierend wirken. Das Verhältnis zwischen den beiden Ebenen lässt sich aber, zweitens, auch unter dem Blickwinkel des Konkurrenzföderalismus diskutieren. Eine unterschiedliche regionale Eigenständigkeit der Verbände und eine entsprechend unterschiedliche Einbindung als Akteure im politischen Prozess kann möglicherweise bedeuten, dass die Regionalorganisationen nicht nur die Transmission von Beschlüssen des Zentralverbandes betreiben, sondern mit ihrem Eigeninteresse mitunter auch in Konflikt mit diesem kommen können.

Über diese grundsätzliche Unterscheidung hinaus werden in diesem Beitrag die folgenden Fragen behandelt: Ist das Kräfteverhältnis der Parteien des Arbeitsmarkts auf regionaler Ebene dem auf nationaler Ebene vergleichbar? Wie groß ist der Spielraum für autonome Arrangements? Wie wirkt der Wandel der Arbeitsbeziehungen auf subnationaler Ebene? Begünstigen regionale Standortkonkurrenz und Wettbewerbsföderalismus die Bildung sozialpartnerschaftlicher Arrangements auf subnationaler Ebene? Und schließlich: Welchen Einfluss hat die europäische Dimension auf regionale Beziehungsmuster? Im Mittelpunkt der vergleichenden Betrachtung stehen Deutschland, Österreich und die Schweiz.

Zum Forschungsstand ist festzuhalten, dass regionale Sozialpartnerschaften im Vergleich zu den nationalen Arrangements eine wesentlich geringere Bedeutung haben und entsprechend wenig Beachtung finden. Gerade die Korporatismusforschung schenkte diesem Aspekt lange Zeit wenig bis kein Augenmerk, geschuldet wohl auch dem Postulat, dass Zentralismus und Konzertierung auf der Makroebene ein unverzichtbares Kriterium für Korporatismus ist (Lehmbruch/Schmitter 1982). Auch die Erweiterung des Konzepts um den Begriff des Mesokorporatismus (Cawson 1985) bezieht sich weniger auf die regionale als die sektorale Ebene. Das schlägt sich in der Literatur zum Thema nieder: Die Verbändestrukturen in den einzelnen Ländern sind zwar umfangreich erfasst und dokumentiert, die Rolle der Interessenverbände im politischen Prozess auf regionaler Ebene wird aber weitgehend ausgeblendet. Für Deutschland beschränkt sich der Literaturstand, neben vereinzelten Länderprofilen, immer noch auf die vielbeachtete, theoretisch angelegte Arbeit von Mayntz (1990); ähnlich gibt es auch für Österreich, abgesehen von Ausführungen in breiteren Zusammenhängen (z.B. Karlhofer 1997), nur einen gerafften vergleichenden Überblick von Schaller (1997); sehr viel umfangreicher ist die Literatur dagegen im Fall der Schweiz (stellvertretend Fluder 1998; Fluder/Hotz-Hart 1998).

Wenn die regionalen Verbandssysteme nur ein Randthema für die Forschung sind, gilt das besonders auch für regionale Sozialpartnerschaften. Hervorhebenswert für Deutschland ist der Vergleich mesokorporatistischer Strategien in drei Bundesländern von Heinze und Schmid (1994); in Österreich beschränkt sich der Literaturstand im Wesentlichen auf einzelne Diplomarbeiten mit Ländermonografien sowie Selbstdarstellungen von Verbänden und Landesregierungen (vgl. Schaller 1997, 895). Wiederum anders die Schweiz: Untersuchungen zur Schweizer Sozialpartnerschaft kommen an der Berücksichtigung der föderativen Komponente schon allein wegen der föderativen Organisationsstruktur der Verbände und des auch für die Regelung der Arbeitsbeziehungen geltenden Subsidiaritätsprinzips nicht vorbei (Linder 1999: 110; Fluder/Hotz-Hart 1998).

2. Verbände im Bundesstaat

Mit ihrer – auf Deutschland bezogenen, aber durchaus verallgemeinerbaren – These über organisierte Interessenvertretung und Föderalismus konstatiert Mayntz (1990: 145–146) eine *Parallelität von Verbändestruktur und politischer Struktur*. Verbände haben sich, ihrer Einflusslogik als Interessenvertretung folgend, an den Aufbau des politisch-administrativen Systems angepasst und im historischen Ablauf auch die Veränderungen und Brüche mit durchlaufen. In föderativen Staaten haben sich die Verbandssysteme in einem dezentralen Prozess herausgebildet, und vielfach wurden die nationalen Spitzenverbände von bereits davor existierenden regionalen Verbänden ins Leben gerufen. Das war so bei der Gründung des Deutschen Reiches 1870/71, später dann am Beginn der Weimarer Republik, und auch 1949, mit der Gründung der Bundesrepublik, gingen die bundesweit tätigen Verbände aus dem Zusammenschluss von Regionalverbänden hervor (Mayntz 1990: 147; Reutter 2001: 75–78). Ähnlich formierten sich in der österreichischen Habsburgermonarchie die Dachverbände in einem bottom-up-Prozess, und gerade das in Österreich besonders breit ausgebaute Kammersystem folgt einem föderativen Aufbau; Ausnahmen im Wirtschafts- und Arbeitssystem sind der 1945 als zentralistische Organisation gegründete Österreichische Gewerkschaftsbund und die 1946 gegründete Vereinigung der Österreichischen Industrie (Karlhofer 2001: 335–337, 344). In der Schweiz, als dem ausgeprägtesten föderativen Staat, bedurften die unter der Kontrolle der kantonalen Organisationen stehenden Spitzenverbände überhaupt lange Zeit der staatlichen Alimentierung, um als bundesweite Interessenvertretung effektiv tätig werden zu können (Armingeon 2001: 405–406).

Aber nicht nur in föderativen, auch in unitarischen Staaten sind die Spitzenverbände im Regelfall aus der Vereinigung von Regionalverbänden hervorgegangen. Hauptgrund dafür war das in praktisch allen Ländern bis in das späte 19. Jahrhundert geltende Koalitionsverbot auf nationaler Ebene (vgl. die Länderbeiträge in Reutter/Rütters

2001). Auch heute sind die Spitzenverbände in unitarischen Staaten zumeist in regionale bzw. lokale Subeinheiten mit oft ausgeprägtem Autonomiebewusstsein untergliedert, sei es nun entlang von Départements (Frankreich), Regionen (Italien) oder Distrikten (Schweden). Die Verbandssysteme föderativer Staaten heben sich allerdings durch ihre signifikant stärkere Anpassung an den Aufbau des politisch-administrativen Systems ab: Innerhalb des föderativen Mehrebenensystems entsprechen die Landesverbände von bundesweit tätigen Organisationen einerseits einer vertikalen innerverbandlichen Aufgabenteilung, etwa bei der Implementation zentralverbandlicher Beschlüsse; andererseits erleichtern sie, indem sie sich dem bundesstaatlichen Aufbau analog organisieren, den Zugang zu den Einflusskanälen von Politik und Verwaltung. „Es ist [...] weniger die Existenz besonderer, regionaler Interessen als die Art der politischen Entscheidungsstruktur, die im Verbandssystem zur Ausbildung handlungsfähiger korporativer Akteure führt" (Mayntz 1990: 152). Gleichsam belohnt wird dieses Organisationsverhalten durch die gesetzliche Verankerung der verbandlichen Mitwirkung am politischen Prozess in Form von Anhörungs- und Begutachtungsrechten und der Einbindung in Beiräte und Kommissionen.

Ein einheitliches Muster im Organisationsverhalten ist indessen auch bei Bundesstaaten nicht zu registrieren, denn ein simples Eins-zu-Eins-Muster mit unitarischen Verbänden in unitarischen Systemen und föderativen Verbänden in föderativen Systemen gibt es nicht (Tuschhoff 1999). Die Typologie von Coleman (1987: 172–176) bewältigt dieses Problem durch die Unterscheidung von fünf Kategorien: (1) unitarische Verbände mit regionalen Subeinheiten; (2) unitarische Verbände mit regionalen Subeinheiten, von denen allerdings eine oder mehrere größere Autonomie genießen; (3) föderative Verbände mit festgelegter Arbeitsteilung im vertikalen Verbund; (4) konföderative Verbände mit unabhängigen Regionalverbänden und einem Dachverband mit geringer Autorität über die Mitglieder; (5) Verbandszusammenschlüsse, die nur dem Zweck dienen, eine gemeinsame Stimme auf nationaler Ebene zu schaffen.

Ohne Colemans Überlegungen hinsichtlich der Effektivität der einzelnen Verbandstypen weiter zu verfolgen, lassen sich die Verbandssysteme der hier diskutierten Länder entlang dieser Typologie charakterisieren:

Deutschland (Reutter 2001: 83–87): Wichtigste Verbände für die Vertretung von Wirtschaftsinteressen sind der Bundesverband der Deutschen Industrie (BDI), die Bundesvereinigung der Deutschen Arbeitgeberverbände (BDA) und der Deutsche Industrie- und Handelstag (DIHT). Im BDI sind 35 rechtlich eigenständige Fachspitzenverbände zusammengefasst; die 15 überfachlichen Landesverbände besitzen auf Bundesebene keine Partizipationsrechte. Anders die BDA, in der sowohl die 54 bundesweit organisierten Branchenverbände als auch die 14 Landesvereinigungen stimmberechtigt sind. Der DIHT vereinigt die 82 regionalen Industrie- und Handelskammern, die jeweils eigenständige öffentlich-rechtliche Körperschaften sind. Auf Arbeitnehmerseite ist namentlich der Deutsche Gewerkschaftsbund (DGB) als Dachverband von acht autonomen Fachgewerkschaften zu nennen. Der föderative Aufbau des Dachverbands wird durch das Eigengewicht insbesondere der großen Gewerkschaften überlagert.

Österreich (Karlhofer 2001: 341–345): Wirtschaftsinteressen sind hier dominant durch die Wirtschaftskammer Österreich (WKÖ) vertreten, deren Landeskammern so wie in

Deutschland selbständige Körperschaften öffentlichen Rechts sind. Die Vereinigung der Österreichischen Industrie (Industriellenvereinigung, IV) ist ebenfalls in Landesorganisationen untergliedert, allerdings hat nur die Bundesorganisation den Status eines Vereins. Auf Arbeitnehmerseite ist der Österreichische Gewerkschaftsbund (ÖGB) zu nennen, dessen Landeseinheiten im Rahmen der Verbandshierarchie nur teilautonom sind. Die Kammern für Arbeiter und Angestellte sind so wie die Wirtschaftskammern länderweise organisiert, mit der Bundesarbeitskammer (BAK) als Dachorganisation.

Schweiz (Armingeon 2001: 413–416): Analog zum ausgeprägt föderalistischen politischen System orientiert sich auch der Aufbau des Verbandssystems stark an der kantonalen Ebene. Mittelständische Unternehmen sind im Schweizerischen Gewerbeverband mit 25 kantonalen Gewerbeverbänden zusammengefasst, Industrieunternehmen in den Verbänden Vorort, Schweizerischer Arbeitgeberverband und Gesellschaft zur Förderung der Schweizerischen Wirtschaft. Vorort und Arbeitgeberverband sind sowohl kantonal als auch nach Branchen untergliedert. Der Schweizerische Gewerkschaftsbund (SGB) als wichtigste Arbeitnehmerorganisation ist ebenfalls kantonal aufgebaut; der Zentralisierungsgrad ist gering, was sich in einer notorisch schwachen Ressourcenausstattung und einem schwachen Vertretungsmandat auf eidgenössischer Ebene niederschlägt.

Die Schweiz ist aber zugleich auch Beispiel dafür, dass Verbändeinteressen sich nicht selbstverständlich und „mechanisch" in die vorgegebenen politischen Strukturen einfügen: Gerade jene Unternehmerverbände, die als Akteure einer kleinen offenen Volkswirtschaft den Vorgaben des internationalen Marktes entsprechen müssen, können sich ein dem politischen System analoges Ausmaß an Fragmentierung nicht leisten. Wirtschaftsinteressen sind daher eher stärker zentralisiert, und „the pressure towards centralization that the business community puts on the government may often be greater than the pressure exerted by government on the system of BIAs [Business Interest Associations]" (Kriesi/Farago 1989: 171).

Der Ländervergleich zeigt, dass von den Wirtschaftsverbänden die Handelskammern – nicht zuletzt wegen ihrer gesetzlichen Einrichtung als Landesorganisationen – eher die föderalistisch orientierte Interessenvertretung in den Vordergrund rücken, während Arbeitgeberverbände stärker die bundespolitische Ausrichtung akzentuieren. Ähnlich tendieren auch die Gewerkschaften grundsätzlich zu einer zentralistischen Vertretung, lediglich in der Schweiz sind sie eng an den institutionellen Föderalismus gebunden.

Das Spektrum der hier skizzierten Verbandssysteme bewegt sich innerhalb der von Coleman definierten Kategorien 2 bis 4. Zwar könnten der ÖGB oder auch der BDI formal der Kategorie 1 zugeordnet werden, da hier die Landesorganisationen statutarisch kein Mitbestimmungsrecht haben; in der Praxis aber ist ihr Einfluss schon allein durch ihre Rolle bei der Politikimplementation (vgl. Mayntz 1990: 146) gewährleistet. In vergleichender Perspektive lässt sich festhalten, dass in Deutschland und Österreich die Kategorien 2 und 3 dominieren, in der Schweiz dagegen die Kategorien 3 und 4 überwiegen.

3. Kräftekonfiguration und organisatorische Verflechtungen

Unabhängig von der formalen Organisations- und Kompetenzstruktur fällt der verbandlichen Mesoebene die Aufgabe des Ausgleichs zwischen zentrifugalem Druck und zentripetalem Bedarf zu, die sich von der politischen Steuerungsebene auf das Interessensystem überträgt. In dieser Hinsicht besteht eine funktionale Affinität zwischen verbandlichen und politischen Akteuren auf regionaler Ebene: Beide haben – obzwar aus unterschiedlichen Gründen – ein Interesse, Spannungen abzuschwächen. Das Zustandekommen mesokorporatistischer Praktiken und die privilegierte Einbindung der intermediären Gruppen in die Regionalpolitik hat hierin seine wichtigste Triebkraft.

Für Schmitter und Lanzalaco ist die Mesoebene „a zone of experimentation where margins of manœuvre and alliance possibilities are greater", und: „Obviously, a devolution of public decision-making responsibility to this [i.e., meso-] level should be accompanied by a subsequent disaggregation of collective interest behaviour to the associational level. The stronger interest associations become at the sectoral or regional level, the more actors are likely to define their interests on that basis. Here, both local particularisms and national 'inflexibilities' can be more easily overcome by pragmatic and experimental policies. Here, the politics of accomodation can be seriously (and tactfully) implemented. Here, class compromises can be calmly (if, sometimes, tacitly) reached" (Schmitter/Lanzalaco 1989: 227).[1] Beschränkt ist dagegen die Leistungsfähigkeit der Mesoebene für die Regulierung von Konflikten; entsprechend tendieren regionale Verhandlungssysteme eher dazu, Konflikte auszuklammern, als sie zu bearbeiten (Benz u.a. 1999: 141–142).

Für die Verarbeitung intraorganisatorischer Interessenkonflikte ist die mittlere Organisationsebene – nicht zuletzt wegen ihres Potenzials zur Kooperationsverweigerung – von strategischer Bedeutung für die Spitzenverbände und wird daher gerade in stark korporatistischen Systemen bewusst einbezogen (Lehmbruch 1984: 475–476; vgl. auch Coleman 1987: 171). Das gilt naturgemäß besonders für die Schweiz, wo die kantonalen und regionalen Organisationseinheiten die primären Akteure etwa bei der Aushandlung der Quoten für die Beschäftigung von Gastarbeitern oder auch bei Ausbildungsfragen sind (Fluder/Hotz-Hart 1998: 269). In Deutschland und Österreich spielen die regionalen Verbände eine tragende Rolle in den länderweise organisierten Selbstverwaltungseinrichtungen, namentlich den Sozialversicherungsträgern; darüber hi-

---

[1] Belgien kann als illustratives Beispiel dafür stehen, wie die Inflexibilitäten der nationalen Ebene durch die Mesoebene abgefedert werden. Im Gefolge der 1993 wirksam gewordenen Verfassungsreform, mit der das Land sich von einem Einheitsstaat zu einem föderalen Staat wandelte, verlagerten sich rasch zahlreiche Politikfelder (Schulwesen, Forschung und Entwicklung, Strukturpolitik etc.) auf die Regionen, parallel dazu nahm der Einfluss der Bundesebene stark ab (Arcq/Pochet 2000: 124) – eine Entwicklung, der die Verbände durch eine Regionalisierung und Dezentralisierung ihrer Organisationsstrukturen Rechnung trugen (Hooghe 2001: 46–47). Begleitet war dieser Prozess von einem umfassenden Institutionentransfer: Sozialpartner und Regionalregierungen schufen sich konsultative Einrichtungen, unter anderem wurden der tripartistische Zentralrat für Handel und Industrie und der bipartistische Nationale Arbeitsrat auf flämischer, wallonischer und Brüsseler Ebene kopiert. Lediglich das System der Tarifbeziehungen wurde vorerst nicht regionalisiert (Van Gyes u.a. 2000: 112).

naus ist auch die Mitwirkung der Verbände in Beiräten und Kommissionen in vielen Ländern gesetzlich vorgesehen (Mayntz 1990: 153; Schaller 1997: 904).

Das Kräfteverhältnis zwischen Arbeit und Kapital im Rahmen regionaler Sozialpartnerschaften ist im allgemeinen asymmetrisch zuungunsten der Gewerkschaften. Das hat seinen Grund vor allem darin, dass die regionale Agenda zuvorderst mit Themen besetzt ist, die die Gewerkschaften oft wegen mangelnder personeller und finanzieller Kapazitäten nicht in einem zufriedenstellenden Umfang bearbeiten können. Gerade bei standortbezogenen Strukturanpassungen sind die Kapazitäten der Wirtschaftsverbände – bei mesokorporatistischen Arrangements sind das überwiegend die Kammern – meist ungleich größer; der gewerkschaftliche Einfluss beschränkt sich dann nicht selten auf die eher passive Präsenz in den Gremien (Heinze/Schmid 1994: 92–93).

Darüber hinaus unterliegt die gewerkschaftliche Stärke – ausgedrückt im Organisationsgrad – regional starken Schwankungen. Diese strukturell bedingten Disparitäten werden aber in der Regel – wenn nicht zur Gänze, so doch in hohem Maße – durch das auf nationaler Ebene etablierte System und das hier geltende *Prinzip der Parität* (Lehmbruch 2000b: 102) ausgeglichen. Über den nationalen Umweg strahlen gewerkschaftliche Hochburgen auch auf Gebiete und Branchen mit unterdurchschnittlicher Organisationsdichte aus und überlagern das regionale, lokale und betriebliche Kräfteverhältnis (Karlhofer 1993: 127). Zur Bildung mesokorporatistischer Arrangements kommt es daher durchaus auch in Ländern mit unterdurchschnittlicher gewerkschaftlicher Präsenz: In Deutschland betrifft das etwa Bayern und Rheinland-Pfalz, in Österreich Vorarlberg und Tirol.

In Österreich und der Schweiz wird die Parität auf regionaler Ebene noch zusätzlich durch die besonders ausgeprägte Parteien-Verbände-Verflechtung sowie das Proporzsystem abgestützt. In der Schweiz wird ein freiwilliger Proporz sowohl in der Eidgenossenschaft als auch in den Kantonen praktiziert; in Österreich ist der für die Zusammensetzung von Landesregierungen anzuwendende Parteienproporz in den Landesverfassungen von fünf Bundesländern verankert (vgl. Lehmbruch 1996).

Das Ausmaß der organisatorischen und personellen Verflechtung der großen Verbände mit dem Parteiensystem steht offenkundig, wie der ländervergleichende Abriss von Lehmbruch (1985: 102–107) zeigt, in direktem Zusammenhang mit der Reichweite sozialpartnerschaftlicher Konzertierung: Enge Verflechtungen bestehen etwa in den hoch korporatistischen Ländern Norwegen und Schweden, wo Gewerkschaftsfunktionäre auf parlamentarischer und Regierungsebene wie auch auf regionaler und lokaler Ebene politische Ämter bekleiden. In Ländern mit schwächerem Verflechtungsgrad gibt es dagegen statutarische (Italien, Frankreich) oder auch informelle (Deutschland, Großbritannien) Unvereinbarkeitsregeln, die für den Fall der Übernahme eines politischen Amtes den Rücktritt von der gewerkschaftlichen Funktion vorsehen. Das Scheitern korporatistischer Experimente in Großbritannien lässt sich zum Teil auch mit der Schwäche des Verflechtungsgrades erklären, und auch bei den Niederlanden der siebziger Jahre fällt auf, dass parallel zum Verfall des korporatistischen Arrangements auch der Verflechtungsgrad zurückging (Lehmbruch 1985: 105).

Der funktionale Zusammenhang von Verflechtungsgrad und sozialpartnerschaftlicher Konzertierung lässt sich auch an den hier näher interessierenden Ländern veranschaulichen: In Deutschland besteht eine ausgeprägte „Verbandsfärbung" sowohl im

Bundestag als auch in den Landtagen, allerdings ohne Ämterverflechtung; groß ist dagegen die vertikale Durchdringung des politisch-administrativen Systems auf allen Ebenen in Form von Beiräten und Kommissionen (Reutter 2001: 92–96). Außerordentlich hoch ist die Verflechtung zwischen Verbänden und Parteien in der Schweiz (Armingeon 1997: 169–170; Fluder/Hotz-Hart 1998: 271). Die wechselseitige Durchdringung – Ausdruck der für die Schweiz typischen umfassenden Interessenkoordination – findet ihren Niederschlag in der starken Präsenz von Verbändefunktionären sowohl auf Bundes- als auch auf Kantonalebene. Auf beiden Ebenen ist die Offenlegung der Interessenbindungen gesetzlich verpflichtend.

Auch in Österreich findet die enge Verschränkung von Verbands- und Parteistrukturen ihren Niederschlag in der Zusammensetzung der gesetzgebenden Körperschaften auf Bundes- wie auch auf Landesebene, in denen die Verbändevertreter – darunter lange Zeit auch die Präsidenten der vier Sozialpartnerverbände – traditionell ein Gutteil der politischen Mandatare stellen. In den achtziger und neunziger Jahren bildete das Phänomen der Ämterkumulierung allerdings auch eines der Einfallstore für die Kritik am Parteienstaat und den Erfolg des Rechtspopulismus. Im österreichischen Nationalrat hatten die verbandlichen Spitzenfunktionäre noch Ende der 1970er Jahre mehr als die Hälfte (56 Prozent) der Mandatare gestellt, bis zum Jahr 2000 sank dieser Wert kontinuierlich auf 15 Prozent ab (Karlhofer/Tálos 2000: 387–388). Parallel dazu ist die Elitenverflechtung mittlerweile auch auf Landesebene stark rückläufig (Schaller 1997: 903).

4. Korporatismus und Dezentralisierung

Hinsichtlich der Einstufung von Deutschland und Österreich auf den diversen Korporatismus-Skalen gibt es zumeist nur geringe Abweichungen. Die Schweiz dagegen zählt zu den Ländern, über die am wenigsten Übereinstimmung besteht. Mitunter wird überhaupt bezweifelt, dass die Schweiz als korporatistisch bezeichnet werden könne, da wegen des starken Föderalismus dezentralisierte Absprachen im Vordergrund stünden (vgl. Urio 1985: 627).

Hilfreich ist das Konzept von Katzenstein (1985) mit der Unterscheidung zwischen einem *social corporatism* und einem *liberal corporatism*. Bei beiden Typen ist die Kräftekonfiguration zwischen den Verbänden von Arbeit und Kapital asymmetrisch: Beim social corporatism sind die Gewerkschaften die dominante Kraft – paradigmatisch dafür ist Österreich; beim liberal corporatism sind es die Wirtschaftsverbände – Inbegriff dafür ist die Schweiz (Katzenstein 1985: 173; vgl. auch Lijphart 1999: 37–38). Gleichwohl findet auch diese Typologie mit ihrer Einstufung der Schweiz als liberal-korporatistisch nicht ungeteilte Zustimmung: „In the Swiss model, centralization of unions is absent and centralization of government is only weak; furthermore, public involvement is essentially lacking in matters of class conflict" (Blaas 1992: 369).

Einen ambitionierten Versuch der Klassifizierung unternimmt Siaroff (1999) mit einer Skala, deren Pole *integrierte* und *pluralistische* Ökonomien bilden. *Integration* definiert sich dabei als „a long-term co-operative pattern of shared economic management involving the social partners and existing at various levels such as plant-level management, sectoral wage bargaining, and joint shaping of national policies in competitiveness-related matters (education, social policy, etc.)" (Siaroff 1999: 189).

Zunächst weist Siaroff, angelehnt an Lehner (1987), auf einer fünfteiligen Korporatismus-Skala für Mitte der 1990er Jahre Österreich den Wert 4 (strong corporatism) zu, (West-)Deutschland den Wert 3 (moderate corporatism) und den höchsten Wert 5 der Schweiz, allerdings mit dem spezifischen Terminus concordance (encompassing coordination). Unter Heranziehung eines summarischen Maßes für Integration, mit einem Bündel von acht Indikatoren für Sozialpartnerschaft, wirtschaftliche Koordination und nationale Politikmuster, verschiebt sich die Reihenfolge: Der Mittelwert der Indikatoren beträgt für Deutschland 4.125, für die Schweiz 4.375 und für Österreich 4.625. Damit liegen alle drei Länder deutlich über dem für 24 OECD-Länder ausgewiesenen Mittelwert von 3.271 und zählen im Sinne der Definition klar zu den integrierten Ökonomien (Siaroff 1999: 193). Zentralisierung als Zuordnungskriterium, im allgemeinen ein *sine qua non* in der Korporatismus-Forschung, spielt bei diesem Ansatz eine untergeordnete Rolle. Damit ist implizit klargelegt, dass mit der Dezentralisierung eines Systems industrieller Beziehungen nicht notwendigerweise eine Erosion korporatistischer Beziehungsmuster einhergehen muss.

Die nationalen Arbeitsbeziehungen unterliegen seit den achtziger Jahren einer kontinuierlichen Verschiebung des Schwerpunkts von der nationalen Ebene hin zu dezentraleren Strukturen. Die Befunde vergleichender Studien machen sichtbar, dass sich auch Systeme mit starkem Korporatismus diesem Trend nicht haben entziehen können (Ferner/Hyman 1998). Das System zentralisierter Verhandlungen über Löhne und Arbeitsbedingungen, geprägt vom Flächentarifvertrag, kam auch hier unter erheblichen Druck und hat nur durch das „Abrutschen" von Verhandlungsinhalten auf nachgelagerte Ebenen überdauern können (Schmitter/Grote 1997: 547).

Lässt man die Entwicklung der neunziger Jahre Revue passieren, fällt als größte Herausforderung des Interessensystems der empfindliche Autoritätsverlust der nationalen Spitzenverbände ins Auge. Die Verbände sowohl der Arbeitnehmer- als auch der Arbeitgeberseite hatten (und haben) einen Problemdruck zu gewärtigen, der sich als Krise der Reichweite wie auch als Krise des Mandats beschreiben lässt. Vor allem die Organisationsmacht der Gewerkschaften, gegründet auf die Mitgliederzahlen, aus denen sie ihren Vertretungsanspruch ableiten, wurde massiv geschwächt. In allen drei hier behandelten Ländern ging der Netto-Organisationsgrad zwischen 1990 und 1998 spürbar zurück: in Deutschland von 31 auf 26 Prozent, in Österreich von 45 auf 40 Prozent, in der Schweiz von 25 auf 22 Prozent.

Die Dezentralisierung vollzieht sich in erster Linie in Form einer Sektoralisierung der Arbeitsbeziehungen beziehungsweise durch eine Verlagerung auf die Betriebsebene. In Deutschland ist im Vergleich zu diesen tiefgreifenden Veränderungen die Region als „Zielgebiet" des Wandels zwar weniger, aber doch auch betroffen: „The system seems to be undergoing a gradual but cumulative change of character; in the new century it is likely to be more decentralized, more fragmented, less legalized, less cohesive, and more internally differentiated" (Jacobi u.a. 1998: 233). Vor allem auf Arbeitgeberseite haben die starken Kontroversen zwischen BDI, BDA und DIHT zu abweichenden Kooperationsformen in einzelnen Bundesländern geführt, wie beispielsweise die Fusion von BDI und BDA in Bayern gezeigt hat (Weber 1997: 10). Außerdem sahen sich die

Arbeitgeberverbände namentlich in den neuen Bundesländern mit dem Phänomen der Verbandsflucht konfrontiert; um die Austrittswelle einzudämmen, prüften einzelne regionale Verbände die Möglichkeit, eine spezielle Mitgliedschaft ohne Tarifbindung einzuführen (DIW Wochenbericht 23/1999: 41–43), einer von mehreren Indikatoren dafür, dass „das westdeutsche korporatistische Arrangement für die Lösung der regionalspezifischen ökonomischen Probleme Ostdeutschlands ungeeignet war" (Schmid/Voelzkow 1996: 434).

Weiterhin unterliegt die für den deutschen Bundesstaat eigentümliche Ko-Existenz von *dezentralisiertem Staat* und *zentralisierter Gesellschaft* (Lehmbruch 2000a: 98), hervorgebracht durch das zwischen zentralen und regionalen Belangen ausgleichende bipolare Parteiensystem, einer Veränderung; im vereinigten Deutschland ist das Parteiensystem nicht mehr im bisherigen Umfang unitarisiert, sondern regionalisiert und damit verstärkt durch föderative Konflikte geprägt (Benz o.J.: 11).

Österreich wurde vom Prozess der Dezentralisierung etwas zeitverzögert erfasst, umso heftiger waren die Turbulenzen. Insbesondere in der Wirtschaftskammer, in der den Mitgliedern – sieht man von der Industriellenvereinigung, die allerdings nicht als Tarifpartner auftritt, ab – die *exit option* wegen der Pflichtzugehörigkeit verwehrt ist, eskalierte der innerverbandliche Problemdruck zu einer ernsten Bestandskrise. Ab Beginn der 1990er Jahre war eine markant abnehmende Prägekraft des Flächentarifvertrags zu registrieren; besonders im Metallsektor scherten immer häufiger einzelne Landesinnungen und Fachverbände aus dem nationalen Tarifverbund aus und verweigerten den Tarifabschluss mit der Gewerkschaft.

Eine besondere Dramatik erreichten die KV-Verhandlungen[2] 1996, als – ebenfalls im Metallgewerbe – die Arbeitgebervertretung auf Bundesebene von vornherein kein Verhandlungsmandat durch die Landesinnungen erteilt erhielt. Vor die Situation gestellt, entweder mit jeder Innung einzeln zu verhandeln oder für das gesamte Metallgewerbe keinen KV-Abschluss zu erhalten, sah sich die Gewerkschaft zu einer breiten Mobilisierung ihrer Mitglieder veranlasst, um die Wiederaufnahme zentraler Verhandlungen zu erzwingen. Zwei Jahre später, 1998, trat schließlich die Situation ein, dass mehr als die Hälfte der Landesinnungen (44 von 81) die Zustimmung zu dem vom eigenen Bundesverband ausgehandelten Kollektivvertrag verweigerten. Wäre diese Blockade nicht auf dem Verhandlungswege aufgehoben worden, hätte dies grundsätzlich den Zusammenbruch des KV-Systems in einigen Bereichen des Metallgewerbes nach sich ziehen können. Längere Perioden vertragsloser Beziehungen zwischen Arbeitgebern und Arbeitnehmern wurden zuletzt in zahlreichen Branchen, am längsten im Malergewerbe 1997/98 (mehr als ein Jahr) und im Tourismus 1996–98 (teilweise mehr als zwei Jahre), registriert (Karlhofer 1999: 39–41). Die nachlassende Bindungsfähigkeit der Verbände, namentlich der Wirtschaftskammer, hat unvermeidlich auch insgesamt zu einer Belastung der Gestaltungskraft der Sozialpartnerschaft geführt.

Im Vergleich zu Deutschland und Österreich präsentiert sich das Schweizer System der Arbeitsbeziehungen sehr viel stabiler. Der Druck zur Dezentralisierung ist gering, zumal die Fragmentierung des politischen Systems mit seinem hohen Ausmaß an regionaler Autonomie sich ohnedies auch im Verbandssystem, sowohl bei den Gewerk-

---

2 Der in Österreich gebräuchliche Begriff Kollektivvertrag (KV) ist gleichbedeutend mit Tarifvertrag.

schaften als auch beim Schweizerischen Arbeitgeberverband, spiegelt. Man kann sagen: Der Dezentralisierungsprozess, den andere Länder mit hohen Anpassungskosten durchlaufen, findet in der Schweiz nicht statt, weil sie bereits dezentralisiert ist (vgl. Armingeon 1997; Fluder/Hotz-Hart 1998).

In der Dezentralisierung der Arbeitsbeziehungen dokumentiert sich nicht zwingend ein Niedergang korporatistischer Interessenkonzertierung. Entgegen den Erwartungen zeichneten sich die 1990er Jahre durch eine erkennbare Persistenz der zentralen Koordination und Konzertierung aus (Ferner/Hyman 1998), wenn auch in der Weise verändert, dass durch die Verlagerung von Verhandlungsthemen die Makroebene entlastet wurde. Bestehende Strukturen wurden wiederbelebt, und verschiedentlich kam es im Zuge der Aushandlung von Sozialpakten zu dauerhaften Dialogstrukturen sogar in fragmentierten Systemen, wo die Rahmenbedingungen für eine tragfähige Policy-Konzertierung schwach, um nicht zu sagen ungünstig entwickelt waren. Eine besondere Rolle fällt dabei den Gewerkschaften zu, die im Rahmen von Sozialpakten eine Leistung (Lohnzurückhaltung) erbringen, ohne die Gewähr für eine Gegenleistung zu haben. Diese *Konzertierung ohne expliziten Tausch* (Regini 1997) erfolgt vor dem Hintergrund, dass anders als in der Vergangenheit die Agenda nun gewöhnlich mehr regulativ als (re-)distributiv gestaltet ist (Majone 1996). In diesem Wandel des Verhandlungssystems kommt auch die mit einer markanten Schwächung der Gewerkschaften verbundene Kräfteverschiebung zwischen den Akteuren zum Ausdruck: „While in the past the trade unions were more or less able to select what they wanted to get in return for their support, today the unions have little more to win than the fact that they continue to be part of the game" (Streeck 1999: 5).

5. Die europäische Dimension

Es wäre beim hier referierten Thema zu kurz gegriffen, sich auf die beiden Ebenen Bundesstaat und Gliedstaat zu beschränken, zumal die Regionalpolitik der Europäischen Union in den 1990er Jahren stark an Gewicht gewonnen hat (vgl. Greenwood 1997: 218–241). Insbesondere im Rahmen der Europäischen Strukturpolitik bemüht sich die EU-Kommission gezielt um die Schaffung von Nachfragestrukturen für Interessenkonzertierung. Wegweisend war hierbei die Verordnung über Aufgaben und Effizienz der Strukturfonds in der Fassung von 1993, mit der ein explizit auch die Wirtschafts- und Sozialpartner einbeziehendes *Partnerschaftsprinzip* in die Vergaberichtlinien aufgenommen wurde.[3] Ohne den realen Stellenwert dieses „inszenierten Korporatismus" überzubewerten, ist doch festzuhalten, dass dieser, wie Voelzkow (1999) am Beispiel Nordrhein-Westfalen veranschaulicht, zu einem wichtigen Stimulus für die Interessenkonzertierung in der Regionalpolitik geworden ist.

---

3 Artikel 4 (1) der Verordnung (EWG) Nr. 2081/93 des Rates vom 20. Juli 1993 zur Änderung der Verordnung (EWG) Nr. 2052/88 über Aufgaben und Effizienz der Strukturfonds und über die Koordinierung ihrer Interventionen untereinander sowie mit denen der Europäischen Investitionsbank und der anderen vorhandenen Finanzinstrumente (http://europa.eu.int/comm/employment_social/esf/en/legtexts/regc1_de.htm#2.4).

Im erweiterten Mehrebenensystem EU – Nationalstaat – Region gewinnt letztere (wobei unter Region im Bundesstaat die Länder bzw. auch die Verwaltungsbezirke zu verstehen sind) als Handlungsraum an Bedeutung, da sie sich für die Bearbeitung spezifischer strukturpolitischer Problemlagen wesentlich besser als die Makroebene eignet. Mit dieser Aufwertung ergeben sich zugleich aber auch „induzierte Spannungslagen" in Form von Reibungen, „die als Folge regionaler Kooperation auftreten und sich gegen etablierte Institutionen richten" (Benz u.a. 1999: 122). Beinah modellhaft lässt sich das an den nationalen Beschäftigungspakten, im folgenden für Deutschland und Österreich dargestellt, illustrieren:

Als 1998 in *Deutschland*, noch unter CDU-geführter Regierung, mit der Umsetzung der Beschlüsse des Beschäftigungsgipfels von Luxemburg begonnen und die tripartistischen Verhandlungen über ein Bündnis für Arbeit aufgenommen wurden, monierte der Bundesrat, dass die Länder „bislang nicht in der notwendigen Weise" einbezogen worden seien.[4] Damit klang an, dass ein nationales Arrangement ohne Einbindung der Länder nur geringe Chancen haben würde, nicht nur wegen der Gefahr eines Vetos durch den Bundesrat bei den notwendigen legislativen Maßnahmen, sondern vor allem auch, weil die Umsetzung der arbeitsmarktpolitischen Maßnahmen ohne die Kooperation mit den Ländern kaum möglich gewesen wäre. Dass der Bundesrat mehr Einfluss für sich reklamierte, bedeutete dabei weniger Ablehnung oder Skepsis gegenüber einem Beschäftigungspakt, sondern war vielmehr ein Hinweis auf regionale Unterschiede und die besondere Situation in den einzelnen Ländern. Im Vertragstext des im Dezember 1998, nun unter SPD-geführter Regierung, abgeschlossenen Bündnisses wurde dann auch explizit die Absicht bekundet, Regierungen und Sozialpartner auf Länderebene bei ihren gemeinsamen Aktivitäten unterstützen zu wollen.[5]

Die Arbeitsmarktstrategien der deutschen Bundesländer weisen, wie Schmid und Blancke (2001) zeigen, traditionell große Unterschiede – naturgemäß vor allem zwischen den strukturell starken und schwachen Ländern – auf. Ende der 1990er Jahre allerdings, noch vor Abschluss des Bündnisses für Arbeit, bewirkte der wachsende Problemdruck einen erkennbaren Trend zur strategischen Annäherung (Schmid/Blancke 2001). Wichtigster Grund für die nun allgemein aktivere Arbeitsmarktpolitik der Länder ist der Umstand, dass niedrige Arbeitslosigkeit als Indikator für „gute" Politik gilt; darüber hinaus eröffnen sich dadurch auch neue strukturpolitische Wege, und nicht zuletzt auch bilden die Fördergelder des Europäischen Sozialfonds einen zusätzlichen Anreiz (Schmid/Blancke 2001: 14). Es verwundert daher auch nicht, dass in praktisch allen Ländern bereits vor dem auf Bundesebene zustande gekommenen Bündnis Sozialpakte mit unterschiedlichster Ausrichtung und Verbindlichkeit abgeschlossen wurden. Seinen Anfang nahm dieser Prozess 1996 mit dem Aufruf der Europäischen Kommission, Projekte im Rahmen des Programms Territorial Employment Pacts (TEPs) einzureichen; daneben kam es aber auch zu tripartistisch ausgerichteten Arrangements, die

---

[4] Pressemitteilung des deutschen Bundesrates vom 27. März 1998 (www.bundesrat.de/pr/pr70_98.html).
[5] Presse- und Informationsdienst der deutschen Bundesregierung: Gemeinsame Erklärung des Bündnisses für Arbeit, Ausbildung und Wettbewerbsfähigkeit vom 7. Dezember 1998 (www.buendnis.de/05/bunddoku.html).

in keinem Zusammenhang mit der EU-Initiative standen. Drei Typen von regionalen Aktivitäten lassen sich somit unterscheiden (Zagelmeyer 1999):
- 1997 die gemeinsame Initiative von Bundesregierung und Sozialpartnern für ein Bündnis-Ost zur Verbesserung der Wirtschafts- und Arbeitsmarktsituation in den neuen Bundesländern;
- die von der EU-Kommission initiierten und finanzierten Territorialen Beschäftigungspakte;
- die auf Länderebene gebildeten Bündnisse für Arbeit in Zusammenhang mit dem nationalen Beschäftigungspakt von 1998.

Die Frage, wie effektiv diese tripartistischen Arrangements bei der Bewältigung des zu bearbeitenden Problemkatalogs sind und wo ihre Grenzen liegen (für das nationale Bündnis vgl. Lehmbruch 2000b), ist hier nicht das Thema. Festgehalten sei nur, dass den in den 1990er Jahren im Vorfeld der Währungsunion europaweit in großer Zahl zustande gekommenen Sozialpakten anfangs relativ geringe Erfolgsaussichten zugemessen wurden – eine Prognose, die später dann stark abgeschwächt wurde (vgl. Pochet/Fajertag 1997 und 2000).

Auf Grund der Notwendigkeit, die von Strukturwandel und Europäisierung ausgehenden Herausforderungen zu bewältigen, gehen von der Verschränkung von nationaler, föderaler und europäischer Ebene ohne Zweifel kräftige Impulse für die Belebung sozialpartnerschaftlicher Dialogstrukturen in den Ländern aus – am stärksten in Bayern, Bremen und Nordrhein-Westfalen (Zagelmeyer 1999: 6–7).

In *Österreich* nahmen die regionalen Beschäftigungspakte so wie in Deutschland im Jahr 1996 ihren Anfang. In Tirol, Salzburg, Vorarlberg und Wien wurden lokale EU-Projekte gestartet, die dann später in die Regionalpakte eingebunden wurden. 1999 beschloss die Bundesregierung „nach eingehender Konsultation der Sozialpartner"[6] den Nationalen Aktionsplan für Beschäftigung, in den in breiten Teilen bereits vorliegende Sozialpartnervereinbarungen integriert wurden. Erklärtes Ziel war die Förderung bereits bestehender bzw. des Abschlusses von Beschäftigungspakten in allen Bundesländern, die durch eine eigens eingerichtete zentrale Koordinationsstelle betreut wurden. Zwischen 1998 und 2001 wurden sukzessive in allen Ländern Beschäftigungspakte abgeschlossen, teils als EU-geförderte TEPs, teils als eigenständige Initiativen der Länder. Als Vertragspartner treten durchwegs Land und Arbeitsmarktservice (AMS) auf, in fünf der neun Bundesländer darüber hinaus auch die Sozialpartner (Wirtschaftskammer, Arbeiterkammer, ÖGB und Industriellenvereinigung). Der Umfang der vertraglichen Einbindung der Sozialpartner kann aber nicht wirklich als Indikator für die Reichweite des korporatistischen Arrangements gesehen werden, da der Einfluss der Sozialpartner über das AMS in jedem Fall gewährleistet ist. Dieses wurde 1994 aus der Hoheitsverwaltung ausgegliedert und gleichzeitig dezentralisiert. Die Sozialpartner wurden dadurch gerade auf Landesebene maßgeblich gestärkt, Arbeitgeber- und Arbeitnehmerverbände sind gemeinsam mit den Regionalbehörden je drittelparitätisch in die beschäftigungspolitischen Entscheidungsabläufe eingebunden (Schaller 1997: 904–905).

Im Vergleich zu Deutschland gestaltet sich in Österreich das Zusammenspiel von Bund und Ländern in arbeitsmarktpolitischen Fragen deutlich friktionsfreier. Prima

---

6 Nationaler Aktionsplan für Beschäftigung 1999 (http://www.pakte.at/rdocindex.html).

vista ist das darauf zurückzuführen, dass die regionalen Pakte, anders als in Deutschland, entlang der Logik eines Vollzugsföderalismus zustande gekommen sind. Gleichwohl ist auch hier der Einfluss der europäischen Dimension mit einer Tendenz des *by-passing the state* zu registrieren. Die erst im nachhinein in Beschäftigungspakte umgewandelten regionalen EU-Projekte deuten gerade in der Arbeitsmarkt- und Strukturpolitik auf einen verstärkten Standortwettbewerb hin, der sich der Prägekraft eines unitarischen Bundesstaates zu entziehen sucht. In diesem Standortwettbewerb pflegen landespolitische Akteure eine prononciert föderalistische Rhetorik und betonen stärker als bisher die Zusammenarbeit mit „ihren" Sozialpartnern, namentlich in den westlichen Bundesländern (Tirol, Vorarlberg), in denen die Abgrenzung zum Zentralstaat eine gewisse Tradition hat. Die Zusammenarbeit zwischen Landesregierungen und Sozialpartnern im Rahmen der Beschäftigungspakte impliziert auch eine Tendenz zur Regionalisierung.

6. Stellenwert und Perspektiven subnationaler Sozialpartnerschaft

Deutschland, Österreich und die Schweiz zählen zum von Lehmbruch spezifizierten Typus der westmitteleuropäischen korporativen Verhandlungsdemokratie, zu deren wichtigsten Charakteristika der Vorrang von Kooperation vor Wettbewerb in der Interaktion der politischen Parteien und die bundesstaatliche Politikverflechtung zählen (Lehmbruch 1996). Die Ebenenverflechtung impliziert eine enge Abstimmung der Interessen, gleichzeitig aber auch immanente Spannungen zwischen nationaler und subnationaler Ebene. Die Verbände tragen dem mit ihren Organisationsstrukturen Rechnung – wenn auch nicht, wie gezeigt wurde, „Eins-zu-Eins" – und schaffen sich damit eine intermediäre Struktur für den Ausgleich zwischen zentrifugalen und zentripetalen Ansprüchen. Die Länderebene bildet außerdem eine eigene Legitimationsebene, auf der die Entschärfung des Problemdrucks oft leichter in die Wege zu leiten ist als auf der Makroebene.[7]

Dass Verbände sich organisatorisch an die politischen Strukturen anpassen, gibt für sich gesehen noch nicht Auskunft darüber, ob die Regionalorganisationen bundesweit operierender Verbände auch wirkungsvoll arbeiten (Mayntz 1990: 148). Analog gibt es zumindest zwei Gründe, den Stellenwert und das Handlungspotenzial regionaler Sozialpartnerschaften nicht übertrieben hoch zu veranschlagen. Erstens ist zu unterscheiden zwischen Sozialpartnern und Tarifpartnern: In Deutschland zeigen sich Unternehmer- und Arbeitgeberverbände generell zurückhaltend, was die Teilnahme an regionaler Konzertierung betrifft; sie überlassen das Feld den Kammern, sodass eine Tauschbeziehung mit den Gewerkschaften von vornherein nicht entstehen kann (Heinze/Schmid 1994: 92–93). Gleiches gilt für die Schweiz (Fluder/Hotz-Hart 1998) und für Österreich, wobei bei letzterem eine solche Tauschbeziehung zwar prinzipiell gegeben

---

7 Ein anschauliches Beispiel ist die schwere Legitimationskrise des österreichischen Kammersystems 1995/96, die durch – bewusst länderweise und zeitverschoben abgehaltene – Mitgliederbefragungen gelöst wurde. Die damit gemachten positiven Erfahrungen fanden dann auch in den 1998 reformierten Kammergesetzen ihren Niederschlag in Form einer stärkeren Föderalisierung der Willensbildung (Karlhofer 1999: 16–21).

sein könnte, da die österreichischen Wirtschaftskammern zugleich auch die Tarifhoheit besitzen, dies in der Praxis aber keine Rolle spielt (Karlhofer 1999).

Zweitens fehlen auf subnationaler Ebene – ebenso wie auf EU-Ebene, auf die sich der von Schmitter und Grote (1997) entlehnte Gedanke bezieht – zwei Kriterien, wie sie für die Herausbildung nationaler Korporatismen konstitutiv waren: die nötige Autonomie in Umverteilungsfragen und ein relatives Kräftegleichgewicht zwischen den Klassen (Schmitter/Grote 1997: 551). Mit der Ausklammerung der Verteilungsfrage und der strukturellen Schwäche der Gewerkschaften sind regionale Arrangements auf die Regulierung von Materien wie Ausbildung, Wirtschaftsförderung, Infrastrukturpolitik und ähnlichem beschränkt, also – in der Terminologie von Traxler (1993) – nicht *nachfrage-*, sondern von vornherein *angebotskorporatistisch* ausgerichtet.

Tripartistische Verhandlungen müssen nicht notwendigerweise zu einem konkreten Ergebnis führen, da alle Seiten schon davon profitieren, dass überhaupt verhandelt wird; das gilt für die Makroebene (Wissenschaftlicher Beirat 2000: 9) und auch für die regionale Ebene (Benz u.a. 1999: 72). Bei regionalen Arrangements ist der Output allerdings oft bescheiden, wohl auch deshalb, weil es gängige Praxis ist, nicht nur die Parteien des Arbeitsmarkts, sondern auch andere Gruppen (Sozialverbände, Umweltverbände, Schulvertreter usw.) einzubinden. Gleichwohl muss sozialpartnerschaftliche Konzertierung auf Länderebene nicht prinzipiell weniger effektiv sein als auf Makroebene. Wie am Beispiel der Arbeitsmarktpolitik einzelner deutscher Länder im Kontext der europäischen Regionalpolitik gezeigt wurde, sind föderative Systeme mitunter besser geeignet zur Anpassung an „new governance strategies, since they are familiar with complicated negotiation and self-organizational processes [...] Some empirical evidence exists, that shows the 'German Länder's' ability to by-pass the nation-state and that they made use of it" (Roth/Schmid 2000: 23). Ebenso zeigte der sektorale und regionale Mesokorporatismus in Deutschland ab Mitte der 1980er Jahre eine quer zur Bundesebene verlaufende Entwicklung: „Der Niedergang nationaler korporatistischer Politikstrategien" war „begleitet von ihrem erneuten dezentralen Aufstieg" (Schmid 1998: 40).

Obzwar nun stärker in den Blickpunkt rückend, sind regionale Korporatismen nicht ausschließlich ein Phänomen der jüngeren Vergangenheit (vgl. Heinze 1981: 114–122). In föderativen Systemen mit ihren inhärenten Vetostrukturen erzwingt die Verschränkung der Kompetenzen geradezu die Ergänzung zentraler durch dezentrale Beziehungsmuster in der einen oder anderen Form. In Deutschland sehen die meisten Landesverfassungen die Mitwirkung der etablierten Verbände im Gesetzgebungsprozess vor, ebenso in Österreich und auch in der Schweiz. Regionale Sozialpartnerschaft war und ist also oft *part and parcel* der auf nationaler Ebene etablierten Verhandlungskultur. Sie ist Ausdruck eines hohen Integrationsgrades im Sinne Siaroffs (1999); ein Konkurrenzverhältnis zwischen Bund und Ländern kann, muss aber nicht unbedingt bestehen.

Mit der Erweiterung des nationalen Mehrebenensystems um die europäische Dimension ist die intermediäre Leistungsfähigkeit regionaler Arrangements allerdings stärker gefordert als in der Vergangenheit, wobei auch die Größe der Länder relevant ist. In Deutschland, wo mehrere Bundesländer deutlich größer sind als die beiden Vergleichsländer als Bundesstaaten, wurde der kooperative Föderalismus durch die Europäisierung zwar insgesamt gestärkt (vgl. Börzel 1999: 31-32). Gleichzeitig nimmt aber der Regionalisierungdruck zu, im Zuge dessen, wie Scharpf anmerkt, „das einheitliche deutsche Recht immer mehr zur Fessel einer effektiven Standortpolitik der Länder wird" und die Handlungsmöglichkeiten von Sozialpartnern und Landespolitik einschränkt (Scharpf 1999: 34). Der seit den 1990er Jahren für die EU-Staaten charakteristische kompetitive Korporatismus (Streeck 1999), wie er in der Vielzahl an Sozialpakten zum Ausdruck kommt, schlägt in Deutschland auf die Länderebene durch.

In Österreich, mit seinen wesentlich kleineren territorialen Subeinheiten, sind die dominanten Steuerungsstrukturen nach wie vor auf der Makroebene angesiedelt. Allerdings ist die traditionell zentralistisch ausgerichtete Sozialpartnerschaft, wie oben dargestellt, seit den frühen 1990er Jahren starkem zentrifugalen Druck ausgesetzt, durch den sie vieles von ihrer ursprünglichen Prägkraft als Steuerungs- und Konfliktregelungsmechanismus eingebüßt hat. Ob es den tragenden Verbänden gelingt, den Bedeutungsverlust der Makroebene durch eine mehr regionale Ausrichtung des Verhandlungssystems aufzufangen, ist aber eher ungewiss. Zwar lässt sich argumentieren, dass die Systeme mit starkem Korporatismus „are going to survive in a considerably less 'strong' version, but only if they are able to adapt to general trends favoring federalism: by accepting and promoting federalist tendencies in form of a shift of corporatist power to subnational levels [...]" (Pelinka 1999: 117). Eine Chance auf Erfolg hätte eine solche Strategie aber nur als *konzertierte Dezentralisierung*, zu welcher sich aber keiner der Akteure bekennt. Überdies ist der Verfall des nationalen Verhandlungssystems von einer Erosion des Paritätsprinzips (Karlhofer 2000) begleitet und damit eher eine Übertragung auch auf die subnationale Ebene zu erwarten.

Soweit es sich aber – das gilt für den zuletzt erörterten Fall ebenso wie für andere föderative Systeme – um als Standortpartnerschaften eingerichtete regionale Arrangements handelt, sind diese wesentlich resistenter, gerade weil sie von vornherein asymmetrisch konfiguriert, zeitlich offen und in der Zielsetzung weniger verbindlich sind, als das bei der makroökonomischen Globalsteuerung der Fall ist. Die Stärke des regionalen Mesokorporatismus liegt damit in der konzertierten Steuerung strukturpolitischer Anpassungen. Je mehr aber diese Stärke entfaltet wird, umso größer werden die Spannungen zwischen Region und Bundesstaat, da die Aktivitäten unvermeidlich mit dem Wunsch nach mehr Dezentralisierung verbunden sind.

Im bundesstaatlichen Zusammenhang kann der Stellenwert regionaler Sozialpartnerschaft daher unterschiedlich sein: Soweit es sich um eine subnationale Entsprechung des nationalen Beziehungsmusters handelt, kommt ihre stabilisierende intermediäre Funktion zum Tragen. Formieren sich mesokorporatistische Bündnisse aber im Rahmen des Standortwettbewerbs, zieht die Regionalisierung der Interessenpolitik unweigerlich auch eine Abwertung des ohnehin zunehmend „schlanker" werdenden Makrokorporatismus nach sich. Mit dem Hintergrund der europäischen Regionalpolitik ist von einem weiteren Bedeutungszuwachs von Standortpartnerschaften auszugehen. In Deutschland wird sich das auf der Makroebene weniger in den Beziehungen der Verbände zueinander auswirken, da der sektorübergreifende Korporatismus hier vergleichsweise gering ausgeprägt ist; wohl aber ist ein weiterer Autoritätsverlust der nationalen Spitzenverbände zu erwarten. In Österreich werden über die Regionalisierung hinaus auch die transnationalen Aktivitäten einzelner Bundesländer, wie das Beispiel Europaregion Tirol-Südtirol-Trentino zeigt, den Gestaltungsraum der nationalen Sozialpartnerschaft einschränken. Kaum Veränderungen wird es im Fall der Schweiz – von der europäischen Integration ohnehin nur indirekt betroffen – geben, da hier wegen der ohnedies stark dezentralen Ausrichtung der Arbeitsbeziehungen ein zusätzlicher Föderalisierungsdruck unwahrscheinlich ist.

Literatur

Arcq, Etienne/Pochet, Philippe, 2000: Toward a New Social Pact in Belgium?, in: *Giuseppe Fajertag/ Philippe Pochet* (Hrsg.), Social Pacts in Europe – New Dynamics. 2. Aufl., Brüssel, 113–134.
Armingeon, Klaus, 1996: Konkordanz, Sozialpartnerschaft und wohlfahrtsstaatliche Politik in der Schweiz im internationalen Vergleich, in: *Wolf Linder/Prisca Lanfranchi/Ewald R. Weibel* (Hrsg.), Schweizer Eigenart – eigenartige Schweiz. Der Kleinstaat im Kräftefeld der europäischen Integration. Bern, 69–84.
Armingeon, Klaus, 1997: Swiss Corporatism in Comparative Perspective, in: West European Politics 20, 164–179.
Armingeon, Klaus, 2001: Schweiz. Das Zusammenspiel von langer demokratischer Tradition, direkter Demokratie, Föderalismus und Korporatismus, in: *Werner Reutter/Peter Rütters* (Hrsg.), Verbände und Verbandssysteme in Westeuropa. Opladen, 405–426.
Bahnmüller, Reinhard/Bispinck, Reinhard/Weiler, Anni, 1999: Tarifpolitik und Lohnbildung in Deutschland am Beispiel ausgewählter Wirtschaftszweige, Wirtschafts- und Sozialwissenschaftliches Institut in der Hans-Böckler-Stiftung, WSI-Diskussionspapier Nr. 79. Düsseldorf.
Benz, Arthur, o. J.: Der deutsche Bundesstaat im Spannungsfeld von EU, Bund und Ländern, unveröff. Ms. (http://www.fernuni-hagen.de/POLALLG/).
Benz, Arthur/Fürst, Dietrich/Kilper, Heiderose/Rehfeld, Dieter, 1999: Regionalisierung. Theorie – Praxis – Perspektiven. Opladen.
Blaas, Wolfgang, 1992: The Swiss Model: Corporatism or Liberal Capitalism?, in: *Jukka Pekkarinen/ Matti Pohkjoka/Bob Rowthorn* (Hrsg.), Social Corporatism: a Superior System? Oxford, 363–376.
Börzel, Tanja, 1999: Europäisierung und innerstaatlicher Wandel. Institutionelle Anpassungsprozesse untersucht am Beispiel Deutschlands und Spaniens, Vortrag im Rahmen des Forschungscolloquiums Europäische Integration, Universität Hannover (www.soz.uni-hannover.de/eu/borzel1.htm).
Cawson, Alan, 1985: Organized Interests and the State. Studies in Meso-Corporatism. London.
Coleman, William D., 1987: Federalism and Interest Group Organization, in: *Herman Bakvis/William D. Chandler* (Hrsg.), Federalism and the Role of the State. Toronto u.a., 171–187.
Czada, Roland, 1998: Verhandeln und Inter-Organisationslernen in demokratischen Mehrebenenstrukturen, in: *Ulrich Hilpert/Everhard Holtmann* (Hrsg.), Regieren und intergouvernementale Beziehungen. Opladen, 67–86.
Czada, Roland, 2000: Dimensionen der Verhandlungsdemokratie. Konkordanz, Korporatismus, Politikverflechtung, FernUniversität-Gesamthochschule Hagen, polis Nr. 46.
Ferner, Anthony/Hyman, Richard, 1998: Introduction: Towards European Industrial Relations?, in: *Anthony Ferner/Richard Hyman* (Hrsg.), Changing Industrial Relations in Europe. 2. Aufl., Oxford, xi–xxvi.
Fluder, Robert, 1998: Politik und Strategien der schweizerischen Arbeitnehmerorganisationen. Orientierung, Konfliktverhalten und politische Einbindung. Chur/Zürich.
Fluder, Robert/Hotz-Hart, Beat, 1998: Switzerland: Still as Smooth as Clockwork?, in: *Anthony Ferner/Richard Hyman* (Hrsg.), Changing Industrial Relations in Europe. 2. Aufl., Oxford, 262–282.
Greenwood, Justin, 1997: Representing Interests in the European Union. London.
Heinze, Rolf G., 1981: Verbändepolitik und „Neokorporatismus". Zur politischen Soziologie organisierter Interessen. Opladen.

Heinze, Rolf G./Schmid, Josef, 1994: Mesokorporatistische Strategien im Vergleich: Industrieller Strukturwandel und die Kontingenz politischer Steuerung in drei Bundesländern, in: *Wolfgang Streeck* (Hrsg.), Staat und Verbände. Opladen, 65–99.

Hooghe, Marc, 2001: Belgien. Stabilität und Wandel neokorporatistischer Interessenvermittlung, in: *Werner Reutter/Peter Rütters* (Hrsg.), Verbände und Verbandssysteme in Westeuropa. Opladen, 31–49.

Jacobi, Otto/Keller, Berndt/Müller-Jentsch, Walther, 1998: Germany: Facing New Challenges, in: *Anthony Ferner/Richard Hyman* (Hrsg.), Changing Industrial Relations in Europe. 2. Aufl., Oxford, 190–238.

Karlhofer, Ferdinand, 1993: Geschwächte Verbände – stabile Partnerschaft?, in: *Emmerich Tálos* (Hrsg.), Sozialpartnerschaft. Kontinuität und Wandel eines Modells. Wien, 117–130.

Karlhofer, Ferdinand, 1997: Transformation des österreichischen Verbandssystems: Kräfteverschiebung und institutionelle Beharrung, in: Österreichische Zeitschrift für Politikwissenschaft 26, 71–83.

Karlhofer, Ferdinand, 1999: Verbände: Organisation, Mitgliederintegration, Regierbarkeit, in: *Ferdinand Karlhofer/Emmerich Tálos* (Hrsg.), Zukunft der Sozialpartnerschaft. Veränderungsdynamik und Reformbedarf. Wien, 15–46.

Karlhofer, Ferdinand, 2000: Ende der Parität?, in: *Heinz Füreder/Andreas Berndt/Wolfgang Greif/Sepp Wall-Strasser* (Hrsg.), Gewerkschaften, Kammern, Sozialpartnerschaft und Parteien nach der Wende. Wien, 25–34.

Karlhofer, Ferdinand, 2001: Österreich – Zwischen Korporatismus und Zivilgesellschaft, in: *Werner Reutter/Peter Rütters* (Hrsg.), Verbände und Verbandssysteme in Westeuropa. Opladen, 335–354.

Karlhofer, Ferdinand/Tálos, Emmerich, 2000: Sozialpartnerschaft unter Druck. Trends und Szenarien, in: *Anton Pelinka/Fritz Plasser/Wolfgang Meixner* (Hrsg.), Die Zukunft der österreichischen Demokratie. Wien, 381–402.

Katzenstein, Peter J., 1985: Small States in World Markets: Industrial Policy in Europe. Ithaca.

Kriesi, Hanspeter/Farago, Peter, 1989: The Regional Differentiation of Business Interest Associations in Switzerland, in: *William D. Coleman/Henry J. Jazek* (Hrsg.), Regionalism, Business Interests and Public Policy. London/New York, 153–172.

Lehmbruch, Gerhard, 1984: Interorganisatorische Verflechtungen im Nekorporatismus, in: *Jürgen W. Falter/Christian Fenner/Michael Th. Greven* (Hrsg.), Politische Willensbildung und Interessenvermittlung. Opladen, 467–482.

Lehmbruch, Gerhard, 1985: Sozialpartnerschaft in der vergleichenden Politikforschung, in: *Peter Gerlich/Edgar Grande/Wolfgang C. Müller* (Hrsg.), Sozialpartnerschaft in der Krise. Leistungen und Grenzen des Neokorporatismus in Österreich. Wien, 85–107.

Lehmbruch, Gerhard, 1996: Die korporative Verhandlungsdemokratie in Westmitteleuropa, in: Schweizerische Zeitschrift für Politische Wissenschaft 2, 19–41.

Lehmbruch, Gerhard, 2000a: The Institutional Framework: Federalism and Decentralisation in Germany, in: *Hellmut Wollmann/Eckhard Schröter* (Hrsg.), Comparing Public Sector Reform in Britain and Germany: Key Traditions and Trends of Modernisation. Aldershot, 85–106.

Lehmbruch, Gerhard, 2000b: Institutionelle Schranken einer ausgehandelten Reform des Wohlfahrtsstaates. Das Bündnis für Arbeit und seine Erfolgsbedingungen, in: *Roland Czada/Hellmut Wollmann* (Hrsg.), Von der Bonner zur Berliner Republik: 10 Jahre Deutsche Einheit. Opladen, 89–112.

Lehmbruch, Gerhard/Schmitter, Philippe C., 1982: Patterns of Corporatist Policy-Making. London.

Lehner, Franz, 1987: Interest Intermediation, Institutional Structures and Public Policy, in: *Hans Keman/Heikki Paloleimo/Paul F. Whiteley* (Hrsg.), Coping with the Economic Crisis: Alternative Responses to Economic recession in Advanced Industrial Societies. London, 54–82.

Lijphart, Arend, 1999: Patterns of Democracy. Government Forms and Performance in Thirty-six Countries. New Haven.

Linder, Wolf, 1999: Schweizerische Demokratie. Institutionen – Prozesse – Perspektiven. Bern u.a.

Majone, Giandomenico, 1996: Redistributive und sozialregulative Politik, in: *Markus Jachtenfuchs/Beate Kohler-Koch* (Hrsg.), Europäische Integration. Opladen, 225–247.

Mayntz, Renate, 1990: Organisierte Interessenvertretung und Föderalismus. Zur Verbändestruktur in der Bundesrepublik Deutschland, in: Jahrbuch zur Staats- und Verwaltungswissenschaft, Bd. 4. Baden-Baden, 145–156.
Pelinka, Anton, 1999: The (In) Compatibility of Corporatism and Federalism: Austrian Social Partnership and the EU, in: West European Politics 22, 116–129.
Pochet, Philippe/Fajertag, Giuseppe, 1997: Social Pacts in Europe in the 1990s. Towards a European Social Pact?, in: *Giuseppe Fajertag/Philippe Pochet* (Hrsg.), Social Pacts in Europe. Brüssel, 9–26.
Pochet, Philippe/Fajertag, Giuseppe, 2000: A New Era for Social Pacts in Europe, in: *Giuseppe Fajertag/Philippe Pochet* (Hrsg.), Social Pacts in Europe – New Dynamics. 2. Aufl., Brüssel, 9–40.
Regini, Marino, 1997: Still Engaging in Corporatism? Einige Lehren aus jüngsten italienischen Erfahrungen mit der Konzertierung, in: Politische Vierteljahresschrift 38, 298–317.
Reutter, Werner, 2001: Deutschland. Verbände zwischen Pluralismus, Korporatismus und Lobbyismus, in: *Werner Reutter/Peter Rütters* (Hrsg.), Verbände und Verbandssysteme in Westeuropa. Opladen, 75–101.
Reutter, Werner/Rütters, Peter (Hrsg.), 2001: Verbände und Verbandssysteme in Westeuropa. Opladen.
Roth, Christian/Schmid, Josef, 2000: Multi-Level Governance in the European Employment and Labour Market Policy. A Conceptual Outline and Some Empirical Evidence, in: German Policy Studies 1, No. 1 (www.uni-tuebingen.de/uni/spi/schromlg.htm).
Schaller, Christian, 1997: Verbände und Sozialpartnerschaft in den Bundesländern, in: *Herbert Dachs* u.a. (Hrsg.), Handbuch des politischen Systems Österreichs. Die Zweite Republik. 3. Aufl., Wien, 895–906.
Scharpf, Fritz W., 1999: Föderale Politikverflechtung: Was muss man ertragen? Was kann man ändern?, in: *Konrad Morath* (Hrsg.), Reform des Föderalismus. Beiträge zu einer gemeinsamen Tagung von Frankfurter Institut und Institut der deutschen Wirtschaft Köln. Bad Homburg, 23–36.
Schmid, Josef, 1993: Parteien und Verbände. Probleme der Konstitution, Kontingenz und Koevolution im System der Interessenvermittlung, in: *Roland Czada/Manfred G. Schmidt* (Hrsg.), Verhandlungsdemokratie, Interessenvermittlung, Regierbarkeit. Opladen, 171–189.
Schmid, Josef, 1998: Verbände: Interessenvermittlung und Interessenorganisationen. Lehr- und Arbeitsbuch. München.
Schmid, Josef/Blancke, Susanne, 2001: Arbeitsmarktpolitik der Bundesländer. Chancen und Restriktionen einer aktiven Arbeitsmarkt- und Strukturpolitik im Föderalismus. Berlin.
Schmid, Josef/Voelzkow, Helmut, 1996: Funktionsprobleme des westdeutschen Korporatismus in Ostdeutschland, in: *Oskar Niedermayer* (Hrsg.), Intermediäre Strukturen in Ostdeutschland. Opladen, 421–440.
Schmitter, Philippe C./Grote, Jürgen R., 1997: Der korporatistische Sisyphus: Vergangenheit, Gegenwart und Zukunft, in: Politische Vierteljahresschrift 38, 530–554.
Schmitter, Philippe C./Lanzalaco, Luca, 1989: Regions and the Organization of Business Interests, in: *William D. Coleman/Henry J. Jazek* (Hrsg.), Regionalism, Business Interests and Public Policy. London/New York, 201–231.
Siaroff, Alan, 1999: Corporatism in 24 Industrial Democracies: Meaning and Measurement, in: European Journal of Political Research 36, 175–205.
Streeck, Wolfgang, 1994: Staat und Verbände: Neue Fragen. Neue Antworten?, in: *Wolfgang Streeck* (Hrsg.), Staat und Verbände. Opladen, 7–34.
Streeck, Wolfgang, 1999: Competitive Solidarity: Rethinking the „European Social Model", MPIfG Working Paper 99/8 (http:www.mpi-fg-koeln.mpg.de/pu/workpap/wp99-8/wp99-8.h tml).
Traxler, Franz, 1993: Vom Nachfrage- zum Angebotskorporatismus?, in: *Emmerich Tálos* (Hrsg.), Sozialpartnerschaft. Kontinuität und Wandel eines Modells. Wien, 103–116.
Tuschhoff, Christian, 1999: The Compounding Effect: the Impact of Federalism on the Concept of Representation, in: West European Politics 22, 16–33.
Urio, Paolo, 1985: Le Système Politique Suisse, in: Il Politico 50, 589–630.

Van Gyes, Guy/De Witte, Hans/van der Hallen, Peter, 2000: Belgium Trade Unions in the 1990s: Does Strong Today Mean Strong Tomorrow?, in: *Jeremy Waddington/Reiner Hoffmann* (Hrsg.), Trade Unions in Europe. Facing Challenges and Searching for Solutions. Brüssel, 105–142.

Voelzkow, Helmut, 1999: Europäische Regionalpolitik zwischen Brüssel, Bonn und den Bundesländern, in: *Hans-Ulrich Derlien/Axel Murswieck* (Hrsg.), Der Politikzyklus zwischen Bonn und Brüssel. Opladen, 105–120.

Weber, Hajo, 1997: Struktur und Erosion des deutschen Verbandssystems am Ende des 20. Jahrhunderts, Universität Kaiserslautern, FG Soziologie, Discussion Paper (http://www.uni-kl.de/FB-SoWi/FG-Soziologie/7-02.pdf).

Wissenschaftlicher Beirat beim BMWI, 2000: Aktuelle Formen des Korporatismus, Gutachten vom 26./27. Mai 2000.

Zagelmeyer, Stefan, 1999: The Rise of Regional Employment Alliances, in: eironline, May 99 (http://217.141.24.196/1999/05/feature/de9905107f.html).

Föderalismus und regionale Interessenkonflikte im Wandel: Fünf Fallbeispiele

Rainer-Olaf Schultze / Tanja Zinterer

1. Einleitung

Das Verhältnis zwischen regionalen Interessenkonflikten und politisch-institutionellen Arrangements ist, folgt man einem neoinstitutionalistischen Grundverständnis von Politik, zum einen abhängig von der gesamtgesellschaftlichen Konstellation und deren Veränderungen in der Zeit, es wird zum anderen durch ihre je spezifische Pfadabhängigkeit bestimmt: Gesellschaftliche Interessen wie politische Institutionen sind infolge dessen in starkem Maße kontextdefiniert. Angesichts der vielbeschworenen Prozesse der Globalisierung, der supranationalen Blockbildung (EU, NAFTA, Mercosur, APEC etc.) und der damit verbundenen Notwendigkeit der Reorganisation von Staatlichkeit stellen sich die Adaptationsleistungen auch der Föderalstaaten als zusehends unzureichend, dysfunktional und/oder kontraproduktiv dar. Die folgende Bestandsaufnahme thematisiert diese Wandlungsprozesse im Spannungsverhältnis von Bund und Gliedstaaten ausschnittartig, da sie sich auf die regionale Konfliktdimension konzentriert, sowie beispielhaft, da nur einige der Föderalstaaten in die vergleichende Betrachtung einbezogen werden. In einem ersten Abschnitt bestimmen wir zunächst stichwortartig den systematischen Zusammenhang zwischen regionaler(n) Disparität(en) und föderativer Ordnung. Im folgenden Kapitel wird anhand dieser Systematik die historische Entwicklung prototypischer institutioneller Arrangements von Föderalstaaten in Abhängigkeit zur jeweiligen regionalen Konfliktstruktur nachgezeichnet. Die Entwicklung dieses Verhältnisses unter dem Einfluss der Globalisierung und der damit verbundenen „Ent"- und „Umgrenzungsprozesse" steht in den Kapiteln 4 und 5 im Mittelpunkt. Ein zusammenfassender Ausblick schließt sich an.

2. Zum Zusammenhang von regionalen Interessenkonflikten und Föderalismus

2.1 Gründe regionaler Konflikte

Föderative Systeme werden in der Regel aus politisch-institutioneller Perspektive, d.h. primär unter dem Aspekt der vertikalen Gewaltenteilung bzw. der Kompetenzaufteilung zwischen Bund und Gliedstaaten, oder unter Effizienzgesichtspunkten untersucht. Eine solche Sichtweise vernachlässigt indes die gesellschaftliche und normative Dimension von Föderalismus. Denn Föderalismus ist keineswegs nur politische Organisationsform, sondern spiegelt in seiner gesellschaftlichen Dimension die durchaus verschiedenartig begründeten regionalen Disparitäten wider und zielt nicht allein auf Machtbegrenzung bzw. -kontrolle oder auf Aufgabenbewältigung durch funktionale Ausdifferenzierung, sondern eben auch auf die Garantie gesellschaftlicher Vielfalt und

Minderheitenschutz durch territoriale Eigenständigkeit (vgl. Schultze 1992, 1993). Es sind diese Zusammenhänge, die für unsere Themenstellung von besonderem Interesse sind. Unter „Region" sind dabei nicht nur subnationale politische Einheiten zu verstehen, sondern insbesondere auch soziokulturell und ökonomisch mehr oder minder homogene Territorien, deren Grenzen keineswegs immer mit denen der politischen Einheiten übereinstimmen (vgl. Malecki 1991; Wolfe 1996).

Interessenkonflikte können dabei – wie gesagt – unterschiedlich verursacht sein, den folgenden Faktoren kommt eine herausgehobene Bedeutung zu:

Räumlich: Von Belang für die politisch-institutionelle Ausgestaltung, vor allem aber die gesellschaftlichen Konfliktlagen von Föderalstaaten sind zunächst einmal Größe und geografische Unterschiede. Dies klingt selbstverständlich, ist deshalb aber nicht weniger wichtig. In Bundesstaaten kontinentalen Ausmaßes, die aus verschiedenen Klima- und Zeitzonen und geografisch äußerst diversen Regionen bestehen (in unserem Zusammenhang die USA und Kanada, sodann Australien und die meisten Föderalstaaten in der Nicht-OECD-Welt[1]), sind ökonomisch, sozial und kulturell unterschiedliche gesellschaftliche Verhältnisse und Entwicklungspotenziale von vorneherein zu erwarten. Zudem war vor dem kommunikationstechnischen Zusammenrücken der Räume gerade in großräumigen Bundesstaaten zentrale Steuerung nur schwer möglich, da diese insbesondere mit massiven Infrastrukturproblemen zu kämpfen hatten, die intensiven kulturellen und personellen Austausch zwischen den Regionen behinderten. Auch heute sind die regionalen Disparitäten in großflächigen – womöglich dünnbesiedelten – Staaten weit größer als im kleinräumigen Staat europäischen Typs. Allerdings spielt der Raum auch bei Föderationen wie der Schweiz eine Rolle, da z.B. deren kulturelle Vielfalt auch durch die Unzugänglichkeit vieler ihrer Bergregionen bedingt war.

Historisch: Räumliche Bedingungen genügen jedoch nicht als Begründung für die Entstehung vor allem sozio-kultureller Disparitäten. Diese kamen häufig durch die frühere Existenz kleinerer staatlicher Einheiten zustande, die die politische Kultur vorgeprägt und auch nach dem Wegfall alter Staatsgrenzen kulturelle bzw. sprachliche Grenzen hinterlassen haben. Auch willkürlich gezogene Grenzen lassen auf Grund des gesellschaftlich prägenden Charakters politischer Institutionen regionale Unterschiede entstehen.

Ökonomisch: Beeinflusst von unterschiedlichen klimatischen und geografischen Bedingungen sind die ökonomischen Entwicklungsdifferenzen und -potenziale entscheidende Faktoren für das Entstehen regionaler Interessen- und Verteilungskonflikte. Insbesondere in Bundesstaaten mit starkem Zentrum-Peripherie-Gefälle können ökonomische Disparitäten die Quelle struktureller Verteilungskonflikte zwischen den Gliedstaaten sowie vor allem zwischen Gliedstaaten und Bund sein.

Soziokulturell: Territorial abgrenzbare ethnische, kulturelle und sprachliche Vielfalt ruft nahezu unweigerlich regionale Interessenkonflikte hervor, insbesondere wenn sie mit ökonomischen Entwicklungsunterschieden zusammentreffen und eine oder mehrere

---

[1] Z.B. Russland, Indien, Pakistan, Argentinien, Brasilien, Mexiko, Nigeria, um nur die flächenmäßig größten zu nennen.

ethnische Gruppierungen ihre politischen Interessen auf der Bundesebene nicht adäquat repräsentiert sehen.

Politisch-kulturell: Die gesellschaftliche Vielfalt, sei sie ethno-kulturell, ökonomisch oder auch historisch bedingt, kann zudem zu politischen Regionalkulturen und zu massiven, politisch folgenreichen Konfliktpotenzialen führen, zumal wenn auf der Bundesebene eine der politischen Teilkulturen dominiert und die Integration von Werten und Einstellungen ganzer Regionen nicht gelingt. Sodann bestimmt der Grad der Konkordanz- bzw. Konfliktorientierung den Charakter der Beziehungen der politischen Akteure untereinander sowie zwischen den Akteuren der verschiedenen politischen Systemebenen. Für die Wandlungsfähigkeit der bundesstaatlichen Beziehungen spielt vor allem dieser Aspekt eine zentrale Rolle.

2.2 Regionale Konflikte und Pfadabhängigkeit

Die Integration der verschiedenen regionalen *cleavages* in das gesamtstaatliche Institutionengefüge ist in hohem Maße pfadabhängig und damit nachhaltig von den historischen Konstellationen im Prozess des *nation* oder *state building* bestimmt, wobei man drei Typen unterscheiden kann:

1. Wenn der Bundesstaat aus mehreren vormals unabhängigen und einander ebenbürtigen staatlichen Einheiten entstanden ist, so ist von einer bereits bestehenden Verfestigung sozio- und politisch-kultureller Unterschiede auszugehen, die sich auch in den institutionell verfestigten Beziehungen der Gliedstaaten untereinander und zur Bundesebene ausdrücken.
2. Ging das *state building* unter der Dominanz einer Zentralgewalt oder eines (Glied-) Staates vonstatten, ist auch bei räumlicher Größe und großen ethnischen Unterschieden eine unitarische Staatsorganisation möglich, wenn wie in Frankreich eine Zentralgewalt benachbarte Völker unterwarf und durch sozio-kulturelle Assimilierung integrierte. Auch bei Bundesstaaten, die unter der Dominanz eines Gliedstaates stehen, ist eine zentripetale Entwicklung anzunehmen, was dann allerdings systemoppositionellen Regionalismus auslösen kann.
3. Unter dem Einfluss von Kriegen und Revolutionen bzw. Eingriffen von außen können Grenzen zwischen Gliedstaaten ohne Berücksichtigung gewachsener regionaler Grenzen gezogen werden. In diesen Bundesstaaten steht nicht die Aufrechterhaltung regionaler Autonomie, sondern meist die vertikale Gewaltenteilung im Vordergrund.

Die zahlreichen territorial verfestigten gesellschaftlichen Konflikte können selbstverständlich sehr unterschiedlich und in unterschiedlicher Kombination auftreten. Die Verarbeitungsleistungen der verschiedenen föderativen Arrangements variier(t)en infolgedessen beachtlich; dies umso mehr als Entwicklungswege und Veränderungsmöglichkeiten durch die offenkundige institutionelle Pfadabhängigkeit in starkem Maße determiniert waren und sind. Die föderativen Mehrebenenbeziehungen stellen sich also in Analogie zu Lipset/Rokkan's (1967) Parteiensystemthese als „eingefrorene" politische Systeme dar, die aus ihren je spezifischen regionalen *cleavages* entstanden sind. Sie bestätigen, bezieht man die Zeitdimension mit ein, die aus der Transaktionskostenökonomie hergeleiteten Stabilitätsannahmen (vgl. North 1990): Einmal aufgrund spezifischer Interessenlagen und beeinflusst durch die jeweilige politische Verhandlungskultur entstandene Institutionen (formale wie informelle) begrenzen mit Hilfe sozial konstruierter Deutungs- und Interaktionsmuster das Handlungsrepertoire der politischen Akteure dauerhaft (vgl. Lehmbruch 1996a).[2]

Dennoch zeigen sich, trotz aller Pfadabhängigkeiten, verallgemeinerungsfähige Muster in den Entwicklungswegen:

1. Es bestehen offenkundige Zusammenhänge zwischen dem Grad territorial bezogener gesellschaftlicher Vielfalt und dem konkreten politisch-institutionellen Arrangement in den Föderalstaaten. Idealtypisch formuliert, sind heterogene Gesellschaften in der Regel interstaatlicher organisiert als homogene, die zumeist intrastaatlich strukturiert sind (vgl. Schultze 1992, 1993).
2. Um die gesamtsystemische Stabilität aufrecht zu erhalten und Sezessionen zu verhindern, haben Föderalstaaten Mechanismen ausgebildet, die einen, wenn auch meist labilen, dem oder den jeweiligen Disparitätsgrad(en) entsprechenden Ausgleich von Autonomie und Integration ermöglichen. Voraussetzung dafür sind funktionierende Prozesse der Elitenakkommodation, die einerseits den gesamtsystemischen Bestand garantieren, andererseits aber die regionalen Disparitäten zementieren und zugleich die Machtbasis der gesellschaftlichen Teileliten stabilisieren.
3. Die Anforderungen keynesianischer Wirtschaftspolitik und des damit einhergehenden Auf- bzw. Ausbaus des Wohlfahrtsstaates haben durchweg zu Zentralisierung, zumindest aber zur Unitarisierung auch in den Bundesstaaten geführt – mit homogenisierenden Effekten auf die jeweiligen regionalen Konfliktstrukturen bei allerdings politisch-institutionell unterschiedlichen Verarbeitungsmechanismen.

Die Existenz unterschiedlicher Lösungswege, mit denen die paradigmatisch gleichen sozialstaatlichen Ziele anvisiert wurden, widerlegt die funktionalistischen Föderalismusannahmen, wie sie insbesondere von Paul E. Peterson (1995) am US-amerikanischen Beispiel formuliert worden sind. Danach sind entwicklungsorientierte Politiken, unter anderem also Standort- und Infrastrukturpolitiken, auf der Ebene der Gliedstaaten bzw. Regionen und Kommunen anzusiedeln, auf Grund deren Nähe zum regionalen Markt und der daraus folgenden größeren Abhängigkeit vom ökonomischen Wandel. Redistributive Politiken seien dagegen von der Bundesebene zu leisten, da der subnationalen Politikebene die Kapazität fehle, Externalitäten des Marktgeschehens effektiv zu begegnen (vgl. Schneider/Schultze 1999). Fritz W. Scharpf hat mit Blick auf die europäischen Integrationsprozesse ähnlich argumentiert und zwischen marktschaffenden und marktkorrigierenden Politiken unterschieden (vgl. Scharpf 1995, 1996, 1999). Eine derartige funktionale Aufteilung der Staatsinterventionen auf die unterschiedlichen Systemebenen ist theoretisch auch für supranationale Verbundsysteme einsichtig; sie könnte den Standortwettbewerb fördern und käme insofern den regionalen Kon-

---

2 Dabei sind unter Institutionen nicht nur formale Institutionen im staatsrechtlichen Sinn zu verstehen, sondern auch informelle Restriktionen, die aus gesellschaftlich sanktionierten Verhaltensnormen und -maßstäben sowie Interaktionsmodi bestehen, deren Einfluss nicht direkt zu beobachten ist (vgl. North 1990; Hall 1986).

fliktinteressen entgegen bei gleichzeitiger supranationaler Bearbeitung der marktkorrigierenden Verteilungsaufgaben. Allerdings stellen sich derartig theoretisch hergeleitete Funktionszusammenhänge in der politischen Realität nur in den wenigsten Fällen her.

2.3 Regionale Konflikte und Interessenberücksichtigung

Kontext und Pfadabhängigkeit, politisches Institutionensystem und politischer Stil sind die Variablen, von denen die Abbildung der regionalen Interessenkonflikte in der Politik maßgeblich bestimmt wird. Die Wert- und Interessenberücksichtigung vollzieht sich dabei in allen Föderalstaaten auf den politischen Systemebenen sowie zwischen ihnen, und zwar in der Form von Wettbewerb sowie konkordanzdemokratischem Aushandeln. Je dualistischer, interstaatlicher und wettbewerbsorientierter das politische Institutionensystem angelegt ist, je vielfältiger und ausgeprägter die regionalen Interessen sind, desto wahrscheinlicher werden Konfliktaustragungs- und -akkommodationsmuster, die

1. zwischen den (von den Exekutiven dominierten) Systemebenen von Bund und Gliedstaaten sowie zwischen den Gliedstaaten untereinander angesiedelt sind,
2. eher informeller denn formeller Natur sind und
3. in und durch Institutionen jenseits von Parteien- und repräsentativer Demokratie stattfinden.

Die Durchsetzungschancen und die Fortexistenz regionaler Konfliktinteressen hängen dabei nicht zuletzt davon ab, ob die politisch-institutionellen Arrangements Kooperation und Konsensbildung ohne Aushandlungszwang und mit realen Austrittsoptionen, also im Sinne eines tatsächlichen kooperativen Föderalismus[3] zulassen (vgl. Schultze 1998). Allerdings tendieren interstaatliche föderative Systeme dazu, die Bedeutung regional definierter *cleavages* zu steigern und durch die Betonung regionaler Eigenständigkeit zentrifugale Tendenzen zu verstärken, während territorial nicht bezogene Interessenkonflikte nur schwer in den politischen Entscheidungsprozess zu integrieren sind.

Zur Politikverflechtung als maßgeblichem Konfliktbearbeitungsmuster tendieren demgegenüber politische Systeme, die gerade nicht von gesellschaftlicher Vielfalt geprägt sind. Sie entsteht eher in vergleichsweise homogenen Föderalstaaten, in denen funktionaler Aufgabendifferenzierung und vertikalen *checks and balances* qua Machtbegrenzung ein höherer Stellenwert zugewiesen wird.

---

3 Der Begriff des kooperativen Föderalismus wird hier und nachfolgend (und im Gegensatz zum im Deutschen häufig unscharfen Gebrauch) allein für solche föderativen Verhandlungssysteme gebraucht, die entgegen dem Aushandlungszwang in Systemen der Politikverflechtung aufgrund ihrer nur losen Koppelungen das opting out aus gesamtstaatlichen Politikprogrammen tatsächlich zulassen. Zu einer ähnlichen Abgrenzung der Begriffe Politikverflechtung und kooperativer Föderalismus vgl. Goetz 1995.

3. Prototypen regionaler Konfliktmuster: Die Fallbeispiele

Legt man die vorstehend systematisch entfalteten Konfliktdimensionen zugrunde, ergeben sich für die fünf ausgewählten Bundesstaaten drei Prototypen, die sich, wie Tabelle 1 zeigt, hinsichtlich der Intensität ihrer regionalen Interessenkonflikte deutlich voneinander unterscheiden.

Tabelle 1: Konfliktdimensionen und ihre Ausprägung

Konflikt-dimensionen	großräumige, heterogene Bundesstaaten		Kleinräumige, homogene Bundesstaaten		kleinräumiger, heterogener Bundesstaat
	USA	Kanada	Deutschland (West)	Österreich	Schweiz
räumlich	großräumig	großräumig	kleinräumig	kleinräumig	kleinräumig, aber disparat
historisch	Bund aus ehemaligen Kolonien	Bund aus ehemaligen Kolonien	Bundesstaats-gründung von außen	Bundesstaats-gründung von außen	Bund aus unabhängigen Kantonen
ökonomisch	heterogen	heterogen	homogen	homogen	homogen
sozialkulturell	heterogen	heterogen	homogen	homogen	heterogen
politisch-kulturell	relativ homogen	heterogen	homogen	homogen	disparat

3.1 Großräumige und sozial heterogene Bundesstaaten: USA und Kanada

Bedingt durch ihre immense räumliche Ausdehnung weisen die beiden Bundesstaaten kontinentaler Dimension, Kanada und die USA, die im Vergleich größten regionalen Unterschiede auf. Eine föderative Staatsorganisation stand also außer Frage, zumal beide Bundesstaaten aus bereits bestehenden, voneinander unabhängigen britischen Kolonien gebildet wurden. Dem entsprechend sind beide Föderationen interstaatlich mit hoher Autonomie der Gliedstaaten konzipiert. Für den kanadischen Fall (wie im Übrigen auch für den australischen und indischen Föderalismus) kommt hinzu, dass das ursprüngliche Westminster-Modell keine föderative Struktur kennt und im Prozess des *state building* in der Zeit zwischen 1840 und 1867 institutionelles Neuland betreten wurde (vgl. Watts, in diesem Band).

Auf Grund der historischen Entwicklung waren es zunächst die USA, deren Gliedstaaten die höchste Autonomie aufwiesen, da die Föderation aus einer Revolutionssituation heraus entstand. Zunächst als lose *confederation* organisiert, wies selbst die Unionsverfassung von 1787 trotz gestärkter Zentralgewalt und eines ausgeklügelten Systems horizontaler und vertikaler Gewaltenteilung den Einzelstaaten der USA das formale institutionelle Übergewicht zu. Die Einzelstaaten pochten in der Vergangenheit stets auf ihre verfassungsmäßigen *states rights*. Die Verlagerung der politischen Macht auf die Bundesebene war primär die Konsequenz von Supreme Court-Rechtsprechung und informellem Funktionswandel auf Grund veränderter bzw. neuer gesellschaftlicher Anforderungen.

Dagegen wurde der kanadische Bundesstaat 1867 aus gegen die USA gerichteten sicherheitspolitischen und aus entwicklungspolitischen Überlegungen heraus verfassungsrechtlich-institutionell mit einer starken Zentralgewalt ausgestattet. Allerdings war der kanadische Föderalismus auf Grund der kontinentalen Dimension des Landes mit seiner unausweichlichen Vielfalt der Lebensbedingungen und insbesondere auf Grund der Dualität der anglo- und frankophonen Subgesellschaften von Beginn an mit territorial verfestigten, ethnisch und sprachlich-kulturellen wie ökonomischen Konfliktdimensionen konfrontiert. Zum einen erschwerte die Existenz der „*two solitudes*" das Entstehen einer kanadischen Identität; zum anderen waren die ökonomischen Disparitäten insbesondere zwischen dem industrialisierten Zentralkanada und der seit Ende des 19. Jahrhunderts erschlossenen agrarisch strukturierten Peripherie, den Prärieprovinzen des Westens, so gravierend, dass sie dauerhaft Ausdruck in Deprivationsgefühlen und regionalistischen Protestbewegungen sowohl rechtspopulistischer als auch genossenschaftlich-sozialistischer Provenienz fanden. Die politische Integration der Regionen und der Zusammenhalt des kanadischen Staates hatten daher für jede Bundesregierung Vorrang, denen in der Regel die anderen politischen Projekte nachgeordnet wurden. Ein erster Prozess politischer Dezentralisierung, gefordert von den Provinzregierungen Ontarios und Québecs und verfassungsrechlich abgesichert durch die noch in Großbritannien residierende höchste Gerichtsbarkeit, setzte bereits Ende des 19. Jahrhunderts ein.

Die Dynamik in den Bund-Provinz-Beziehungen kehrte sich ab den 1930er Jahren im Zuge von Weltwirtschaftskrise und 2. Weltkrieg zeitweilig um; die Unitarisierung lag begründet im sozialpolitischen Engagement des Bundes und der damit verbundenen verstärkten finanziellen Abhängigkeit der Provinzen, die die intergouvernementale Zusammenarbeit zur Form eines „*cooperative federalism*" verstärkte (vgl. Wolfe 1996). Noch während der Ausbauphase des Wohlfahrtsstaates traten seit Mitte der 1950er Jahre neuerliche Regionalisierungstendenzen ein, die bis heute ungebrochen andauern. Sie wurden maßgeblich ausgelöst durch die *revolution tranquille* in Québec und führten durch die schrittweise Gewährung zusätzlicher eigener (Einkommensteuer-)Finanzquellen zum *province building* in allen kanadischen Provinzen, insbesondere jedoch in den finanzstarken, während die finanziellen „Armenhäuser", die Atlantikprovinzen, nur umso stärker von den Finanzzuweisungen des Bundes abhängig wurden (vgl. Elkins/Siméon 1980).

In den USA dagegen hielten der schon seit Ende des 19. Jahrhunderts konstatierte Trend zur Aushöhlung des in der Verfassung festgelegten Trennföderalismus und die Entwicklung zum kooperativen Föderalismus an (Elazar 1962), was auch auf die Dominanz ökonomischer Disparitäten zwischen den Regionen zurückzuführen ist, während andere Konfliktdimensionen zunehmend weniger eine Rolle spielten. Nach dem Bürgerkrieg in den 1860er Jahren wandelten sich die politisch-kulturellen Konflikte zwischen Nord- und Südstaaten. Die soziokulturellen Unterschiede sind seitdem äußerst vielschichtig, häufig territorial nicht eindeutig bezogen und zudem meist ökonomisch definiert. Dabei kann zwischen trennendem *sectionalism* – dauerhaften regionalen Bindungen, die Entfremdung von der Bundesebene entstehen lassen – und integrativem *regionalism* – kleinräumigen Interessenallianzen auf regionaler Ebene – unterschieden werden (vgl. Elazar 1994: 137–139). Der *sectionalism* war indes lange Zeit eher unbedeutend, während sich die Großregionen durch das Vorherrschen von kleinräumigem *regionalism* intern immer weiter ausdifferenzierten. Zwar fördert die frühliberale Kultur in den USA mit ihrem Postulat der individuellen und gesellschaftlichen Eigenverantwortung dezentrale Entscheidungsstrukturen, verhindert jedoch auch die Entstehung größerer Allianzen gegen die Bundesgewalt (vgl. Elazar 1994; Lipset 1996), zumal das besondere amerikanische Nationalbewusstsein eine wichtige Rolle im Prozess der gesamtgesellschaftlichen Integration spielt.

Auch aus diesem Grunde trafen die sozialpolitischen Eingriffe des Bundes in gliedstaatliche Kompetenzen mittels der *new deal*-Programme zusammen mit den zweckgebundenen Mittelzuweisungen, die insbesondere durch die *interstate commerce clause* und/oder die *general welfare clause* verfassungsrechtlich abgesichert wurden, auf vergleichsweise geringen Widerstand. Gerade die kleineren Staaten mit geringerer Wirtschaftskraft wären ohnehin zu einem eigenständig finanzierten Ausbau wohlfahrtsstaatlicher Leistungen nicht in der Lage gewesen. Darüber hinaus war der schleichende Machtverlust der Einzelstaaten nur schwer zu erkennen, da die Kooperationen stark sektorialisiert waren und ad hoc wie pragmatisch begründet zustande kamen (vgl. Glendening/Reeves 1984). Der Preis für derartige Verhandlungsarrangements waren eine zunehmende Unübersichtlichkeit der Entscheidungsstrukturen und zahlreiche Zuständigkeitsüberschneidungen – eine „Balkanisierung" der öffentlichen Verwaltung (vgl. Hesse/Benz 1990: 91; Wright 1982).

Die Unübersichtlichkeiten resultierten aber auch aus zwei weiteren gegenläufigen Tendenzen: zum einen den von Peterson (1995) konstatierten Entwicklungstendenzen hin zu einer funktionalen Aufteilung von Politikfeldern, zum anderen den Eigeninteressen der politischen Akteure, die auf die kompetitive politische Kultur und die auf Grund des relativen Mehrheitswahlsystems lokale bzw. regionale Bindung der Bundespolitiker zurückzuführen sind (vgl. Schneider/Schultze 1999: 4). In Kanada, in dem diese Faktoren ähnlich ausgeprägt sind, herrscht daher auf Grund des Engagements der Provinzen in der Sozialpolitik ein starker Dualismus auf beiden Feldern des ökonomischen Staatsinterventionismus mit daraus folgenden dauerhaften Kompetenzkonflikten vor, zumal auch regulative Politiken auf Bundes- wie Provinzebene angesiedelt sind.

Festzuhalten bleibt jedoch, dass in den Föderalismen der USA wie Kanadas die losen Koppelungen in der Form der *federal-provincial/state diplomacy* die Anpassung der Politik an Wandel der regionalen Konflikte erleichtert haben – im kanadischen Fall mit zahlreichen *opting out*-Prozessen in Richtung auf einen höchst dezentralen „konföderalen Föderalismus" (Schultze 1985). Durch die fehlende Integration von Gliedstaateninteressen in das Institutionen- und Parteiensystem auf Bundesebene besteht zudem eine starke Wettbewerbsorientierung der Provinzen untereinander.

3.2 Kleinräumige und homogene Bundesstaaten: Bundesrepublik Deutschland und Österreich

Im Vergleich zu den USA und Kanada sind die Bundesrepublik Deutschland und Österreich auf Grund der räumlichen, historischen, sozial- und politisch-kulturellen Bedingungen gesellschaftlich weit homogener. Zunächst war durch die Kleinräumigkeit und hohe Bevölkerungsdichte ein Austausch zwischen den Regionen historisch immer gewährleistet. Während im deutschen Föderalismus der Vergangenheit kulturelle Vielfalt und historische Tradition noch eine gewisse Bedeutung hatten, ohne die Hegemonie Preußens zu verhindern, spielten gesellschaftliche Vielfalt, ökonomische Disparitäten und multikultureller Schutz in der Bundesrepublik spätestens seit den Erfolgen bei Wiederaufbau und Integration der Flüchtlinge und Vertriebenen keine große Rolle mehr. Hinzu kam der Tatbestand, dass die meisten Länder nach 1945 entsprechend der alliierten Zoneninteressen geschaffen wurden, ohne auf die gewachsenen territorialen Traditionen Rücksicht zu nehmen, wodurch die Grenzen zwischen historischen Regionen nun oft innerhalb eines Bundeslandes verlaufen. Mit Blick auf die regionalen Konfliktlinien spielten in der alten Bundesrepublik ökonomische Entwicklungsdisparitäten und soziale Ungleichgewichte verglichen mit anderen Bundesstaaten eine geringe Rolle, gemessen am Maßstab gleichwertiger Lebensverhältnisse waren sie aber für die Politik relevant. Sie wurden daher durch die Gemeinschaftsaufgaben, den horizontalen Länderfinanzausgleich und die Ergänzungszuweisungen des Bundes aufgefangen, deren Ausgleichniveaus eine immer größere Dimension annahmen. Die Redistributionen erfolgten im hochentwickelten bundesrepublikanischen Wohlfahrtsstaat weitestgehend auf der Ebene des Bundes und unter der bundespolitischen Mitwirkung der Landesregierungen. Die kulturellen Unterschiede wurden, sieht man von einer gewissen Sonderrolle Bayerns ab, politisch nicht artikuliert. Bedeutsamer waren vielmehr Asymmetrien und Konflikte, die aus der neuen territorialen Struktur der Bundesrepublik resultierten, vor allem die Konflikte zwischen

1. armen und reichen Ländern;
2. großen, leistungsstarken und kleinen, leistungsschwachen Ländern;
3. Flächenstaaten und Stadtstaaten (vgl. Schultze 1993; Sturm 1999).

Intrastaatlicher Institutionenaufbau und etatistische politische Kultur einerseits, die, wie Gerhard Lehmbruch (2000) gezeigt hat, auf einer lang zurückreichenden Pfadabhängigkeit basieren, und ökonomische wie kulturelle Homogenität andererseits entsprachen sich und akzentuierten sich wechselseitig in ihren zentripetalen Tendenzen. Es ging Landesregierungen und -parteien stets primär um das „Mitregieren" auf Bundesebene, mindestens aber um die Mitwirkung an der Gestaltung der Einheitlichkeit der Lebensverhältnisse und nur sekundär, wenn überhaupt, um die Realisierung und Bewahrung von landesspezifischer Besonderheit, sofern sie denn existierte.

Im österreichischen Nachkriegsföderalismus waren die zentripetalen Tendenzen auf Grund der einheitsstaatlichen Vergangenheit und der weitgehenden gesellschaftlichen Homogenität noch ausgeprägter. Zudem sind auf Grund von territorialer Kleinräumigkeit und verfassungsrechtlicher Kompetenzverteilung die neun Bundesländer (heute vielleicht mit Ausnahme Wiens) wirtschaftlich nur eingeschränkt lebensfähig. Der institutionellen Politikverflechtung in Deutschland entsprach in Österreich die besondere Variante von Konkordanzkultur und Proporzdemokratie, wie die langlebigen großen Koalitionen auf Bundesebene (1945–1967; 1987–2000) oder die Bestellung von sieben Landesregierungen nach dem Proporzprinzip exemplarisch belegen (vgl. Schäffer 1993). Die Bestrebungen der Bundesländer seit den 1950er Jahren, den Zentralisierungstendenzen entgegenzuwirken, konnten deshalb zu nichts anderem als einer immer engeren Verflechtungen zwischen Bundes- und Landesebene und der Länder untereinander führen. Anders als in Deutschland waren diese Bestrebungen aber nur begrenzt erfolgreich.

3.3 Kleinräumiger Bundesstaat mit ethnisch-kultureller Vielfalt: Die Schweiz

Die Schweiz galt in der Vergangenheit vielen als Vorbild gelungener politischer Integration einer multikulturellen Gesellschaft (vgl. Deutsch 1976). Die Proporzdemokratie bildete das Instrument, die regionalen Konflikte durch Aushandeln zu entschärfen und keine strukturellen Minderheiten entstehen zu lassen (vgl. Lehmbruch 1967). Das bundesstaatliche Institutionensystem reflektiert die lange tradierte religiöse Konfliktstruktur des Landes und die Interessen der Sprachgruppen.

Nach dem Sieg der protestantischen Kantone über den katholischen Sonderbund, der aus den besonders kleinen Kantonen der Zentralschweiz bestand, wurde in der Verfassung von 1848 mit dem Ständerat eine Institution geschaffen, in der auf Grund der gleichen Repräsentation aller Kantone die deutschsprachigen kleinen Kantone und Halbkantone in der Zentralschweiz überrepräsentiert sind. In der zweiten Kammer des Parlaments, dem Ständerat, sind alle Kantone mit je zwei Stimmen, alle Halbkantone mit je einer Stimme vertreten. Zudem ist bei nationalen Referenden nicht nur die absolute Stimmenmehrheit, sondern auch die Kantonsmehrheit (Ständemehr) erforderlich (vgl. Papadopoulos 2001; Urio 1989). Durch die strukturelle Bevorzugung der ländlichen, katholischen Kantone wurden zwei Konfliktlinien eingefroren, der Zentrum-Peripherie-Konflikt und der religiöse *cleavage*, die dadurch länger als in vergleichbaren Industriestaaten fortexistierten. Dass die siegreiche protestantische Seite überhaupt Anstrengungen unternahm, die religiöse Minderheit in das politische System zu integrieren, liegt wesentlich in der schweizerischen politischen Kultur, deren traditionellen Normen der friedlichen Koexistenz sowie in dem Politikstil des Aushandelns zwischen den Kantonen begründet (vgl. Lehmbruch 1996).

Eine Integration der Interessen der sprachlichen Minderheiten erfolgte schon 1848 durch die Regel, dass mindestens zwei der sieben Bundesräte aus der Romandie und dem Tessin kommen müssen. Im 19. Jahrhundert allerdings prägte die Religion die Identität der Schweizer noch weit stärker als die Zugehörigkeit zu einer Sprachengruppe. Konflikte zwischen diesen wurden durch die Mehrsprachigkeit der Eliten gemildert. Zudem hatten die französisch- und italienischsprachigen Gebiete als ehemalige Untertanenländer erst Anfang des 19. Jahrhunderts relative politische Autonomie durch Kantonsgründungen erhalten. Die einzige Spaltung auf Grund sprachlicher Differenzen erfolgte in den 1970er Jahren mit der Loslösung des ehemaligen Untertanenlandes Jura vom Kanton Bern.

Die Integrationsleistung des schweizerischen Föderalstaates, die in der Vergangenheit das vergleichsweise konfliktfreie Nebeneinander verschiedener Kulturen absicherte, beruht(e) nicht zuletzt auf den für ihn charakteristischen politisch-institutionellen Arrangements, die gleich mehrfach vom Grundsatz des „Sowohl-als-auch" bestimmt sind, nämlich von Autonomie und Aushandeln; von interstaatlich-dualistischen Kompetenzabgrenzungen bei gleichzeitig intrastaatlichen Funktionsteilungen und folglich herausgehobener Stellung der Kantonalverwaltungen; von Allparteienproporz bzw. konsensualem Aushandeln und demokratischer Mehrheitsentscheidung qua Referendum; von Elitenakkommodation und Transparenzdefizit in den horizontalen wie vertikalen Verhandlungssystemen einerseits und der direktdemokratischen Rückkoppelung und Kontrolle durch die Referendumsdemokratie wie die weiteren direktdemokratischen Verfahren andererseits; von kantonaler Autonomie und Minderheitenschutz bei zentralisierenden Effekten gesamtschweizer Referenden, durch die zugleich die Dominanz der Deutschschweizer abgesichert wurde und wird.

Bringt man die vorstehende, primär deskriptive Charakterisierung der drei föderativen Prototypen mit unseren systematischen Überlegungen im 2. Kapitel in Verbindung, zeigen sich die folgenden Zusammenhänge, die in Tabelle 2 abgebildet sind.

Tabelle 2: Zusammenhang zwischen Gesellschaft eines Bundesstaates und politischer Verarbeitung

Gesellschaft	Politisches Institutionensystem	Politische(r) Kultur/Stil
groß/heterogen	interstaatlich	vorrangig Wettbewerb nachrangig Aushandeln
klein/heterogen	inter- und intrastaatlich	gleichrangig Aushandeln und Referendumsdemokratie
klein/homogen	intrastaatlich	vorrangig Aushandeln nachrangig Wettbewerb

4. Wandlungstendenzen regionaler Konflikte im Zeichen von Globalisierung und Entgrenzungen

Es hieße Eulen nach Athen tragen, an dieser Stelle die Diskussion über die Reichweite von Globalisierung bzw. Entgrenzung oder Denationalisierung (Zürn 1998) wieder aufzugreifen.[4] Generell ist der kritischen Einschätzung von Klaus-Dieter Wolf (1998) zuzustimmen, dass Unkenrufe, die vom Ende des Nationalstaates (Ohmae 1995) oder dem Ende der Souveränität (Elkins 1995) sprechen, übertrieben sind und daher lediglich von einer Perforierung von Grenzen und Souveränitäten ausgegangen werden sollte (Duchacek u.a.1988; Duchacek 1990). Die Erfahrungen der letzten Jahre haben gezeigt, dass zwar neue Unübersichtlichkeiten (Nitschke 1999) entstanden sind, da immer mehr staatliche, suprastaatliche und/oder substaatliche Akteure auf der politischen Bühne agieren, der Nationalstaat jedoch noch immer eine zentrale Rolle dabei spielt, zumal auch die Regionen jedenfalls bislang auf den Nationalstaat als primären Verhandlungspartner ausgerichtet sind. Im Gange sind hingegen Prozesse, die man eher als „Um-Grenzung" denn als „Entgrenzung" wird bezeichnen können, mit der Konsequenz permanenter qualitativer Veränderungen in den Bezugsgrößen Territorium und Staat (vgl. Rausch 2000). Eine Folge dieses Wandels ist der Aufstieg der Region als wirtschaftlich integrierte räumliche Einheit sowohl im Bewusstsein der Bürger und Politiker als auch im Forschungsinteresse der Politikwissenschaft. Bis in die 1970er Jahre

---

4 Vgl. PVS-Sonderheft 29/1998 „Regieren in entgrenzten Räumen" sowie Börzels Beitrag in diesem Band.

hinein spielten die Begriffe Region/Regionalismus/Regionalisierung so gut wie keine Rolle in der deutschen Politikwissenschaft (vgl. Nitschke 1999). Dies lag zum einen an deren paradigmatischen Ausrichtung, die sich an dem Interesse der Politik an wohlfahrtsstaatlich-keynesianischer Zentralisierung von Planung und Entscheidung orientierte. Zum anderen lastete nur vergleichsweise geringer Druck auf den Regionen, der diese zu einer machtvollen Artikulation ihrer spezifischen Interessen gedrängt hätte.

Seit der Zeitenwende der 1970er/1980er Jahre kam es zu einer wachsenden „Politisierung des subnationalen Bezugsrahmens" (Knemeyer 1994: 52), die ihren Ausdruck nicht alleine in der neuerlichen Manifestation der lange Zeit nur latent vorhandenen regionalistischen Bewegungen fand,[5] sondern zumindest in den Föderalstaaten zu einer wachsenden Aktualisierung regionaler Interessen auch im politisch-institutionellen System führte – Prozesse, die mit dem tiefgreifenden gesellschaftlichen Wandel, aber auch der deutlich schwindenden Integrationsfähigkeit der überkommenen politisch-institutionellen Arrangements zusammen hingen. Den folgenden Faktoren dürfte dabei eine besondere Bedeutung zugekommen sein.

Ökonomisch:
Die ökonomisch begründeten Denationalisierungs- und Entgrenzungsprozesse, die nicht zuletzt durch höhere Mobilität von Kapital und Arbeit wie von Mensch und Arbeit, verbunden mit weitreichender Deregulierung im internationalen wie in den supranationalen Systemen, ausgelöst worden sind, haben regionenbezogen weitreichende Auswirkungen:

1. Der Verlust an ökonomischen Steuerungsmöglichkeiten des Nationalstaates verstärkt die ökonomischen Disparitäten unter den Regionen auch innerhalb der Bundesstaaten.
2. Der (sich zudem zyklisch beschleunigende) industrielle Strukturwandel fordert flexibilisierte ökonomische Regionalstrukturen, was nicht nur, aber insbesondere für die Felder der wissensbasierten neuen Technologien gilt (vgl. Florida 1995).
3. Gezielte Wirtschaftsförderung in strukturschwachen Gebieten durch den Nationalstaat ist auf Grund globalisierter Rahmenbedingungen nicht mehr ohne weiteres möglich. Standortpolitik stellt sich seither häufig als Nullsummenspiel dar, in dem konkurrierende Regionen gegeneinander antreten.
4. Dem Wettbewerb der Regionen untereinander um kapitalintensive Industrieansiedelungen und um Strukturhilfen national- wie suprastaatlicher Akteure kommt dadurch größere Bedeutung zu.
5. Die erhöhte Bedeutung der subnationalen Räume folgt auch aus der relativen Nähe der politisch-institutionellen Akteure zu den ökonomischen und sozialen, individuellen wie korporativen Akteuren vor Ort.

Subnationale politische Räume dürften die ökonomisch-sozialen Rahmenbedingungen leichter und schneller flexibilisieren können als nationalstaatliche bzw. supranationale

---

5 Es versteht sich fast von selbst, dass es sich bei der Aufwertung der Regionen im Zuge der „Entgrenzungstendenzen" der jüngsten Zeit nicht nur um strukturell neue Konfliktdimensionen, sondern vielfach um die Aktualisierung überkommener Regionalismen handelt (vgl. Schultze/Sturm 1992).

Institutionen (vgl. Wolfe 1996). Dies gilt auch für die zunehmend problematischeren, überkommenen politisch-administrativen Grenzziehungen, wodurch die grenzüberschreitenden Kooperationserfordernisse deutlich steigen, um schnelle, wirtschaftskonforme Entscheidungen, die dennoch suboptimal bleiben müssen, zu ermöglichen. Die Vision von „*region states*" (vgl. Ohmae 1993, 1995; Wolfe 1996), d.h. von Staaten, die aus einer einheitlichen wirtschaftlichen Region bestehen und in denen keine oder nur minimale Reibungsverluste zwischen Politik, Gesellschaft und Ökonomie auftreten, ist aus diesem Kontext heraus zu erklären (vgl. Courchene/Telmer 1998; Wolfe 1996). Zwar ist die völlige Ablösung des Nationalstaates nicht zu erwarten, schon gar nicht durch einen einseitig ökonomistisch verkürzten Regionalstaat (vgl. Norrie 1996); viel wahrscheinlicher ist, dass sich ein noch neu auszutarierendes Verhältnis zwischen den mittlerweile von der Kommune bis zum Staatenverbund interagierenden vier politischen Systemebenen herstellen dürfte. Angemessen zu berücksichtigen wird dabei die so genannte Clusterbildung sein, d.h. die verstärkte Ansiedelung eigentlich territorial unabhängiger Industrien an einem günstigen und attraktiven Standort. Durch solche Cluster, wie beispielsweise das vielbeschriebene Silicon Valley, und die mittlerweile zahlreichen verwandten „Leuchtturm"- bzw. Clusterbildungen erhalten Zentrum-Peripherie-Verhältnisse eine zusätzliche, qualitativ neue Dimension.

Politisch:
Der Nationalstaat wird nicht nur durch die steigende Dezentralisierung und Regionalisierung, sondern auch durch seine immer intensivere Einbeziehung in transnationale Regime und Organisationen unter Druck gesetzt: „[T]he effective power of the nation state is squeezed between a double movement – the expanding role of supra-national institutions consonant with the trend towards globalization and the role for regional or subnational levels of government" (Wolfe 1996: 217). Eingebunden und als aktive Partner in den supranationalen Mehrebenensystemen[6] gelingt es einzelnen Regionen, nicht zuletzt durch grenzüberschreitende Kooperation, Regionalinteressen zunehmend erfolgreich ins Spiel zu bringen. Während regulative Politiken zunehmend auf der Agenda der supranationalen Institutionen stehen, fallen marktschaffende Standortpolitiken verstärkt in die Zuständigkeiten der regionalen Einheiten. Damit stellt sich verstärkt die Frage nach der Verantwortlichkeit für redistributive, marktkorrigierende Politiken, aus denen sich der Nationalstaat in Folge fehlender Steuerungsmöglichkeiten und mangelnder finanzieller Ressourcen zunehmend zurückzieht. Bestehende regionale ökonomische und soziale Ungleichverteilungen stehen dadurch in der Gefahr, sich durch ruinösen Standortwettbewerb zu verschärfen.

Politisch-kulturell:
Die politisch-kulturellen Wertehaushalte der Vergangenheit unterliegen gleichzeitig einerseits globalen Prozessen der Homogenisierung und Universalisierung bei andererseits tiefgreifenden Pluralisierungs- und Individualisierungsprozessen in Richtung auf postmoderne Vielfalt und/oder Beliebigkeit. Dies betrifft sowohl die gesamtstaatliche politische Kultur als auch die regionalen politischen Teilkulturen, sofern und wo sie existieren. Kennzeichen dieser dialektischen Entgrenzungsprozesse ist das, was David

---

6 Siehe zum bisher fortgeschrittensten Mehrebenensystem, der EU, die Ausführungen von Tanja Börzel in diesem Band.

Elkins (1995) auf den Begriff des „*unbundling*" von Identitäten gebracht hat. Deren Proliferation beschwört die Gefahr eines generellen Identitäts- wie Solidaritätsverlustes herauf. Wir erleben insofern, gerade im Bereich politisch-kultureller Normen, besonders vielfältige Prozesse der Ent- und „Um-Grenzung", die die bisherigen räumlichen Bezüge grundsätzlich verändern, wobei die Region als Bezugsgröße zusehends von der Bedeutung lokaler Räume, aber auch von „entterritorialisierten", „virtuellen" Gemeinschaften, herausgefordert wird.

Soziokulturell:
Für ethnisch bzw. kulturell stark fragmentierte Staaten ist ein solches „*unbundling*" der Identitäten besonders problematisch, zumal sich die einstmals relativ festgefügten und/ oder territorial vergleichsweise eindeutig zugeordneten und häufig homogenen soziokulturellen Verhältnisse wandeln. Verantwortlich dafür sind Migration und Mobilität sowie eine Ausdifferenzierung der Lebensstile, sodass die überkommenen askriptiven kulturellen Identitätskriterien wie Ethnie, Religion, familiäre und soziale Herkunft unter den Bedingungen „posttraditionaler Gesellschaften" (Giddens 1994) zu Gunsten von selbstgewählter und variabler Gemeinschafsbildung an Bedeutung verlieren. Dieser soziokulturelle Wandel weist insofern deutliche räumliche Bezüge auf, als er die Stadt-Land- aber auch Zentrum-Peripherie-*cleavages* verändert definiert.

Räumlich:
Angesichts der charakterisierten Ent- wie „Um-Grenzungen" wird die Vorstellung von kulturell, sozial und ökonomisch homogenen Regionen innerhalb eindeutig definierbarer territorialer Grenzen, die auch in der Vergangenheit bestenfalls näherungsweise vorhanden war, zusehends obsolet. Ethnisch bzw. kulturell einheitliche Regionen, so sie denn überhaupt noch existieren, sind nicht mehr mit ökonomischen kongruent (vgl. Albert 1998; Wolf 1998). Die Grenzen sind nicht mehr eindeutig definierbar, sondern bestehen aus „ausgefransten Zonen" (Grabher 1994) und können sich auf Grund der sich beschleunigenden Transformationen schnell verschieben. So besitzt der Raum als konstituierendes Element von Politik zwar einerseits unverändert große Bedeutung, verliert aber andererseits seinen beständigen Charakter. Zudem differenzieren sich die interregionalen Beziehungen aus, entlang der gewandelten Politikfelder und parallel zu veränderten Akteurskonstellationen.

5. Die Fallbeispiele regionaler Konfliktmuster unter dem Einfluss
   von Globalisierungs- und Entgrenzungsprozessen

Die hier skizzierten Entgrenzungs- und „Um-Grenzungs"-Prozesse finden sich in den Föderalstaaten in unterschiedlichen Ausprägungen. Dabei spielt zunächst der Grad der politischen Vernetzung in supranationale Systeme und Regime eine Rolle: Österreich und Deutschland sind bereits eng in den Staatenverbund Europäische Union eingebunden und haben Teile ihrer politischen Souveränität abgegeben. Kanada und die USA dagegen sind zwar in dem Freihandelsregime NAFTA verbunden, dies hatte bislang jedoch weit weniger weitreichende Auswirkungen auf ihre Handlungsfähigkeit als Nationalstaaten. Die Schweiz ist unter den zu untersuchenden Ländern dasjenige, das bisher noch den wenigsten politischen Entgrenzungserscheinungen ausgesetzt gewesen ist.

5.1 Großräumige und sozial heterogene Bundesstaaten: USA und Kanada

In den USA sowie in Kanada hat der technologisch-ökonomische Wandel Einfluss auf das Verhältnis der Regionen untereinander und deren politisch-kulturelle wie wirtschaftliche Entwicklung. Während die politisch-administrative Integration Nordamerikas bislang nicht besonders vorangeschritten ist, sondern sich die Beziehungen noch immer auf bi- bzw. trilateraler zwischenstaatlicher Ebene vollziehen, gewinnen informelle, grenzüberschreitende Kooperationen der subnationalen politischen Akteure an Gewicht (vgl. Rausch 2000; Börzel, in diesem Band). Deutlich ausdifferenzierter und tiefgehender ist indessen die gesellschaftliche, ökonomische, massenkulturelle Integration auf dem nordamerikanischen Kontinent, was kontinentalen Regionalisierungstendenzen jenseits der traditionellen nationalstaatlichen Grenzziehungen entgegen kommt.

In den USA haben sich auf Grund der besonders hohen Mobilität von Kapital und Arbeit, gefördert durch eine prononciert liberale Wirtschaftspolitik, neue regionale *cluster*, insbesondere auf dem Feld der I- und K-Industrien leicht und frühzeitig herausgebildet (v.a. in Kalifornien und in den Regionen um New York, Seattle oder auch Atlanta). Solche *cluster*-Bildungen mit ihrem Enklavencharakter stehen in der Gefahr, zusätzliche politische Steuerungsprobleme zu verursachen und die ökonomischen Zentrum-Peripherie-Konflikte zu verschärfen. Die industriell-technologische Reorganisation der amerikanischen Wirtschaftsstrukturen hat zudem die kulturelle und die politisch-soziologische Bedeutung der vier traditionellen US-amerikanischen Großregionen weiter vermindert. Ähnlich fragmentierend wirken die multikulturellen Einwanderungswellen, insbesondere aus Lateinamerika und der Karibik.

Die Politik versuchte, auf die ökonomischen und soziokulturellen Transformationen mit Reformen im föderativen System zu reagieren, die in Richtung der Stärkung der Einzelstaaten und der Entflechtung der *intergovernmental relations* zielen (vgl. Greß 2001). Die Bemühungen um die Reföderalisierung begannen in den Regierungszeiten der republikanischen Präsidenten Richard Nixon und Ronald Reagan. Insbesondere in der Reagan-Ära waren die Programme des *„new federalism"* Bestandteil der neokonservativen Wirtschaftspolitik, des Rückzugs des Staates und vor allem der Reduktion sozialstaatlicher Leistungen. Die zuvor weitgehend zweckgebundenen Transferzahlungen des Bundes an die Einzelstaaten wurden vielfach durch *block grants* ersetzt. Seit Anfang der 1990er Jahre kam es indes neuerlich zu einer Phase verstärkten Engagements des Bundes, der zudem innovative Ansätze einzelstaatlicher Sozialpolitiken finanziell unterstützt; dies gilt insbesondere für das intergouvernementale Programm *medicaid*.

Die Beziehungen zwischen Bund und Einzelstaaten seit den 1980er Jahren unterlagen damit widersprüchlichen Tendenzen: einerseits Tendenzen der „Ent(bundes)staatlichung" (Lösche 1989) und Dezentralisierung, andererseits aber auch Versuchen des Bundes, über bundeseinheitliche Regulierung, aber auch neuerliche Mittelzuweisungen[7]

---

7 Die Zahl der Bundesprogramme ist von 492 im Jahr 1990 bis 1998 auf über 660 angewachsen (vgl. Greß 2001: 346).

Steuerungsmöglichkeiten zurückzugewinnen. Die Staaten-freundliche Rechtsprechung des Supreme Court seit Mitte der 1990er Jahre hat allerdings die regulierende Kompetenz des Kongresses begrenzt. Zudem wird die Geltung der generellen Verfassungsklauseln, die dem Bund Eingriffe in gliedstaatliche Kompetenz erlauben, durch die Rechtsprechung immer weiter eingeschränkt. Von einer „*devolution revolution*" (Nathan 1996) zu sprechen, ist dennoch unangemessen; es handelt sich um kaum mehr als den Umbau des bisherigen kooperativen Föderalismus mit höheren Gestaltungsmöglichkeiten für die Staaten (vgl. Greß 2001).

Der kanadische Föderalismus war bereits zu Zeiten des keynesianischen Wohlfahrtsstaates außergewöhnlich dezentralisiert mit einem vergleichsweise hohen Autonomiegrad der Provinzen. Der ökonomische Strukturwandel, die kontinentalen Integrationsprozesse im Gefolge von NAFTA und der wirtschaftspolitische Paradigmenwandel vom *welfare-* zum *workfare state*, der von den Regierungen des Bundes wie der Provinzen vollzogen wurde, haben die ökonomische Regionalisierung in Richtung auf die Entwicklung von *region states* beschleunigt in Gang gesetzt. Motor dieser Entwicklung waren die Unabhängigkeitsbestrebungen der Québecer Separatisten, die auch von ökonomischen Motiven getragen sind. Infolge der kontinentalen Marktöffnung sah und sieht man in Québec Chancen, die unterstellte ökonomische Benachteiligung gegenüber Ontario zu überwinden. Zudem glaubt man, eher im nordamerikanischen Wirtschaftsraum als im kanadischen erfolgreich Standortpolitik mit dem Ziel eines hochspezialisierten *region state* betreiben zu können (vgl. Zürn/Lange 1999). Zwar trifft die Québecer Forderung nach einem Sonderstatus der Provinz im Rahmen des kanadischen Bundesstaates auf Ablehnung außerhalb Zentralkanadas und insbesondere in den Provinzen des Westens; dessen ungeachtet haben sämtliche kanadische Provinzen die zuerst immer Québec eingeräumten zusätzlichen Kompetenzen für ihre eigene Regionalentwicklung in Richtung möglichst kohärenter und autonomer *region states* genutzt (vgl. Norrie 1996). Seit dem Scheitern der Versuche, durch „*mega constitutional politics*" (Russell 1993) den kanadischen Föderalismus auf eine grundlegend neue Basis zu stellen (vgl. Schultze/Schneider 1997), vollziehen sich die Beziehungen zwischen Bund und Provinzen unterhalb der Ebene der Verfassungspolitik. Dies geschieht zum einen durch häufig bilaterale, meist politikfeldbezogene Verhandlungen, indem die Bundesregierung nicht nur, aber insbesondere Québec den Ausstieg aus gesamtstaatlichen Politikprogrammen durch *opting out* gestattet. Dies hat die Asymmetrien im kanadischen Föderalismus weiter akzentuiert. Zum anderen durch flexible, multilateral von Bund und Provinzen ausgehandelte Abkommen, u.a. die Rahmenabkommen zu Fragen des Außenhandels (*Agreement on International Trade*, 1994/1995) und zur Sozialunion (*Framework to Improve the Social Union For Canadians*, 1999) (vgl. Lazar/McLean 2000; Cameron/Siméon 2000).

Die regional bestimmten *cleavages* sind auch unter den aktuellen ökonomischen Bedingungen kontinentaler Integration noch immer stark sozio- und politisch-kulturell begründet. Dies betrifft selbstverständlich die Autonomie- bzw. Unabhängigkeitsbestrebungen in Québec, die die sprachlich-kulturelle Homogenität der Provinz gerade auch unter den Bedingungen einer sich globalisierenden Welt aufrecht erhalten wollen. Es betrifft aber auch den Regionalismus im kanadischen Westen, der zunehmend rechtspopulistische und auch fundamentalistisch-religiöse Züge aufweist. Die kulturelle Protestdimension im kanadischen Westen stellt sich dabei vielfach als Reaktion auf die multikulturelle Ausdifferenzierung der kanadischen Gesellschaft und die Vielfalt der postmodernen Lebensstile dar. Für den Québecer Separatismus wie für den Regionalismus des Westens gilt folglich gleichermaßen, dass sie den durch ökonomische Marktintegration und massenkulturelle Nivellierung ausgelösten gesellschaftlichen Angleichungszwängen durch Garantie und Abgrenzung ihrer eigenen regionalkulturellen Homogenität entgegenzusteuern versuchen.[8]

5.2 Kleinräumige und homogene Bundesstaaten:
Bundesrepublik Deutschland und Österreich

Maßgeblich für die Veränderungen in regionalen Konfliktmustern und Bund-Länder-Beziehungen sind in Deutschland Globalisierung und supranationale Integration in die EU einerseits, die deutsche Vereinigung andererseits. Die Verschiebung von Bundes- wie Landeskompetenzen nach Brüssel zog Zentralisierungen und einen deutlichen Einflussverlust der Landesregierungen im politikverflochtenen Mehrebenensystem der Bundesrepublik nach sich, was stärkeres Engagement der Länder in der europäischen Politikarena, eine Intensivierung ihrer Bemühungen auf dem Felde regionaler Wirtschaftspolitik, um im supranationalen Standortwettbewerb erfolgreich mithalten zu können, aber auch Versuche der Zusammenarbeit mit anderen europäischen Regionen auslöste.

Die deutsche Einigung verkomplizierte und verschob die gewachsenen regionalen Konfliktlinien. Zwar sind die *cleavages* der alten Bundesrepublik zwischen Stadt- und Flächenstaaten, kleinen und großen Ländern etc. noch immer vorhanden, verschoben haben sich jedoch Größendimension und Verteilung der ökonomischen Disparitäten, sodass nun einige vormals arme Länder, relativ gesehen, zu den reichen zu zählen sind. Die Ost-West-Integration wurde zur langfristigen Hauptaufgabe deutscher Politik, wobei es um zumindest vier Aspekte geht:

1. die Überwindung der strukturellen und ökonomischen Disparitäten,
2. die wechselseitige Angleichung der doch tiefer gehenden Unterschiede in sozialen und politischen Werten,
3. die Akzeptanz einer mindestens mittelfristig andauernden Ausdifferenzierung regionaler Parteiensysteme in Ost und West,
4. die Reformen des politisch-institutionellen Systems, die den eingetretenen gesellschaftlichen Wandel angemessen abbilden.

Die seither realisierten oder diskutierten Föderalismusreformen werden diesen Anforderungen indes in keiner Weise gerecht. Die Verfassungsreform von 1994 kam den Forderungen der Bundesländer nur sehr begrenzt entgegen, der einzige nennenswerte Schritt in Richtung einer Entflechtung der föderalstaatlichen Beziehungen war die Änderung des bundesstaatlichen Ziels von der Einheitlichkeit zur Gleichwertigkeit der Le-

---

8 Ähnlich begründet sind auch die Autonomiebestrebungen der autochthonen Bevölkerung. Den Inuit sind mit der Einrichtung des provinzähnlichen Territoriums Nunavut 1999 Territorialität und Selbstregierung gewährt worden.

bensverhältnisse. Der *circulus vitiosus* der (mittlerweile doppelten) Politikverflechtung konnte damit allerdings nicht durchbrochen werden, vielmehr nahmen die retardierenden Elemente des Beteiligungsföderalismus weiter zu. Zwar sind die Bestrebungen zur Reform der bundesstaatlichen Beziehungen wieder aufgelebt (vgl. Münch/Zinterer 2000; Münch 2001), sie verlaufen jedoch entweder – sofern sie effektiv geworden sind – in den ausgetretenen Pfaden der traditionellen bundesdeutschen Föderalismusentwicklung oder aber sie sind über den Status der Reformrhetorik nicht hinausgelangt (vgl. Schultze 2000). Eine den gewandelten Regionalinteressen adäquate, mehr Wettbewerb und Gerechtigkeit schaffende Reform wird allerdings zunehmend dringlicher.

In Österreich hat der EU-Beitritt 1995 im Bund-Länder-Verhältnis bzw. der Länder untereinander die zu erwartenden Konsequenzen ausgelöst: Zu dem hohen Grad der internen Zentralisierung und konkordanzdemokratischen Konsensbildung sind die supranationalen Verhandlungserfordernisse hinzu getreten. Sie verfestigen und akzentuieren die bestehenden regionalökonomischen Verhältnisse eher, als dass sie zu ihrer Veränderung beitragen. Die regionalen Fördermittel aus dem Strukturfonds der EU kamen zum Beispiel nicht ausschließlich strukturschwachen Regionen zugute, sondern wurden nahezu gleichmäßig auf alle Bundesländer verteilt (vgl. Fallend 2001).

Solche Verwerfungen ließen die Rufe nach einer grundlegenden Föderalismusreform lauter werden. Insbesondere Vorarlberg und Tirol gelten als Verfechter größerer Dezentralisierung mit dem Ziel der Stärkung der Landesparlamente (vgl. Pernthaler/Schreiner 2000). Das Lager der Föderalismusgegner propagierte Vorstellungen, deren Kern die Abschaffung der Landtage bzw. der Länder in ihrer jetzigen Form war. Auf Grund von Effizienzgesichtspunkten wurde eine Reorganisation des Landes in drei Großregionen – Donau, West und Süd – vorgeschlagen (Hirschmann 1999). Die vielen Vetopositionen und Politikblockaden in der österreichischen Konkordanzdemokratie verhinderten bislang eine Reform der bundesstaatlichen Beziehungen; sie erschütterten vielmehr das Vertrauen in deren Leistungsfähigkeit und führten dazu, dass Wettbewerb und Konflikt, zunächst stärker auf Bundes- als auf Landesebene, zunehmend an die Stelle proporzdemokratischen Aushandelns treten.

5.3 Kleinräumiger Bundesstaat mit ethnisch-kultureller Vielfalt: Die Schweiz

Die Schweiz ist auf Grund ihrer selbstgewählten Sonderstellung im internationalen System, die gekennzeichnet ist von dem Widerspruch zwischen der Internationalität als Finanzplatz und politischer Neutralität sowie sozialer und kultureller Grenzziehungen, von den kontinentaleuropäisch supranationalen Entgrenzungsprozessen bislang vergleichsweise wenig betroffen. Der gesellschaftliche Wandel folgt – gerade auch in seiner regionalen Dimension – den tradierten Schweizer Pfaden. Zwar hat das Land im Vergleich mit anderen multikulturellen Staaten noch geringere Probleme mit der Integration seiner Minderheiten (sieht man einmal von den Überfremdungsdebatten ab), dies ist jedoch eher auf die wirtschaftliche Prosperität als auf die Integrationsfähigkeit des politischen Systems zurückzuführen. Kennern der Schweizer Demokratie erscheint das Regierungssystem in seiner aktuellen Form als Anachronismus, das die Integration der sprachlichen Minderheiten eher behindert als fördert (vgl. Papadopoulos 2001).

Der religiöse *cleavage* hat seit geraumer Zeit keine Bedeutung im politischen Alltag mehr, zudem hat der Einfluss der großen, verstädterten Kantone im Vergleich zu den kleinen ländlichen Kantonen weiter zugenommen – sowohl von der Wirtschaftskraft als auch von der Bevölkerungszahl her.

In Anbetracht der vielfältigen informellen Einbindung in eine zunehmend vernetzte europäische wie globale Welt wird es für die Schweizer indes immer problematischer, ihre Form der *„splendid isolation"* aufrecht zu erhalten. Ablesen lässt sich dies zum einen an der deutlichen Aktualisierung der deutsch-welschschweizerischen Konflikte. Der sprachliche *cleavage* äußert sich gerade auch in Politikfeldern, die vordergründig wenig oder nichts mit kulturellen Belangen zu tun haben: So ist die französische Schweiz für die weitgehende internationale Öffnung des Landes und eine engere Bindung an die EU. Dabei dürften ihre kulturelle und geografische Nähe zu Frankreich sowie ihre relative ökonomische Benachteiligung eine Rolle spielen. Auf Grund ihrer strukturellen Minderheitenstellung, die zudem wegen des die Deutschschweiz bevorzugenden Doppelmehrs nicht aufzubrechen ist, können die Welschschweizer ihre politischen Forderungen gegenüber der Deutschschweiz nur selten durchsetzen. Die neue Verfassung von 1999 hat daran nichts geändert. Die Bundesregierung reagiert auf solche Deprivationsgefühle und Separationsbestrebungen im französischsprachigen Landesteil bislang lediglich, indem sie den frankophonen Kantonen unilaterale Finanzhilfen zukommen lässt (vgl. Waelti 1996).

Noch problematischer stellt sich der Schweizer Sonderstatus in Anbetracht der Marktintegration in Europa dar. Es ist mehr als fraglich, ob die Schweizer Nischenwirtschaft in einer entgrenzten Ökonomie überleben kann, da sie grenzüberschreitende wirtschaftliche Aktivitäten nachhaltig erschwert, von denen verschiedene Regionen des Landes profitieren und die vor allem von den Grenzkantonen politisch durch grenzüberschreitende Kooperationen unterstützt werden. Zudem geht die Tendenz innerschweizerisch zu größeren regionalen Einheiten. Da die Regionen keinen Rechtsstatus besitzen und lediglich funktionale Einheiten sind, ergeben sich hier jedoch zahlreiche Koordinationsprobleme (vgl. Eichenberger 1990).

Gesamtschweizerisch bringt die neue Bundesverfassung von 1999 in dieser Hinsicht einige Verbesserungen, die allerdings nicht sehr weit reichen. So wurde die Zusammenarbeit der Kantone untereinander erleichtert, aber auch ihr transnationaler Handlungsspielraum vergrößert. Verträge einzelner Kantone mit außerschweizerischen Regionen im Rahmen ihrer „kleinen Außenpolitik" müssen nicht mehr vom Bund genehmigt werden. Die aus regionaler wie gesamtschweizerischer Sicht wohl unumgängliche Grundsatzentscheidung für die politische Öffnung und ökonomische Integration in den europäischen Markt scheiterte indes bislang an der mehrheitlichen Ablehnung durch die Deutschschweizer.

6. Resumé und Ausblick

Unsere Bestandsaufnahme dürfte dreierlei deutlich gemacht haben:

Erstens: Föderative Systeme unterliegen dynamischen Veränderungen, die keinesfalls unidirektional verlaufen, schon gar nicht in Richtung auf gesellschaftliche Homogenisierung und politische Unitarisierung. Der Wandel mag gleichartig oder ähnlich verursacht sein, er wird gerade wegen der Mehrdimensionalität und der verschiedenen politisch-institutionellen Formen von Föderalismus unterschiedlichen Mustern folgen. Das Spannungsverhältnis zwischen gesellschaftlicher Vielfalt und politischer Autonomie der Gliedstaaten (wie der weiteren territorialen Einheiten) auf der einen und der Einheitlichkeit der Lebensverhältnisse und der Reichweite der politischen Souveränität des Bundes-(Gesamt-)Staates auf der anderen Seite ist beständig und entsprechend der sich wandelnden Anforderungen neu auszutarieren.

Zweitens: Globalisierung und supranationale Regimeintegration führen nicht notwendig und allein zu Entgrenzung, sie haben vielmehr Prozesse der „Um-Grenzung" ausgelöst. Die regionalen Konflikte mögen ihren Inhalt und ihren Charakter verändert haben, neue mögen hinzu gekommen sein, ihr territorialer Bezug besteht jedenfalls grundsätzlich fort. Dies gilt für die regional-ökonomischen *cleavages* genauso wie für die sozio- und politisch-kulturellen Konfliktlinien. Allerdings sind die Konfliktmuster komplexer, weil vielfältiger und fragmentierter – und dies gleich in mehrfacher Hinsicht:

(a) Regional-ökonomisch geht es nicht mehr nur um den industriegesellschaftlichen Zentrum-Peripherie-Konflikt und/oder um regionale Umverteilung als der territorialen Variante keynesianischer Wohlfahrtsstaatspolitik. Hinzu getreten sind – wie gezeigt – Konflikte, die die traditionellen Grenzziehungen innerregional wie transregional durchbrechen bzw. ersetzen.

(b) Ähnlich pluralisiert sind die in der Vergangenheit vergleichsweise homogenen und einfachen sozio-kulturellen Konfliktmuster, die zunehmend von der Vielfalt von Konflikten und Identitäten, auch von selbstdefinitorischer Beliebigkeit, auf jeden Fall aber von Unübersichtlichkeit bestimmt sind. Die multi-kulturelle kanadische *patch work*-Gesellschaft ist hierfür ein treffendes Beispiel.

(c) Spielten sich die Konflikte in der Vergangenheit zumeist zwischen zwei Ebenen ab, der bundes- und der gliedstaatlichen Ebene der Politik, sind es jetzt fünf – von der globalisierten Ebene des Weltsystems und den supranationalen Einheiten über die Bundes- und Gliedstaaten bis hinunter zur lokalen Ebene, was zu einer beachtlichen Zahl von Arenen mit verschiedensten, auch wechselnden Konfliktlinien, aber auch Koalitionsbildungen geführt hat bzw. führen kann.

(d) Deutlich zugenommen haben neue Grenzziehungen und grenzüberschreitende Konflikte, aber auch Kooperationen, wobei es auch zu politikfeldbezogener und damit je nach Politikbereich wechselnder Regionenbildung kommt.

Insgesamt haben Globalisierung und supranationale Integration damit die Fragmentierung und Pluralisierung der regionalen Konflikte (der sozio-ökonomischen wie der sozio- und politisch-kulturellen), der territorialen Bezugsgrößen, der politischen Verarbeitungsinstanzen und der politischen (zudem perforierten) Souveränitäten, nicht jedoch die „Entterritorialisierung" der Politik mit sich gebracht.

Drittens: Föderative Systeme sind immer von der Kombination verschiedener Modi der Interessenartikulation wie der Konfliktverarbeitung charakterisiert gewesen. Sie unterscheiden sich folglich in deren Mischung wie Gewichtung und darin, welcher Politikmodus letztlich dominiert. In gesellschaftlich eher homogenen Föderalstaaten dominier(t)en Politikverflechtung und Aushandeln über den Wettbewerb, in gesellschaftlich eher heterogenen Föderalstaaten hingegen – trotz aller auch hier vorhandenen Kooperation zwischen den Akteuren von Bund und Gliedstaaten – Autonomie und Wettbewerb über Kompromissfindung durch Aushandlungszwang.

Wie die Fallbeispiele zeigen, entsprechen die Reaktionen der Politik auf die aktuellen Herausforderungen weithin diesen Grundmustern und folgen damit den tradierten Entwicklungspfaden. Typische Belege dafür liefern die Anpassungsreformen, die die Politik in Kanada oder der Bundesrepublik Deutschland seit den 1980er Jahren vollzogen hat. In der Bundesrepublik führten – trotz aller anders lautenden Rhetorik – so gut wie alle wichtigen Reformen zum weiteren Ausbau des Beteiligungsföderalismus. Die kanadische Politik reagierte auf die Herausforderungen in der für den dualistischen kanadischen Föderalismus typischen doppelten Art und Weise: Zum einen kam es in verschiedenen Politikfeldern zu Kompetenzübertragungen auf die Provinzen und damit zu weiterer Dezentralisierung. Nach erfolgter Konsolidierung des Bundeshaushaltes, nicht zuletzt durch die drastische Reduktion der Finanzzuweisungen des Bundes auf den Feldern der Sozialpolitik zu Lasten der Leistungsfähigkeit der Provinzen, versucht die liberale Bundesregierung durch eigene landesweite Programme gegenzusteuern, indem sie u.a. auf dem (tertiären) Bildungssektor, um nur ein Beispiel zu nennen, etwa durch zweckgebundene individuelle Steuervergünstigungen und Stipendienprogramme allein und unter Umgehung der Provinzzuständigkeiten politisch aktiv wurde.

Den gewandelten Anforderungen sind derartige Reaktionsmuster der Politik nicht angemessen, weder der Ausbau der Politikverflechtung wie im bundesrepublikanischen Fall noch der Ausbau des Kompetenzdualismus durch den konfliktiven Wettbewerb zwischen den beiden Systemebenen wie in Kanada. Beide bewegen sich allzu sehr auf der vorgegebenen Bahn ihrer vermeintlichen Pfadabhängigkeit. In Anbetracht der eingetretenen Veränderungen scheint es vielmehr wichtig, zwei Aspekte gerade wegen ihrer Gegensätzlichkeit zu berücksichtigen: Einerseits gewinnen unter dem Gesichtspunkt von Flexibilität und Effizienz klare Kompetenzabgrenzungen, möglichst entlang einer funktionalen Aufgabenverteilung, zwischen den politischen Systemebenen an Bedeutung, erhöht sich damit die Notwendigkeit des Wettbewerbs und der relativen Autonomie der Akteure und Systemebenen. Andererseits steigt auf Grund der neuen und/ oder veränderten Grenzziehungen, der Pluralisierung der Konfliktfelder sowie der Akteure und Arenen, der zusätzlichen vertikalen und horizontalen Vernetzungen ganz eindeutig der Koordinations- und Kooperationsbedarf der Politik in den Föderalstaaten. Die Einbahnstraßen weder der Politikverflechtung noch des Trennföderalismus helfen dabei weiter. Es geht vielmehr darum, solche Formen der losen Koppelung zu entwickeln, die beide Anforderungen miteinander vereinbaren, die Kooperation ohne Aushandlungszwang, dafür mit einem hohen Maß an demokratischer Zurechenbarkeit ermöglichen,[9] die Wettbewerb um Effizienz mit sozialem Ausgleich verbinden und ruinöse Standortkonkurrenzen verhindern, die – um an die klassische Zielvorstellung des Föderalismus zu erinnern – Vielfalt in der Einheit unter veränderten Bedingungen neuerlich herzustellen versuchen.

Literatur

Albert, Matthias, 1998: Entgrenzung und Formierung neuer politischer Räume, in: *Beate Kohler-Koch* (Hrsg.), Regieren in entgrenzten Räumen. Opladen, 49–75.
Benz, Arthur/Fürst, Dietrich/Kilper, Heiderose/Rehfeld, Dieter, 1999: Regionalisierung. Theorie – Praxis – Perspektiven. Opladen.
Cameron, David/Siméon, Richard, 2000: Intergovernmental Relations and Democratic Citizenship, in: *B. Guy Peters/Donald J. Savoie* (Hrsg.), Governance in the Twenty-First Century. Revitalizing the Public Service. Montreal, 58–118.
Courchene, Thomas J./Telmer, Colin R., 1998: From Heartland to North American Region State. The Social, Fiscal and Federal Evolution of Ontario. Toronto.
Deutsch, Karl W., 1976: Die Schweiz als paradigmatischer Fall politischer Integration. Bern.
Duchacek, Ivo D., 1990: Perforated Sovereignties: Towards a Typology of New Actors in International Relations, in: *Hans J. Michelmann/Panayotis Soldatos* (Hrsg.), Federalism and International Relations. Oxford, 1–33.
Duchacek, Ivo D./Latouche, Daniel/Stevenson, Garth (Hrsg.), 1988: Perforated Sovereignties and International Relations. Trans-Sovereign Contacts of Subnational Governments. New York.
Eichenberger, Kurt, 1990: Föderalismus und Regionalismus in Europa. Landesbericht Schweiz, in: *Fritz Ossenbühl* (Hrsg.), Föderalismus und Regionalismus in Europa. Verfassungskongress in Bonn vom 14.–16. September 1989. Baden-Baden, 17–54.
Elazar, Daniel J., 1962: The American Partnership. Chicago.
Elazar, Daniel J., 1994: The American Mosaic: The Impact of Space, Time, and Culture on American Politics. Boulder.
Elkins, David, 1995: Beyond Sovereignty. Territory and Political Economy in the Twenty-first Century. Toronto.
Elkins, David J./Siméon, Richard (Hrsg.), 1980: Small Worlds: Provinces and Parties in Canadian Political Life. Toronto.
Fallend, Franz, 2001: Zwischen politischer Dynamisierung und finanziellen Beschränkungen: Veränderungen im föderalen Gefüge Österreichs 1999/2000, in: *Europäisches Zentrum für Föderalismus-Forschung Tübingen* (Hrsg.), Jahrbuch des Föderalismus 2001, Band 2: Föderalismus, Subsidiarität und Regionen in Europa. Baden-Baden, 250–264.
Florida, Richard, 1995: Toward the Learning Region, in: Futures 27, 527–536.
Giddens, Anthony, 1994: Beyond Left and Right. The Future of Radical Politics. Cambridge.
Glendening, Parris N./Reeves, Mavis M., 1984: Pragmatic Federalism. 2. Aufl., Pacific Palisades.
Goetz, Klaus, 1995: Kooperation und Verflechtung im Bundesstaat. Zur Leistungsfähigkeit verhandlungsbasierter Politik, in: *Rüdiger Voigt* (Hrsg.), Der kooperative Staat. Krisenbewältigung durch Verhandlung? Baden-Baden, 145–166.
Grabher, Gernot, 1994: Lob der Verschwendung. Berlin.
Greß, Franz, 2001: Aktuelle Entwicklungen im amerikanischen Föderalismus, in: *Europäisches Zentrum für Föderalismus-Forschung Tübingen* (Hrsg.), Jahrbuch des Föderalismus 2001, Band 2: Föderalismus, Subsidiarität und Regionen in Europa. Baden-Baden, 343–353.
Hall, Peter, 1986: Governing the Economy. The Politics of State Intervention in Britain and France. Oxford.
Hesse, Joachim J./Benz, Arthur, 1990: Die Modernisierung der Staatsorganisation. Baden-Baden.

---

9 Programmatisch vgl. hierzu Cameron/Siméon 2000: passim, anhand der sich zu verändern beginnenden intergouvernementalen Beziehungen in Kanada.

Hirschmann, Gerhard, 1999: Wer wagt, gewinnt – vielleicht, in: *Alfred Payrleitner* (Hrsg.), Aufbruch aus der Erstarrung: Neue Wege in die österreichische Politik. Wien, 145–148.

Kincaid, John, 2001: The American Devolution Derby: The Devolution Turtle vs. The Centralization Rabbit, in: *Franz Greß/Jackson Janes* (Hrsg.), Reforming Governance: Lessons from the United States of America and the Federal Republic of Germany. Frankfurt a.M., 87–139.

Knemeyer, Franz-Ludwig, 1994: Subsidiarität – Föderalismus – Regionalismus, Dezentralisation, kommunale Selbstverwaltung, in: *Franz-Ludwig Knemeyer* (Hrsg.), Europa der Regionen – Europa der Kommunen. Baden-Baden, 37–54.

Lazar, Harvey/McLean, John, 2000: Non-Constitutional Reform and the Canadian Federation: The Only Game in Town, in: *Rainer-Olaf Schultze/Roland Sturm* (Hrsg.), The Politics of Constitutional Reform in North America. Opladen, 149–175.

Lehmbruch, Gerhard, 1967: Proporzdemokratie. Politisches System und politische Kultur in der Schweiz und in Österreich. Tübingen.

Lehmbruch, Gerhard, 1996: Die korporative Verhandlungsdemokratie in Westmitteleuropa, in: Swiss Political Science Review 2, 19–41.

Lehmbruch, Gerhard, 1996a: Die Rolle der Spitzenverbände im Transformationsprozess: Eine neo-institutionalistische Perspektive, in: *Raj Kollmorgen* (Hrsg.), Sozialer Wandel und Akteure in Ostdeutschland. Opladen, 117–146.

Lehmbruch, Gerhard, 2000: Bundesstaat und Parteienwettbewerb. 3. Aufl., Wiesbaden.

Lipset, Seymour M., 1996: American Exceptionalism: A Double-Edged Sword. New York/London.

Lipset, Seymour M./Rokkan, Stein, 1967: Cleavage Structures, Party Systems and Voter Alignments. An Introduction, in: *Seymour M. Lipset/Stein Rokkan* (Hrsg.), Party Systems and Voter Alignments: Cross National Perspectives. New York.

Lösche, Peter, 1989: Amerika in Perspektive. Darmstadt.

Malecki, Edward J., 1991: Technology and Economic Development: The Dynamics of Local, Regional and National Change. London.

Münch, Ursula, 2001: Konkurrenzföderalismus für die Bundesrepublik: Eine Reformdebatte zwischen Wunschdenken und politischer Machbarkeit, in: *Europäisches Zentrum für Föderalismus-Forschung Tübingen* (Hrsg.), Jahrbuch des Föderalismus 2001, Band 2: Föderalismus, Subsidiarität und Regionen in Europa. Baden-Baden, 115–127.

Münch, Ursula/Zinterer, Tanja, 2000: Reform der Aufgabenverteilung zwischen Bund und Ländern: Eine Synopse verschiedener Reformansätze zur Stärkung der Länder 1985–2000, in: Zeitschrift für Parlamentsfragen 31, 657–680.

Nathan, Richard P., 1996: The „Devolution Revolution". An Overview. Albany.

Nitschke, Peter (Hrsg.), 1999: Die Europäische Union der Regionen. Subpolity und Politiken der Dritten Ebene. Opladen.

Norrie, Kenneth, 1996: The Emergence of the Region State: Comment, in: *Thomas J. Courchene* (Hrsg.), The Nation State in a Global/Information Era: Policy Challenges. Kingston, 241–254.

North, Douglass, 1990: Institutions, Institutional Change and Economic Performance. Cambridge.

Ohmae, Kenichi, 1993: The Rise of the Region State, in: Foreign Affairs 72, 78–87.

Ohmae, Kenichi, 1995: The End of the Nation State: The Rise of Region Economies. New York.

Papadopoulos, Yannis, 2001: Connecting Minorities to the Swiss Federal System: A Frozen Conception of Representation and the Problem of „Requisite Variety", Paper presented at the Common Congress of the German, Austrian, and Swiss Political Science Associations „Der Wandel föderativer Strukturen", Humboldt-Universität zu Berlin, 8.–9.6. 2001.

Pernthaler, Peter/Schreiner, Helmut, 2000: Die Landesparlamente als Ausdruck der Identität der Länder, Schriftenreihe des Institutes für Föderalismus, Bd. 77. Innsbruck.

Peterson, Paul E., 1995: The Price of Federalism. Washington.

Rausch, Ulrike, 2000: Grenzüberschreitende Kooperation. Der kanadisch-US-amerikanische Nordosten und die Oberrheinregion im Vergleich. Opladen.

Russell, Peter H., 1993: Constitutional Odyssey: Can Canadians be a Sovereign People? Toronto.

Schäffer, Heinz, 1993: Der österreichische Föderalismus – Rechtskonzept und politische Realität, in: *Jutta Kramer* (Hrsg.), Föderalismus zwischen Integration und Sezession. Chancen und Risiken bundesstaatlicher Ordnung. Baden-Baden, 171–199.

Scharpf, Fritz W., 1995: Demokratische Politik in Europa, in: Staatswissenschaft und Staatspraxis 6, 565–591.
Scharpf, Fritz W., 1996: Föderalismus und Demokratie in der transnationalen Ökonomie, in: *Klaus von Beyme/Claus Offe* (Hrsg.), Politische Theorien in der Ära der Transformation, PVS-Sonderheft 26. Opladen, 211–235.
Scharpf, Fritz W., 1999: Regieren in Europa. Effektiv und demokratisch? Frankfurt a.M.
Schneider, Steffen/Schultze, Rainer-Olaf, 1999: The Price of German Federalism: Paul E. Peterson's Analytical Framework and Intergovernmental Dynamics in the German Federal System, 1949–1998, Paper Presented at the CPSA Annual Conference, Université de Sherbrooke, 6.–8.6.1999.
Schreiner, Helmut, 1996: Das Länderbeteiligungsverfahren in Österreich, in: Journal für Rechtspolitik 4, 207–219.
Schultze, Rainer-Olaf, 1985: Politikverflechtung und konföderaler Föderalismus, in: *Rainer-Olaf Schultze* (Hrsg.), Das politische System Kanadas im Strukturvergleich. Bochum, 57–88.
Schultze, Rainer-Olaf, 1990: Föderalismus als Alternative? Überlegungen zur territorialen Reorganisation politischer Herrschaft, in: Zeitschrift für Parlamentsfragen 21, 475–490.
Schultze, Rainer-Olaf, 1992: Föderalismus, in: *Manfred G. Schmidt* (Hrsg.), Lexikon der Politik, Bd. 3: Die westlichen Länder. München, 95–110.
Schultze, Rainer-Olaf, 1993: Der deutsche Föderalismus nach der Vereinigung, in: Staatswissenschaften und Staatspraxis 2, 225–255.
Schultze, Rainer-Olaf, 1997: Repräsentationskrise, Parteiensystem- und Politikwandel in Kanada seit den 80er Jahren, in: *Rainer-Olaf Schultze/Steffen Schneider* (Hrsg.), Kanada in der Krise. Analysen zum Verfassungs-, Wirtschafts- und Parteiensystemwandel seit den 80er Jahren. Bochum, 3–42.
Schultze, Rainer-Olaf, 1998: Wieviel Asymmetrie verträgt der Föderalismus?, in: *Dirk Berg-Schlosser/Gisela Riescher/Arno Waschkuhn* (Hrsg.), Politikwissenschaftliche Spiegelungen. Festschrift für Theo Stammen. Opladen, 199–216.
Schultze, Rainer-Olaf, 1999: Föderalismusreform in Deutschland: Widersprüche – Ansätze – Hoffnungen, in: Zeitschrift für Politik 46, 173–194.
Schultze, Rainer-Olaf, 2000: Indirekte Entflechtung: Eine Strategie für die Föderalismusreform?, in: Zeitschrift für Parlamentsfragen 31, 681–698.
Schultze, Rainer-Olaf/Sturm, Roland, 1992: Regionalismus, in: *Manfred G. Schmidt* (Hrsg.), Lexikon der Politik, Bd. 3: Die westlichen Länder. München, 404–416.
Schultze, Rainer-Olaf/Schneider, Steffen (Hrsg.), 1997: Kanada in der Krise – Analysen zum Verfassungs-, Wirtschafts- und Parteiensystemwandel seit den 80er Jahren. Bochum.
Soldatos, Panayotis, 1993: Cascading Subnational Paradiplomacy in an Interdependent and Transnational World, in: *Douglas M. Brown/Earl H. Fry* (Hrsg.), States and Provinces in the International Economy. Berkeley, 45–64.
Sturm, Roland, 1999: Der Föderalismus im Wandel: Kontinuitätslinien und Reformbedarf, in: *Eckhard Jesse* (Hrsg.), 50 Jahre Grundgesetz – 50 Jahre Bundesrepublik Deutschland. Berlin, 81–99.
Urio, Paolo, 1989: Heterogeneous Switzerland: An Example of the Peaceful Resolution of Conflicts?, Etudes et Recherches 22, Département de science politique, Université de Genève.
Waelti, Sonja, 1996: Institutional Reform of Federalism: Changing the Players Rather Than the Rules of the Game, in: Swiss Political Science Review 2, 113–141.
Wolf, Klaus D., 1998: Die Grenzen der Entgrenzung (Kommentar), in: *Beate Kohler-Koch* (Hrsg.), Regieren in entgrenzten Räumen, PVS Sonderheft 29. Opladen, 77–87.
Wolfe, David A., 1996: The Emergence of the Region State, in: *Thomas J. Courchene* (Hrsg.), The Nation State in a Global/Information Era: Policy Challenges. Kingston, 205–240.
Wright, Deil S., 1982: Understanding Intergovernmental Relations. Monterey.
Zürn, Michael, 1998: Regieren jenseits des Nationalstaates. Globalisierung und Denationalisierung als Chance. Frankfurt a.M.
Zürn, Michael/Lange, Niels, 1999: Regionalism in the Age of Globalization, Institut für Interkulturelle und Internationale Studien, Arbeitspapier Nr. 16/99, Universität Bremen.

III. Teil:

Politikentwicklung in Bundesstaaten

Sozialpolitik und Wohlfahrtsstaat in Bundesstaaten

Josef Schmid

1. Problemstellung – Föderalismus als Restriktion wohlfahrtsstaatlicher Entwicklung?

Das Thema Sozialpolitik und Wohlfahrtsstaat in Bundesstaaten liegt an der Schnittstelle unterschiedlicher akademischer Disziplinen und scheint dadurch etwas vernachlässigt worden zu sein. Vor allem gibt es kaum international vergleichend angelegte Forschung über die Wechselbeziehungen zwischen Sozialpolitik und Föderalismus (so Pierson 1995: 450). Aus der vergleichenden Policy-Analyse liegen jedoch zumindest einige Arbeiten vor, die vor allem durch die statistische Analyse von Aggregatdaten versucht haben, die Wirkung des Föderalismus auf den Policy-output und die ökonomische Performanz zu erfassen (z.B. Castles 2000; Keman 2000).

Eine der verbreiteten Thesen ist dabei, dass eine bundesstaatliche Ordnung die Entwicklung des Wohlfahrtsstaats hemmt. Die USA, Australien und die Schweiz gelten als Musterfälle hierfür, aber auch in Kanada wird die Ineffizienz und der teilweise geringe Ausbau des sozialen Sicherungssystems mit der föderativen Struktur des politischen Systems in Verbindung gebracht.

Für die Bundesrepublik Deutschland wird zwar konzediert, dass die Entwicklung des Wohlfahrtsstaats relativ weit vorangeschritten ist – zumindest liegt die Sozialleistungsquote erheblich über derjenigen der genannten Fälle[1] –, jedoch hängt dies in den Augen der meisten Beobachter mit dem ebenfalls eingetretenen hohen Maß an Unitarisierung zusammen.[2] Dabei kann einerseits die Stärkung zentralstaatlicher Kompetenzen als Voraussetzung für den Ausbau des Wohlfahrtsstaats betrachtet werden, die etwa im Zuge der „Politik der inneren Reformen" (Schmidt 1978) erreicht worden ist; andererseits kann auch in umgekehrter Richtung die gesteigerte Bedeutung der nationalen Einrichtungen etwa im Bereich des Renten- und des Gesundheitswesens (z.B. die Bundesversicherungsanstalt für Angestellte) als Motor einer politischen Zentralisierung fungieren (Münch 1997: 211–212). Von elementarer Bedeutung ist in diesem Falle die im (partei-)politischen Diskurs dominante Gleichheitsprogrammatik, die für den modernen Wohlfahrtsstaat prägend ist und zur „Vereinheitlichung der Lebensverhältnisse" nicht nur in sozialer, sondern auch in regionaler Hinsicht führt. Diese Dynamik gewinnt im deutschen Fall nicht nur wegen der starken Verankerung der Sozialstaatlich-

---

1 Die Sozialleistungsquote beträgt in den vergangenen Jahren nach OECD-Daten etwa 18–19 Prozent des BIP, und die aktuellen Ausgaben des Bundes belaufen sich auf ca. 1.200 Mrd. DM. Insofern ist aus vergleichender Sicht die „Koexistenz von Föderalismus und sehr starkem Sozialstaat ein Sonderfall" (Schmidt 2000: 6).
2 Diese Position wird von Münch (1997: 30) so zusammengefasst: „Die Annahme, dass sich sozialstaatlich orientierte Bundesstaaten fortschreitend unitarisierten, beruht auf der Überzeugung, es bestehe eine Antinomie zwischen der sozialen Gleichheit, die zum Beispiel in der Sozialstaatsklausel des Grundgesetzes verankert ist, und der den Bundesstaat prägenden föderativen Vielfalt."

keit in der Programmatik der beiden Volksparteien, in den einflussreichen Positionen der großen Interessenverbände (vor allem der Gewerkschaften) und in den Präferenzen weiter Teile der Bevölkerung eine so überragende Bedeutung, sie ist zugleich entwicklungsgeschichtlich angelegt, da sowohl der Bundesstaat als auch der Wohlfahrtsstaat „Kinder" Bismarcks sind. In den anderen föderativen Systemen hinkt dagegen die Entwicklung des Wohlfahrtsstaats in zeitlicher Hinsicht erheblich nach (Obinger/Wagschal 2000), sodass dort die Einführung sozialpolitischer Programme auf längst etablierte föderative Strukturen samt der darin institutionell verankerten Tendenz zur Vielheit stößt und entsprechend abgemildert wird.

Darüber hinaus wird im deutschen Fall auf eine weitere Besonderheit, das Problem der „Politikverflechtungsfalle" (Scharpf 1994) hingewiesen, wonach suboptimale Entscheidungen erzeugt würden, die sich ebenfalls im Bereich der wohlfahrtsstaatlichen Politik auswirken müssten. Allerdings hat Pierson (1995) argumentiert, dass diese Komplexität auch ihre positiven Effekte besonders im Hinblick auf die Verhinderung von Sparmaßnahmen hat, da institutionelle Akteure ins Spiel kommen, in deren Eigeninteresse eine Fortführung wohlfahrtsstaatlicher Politiken liegt. Solche Interessen können etwa wahltaktischen Kalkülen von Politikern zugrunde liegen, aber auch aus arbeitsplatz- und karrierebezogenen Motiven von Mitarbeitern des öffentlichen Dienstes, der freien Träger oder der Wohlfahrtsindustrie bestehen.

Insgesamt betrachtet sind die erzielten Forschungsergebnisse widersprüchlich und relativ unbefriedigend (vgl. die Beiträge in Braun 2000 und Wachendorfer-Schmidt 2000). Als besonders kritisches Problem gilt die Tatsache, dass die zentralen Kategorien – Sozialpolitik bzw. Wohlfahrtsstaat einerseits und Bundesstaat bzw. Föderalismus andererseits – sehr unterschiedlich definiert werden, was die Widersprüchlichkeit der Ergebnisse erklärt und die Kumulierbarkeit von Forschungserträgen erschwert. Kombiniert man etwa die bekannte Trias der „Welten des Wohlfahrtskapitalismus" von Esping-Andersen (1990) mit einer ebenfalls dreiwertigen Einteilung von Staaten in unitarische Systeme, verflochtene und duale Bundesstaaten, so werden zwei Probleme deutlich: Zum einen die Heterogenität der beiden Elemente, die auf ihre Wechselwirkung hin untersucht werden sollen, zum anderen aber auch die methodische Problematik der äußerst geringen Zahl von Fällen, die in den neun Feldern liegen, wenn man von den üblichen 21 OECD-Ländern ausgeht.

Beide Dimensionen lassen sich noch stärker ausdifferenzieren; während dies inzwischen in Bezug auf die Behandlung der bundesstaatlichen Ordnung praktiziert wird (Braun 2000; Wachendorfer-Schmidt 2000a), wird dem Umstand, dass sich Sozialpolitik nicht nur auf aggregierte, monetäre Transferleistungen und Sozialversicherungssysteme bezieht, sondern ebenfalls soziale Dienste (für Kinder, Alte und Kranke) umfasst und ggf. das Bildungswesen noch hinzukommt, zu wenig Rechnung getragen.[3] Ebenso lässt sich die (aktive) Arbeitsmarktpolitik darunter subsumieren, weil diese an der Schnittstelle zur Ökonomie liegt und als Gradmesser für politische Steuerung fungieren kann. Aber gerade auf diesen Feldern liegt die Stärke der deutschen Länder, deren Politik freilich bislang wenig untersucht ist (Sturm 2000: 35). Und auch in den ande-

---

3 Dies ist ein generelles Desiderat der vergleichenden Wohlfahrtsstaatsforschung (Schmid 1996, 2001); Ähnliches gilt in diesem Zusammenhang für die Vernachlässigung des Bildungsbereichs (siehe aber Hega 2001, 2000).

Schaubild 1: Politische Systeme und Wohlfahrtsstaaten

Typus des Wohlfahrtsstaats	Art des politischen Systems		
	Unitarische Systeme	*Verflochtene Bundesstaaten*	*Duale Bundesstaaten*
Sozialdemokratisch	Dänemark, Schweden, Norwegen, Finnland		
Konservativ	Niederlande, Irland, Frankreich, Italien, Griechenland, Portugal, Spanien	Deutschland, Österreich	Belgien
Liberal	Großbritannien, Neuseeland, Japan		USA, Australien, Kanada, Schweiz

ren Bundesstaaten existiert in diesen Politikfeldern wegen der administrativen Komplexität eine Tendenz zur dezentralen Zuständigkeit. Solche Differenzierungen lassen sich angesichts des defizitären Forschungsstandes vorerst nur im Rahmen einer Fallstudie zur Bundesrepublik untersuchen und allenfalls kursorisch in den komparativen Kontext einordnen.

2. Länderpolitiken im sozialen Bundesstaat – drei komplementäre Forschungsperspektiven

Im Folgenden geht es darum, drei komplementäre Ansätze in der Forschung über Sozialpolitik und Föderalismus aufzugreifen. Sie sollen Antwort geben auf die Fragen, ob rechtliche und politische Handlungsspielräume bestehen, ob Unterschiede in den Profilen der deutschen Bundesländer existieren und wie sich diese erklären lassen. Dabei liegen die Befunde auf unterschiedlichen analytischen Ebenen, d.h. zum einen auf der Ebene der verfassungsmäßigen Rahmenbedingungen, zum anderen auf derjenigen der aggregierten Politikprofile von Regierungsparteien und schließlich auf der Ebene von spezifischen Programmen und Maßnahmen, wie sie vorwiegend von der Verwaltung ausgearbeitet und umgesetzt werden.

2.1 Verfassungsmäßige und politische Handlungsmöglichkeiten von Bund und Ländern in der Sozialpolitik

a) Verteilung der Gesetzgebungskompetenzen

Im Grundgesetz wird neben den materiellen sozialpolitischen Zielbestimmungen auch eine Kompetenzzuweisung vorgenommen, die sich auf die Aufgabenverteilung zwischen Bund und Ländern ausgewirkt hat. Grundlegend ist die Formel vom „sozialen Bundesstaat" in Artikel 20 GG, in dem das Sozialstaatsprinzip anerkannt wird.[4] Dabei bezieht sich dieses auf alle Gebietskörperschaften und verpflichtet dementsprechend auch Län-

---

4 Dabei ist, ohne dass hier näher darauf eingegangen werden kann, das Sozialstaatsprinzip in seiner materiellen Ausrichtung heftig umkämpft; siehe dazu Hartwich (1977).

der und Kommunen zu sozialem Handeln. Entsprechend enthalten viele Landesverfassungen neben dem grundsätzlichen Bekenntnis zum Sozialstaat auch weitere Forderungen wie z.B. ein Recht auf Arbeit oder auf angemessenen Wohnraum. Dadurch entsteht ein Spannungsfeld zwischen dem Sozialstaats- und dem Föderalismusprinzip, da föderale Vielfalt und angestrebte soziale Gleichheit kaum vereinbar sind (Münch 1997; Benz 2001; Schmidt 2000; Wachendorfer-Schmidt 2000a).

Die Verteilung der Gesetzgebungszuständigkeiten zwischen Bund und Ländern wird ferner von dem Grundsatz des Art. 70 Abs.1 GG geprägt. Danach haben die Länder auch im Bereich der Sozialpolitik das Recht zur Gesetzgebung, „soweit dieses Grundgesetz nicht dem Bunde Gesetzgebungskompetenzen verleiht". Dieser Zusatz ist deswegen von großer Bedeutung, weil beinahe das gesamte Sozialrecht der konkurrierenden Gesetzgebungskompetenz nach Artikel 72 GG und 74 GG zugeordnet ist. Hier haben die Länder die Gesetzgebungskompetenz nur, solange der Bund diese nicht an sich zieht, was in der Vergangenheit unter Hinweis auf das Primat der Wahrung der einheitlichen Lebensverhältnisse geschehen ist. Demzufolge entwickelte sich die konkurrierende Gesetzgebung von Bund und Ländern im Bereich der Sozialpolitik zur nahezu ausschließlichen Zuständigkeit des Bundes (Münch 1997: 96–97).

Zu nennen sind hier insbesondere die öffentliche Fürsorge, sozialpolitische Kriegsfolgen, Arbeitsrecht und Sozialversicherungen, Ausbildungsbeihilfen und das Wohnungswesen (für Nordrhein-Westfalen vgl. Bogumil 2000; siehe auch Kempen 1995; Hartmann 1997; aktuelle Daten zu den Ausgaben enthält die Anhangstabelle 1). Weitere wichtige Einflusskanäle des Bundes sind die Regelung des wirtschaftlichen Lebens und finanzpolitischer Mittel wie die Steuergesetzgebung (Art. 105 GG), welche ebenfalls Instrumente der Sozialpolitik darstellen. Ferner merkt Münch (1997: 99) an, dass der Handlungsspielraum des Bundes durch eine weite Interpretation einzelner Begriffe (z.B. Sozialversicherung) zusätzlich vergrößert wurde.

Allerdings lässt sich diese Entwicklung nicht einfach als Kompetenzverlust der Länder deuten. Vielmehr handelt es sich um das Eindringen des Staates in vormals unbesetzte Bereiche, die von den Ländern trotz formaler Kompetenz (z.T. auf Grund fehlender finanzieller Mittel) nicht ausgefüllt wurden. Zugleich erfolgt dies vielfach unter Beteiligung der Länder bzw. es besteht eine „Gesamtverantwortung des Bundesrates" (Stoiber 1995) in der Sozialpolitik, die einen Teil des allgemeinen Syndroms der Politikverflechtung bildet (vgl. Scharpf 1994; Lehmbruch 2000, 2000a, 2000b).[5]

Die Länder haben darüber hinaus weitere Möglichkeiten der sozialen Gesetzgebung: Sie können zum einen die wenigen Bereiche regeln, die in ihren ausschließlichen Kompetenzbereich fallen (z.B. Schule), und zum Zweiten vom Bund nicht (ausreichend) abgedeckte Nischen besetzen (z.B. Kinder- und Jugendhilfe oder Seniorenpolitik; vgl. Münch 1997: 115). Dies erlaubt es den Ländern einerseits, sich politisch zu profilieren; besonders die Bildungspolitik ist dabei zum Experimentier- und Schlachtfeld der Parteien geworden (Schmid 1990a). Andererseits wird dieser Handlungszwang besonders bei den armen bzw. neuen Bundesländern auch als Belastung empfunden. Ferner führen diese Mischarrangements oft zu ineffizienten Verwaltungsstrukturen, bei

---

5 Das hohe Maß an Verflechtung unterscheidet den deutschen Bundesstaat erheblich von anderen föderalen Verfassungskonstruktionen und belegt die Notwendigkeit einer kategorialen Differenzierung.

denen nicht mehr das eigentliche Ziel einer Politik (z.B. die Schaffung von Kindergartenplätzen) im Vordergrund steht, sondern der Konflikt über Finanzierung und Kompetenzen, was in der Organisationsforschung als Zielverschiebung und Mikropolitik (vgl. Bogumil/Schmid 2001) bekannt ist.[6] Verstärkt tritt dieses Problem bei den Begleitausschüssen der EU-Strukturfonds auf, über die erhebliche Teile der Arbeitsmarktpolitik finanziert werden, sodass geradezu von einer „Renitenz des deutschen Föderalismus" gesprochen werden kann (Lang u.a. 2000).[7]

Grundsätzlich existiert für die Länder auch die Möglichkeit, additiv zu Bundesgesetzen tätig zu werden, solange nicht gegen bundesrechtliche Regelungen verstoßen wird (z.B. Landeserziehungsgeld). Allerdings ist diese Praxis kaum von Bedeutung und kommt, wenn überhaupt, allenfalls im Rahmen der Leistungsverwaltung vor (s.u.). Schließlich können Länder eigene Gesetze erlassen, wenn bisherige Bundesgesetze ersatzlos gestrichen werden (z.B. Schülerförderung).

b) Verteilung der exekutiven und administrativen Kompetenzen

Wie insgesamt im deutschen Föderalismus liegen Einflussmöglichkeiten der Länder auch in der Sozialpolitik im Bereich des verwaltungsmäßigen Vollzugs von Gesetzen. Generell liegt der Schwerpunkt der Verwaltungstätigkeit bei den Ländern, die in der Ausgestaltung der Verwaltung frei sind (Recht auf Selbstorganisation). Dabei hat die Implementationsforschung nachhaltig demonstriert, dass im Vollzug erhebliche politische Gestaltungs- und Einflussmöglichkeiten liegen (Mayntz 1980).[8]

Ein weiteres Instrument ist die so genannte Leistungsverwaltung. Hierbei handelt es sich um freiwillige Leistungen, auf die kein Rechtsanspruch besteht und die in Form von Verwaltungsvorschriften oder Richtlinien zugeteilt werden. Von dieser Möglichkeit wird häufiger Gebrauch gemacht als von der additiven Gesetzgebung, da Leistungsvorschriften wesentlich flexibler sind. Das Mittel der Leistungsverwaltung hat im „modernen Wohlfahrtsstaat zweifellos enorm zugenommen" (Benz 1991: 588) und ist zu einer wichtigen Säule der Landessozialpolitik geworden.[9]

Eine weitere Besonderheit des Politikfeldes Sozialpolitik liegt in der Tatsache, dass zwar prinzipiell die Länder die Bundesgesetze vollziehen, aber in diesem Falle die Verwaltungstätigkeit des Bundes bemerkenswerte Ausmaße angenommen hat. Sie nimmt

---

6 Als Indiz dafür kann die erhebliche Varianz an Kindergartenplätzen in den Ländern dienen. So bieten – aus unterschiedlichen Gründen – die neuen Bundesländer sowie Baden-Württemberg und Rheinland-Pfalz eine weit überdurchschnittliche Versorgung an, während Niedersachsen und Hamburg erheblich zurückliegen.
7 Zum Aspekt der doppelten Politikverflechtung vgl. Hrbek (1986). Die ambivalente Position der Länder wird ferner deutlich an der jüngst artikulierten Kritik der Ausdehnung der Methode der „offenen Koordinierung" via Benchmarking und Monitoring (Bundesrat 2001).
8 Allerdings müssen die Länder auch Bundesgesetze vollziehen, die von ihnen abgelehnt werden.
9 Münch (1997: 122) schränkt dies jedoch ein, da mit der Leistungsverwaltung nur ein geringes Maß an gestalterischer Kompetenz verbunden sei (z.B. über die Festlegung von Standards, die zur Förderung berechtigen). Deswegen trachten i.E. die Länder verstärkt danach, über den Bundesrat Einfluss auf die Sozialpolitik des Bundes zu nehmen. Zusätzliche Möglichkeiten bestehen in den Arbeitsgremien des kooperativen Föderalismus (etwa Konferenzen der Arbeits- und Sozialminister sowie entsprechende Runden der Ministerialbeamten), was von Lehmbruch (2000) einmal als „bürokratische Räterepublik" bezeichnet worden ist.

dabei drei verschiedene Formen an: 1. Bundesverwaltungen mit eigenem Verwaltungsunterbau (Versorgung der Bundeswehrsoldaten, Finanzverwaltung), 2. selbständige Bundesoberbehörden (sie erfüllen überregionale Aufgaben, die von Landesbehörden nicht wahrgenommen werden können, z.B. Bundesversicherungsamt) und 3. bundesunmittelbare Körperschaften und Anstalten des öffentlichen Rechts (z.B. Bundesanstalt für Arbeit) (Ellwein/Hesse 1987; Münch 1997). Hier setzen aktuelle Reformdebatten an, die auf eine stärkere Dezentralisierung und Föderalisierung der Bundesinstitutionen und deren Ressourcen abzielen. Dabei geht die Initiative von den reichen Südländern aus, die sich im Rahmen des „Wettbewerbsföderalismus" eine Verbesserung ihrer Standortattraktivität bzw. eine Verringerung ihrer Ausgleichszahlungen versprechen (Münch 1997: 143-144 sowie 2001; Benz 2001; Lehmbruch 2000a; Schmidt 2000 sowie aus neoliberaler Sicht Berthold 1998).

2.2 Unterschiede in der Staatstätigkeit der Länder und deren Determinanten

a) Do Parties Matter: CDU und SPD an der Regierung

Da sich die Bundesländer auch als politische Systeme betrachten lassen, stellt sich die Frage: „Macht es einen Unterschied, ob die SPD oder die CDU regiert?" (Schmidt 1980). Schmidt hat dazu die international vergleichende Policy-Determinanten-Forschung auf die deutschen Bundesländer übertragen. Dabei geht es um die kritische Überprüfung zweier alternativer Hypothesenbündel, nämlich erstens der „politischen Nullhypothese", wonach aus einer Reihe von Gründen parteipolitische Einflüsse nicht zum Tragen kommen, sowie zweitens der „politischen Hypothese", der zufolge eine unterschiedliche Regierungszusammensetzung spürbare Auswirkungen aufweist. Für Ersteres sprechen die primäre Erklärungskraft sozioökonomischer Variablen, die geringe politische Differenz zwischen großen Volksparteien und der Einfluss von Koalitionen sowie schließlich die Auswirkung eines föderativen Staatsaufbaus.[10] Dagegen stützen programmatische und sozialstrukturelle Differenzen, unterschiedliche Präferenzen politischer Parteien und ihrer Allianzen mit den Organisationen von Kapital und Arbeit sowie die bisherigen Erfahrungen zur Regierungspraxis der beiden Parteien die politische Hypothese (vgl. Schmidt 1980: 13-14, 129-130).

Als Indikatoren für die Politikergebnisse verwendet Schmidt hauptsächlich Daten über den Umfang der Beschäftigung im öffentlichen Dienst sowie über Ausgaben für Bildung, innere Sicherheit, gesellschaftliche Randbereiche, Soziales, Gesundheit und Infrastruktur, die durch qualitative Betrachtungen ergänzt werden (im Zeitraum 1965-1977). Als Erklärungsfaktoren werden sozioökonomische Indikatoren (besonders zu Wirtschaftskraft und Sozialstruktur) und politische Variablen (Regierungsbeteiligung,

---

10 Hinzu kommen zwei weitere Aspekte: Zum einen die homogenisierende Wirkung nationaler und die Länder umfassender Tarifpolitik im öffentlichen Dienst, die den Faktor Lohnkosten in den Haushalten determiniert, zum anderen die konjunkturelle und strukturelle Dynamik von „industrial districts" und ökonomischen Clustern, die länderübergreifend verlaufen.

Koalitionstyp, Wahlergebnisse, Arbeiteranteil der Parteien) herangezogen (ausführlich Schmidt 1980: 38–46).[11]

Dabei treten deutliche Differenzen zu Tage, etwa im Hinblick auf den Ressourcen-Transfer ins Bildungswesen, in den öffentlichen Sektor und in den Bereich der inneren Sicherheit. „Diese Bereiche sind unter SPD-Regierungen materiell und personell besser als unter CDU-Regierungen ausgestattet. Das gilt auch unter sonst gleichen sozioökonomischen Bedingungen" (Schmidt 1980: 130).[12] Diese These gilt auch bei qualitativen Weichenstellungen in der Bildungspolitik wie dem Streit um die Gesamtschule oder dem bezahlten Bildungsurlaub (Schmidt 1980; Schmid 1990a).

b) Beschäftigungspolitik und (Landes-)Parteien

Ebenfalls wirksam sind parteipolitische Profile in der Beschäftigungspolitik der Bundesländer – hier verstanden als Beschäftigung im öffentlichen Dienst. Untersucht werden zwei Zeiträume, nämlich die Jahre 1965–1968 und 1973–1977. Während in der ersten Phase wenig parteipolitische Einflüsse identifiziert werden, kommt es in der Zweiten zu „Variationen innerhalb eines schmalen Korridors" (Schmidt 1979: 447). Dieser Unterschied hängt für Schmidt vor allem mit der gestiegenen politischen Distanz zwischen CDU und SPD zusammen. Möglicherweise spielen Ländereinflüsse in der ersten Phase auch deshalb keine Rolle, weil das zu dieser Zeit von der großen Koalition eingeführte Instrumentarium der Globalsteuerung und der Arbeitsmarktpolitik (nach dem AFG) von den Bundesländern noch als wirksam und ausreichend interpretiert worden ist. Diese Einschätzung hat sich im Laufe der Zeit abgeschwächt.

Eine genauere Inspektion der Daten belegt, dass drei Gruppen von Ländern existieren: 1. solche, in denen die CDU regiert und eine „restriktive Politik" verfolgt (mit Ausnahme von Bayern); 2. Länder, in denen die SPD dominiert und in denen durch staatliche Beschäftigung der Arbeitslosigkeit entgegengewirkt wird (v.a. Nordrhein-Westfalen und Niedersachsen), sowie 3. Hamburg und der Bund, die gleichfalls eine SPD-Dominanz, aber keinen entsprechenden Ausbau des öffentlichen Dienstes aufweisen. Das schlechte Abschneiden des Bundes lässt sich wohl aus der Kombination fiskalischer und institutioneller Restriktionen ableiten. Umgekehrt deuten diese Ergebnisse – vom Sonderfall Hamburg abgesehen – auf bemerkenswerte Manövrierspielräume der Länder hin.

Auch in einer späteren Studie (Schmid/Blancke 2001), auf die im Folgenden noch näher eingegangen wird, spielen Parteien eine Rolle: Sozialdemokratisch regierte Länder nutzen das arbeitsmarktpolitische Instrumentarium intensiver, umgekehrt setzen christdemokratisch geführte Regierungen stärker auf Wirtschaftswachstum und entsprechende strukturpolitische Maßnahmen. Allerdings hält sich dieser parteipolitische Ein-

---

11 Im Unterschied zu den Ansätzen aus den USA (etwa Elazar 1966) werden dabei Einflüsse von regionalen politischen Kulturen nicht in Betracht gezogen.

12 So korreliert der Faktor SPD-Hegemonie relativ hoch mit Bildungsausgaben (0,72), Sicherheitsausgaben (0,82) und Staatspersonal (0,78), während gleichzeitig die Werte für den Faktor Wirtschaftskraft schwach ausfallen. Umgekehrt erklärt CDU-Hegemonie in den genannten Politikfeldern nur wenig, hier determiniert vor allem der Reichtum des Bundeslandes die jeweiligen Politikergebnisse.

Schaubild 2: Beschäftigungspolitik und Regierungspartei (nach Schmidt 1979: 449)

Land	Durchschnittliche Regierungsbeteiligung der SPD 1974–1977	Veränderung des Beschäftigungsstands im öffentl. Dienst 1973–1977
Baden-Württemberg	0	+ 4,8
Bayern	0	+ 12,1
Berlin	92	+ 6,1
Bremen	100	+ 14,1
Hamburg	88	+ 0,1
Hessen	84	+ 10,0
Niedersachsen	54	+ 12,3
Nordrhein-Westfalen	89	+ 11,2
Rheinland-Pfalz	0	+ 2,0
Saarland	0	+ 2,5
Schleswig-Holstein	0	– 0,6
Bund (incl. Bahn u. Post)	84	– 4,8

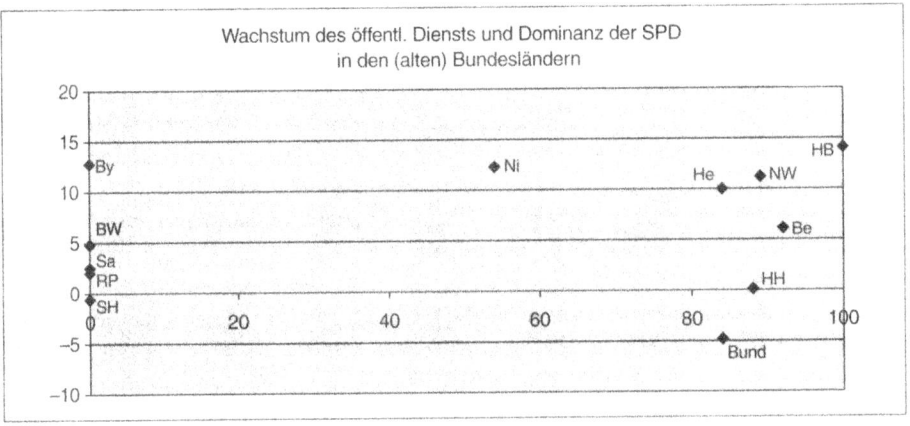

Anmerkung: Die x-Achse zeigt den Anteil der SPD an der Regierung an, die y-Achse zeigt die Veränderung des Beschäftigungsstands im öffentlichen Dienst an.

fluss in Grenzen, da teilweise Koalitionsregierungen existieren und die ökonomischen und arbeitsmarktpolitischen Problemlagen durchschlagen, was sich insbesondere im Osten bemerkbar macht.

c) Fortschreibung für die 80er und 90er Jahre

Da die Analyse von Manfred G. Schmidt in den 70er Jahren endet, liegt eine Fortschreibung nahe, wobei das Design zumindest sinngemäß fortgesetzt wird.[13] Als abhängige Variablen werden folgende Indikatoren verwendet: Beschäftigte im öffentlichen Dienst, Anzahl der Lehrer, Ausgaben für Sicherheit und Ordnung, für Soziales,

---

13 Ich danke Ph. Rehm für die Durchführung der statistischen Analysen.

für Universitäten und für Verwaltung (auf pro-Kopf-Basis umgerechnet). Die unabhängige Variable bildet der nach Schmidt (1980) gebildete „SPD-Indikator".

Zu welchen Ergebnissen gelangt man bei dieser kleinen Fortschreibung?
1. Insgesamt macht für den jüngeren Zeitraum die Parteiendifferenzhypothese nur bedingt Sinn, denn die Korrelate zwischen SPD-Dominanz und den Indikatoren sind auf Gesamtdeutschland bezogen bis auf zwei Fälle insignifikant (siehe Schaubild 3 für das Beispiel Sozialausgaben[14]). Die Ausnahmen bilden einerseits – wie schon bei Schmidt – die Ausgaben für Sicherheit und Ordnung (pro Kopf) und andererseits – relativ unerwartet – das Wirtschaftswachstum (BIP pro Kopf) in den Ländern.
2. Schließt man die neuen Bundesländer aus, dann werden jedoch fast alle Korrelationen signifikant, z.B. Beschäftigte im öffentlichen Dienst, Anzahl der Lehrer, Ausgaben für Verwaltung, Soziales, Universitäten sowie erneut Ausgaben für Sicherheit und Ordnung; ebenfalls signifikant korrelieren die Wachstumsraten des BIP.

Damit gilt die Parteiendifferenzhypothese wohl nur für bestimmte Zeiträume und Samples (hier Westländer) bzw. unter bestimmten Voraussetzungen. Vor allem die Zunahme an Koalitionsregierungen in den Ländern seit den 1980er Jahren und die Folgen der deutschen Einheit haben die Bedingungen für die Regierungspolitik grundlegend verändert. Hinzu kommt der Faktor Reichtum (bzw. das Ost-West-Gefälle), der den Einfluss der Parteien relativiert.[15] Last but not least ist das Aggregationsniveau dieser Art von Analysen sehr hoch, was qualitative Differenzen in den verfolgten Politiken verdeckt.

Schaubild 3: SPD-Dominanz und Sozialausgaben – fehlender Zusammenhang in den 80er und 90er Jahren

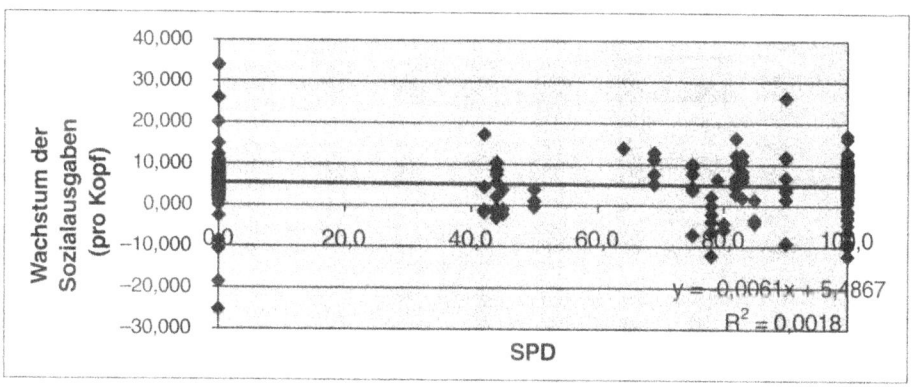

---

14 Ein ganz ähnliches Muster zeigt das Streudiagramm in Bezug auf die Beziehung zwischen Regierungspartei und Beschäftigung im öffentlichen Dienst.
15 Die Do Parties Matter-These stößt dabei in der alten Bundesrepublik auf bessere Bedingungen als in den USA oder in der Schweiz: Zum einen sind hierzulande die Parteien relativ gut organisiert und zum anderen sind die sozioökonomischen Disparitäten relativ gering. Die neuen Bundesländer ähneln somit stärker den beiden ausländischen Beispielen.

2.3 Varianz der Arbeitsmärkte und Arbeitsmarktpolitiken der Länder

a) Performanz der Arbeitsmärkte im Vergleich

Zeigt die Betrachtung der formalen institutionellen Aspekte eine „legislative Dominanz" (Münch 1997: 102) des Bundes, so legt die Analyse von Problemen und Policies der Länder eine differenziertere Betrachtung – „a view from the states" (Elazar 1966) – nahe. Zumindest in Bezug auf ihre Performanz allgemein (vgl. Bertelsmann Stiftung 2001) und hier vor allem im Hinblick auf die Arbeitsmärkte[16] zeigt sich eine beachtliche Varianz (vgl. hierzu Schmid/Blancke 2001). Dies belegt zum einen, dass die Landesregierungen unterschiedlichen Herausforderungen gegenüberstehen, was für eine sozioökonomische Problemdruck-Hypothese (s.o.) relevant ist. Zum anderen deutet die Kombination aus Ost-West- und Nord-Süd-Gefälle darauf hin, dass die Homogenität der sozioökonomischen Strukturen der sechzehn Länder bzw. die Gleichheit der Le-

Schaubild 4: Arbeitsmarktperformanz der Bundesländer 1999

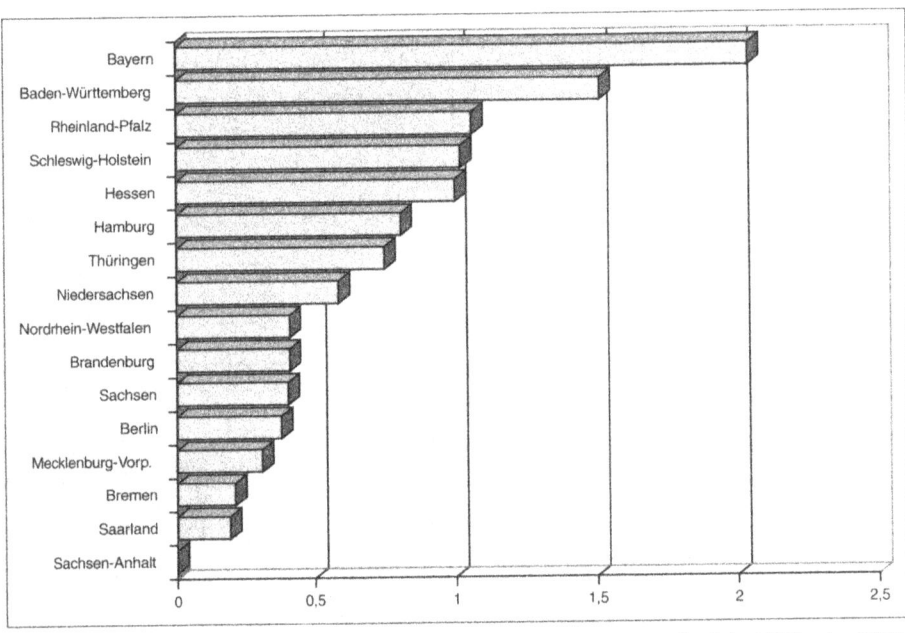

Anmerkung: Zu den Indikatoren sowie zum Vergleich mit 1992 und 1997 siehe Schmid/Blancke (2001: 84–86).

---

16 Zur Beschreibung und Analyse der Arbeitsmärkte in den Bundesländern werden folgende Indikatoren ausgewählt: 1. die Erwerbsquote der 15- bis unter 65-jährigen Wohnbevölkerung, 2. die Arbeitslosenquote, 3. der Anteil der Langzeitarbeitslosen (über ein Jahr arbeitslos) an den Arbeitslosen, 4. die Frauenarbeitslosenquote und 5. die Arbeitslosenquote der Jugendlichen (unter 25 Jahre). Vgl. dazu die Daten in der Anhangstabelle 2. Interessanterweise liegen die Ergebnisse der Bertelsmann Studie und unsere eigenen Analysen trotz unterschiedlicher Vorgehensweisen relativ dicht beieinander.

bensverhältnisse empirisch zumindest bemerkenswerte Lücken aufweist. Das hängt im Osten zweifelsohne mit den Folgen der massiven Deindustrialisierung nach der deutschen Einheit (vgl. Lutz u.a. 1996) zusammen, während die Varianz im Westen eher auf Effekte einer unterschiedlichen Betroffenheit bzw. Bewältigung des sozioökonomischen Strukturwandels hin deutet.

In Bezug auf die Position der einzelnen Länder (im Längs- und Querschnittsvergleich) wird ferner eine hohe Stabilität im Bereich der fünf Länder mit der höchsten Performanz erkennbar: Bayern liegt in den 90er Jahren an der Spitze, gefolgt von Baden-Württemberg; die Arbeitslosigkeit ist hier in allen Bereichen durchgehend niedrig und die Erwerbsquoten gehören im westdeutschen Vergleich zu den höchsten. Die folgenden Ränge werden von Hessen, Rheinland-Pfalz und Schleswig-Holstein belegt (siehe Anhangstabelle 2). Mehr Dynamik zeigt sich im mittleren und unteren Bereich, wo allmählich einige Ostländer aufholen (Thüringen, Brandenburg und Sachsen) bzw. einige Westländer wie Nordrhein-Westfalen, Saarland und Bremen absinken, wobei die beiden letztgenannten inzwischen zu den Westländern mit schlechten Performanzwerten gehören.

b) Konvergenz und Divergenz der arbeitsmarktpolitischen Maßnahmen der Bundesländer

Angesichts der Heterogenität der Problemlagen überrascht es nicht, dass die Bundesländer recht unterschiedlich auf die spezifischen Herausforderungen der Arbeitsmärkte reagieren. Gleichwohl wirken gerade im Bereich der Arbeitsmarktpolitik vor allem die Maßnahmen der Bundesanstalt für Arbeit (BA) homogenisierend. Dementsprechend bemühen sich alle Länderregierungen, durch Kofinanzierung möglichst viele Mittel der BA im Land zu binden. Die Höhe der Ausgaben in diesem Bereich beläuft sich annäherungsweise auf mindestens 30 Prozent der landeseigenen Mittel. Die Gesamtaufwändungen für aktive Arbeitsmarktpolitik[17] aller Länder belaufen sich auf rund 2.830 Mrd. DM (1997); im Vergleich dazu liegen die Ausgaben der BA allerdings bei 39.400 Mrd. DM. Diese Maßnahmen sind, da sie eine rein finanzielle Ergänzung der Aktivitäten der Arbeitsverwaltung darstellen, zumeist „konservativ" angelegt und folgen den rechtlichen Vorgaben des Teils III des Sozialgesetzbuchs (SGB III, früher AFG). Zudem sind alle Länder in den letzten Jahren verstärkt bei der Förderung von Sozialhilfeempfängern tätig geworden. Damit versuchen sie, Defizite des bestehenden Arbeitsförderungsrechts zu kompensieren und die Kommunen in ihren Anstrengungen im Rahmen des Bundessozialhilfegesetzes[18] zu unterstützen; z.T. wurden hierfür spezielle Programme „Arbeit statt Sozialhilfe" aufgelegt (etwa in Baden-Württemberg).[19]

---

17 Diese umfasst Maßnahmen wie Arbeitsvermittlung, Mobilitätshilfen, Qualifizierung, Weiterbildung und Beschäftigung (ABM); passive Lohnersatzleistungen werden nur durch die BA geleistet und werden hier nicht behandelt.
18 Im Zuge der Reform des Arbeitsförderungsrechts sollen entsprechende Regelungen in das SGB III aufgenommen werden; vgl. Woods u.a. (2001).
19 Besonders in den Stadtstaaten wird die förderfähige Zielgruppe auch bei anderen Maßnahmen auf Sozialhilfeempfänger ausgedehnt und werden neue Instrumente erprobt.

Gleichzeitig streben die meisten Länder die Integration von Qualifizierung und Beschäftigung an, d.h. dass – wiederum oft als Kofinanzierung von BA-Aktivitäten – ergänzend zu Beschäftigungsmaßnahmen weitere Qualifizierungen finanziert oder vorrangig solche Maßnahmen gefördert werden, die Qualifizierungsanteile beinhalten. In solchen Fäll kommen ferner EU-Mittel aus den Strukturfonds zur Anwendung, die eine entsprechende Integration in ihren Förderrichtlinien verlangen. Dies hat ebenfalls Homogenisierungseffekte zur Folge, sodass das Ausmaß der Policy-Divergenz eher begrenzt bleibt – besonders wenn man den Vergleich zu den amerikanischen Bundesstaaten zieht (vgl. dazu Bowmann/Kearney 1986).

Jedoch darf dabei nicht übersehen werden, dass die seit Ende der 80er Jahre verstärkte Förderung durch die EU der Arbeitsmarktpolitik aller Bundesländer beachtliche Innovationsimpulse gegeben hat: Die Verbindung der arbeitsmarktpolitischen Maßnahmen mit der regionalen Strukturpolitik, eine stärker präventive Ausrichtung der Maßnahmen, eine größere Nähe zum ersten Arbeitsmarkt oder die o.a. Integration von Qualifizierung und Beschäftigungsförderung sind in hohem Maße auf die Förderprogramme der EU zurückzuführen und tragen im Vergleich mit der herkömmlichen Arbeitsmarktpolitik deutlich innovative Merkmale. Dieser Effekt trägt zu einer nicht unerheblichen Variationsbreite bzw. zu Innovationen in der Arbeitsmarktpolitik der Bundesländer bei. Wesentliche Aspekte sind 1. die Nähe der Programme zum ersten Arbeitsmarkt; 2. die Verknüpfung mit anderen Politikfeldern (insbesondere der regionalen Strukturpolitik); 3. die Integration von Beschäftigung und Qualifizierung; 4. die Prävention; 5. die Berücksichtigung von Zielgruppen, die durch die BA nur ungenügend erreicht werden; 6. die institutionelle Flankierung, d.h. die Bildung von Institutionen zur Kooperation mit arbeitsmarkt- und wirtschaftspolitisch relevanten Akteuren (vgl. Schmid/Blancke 2001).[20]

---

20 Die Datengrundlage für die Einschätzung der Bundesländer bilden alle arbeitsmarktpolitischen Programme und Rahmenprogramme der Länder seit Ende der 80er Jahre bis 1997. Die Ausgaben der Länder für aktive Arbeitsmarktpolitik wurden anhand der Landeshaushaltspläne erfasst. Zur Einschätzung wurden drei Kategorien, „1" = „geringe Innovationsbereitschaft" bzw. „niedrige Ausgaben", „2" = „mittlere Innovationsbereitschaft" bzw. „mittlere Ausgaben", „3" = „hohe Innovationsbereitschaft" bzw. „hohe Ausgaben" gebildet. Schaubild 5 zeigt die zusammenfassende Bewertung der Aktivitäten. Grau unterlegt sind dabei jene Aktivitäten, die bei den Ländern als hohe und mittlere Innovationsbereitschaft bzw. Ausgaben bewertet wurden.

Schaubild 5: Vergleichende Beurteilung der Aktivitäten der Bundesländer
(nach Schmid/Blancke 2001: 220)

	SH	HH	Ni	HB	NW	He	RP	Sl	BW	By	Be	MV	BB	ST	Th	Sa
Ausgaben*	2–3	3	1–2	2–3	3	1	1–2	3	1	1	3	3	3	3	3	3
Marktnähe	1–2	2–3	3	3	3	2	2	2	1–2	2–3	3	3	3	3	3	3
Verknüpfung mit anderen Politikfeldern	2	2	2–3	3	3	1–2	2	2	1–2	2	3	2–3	2–3	3	3	3
Integration von Qualif. + Besch.	2	3	2–3	3	2–3	2	2–3	2	2	2–3	2–3	2–3	2–3	3	3	3
Prävention	1	2	1	3	3	1	2	2	1–2	2	2–3	2	2	2	2–3	2–3
Zielgruppen	2	2–3	2	2	2	2	1	2	1	2	2	2	2	2	2	2
Institutionelle Flankierung	2	2–3	2–3	1–2	3	2	2	2	1	1	2	2–3	2–3	2	3	3
Sonstige	1	2–3	2	1	2	1	1	1	1	2–3	1	2	1	1	1	1

* Ausgaben (Land) pro Arbeitslosem (Bezug West/Ost und Stadtstaat/Flächenstaat getrennt)
1 = niedrig; 2 = mittel; 3 = hoch

c) Typologie der Länderaktivitäten in der Arbeitsmarktpolitik und neuere
   Entwicklungen

Kombiniert man die o.a. innovativen Aktivitäten mit den finanziellen Aufwendungen, so lassen sich drei Gruppen identifizieren: 1. Länder mit schwachen bis mittleren Innovationsaktivitäten und niedrigen Ausgaben; 2. Länder mit eher geringen Innovationstätigkeiten und relativ hohen Ausgaben; 3. Länder mit hoher Innovationstätigkeit und hohen Ausgaben. Hieraus sowie aus weiteren qualitativen Analysen der arbeitsmarktpolitischen Programme lassen sich für die Mitte der 90er Jahre drei Strategietypen bilden:

– Ein erster Typus, dem die süddeutschen Länder (Bayern, Baden-Württemberg, Hessen und Rheinland-Pfalz) zuzurechnen sind, stellt die *Pull-Strategie* dar. Hier kommt es nur zu geringen finanziellen Anstrengungen in der aktiven Arbeitsmarktpolitik, und die Innovationstätigkeit der Länder ist ebenfalls eher gering, wobei man sich bemüht, die Maßnahmen möglichst nahe am Betrieb und dem ersten Arbeitsmarkt zu orientieren sowie Qualifizierungsmaßnahmen anzubieten. Oft wird eine umfangreiche Wirtschafts- und Strukturpolitik als funktionales Äquivalent zur Arbeitsmarktpolitik eingesetzt.
– Bei den eine *Stay-Strategie* verfolgenden Ländern (Saarland und Schleswig-Holstein) ist die Arbeitsmarktpolitik nur schwach in die regionale Strukturpolitik integriert, die Innovationsbereitschaft ist eher gering, d.h. es dominiert der Einsatz herkömmlicher Instrumente wie die Kofinanzierung von BA-Maßnahmen und eine starke Orientierung an Zielgruppen sowie am zweiten Arbeitsmarkt. Im Gegensatz zur ersten Gruppe wird die Arbeitsmarktpolitik jedoch mit einem relativ hohen Mittelaufwand betrieben.

– Eine so genannte *Push-Strategie*, wie sie vor allem in Ostdeutschland, aber auch in Bremen, Nordrhein-Westfalen und Hamburg verfolgt wird, zeichnet sich durch eine hohe Innovationsbereitschaft und arbeitsmarktpolitische Interventionstiefe aus. Dabei werden enge Verbindungen zur Industrie- und Strukturpolitik des Landes gesucht. Die meisten Maßnahmen zielen auf den regulären Arbeitsmarkt bzw. dienen der Verbesserung von Beschäftigungsangeboten und Qualifizierung. Ferner werden Anreize für private Arbeitgeber geschaffen, Arbeitslose auf Dauerarbeitsplätzen einzustellen. Zudem genießen so genannte „Soziale Betriebe", Auffanggesellschaften u.ä. eine besondere Bedeutung. Gleichzeitig wird über flankierende mesokorporatistische Institutionen gesteuert (vgl. Heinze/Schmid 1994). Für die aktive Arbeitsmarktpolitik werden dabei vergleichsweise hohe Summen zur Verfügung gestellt.

Gelten diese Zuordnungen von 1990 bis 1997/1998, so haben sich in den letzten Jahren alle Länder verstärkt darum bemüht, die aktive Arbeitsmarktpolitik zu intensivieren und ebenfalls innovative Strategien zu entwickeln. Diese Entwicklung steht z.T. auch im Zusammenhang mit der Renaissance von Beschäftigungsbündnissen auf der Ebene der Länder, deren Reichweite zwar in den seltensten Fällen die der Bundespolitik erreicht, die jedoch im Gegensatz zu den Bündnisgesprächen auf der Bundesebene vielfach weitaus reibungsloser und erfolgreicher verliefen. Insbesondere Bayern hat dabei Aktivitäten entwickelt, die mit Vereinbarungen zu Lohnzurückhaltung, Wirtschafts- und Arbeitsförderung weit über die Ergebnisse der anderen Bündnisse hinausreichen (vgl. Schmid/Blancke 2001).[21]

Insgesamt zeigt sich deutlich, dass die Länder die verfassungsrechtlichen und vor allem die verwaltungspraktischen Spielräume nutzen – selbst dann, wenn sich der Bund ebenfalls in dem Politikfeld betätigt. Dabei haben jene Länder starke Aktivitäten entwickelt, die unter einem hohen arbeitsmarktpolitischen Problemdruck zu leiden haben. Hinzu kommen politische Faktoren, vor allem die Ausrichtung der Regierungsparteien, was besonders in den alten Ländern einen Unterschied macht (s.o.).[22]

3. Politische Dynamik zwischen Systemen und Ebenen des Bundesstaats – Leistungen und Defizite

3.1 Innovation und Diffusion vom Arbeitsmarktprogrammen

Neben der Tatsache, dass die Bundesländer unterschiedliche Strategien verfolgt und vielfach innovative Programme entwickelt haben, lässt sich ein weiteres Phänomen beobachten: die Imitation und Diffusion von Policies in andere Bundesländer und ggf. auch auf die Bundesebene. In der Arbeitsmarktpolitik gibt es hierfür mehrere Beispiele: Das Instrument der „Sozialen Betriebe" etwa, das 1991 in Niedersachsen eingeführt

---

21 Diese Aspekte werden in der sich im Abschluss befindlichen Dissertation von S. Blancke vertieft untersucht. Ich danke ihr zugleich für wichtige Informationen und Kommentare.
22 Zusätzlich spielt die Kooperation zwischen Staat und Verbänden in der Arbeitsmarkt- und Strukturpolitik eine Rolle (vgl. Heinze/Schmid 1994). Dieser Faktor lässt sich – abgesehen von einzelnen Beispielen (Bayern und Nordrhein-Westfalen) – jedoch nicht systematisch belegen.

wurde, ist später nicht zuletzt auf Grund seines vergleichsweise guten Erfolges andernorts übernommen worden.[23] Mittlerweile werden so genannte Soziale Betriebe in fast allen Bundesländern (z.T. mit Abweichungen vom „Ursprungsfall") gefördert. Modelle zur Jobrotation diffundierten über Skandinavien nach Berlin und dann nach Rheinland-Pfalz. Auch die Aktivitäten der Länder im Bereich der Arbeitnehmerüberlassung (START-Zeitarbeit) oder das Maatwerk-Modell (das jedoch vornehmlich von den Kommunen und nicht von den Ländern gefördert wird) stellen Instrumente dar, die zunächst in einem Land (hier Nordrhein-Westfalen) erprobt und dann von anderen Ländern übernommen wurden.

Diese Imitations- und Diffusionsprozesse werden zu einem erheblichen Teil durch Kontakte zwischen den Verwaltungen angeregt. So werden bei den bundesweiten Treffen der Arbeitsmarktreferenten aus den Ministerien neben technischen Fragen (wie z.B. die administrativen Implikationen von Änderungen des AFG/SGB III) auch Erfahrungen und Ideen ausgetauscht – durchaus mit der Intention, von den anderen Ländern zu lernen und erfolgreiche Modelle zu übernehmen. Diffusion von Politik wird zudem auch durch den Personalaustausch zwischen den Länderministerien angeregt und entspricht der Rolle des Ministerialbeamten als „Homo Politicus" (Petersen/Faber 2000). So wurde etwa der in Nordrhein-Westfalen tätige Leiter der Abteilung Arbeit im Ministerium für Arbeit, Gesundheit und Soziales Staatssekretär in Thüringen.[24] Für den amerikanischen Fall sprechen Bowman/Kearney (1986: 15–16) von der Existenz einer „intergovernmental lobby", die nicht nur materielle Interessen vertritt, sondern ebenfalls Ideen und Informationen verbreitet.

Von Bedeutung für Diffusionsprozesse sind schließlich auch die privatwirtschaftlichen Beratungsgesellschaften, die in den neuen Bundesländern z.T. maßgeblich an der Gestaltung der Landesarbeitsmarktprogramme beteiligt sind (wie BBJ Consult). Durch diese Konzeptplanung in „einer Hand" werden verschiedene Programme in mehreren Ländern in ähnlicher Weise aufgelegt. Es bestehen also diverse Kanäle und Mechanismen, über die Policies in andere Länder getragen und sich (flächendeckend) verbreiten können. Die Tatsache, dass innerhalb der Bundesrepublik ähnliche rechtliche und administrative Rahmenbedingungen herrschen und dass die Entwicklungsunterschiede zwischen den Ländern eher gering sind, fördert solche Diffusionsprozesse und führt dazu, dass sie in Deutschland weitaus leichter stattfinden können als z.B. im internationalen Rahmen (vgl. Kern 2000, S. 276–277).[25]

---

23 Soziale Betriebe werden in Niedersachsen definiert als Unternehmen, die Güter produzieren und Dienstleistungen erbringen und ohne Einschränkung am Wettbewerb teilnehmen. Sie unterscheiden sich im Wesentlichen dadurch von anderen Betrieben, dass sie über die eigentlichen Betriebsziele hinaus Langzeitarbeitslose beruflich qualifizieren, sozial stabilisieren und in das Beschäftigungssystem integrieren.
24 Auch eine Arbeitsmarktreferentin in Hessen war zuvor in Nordrhein-Westfalen beschäftigt und hat vor diesem Erfahrungshintergrund die Einrichtung regionaler Koordinierungsstellen vorangetrieben, die in Nordrhein-Westfalen in größerem Umfang (mit Regionalbüros, Regionalsekretariaten etc.) seit längerem schon institutionalisiert waren.
25 Dieses hohe Maß an Institutionalisierung von Politiktransfers führt jedoch nicht zu „nahezu idealtypischen Diffusionsmustern", wie sie von Kern (2000: 278–279; s.a. Bowman/Kearney 1986) in der amerikanischen Umweltpolitik identifiziert worden sind. Dazu verlaufen die Diffusionsprozesse in der Arbeitsmarktpolitik zu erratisch und unvollständig. Auffällig ist jedoch

Hierdurch wird ohne zentrale Entscheidungen und Steuerungsleistungen eine zunehmende Angleichung der Landespolitiken produziert. In einem enger gefassten Bereich der Politik sinkt damit einerseits die Divergenz zwischen den Ländern. Da wir es andererseits gerade in der Arbeitsmarktpolitik mit einem äußerst dynamischen Politikfeld zu tun haben, in dem mit neuen Projekten experimentiert wird, werden gleichzeitig immer wieder neue Divergenzen geschaffen. Zwar ist anzunehmen, dass die Länder mit dem höchsten Problemdruck auch weiterhin die größten (innovativen) Aktivitäten entwickeln; es gibt jedoch auch deutliche Anzeichen, dass gerade diejenigen Länder, die bisher nur vergleichsweise geringe Aktivitäten entwickelt haben, sich nun um ganz neue Wege in der Arbeitsmarktpolitik bemühen. Beispiele hierfür sind die jüngsten Initiativen von Hessen zum Kombilohn und von Rheinland-Pfalz zur Aufstockung des Kindergeldes.

Eine genauere Analyse der Inhalte innovativer arbeitsmarktpolitischer Programme zeigt ferner, dass hier nicht nur landespolitische Intelligenz (d.h. ein endogener Wirkfaktor) am Werk ist, sondern auch der Einfluss der EU (d.h. ein exogener Faktor) spürbar wird. Diese stellt im Rahmen ihrer Strukturfonds finanzielle Ressourcen bereit, prägt durch prozedurale Vorschriften die Umsetzung und öffnet auch in rechtlicher Hinsicht den Handlungsspielraum. Wichtig ist in diesem Zusammenhang etwa die technische Hilfe, die in den neuen Bundesländern zu relativ unbürokratischen Implementationsstrukturen mit freien Trägern und Consulting-Agenturen geführt hat – die jetzt allerdings zunehmend in die konventionellen staatlichen Behörden eingegliedert wird. Ein anderer Sachverhalt, der teils auf landespolitischen, teils auf europäischen Faktoren beruht, stellt die Einbindung gesellschaftlicher Interessengruppen wie Gewerkschaften, Kammern, aber auch Wohlfahrtsverbänden u.ä. dar. Solche mesokorporatistischen Arrangements haben etwa in Nordrhein-Westfalen eine starke Tradition und sind via Verwaltungshilfe in einige neue Bundesländer exportiert worden. Dasselbe ist freilich Ziel des Prinzips der Partnerschaft, das die EU propagiert und das etwa im Konzept der lokalen Beschäftigungspakte zum Tragen kommt.[26]

3.2 Innovation und Diffusion in der Sozialpolitik

Auch in der Sozialpolitik – und hier vor allem bei den Sozialen Diensten für Senioren – lassen sich sowohl die wichtige Rolle der Bundesländer als auch die Prozesse der Imitation und Diffusion rekonstruieren. In Bezug auf Ersteres konstatiert Schölkopf: „Die Altenpflegepolitik wurde vor Einführung der Pflegeversicherung überwiegend von den Bundesländern gestaltet. So wurde das für die Altenhilfe lange Zeit zentrale, 1961 beschlossene Bundessozialhilfegesetz (BSHG) leistungsrechtlich nur mit vagen Vorgaben

---

der relativ starke Einfluss von Experten, was aus der Analyse der amerikanischen Politik ebenfalls bekannt ist.

26 In diesen Kontext gehören ebenfalls die Benchmarking- und Monitoring-Systeme der EU, die einerseits den Informationsaustausch verbessern, Spitzenleistungen und Versagen transparent machen und – quasi hinter dem Rücken der Akteure und unterhalb der Ebene formaler Entscheidungen – Verhaltensänderungen erzeugen sollen (Straßheim 2001). Solche Aspekte unterscheiden die Bundesrepublik erheblich von den USA oder der Schweiz, wo solche externen Einflüsse auf die Innovation und Diffusion von Politik nicht vorliegen.

ausgestattet. Insbesondere gab es keine gesetzlich eindeutige Verantwortung für die Sicherstellung einer bedarfsgerechten Pflegeinfrastruktur" (Schölkopf 2001: 1). Dies gilt für die stationären wie ambulanten Einrichtungen sowie die Planung und Finanzierung über den gesamten Zeitraum bis heute. Die Länder stoßen mit ihren Aktivitäten in eine Lücke, die der Bund lange offen ließ: Anfang der 60er Jahre haben die Länder Mängel in der stationären Altenhilfe thematisiert und mit der Förderung des Heimneubaus und der Modernisierung älterer Einrichtungen begonnen. In den 70er Jahren haben sie ohne gesetzliche Verpflichtung detaillierte Altenpläne mit differenzierten Bedarfskennziffern aufgelegt. In den 80er und 90er Jahren – noch im Vorfeld der Einführung der nationalen Pflegeversicherung – haben sie sich auf den Bau von Pflegeplätzen konzentriert und ihre Förderung um 1990 noch einmal kräftig aufgestockt (Schölkopf 2001 mit weiteren Details).

Eine ähnliche Entwicklung weist der ambulante Bereich auf. Mit den Ende der 60er Jahre eingerichteten Sozialstationen lässt sich zudem der Diffusionsprozess gut nachzeichnen: Ausgehend von Rheinland-Pfalz (1970) hat sich das Konzept bei den süddeutschen Nachbarländern verbreitet und ist zusehends weiter in andere CDU-regierte Länder gewandert; es beeinflusst schließlich auf der Bundesebene die Programmdebatte um die so genannte „Neue Soziale Frage" (zur innerparteilichen Dimension vgl. Schmid 1990: 197–198).[27] Schließlich schwenkten gegen Ende der 70er Jahre auch die SPD-regierten Länder auf diesen Entwicklungspfad ein. Dieses Muster von Innovation, Variation und Diffusion setzte sich fort bei den in den 90er Jahren errichteten Hilfeverbünden und Koordinierungsstellen (vgl. Schölkopf 2001) sowie der Förderung des ehrenamtlichen Engagements (Hummel 2001).[28]

Damit übernehmen die Länder in der Sozialpolitik kontinuierlich eine wichtige Funktion im Bereich der Versorgung mit Sozialen Diensten (hier für Senioren) und der Innovation neuer Konzepte. Diese Innovationen sorgen für die Vielfalt im Föderalismus, die sich aber im Laufe der Zeit durch Imitations- und Diffusionsprozesse reduziert. Die strukturelle Basis hierfür bilden Netzwerke innerhalb der Verwaltung – so genannte Fachbruderschaften und Wissenskoalitionen (s. dazu die Beiträge in Héritier 1993), darüber hinaus fungieren hier weitaus stärker als in der Arbeitsmarktpolitik die Parteien als Kommunikationskanäle, die Bundesländer und politische Ebenen übergreifen.[29] Diese Rolle der Parteien weicht interessanterweise von dem ab, was Pierson (1995) im amerikanisch-kanadischen Vergleich bemerkt hat. Dort wird s.E. die Experimentierfreudigkeit der Einzelstaaten durch das amerikanische Zweiparteiensystem er-

---

27 Auch hier spielt die Karriere von Personen eine wichtige Rolle bei der Verbreitung des Konzepts. Besonders gilt dies für H. Geißler, der als Sozialminister in Rheinland-Pfalz die Idee aufgenommen und sie dann als Generalsekretär in die Bundespartei eingebracht hat.
28 Die Förderung bürgerschaftlichen Engagements durch die Bundesländer wird derzeit durch den Verfasser im Auftrag der Enquete-Kommission des Deutschen Bundestages untersucht. Auch hier zeigen sich deutliche Unterschiede in parteipolitischer und sachlicher Hinsicht, wobei Baden-Württemberg führend ist.
29 Neben den beiden hier dargestellten Politikfeldern zeigen sich vergleichbare Diffusionsprozesse und parteipolitische Vernetzungen in der Bildungspolitik (Schmid 1990a) und der Wohnungsbaupolitik (Holtmann 2000).

schwert bzw. umgekehrt durch die hohe Fragmentierung im kanadischen Fall unterstützt.[30]

3.3 Politische Blockaden und Konflikte im Bundesstaat

Die Parteipolitik weist jedoch auch eine andere – eher negative – Seite auf, die mehr Beachtung gefunden hat. Für viele Beobachter haben sich die Parteien als Motor der Zentralisierung und Unitarisierung erwiesen, vor allem wenn diese eine Politik der sozialen Gerechtigkeit und Sicherheit sowie der Gleichheit der Lebensverhältnisse in allen Regionen verfolgen. Verstärkend kommen jedoch die Einflüsse der tarifpolitischen Akteure hinzu, gehört der Flächentarifvertrag doch zu den wesentlichen Elementen des so genannten „Modell Deutschland". Aber auch im Kulturbereich resultiert erst aus der Kombination aus parteipolitischen Profilierungsinteressen und etablierten nationalen Verbändestrukturen eine Zentralisierungsdynamik, die in der Etablierung eines „Kulturministers" des Bundes ihren Niederschlag gefunden hat. Es sind daher nicht die Parteien per se, sondern bestimmte Wettbewerbs- und Kooperationsstrukturen mit anderen politischen Organisationen, die eine dem Föderalismus abträgliche Dynamik in Gang setzen.

Mit dem Wachstum der Kompetenzen des Bundes im Gefolge des expandierenden Wohlfahrtsstaats ist jedoch weniger eine Zentralisierung als eine Verflechtung der Ebenen entstanden, da sich die Länder dies durch erhöhte Beteiligungsrechte bzw. Zustimmung des Bundesrates bei der Gesetzgebung kompensieren ließen. Inzwischen sind über die Hälfte aller Gesetze zustimmungspflichtig, während es in den Anfängen der Bundesrepublik Deutschland nur rund ein Drittel waren (Lehmbruch 2000a: 84). Politische Polarisierungsstrategien der Parteien haben zu Beginn der 70er Jahre die Aushandlungsprozesse erheblich gestört bzw. einen historisch angelegten „Strukturbruch" zwischen kooperativem Exekutivföderalismus und Parteienwettbewerb bewirkt (Lehmbruch 1976, abgemildert in Lehmbruch 2000; weniger skeptisch auch Benz 2001; Holtmann 2000; Schmid 1990).[31] Mittlerweile hat sich dieses Phänomen relativiert, und in wichtigen Fragen der Sozialen Sicherheit sind in den 90er Jahren einige Reformpakete im Konsens der beiden Großparteien und der Länderkammern verabschiedet worden. Gleichwohl dürften sich Konsens und Konflikt in der Arbeitsmarkt- und Sozialpolitik die Waage halten.

Für diese ausgewogenere Beurteilung des Zusammenspiels von Föderalismus, Parteienwettbewerb und Wohlfahrtsstaat spricht auch die Bearbeitung der Folgen der deutschen Einheit. Zwar sind die Probleme nicht alle behoben, doch sind die erfolgten Transfers in immenser Höhe und die Veränderung der Finanzausgleichssysteme bemerkenswert (Rentsch 1994; Zohlnhöfer 1999). Gerade den Parteien kommt hier die

---

30 Einige analoge Hinweise gibt es auch für die Schweiz (etwa im Bereich der Drogenpolitik). Allerdings sind die Informationen, die aus allen genannten Ländern vorliegen, nicht ausreichend bzw. die Beispiele zu heterogen, um die unterschiedlichen Interpretationen abschließend beurteilen zu können.
31 Damit korrespondieren Thesen von der Politikverflechtungsfalle (Scharpf 1994) und der blockierten Gesellschaft (Heinze 1998).

Funktion zu, quer zu den sozioökonomischen Differenzen der Gebietskörperschaften zu integrieren. Andererseits können auch – was jüngste Beispiele der Mehrheitsbeschaffung etwa im Falle der Rentenreform im Bundesrat lehren – politisch-ideologische Lager durch die Befriedigung materieller Interessen von Ländern aufgebrochen werden.[32] Diese Art der Aushandlungsprozesse werden möglicherweise angesichts der gestiegenen sozioökonomischen Disparitäten zunehmen, was zwar die Entscheidungsfähigkeit des Systems gewährleistet, aber die Gefahr der Fehlallokation der Mittel hervorbringt. Eben diese Ineffizienz ist es, neben der eigenen guten Standortposition, weshalb die süddeutschen Länder eine politische Debatte um die Verbesserung der Effizienz durch mehr Wettbewerb angestoßen haben. Das neue „Paradigma" des Föderalismus impliziert zugleich einen grundlegenden Wandel in der Sozialpolitik (im weiten Sinne) hin zu einem regionalisierten Wohlfahrtsstaat mit hohen Gestaltungsspielräumen für die Bundesländer einerseits, wachsenden regionalen und sozialen Disparitäten sowie ungelösten externen Effekten[33] andererseits. Sachliche Ambivalenzen sowie erhebliche politische und institutionelle Widerstände machen jedoch weitreichende Reformen unwahrscheinlich (Benz 2001; Lehmbruch 2000a; Münch 2001; Schmidt 2000) – was im Übrigen nicht nur der Föderalismusforschung, sondern ebenfalls dem main stream der vergleichenden Wohlfahrtsstaatsanalyse (vgl. Schmid 2001) entspricht.

4. Fazit: Zwei Logiken der Entwicklung in fragmentierten Wohlfahrtsstaaten

Entgegen der verbreiteten These, wonach (dezentrale) Bundesstaaten in ihrer Wohlfahrtsstaatlichkeit nur unterdurchschnittlich entwickelt wären, lässt sich dieses Ergebnis für die Bundesrepublik Deutschland nicht bestätigen. „Der Föderalismus hier zu Lande hat den Auf- und Ausbau eines auch im internationalen Vergleich ungewöhnlich weit entwickelten Sozialstaats nicht wesentlich behindert, sondern mitunter gefördert" (Schmidt 2000: 6). Durch eine einseitige Fixierung der Wahrnehmung auf die nationale Ebene sind die Handlungsmöglichkeiten, über welche die Bundesländer verfügen und die sie auch ausnutzen, in den Schatten gerückt. Kompetenzen mit hoher Autonomie für die Länder bestehen vor allem für das Bildungswesen sowie abgeschwächt für die Sozialen Dienste (hier v.a. am Beispiel der Seniorenpolitik behandelt). Aber auch in Politikfeldern, in denen der Bund traditionell die Oberhand hat (z.B. in der aktiven Arbeitsmarktpolitik), nehmen die Länder wichtige Funktionen wahr. Dies gilt besonders für die Feinsteuerung und Ergänzung nationaler Programme und die Bearbeitung von Sonderproblemen. Dies reflektiert auch die Personalverteilung im öffentlichen Dienst. Demnach sind etwas mehr als 0,5 Mio. Menschen beim Bund, 2,3 Mio. bei den Ländern und 1,5 Mio. bei den Kommunen beschäftigt; der Schwerpunkt mit

---

32 Dies erfordert allerdings, dass Parteien ebenfalls über eine analoge verflochtene Struktur und hohe Organisationsressourcen verfügen (vgl. am Beispiel der CDU Schmid 1990). Man könnte dies auch als eine andere Form der „doppelten Politikverflechtung" betrachten. Schwache Parteien wie in der Schweiz oder den USA sind dazu nicht in der Lage bzw. repräsentieren nur die regionalen Interessen.
33 Eben diese externen Effekte (etwa gemeinsame Infrastrukturen oder Verhinderung ruinöser Standortkonkurrenz) waren es, die ursprünglich zur Politikverflechtung geführt haben.

knapp zwei Dritteln der Beschäftigten liegt in den Politikfeldern Bildung, Wissenschaft, Gesundheit und Soziales, während umgekehrt diese Bereiche beim Bund nur ein Fünftel ausmachen (Statistisches Bundesamt 2001).[34] Hinzu kommt, dass durch die Innovation und Diffusion von Politiken die Leistungsfähigkeit des gesamten föderativen Systems gesteigert wird.

Diese Prozesse beruhen auf einem komplexen interorganisatorischen Netzwerk aus den Verwaltungen, den Parteien und den großen Verbänden, die Interessen, Systeme und Ebenen im deutschen Bundesstaat und in der Sozialpolitik durchdringen. Je nach Konstellation lassen sich dabei zwei politische Logiken des fragmentierten Wohlfahrtsstaats identifizieren.

1. In der einen Konstellation stehen die klassischen Systeme der Sozialen Sicherheit mit ihren weitgehend auf monetäre Transfers ausgerichteten Leistungen im Vordergrund. Neben den nationalen Parteien sind hier v.a. Gewerkschaften und Arbeitgeberverbände relevante Akteure; hier finden die Programmatik der Gleichheit der Lebensverhältnisse und der Korporatismus der Beitragszahler ihren Ausdruck. Die sich daraus entwickelnde Tendenz ist eine des Wachstums – solange Konsens über die Ziele und Funktionalität der Sozialpolitik besteht – sowie der Zentralisierung und Unitarisierung des Bundesstaats.

2. Die andere Konfiguration beinhaltet den Bereich der Sozialen Dienste, die, weit gefasst, vom Bildungswesen über personenbezogene Hilfen bis zur Administration komplexer Programme reicht. Da es sich dabei um ein relativ heterogenes Bündel von Leistungen handelt, ist möglicherweise die Sichtbarkeit geringer und die Zusammensetzung der Politiknetzwerke pluraler. Wichtige Akteure sind die Regierung und die Verwaltung – sowohl die politische wie die ausführende – und die an der Implementation beteiligten Trägerorganisationen wie Wohlfahrtsverbände sowie z.T. die Kommunen. Vorherrschend ist ferner eine sozialpolitische Programmatik der Einzelfallbehandlung und Individualisierung der Leistungen mit dem Ergebnis, dass deutliche Tendenzen zur Föderalisierung und Dezentralisierung auftreten. Anlehnungen an die Subsidiaritätssemantik der katholischen Soziallehre sind dabei sachlich wie entwicklungsgeschichtlich nicht zufällig.[35]

Dabei ergänzen sich beide Muster der Politik im fragmentierten Wohlfahrtsstaat; zugleich sind die auftretenden dezentralisierenden Momente nicht identisch mit dem Konzept des Wettbewerbsföderalismus, sondern sie bewegen sich innerhalb des etablierten institutionellen Rahmens.

Das Beispiel der Sozialhilfereform in den USA – unter der Programmatik „Ending Welfare as we know it" (Clinton) – lässt sich in diesen analytischen Rahmen ebenfalls gut einfügen. Nach der Reformära der Sozialpolitik („Great Society"), die vor allem

---

34 Ergänzt werden müssen noch die über eine Mio. Beschäftigten bei den Wohlfahrtsverbänden, die ebenfalls als weitgehend staatlich subventionierte Träger sozialer Dienste fungieren. Sie können im internationalen Vergleich als Äquivalent zum Staatsdienst gesehen werden.

35 Diese Seite des deutschen Wohlfahrtsstaats kann auch als christdemokratisch interpretiert werden, während sich in der ersten Konstellation eher konservative und sozialdemokratische Elemente vereinigen. Man könnte ferner darüber spekulieren, ob sich nicht mit den beiden Mustern eine Gegenüberstellung von Routine- und Innovationsprozessen verbinden ließe.

mit Ausbau und gleichzeitiger Zentralisierung verbunden war, hat sich die politische Arena gewandelt. Im Zuge einer „silent revolution" (Bowman/Kearney 1986: 251) ist das Misstrauen gegen die Politik des Bundes gewachsen bzw. sind (selbst von früheren Protagonisten) Fehlallokationen erkannt und kritisiert worden, während umgekehrt durch verschiedene Reformen die Handlungsfähigkeit der Einzelstaaten erhöht worden ist. Mit dem Wechsel einer vorwiegend auf monetäre Transfers ausgerichteten Sozialhilfe („Welfare") hin zu einer stärker pädagogischen, aktivierenden und kontrollierenden Strategie des „Workfare" verläuft parallel eine Dezentralisierung und Reföderalisierung, da auf der Ebene der Bundesstaaten die Problemnähe größer ist und die administrativen Kapazitäten effektiver eingesetzt werden können.[36]

Die skizzierten Beispiele belegen damit die Existenz unterschiedlicher Logiken der wohlfahrtsstaatlichen Entwicklung im Bundesstaat. Die Dynamik der Policy – Wachstum der monetären Transfers einerseits bzw. Ausbau der sozialen Dienste andererseits – zeigt zugleich eine gewisse Wahlverwandtschaft mit den territorialen Politikstrukturen. Dieser Sachverhalt lässt sich auf folgende Thesen reduzieren:

1. Das Wachstum des Sozialstaats, wenn es denn nicht durch den Föderalismus verhindert wird, erzeugt erhebliche Unitarisierungseffekte. Allerdings kommt hierbei eine Reihe von Kontextbedingungen zum Tragen, die Deutschland vom amerikanischen und Schweizer Fall unterscheiden. Neben der frühen Genese des Wohlfahrtsstaats und seiner konservativ-korporatistischen (i.S. von Esping-Andersen 1990) Ausprägung ist hier das System starker Volksparteien mit hohem Wettbewerb gerade in der Sozialpolitik zu nennen. Allerdings ist es ebenfalls dieses Parteiensystem, das (unter spezifischen Bedingungen) einen Überhang an Konfliktladung organisiert und zur Blockade der Politik führen kann.

2. Das Muster dezentraler Innovation und anschließender Diffusion von Arbeitsmarkt- und Sozialpolitik – bzw. wie Bowman/Kearney (1986) formulieren: „Ressurgence of the States" – ist hingegen in allen angesprochenen Fällen zu finden; zumindest existieren analoge Mechanismen in vergleichbaren Politikfeldern. Aber auch hierbei finden sich einige Aspekte, die Besonderheiten des deutschen Falles markieren. So spielen wiederum die Parteien eine wichtige Rolle, denn sie befördern – neben den Verwaltungen – den Diffusionsprozess (v.a. innerhalb eines politischen Lagers, wie exemplarisch das Konzept der Sozialstationen in der Union) oder sie hemmen ihn, wenn die Politikinnovation konträr zu den bisherigen politischen Praktiken und Überzeugungen verläuft, was etwa in der Arbeitsmarktpolitik der süddeutschen Länder auftritt, die als Pull-Strategie typisiert worden ist. Nur dieses letztgenannte Phänomen[37] entspricht wiederum der Beobachtung von Pierson (1995), wonach sich für die USA starke Parteien als dysfunktional für dezentrale Policy-Innovationen erweisen.

---

36 Dies führt in den USA zu interessanten Modellen von „workfare" wie etwa Wisconsin, die inzwischen nicht nur in den USA (vgl. Strassheim 2001), sondern auch in der Bundesrepublik wahrgenommen und propagiert werden.

37 Dabei muss es offen bleiben, ob die nur einseitig hemmende Rolle der Parteien, die Pierson im Unterschied zum Verfasser wahrnimmt, auf den abweichenden amerikanischen Kontextbedingungen beruht oder ob angesichts der geringen Zahl von Studien (samt der geringen empirischen Tiefe) der Unterschied schlicht zufällig ist.

3. Diese Mischung an politisch-institutionellen Faktoren hat in Deutschland zumindest bislang ein relativ geringes Maß an territorialen Disparitäten bzw. umgekehrt eine Gleichheit (neuerdings Gleichwertigkeit) der Lebensverhältnisse erzeugt, was wiederum eine wichtige Differenz zu anderen Staaten markiert. Dort sind die Spannungen zwischen Föderalismus und Wohlfahrtsstaat zu Gunsten des einen (wie in den USA, der Schweiz und anderen liberalen Regimen) oder des anderen (wie in den sozialdemokratischen Wohlfahrtsstaaten in Skandinavien) entschieden worden; in Deutschland hingegen existiert eine prekäre institutionelle Balance mit erheblichen politisch-strategischen Kontingenzen.
4. Schließlich deuten diese Überlegungen in methodischer Hinsicht darauf hin, dass der deutsche Sozial- und Bundesstaat – und nicht zu vergessen der damit interagierende Parteienstaat[38] – wichtige Besonderheiten aufweist, die einen internationalen Vergleich und die Formulierung von generalisierenden Aussagen erschweren.

---

38 Dabei bedarf es einer näheren vergleichenden Analyse der Rolle von Parteien als intervenierender Variable zwischen Föderalismus und Sozialpolitik, die v.a. die strategischen Kalküle des Wechselns von kooperativen bzw. innovativen zu blockierenden „Spielen" (zum mikropolitischen Kontext Bogumil/Schmid 2001) erfassen müsste.

Anhangstabelle 1: Rangfolge aller Bundesländer bei Ausgaben (Durchschnittswerte 2001 und 2002)*

Land	Bildungswesen (1)	Rang	Soziale Sicherung (2)	Rang	Gesundheit (3)	Rang	Gesamt pro Kopf	Rang Gesamt	Addition
Hamburg	2411,6	1	2517,6	1	275,9	2	5207,1	1	1 + 1 + 2 (4)
Thüringen	1994,5	2	950,0	2	266,1	3	3217,6	2	2 + 2 + 3 (7)
Sachsen-Anhalt	1708,5	6	923,4	3	295,1	1	2937,0	3	6 + 3 + 1 (10)
Mecklenburg-Vorp.	1793,5	3	810,8	4	245,9	4	2861,2	4	3 + 4 + 4 (11)
Sachsen	1782,7	4	674,7	6	243,6	5	2716,0	5	4 + 6 + 5 (15)
Schleswig-Holstein	1557,9	8	684,7	5	143,2	8	2406,8	6	8 + 5 + 8 (21)
Brandenburg	1418,9	13	671,0	7	224,1	6	2340,0	7	13 + 7 + 6 (26)
Bayern	1773,9	5	309,3	14	170,0	7	2279,2	8	5 + 14 + 7 (26)
Rheinland-Pfalz	1432,8	11	633,5	9	140,0	9	2235,3	9	11 + 9 + 9 (29)
Saarland	1429,8	12	650,7	8	96,9	12	2209,4	10	12 + 8 + 12 (32)
Niedersachsen	1411,0	14	598,2	10	94,0	14	2141,2	11	14 + 10 + 14 (38)
Baden-Württemberg	1602,6	7	224,6	15	130,1	10	1989,3	12	7 + 15 + 10 (32)
Nordrhein-Westfalen	1535,4	9	330,0	13	82,1	15	1984,5	13	9 + 13 + 15 (37)
Hessen	1456,8	10	382,6	12	96,1	13	1970,5	14	10 + 12 + 13 (35)
Bremen	879,2	15	444,5	11	111,9	11	1461,6	15	15 + 11 + 11 (36)

* Die Zahlen sind den Haushaltsplänen der einzelnen Bundesländer entnommen. Wegen abweichender Verwendung der Funktionskennziffern sind die Daten etwas verzerrt, was sich v.a. bei den Fällen Hamburg und Bremen auswirkt.

Anhangstabelle 2: Arbeitsmarktindikatoren 1993, 1996 und 1999 im Ländervergleich

	Erwerbsquote			Arbeitslosenquote			Langzeitarbeitslosigkeit			Frauenarbeitslosenquote*			Jugendarbeitslosenquote		
	1993	1996	1999	1993	1996	1999	1993	1996	1999	1993	1996	1999	1993	1996	1999
SH	72,6	73,0	72,0	8,3	10,0	10,6	24,6	27,7	33,3	7,1	8,0	9,7	7,5	9,7	9,7
HH	72,4	71,2	72,6	8,6	11,7	12,7	24,4	33,1	37,0	6,6	8,7	9,7	7,8	10,5	9,5
N	70,2	69,6	69,8	9,7	12,1	11,5	28,1	34,2	36,8	9,4	10,3	11,8	8,1	11,1	10,1
HB	69,6	67,2	68,7	12,4	15,6	15,8	27,8	35,5	39,5	10,5	13,3	13,9	14,0	20,1	12,4
NW	67,0	65,8	68,2	9,6	11,4	11,2	30,7	37,1	39,3	9,3	10,7	11,2	8,8	11,7	9,4
He	71,1	71,4	71,7	7,0	9,3	9,4	21,6	31,1	36,0	6,5	8,0	9,1	6,6	9,1	7,9
RP	69,7	69,1	70,0	7,5	9,4	9,1	20,1	29,0	33,2	7,0	8,9	9,5	7,0	9,3	8,0
Saar	62,9	61,8	66,6	11,2	12,4	11,9	30,6	38,3	41,1	9,9	10,9	11,4	10,6	13,5	10,0
BW	73,0	72,5	72,9	6,3	8,0	7,3	19,6	29,6	34,2	5,8	7,1	7,6	6,1	8,0	5,5
By	75,5	74,6	74,8	6,4	7,9	7,4	20,1	26,5	29,7	5,7	6,7	7,6	4,6	6,1	5,1
Be	77,0	75,0	76,6	12,8	15,4	17,7	31,0	29,7	33,1	11,2	12,5	15,8	11,1	13,9	15,0
MV	76,4	76,3	75,0	17,2	18,0	19,4	32,1	27,4	30,4	19,6	18,5	21,1	12,4	11,6	12,9
Bra	76,3	75,8	76,6	15,3	16,2	18,7	34,0	27,7	31,4	18,7	17,5	20,7	11,4	9,6	12,2
SAn	74,4	75,5	76,5	17,2	18,8	21,7	31,7	28,5	33,5	21,2	17,5	24,3	13,5	13,7	15,3
Th	76,5	77,0	77,0	16,3	16,7	16,5	28,5	25,1	28,5	19,8	17,5	18,9	11,5	12,7	10,9
Sa	75,5	76,5	77,6	14,9	15,9	18,6	29,9	28,0	33,7	18,8	17,6	21,0	11,1	10,7	12,0

* 1999 nur eingeschränkt mit 1993 und 1996 vergleichbar, da bis 1997 Anteil der weiblichen Arbeitslosen an allen weiblichen Erwerbspersonen; danach an weiblichen abhängig Beschäftigten im Zivilbereich.

Quellen: Bis 1996 Statistisches Bundesamt sowie eigene Berechnungen; ab 1997 Bundesanstalt für Arbeit.

Literatur

Benz, Arthur, 1991: Perspektiven des Föderalismus in Deutschland, in: Die öffentliche Verwaltung 44, 586–598.
Benz, Arthur, 2001: Der deutsche Bundesstaat im Spannungsfeld von EU, Bund und Ländern (www.fernuni-hagen.de/POLALLG/benz.htm).
Bertelsmann Stiftung (Hrsg.), 2001: Die Bundesländer im Standortwettbewerb. Gütersloh.
Berthold, Norbert, 1998: Der Föderalismus und die Arbeitslosigkeit. Wirtschaftswissenschaftliche Beiträge des Lehrstuhls für Volkswirtschaftslehre, Wirtschaftsordnung und Sozialpolitik. Würzburg.
Bogumil, Jörg, 2000: Sozialpolitik, in: *Barbara Budrich* u.a. (Red.), NRW Lexikon. Politik. Gesellschaft. Wirtschaft. Recht. Kultur. Opladen, 264–268.
Bogumil, Jörg/Schmid, Josef, 2001: Politik in Organisationen. Theoretische Ansätze und praxisbezogene Anwendungsbeispiele. Opladen.
Bowman, Ann O'M./Kearney, Richard C., 1986: The Resurgence of the States. Englewood Cliffs.
Braun, Dietmar (Hrsg.), 2000: Public Policy and Federalism. Aldershot u.a.
Bundesrat, 2001: Bundesrat gegen Ausdehnung der Methode der „offenen Koordinierung" auf EU-Ebene, Pressemitteilung (www.bundesrat.de/cgi-bin/websearch. pl?file=pr/pr 43_01.html).
Castles, Francis G., 2000: Federalism, fiscal decentralization and economic performance, in: *Ute Wachendorfer-Schmidt* (Hrsg.), Federalism and Political Performance. London/New York, 177–195.
Elazar, Daniel J., 1966: American Federalism. A View from the States. New York.
Ellwein, Thomas/Hesse, Jens-Joachim, 1987: Das Regierungssystem der Bundesrepublik Deutschland. Opladen.
Esping-Andersen, Gøsta, 1990: The Three Worlds of Welfare Capitalism. Cambridge.
Gray, Virginia/Hanson, Russell L./Jacob, Herbert, 1999: Politics in the American States. A Comparative Analysis. 7. Aufl., Washington.
Hartmann, Jürgen (Hrsg.), 1997: Handbuch der deutschen Bundesländer. Bonn.
Hartwich, Hans-Hermann, 1977: Sozialstaatspostulat und status quo. Opladen.
Hega, Gunther M., 2000: Federalism, Subsidiarity and Education Policy in Switzerland, in: Regional and Federal Studies 10, 1–35.
Hega, Gunther M., 2001: Education and the Welfare State: A Comparison of Educational and Social Policies in Advanced Industrial Societies, in: German Policy Studies 2, (http://www.spaef.com/GPS_PUB/).
Heinze, Rolf G., 1998: Die blockierte Gesellschaft. Opladen.
Heinze, Rolf G./Schmid, Josef, 1994: Mesokorporatistische Strategien im Vergleich: Industrieller Strukturwandel und die Kontingenz politischer Steuerung in drei Bundesländern, in: *Wolfgang Streeck* (Hrsg.), Verbände und Staat. PVS-Sonderheft 25. Opladen, 65–99.
Héritier, Adrienne (Hrsg.), 1993: Policy-Analyse. PVS-Sonderheft 24. Opladen.
Hertel, Wolfram, 2001: Kulturföderalismus in Deutschland: Verfassungsfolklore oder Verfassungsrecht?, in: *Europäisches Zentrum für Föderalismus-Forschung Tübingen* (Hrsg.), Jahrbuch des Föderalismus 2001, Bd 2: Föderalismus, Subsidiarität und Regionen in Europa. Baden-Baden, 154–167.
Holtmann, Everhard, 2000: Gesetzgebung in der Wohnungspolitik des Bundes: Zur Rolle des parteipolitischen Faktors, in: *Everhard Holtmann/Helmut Voelzkow* (Hrsg.), Zwischen Wettbewerbs- und Verhandlungsdemokratie. Analysen zum Regierungssystem der Bundesrepublik Deutschland. Wiesbaden, 105–128.
Hrbek, Rudolf, 1986: Doppelte Politikverflechtung. Deutscher Föderalismus und europäische Integration, in: *Rudolf Hrbek/Uwe Thaysen* (Hrsg.), Die deutschen Länder und die Europäische Gemeinschaft. Baden-Baden, 13–17.
Hummel, Konrad, 2001: Grundrisse einer Politik des Bürgerengagements. Die Landespolitik vor neuen Aufgaben (www.buergerengagement.de).

Keman, Hans, 2000: Federalism and policy performance: a conceptual and empirical inquiry, in: *Ute Wachendorfer-Schmidt* (Hrsg.), Federalism and Political Performance. London/New York, 196–241.
Kempen, Otto Ernst, 1995: Rahmenbedingungen der Sozialpolitik, in: *Bernd Heidenreich/Konrad Schacht* (Hrsg.), Hessen. Gesellschaft und Politik. Stuttgart, 214–225.
Kern, Kristine, 2000: Die Diffusion von Politikinnovationen. Opladen.
Lang, Jochen/Schwab, Oliver/Wollmann, Hellmut, 2000: Institutionelle Innovationen der EU und Renitenz des deutschen Föderalismus: Die Begleitausschüsse in der EU-Strukturfonds-Förderung, in: Verwaltungsarchiv 91, 100–116.
Lehmbruch, Gerhard, 1976: Parteienwettbewerb im Bundesstaat. Stuttgart.
Lehmbruch, Gerhard, 2000: Parteienwettbewerb im Bundesstaat. Regelsysteme und Spannungslagen im politischen System der Bundesrepublik Deutschland. 3. Aufl., Wiesbaden.
Lehmbruch, Gerhard, 2000a: Bundesstaatsreform als Sozialtechnologie? Pfadabhängigkeit und Veränderungsspielräume im deutschen Föderalismus, in: *Europäisches Zentrum für Föderalismus-Forschung Tübingen* (Hrsg.), Jahrbuch des Föderalismus 2000, Bd. 2: Föderalismus, Subsidiarität und Regionen in Europa. Baden-Baden, 71–93.
Lehmbruch, Gerhard, 2000b: The Institutional Framewok: Federalism and Decentralisation in Germany, in: *Hellmut Wollmann/Eckhard Schröter* (Hrsg.), Comparing Public Sector Reform in Britain and Germany: Key Traditions and Trends of Modernisation. Aldershot u.a.
Lutz, Burkhart, u.a. (Hrsg.), 1996: Arbeit, Arbeitsmarkt und Betriebe. Bericht der Kommission für die Erforschung des sozialen und politischen Wandels in den neuen Bundesländern e.V. (KSPW). Opladen.
Mayntz, Renate (Hrsg.), 1980: Implementation politischer Programme. Ein empirischer Forschungsbericht. Königstein.
Münch, Ursula, 1997: Sozialpolitik und Föderalismus. Zur Dynamik der Aufgabenverteilung im sozialen Bundesstaat. Opladen.
Münch, Ursula, 2001: Konkurrenzföderalismus für die Bundesrepublik: Eine Reformdebatte zwischen Wunschdenken und politischer Machbarkeit, in: *Europäisches Zentrum für Föderalismus-Forschung Tübingen* (Hrsg.), Jahrbuch des Föderalismus 2001, Bd. 2: Föderalismus, Subsidiarität und Regionen in Europa. Baden-Baden, 115–127.
Obinger, Herbert, 2000: Der schweizerische Sozialstaat in den 90er Jahren. Sozialpolitik unter den institutionellen Bedingungen der Direktdemokratie, in: Zeitschrift für Politikwissenschaft 10, 43–63.
Obinger, Herbert/Wagschal, Uwe (Hrsg.), 2000: Der gezügelte Wohlfahrtsstaat. Sozialpolitik in reichen Industrienationen. Frankfurt a.M./New York.
Peterson, Tomas/Faber, Malte, 2000: Bedingungen erfolgreicher Umweltpolitik im deutschen Föderalismus. Der Ministerialbeamte als Homo Politicus, in: Zeitschrift für Politikwissenschaft 10, 5–41.
Pierson, Paul, 1995: Fragmented Welfare States: Federal Institutions and the Development of Social Policy, in: Governance 8, 449–478.
Renzsch, Wolfgang, 1994: Föderative Problembewältigung: Zur Einbeziehung der neuen Länder in einen gesamtdeutschen Finanzausgleich ab 1995, in: Zeitschrift für Parlamentsfragen 25, 116–138.
Scharpf, Fritz W., 1994: Optionen des Föderalismus in Deutschland und Europa. Frankfurt a.M./New York.
Schmid, Josef, 1990: Die CDU. Organisationsstrukturen, Politiken und Funktionsweisen einer Partei im Föderalismus. Opladen.
Schmid, Josef, 1990a: Bildungspolitik der CDU. Eine Fallstudie zu innerparteilicher Willens- und Machtbildung im Föderalismus, in: Gegenwartskunde 39, 103–113.
Schmid, Josef, 1996: Wohlfahrtsverbände in modernen Wohlfahrtsstaaten. Soziale Dienste in historisch-vergleichender Perspektive. Opladen.
Schmid, Josef, 2001: Wohlfahrtsstaaten im Vergleich. 2. Aufl., Opladen.
Schmid, Josef/Blancke, Susanne, 2001: Arbeitsmarktpolitik der Bundesländer. Chancen und Restriktionen einer aktiven Arbeitsmarkt- und Strukturpolitik im Föderalismus. Berlin.

Schmidt, Manfred G., 1978: Die „Politik der Inneren Reformen" in der Bundesrepublik Deutschland 1969–1976, in: Politische Vierteljahresschrift 19, 201–253.
Schmidt, Manfred G., 1979: Parteipolitische Profile in der Beschäftigungspolitik der Bundesländer. Eine vergleichende Analyse für die Jahre 1966–68 und 1974–77, in: Gegenwartskunde 28, 439–449.
Schmidt, Manfred G., 1980: CDU und SPD an der Regierung. Ein Vergleich ihrer Politik in den Ländern. Frankfurt a.M./New York.
Schmidt, Manfred G., 2000: Thesen zur Reformpolitik im Föderalismus der Bundesrepublik Deutschland. ZeS-Arbeitspapier Nr. 4/2000, Zentrum für Sozialpolitik, Universität Bremen.
Schölkopf, Martin, 2001: Trends in der Alten(pflege)politik der Bundesländer, in: *Roland Schmidt* (Hrsg.), Altern im 21. Jahrhundert. Fakten - Visionen. 5. Kongress der Deutschen Gesellschaft für Gerontologie und Geriatrie. Vorträge des Fachbereichs IV. Frankfurt a.M. (i.E.).
Statistisches Bundesamt, 2001: Personal im öffentlichen Dienst (www.statistik-bund.de/basis/d/fist/fist06.htm).
Stoiber, Edmund, 1995: Standort Deutschland sichern – Sozialstaat erhalten. Der Bundesstaat in wirtschafts- und sozialpolitischer Verantwortung. Ansprache vor dem Bundesrat am 3. November 1995, Bonn.
Straßheim, Holger, 2001: Der Ruf der Sirenen. Zur Dynamik politischen Benchmarkings. WZB-Discussion Papers FSII-201, Berlin.
Sturm, Roland, 2000: Aktuelle Entwicklungen und Schwerpunkte in der internationalen Föderalismus- und Regionalismusforschung, in: *Europäisches Zentrum für Föderalismus-Forschung Tübingen* (Hrsg.), Jahrbuch des Föderalismus 2000, Bd. 1: Föderalismus, Subsidiarität und Regionen in Europa. Baden-Baden, 29–41.
Wachendorfer-Schmidt, Ute (Hrsg.), 2000: Federalism and Political Performance. London/New York.
Wachendorfer-Schmidt, Ute, 2000a: Introduction, in: *Ute Wachendorfer-Schmidt* (Hrsg.), Federalism and Political Performance. London/New York, 1–19.
Wachendorfer-Schmidt, Ute, 2000b: Gewinner oder Verlierer? Der Föderalismus im vereinten Deutschland, in: *Roland Czada/Hellmut Wollmann* (Hrsg.), Von der Bonner zur Berliner Republik. 10 Jahre Deutsche Einheit. Wiesbaden, 113–140.
Woods, Dorian Ron/Chadwick, Laura/Volkert, Jürgen, 2001: Financial Incentives within Social Assistance. Comparing Current Strategies in the U.S. and Germany, in: German Policy Studies 2 (http://www.spaef.com/GPS_PUB/).
Zohlnhöfer, Reimut, 1999: Die große Steuerreform 1998/99. Ein Lehrstück für Politikentwicklung bei Parteienwettbewerb im Bundesstaat, in: Zeitschrift für Parlamentsfragen 30, 326–345.

Regulative Politik in föderativen Staaten – das Beispiel der Umweltpolitik

Peter Knoepfel

1. Einleitung

Das Verhältnis von Föderalismus und Umweltpolitik wurde in der Schweiz oder in Deutschland bisher vor allem von der politischen Ökonomie thematisiert (Frey 1977, 1997; Frey u.a. 1994; Kirchgässner 2000; Kahlenborn/Zimmermann 1994; etc.). Diese recht wenig auf spezifische Ausprägungen unterschiedlicher Bundesstaaten eingehende Lehre hat auch die gegenwärtig laufende Föderalismusreform maßgeblich mitgeprägt. Sie beschäftigt sich mit ökologischen Externalitäten und stellt die Frage nach den jeweils angemessenen staatlichen Kostenträgern bzw. Steuerungsebenen für ökologische Politik. Sie kritisiert insbesondere die im Exekutivföderalismus häufige vertikale Politikverflechtung als wenig transparent, als System falscher ökonomischer Anreize, in dem die Gruppe derjenigen, die ökologische Probleme verursachen, nicht identisch ist mit jener, die für die daraus anfallenden Kosten aufzukommen hat. Dieser stark normative Ansatz des ökonomischen Föderalismus (Vatter 1999) ist zwar durchaus interessant, weil er auf die negativen ökologischen Folgen einer zunehmend unübersichtlicheren Politikverflechtung gerade in föderalistischen Systemen hinweist. Dabei besäße gerade diese Staatsform die Fähigkeit, institutionelle Differenzierungen vorzunehmen und die Kosten der Umwelterhaltung je nach der Gruppen ihrer Nutznießer primär den Gemeinden, den Gliedstaaten oder dem Zentralstaat zuzuschreiben. Der Ansatz verkennt indessen, dass Institutionen nicht nur ökonomischen, sondern auch politischen Rationalitäten entstammen und gleichzeitig Regeln für politische (und nicht ökonomische) Entscheidungsprozesse festsetzen. Außerdem lassen sich die betroffenen Politikbereiche nicht beliebig „aufsplitten" (Klöti 1997). Der Föderalismus ist keine Schöpfung der Ökonomie; seinen Begründern standen die (vertikale) Aufteilung von politischer Macht institutioneller Akteure, der Schutz von Minderheiten, die Mitwirkung der Gliedstaaten an der zentralstaatlichen Willensbildung etc. (Benz 2000) weit näher als die von der Ökonomie postulierte Zuordnenbarkeit der Kosten öffentlicher Leistungen an deren Nutznießer.

Zugegebenermaßen kann eine Zuweisung externer Kosten an eine aus ökonomischer Sicht „falsche" öffentliche Körperschaft bei öffentlichen und privaten Akteuren zweifelhafte Anreize schaffen. Diese können auch für eine relative Unwirksamkeit politisch-administrativer Umsetzungsprozesse von Umweltpolitiken mitverantwortlich sein. Erfolg oder Misserfolg solcher Umsetzungsstrategien hängen aber nicht nur von der Definition der Kostenträger ab, sondern sie werden ganz allgemein von den Merkmalen der institutionellen Arrangements bestimmt, die sich die umweltpolitischen Akteure im Laufe der Zeit aufgebaut haben. Diese legen die maßgeblichen Spielregeln und ihren Zugang zu den Politikressourcen sowie Kompetenz- und Prozessregeln für die Interaktionen unter diesen Akteuren fest. Der Zugang zur Ressource „Geld" und deren

Zuordnung zu einer bestimmten öffentlich rechtlichen Körperschaft bilden in diesem Arrangement nur einen Regelungskomplex unter vielen. Neben Geld enthält die Palette der Ressourcen öffentlicher Politiken zahlreiche weitere Ressourcen, für die ebenfalls Zugangs- und Entscheidungsregeln unter den Akteuren festgelegt werden müssen.[1] Die Ressource Geld ist außerdem in öffentlichen Politiken nicht nur staatlichen, sondern auch privaten Akteuren zugänglich; diese Letzteren haben durchaus die Wahl, diese Ressource für Politikprozesse auf der Ebene des Bundes oder der Kantone und Gemeinden einzusetzen.

Die ökonomischen Ansätze zur Bedeutung des Föderalismus für die Leistungsfähigkeit von Umweltpolitiken greifen damit zu kurz. Als Alternative bietet sich ein performanzorientierter vergleichender Comparative policy-Ansatz an. Bekanntlich gibt es in der international vergleichenden Literatur zur Umweltpolitik recht handhabbare Performanzvergleiche, die es erlauben, die einbezogenen Staaten nach Maßgabe der Leistungsfähigkeit ihrer Umweltpolitik(en) zu klassieren. Als Erklärungsgrößen wurden bisher die beiden Faktoren Neokorporatismus und Wirtschaftsstärke herangezogen (Jänicke 1996; Jahn 2000). Jüngst haben Jahn und Wälti (2001) den Versuch unternommen, die Performanz mit dem Vorhandensein oder Nichtvorhandensein föderativer Staatsstrukturen zu erklären. Nach diesen Autoren weisen föderative Systeme (im Gegensatz zu „unitarischen Systemen") einen hohen Dezentralisierungsgrad und eine hohe Verflechtung zwischen den regionalen und der zentralstaatlichen Ebene auf.

Wenngleich die – interessante – Studie keinen direkten Einfluss der Föderalismusvariable auf die Umweltperformanz der 21 einbezogenen OECD-Länder ergibt, kommen die Autoren zum Schluss, dass diese Variable einen klaren Einfluss auf die bisher in anderen Studien verwendete Neokorporatismus-Variable hat: „Tatsächlich unterscheiden sich föderative und dezentralisierte Systeme, ... entgegen den Thesen sowohl ökonomischer als auch institutioneller Modelle, nicht in Bezug auf die Umweltperformanz. Dennoch liefern die entsprechenden Faktoren offensichtlich eine institutionelle Grundlage, welche die Relevanz anderer Faktoren wesentlich beeinflusst. Zentrales Ergebnis dieser Untersuchung ist, dass ökonomische Erklärungsfaktoren (hier gemessen an der Wirtschaftsperformanz eines Landes) vor allem in unitarischen und zentralisierten Ländern eine Rolle spielen. In diesen Ländern ist der Staat grundsätzlich stark. Dessen Handlungsfähigkeit im Bereich der Umweltpolitik hängt aber stark von den zur Verfügung stehenden wirtschaftlichen Mitteln ab. Demgegenüber bestimmen in föderativen und dezentralisierten Staaten, wo der Staat grundsätzlich in seiner Handlungsfähigkeit beschränkt ist, korporative Akteure eine zentrale Rolle. Starke neokorporatistische Strukturen und entsprechend gut ausgebildete institutionalisierte Verhandlungssysteme machen in diesen Ländern die Absenz eines starken Zentralstaats in erstaunlicher Weise wett" (Jahn/Wälti 2001: 23). Dieser auch in der von Wälti (2001) vorgelegten Studie zum Schweizer Föderalismus belegte Befund ist interessant. Er zeigt, dass föderalistische Strukturen unter bestimmten Bedingungen („institutionelle Verhandlungssysteme") durchaus leistungsfähige Umweltpolitiken produzieren können.

Allerdings geht aus dem Aufsatz nicht hervor, was unter „institutionellen Verhandlungssystemen" zu verstehen ist. Dies liegt wohl auch daran, dass die Untersuchung

---
[1] Das betrifft etwa die Ressourcen Information, Infrastruktur, Organisation, Personal oder Konsens (vgl. Knoepfel u.a. 2001a).

gleichermaßen wie andere Studien dieser Comparative policy-Richtung mit gigantischen Vereinfachungen operieren muss. Allein schon deshalb führt dieser Ansatz auch für die Analyse des Einflusses von Föderalismus auf Umweltpolitik m.E. kaum weiter. Wenn man zur Not der abhängigen Variablen noch einige Plausibilität zubilligen kann (sie erfasst immerhin die für die Umweltpolitik lebenswichtigen regionalen und lokalen Extrempositionen kaum), so sind die institutionellen Erklärungsfaktoren in Anbetracht der (glücklicherweise weit spannenderen) Vielfältigkeit der realen Welt[2] banale und im negativen Sinne simplizistische Schwarzweisskonstrukte aus den Zauberlabors internationaler Kongresswelten. Dabei besonders bedauerlich ist der Umstand, dass hinter den reduktionistischen Quantifizierungen oft hochinteressante und differenzierende Länderanalysen stehen, die dem institutionellen Reichtum föderaler oder unitarischer Staaten, neokorporatistischer Interessenvermittlungssysteme oder umweltpolitischer Leistungen durchaus gerecht werden. Die solchen Studien richtigerweise immer wieder zugrunde liegende Frage „Do institutions matter?" ist auf diese Weise m.E. nicht beantwortbar.

In diesem Artikel versuchen wir einen dritten (politikanalytischen) Zugang, der auf einer (diachron und synchron) vergleichenden Analyse von Umsetzungsprozessen verschiedener umweltwirksamer Politiken in einem einzigen föderativen Land beruht. Gleichwohl erhebt der Ansatz den Anspruch, das Verhältnis zwischen Föderalismus und Umweltpolitik konzeptuell generalisierungsfähig abzubilden. Wir bedienen uns dabei eines dialektischen Zugangs und stellen der Frage „Do institutions matter (for public policies)?" die Frage „Do policies matter for institutions (federalism)?" gegenüber. Dies geschieht in der Annahme, dass Umweltpolitiken oder umweltrelevante Politiken ggf. geeignet sein könnten, generelle föderalismusspezifische Mechanismen punktuell oder gar dauerhaft für ihr eigenes oder gar für das Wirkungsfeld mehrerer anderer öffentlicher Politiken außer Kraft zu setzen (synchroner Vergleich mehrerer Policies). Zum Zweiten erlauben Beobachtungen aus jüngster Zeit die Annahme, dass sowohl „der" Föderalismus als auch „die" Umweltpolitik zu Beginn dieses Jahrhunderts in der Schweiz (und wohl auch europaweit) in Bewegung geraten sind. Diese Dynamik ermöglicht einen diachronen Vergleich, der zumindest Hypothesen zulässt zum sich verändernden Policy-polity-Verhältnis oder (gleichbedeutend) zum sich verändernden Verhältnis zwischen institutionellen und substanziellen öffentlichen Politiken in föderalistischen Staaten (Knoepfel 2000).

In diesem Sinne werden im Folgenden (institutionelle) Elemente der Umweltpolitik (Kapitel 2) und policyrelevante Dimensionen des Föderalismus (Kapitel 3) aus den 90er Jahren und Beobachtungen zu sich heute abzeichnenden Wandlungen dargestellt. Vor diesem Hintergrund präzisiert Kapitel 4 die Fragestellung des vorliegenden Aufsatzes. Dabei wird versucht, insbesondere die institutionellen Dimensionen von Föderalismus konzeptionell in solche institutioneller Elemente öffentlicher Politiken zu transkribieren. Diese Operation ist erforderlich, um institutionelle Politiken ganz allgemein, besonders aber die institutionelle Politik des Föderalismus auf der gleichen Ebene diskutieren zu können wie substanzielle öffentliche Politiken (= „Sektoralpolitiken").[3] Ka-

---

[2] Wie sie insbesondere von Wälti (2001) und Terribilini (2001) für die Schweiz sehr schön gezeigt wird.

[3] Unter „öffentlichen" Politiken verstehen wir problemlösungsorientierte Entscheidungsprozesse, deren Hauptakteure staatliche Instanzen sind (im Gegensatz zu „privaten" Politiken etwa

pitel 5 rekapituliert empirische Ergebnisse aus einem in den Jahren 1995 bis 1997 am IDHEAP durchgeführten Forschungsprojekt zum Thema „Le fédéralisme d'exécution en matière de politique à incidence spatiale: facteurs de stabilisation/déstabilisation des rapports entre le centre et la périphérie" (Knoepfel u.a. 1997/2001), dem auch zwei Dissertationen entsprangen (Wälti 2001; Terribilini 2001). Schließlich diskutieren wir unter Beibehaltung der Policydimensionen sich abzeichnende neue Tendenzen der Föderalismuspolitik, bilden in den selben Dimensionen auch die jüngste Dynamik der Umweltpolitik ab (Kapitel 6) und versuchen im Schlusskapitel (7) eine vorläufige Antwort auf die Frage, ob die Föderalismusreform den institutionellen Anforderungen neuer Umweltpolitiken entgegenkommt oder diesen ggf. widerspricht.

2. Institutionelle Elemente von Umweltpolitik

Umweltpolitik kann heute prinzipiell nicht mehr regional programmiert werden. Nationale, europaweit aufeinander abgestimmte Emissionsgrenzwerte sind ebenso erforderlich wie zentralstaatliche Mindeststandards für Umweltqualität. Der Zentralstaat muss außerdem über minimale Interventionsmöglichkeiten in regionale (kantonale) Vollzugspolitiken verfügen. Solche „Einmischungsrechte" in die regionale Vollzugstätigkeit bestehen regelmäßig bereits in entsprechenden Vorgaben auf Programmebene bezüglich Mindestanforderungen an (kantonale) Behördenarrangements (Errichtung verschiedener, inhaltlich kompetenter „Fachstellen").[4] Notwendig ist aber auch die heute in der Schweiz gegebene vergleichsweise hohe Bundespräsenz in wichtigen Vollzugsverfahren, die durch die Kantone durchgeführt werden.[5] Solche Bundespräsenz ist außerdem ex definitione gesichert, wenn die Politikumsetzungsverfahren Infrastrukturwerke betreffen, an deren Finanzierung oder Projektierung die Bundesbehörden beteiligt sind. Diese formellen Mitwirkungsrechte des Zentralstaates reichen (jedenfalls in der Schweiz) aber nicht aus, um im Vollzug die notwendige Homogenität zu erzielen. Es werden daher sekundäre Harmonisierungsmechanismen notwendig, die etwa in vertikaler interkantonaler Kooperation bestehen (vgl. unten Kapitel 3). Vertikale und horizontale Kooperation sind daher auf Vollzugsebene unabdingbar, um die insbesondere wettbewerbsrechtlich notwendige Vereinheitlichung der Politikumsetzung sicherzustellen. Insofern weist die Bundesumweltpolitik jedenfalls auf Programmebene bereits heute einen höheren Zentralisierungsgrad auf als andere Bundespolitiken.

Eine weitere institutionelle Besonderheit der schweizerischen Umweltpolitik liegt in ihrem Erfordernis einer starken Kooperation zwischen Behörden, Zielgruppen und Po-

---

einer Großbank oder eines Versicherungskonzerns). Solche öffentlichen Politiken sind in der Regel Sektoralpolitiken; das muss aber nicht der Fall sein (Beispiele transversaler öffentlicher Politiken sind etwa Raumplanung oder Ökologiepolitik). Im Interesse der Lesbarkeit dieses Textes verwenden wir die Begriffe „Sektoralpolitik" und substanzielle öffentliche Politik hier als Synonyme.

4 Das Bundesumweltrecht verlangt von den Kantonen die Einrichtung von insgesamt acht Fachstellen (Luft, Wasser, Boden, Abfall, Stoffe, technische Risiken, Natur, Lärm).

5 So genannte „Sternchenfälle" gemäß Art. 9 Abs. 7 des Schweizerischen Bundesgesetzes über den Umweltschutz vom 7. Oktober 1983 (SR 814.01), abgeschwächte Fassung vom 21. Dezember 1995.

litikbetroffenen („eisernes Dreieck", Knoepfel 1993). Gegenüber maßgeblichen gesellschaftlichen Akteuren abgeschottete institutionelle Arrangements sind ebenso untauglich wie deren einseitige selektive Öffnung hin zur einen oder anderen dieser beiden Gruppen. Dieses Erfordernis teilt die Umweltpolitik mit vielen anderen regulativen Bundespolitiken. Viele von diesen Letzteren haben in den 80er Jahren ihre bipolare Interaktionsstruktur zwischen Behörden und Zielgruppen zu Gunsten tripolarer Interaktionen aufgegeben, in denen den Politikbetroffenen ein zunehmender Stellenwert zukommt. Die Umweltpolitik ist außerdem angewiesen auf starke lokale (staatliche und gesellschaftliche) Akteure mit hohem ökologischen Mobilisierungspotenzial. Denn Umweltqualität und -zerstörung sind und bleiben lokalräumliche Phänomen bzw. Prozesse.

Gegen Ende der 1990er Jahre hat die Umweltpolitik verschiedene *Transformationen* erfahren. Zum einen hat ihre internationale Komponente deutlich an Gewicht gewonnen (CO_2, Alpenkonvention, europäische Harmonisierung). Zum Andern kommt insbesondere in den Ballungsräumen überkommunalem lokalem Handeln heute ein höherer Stellenwert zu (Verkehr, Ressourcenschutz). Daher hat Umweltpolitik dem Ausbau überkommunaler Agglomerationsregime wesentliche Impulse verliehen (Klöti u.a. 1995; Knoepfel u.a. 1995). Infolge internationaler Verpflichtungen oder erfolgreicher nationaler Volksinitiativen[6] kommt auch der nationalen Ebene in ausgesprochen zentralistischen ökologischen Sektoralpolitiken eine wichtige Rolle zu. Der Bund muss diese Letzteren oftmals gegen den Willen der Kantone und/oder der Gemeinden durchsetzen und mit den mit ihnen verkoppelten (weniger zentralistischen) Schwesterpolitiken abstimmen. Schließlich ist nicht zuletzt unter dem Einfluss der Nachhaltigkeitsdebatte und der Lokalen Agenda 21 vielerorts eine Transformation der traditionellen Umweltpolitik in Richtung einer integrierten Politik der natürlichen Ressourcen im Gange (Knoepfel u.a. 2001a). Diese Hinwendung zu einer integralen Betrachtungsweise natürlicher Ressourcen verlangt eine über bisherige Inter-policy-Koordination (Knoepfel 1995) hinausgehende Kooperation oder gar Integration früher voneinander weitgehend getrennt programmierter und umgesetzter Schutz- und Nutzungspolitiken.

Diese Umorientierung in Richtung einer integrierten Politik der Nutzung natürlicher Ressourcen dürfte außerdem auch die (beinahe tot geglaubte) Debatte über Eigentums- und Nutzungsrechte an solchen Ressourcen neu beleben. Da solche Nutzungsansprüche infolge der Verknappung natürlicher Ressourcen zunehmend rivalisieren, wird es notwendig, diese Rechte genauer zu definieren, im Hinblick auf eine nachhaltige Ressourcennutzung präzise aufeinander abzustimmen und mit den erwähnten Nutz- und Schutzpolitiken zu koordinieren. Die Akteure, die solche Nutzungsrechte in Anspruch nehmen, gruppieren sich in lokale, regionale, nationale oder gar internationale Ressourcennutzer. Der räumliche und funktionale Perimeter entsprechender Regulierungen wird daher eine variable Geometrie aufweisen. Diese in der Literatur zur Multi-level Governance (Arentsen u.a. 2000; Benz 2000a; Terribilini 2001) beschriebene Abstimmung erfordert auf der politisch-administrativen Ebene uhrwerkscharfe Verflechtungsmechanismen („Interdependzmanagement", Mayntz 1997: 275), die wegen ihrer angestrebten Steuerung von eigentumsrechtlicher Grundordnung und öffentli-

---

6 Beispiele: Alpenschutzinitiative, Moorlandschaftsschutz-Initiative (Rothenturm), neue Agrarpolitik.

chen Politiken auch als integrierte institutionelle Regime bezeichnet werden können (Knoepfel u.a. 2001).

Die beschriebene Dynamik ökologischer Politik erfordert damit neue institutionelle Mechanismen, die bei der gegenwärtig im Gang befindlichen Föderalismusreform beachtet werden müssten. Die Umweltpolitik ist nicht die einzige Sektoralpolitik, die solche institutionellen Veränderungen vollzogen hat oder am Vollziehen ist. So hat etwa die bundesrechtliche Schöpfung der regionalen Arbeitsvermittlungszentren (RAF), die den Kantonen vom Bund mehr oder weniger „aufgezwungene" Organisation der Aufnahme und Betreuung von Asylbewerbern (Hagmann 2001) oder die Bundesfachhochschulgesetzgebung (Batori u.a. 2001) ihre traditionell dominante Stellung im Vollzug von Bundespolitiken beachtlich relativiert. Diese (und andere) Sektoralpolitiken haben sich neue institutionelle Gewänder zugelegt. Diese weichen allein schon dadurch beachtlich vom Modell des klassischen Vollzugsföderalismus ab, dass der Bundesgesetzgeber innerhalb oder oberhalb der Kantone neue „Umsetzungsterritorien" geschaffen hat, die sich infolge ihrer (teilweise kontraktlich geregelten) direkten Bundesabhängigkeit der Kontrolle der Kantone zumindest teilweise entziehen. Im Falle der interkantonalen Einheiten erfährt außerdem das alte Kooperationsinstrument des Konkordats eine eigentümliche Renaissance, wird es doch teilweise zum Instrument der Bundespolitik und verliert damit seinen Charakter autonomen Handelns zweier oder mehrerer Kantone par excellence.

3. Policyrelevante Elemente der schweizerischen Föderalismuspolitik

Die immer noch markante Dezentralisierung des schweizerischen politischen Systems wirkt sich auf die öffentlichen Politiken vor allem in Gestalt des so genannten Vollzugsföderalismus aus. Danach werden im Prinzip sämtliche Bundespolitiken durch die Kantone vollzogen. Diese legen insbesondere die administrative Organisation und die Ressourcendotation des Vollzugs fest und bestimmen damit Ausmaß und Modalitäten der Produktion der Politikoutputs in hohem Maße. Schließlich überlässt ihnen der Bundesgesetzgeber in vielen Fällen auch konkretisierende Optionen für die Ausgestaltung der Verwaltungsprogramme selbst. Es gibt wohl kaum Schweizer Politologinnen oder Politologen, die noch nie an einer der immer zahlreicheren Untersuchungen der Folgen dieses Vollzugsföderalismus auf der Ebene hochgradig variierender Effizienz-, Effektivitäts- und Wirksamkeitsbefunde von Bundespolitiken gearbeitet hätten. Es ist hier nicht der Ort, diese Befunde wiederzugeben oder zu diskutieren. Die entsprechenden politikanalytischen Arbeiten (Kissling-Näf/Wälti 1999; Linder 1987; Klöti u.a. 1993, 1995; Knoepfel u.a. 2001; Delley u.a. 1983; Germann u.a. 1979; etc.) belegen, dass die Kantone diesen Vollzugsföderalismus seit jeher als Recht verstanden haben, eigenständige Vollzugspolitiken durchzuführen. Diese können insbesondere den Bestand von Vollzugslücken oder unterschiedlicher Vollzugsprioritäten, aber auch eigenwillige „Nutzungen" von Bundespolitiken legitimieren. Dass davon auch Umweltpolitiken nicht ausgenommen sind, lässt sich anhand etlicher solcher Studien ebenfalls belegen (Klöti u.a. 1995; Balthasar/Knöpfel 1994; Bussmann 1980; Knoepfel u.a. 1995; etc.). Diese zeigen etwa große Varianzen unter den Kantonen hinsichtlich der Umsetzungsgeschwindigkeit, der Ressourcendotation der zuständigen Verwaltungen, der Aufbau- und Ablauforganisation dieser Verwaltungen (Neuenschwander u.a. 1996) oder der Qualität der Politikevaluation.

Weit weniger systematisch erforscht wurde bisher die Bundespräsenz im kantonalen Vollzug und deren Folgen für die Politikumsetzung. Kooperation ist im Föderalismus keine Einbahnstraße. Trotz der prinzipiellen Exekutivautonomie der Kantone wirkt der Bund auf Grund spezieller gesetzlicher Grundlagen, aber auch auf Grund der generellen Institutionen des Rechtsschutzsystems direkt oder indirekt am kantonalen Vollzug mit. Das gilt in der Umweltpolitik, wie dargelegt, insbesondere für größere Vorhaben, die einer Umweltverträglichkeitsprüfung bedürfen.[7] Die vermutlich in der politikwissenschaftlichen Literatur unterschätzte Bedeutung fallweiser Vollzugskorrekturen durch wegweisende Präzedenzentscheide des schweizerischen Bundesgerichts, das als Staats- oder Verwaltungsgerichtshof durch rechtsschutzbedürftige Individuen, aber auch durch Gemeinden oder Umweltschutzorganisationen angerufen werden kann, kommt in einer beachtlichen Rechtsprechung zum Ausdruck. In den meisten Fällen hat diese die Tragweite der substanziellen Elemente der Bundesprogramme ökologisch verstärkt.

Zöge man lediglich die hohe Autonomie der Kantone bei der Festlegung wichtiger institutioneller Elemente substanzieller Bundespolitiken in Betracht, müsste in der Schweiz ein eigentliches Vollzugschaos herrschen. Das ist aber nicht der Fall. Denn hierzulande sind eine Vielzahl „sekundärer Harmonisierungsmechanismen" (Kissling-Näf/Knoepfel 1992; Sager 2001) am Werk. Wie jeder Amtschef weiß, werden diese rege in Anspruch genommen. Es sind dies etwa privatrechtlich organisierte Berufsverbände (z.B. die Schweizerische bodenkundliche Vereinigung, Vereinigung der Gas- und Wasserfachleute etc.), interkantonale Konferenzen der Amtsvorsteher, die sich jährlich mehrfach und unter Anwesenheit der Bundesvertreter zu Fachveranstaltungen treffen, oder entsprechende Regionalkonferenzen, denen eine Gruppe von Kantonen angehören (z.B. Nordostschweiz, Suisse romande).

Schließlich ist diese in Anbetracht der engen Wechselbeziehung zwischen substanziellen und institutionellen Elementen öffentlicher Politiken durchaus erstaunliche Kohärenz des Vollzugs auch darauf zurückzuführen, dass die Schweiz eben nicht ein dezentralisiertes, sondern ein föderalistisches politisches System ist. Dieses zeichnet sich gerade auch durch die Mitwirkungsrechte der Gliedstaaten an der Politikformulierung des Zentralstaats aus.[8] Zwar verfügt unser Land nicht über eine eigentliche Länderkammer (nach dem Vorbild der Bundesrepublik Deutschland).[9] Aber das Gewicht der Kantone bzw. Kantonsregierungen hat spätestens seit der als Reaktion auf die Verhandlungen des Vertrags zum Beitritt zum Einheitlichen Europäischen Wirtschaftsraum (EWR) und im Hinblick auf die Verhandlungen der bilateralen Verträge mit der Europäischen Union erfolgten Gründung der Konferenz der Kantonsregierungen im

---

7 Vgl. Fußnote 5 oben.
8 Das Mitwirkungsrecht der Kantone ist verfassungsrechtlich garantiert: Art. 45 der Schweizerischen Bundesverfassung vom 18. April 1999 (SR 100).
9 Der Ständerat hat seine Bedeutung als Kammer für die Vertretung der Kantone aus verschiedenen Gründen nie wahrgenommen und ist in diesem Sinne eher dem amerikanischen Senat vergleichbar.

Jahre 1992 stetig zugenommen (Germann 1995, 1996).[10] Das Gewicht der Kantone im Vernehmlassungsverfahren zu Bundesgesetzen oder wichtigen Bundesverordnungen ist heute wohl derart bedeutsam (Sciarini 1999), dass sich die Bundesregierung darüber nicht mehr hinwegsetzen kann. Gegen ein auch nur mehrheitliches Nein der Kantone kann heute kein wichtiger Bundeserlass in Kraft treten. Dieser Umstand erklärt auch, weshalb Aspekte der Vollzugsfähigkeit, aber auch der potenziellen „Nutzung" neuer Bundespolitiken durch die Kantone bereits im Gesetzgebungsverfahren Rechnung getragen wird.

Auch der Schweizer Föderalismus befindet sich gegenwärtig im *Umbau* (Schenkel/ Serdült 1999). Dabei geht es um die Neuverteilung der Aufgaben zwischen Bund und Kantonen und um die Neugestaltung des Finanzausgleichs. Eine entsprechende Vorlage (Bundesrat 2001) ist gegenwärtig (Sommer 2001) in Vernehmlassung und stößt bei den bereits federführend an der Ausarbeitung der Vorlage beteiligten Kantonen auf positives Echo. Einmal mehr sollen mit dieser Vorlage die Finanztransfers zwischen Bund und Gliedstaaten vereinfacht, die Aufgaben nach Maßgabe der dominierenden ökonomischen Föderalismustheorie (Frey u.a. 1994; Rey 1994, 1996) entflochten und dadurch die Kantone und der Bund je für „ihre" Sektoralpolitiken gestärkt werden. Für Bundespolitiken soll der Vollzug harmonisiert werden, ohne allerdings vom Prinzip des Exekutivföderalismus abzurücken. Dies soll durch die Stärkung der horizontalen Kooperation unter den Kantonen und eine nochmalige Stärkung der Rolle der Kantone bei der Formulierung bundespolitischer Sektoralpolitiken erfolgen.

4. Neue Fragestellung und konzeptionelle Grundlagen

Die bisherigen Ausführungen legen die Vermutung nahe, dass die institutionelle Dynamik der öffentlichen Bundespolitiken zu derjenigen des (Vollzugs-)Föderalismus und seiner entsprechenden Reformbestrebungen in einem antagonistischen Verhältnis zueinander stehen. Das kann insbesondere für die Umweltpolitik bereits für die Vergangenheit, muss aber auf Grund ihrer beschriebenen Entwicklungsdynamik insbesondere auch für die Zukunft vermutet werden. Sie bedarf im Hinblick auf einen harmonisierten und nur auf diese Weise wirksamen Vollzug schon heute eines höheren Zentralitätsgrades (und damit eines bedeutenderen Stellenwerts des Bundes), als dies das allgemeine Modell des Vollzugsföderalismus mit seiner ausgeprägten kantonalen Autonomie für die Festlegung institutioneller Elemente öffentlicher Bundespolitiken vorsieht.

Bei dieser Ausgangslage stellt sich die Frage, welches der konkurrierenden institutionellen Arrangements (dasjenige des Vollzugsföderalismus oder jenes der Sektoralpolitik) in der Praxis der Politikumsetzung stärker ist. Denn bekanntlich entspricht die Politikumsetzung nicht immer den Politikprogrammen. Obsiegt im realen Umsetzungsprozess die Dynamik der Umweltpolitik, so sprechen wir von einer „institution killing policy", deren Akteure es offensichtlich gelingt, vom Föderalismus abweichende Arrangements zu etablieren und längerfristig auch zu erhalten. Obsiegt die Dynamik des Föderalismus, so sprechen wir von „policy killing institutions", weil in diesem Falle die

---

10 Ähnlich wie in Deutschland und Österreich (Blatter 2001).

Akteure, die die gegenwärtigen oder künftigen institutionellen Regeln des Föderalismus hochhalten, stärker sind als jene, die ihr eigenes umweltpolitisches Süppchen kochen wollen (Knoepfel 2000).

Im eingangs erwähnten Forschungsprojekt wurde diese Frage für die Umsetzung dreier raum- und umweltwirksamer Bundespolitiken empirisch überprüft. Die Studie war als politikanalytische Untersuchung konzipiert. Dieser fällt es nicht schwer, in diesen Politiken die institutionellen Arrangements, deren Regeln, Akteure und Ressourcen empirisch zu identifizieren. Sie hat indessen eher Mühe damit, darin den Einfluss der (generellen) institutionellen Regeln des Föderalismus in Aktion empirisch zu erfassen. Zu diesem Zwecke musste zunächst ein gemeinsamer Nenner für (politikeigene) spezielle und (föderalismusspezifische) generelle institutionelle Regeln entwickelt werden, der es erlaubte, die Wirkungen solcher föderalistischer Institutionen auf die Akteure einer substanziellen Politik empirisch mit vergleichbarer Präzision zu dokumentieren. Wir haben uns dabei für die uns geläufigeren Dimensionen der öffentlichen Politiken entschlossen, in deren „konzeptionelle Sprache" die institutionellen Regeln des Föderalismus übersetzt wurden. Diese für die Analyse der Umsetzung von Sektoralpolitiken geläufigen institutionellen Dimensionen liegen in wirksamkeitsfördernden bzw. -hindernden Merkmalen der Verwaltungsprogramme, der Behördenarrangements und der gesellschaftlichen Akteure (Zielgruppen, Politikbetroffene) (Mayntz 1980).

Auf Grund der bei Wälti (2001) und Terribilini (2001) oder Knoepfel u.a. (1997/ 2001) dokumentierten Literatur wählten wir für die Analyse der Ursachen möglicher Blockaden bzw. Beschleunigungen der Umsetzung öffentlicher Bundespolitiken vier institutionelle Dimensionen aus[11]: Diese entsprechen den in der Politikanalyse gemeinhin verwendeten Dimensionen Verwaltungsprogramm, Behördenarrangements, Verwaltungsumfeld und Politikbetroffene. Wir postulierten:

- *Hypothese 1.0 (Verwaltungsprogramm):* Die Nichtberücksichtigung „anderer" (ggf. gegenläufiger) öffentlicher Politiken im Verwaltungsprogramm raumwirksamer Bundespolitiken[12] führt zu Umsetzungskonflikten, in denen Gegenkräfte mobilisiert werden.
- *Hypothese 2.0 (politisch-administratives Arrangement):* Die Nichtintegration von Akteuren, die die Interessen „anderer" öffentlicher Politiken repräsentieren, in das politisch-administrative Arrangement der untersuchten Sektoralpolitik (mangels hinreichender horizontaler Koordination auf kantonaler Ebene) mobilisiert Gegenkräfte und führt zu Umsetzungskonflikten.
- *Hypothese 3.0 (Verwaltungsumfeld):* Befindet sich der federführende öffentliche Akteur in einem administrativen Kontext, der die Interessen der Politikbetroffenen[13]

---

11 Im Zentrum stand die Frage, inwiefern die Umsetzung substanzieller (raumwirksamer) Bundespolitiken durch Merkmale dieser Politiken selbst beschleunigt bzw. blockiert wird (policy-eigene Dynamik nach der Handlungslogik „öffentliche Politiken") und inwiefern solche Blockade- bzw. Akzelerationsprozesse nicht durch die Sektoralpolitik, sondern durch Merkmale des Föderalismus im Sinne genereller institutioneller Regeln erklärt werden können.

12 Das können im Falle von Umweltschutzpolitiken alle möglichen Raumnutzungspolitiken wie Straßenbau-, Landwirtschafts-, Energie- oder Wasserbaupolitiken sein oder im Falle dieser raumwirksamen Bundespolitiken die Umweltpolitik.

13 Als Politikbetroffene werden alle jene gesellschaftlichen Gruppen bezeichnet, die sich von der Behebung des von der Politik zu lösenden Problems Vorteile erwarten dürfen. Das sind im Fal-

nicht ernst nimmt oder ablehnt, kommt es zu einer Mobilisierung von Gegenkräften und die Umsetzung der Politik wird gehemmt.
- *Hypothese 4.0 (Politikbetroffene):* Die Ausgrenzung wichtiger gesellschaftlicher Akteure aus dem Netzwerk öffentlicher Politiken führt zur Mobilisierung von Gegenkräften und zu Vollzugsblockaden.

Diese Analysedimensionen wurden nach Maßgabe von Tabelle 1 operationalisiert.

Tabelle 1: Operationalisierung der Analysedimensionen des Modells „öffentliche Politiken"

	Dimension der öffentlichen Politik	Variable	Indikator
1.0	Verwaltungsprogramm	Nichtberücksichtigung von Interessen anderer Politiken	Explizite Berücksichtigung bedeutender Bestandteile anderer konkurrierender Politiken im Verwaltungsprogramm der untersuchten Politik
2.0	Politisch-administratives Arrangement (PAA)	Horizontale Koordination zwischen den kantonalen Verwaltungsakteuren verschiedener Politiken	Häufigkeit und Modalität des Austausches zwischen Akteuren, die derselben institutionellen Ebene, aber verschiedenen Politiken angehören; der Index wird als „Clique" kalkuliert*
3.0	Administratives Umfeld des federführenden öffentlichen Akteurs	Administratives Umfeld des zentralen behördlichen Akteurs	Diskrepanz/Übereinstimmung zwischen den im administrativen Umfeld vorherrschenden Interessen und den Interessen der Betroffenen der untersuchten Politik
4.0	Öffnungs- bzw. Ausgrenzungsgrad des PAA gegenüber den Betroffenen	Beziehungsstruktur zwischen Akteuren des PAA und gesellschaftlichen Akteuren (= Netzwerk)	Ausgrenzung der gesellschaftlichen Akteure durch die politisch-administrativen „Clique"*

* Gemäß quantitativer Netzwerkanalyse nach Borgatti u.a. (1996); Scott (1991); Clivaz (1998); für die Anwendung vgl. Wälti (2001: Kap. 5).

Wie ausgeführt, sollten nunmehr auch die für die Umsetzung substanzieller öffentlicher Politiken relevanten *Dimensionen des Vollzugsföderalismus* in diesen politikanalytischen Dimensionen konzipiert und empirisch erfasst werden. Entsprechend der eingangs zitierten Befunde zu potenziell umsetzungshemmenden Faktoren des Vollzugsföderalismus für Bundespolitiken sollten diese Faktoren als politikanalytisch formulierte Hypothesen zu institutionellen Mechanismen konzipiert werden, die sich negativ auf den Vollzug ökologischer Bundespolitiken auswirken und damit tendenziell zu einer ökologischen „Demobilisierung" führen. Diese ist qualitativ derjenigen der erwähnten Mobilisierung von Gegenkräften vergleichbar, zu der es nach den Hypothesen zur Blo-

---

le der Umweltpolitik etwa Anwohner, Naturfreunde, Landwirte (bei industriellen Emissionen) etc. Politikbetroffene sind damit nicht gleichzusetzen mit den Zielgruppen, die die dominierende Kausalhypothese der entsprechenden öffentlichen Politik zu Verursachern des zu lösenden Problems erklärt und die als Adressaten des Verwaltungshandelns ihr Verhalten im Hinblick auf die Lösung des Problems verändern müssen (Knoepfel u.a. 2001a).

ckierung der Sektoralpolitiken kommt. Sie wirkt indessen im umgekehrten Sinne einer Deblockierung der Umsetzung der interessierenden Sektoralpolitik.

Auf Grund der zitierten Literatur wählten wir folgende vier Regeln des Vollzugsföderalismus aus:

1. *Bedeutende vertikale Koordination:* Der Vollzugsföderalismus postuliert eine einfache „Arbeitsteilung", bei der das Zentrum programmiert und die Kantone umsetzen. Dies setzt einfache Koordinationsregeln zwischen Programmformulierung und -implementation voraus.
2. *Schwache vertikale Verflechtung:* Der Vollzugsföderalismus ist umgekehrt durch eine im Vergleich zu unitarischen (auch dezentralisierten) Staaten schwache Verflechtung zwischen der Zentralverwaltung und den Verwaltungen der Gliedstaaten charakterisiert. Diese zwei Ebenen arbeiten unabhängig voneinander. Jede hat ein genau definiertes Tätigkeitsfeld.
3. *Bedeutsame kantonale und kommunale Autonomie:* Die Kantone verfügen über eine große Organisationsautonomie. Diese erlaubt es ihnen prinzipiell, die Umsetzungsorganisation gemäß ihren eigenen Vorstellungen festzulegen. Diese Autonomie schließt auch die Festlegung von Art und Umfang der Beteiligung der Gemeinden und ggf. privater Organisationen an der Umsetzung einer Politik ein.
4. *Ungleichheiten und räumliche Differenzierungen:* Der Vollzugsföderalismus beruht auf der politischen Überzeugung, dass Nähe zu den Zielgruppen für die Politikumsetzung von Vorteil ist. Dadurch lassen sich die Auswirkungen einer Politik besser eingrenzen und die lokalen Interessen besser integrieren. Diese Eingrenzung nimmt Ungleichheiten bewusst in Kauf.

Die Transskription dieser vier Regeln des Vollzugsföderalismus in die Sprache der institutionellen Elemente von Sektoralpolitiken sollte uns dazu befähigen, für die Erklärung festgestellter Politikblockaden bzw. -beschleunigungen im Feld zu denjenigen der Politikanalyse konkurrierende Hypothesen zu formulieren. Diese sollten erklären, warum es trotz des Vorhandenseins blockadefördernder Elemente in der Sektoralpolitik in Wirklichkeit doch eher selten zu langandauernden Blockaden kommt.

Diese Transskription erfolgte nach Maßgabe der in Tabelle 2 wiedergegebenen Dimensionen.

Daraus haben wir für die konkurrierende Handlungslogik des „Vollzugsföderalismus" folgende acht Alternativhypothesen formuliert, die allesamt Faktoren ansprechen, deren Vorhandensein die Konflikthaftigkeit des Politikumsetzungsprozesses durch ihre demobilisierende Wirkung reduzieren und ihn daher eher beschleunigen.

— *Alternativhypothesen bezüglich Verwaltungsprogramme:* Transformation und Möglichkeit des Nichtvollzugs des Verwaltungsprogramms

   1.1 Die Möglichkeit der Transformation der Bundespolitik durch die von den Kantonen oder ggf. von den Gemeinden erstellte „Einführungsgesetzgebung"[14] zum Zwecke ihrer Instrumentalisierung für eigene Ziele führt zur Demobilisierung potenzieller Gegenkräfte dieser Sektoralpolitik.

---

14 Kantonale Einführungsgesetze sind komplementäre Elemente des Verwaltungsprogramms des Bundes.

Tabelle 2: Transkription der umsetzungsrelevanten Faktoren der Sektoralpolitik in entsprechende Faktoren des Vollzugsföderalismus

Umsetzungsrelevante Faktoren der Sektoralpoltiken	Umsetzungsrelevante Faktoren des Vollzugsföderalismus
Merkmale der von Bund und Kantonen koproduzierten Verwaltungsprogramme	„bedeutende vertikale Koordination"
Merkmale der politisch-administrativen Arrangements	„schwache vertikale Verflechtung"
Merkmale des administrativen Umfeldes des zentralen behördlichen Akteurs	„bedeutende kantonale und kommunale Autonomie"
Merkmale des Einbezugs gesellschaftlicher Akteure (Netzwerke)	„Ungleichheit und räumliche Differenzierung"

2.1 Die Möglichkeit der Nichtdurchführung des Bundesverwaltungsprogramms vermeidet Konflikte und hat einen Demobilisierungseffekt.

– *Alternativhypothesen bezüglich politisch-administrativer Arrangements:* selektive Öffnung des politisch-administrativen Arrangements und Autonomisierung der federführenden kantonalen Akteure

3.1 Die selektive Öffnung des politisch-administrativen Arrangements für mächtige lokale (öffentliche und gesellschaftliche) Akteure führt zu einer Demobilisierung.

4.1 Die Autonomisierung des auf kantonaler Ebene mit der Politikumsetzung federführend betrauten Verwaltungsakteurs aus seinem üblichen Verwaltungskontext (etwa durch Schaffung einer Projektorganisation) ermöglicht eine Demobilisierung.

– *Alternativhypothesen bezüglich lokaler und kantonaler Autonomie:* Lernprozesse seitens des federführenden öffentlichen Akteurs und die Möglichkeit einer Aneignung der Umsetzungsprodukte auf regionaler und lokaler Ebene

5.1 Der mit der Politikumsetzung betraute öffentliche Akteur erfährt einen (pragmatischen) Lernprozess, der zu einer stärkeren Berücksichtigung der Zielgruppen führt. Dies hat eine Demobilisierung zur Folge.

6.1 Die Möglichkeit einer symbolischen oder realen Vereinnahmung der Politikumsetzungsakte durch regionale oder lokale Akteure zum Zwecke ihrer Instrumentalisierung für eigene Politikziele hat einen Demobilisierungseffekt.

– *Alternativhypothesen bezüglich Ungleichheiten:* räumlich-soziale Lokalisierung und Kompensationen

7.1 Die Produktion der Politikumsetzungsakte lässt sich auf Gruppen mit niedriger Mobilisierungskapazität begrenzen, was zu einer Demobilisierung mächtiger Gegenkräfte beiträgt.

8.1 Gezielte Kompensationsofferten an mächtige Zielgruppen bzw. an Politikbetroffene führt zur Demobilisierung.

Auch die Dimensionen dieser alternativen Hypothesen zum „Vollzugsföderalismus" wurden für die empirischen Feldarbeiten operationalisiert (Tabelle 3).

Tabelle 3: Operationalisierung der analytischen Dimensionen des Modells „Vollzugsföderalismus"

	Faktoren des Schweizer Vollzugsföderalismus	Variable	Indikator
1.1	Bedeutende vertikale Kooperation	Transformation der Politikumsetzung durch die kantonalen Einführungsgesetzgebungen	Abweichung zwischen den substanziellen/institutionellen Elementen des Bundesverwaltungsprogramms und denjenigen der kantonalen Verwaltungsprogramme, auf die sich die Akteure berufen
2.1	Bedeutende vertikale Kooperation	Nichtdurchführung des Verwaltungsprogramms	Abweichung zwischen dem Bundesverwaltungsprogramm und den in casu angewandten Verfahren und Normen
3.1	Schwache vertikale Verflechtung	Beziehungsstruktur	Art der Selektivität der Öffnung des politisch-administrativen Arrangements gemessen nach privilegierten Beziehungen zwischen (öffentlichen und gesellschaftlichen) lokalen Akteuren und bestimmten kantonalen Verwaltungseinheiten
4.1	Schwache vertikale Verflechtung	Autonomie des kantonalen Verwaltungsakteurs	Relationale Zentralität (*betweeness*)* des kantonalen Akteurs, der federführend mit der Politikumsetzung betraut ist: Inwiefern stellt dieser kantonale (lokale) Akteur eine „passage obligé" für die anderen Akteure dar?
5.1	Bedeutende kantonale und lokale Autonomie	Bewertung der Politikumsetzung durch die federführende kantonale Verwaltung	Vergleich der Bewertung der untersuchten Umsetzungsphasen mit derjenigen der vorangehenden Phase durch die federführenden Akteure; abweichende Bewertungen werden als Ergebnisse des (pragmatischen) Lernprozesses interpretiert
6.1	Bedeutende kantonale und lokale Autonomie	Symbolische oder reale Vereinnahmung der Politikumsetzung auf regionaler oder lokaler Ebene	Abweichung zwischen dem anfänglichen Umsetzungsprojekt und den späteren symbolischen und realen Handlungen
7.1	Ungleichheiten und räumliche Differenzierung	Mobilisierungskapazität der Zielgruppen/Politikbetroffenen	Verknüpfung zwischen der Lokalisierung der Umsetzungsaktivitäten und dem räumlich-sozialen Status der Zielgruppen/Politikbetroffenen
8.1	Ungleichheiten und räumliche Differenzierung	Kompensationen	Vorkommen gezielter Kompensationsleistungen

* Gemäß quantitativer Netzwerkanalyse nach Scott (1991); für die Anwendung vgl. Wälti (2001: Kap. 5).

Das empirische Material beruht auf neun Fallstudien, von denen je drei aus drei verschiedenen Bundespolitiken stammen. Es sind dies der eidgenössische Moorlandschaftsschutz, die eidgenössische Politik zur Förderung (kantonaler) Hauptstraßen sowie die Politik des Bundes zur Regulierung der Errichtung von Hochspannungsleitungen. Diese Auswahl ermöglichte die Untersuchung dreier Bundespolitiken mit variierenden Auslösungsebenen für den Vollzug: Im ersten Fall ist dies der Bund (Schutz der Moorlandschaften), im zweiten der Kanton (Hauptstraßenbau) und im dritten Fall ein parastaatliches Organ des Bundes[15] (Bau von Hochspannungsleitungen). Aus der hier interessierenden Perspektive der Umweltpolitik bot die Studie Gelegenheit zu einer Untersuchung zweier reaktiver Politiken (Schutz als Reaktion auf eine Bundesinfrastrukturpolitik: Straßen, Hochspannungsleitungen) und einer proaktiven Politik (Unterschutzstellungspolitik: Moorlandschaften).

Nicht zuletzt im Hinblick auf eine Erhöhung der Zahl der Untersuchungseinheiten (von 9 auf 32) wurden die Fallstudien nach Maßgabe der Variation der abhängigen Variable in Phasen unterteilt. Diese Variable bestand in der in allen Politikumsetzungsprozessen zeitlich variierenden Konflikthaftigkeit. Nach dem Aktivitätsniveau der Gegenkräfte (Ressourcenmobilisierung) ließen sich Mobilisierungs-, Demobilisierungs- und zwei Arten von Stabilisierungsphasen (hohes bzw. niedriges Mobilisierungsniveau) unterscheiden. Demobilisierung bedeutet Aufhebung von Umsetzungsblockaden der Schutz- oder der Nutzungspolitiken, die je nach Natur der untersuchten Politik in umweltpolitisch motivierter Opposition (Straßenbau, Hochspannungsleitungen) oder aber in wirtschaftspolitisch begründeten Widerständen gegen Umweltpolitik (Moorlandschaftsschutz) bestanden.[16]

Für jede der 32 Phasen wurden auf Grund teilstandardisierter Interviews und umfangreicher Dokumentenanalysen zu ausgewählten Politikumsetzungsprojekten sämtliche der insgesamt zwölf operationalisierten Datensätze[17] zu den beiden Handlungslogiken „Öffentliche Politik" und „Vollzugsföderalismus" erhoben und dokumentiert. Entsprechend dem eingangs erwähnten dialektischen Ansatz gingen wir davon aus, dass jeder der neun Umsetzungsprozesse in jeder Phase sowohl von den Faktoren der einen als auch von jenen der anderen Logik beeinflusst wurde. Wir postulierten ferner, dass der Erklärungsgehalt der Variablen der Faktoren der einen oder anderen Logik je nach Phase variiere. Wie aus den Hypothesensätzen hervorgeht, lautet die unterliegende Metahypothese, dass die Faktoren nach der Logik „Öffentliche Politiken" für die Erklärung der Mobilisierung von Gegenkräften zutreffender ist und diejenigen der Logik „Vollzugsföderalismus" beobachtbare „Beruhigungen" in Gestalt von Demobilisierungsprozessen besser erklären.

Jede neue Sektoralpolitik bringt neue Umsetzungsverfahren und Entscheidungsregeln in bestehende institutionelle Strukturen ein. Man kann daher postulieren, dass in den ersten Umsetzungsphasen der Erklärungsgehalt ihrer eigenen Logik („Öffentliche Politik") für das Ausmaß der gesellschaftlichen Mobilisierung höher ist als jener der konkurrierenden Logik des Vollzugsföderalismus.[18] Erste Beobachtungen zur relativen „Friedlichkeit" solcher Prozesse nach einer tumultuösen Anfangsphase im helvetischen Alltag lassen ferner vermuten, dass dieser Letztere indessen in den darauf folgenden Phasen an Bedeutung gewinnt. Die Umsetzungsprozesse, die diese Konstellation aufweisen, entsprechen der Hypothese, wonach der Vollzugsföderalismus als Policy-killing-Institution anzusehen ist. Bereits kurze Zeit nach dem Einsetzen ihres Vollzugs

---

15 Eidgenössisches Starkstrominspektorat, das im Wesentlichen von den meist (noch) in öffentlicher Hand befindlichen Elektrizitätswerken betrieben wird.
16 Die neun Fallstudien sind resümiert bei Wälti (2001).
17 Entsprechend den zwölf vorgestellten Hypothesen.
18 Vorstellbar ist aber auch das Gegenteil: Das „vollzugsföderalistische Feld" schlägt zurück.

neutralisieren die institutionellen Prinzipien des Föderalismus jene davon abweichenden institutionellen Sonderarrangements umweltrelevanter öffentlicher Politiken, indem sie etwa dessen (hohen) Zentralitätsgrad zurückfahren. Denkbar und in unserer empirischen Untersuchung ebenfalls vertreten ist indessen auch der umgekehrte Fall, in dem in einer ersten Phase die Handlungslogik des „Vollzugsföderalismus" überwiegt. In solchen Konstellationen zerbricht der anfängliche Konsens über Durchführung oder Nichtdurchführung der betroffenen Bundespolitik, und es kommt zur Mobilisierung von Gegenkräften gegen diese Politik. Solche Umsetzungsprozesse bestätigen die Institution-killing-policy-Hypothese, weil sich die institutionelle Dynamik der substanziellen Bundespolitik mittelfristig gegen die Regeln des Vollzugsföderalismus durchsetzt. Ein Beispiel dafür ist etwa eine erst in der letzten Projektierungsphase einsetzende ökologische Oppositionsbewegung gegen eine Kantonsstraße oder eine Hochspannungsleitung, die sich erfolgreich auf Bundesrecht und entsprechende Statements öffentlicher Akteure der (sektoralen) Bundesumweltpolitik abstützt.

Für diesen Beitrag ebenso bedeutsam wie die im folgenden Kapitel präsentierten Ergebnisse der empirischen Studie ist die vorgetragene Konzeptualisierung. Diese lässt sich vermutlich generalisieren und auch auf das Verhältnis solcher substanzieller zu anderen institutionellen Politiken (etwa: Rechtsstaats- oder -schutzpolitik, Demokratiepolitik etc.) übertragen. Die zunächst nur aus forschungstechnischen Gründen (Erhöhung der Zahl der Untersuchungseinheiten) vorgenommene Unterteilung der analysierten Umsetzungsprozesse in verschiedene Phasen nach Maßgabe der gewählten abhängigen Variablen[19] hat im Nachhinein zur Einsicht geführt, dass sich die Durchschlagskraft der institutionellen Dynamik einer Sektoralpolitik im Laufe ihrer Biografie durchaus verändern kann. So sollte insbesondere die Hypothese überprüft werden, dass sich in einer Anfangsphase vom „Vollzugsföderalismus" abweichende (z.B. zentralistischere) institutionelle Arrangements spezifischer Sektoralpolitiken durchsetzten, wogegen diese Letzteren im „Laufe der Zeit" durch den Vollzugsföderalismus auf ein allgemeinschweizerisches „homöostatisches Gleichgewicht" zwischen Zentrum und Peripherie „herabgeschliffen" würden.

Trifft diese Argumentation zu, so wird es für den Vollzugsföderalismus dann gefährlich, wenn gleichzeitig eine Vielzahl neuer Bundespolitiken mit ausgeprägt von ihm abweichenden institutionellen Arrangements ins Vollzugshinterland drängen. Die Akkumulation dieser noch jungen und deshalb besonders dynamischen Politiken und ihrer Akteure könnte den Vollzugsföderalismus nach den im Folgenden vorgetragenen Befunden theoretisch (zeitweise oder dauerhaft) verdrängen und zu äußerst heterogenen institutionellen Vollzugslandschaften führen (Knoepfel 2000).

---

19 In unserem Falle: Mobilisierung – Demobilisierung; denkbar sind indessen auch andere Designs, die z.B. variierende Outputprofile, sich wandelnde räumliche und zeitliche Prioritätensetzungen etc. als abhängige Variablen konzipieren.

5. Handlungslogik „Vollzugsföderalismus" versus „öffentliche Sektoralpolitiken": Empirische Befunde zur Gegenwart (bis 1997)

Um den Erklärungsgehalt jeder konkurrierenden Hypothese zu überprüfen, wurden die Befunde der abhängigen Variablen jeder Umsetzungsphase mit den in den zwei Hypothesenkomplexen postulierten Faktorkonstellationen der unabhängigen Variablen konfrontiert. Gemäß der vorgetragenen Metahypothese erwarteten wir, dass die Mobilisierungsphasen eher der Logik der vier Hypothesen zu den „Öffentlichen Politiken"[20] und die Demobilisierungsphasen den acht Hypothesen zum „Vollzugsföderalismus"[21] entsprächen. Da wir vor allem am relativen Erklärungsgehalt der unabhängigen Variablen interessiert waren, wurden alle in den zwölf Hypothesen angesprochenen Faktorkonstellationen in allen 32 Untersuchungseinheiten getestet.

Das Ergebnis ist in Tabelle 4 in hochkomprimierter Form[22] festgehalten. Sie zeigt die Erklärungsfähigkeit jeder der zwölf Hypothesen für die Mobilisierung bzw. Demobilisierung auf. Die Spalte „Total der Phasen" zeigt an, wie viele der insgesamt 32 untersuchten Phasen empirisch der aufgerufenen Hypothese entsprechen, d.h., in wie vielen Untersuchungseinheiten der von der Hypothese postulierte Zusammenhang zwischen Mobilisierung/Demobilisierung erklärt werden kann durch die einzelnen Faktoren der Logiken „Öffentliche Politiken" (Linien 1–4) bzw. „Vollzugsföderalismus" (Linien 5–12).

Diese Befunde lassen zwei Schlussfolgerungen zu: Zum einen findet sich die Metahypothese, wonach sich die Mobilisierungsphasen vor allem durch Faktorenkonstellationen der Handlungslogik „Öffentliche Politiken" und die Demobilisierungsphasen durch solche des Modells „Vollzugsföderalismus" erklären lassen, im Großen und Ganzen bestätigt. Tatsächlich wird die Mobilisierung in erster Linie durch spezifische institutionelle Merkmale der Sektoralpolitik geprägt, die die Entfaltung der generellen Konfliktlösungsmechanismen des Vollzugsföderalismus mehr oder weniger „hemmen". Trotzdem finden die Mobilisierungsphasen in der Tat dank der Faktoren des Vollzugsföderalismus in der (Politologinnen und Politologen bisher leider nicht sonderlich interessierenden) „Normalität" letztlich einen unglaublich einvernehmlichen Ausgang. Diese Behauptung ist nun aber zu nuancieren. Denn die Föderalismushypothesen vermögen jedenfalls teilweise auch eine Mobilisierung und die Hypothesen zu den „Öffentlichen Politiken" eine Demobilisierung zu erklären. Die Faktorkonstellation des Letzteren können 80 Prozent der Demobilisierungsfälle miterklären. Umgekehrt finden sich nur in 55 Prozent der Mobilisierungsfälle die alternativen Föderalismushypothesen bestätigt.

Wie angekündigt, galt unser Interesse dem wechselseitigen Verhältnis zwischen den Faktoren dieser zwei unterschiedlichen Logiken, die beide für die Mobilisierung/Demobilisierung von Gegenkräften gegen die (neue) Politik als bedeutsam postuliert werden. Wir untersuchten deshalb den Vollzug von Sektoralpolitiken entlang der Zeitachse. Danach sollte der Einfluss der umsetzungswirksamen Variablen des Vollzugsföderalismus auf den Vollzug umweltwirksamer Politiken isoliert werden. Entsprechend unse-

---
20 H-1.0, H-2.0, H-3.0, H-4.0.
21 H-1.1, H-2.1, H-3.1, H-4.1, H-5.1, H-6.1, H-7.1, H-8.1.
22 Vgl. zu den Details Knoepfel u.a. (1997/2001).

Tabelle 4: Empirische Ergebnisse

Dimensionen	Hypothesen	Mobilisierung	Stabilisierung (A)	Demobilisierung	Stabilisierung (B)	Total der Phasen
1	*Interessen (H-1.0)*	73%	50%	80%	0%	59%
2	*Koordination (H-2.0)*	45%	50%	70%	20%	50%
3	*Kontext (H-3.0)*	100%	100%	20%	0%	59%
4	*Akteure (H-4.0)*	64%	67%	30%	0%	44%
5	*Transformation H-1.1*	73%	67%	60%	0%	56%
6	*Durchführung H-2.1*	64%	67%	70%	0%	56%
7	*Struktur H-3.1*	73%	67%	60%	0%	56%
8	*Autonomie H-4.1*	18%	50%	60%	20%	38%
9	*Lernprozess H-5.1*	55%	50%	80%	n.r.	74%
10	*Vereinnahmung H-6.1*	45%	17%	90%	0%	47%
11	*Lokalisierung H-7.1*	82%	83%	100%	40%	81%
12	*Kompensationen H-8.1*	64%	0%	90%	20%	53%
	Gesamtheit der Hypothesen „Öffentliche Politiken"	100%	83%	80%	0%	
	Gesamtheit der Hypothesen „Vollzugsföderalismus"	55%	50%	90%	0%	

Quelle: Knoepfel u.a. (1997/2001: X, 180).

Legende: Die neun analysierten Entscheidungsprozesse (= Fallstudien) wurden nach Maßgabe des variierenden Verlaufs ihrer Konflikthaftigkeit in der Zeitreihe in insgesamt 32 Untersuchungseinheiten aufgeteilt (je Fallstudie 3 bis maximal 5 unterschiedliche Phasen).

Daraus resultierten:
- 11 Einheiten mit ansteigender Konflikthaftigkeit (Mobilisierung),
- 6 Einheiten mit anhaltend hoher Konflikthaftigkeit (Stabilisierung A),
- 10 Einheiten mit abnehmender Konflikthaftigkeit (Demobilisierung) und
- 5 Einheiten mit stabilisiert geringer Konflikthaftigkeit (Stabilisierung B).

Die Werte in den entsprechenden vier Kolonnen geben an, in wievielen Fällen die den 4 Hypothesen zur Handlungslogik der öffentlichen Sektoralpolitiken (1–4) bzw. den 8 Hypothesen zur Handlungslogik des Vollzugsföderalismus zugeschriebenen Merkmalen in Prozent der Gesamtheit der 32 Phasen festgestellt wurden. Beispiel: In 73 Prozent der Mobilisierungsphasen kam es zu Umsetzungsblockaden wegen einer Nichtberücksichtigung anderer Sektoralpolitiken auf der Ebene des Verwaltungsprogramms der untersuchten Sektoralpolitik. Solche Blockaden treten aber auch in 50 Prozent der Fälle mit andauernd hoher Konflikthaftigkeit (Stabilisierung A) auf. Am häufigsten treten solche Blockaden indessen in Demobilisierungsprozessen auf (80 Prozent).

Dieser Sachverhalt widerlegt für diese eine Faktorkonstellation die Metahypothese, wonach Merkmale, die wir in der Handlungslogik den Sektoralpolitiken zuschreiben, für Mobilisierung „verantwortlich" sind. Tendenziell ebenfalls widerlegt wird die Hypothese 2.0. Stärker bestätigt werden die dem Vollzugsföderalismus zugerechneten Hypothesen (H. 1.1 – 8.1) durch die vergleichsweise hohen Werte in der Kolonne „Demobilisierung".

Die Werte in der rechten Kolonne „Total der Phasen" geben an, in wievielen der 32 Phasen die den 12 Hypothesen zugeordneten Merkmale auftreten. Daraus geht etwa hervor, dass die Handlungslogik des Vollzugsföderalismus (Werte der Zeilen 5–12) insgesamt (noch) deutlich präsenter ist (Schwankung zwischen 38 und 81 Prozent) als jene der Sektoralpolitiken (44 – 59 Prozent).

In gleicher Weise geben die beiden letzten Zeilen an, in wievielen der 32 Einheiten sich alle Merkmale der Handlungslogik der Sektoralpolitiken bzw. alle Merkmale des Vollzugsföderalismus finden. Dieser – wichtige – Wert zeigt, dass alle 11 Mobilisierungseinheiten alle Merkmale der Sektoralpolitiken (= 100 Prozent), dagegen nur 55 Prozent derjenigen des Vollzugsföderalismus aufweisen.

Weit weniger stark ist die entsprechende Dominanz der Merkmale des Vollzugsföderalismus (90 Prozent) gegenüber jenen der Sektoralpolitiken (80 Prozent) bei den Demobilisierungseinheiten.

Eine Korrelationsanalyse zwischen den erklärenden Variablen zeigt starke Interkorrelationsbeziehungen auf, auf die hier nicht weiter eingegangen wird (vgl. Knoepfel u.a. 1997/2001).

rer zentralen Hypothese eines dialektischen Verhältnisses zwischen Policies und Polity ist dies tatsächlich nicht gelungen. Die Ergebnisse lassen vermuten, dass es den blockadefreundlichen Akteuren schwer fällt, Regeln des Vollzugsföderalismus zu mobilisieren, um substanzielle öffentliche Politiken – insbesondere wenn diese neu sind oder sich erst am Anfang des Vollzugsprozesses befinden – zu bremsen. Trotzdem lassen sich die vom Vollzugsföderalismus abweichenden institutionellen Arrangements dieser Sektoralpolitiken später relativ leicht in die Logik des Vollzugsföderalismus überführen.

Die Befunde lehren aber auch, dass die Faktorenkonstellationen der „Öffentlichen Politiken" auch demobilisierend wirken können. Alle Fälle und Phasen zusammengenommen, erklären beide Logiken – „Öffentliche Politiken" *und* „Vollzugsföderalismus" – die abhängige Variable in 17 der insgesamt 32 untersuchten Einheiten. Dies bedeutet, dass die Phasen, die sich jeweils nur durch *eine* Logik („Öffentliche Politiken" oder „Vollzugsföderalismus") erklären lassen (6 von 32 Phasen), bei weitem nicht die Regelfälle sind. Sie müssen sogar als atypische Konstellationen des Vollzugs raumwirksamer Politiken betrachtet werden. Zwischen den Logiken „Öffentliche Politiken" und „Vollzugsföderalismus" besteht danach tatsächlich ein interdependentes Verhältnis. Sie lassen sich daher nicht vollständig voneinander losgelöst betrachten.

Die relativ hohe Erklärungsfähigkeit der Faktorenkonstellationen der Handlungslogik „Öffentliche Politiken" für Demobilisierungsphasen überrascht. Dieser Befund lässt vermuten, dass die Regelung von umweltrelevanten Konflikten nicht (mehr) ausschließlich im Rahmen der Logik des „Vollzugsföderalismus" stattfindet, sondern zumindest teilweise nach Maßgabe des den Sektoralpolitiken eigenen (und vom Vollzugsföderalismus abweichenden) institutionellen Settings der „Öffentlichen Politiken" erfolgt. Solche konfliktlösende Demobilisierung findet statt über Verhandlungen zwischen dem federführenden öffentlichen Akteur und einer neuen Gruppe von Politikbetroffenen (Integration der Interessen der lokalen gesellschaftlichen Akteure), die über eine hohe Mobilisierungskapazität verfügen. Der Moorlandschaftsschutz veranschaulicht dieses Phänomen sehr deutlich.

Die Befunde zur Metahypothese zeigen auch Unterschiede zwischen den drei untersuchten Politikbereichen auf. So weichen die Ergebnisse zu den drei Fällen des Hochspannungsleitungsbaus deutlich von jenen zu den beiden anderen Politikbereichen ab. Sie entsprechen der Metahypothese kaum. Der Vollzug dieser öffentlichen Politik lässt sich nicht in den institutionellen regionalen und lokalen Kontext integrieren und nach der Logik des „Vollzugsföderalismus" organisieren. Dieser Umstand lässt sich durch den para-staatlichen Charakter des politisch-administrativen Arrangements dieser Politik erklären. In diesem spielen private Akteure eine wichtige Rolle. Daraus lässt sich die Hypothese formulieren, dass Konfliktlösungen in öffentlichen Politiken, deren Operateure privatisiert werden, nicht mehr nach den Mechanismen des Vollzugsföderalismus, sondern nach jenen der öffentlichen Sektoralpolitiken erfolgen.

Die beobachteten Unterschiede zwischen der Bundespolitik zum kantonalen Bau von Hauptstraßen und jener zum Moorlandschaftsschutz hängen teilweise damit zusammen, dass der Vollzug dieser beiden Politiken durch unterschiedliche Ebenen ausgelöst wird. Im Fall der kantonalen Hauptstraßen sind es kantonale Akteure, die im Zuge der Projekterarbeitung die lokalen Machtbeziehungen (d.h. die Interessen der lokalen Eliten) bereits einbeziehen. Im Gegensatz dazu ist der eidgenössische Moorlandschaftsschutz zentralisierter. Sein Vollzug wird durch das Bundesamt für Umwelt, Wald und Landschaft ausgelöst. Am Anfang wurden weder die Interessen der regional und lokal mächtigen Akteure noch sozio-ökonomische und politische Kriterien einbezogen. Dementsprechend hatten die ersten Schutzkonzepte einen egalitären Charakter, da sie sowohl Akteure mit schwacher als auch solche mit starker Mobilisierungskapazität betrafen.

Diese Schlussfolgerungen lassen sich vermutlich nicht nur auf die „umweltwirksamen" Politiken, sondern auch *auf viele andere öffentliche Politiken ausweiten*. Denn viele Politiken erlangen früher oder später einen Umweltbezug. Dies trifft besonders dann zu, wenn sie eine räumliche Komponente aufweisen. Dies kann direkt geschehen, wie z.B. durch die einfache Errichtung eines Gebäudes, oder indirekt (z.B. Schaffung neuer Operationsräume für spezielle Sektoralpolitiken wie Wasser, Arbeitsmarkt etc.). Alle Sektoralpolitiken mit solchen räumlichen Bezügen besitzen die vorgetragenen Eigenschaften raumwirksamer Politiken. Sie generieren Konflikte zwischen den bestehenden und zukünftig geplanten Raumnutzungen.

In vielen Fällen sind solche Konflikte schwach und ortzeitlich begrenzt. Es kann sich z.B. um eine einfache Einsprache eines Anliegers gegen den Bau eines neuen Verwaltungsgebäudes des Bundes handeln. Aber auch Politiken, die a priori eine schwache und diffuse raumökologische Wirkungskomponente haben (bzw. hatten), können mitunter genauso heftige Konflikte auslösen wie Politiken, die explizit als raumwirksam bezeichnet werden. Solche Auseinandersetzungen scheinen überdies immer häufiger vorzukommen, was auf eine grundsätzlichere „Verräumlichung" öffentlicher Politiken schließen lässt (Knoepfel/Kissling-Näf 1993). Dies gilt insbesondere auch für verschiedene regulative Sozialpolitiken, wie z.B. die Drogenpolitik (Renschler/Cattacin 1996; Kübler 1995, 2000) oder die Asylpolitk (Hagmann 2001).

Mit ihrer zunehmenden Verräumlichung geraten auch diese Politiken in lokalörtliche Konfliktzonen mit Mobilisierungs- und Demobilisierungsphasen, die denjenigen der beschriebenen umweltwirksamen Politiken ähnlich sein dürften. Anhand einzelner Befunde aus der erwähnten Literatur lässt sich vermuten, dass auch in diesen Politikumsetzungskonflikten die Mechanismen des „Vollzugsföderalismus" zunehmend verdrängt werden durch davon abweichende policyspezifische institutionelle Arrangements (stärkere Stellung öffentlicher und privater Akteure des Bundes und der großen Städte).

Auf Grund der vorgetragenen empirischen Befunde lässt sich für das in diesem Aufsatz interessierende Verhältnis zwischen dem generellen institutionellen Arrangement des Vollzugsföderalismus und den davon abweichenden Arrangements regulativer umwelt- und raumwirksamer Bundespolitiken folgende *vorläufige Bilanz* ziehen:

– Die typischen Konfliktlösungsmechanismen des *Vollzugsföderalismus* werden in den Anfangsphasen der Politikumsetzung teilweise *verdrängt* durch die neuen Sektoralpolitiken eigenen Mechanismen. Wollen die Ersteren schließlich doch zum Tragen kommen, benötigen sie die Unterstützung durch diejenigen Akteure, die die Letzteren kontrollieren. Dadurch werden schlussendlich einvernehmliche Lösungen (Demobilisierung) möglich.

– Die Gruppe derjenigen politisch-administrativen Akteure, die eine Konfliktlösung nach der Logik des „Vollzugsföderalismus" anstreben, ist nun aber zunehmend weni-

ger deckungsgleich mit derjenigen, die die institutionellen Mechanismen der konkreten Policy beherrscht. Diese Letztere stellt eine neu entstandene kohärente „Policy-Community" (Clivaz 2001) mit einer gut etablierten „*Policy-Elite*" dar, während die Erstere von den klassischen regionalen und lokalen politischen Machteliten gebildet wird. Mit der zunehmenden Bedeutung neuer policyspezifischer institutioneller Arrangements kommt es daher zu einer *Machtverschiebung* von den traditionellen politischen Eliten der Kantone und Gemeinden hin zu den Policy-Eliten (an denen oft auch Akteure aus Bundesämtern beteiligt sind). Vermutlich sind die neuen raum- und umweltwirksamen Bundespolitiken aus den 80er Jahren sogar mitverantwortlich für die Herausbildung solcher neuer Eliten.
- Durch das Phänomen der Verräumlichung vieler öffentlicher Bundespolitiken wird die Handlungslogik der „Öffentlichen Politiken" für die Lösung der von diesen zwangsläufig generierten Konflikte (Terribilini 2001) wahrscheinlich an Bedeutung gewinnen. Dementsprechend dürfte die Logik des „Vollzugsföderalismus" ihren Stellenwert weiter einbüßen. Eine solche Entwicklung dürfte staatliches Handeln tief greifend verändern, weil es dessen Legitimation von der Zustimmung der Policy-Community (und nicht nur von jener des Souveräns) abhängig macht – Benz (1998a) spricht von „postparlamentarischer Demokratie". Diese „sekundäre" Legitimationsgrundlage staatlichen Handelns würde damit gegenüber der „primären" (parlamentarischen) Legitimation noch stärker an Gewicht gewinnen, als dies bereits heute der Fall ist (Knoepfel 1977, 2000).

Vor dem Hintergrund dieser Forschungsergebnisse kann man sich daher fragen, ob das Verhältnis zwischen diesen beiden konkurrierenden Logiken letztlich nichts Anderes ist als jenes zwischen zwei konkurrierenden *gesellschaftlichen Eliten*. Die Logik der „Öffentlichen Politiken" entspricht dabei eher den heutigen und kommenden Policy-Eliten (städtisch, mobil, dem 3. Sektor angehörig und global denkend). Sie müssten nach unseren Befunden an Bedeutung gewinnen. Die hergebrachte Logik des „Vollzugsföderalismus", die sich für die Lösung von Konflikten zwischen traditionellen, eher lokalen und regionalen Gruppen bewährt hat (wenig mobil, eher ländlich und gewerblich industrieller Provenienz), wäre danach eher zum Untergang bestimmt. Die institutionelle Logik des Vollzugsföderalismus wurde durch einen Diskurs legitimiert, der kollektive Entscheidungen im Lichte der *allgemeinen* Lebensbedingungen in den Vordergrund stellt. Diese müsste einer *sektoriellen und individualistischen Logik* weichen, die durch Sektoralpolitiken getragen wird, deren atomisierte Akteursstruktur durch einen Diskurs über Wirksamkeit und Wettbewerb legitimiert wird. Man mag eine solche Entwicklung begrüßen oder ablehnen.[23] Fest steht, dass sie von der Föderalismuspolitik eine beträchtliche vollzugspolitische Verflechtung verlangt.

---

23 Ablehnend: Knoepfel (1998); eher zustimmend: normative Konzepte der Steuerung politischer Prozesse durch Netzwerke aus dem MPI für Gesellschaftsforschung/Köln.

6. Wandel der Föderalismus- und der Ökologiepolitik

Der Widerspruch dieser Befunde und Hypothesen zur gegenwärtig stattfindenden *Föderalismusreform* könnte kaum schroffer sein. Denn sollte es zu guter Letzt wirklich gelingen, die deklarierte Zielsetzung der Entflechtung zwischen Bundes- und Kantonszuständigkeiten bzw. -behörden in die Tat umzusetzen, so würden die oben den Dimensionen „politisch-administratives Arrangement" und „Politikbetroffene" zugerechneten Wirkungsmechanismen des Vollzugsföderalismus tatsächlich maßgeblich gestärkt. Denn nach herrschender Auffassung[24] soll die angestrebte Entflechtung unter Beibehaltung des Vollzugsföderalismus von statten gehen und nicht zu einer Ausweitung davon abweichender institutioneller Arrangements neuer oder bestehender Sektoralpolitiken führen. Daher wird sich für jene Politiken, für die künftig „ausschließlich" der Bund zuständig sein soll, diese Zuständigkeit lediglich auf die Finanzierung beschränken. Denn der Vollzug soll weiterhin durch die Kantone erfolgen. Von einer Ausweitung der (bescheidenen) Bundesvollzugsverwaltung ist im gegenwärtigen Reformpaket nicht die Rede.

Demgegenüber würden die institutionellen Arrangements jener Bundespolitiken, für deren Umsetzung künftig „ausschließlich" die Kantone zuständig sein sollen, in fataler Weise auseinander gerissen. Die hier angestrebte Entflechtung bedeutet eindeutig einen Abbau der bisherigen vertikalen Kooperation, weshalb der Widerspruch zwischen den beiden konkurrierenden Logiken „Öffentliche Politiken" und „Vollzugsföderalismus" und der Antagonismus zwischen Policy- und traditionellen politischen Eliten eindeutig vertieft werden. Dadurch dürften auch die dem „Vollzugsföderalismus" zugerechneten Faktoren betreffend Ungleichheiten an Bedeutung gewinnen, weil sich der Bund in solchen entflochtenen Politiken aus dem Vollzugsfeld zurückziehen müsste. Das bedeutet etwa für die Umweltpolitik das Aus für die Bundespräsenz in der (schützenden) Forstpolitik, in großen UVP-Verfahren oder bei den kantonalen Hauptstraßen. Dieser Rückzug würde umgekehrt nicht kompensiert durch ein Mehr an Bundespräsenz etwa im Bereich der landwirtschaftlichen ökologischen Direktzahlungen, die zwar „ausschließlich" dem Bund übertragen werden sollen, deren Verwaltung indessen nach wie vor nach dem hergebrachten Muster des „Vollzugsföderalismus" durch die Kantone erfolgen sollte.

Damit ist für die heute relativ zentralistische Bundesumweltpolitik eine Dezentralisierung und ein Abbau von Einheitlichkeit im Vollzug zu erwarten. Noch steht nicht fest, ob diesem Prozess auch die relativ starke Stellung der lokalen Ebene zum Opfer fallen wird; die Dezentralisierung könnte ggf. zu einer innerkantonalen Zentralisierung führen. Aber die gegenüber der heutigen Situation zu stärkende Organisationsautonomie der Kantone könnte zahlreiche umweltpolitisch bedeutsame Kooperationsprojekte zwischen einzelnen Gemeinden und Bundesbehörden (etwa im Bereich Energiepolitik, Agenda 21, Pilotprojekte, Drogenpolitik) in Frage stellen. Damit ist der offene Widerspruch zwischen institutionellen Erfordernissen künftiger Umwelt- und Ressourcenpolitik und der Föderalismuspolitik vorprogrammiert. Wie im Folgenden zu zeigen ist,

---

24 Und nicht zuletzt auch aus verfassungsrechtlichen Gründen (Bundesverfassung Art. 3 und 46 vom 18. April 1999 (SR 100).

wird dieser durch sich gegenwärtig abzeichnende Transformationsprozesse der Ökologiepolitik noch verstärkt.

In kaum stärker vorstellbarem Gegensatz zu den beschriebenen Wandlungen der Föderalismuspolitik stehen die institutionellen Anforderungen des *Wandels der Umweltpolitik*, die oben beschrieben wurden. Die Internationalisierung dürfte zwar auf der Ebene ihrer Programmformulierung (wie auch in anderen Politikbereichen) zu einer Stärkung der Mitwirkung der kantonalen Mittelebene an der „Umweltaußenpolitik" führen, sofern von der jeweiligen ökologischen Sektoralpolitik mehrere Kantone (Beispiel: Alpenschutz) und nicht nur ein einziger (Beispiel: Flughafen Zürich) betroffen sind. Zwar steht die allgemeine Tendenz der Föderalismuspolitik in Richtung auf eine Stärkung der kantonalen Mittelebene bei der Formulierung von Bundesprogrammen durchaus in Einklang mit den Anforderungen ökologischer Sektoralpolitiken. Dadurch werden deren Programme in der Tat kohärenter, weil sich die Kantone durch ihre Mitwirkung für deren Umsetzung „verpflichten" und ein Ausklinken auf der Ebene der kantonalen Einführungsgesetzgebung im Sinne der Hypothesen 1 und 2 nach der Logik des „Vollzugsföderalismus"[25] unwahrscheinlicher wird.

Diese Kohärenz lässt sich allerdings nur halten, wenn auch auf der Ebene der für die Umsetzungen zuständigen Behördenarrangements nicht die von der Föderalismusreform angestrebte Entflechtung, sondern eine der Logik „Öffentlicher Politiken" entsprechende Verflechtung beibehalten bzw. sogar ausgebaut wird. Außerdem kann der Bund seinen internationalen Verpflichtungen etwa in Bezug auf die Alpen(schutz)politik (Clivaz 2001) nur nachkommen, wenn ihm im Gegenzug zum Mitwirkungsrecht der Gliedstaaten an der Programmformulierung ein „Einmischungsrecht" auf der Vollzugsebene zusteht. Diese Bundesmitwirkung nur auf eine fallweise bundesgerichtliche Kontrolle der kantonalen Vollzugspraxis zu beschränken, wäre m.E. zu kostspielig, weil sie zu einem zu späten Zeitpunkt einsetzte und vermutlich infolge ihres punktuellen Charakters zu wenig wirksam wäre.

Auch die übrigen eingangs beschriebenen Entwicklungstendenzen der neueren Umweltpolitik (Agglomerationsbildung, Ressourcenorientierung, Stärkung der lokalen Ebene) erfordern vertikal stärker integrierte institutionelle Arrangements, als dies heute (noch) der Fall ist. Diese müssten innerhalb ein und derselben Sektoralpolitik alle staatlichen Ebenen erfassen, um die angesprochenen Multi-level-Problematik kooperativ zu bewältigen. So werden nur fein aufeinander abgestimmte und damit Bundes-, Kantons- und ggf. Agglomerationsakteure kooperativ vernetzende institutionelle Arrangements die Zuweisung heterogener (komplementärer oder rivalisierender) Nutzungsrechte an einer Vielzahl von Gütern und Dienstleistungen einer natürlichen Ressource (z.B. Wasser, Boden, Landschaften) an lokal, regional, national oder gar international definierten Nutzungsberechtigte bewältigen können. Solche ressourcenorientierten Reformen werden heute in der Ökologiepolitik unter verschiedensten Bezeichnungen (Bodenversiegelungskontingente, institutionelle Regime etc.) zunehmend gefordert. Die dafür notwendigen institutionellen Arrangements müssten die betroffenen Schutz- und Nutzungspolitiken aufeinander abstimmen und über eine – zeitlich variierende – Indienstnahme spezifischer Nutzergruppen als Zielgruppen kurz- oder mittelfristig auftre-

---

25 Aneignung/Nichtvollzug durch Kantone; Autonomisierung der zentralen kantonalen Akteure.

tende kollektive Probleme lösen (z.B. Wasserknappheit, Katastrophenbewältigung, Waldsterben etc.). Außerdem obläge diesen neuen Strategien auch die Definition mittel- bis längerfristig konstanter Nutzungsrechte und deren Zuteilung an verschiedene Nutzergruppen (Knoepfel u.a. 2001). Deshalb bedürfen sie einer gegenüber heutigen Umweltpolitiken erheblich stärkeren Abstimmung unter den (privaten und öffentlichen) Akteuren.

Richtig am Entflechtungspostulat der allgemeinen Föderalismuspolitik ist das (oft gegenüber der ökonomischen Kosten- und Nutzungszuordnung vernachlässigte) Bestreben, die politische Verantwortung für (Teil-)Entscheidungen den staatlichen Akteuren auf den verschiedenen Ebenen eindeutiger als heute zuzuweisen. Vertikale Vernetzung umweltpolitischer institutioneller Arrangements darf daher sowohl aus rechtsstaatlicher als auch aus demokratietheoretischer Sicht nicht damit gleichgesetzt werden, ihre Akteure aus der politischen Verantwortung zu entlassen („Politikverflechtungsfalle": Scharpf u.a. 1976; Benz 1998). Die künftig zunehmend notwendige Mehrebenensteuerung bedarf einer Kooperation von für jede identifizierbare (Teil-)Entscheidung einer verflochtenen öffentlichen Politik oder eines institutionellen Regimes politisch verantwortlichen und demokratisch zur Rechenschaft ziehbaren Behörden, die sich daraus nicht unter Verweis auf eine diffuse Netzwerkzuständigkeit hinausstehlen können. Bekanntlich führt dieses Argument in der politikwissenschaftlichen Literatur immer wieder zu kritischen Einwänden gegen normative Konzepte von Netzwerken als Steuerungsinstanzen politischer Prozesse (Knoepfel 1998; Benz 2000). Der infolge der beschriebenen institutionellen Dynamik künftiger Umweltpolitiken höchstwahrscheinlich anfallende hohe Verflechtungsbedarf wird daher eine sorgfältige demokratisch-rechtsstaatliche Begleitung erfordern. Entflechtung ist dafür keine taugliche Lösung.

7. Schluss

Trifft die hier vorgetragene Argumentation zu, so wird die antagonistische Entwicklung der heutigen Föderalismuspolitik und der künftigen Umweltpolitik das hier empirisch ausgewiesene Spannungsverhältnis zwischen den umsetzungsrelevanten Faktoren der beiden Handlungslogiken „Vollzugsföderalismus" und „Öffentliche Politik" vertiefen. Vermutlich wird dabei diejenige des „Vollzugsföderalismus" ihre Dominanz verlieren. Trifft dies infolge einer „erfolgreichen" Föderalismusreform indessen nicht zu, so wird die institutionelle Dynamik künftiger Umwelt- oder Ressourcenpolitiken von der Basis her gebremst. Denn die Dominanz des „Vollzugsföderalismus" führt ausgewiesenermaßen zur Demobilisierung jener ökologiefreundlichen Kräfte, die sich gegen Umwelt- und Ressourcenzerstörung durch öffentliche (Infrastruktur-)Politiken zur Wehr setzen oder Bundes(schutz)politiken stärken (Moorlandschaftsschutz). Aus der Sicht der Ökologiepolitik müssten gerade diese Akteure in künftigen, vertikal vernetzten institutionellen Arrangements gestärkt werden. Mit einer erfolgreichen Entflechtung erweise sich der (neue) Vollzugsföderalismus eindeutig als policy killing institution. Die gegenwärtige Föderalismuspolitik verstärkt m.E. diese Gefahr.

Sollte sich die institutionelle Dynamik der erwähnten Ökologiepolitiken indessen als stärker erweisen als jene der Föderalismusreform, so hätte sie dies besonders robusten, eigenen institutionellen Arrangements zu verdanken, die in Vergangenheit und Gegenwart nach den Befunden unserer empirischen Studie erst ansatzweise bestanden. Dies ist jedoch äußerst ungewiss. Denn Internationalisierung, Agglomerationsbildung, Lokale Agenda 21 oder institutionelle Ressourcenregime haben naturgemäß eine expansive Tendenz. Sie verleiben sich andere mit ihnen verkoppelte Sektoralpolitiken ein, weshalb sie diese ebenfalls aus dem Institutionengefüge des – entflochtenen – Vollzugsföderalismus herauslösen müssten. Die erheblichen Anforderungen an eine solche Titanenleistung drohen die institutionelle Komplexität künftiger Ökologiepolitiken erheblich zu erhöhen. Sie dürften die Letzteren in ihrem Kampf gegen den neuen „Vollzugsföderalismus" wohl erheblich schwächen. Ähnliche Schwierigkeiten dürften auch in anderen Bundesstaaten zu erwarten sein, in denen vertikale Entflechtungsprogramme anstehen. Denn die umschriebene Dynamik umwelt- und raumwirksamer Sektoralpolitiken ist mit Sicherheit kein Schweizer Sonderfall.

Wir haben anderswo (Knoepfel 2000a) dargelegt, dass der Ansatz der institutionellen Regime für natürliche Ressourcen diesbezüglich interessanter ist als jener der traditionellen Umweltpolitiken. Denn seine Aufmerksamkeit gilt jedenfalls in einem ersten Schritt der präzisen Umschreibung von Eigentums-, Verfügungs- und Nutzungsrechten an bestimmten Gütern und Dienstleistungen solcher Ressourcen. Sind diese Rechte einmal präzise formuliert, so lassen sich die zahlreichen Feuerwehrübungen öffentlicher Politiken vermutlich erheblich reduzieren, deren immer noch zunehmende Zahl abbauen und Nutzungskonflikte durch (gerichtlich sanktionierbare) Aushandlungsprozesse oder – staatlich regulierte – Nutzungsrechtsmärkte zwischen selbstverantwortlichen Titelinhabern lösen.[26] Mit dem Aufbau solcher – integrierter – Regime ließe sich auch die institutionelle Komplexität künftiger Ökologiepolitiken reduzieren. Ihre vergleichsweise einfachen Mechanismen setzen aber immer noch vertikal stark verflochtene institutionelle Arrangements zur Bewältigung der Mehrebenenproblematik voraus. Solche im eigentlichen Sinne nachhaltige Politiken werden vom heutigen, aber auch vom reformierten künftigen „Vollzugsföderalismus" nicht gefördert. Sie werden, wie gezeigt, dadurch sogar in Frage gestellt.

Literatur

Arentsen, Maarten J./Bressers, Hans T. A./O'Toole, Laurence J. O., 2000: Institutional and Policy Responses to Uncertainty in Environmental Policy: A Comparison of Dutch and U.S. Styles, in: Policy Studies Journal 28, 597–611.
Balthasar, Andreas/Knöpfel, Carlo, 1994: Umweltpolitik und technische Entwicklung. Eine politikwissenschaftliche Evaluation am Beispiel der Heizungen. Basel/Frankfurt a.M.
Batori, Frédéric/Pfister, Monique/Savary, Jérôme, 2001: La politique publique des Hautes Ecoles Spécialisées (HES), sous l'angle du plan d'action de la HES de Suisse romande (HES-SO). Travail de semestre dans le cadre du cours „Politiques publiques comparés" de l'Idheap (im Erscheinen).

---

26 Ansätze für solche Regulierungen finden sich in teilweise bereits recht alten Kontingentregimen (Milchkontingente, Wasserkontingente, Rodungskontingente), deren Übertragung auf die Umwelt- und Naturschutzpolitik gegenwärtig sogar im Bundesamt für Umwelt, Wald und Landschaft geprüft wird (z.B. handelbare Versiegelungs- oder Biotopkontingente).

Benz, Arthur, 1998: Politikverflechtung ohne Politikverflechtungsfalle – Koordination und Strukturdynamik im europäischen Mehrebenensystem, in: Politische Vierteljahresschrift 39, 558–589.
Benz, Arthur, 1998a: Postparlamentarische Demokratie? Demokratische Legitimation im kooperativen Staat, in: *Michael Th. Greven* (Hrsg.), Demokratie – eine Kultur des Westens? Opladen, 201–222.
Benz, Arthur, 2000: Politische Steuerung in lose gekoppelten Mehrebenensystemen, in: *Raymund Wehrle/Uwe Schimank* (Hrsg.), Gesellschaftliche Komplexität und kollektive Handlungsfähigkeit. Frankfurt a.M., 97–124.
Benz, Arthur, 2000a: Two Types of Multi-Level Governance: Intergovernmental Relations in German and EU Regional Policy, in: Regional and Federal Studies 10, 21–44.
Blatter, Joachim, 2001: Nationale Souveränität als nationalstaatliche Monopolisierung der Außenpolitik – historische Entwicklung und Unterschiede in Deutschland, Österreich und der Schweiz, Beitrag für die Tagung der DVPW/OGPW/SVPW „Der Wandel föderativer Strukturen", Arbeitsgruppe „Öffentliche Politiken", Berlin 8.–10. Juni 2001.
Borgatti, Steve/Everett, Martin/Freemann, Lin, 1996: UCINET IV version 1.64: Refecerence Manual. Natick.
Bundesrat der Schweizerischen Eidgenossenschaft, 2001: Der neue Finanzausgleich zwischen Bund und Kantonen. Konkretisierung der allgemeinen Richtlinien vom 1. Februar 1996. Bern, Solothurn, 31. März 1999 (wird 2001 erscheinen).
Bussmann, Werner, 1980: Gewässerschutz und kooperativer Föderalismus in der Schweiz. Bern.
Cattacin, Sandro/Kissling-Näf, Ingrid (Hrsg.), 1997: Subsidiäres Staatshandeln. Sonderheft der Schweizerischen Zeitschrift für Politische Wissenschaft. Zürich.
Clivaz, Christophe, 1998: Réseaux d'action publique et changement de politique publique. Valeur heuristique du concept de réseau et élaboration d'un modèle analytique du changement politique. Cahier de l'Idheap 175. Chavannes-près-Renens.
Clivaz, Christophe, 2001: Influence des réseaux d'action publique sur le changement politique. Le cas de l'écologisation du tourisme alpin en Suisse et dans le canton du Valais. Basel u.a.
Delley, Jean-Daniel/Derivaz, Richard/Mader, Luzius/Morand, Charles-Albert/Schneider, Daniel, 1983: Le droit en action. Etude de mise en oeuvre de la loi Furgler (Publications du Fonds national suisse de la recherche scientifique dans le cadre des programmes nationaux de recherche Vol. 16). Saint Saphorin.
Frey, Bruno, 1997: Neubelebung: direkte Demokratie und dynamischer Föderalismus, in: *Silvio Borner/Hans Rentsch* (Hrsg.), Wieviel direkte Demokratie verträgt die Schweiz? Zürich, 183–204.
Frey, René, 1977: Zwischen Föderalismus und Zentralismus. Ein volkswirtschaftliches Konzept des schweizerischen Bundesstaates. Bern/Frankfurt a.M.
Frey, René/Spillmann, Andreas/Dafflon, Bernard/Jeanrenaud, Claude/Maier, Andreas, 1994: Der Finanzausgleich zwischen Bund und Kantonen. Expertise zu den Finanzhilfen und Abgeltungen des Bundes an die Kantone, im Auftrag der Eidgenössischen Finanzverwaltung und der Konferenz der kantonalen Finanzdirektoren. Bern/Luzern.
Germann, Raimund E., 1995: Die bilateralen Verhandlungen mit der EU und die Steuerung der direkten Demokratie, in: Schweizerische Zeitschrift für Politische Wissenschaft 1, 35–60.
Germann, Raimund E., 1996: Administration publique en Suisse, Bd. 1. Bern.
Germann, Raimund E./Roig, Charles/Urio, Paolo/Wemegah, Monika, 1979: Fédéralisme en action: l'aménagement du territoire. Les mesures urgentes à Genève, en Valais et au Tessin. Saint-Saphorin.
Hagmann, Tobias, 2001: Dynamiques conflictuelles résultant de l'accueil des requérants d'asile dans les communes suisses. Constats et causes. Cahier de l'Idheap 194. Chavannes-près-Renens.
Jänicke, Martin, 1996: Erfolgsbedingungen von Umweltpolitik, in: *Martin Jänicke* (Hrsg.), Umweltpolitik der Industrieländer: Entwicklung – Bilanz – Erfolgsbedingungen. Berlin, 9–28.
Jahn, Detlef, 2000: Patterns and correlates of environmental politics in the Western democracies, in: *Stephen C. Young* (Hrsg.), The emergence of ecological modernisation: integrating the environment and the economy? London, 153–171.

Jahn, Detlef/Wälti, Sonja, 2001: Umweltpolitische Leistung und Föderalismus: Zur Klärung eines ambivalenten Zusammenhangs. Vortrag für die gemeinsame Tagung der DVPW, ÖVPW und SVPW am 8.–9. Juni 2001, im Workshop 7: Vergleichende Analysen von Bundesstaaten, Mai 2001.

Kahlenborn, Walter/Zimmermann, Klaus W., 1994: Umweltföderalismus, Einheit und Einheitlichkeit in Deutschland und Europa. Berlin.

Kirchgässner, Gerhard, 2000: Die Rolle von Eigentumsrechten bei der Nutzung der Luft und des Bodens: Bemerkungen aus ökonomischer Perspektive, in: *Ingrid Kissling-Näf/Frédéric Varone*, unter Mitarbeit von *M. Giger/A. Kläy/C. Mauch* (Hrsg.), Institutionen für eine nachhaltige Ressourcennutzung. Innovative Steuerungsansätze am Beispiel der Ressourcen Luft und Boden. Zürich, 93–114.

Kissling-Näf, Ingrid/Knoepfel, Peter, 1992: Politikflexibilität dank zentralstaatlichem Immobilismus? Handlungsspielräume kantonaler Vollzugspolitiken im schweizerischen politisch-administrativen System, in: *Roland Herzog* (Hrsg.), Zentrum und Peripherie: Zusammenhänge – Fragmentierungen – Neuansätze. Festschrift für Richard Bäumlin. Chur/Zürich, 175–196.

Kissling-Näf, Ingrid/Wälti, Sonja, 1999: Der Vollzug öffentlicher Politiken, in: *Ulrich Klöti/Peter Knoepfel/Hanspeter Kriesi/Wolf Linder/Yannis Papadopoulos* (Hrsg.), Handbuch der Schweizer Politik/Manuel de la politique suisse. Zürich, 651–692.

Klöti, Ulrich, 1997: Föderalismusreform: Die Grenzen des ökonomischen Ansatzes, in: Schweizerische Zeitschrift für Politische Wissenschaft 3, 153–160.

Klöti, Ulrich/Haldemann, Theo/Schenkel, Walter, 1993: Die Stadt im Bundesstaat – Alleingang oder Zusammenarbeit? Chur/Zürich.

Klöti, Ulrich/Haldemann, Theo/Schenkel, Walter, 1995: Stadt und Agglomeration, Schlussbericht NFP 26. Bern: Schweizerischer Nationalfonds.

Knoepfel, Peter, 1977: Demokratisierung der Raumplanung. Grundsätzliche Aspekte und Modell für die Organisation der kommunalen Nutzungsplanung unter besonderer Berücksichtigung der schweizerischen Verhältnisse. Berlin.

Knoepfel, Peter, 1993: Bedingungen einer wirksamen Umsetzung umweltpolitischer Programme – Erfahrungen aus westeuropäischen Staaten. Cahier de l'Idheap 108. Chavannes-près-Renens.

Knoepfel, Peter, 1995: New Institutional Arrangements for a New Generation of Environmental Policy Instruments: Intra- and Interpolicy-Cooperation, in: *Bruno Dente* (Hrsg.), Environmental Policy in Search of New Instruments. Dordrecht, 197–233.

Knoepfel, Peter, 1998: Eingriffsverzichte in öffentlichen Schutzpolitiken, in: *Klaus Lenk/Rainer Prätorius* (Hrsg.), Eingriffsstaat und öffentliche Sicherheit. Beiträge zur Rückbesinnung auf die hoheitliche Verwaltung. Baden-Baden, 125–148.

Knoepfel, Peter, 2000: Policykiller – Institutionenkiller – ein Triptichon zum Verhältnis zwischen institutionellen und substantiellen öffentlichen Politiken, in: *Peter Knoepfel/Wolf Linder* (Hrsg.), Verwaltung, Regierung und Verfassung im Wandel. Gedächtnisschrift für Raimund E. Germann. Administration, gouvernement et constitution en transformation. Hommage en mémoire de Raimund E. Germann. Basel u.a., 285–300.

Knoepfel, Peter, 2000a: Von der Umweltpolitik zur Politik der institutionellen Regime, in: *Ingrid Kissling-Näf/Frédéric Varone* unter Mitarbeit von *M. Giger/A. Kläy/C. Mauch* (Hrsg.), Institutionen für eine nachhaltige Ressourcennutzung. Innovative Steuerungsansätze am Beispiel der Ressourcen Luft und Boden. Zürich, 195–210.

Knoepfel, Peter/Horber-Papazian, Katia/Benninghoff, Martin/Terribilini, Serge/Wälti, Sonja, 1997/2001: Le fédéralisme d'exécution en matière de politiques publiques à incidences spatiales. Rapport au Fonds national suisse de la recherche scientifique, décembre 1997. Working paper de l'Idheap no 13/2001, Chavannes-près-Renens.

Knoepfel, Peter/Imhof, Rita/Zimmermann, Willi, 1995: Luftreinhaltepolitik im Labor der Städte, der Maßnahmenplan – Wirkungen eines neuen Instruments der Bundespolitik im Verkehr. Basel.

Knoepfel, Peter/Kissling-Näf, Ingrid, 1993: Transformation öffentlicher Politiken durch Verräumlichung – Betrachtungen zum gewandelten Verhältnis zwischen Raum und Politik, in: *Adrienne Héritier* (Hrsg.), Policy-Analyse, Kritik und Neuorientierung. PVS-Sonderheft 24. Opladen, 267–288.

Knoepfel, Peter/Kissling-Näf, Ingrid/Varone, Frédéric (Hrsg.), 2001: Institutionelle Regime für natürliche Ressourcen: Boden, Wasser und Wald im Vergleich. Régimes institutionnels de ressources naturelles: analyse comparée du sol, de l'eau et de la forêt. Basel.
Knoepfel, Peter/Larrue, Corinne/Varone, Frédéric, 2001a: Analyse et pilotage des politiques publiques. Basel.
Kübler, Daniel, 1995: Problèmes de mise en oeuvre de la politique sociale en milieu urbain: l'exemple des services médicaux-sociaux pour consommateurs de drogues, in: Revue suisse de science politique 1, 99–120.
Kübler, Daniel, 2000: Politique de la drogue dans les villes suisses entre ordre et santé: analyse des conflits de mise en oeuvre. Paris/Montréal.
Linder, Wolf, 1987: Politische Entscheidung und Gesetzesvollzug in der Schweiz. Bern/Stuttgart.
Mayntz, Renate, 1980: Einleitung. Die Entwicklung des analytischen Paradigmas der Implementationsforschung, in: *Renate Mayntz* (Hrsg.), Implementation politischer Programme. Empirische Forschungsberichte. Königstein/Ts., 1–19.
Mayntz, Renate, 1997: Politische Steuerung: Aufstieg, Niedergang und Transformation einer Theorie, in: *Renate Mayntz*, Soziale Dynamik und politische Steuerung. Theoretische und methodologische Überlegungen. Frankfurt a.M., 263–292.
Neuenschwander, Peter/Zimmermann, Willi/Wyss, Stefan, 1996: Kantonale Umweltschutzämter im Wandel der Zeit, Philosophien, Ressourcen und Strukturen. Etude de cas de l'Idheap no 2. Chavannes-près-Renens.
Renschler, Isabelle, unter Mitarbeit von Cattacin, Sandro, 1996: Politiques publiques en matière de drogues en Suisse, Etudes sur Lausanne et Zurich. Etudes de cas de l'Idheap no 6. Chavannes-près-Renens.
Rey, Alfred, 1994: Finanzföderalismus zwischen Bund, Kantonen und Gemeinden, in: *Franz Eng/ Alexander Glatthard/Beat H. König* (Hrsg.), Finanzföderalismus (Schriftenreihe Finanzen der öffentlichen Hand, Band 5). Bern, 12–29.
Rey, Alfred, 1996: Vorschläge der kantonalen Finanzdirektoren, in: *Hans Mäder/Kuno Schedler* (Hrsg.), Perspektiven des Finanzausgleichs in der Schweiz. Bern u.a., 89–99.
Sager, Fritz, 2001: Kompensieren sekundäre Harmonisierungsmechanismen Performanzunterschiede im föderalen Vollzug? Das Beispiel der kantonalen Alkoholpräventionspolitik in der Schweiz, Beitrag für die Tagung der DVPW/OGPW/SVPW „Der Wandel föderativer Strukturen", Arbeitsgruppe „Öffentliche Politiken", Berlin, 9. Juni 2001.
Scharpf, Fritz W./Reissert, Bernd/Schnabel, Fritz, 1976: Politikverflechtung. Theorie und Empirie des kooperativen Föderalismus in der Bundesrepublik. Kronberg/Ts.
Schenkel, Walter/Serdült, Uwe, 1999: Bundesstaatliche Beziehungen, in: *Ulrich Klöti/Peter Knoepfel/Hanspeter Kriesi/Wolf Linder/Yannis Papadopoulos* (Hrsg.), Handbuch der Schweizer Politik/ Manuel de la politique suisse. Zürich, 469–507.
Sciarini, Pascal, 1999: La formulation de la décision, in: *Ulrich Klöti/Peter Knoepfel/Hanspeter Kriesi/ Wolf Linder/Yannis Papadopoulos* (Hrsg.), Handbuch der Schweizer Politik/Manuel de la politique suisse. Zürich, 589–650.
Scott, John, 1991: Social Network Analysis, a Handbook. London.
Terribilini, Serge, 2001: Fédéralisme, territoires et inégalités sociales. Paris.
Vatter, Adrian, 1999: Föderalismus, in: *Ulrich Klöti/Peter Knoepfel/Hanspeter Kriesi/Wolf Linder/Yannis Papadopoulos* (Hrsg.), Handbuch der Schweizer Politik/Manuel de la politique suisse. Zürich, 77–108.
Wälti, Sonja, 2001: Le fédéralisme d'exécution sous pression. La mise en œuvre des politiques à incidence spatiale dans le système fédéral suisse. Basel.

Finanzpolitik und makroökonomische Steuerung in Bundesstaaten

Dietmar Braun

1. Makroökonomische Stabilisierungspolitik und territoriale Machtverteilung

In einem viel beachteten Artikel legte Wibbels dar, dass der Einfluss des Föderalismus auf die wirtschaftspolitische Stabilisierungspolitik[1] und die ökonomische Anpassung bisher viel zu wenig diskutiert worden sei (Wibbels 2000: 688). Dies gälte insbesondere für vergleichende Darstellungen in der Politikwissenschaft (siehe dazu aber Bird 1986; Watts 1999; King 1984; Schneider/Schultze 1999; Painter 2001; Castles 2001; Braun u.a. 2001; Faust 2001). Wenn dieser Zusammenhang diskutiert wird, geschieht dies zumeist im Rahmen des „fiscal federalism", also aus ökonomischer Sichtweise (Oates 1991, 1999; Kirsch 1977; Dillinger/Webb 1999; Ter-Minassian 1997; Seitz 2000; Haan/Sturm 1994) oder durch amerikanische bzw. kanadische Politologen, die allerdings nicht international vergleichend arbeiten (Alt/Lowry 1994; Lowry u.a. 1998; Courchene 1986; Savoie 1996).

Einer der Gründe, warum dieses Thema in der vergleichenden Föderalismusliteratur zu kurz kommt, könnte die Annahme sein, der Zentralstaat sei ohnedies für die makroökonomische Stabilisierungspolitik verantwortlich und die Gliedstaaten, gerade in den industriell hoch entwickelten und demokratisch stabilen föderativen Staaten, hätten im Grunde genommen nur einen minimalen Einfluss (vgl. Wibbels 2000). Obwohl diese Vermutung insofern berechtigt ist, als tatsächlich in allen sechs der hier behandelten und zu den hoch entwickelten industriellen OECD-Staaten zählenden föderativen Staaten[2] primär dem Bund die Aufgabe zukommt, für die Stabilisierung der Wirtschaft zu sorgen, gibt es gute Gründe, die Rolle der Gliedstaaten näher in Augenschein zu nehmen. Denn in föderativen Staaten ist die Zentralregierung ganz offensichtlich in ihren Möglichkeiten, eine Stabilisierungspolitik zu führen, beschränkt:

– Normalerweise verfügt der Zentralstaat in föderativen Staaten nicht über alle öffentlichen finanziellen Ressourcen, sondern muss diese teilen. Seine Verfügungsmacht ist also zunächst einmal eingeschränkt.

---

[1] Unter Stabilisierungspolitik sollen hier alle politischen Entscheidungen über öffentliche Ausgaben und Einnahmen verstanden werden, die darauf zielen, die Kaufkraft der Konsumenten zu stimulieren oder abzuschöpfen, wirtschaftliche Investitionen zu beeinflussen oder den Staatshaushalt auszugleichen. Die Wirkung finanzpolitischer Mittel ist unter Wirtschaftswissenschaftlern und Wirtschaftspolitikern umstritten. Auch ist unabhängig von ökonomischen Lehrmeinungen und wirtschaftspolitischen Positionen darauf hinzuweisen, dass die zunehmende Globalisierung der Ökonomie die Wirkungen nationaler Finanzpolitik begrenzt. Auf diese grundsätzlichen Fragen der Möglichkeiten und Grenzen finanzpolitischer Steuerung wird im Folgenden nicht eingegangen. Untersucht wird nur der Einfluss der institutionellen Strukturen in Bundesstaaten auf die Steuerungsfähigkeit.

[2] Ich beschränke mich hier auf sechs föderative Staaten, nämlich Australien, Belgien, Kanada, Deutschland, die Schweiz und die USA.

– Zudem bestehen unterschiedliche Zuständigkeiten in Ausgabenbereichen. Zum Teil besitzt der Zentralstaat nicht einmal die Vollmacht, in bestimmten Gebieten ohne die Zustimmung der Gliedstaaten Geld auszugeben, oder aber die Ausgaben werden nicht von ihm getätigt, sondern von den Gliedstaaten bzw. den Gemeinden.
– Folgt man dem Argument des „politischen Föderalismus", muss man damit rechnen, dass Regierungen von Bundesländern Eigeninteressen verfolgen, die sie in Konflikt mit zentralstaatlichen Stabilitätszielen bringen können. Vor allem bei Konsolidierungspolitiken besteht häufig ein Dilemma kollektiven Handelns: Die Regierungen der Gliedstaaten haben kein Interesse daran, Kosten für Konsolidierungspolitiken zu übernehmen, sondern sich möglichst als Trittbrettfahrer zu verhalten (Wibbels 2000). Von daher könnten Schwierigkeiten für die Bundesregierungen bestehen, die Gliedstaaten in eine solche Politik einzubinden, wenn sie keinen direkten Zugriff auf das Einnahme-, Ausgabe- und Verschuldungsverhalten der Gliedstaaten besitzen.

Auf Grund dieser Strukturbedingungen können vorwiegend folgende „Störungen" für eine makroökonomische Stabilisierungspolitik des Zentralstaates auftreten:
– Die Staatsverschuldung kann durch unkontrollierte Ausgaben der Gliedstaaten in die Höhe getrieben werden; hierdurch sind Preisstabilität und Zinssätze gefährdet.
– Im Falle einer kaufkraftstärkenden Fiskalpolitik des Bundes können die Gliedstaaten antizyklisch Ausgabenzurückhaltung üben oder über Steuern Kaufkraft abschöpfen.
– Auf eine Austeritätspolitik können die Gliedstaaten ausgabenexpansiv reagieren.
– Finanzhilfen des Bundes können ungewollte Mitnahmeeffekte ausüben und die Ausgaben der Gliedstaaten anheizen; außerdem ist die Allokationseffizienz gefährdet.
– Sind die Gliedstaaten hauptsächlich für die Staatsausgaben zuständig, dann kann es zu ungewollten Verzögerungen kommen, die antizyklisch wirken.
– Teure Ausgabenprogramme werden möglichst auf die andere bundesstaatliche Ebene abgeschoben.

Diese Überlegungen belegen, dass der Föderalismus ein erhebliches Störpotenzial für eine Stabilisierungspolitik beinhaltet und deswegen gezeigt werden muss, wie die entwickelten föderativen Staaten mit diesem Störpotenzial umgehen können und welche Unterschiede zwischen föderativen Staaten wir hierbei finden.

Zur Beantwortung dieser Frage müssen zwei Aspekte diskutiert werden: Zum einen bedarf es einer Erörterung der *Finanzverfassung* föderativer Staaten, d.h. der gesetzlich festgelegten Verteilung von „Eigentumsrechten", also der Zuständigkeiten für öffentliche Einnahmen und Ausgaben sowie die Möglichkeiten der Schuldenaufnahme. Die Finanzverfassung setzt die globalen Handlungsspielräume der Bundesregierung, die Gliedstaaten in eine Stabilisierungspolitik einzubinden. Zum anderen müssen die *intergouvernementalen Beziehungen* erörtert werden, also die Art und Weise, wie die Akteure in Bund und Gliedstaaten miteinander umgehen, welche Spielregeln sie zu beachten haben und welcher „Interaktionsorientierung" sie unterliegen. Die Darstellung des Zusammenhangs von bundesstaatlicher Finanzpolitik und makroökonomischer Stabilisierungspolitik ist deswegen in zwei Abschnitte gegliedert: Im ersten Abschnitt wird systematisiert, welche Ähnlichkeiten und Unähnlichkeiten die Finanzverfassungen der sechs föderativen Länder aufweisen und welche Implikationen dies für eine Stabilisierungspolitik mit sich bringen kann. Im zweiten Abschnitt werden die intergouvernementalen

Beziehungen für zwei unterschiedliche Typen des Föderalismus diskutiert, einen kompetitiven und einen kooperativen Typus. Für beide Typen werden Hypothesen zur Funktionsweise sowie zu den Folgen für die Stabilisierungspolitik vorgestellt und durch einige Länderbeispiele illustriert.

2. Finanzverfassung

Die territoriale Verteilung des Steueraufkommens in Bundesstaaten ist selten auf Grund von stabilitätspolitischen Erwägungen entstanden. Dominierend waren meist drei eher widersprüchliche Prinzipien: einerseits die Suche nach einer *effizienten Verteilung* der staatlichen Finanzen, zweitens das Bestreben, die *Autonomie der Gliedstaaten* zu garantieren, indem ihnen eigene Ressourcen zugesprochen werden, und, drittens, der Wunsch aller entwickelten, demokratischen Staaten nach einer gewissen *Gleichheit der Lebensbedingungen*, wobei die Steuerharmonisierung eine wesentliche Rolle spielt. Wie die Finanzverfassung konkret ausgestaltet ist, hängt von der relativen Gewichtung dieser Prinzipien ab.

Übersicht 1: Fiskalische Zentralisierung, Dezentralisierung und „Schwierigkeit" in einigen OECD-Staaten

	Fiskalische Schwierigkeit	Anteil des Zentralstaates an den öffentlichen Einnahmen	Anteil von regionalen und lokalen Regierungen an den öffentlichen Einnahmen
USA*	7,9	58.4%	41.6%
Kanada*	5,8	47.8%	52.2%
Australien*	4,1	71.4%	28.6%
Japan	7,3	66.2%	33.8%
Neu-Seeland	–	100.0%	0.0%
Österreich	4,2	73.1%	26.9%
Belgien*	3,3	94.6%	5.4%
Dänemark	2,8	68.3%	31.7%
Finnland	3,8	69.2%	30.8%
Frankreich	4,7	87.4%	12.6%
BRD*	6,7	64.8%	35.2%
Griechenland	4,5	100.0%	0.0%
Irland	3,1	89.9%	10.1%
Italien	4,4	94.0%	6.0%
Niederlande	3,4	92.7%	7.3%
Norwegen	3,5	79.3%	20.7%
Portugal	4,3	94.8%	5.2%
Spanien	6,2	83.9%	16.1%
Schweden	3,6	70.4%	29.6%
Schweiz*	11,3	53.3%	46.7%
Großbritannien	3,4	88.7%	11.3%

* = die Bundesstaaten, die hier zur Diskussion stehen.
Quellen: Der Maßstab „fiskalische Schwierigkeit" stammt von Castles (2001: 180) und basiert auf durchschnittlichen Einkommensdaten für die Jahre 1973, 1983 und 1992 anhand von OECD Daten („Revenue Statistics"); die beiden anderen Maßstäbe wurden errechnet anhand von Daten aus dem IMF und geben die Zahlen von 1990 oder nahe 1990 an (International Monetary Fund 1995).

In der vergleichenden Literatur wird häufig ein an Einnahmen und Ausgaben angelehnter Zentralisierungs- oder Dezentralisierungsindex benutzt, um Unterschiede in Finanzverfassungen quantitativ darzustellen (Lane/Ersson 1996; Castles 2001; Keman 2001). In der folgenden Übersicht 1 werden zu föderativen und unitarischen Staaten ein Zentralisierungsmaßstab (der Anteil des Zentralstaates an den öffentlichen Einnahmen), ein Dezentralisierungsmaßstab (der Anteil der unteren territorialen Ebenen an den öffentlichen Einnahmen) und ein Maßstab der „fiskalischen Schwierigkeit" abgebildet. Letzterer soll ausdrücken, um wie viel der Zentralstaat seinen Anteil an den gesamten staatlichen Einnahmen reduzieren müsste, um ein einprozentiges Wachstum des Bruttosozialprodukts zu erreichen. Je höher dieser Anteil ist, umso „schwieriger" ist es für den Zentralstaat, eine unilaterale Stabilisierungspolitik zu führen.

In der Übersicht 1 sieht man deutliche Unterschiede zwischen den Bundesstaaten Australien, Kanada, USA, Belgien, Deutschland und Schweiz. Die Zahlen für Belgien stammen allerdings noch von vor der Verfassungsreform, die sich erst nach 1989 auswirkte, und sie können deswegen nicht als Indikator für die heutige Situation genommen werden. Am deutlichsten sind die Unterschiede zwischen Australien (besonders zentralisierte Finanzverfassung) und der Schweiz (besonders dezentralisierte Finanzverfassung). Die schweizerische Bundesregierung müsste daher wesentlich eingeschränkter in ihren Möglichkeiten sein, aus den eigenen Mitteln heraus eine Stabilisierungspolitik zu betreiben, als die australische Bundesregierung.

Tatsächlich ist der Sachverhalt aber sehr viel komplizierter, wenn man sich die Eigentumsrechte an Steuern und Ausgaben und die Kreditaufnahme in den föderativen Staaten genauer betrachtet. Eine rein quantitative Analyse ist nicht hinreichend, um die komplizierten Mechanismen des „fiskalischen Föderalismus" darzustellen.

2.1 Zur Verteilung von Steuerkompetenzen

Bei den Steuern muss spezifiziert werden, welche Steuerarten dem Zentralstaat zur Verfügung stehen und welche nicht. Zum anderen muss klar sein, ob die jeweiligen Gebietskörperschaften alleine über ihre Steuern bestimmen können oder dies im Verbund erfolgt.

Hinsichtlich der Verteilung von Steuerkompetenzen lassen sich drei Systeme unterscheiden (Norregaard 1997):
– Systeme, in denen die Gliedstaaten für wichtige Steuern über die Bemessungsgrundlage und die Hebesätze eigenständig entscheiden können; dies fördert die Autonomie der Gliedstaaten und zielt auf eine effiziente Allokation von Steuern. Ein solches System kann in zwei Unterformen existieren: Möglich ist zum einen eine funktionale Aufteilung von Steuerkompetenzen, d.h. man verteilt die Steuerarten auf diejenige Ebene, die unter Gesichtspunkten der Allokationseffizienz hierfür am geeignetsten erscheint („Steuertrennsystem").[3] Zum anderen gibt es das Konkurrenzsys-

---

3 Zum Beispiel gibt man die Grundsteuer normalerweise an die lokalen politischen Einheiten, weil sie relativ sichere und stetige Einnahmen verspricht und Steuerkonkurrenz kaum möglich ist, während die Umsatzsteuer der ökonomischen Theorie nach vor allem vom Zentralstaat

tem, bei dem die zentrale und regionale Ebene die gleichen Steuern erheben können. Diese Systeme werden in einzelnen Ländern oft kombiniert. In der Schweiz z.B. existiert für die Einkommensteuer ein „Steuerkonkurrenzsystem" zwischen den Ebenen, während man die Mehrwertsteuer allein dem Bund zuschlägt.
- Das „Huckepacksystem", bei dem der Zentralstaat die jeweilige Steuer einnimmt und die Steuerbemessungsgrundlage für das ganze Land festlegt, die Gliedstaaten aber die Möglichkeit haben, die Hebesätze nach eigenem Gutdünken zu variieren (im Englischen „piggybacking system"). Dieses System soll Gleichheit über Harmonisierung und Allokationseffizienz miteinander vereinbaren. Vor allem aber reduziert es erheblich die hohen administrativen Kosten der Steuererhebung. Hierbei ist nicht ausgeschlossen, dass die Gliedstaaten oder der Bund aus stabilisierungspolitischen Gründen zusätzliche Zuschläge auf diese Steuer erheben, wodurch allerdings das Ziel der Harmonisierung gefährdet wird.
- Systeme mit „Gemeinschaftssteuern" (im Englischen „shared taxes"), hier bestehen landesweit einheitlich festgesetzte Steuerbemessungsgrundlagen und Hebesätze. Die Gliedstaaten erhalten einen (nach bestimmten Kriterien festgelegten) Prozentsatz der Steuereinnahmen. In einigen Fällen können sowohl auf der zentralen wie auf der Gliedstaatenebene Steuerzuschläge erhoben oder Steuererleichterungen eingeräumt werden.

Betrachtet man nun auf dieser Grundlage die drei für die Stabilitätspolitik wichtigsten Steuern, die Einkommensteuer, die Verbrauchssteuern und die Körperschaftsteuer, lässt sich für die hier betrachteten Bundesstaaten Folgendes aussagen:

1. Die *Einkommensteuer* ist angesichts ihres Anteils am Gesamtsteueraufkommen zweifellos das wichtigste stabilitätspolitische Instrument. In der ökonomischen Literatur wird davon ausgegangen, dass die Einkommensteuer wegen der administrativen Probleme und der hohen administrativen Kosten auf der Bundesebene eingenommen werden sollte. In der Tat ist die Einkommensteuer in allen föderativen Staaten mit Ausnahme der Schweiz die wichtigste Einkommensquelle des Bundes. In allen Staaten fließt ein Teil dieser Steuer den Gliedstaaten zu (nach ganz unterschiedlichen Formeln und Verfahren). Die weitestgehenden Gestaltungsspielräume haben hierbei die australische und die amerikanische Bundesregierung. Sie nehmen fast die gesamte Einkommensteuer ein und verteilen dann über zweckgebundene oder nicht zweckgebundene Transfers einen Teil dieser Gelder wieder an die Gliedstaaten. Belgien, die Schweiz und Deutschland haben Gemeinschaftssysteme. In Belgien fließen etwa 40 Prozent der Einkommensteuer an die Regionen zurück, nach einer an die ökonomische Entwicklung gebundenen Formel. In der Schweiz sind dies 30 Prozent. In der Bundesrepublik ist bekanntlich in der Verfassung festgelegt, dass Bundesländern und Gemeinden ein bestimmter Prozentsatz an der Einkommensteuer zusteht (15 Prozent für die Gemeinden, die restlichen 85 Prozent werden zu gleichen Teilen unter Bund und Ländern verteilt).

In Kanada besteht ein „Huckepacksystem". Bis auf Quebec haben die Provinzen eine – alle fünf Jahre zu erneuernde – Regelung akzeptiert, wonach der Bund eine einheitliche Steuerbemessungsgrundlage und die Hebesatzstruktur festlegt und die Provin-

---

eingenommen werden sollte, weil es ansonsten zu schwierigen Zurechnungsproblemen bei der Erhebung dieser Steuer kommen kann.

zen ihre Steuer als Prozentsatz am Einkommensteueraufkommen des Bundes berechnen und je nach Bedarf variieren können. Dies ist als Kompromiss zwischen Harmonisierung und Autonomie bzw. Effizienz gedacht: Die Harmonisierung wird über die Steuerbemessungsgrundlage erreicht, und trotzdem gibt es Möglichkeiten, durch die Variation der Hebesätze die unterschiedlichen Bedürfnisse der Provinzen zu berücksichtigen.

2. Bei den *Verbrauchssteuern* findet man unterschiedliche Regelungen: In Europa nutzt man vor allem eine den gesamten Konsum umfassende „Allphasensteuer", in Nordamerika dagegen eine „Einphasensteuer", die auf der Einzelhandelsstufe erhoben wird („Retail and Sales Tax") (Andel 1998: 353–354). Die Einphasensteuer wird in Australien, Kanada und den USA vor allem von den Gliedstaaten erhoben, während die Allphasensteuer im Allgemeinen nur vom Zentralstaat eingenommen wird, da es hierfür großer administrativer Kapazitäten bedarf und es zu erheblichen Verzerrungen zwischen den Regionen kommen kann, wenn die Gliedstaaten sie selbst erheben (vgl. aber Bird/Gendron 2001).[4] Die USA haben bisher auf eine Allphasensteuer verzichtet, Einzelstaaten und der Bund erheben hier eine „Sales Tax". Die Einnahmen des Bundes aus dieser Steuer betragen aber nur ungefähr 16 Prozent. In Kanada kennen die meisten Provinzen ebenfalls eine solche Einphasensteuer, seit 1991 gibt es auch eine umfassendere „Goods and Sales Tax". Die Mehrzahl an Provinzen erhebt aber weiterhin eine eigene „Sales Tax". In der Schweiz ist die Mehrwertsteuer allein Sache des Bundes und seine wichtigste Einnahmequelle. In Deutschland und in Belgien gilt das Gemeinschaftssystem. In der Bundesrepublik gibt es bekanntlich eine flexible Formel, die Aufteilung der Umsatzsteuer auf Bund und Länder kann durch ein einfaches Bundesgesetz verändert werden. In Australien schließlich wurde erst 1999 eine Allphasensteuer eingeführt, die die Steuerbemessungsgrundlage harmonisiert. Bis dahin verfügten beide Ebenen über „Sales Taxes".

3. Für die *Körperschaftsteuer* wird in der ökonomischen Literatur ebenfalls eine Besteuerung auf nationaler Ebene empfohlen, weil das Kapital sehr mobil ist und es im Falle der dezentralen Erhebung zu erheblichem Konkurrenzdruck zwischen den Gliedstaaten kommen kann. Nur bei relativ großen Gliedstaaten wie in den USA, Kanada und Deutschland könnte es ökonomisch sinnvoll sein, die Körperschaftsteuer zu dezentralisieren.

Tatsächlich haben sich fast alle föderativen Staaten für eine nationale Regelung der Körperschaftsteuer entschieden. Allerdings wird der Steuerertrag unterschiedlich aufgeteilt. In Deutschland fließt er zu gleichen Teilen dem Bund und den Ländern zu. In Australien erheben die Gliedstaaten und der „Commonwealth" unabhängig voneinander diese Steuer, in der Schweiz und Belgien ist nur der Zentralstaat hierzu berechtigt. In Kanada praktiziert man ein Konkurrenzsystem, bei dem die territorialen Akteure ihre Hebesätze auf einer gleichen Bemessungsgrundlage anwenden. Quebec, Ontario und Alberta akzeptieren nicht einmal die Bemessungsgrundlage. In den USA existiert ebenfalls ein Konkurrenzsystem, allerdings ist die Bedeutung der Körperschaftsteuer ständig im Abnehmen begriffen.

---

4 Nur auf zentralem Niveau ist die Steuer neutral „with respect to spatial allocation of production and consumption" (Norregaard 1997: 65).

Übersicht 2: Aufteilung von Steuerkompetenzen in föderativen Staaten

	Einkommensteuer	Verbrauchssteuern	Körperschaftsteuern
Australien	– Trennsystem; Zentralstaat erhält 100 Prozent und teilt über Transfers Mittel den Gliedstaaten zu	– Seit 1999 Gemeinschaftssteuersystem; Zentralstaat erhält 100 Prozent und bezahlt einen Anteil an die Gliedstaaten – davor Steuerkonkurrenz; 75,6 Prozent für den Bund	– Steuerkonkurrenz – Dominanz des Zentralstaats
Belgien	– Gemeinschaftssteuersystem (ökonomisch begründete Aufteilungskriterien) – Zentralstaat erhält nach Umverteilung 60 Prozent	– Gemeinschaftssteuersystem (Zentralstaat setzt Basis und Hebesätze fest) – Zentralstaat erhält nach Umverteilung 45 Prozent	– Zentralstaat
Deutschland	– Gemeinschaftssteuersystem (in Verfassung geregelte Aufteilung) – Zentralstaat erhält nach Umverteilung 39,4 Prozent – Zentralstaat kann Steuerzuschläge erheben	– Gemeinschaftssteuersystem (variable Aufteilung durch einfaches Gesetz) – Zur Zeit erhält der Bund 50,25 Prozent der Umsatzsteuer und 69,9 Prozent aller Verbrauchssteuern	– Gemeinschaftssteuersystem (durch Verfassungsrecht festgelegt) – 50 Prozent für Bund
Kanada	– Huckepacksystem und Steuerkonkurrenz – 63,5 Prozent an Zentralstaat	– Steuerkonkurrenz – 38,7 Prozent an Zentralstaat	– Steuerkonkurrenz
Schweiz	– Steuerkonkurrenz und Gemeinschaftssteuersystem an Bundessteuer – 22,8 Prozent an Zentralstaat	– Steuertrennsystem – 87,7 Prozent an Zentralstaat	– Steuertrennsystem – Dominanz des Zentralstaats
USA	– Steuerkonkurrenz – 81,6 Prozent an Bund	– Konkurrenzsystem: 17,1 Prozent an Bund	– Steuerkonkurrenz

Anmerkungen: Die Daten zum Anteil des Zentralstaates am Steueraufkommen beruhen bis auf Belgien auf Vehorn/Ahmad (1997: 120f.). Mit Einkommensteuer sind alle Steuern auf Einkünfte gemeint. Im Allgemeinen gilt 1987 als das Vergleichsjahr.

2.2 Zur Verteilung von Kompetenzen in Ausgabenbereichen

Bei den Einnahmen zeigen sich die Verfügungsmacht von Bund und Gliedstaaten über die staatlichen Ressourcen und das Ausmaß, in welchem der Zentralstaat seine Steuerpolitik für stabilitätspolitische Zwecke einsetzen kann. Wesentlich für eine Stabilisierungspolitik ist aber auch, ob der Zentralstaat über die relevanten Ausgaben verfügen kann. Für unser Thema ist wichtig, welche Ausgaben von welcher territorialen Einheit verwaltet werden und ob es der Koordination zwischen den Ebenen des Bundesstaates bedarf.

In föderativen Staaten gibt es zwei Wege der Verteilung von Ausgabenkompetenzen: einmal das „duale System", bei dem Zentralstaat und Gliedstaaten im Prinzip getrennte Ausgabenbereiche verwalten (Belgien, Australien, USA, Kanada), zum anderen die „funktionale Aufgabenverteilung", bei der der Bund für die Gesetzgebung bzw.

Übersicht 3a: Rechtliche Grundlagen für das Ausgabenverhalten des Zentralstaats

Australien	Ausgedehnte Kompetenzkonkurrenz mit Dominanz des Zentralstaats; klare Zentralisierung; Bundesparlament entscheidet über Ausgaben in sich überschneidenden und exklusiven Kompetenzbereichen des Bundes; unilaterales Vorgehen möglich; bei Finanzhilfen alleinige Zuständigkeit, die Bedingungen festzulegen. „Executive federalism" schafft Kooperationsmöglichkeiten.
Belgien	Zunehmender Transfer von Ausgabenkompetenzen an Regionen und Kommunen; Residualkompetenz bei Bund; aber nur noch Verteidigung, Gerichtswesen, innere Sicherheit, Sozialversicherung und Gesundheit und monetäre Politik exklusiv beim Bund; getrennte Kompetenzen für Bund und Regionen, Communautés in ihren Bereichen; Investitionsentscheidungen nicht beim Bund; Regionen und Communautés haben Einfluss auf Ausgabenentscheidungen des Bundes durch Parteien.
Deutschland	Dominanz des Bundes in der Gesetzgebung; Bundesländer haben Mitsprache über den Bundesrat; Bund bei Gemeinschaftsfinanzierung eingebunden in Ausgabenentscheidungen der Länder; Einfluss über Finanzhilfen zur Beseitigung wirtschaftlicher Ungleichgewichte, zum Ausgleich regionaler Disparitäten und zur Stimulierung des Wirtschaftswachstums (Art. 104a); Entscheidungsmacht des Bundes eingeschränkt (Art. 91a; Finanzierungsverpflichtung bei Bundesauftragsverwaltung; in praktisch allen Bereichen Koordination notwendig).
Kanada	Stark dezentrale Ausgabenstruktur; Bund hat uneingeschränkte Ausgabemacht auch den Kompetenzbereichen der Provinzen (wenig konkurrierende Bereiche) obwohl ansonsten klare Trennung von Verantwortlichkeiten nach der Verfassung; Bund nutzt seine Macht über direkte Transfers an Haushalte (2/3) und an Provinzen (1/3); der Anteil zweckgebundener Finanzhilfen ist dabei sehr klein; Möglichkeiten des „Ausstiegs" für Provinzen mit Kompensationszahlungen des Bundes zeigt, dass Akzent auf Autonomie der Provinzen liegt; „executive federalism" schafft Kooperationsmöglichkeiten.
Schweiz	Klar abgegrenzte Zuständigkeiten für Ausgaben, aber faktisch hohe Interdependenz; hoher Anteil zweckgebundener Finanzhilfen meist versehen mit Finanzausgleichskomponente; umfassende Einbindung der Kantone in Ausgabenentscheidungen durch Vernehmlassungsverfahren.
USA	Ausgedehnte Bereiche konkurrierender Gesetzgebung, in denen Bund dominiert; fast uneingeschränkte gesetzliche Möglichkeiten für den Bund eigenen Ausgaben zu tätigen; unilaterale Entscheidungen durch Kongress/Präsident; kaum Koordination zwischen den Ebenen; fast alle Transfers sind zweckgebunden (teilweise „block grants"; extensiver Gebrauch von Transfers; „coercive federalism".

Übersicht 3b: Zentralisierungsgrad im Bereich der öffentlichen Ausgaben

	Anteil des Zentralstaats an den gesamten öffentl. Ausgaben vor Abzug der Finanzhilfen	Anteil des Zentralstaats an den gesamten öffentl. Ausgaben nach Abzug der Finanzhilfen	Anteil der Finanzhilfen am Haushalt der regionalen und lokalen Regierungen	Zweckgebundene Finanzhilfen als Anteil am Bundeshaushalt 1996	Anzahl der zweckgebundenen Finanzhilfen am Haushalt der regionalen und lokalen Regierungen
Australien	69,1	53,0	40,7	53,0	21,6
Belgien	–	56,0	–	–	–
Deutschland	64,5	41,2	18,3	64,5	9,8
Kanada	47,7 (1994)	40,6 (1993)	19,8	4,3	0,9
Schweiz	44,7 (1993)	36,7 (1995)	18,9	73,1	12,3
USA	65,8	61,2	29,6	100,0	29,6

Quelle: Watts (1999: 53–57).

Programmentwicklung in einem Aufgabenbereich zuständig ist, die Ausgaben aber im Wesentlichen von den Gliedstaaten getätigt werden (Schweiz, Deutschland). Diese Struktur erfordert Kooperation und Abstimmung zwischen den Ebenen. Auch bei der dualen Struktur entstehen oft Interdependenzen zwischen Bund und Gliedstaaten, entweder auf Grund konkurrierender Gesetzgebung oder durch Zentralisierungstendenzen in der Ausgabenpraxis. Selbst wenn solche sich überlappenden Kompetenzen in einem Ausgabenbereich bestehen, muss es aber nicht zu einer Kooperation zwischen Bundesregierung und Bundesländern kommen. Das beste Beispiel hierfür sind die USA, während sich in Australien und Kanada über den „executive federalism" gewisse Kooperationsstrukturen herausgebildet haben (s.u.).

Welche Struktur weisen die Bundesstaaten im Einzelnen auf und was bedeutet dies für eine Stabilisierungspolitik? Die Übersicht 3 gibt zunächst eine Zusammenfassung.

Die Übersicht zeigt, dass alle Zentralregierungen in irgendeiner Form Einfluss auf das Ausgabenverhalten der Gliedstaaten und Gemeinden ausüben können, indem sie Finanzhilfen tätigen. Sowohl der Umfang der Transfers insgesamt wie vor allem auch der Anteil an zweckgebundenen Finanzhilfen unterscheidet sich aber erheblich. Kanada und die Schweiz sind die am stärksten dezentralisierten Bundesstaaten, weil hier der Bund über weniger Möglichkeiten der Verteilung von Finanzmitteln verfügt als in den vier anderen Bundesstaaten. Gleichzeitig ist in diesen beiden Staaten auch der Anteil der Bundesfinanzhilfen am Gesamtetat der Gliedstaaten und Gemeinden relativ gering. Auch in der Bundesrepublik ist wegen der relativ geringen ökonomischen Disparitäten und wegen des horizontalen Finanzausgleichs der Anteil von Bundessubventionen im Allgemeinen und von zweckgebundenen Finanzhilfen im Besonderen relativ gering. Für Belgien gilt, obwohl keine genauen Daten zur Verfügung stehen, dass die Transfers, die an die Regionen und *Communautés* fließen, auf Gemeinschaftsvereinbarungen beruhen, bei denen der Bund keine Variationsmöglichkeiten hat. Der tatsächliche Anteil sonstiger Finanzhilfen dürfte relativ klein sein. In Australien und den USA hat der Bund fast unbeschränkte Kompetenzen, in den wichtigsten Ausgabenbereichen auch auf Gliedstaatenebene zu intervenieren. Unter den betrachteten Staaten sind hier die Gliedstaaten am stärksten von den Finanzhilfen des Bundes abhängig, zumal ein hoher Anteil (53 Prozent in Australien, 100 Prozent in den USA) zweckgebunden vergeben wird.

Die Zentralregierungen der angelsächsischen Bundesstaaten haben praktisch uneingeschränkte Möglichkeiten, Geld in fast allen Politikbereichen auszugeben. In Kanada wird dies inzwischen mit großer Zurückhaltung getan, vor allem auch, weil es sich in diesem Fall tatsächlich um Ausgaben in den Kompetenzbereichen der Provinzen handelt, während die australische und die amerikanische Bundesregierung ihre Ausgaben in konkurrierenden Gesetzgebungsbereichen tätigen. In den europäischen Bundesstaaten ist der Bund dagegen deutlich eingeschränkter, Ausgaben zu beschließen. Dies trifft für Belgien zu, wo der Zentralstaat nur noch in einigen wenigen Gebieten Ausgaben tätigen kann und über keinen direkten Zugriff auf die Ausgaben der Regionen bzw. Communautés verfügt. In der Bundesrepublik gibt es nicht nur, wie in der Schweiz, die Mitbestimmungsrechte der Länder bei den Ausgabenentscheidungen des Bundes, sondern auch Einschränkungen in Bezug auf Finanzhilfen an Länder und Gemeinden. In der Schweiz besitzt der Bund nicht viele Mittel, um einzugreifen, er ist aber in den meisten Politikfeldern tätig und subventioniert die Kantone häufig (zu fast 75 Prozent) über zweckgebundene Finanzhilfen. Insofern hat sich auch hier, wie in Deutschland, ein Verbundsystem bei Ausgabenentscheidungen entwickelt, wobei die Kantone bzw. die Länder die Verantwortung für die Ausführung übernehmen (siehe auch Watts 1999: 49). In Belgien besteht insofern ein Verbundsystem, als die Parteien regional organisiert sind und die Interessen ihrer Sprachgemeinschaft in Regierung und Parlament vertreten können.

2.3 Zu den Verfügungsrechten bei der Staatsverschuldung

Der letzte hier relevante Gesichtspunkt der Finanzverfassung betrifft die Möglichkeit der Gliedstaaten, ihre Ausgaben anstatt über die eigenen Einkommen oder Finanzhilfen des Zentralstaates über Verschuldung auf dem Kapitalmarkt zu finanzieren. Für eine Stabilisierungspolitik ist es ganz entscheidend, ob die Bundesregierung hierauf einen kontrollierenden Einfluss ausüben kann oder nicht.

Ter-Minassian und Craig (1997) unterscheiden zwischen drei Modellen, wie in föderativen (aber auch in unitarischen) Staaten mit der Staatsverschuldung umgegangen werden kann.

Das „*Marktmodell*", das den Gliedstaaten die größte Unabhängigkeit gibt, wird in Kanada praktiziert. Hier besitzen die Provinzen die uneingeschränkte Freiheit, Geld auf dem Kapitalmarkt aufzunehmen, solange sie Finanzgeber finden. Die Möglichkeit, dies zu tun, hängt von ihrer Kreditwürdigkeit und damit ihrer ökonomischen Stärke ab. Wenn diese in Frage gestellt wird, wie dies zunehmend Ende der 1980er Jahre und Anfang der 1990er Jahre der Fall war, dann werden die Provinzen automatisch dazu gezwungen, Austeritätspolitiken einzuführen. Beim Marktmodell besitzt die Zentralregierung also keine Möglichkeiten – es sei denn indirekt über die Festlegung von Zinsraten –, auf die Verschuldungspraxis der Gliedstaaten Einfluss auszuüben.

Australien praktiziert dagegen ein „*Kooperationsmodell*", bei dem die „States" aktiv in die Formulierung makroökonomischer Zielsetzungen eingebunden werden. Ein „Loan Council", in dem die Bundesregierung und die „States" vertreten sind, setzt gemeinsam Defizitobergrenzen, die für den „Commonwealth" und die „States" gelten. In diesem Fall wird also versucht, durch Verhandlungen eine disziplinierte Ausgabenpolitik zu erreichen. Ein solches Modell funktioniert am besten, wenn der Bund eine relativ starke Position einnimmt und insgesamt eine konservative, fiskalische Politik dominiert (Ter-Minassian/Craig 1997). Der Vorteil eines Kooperationsmodells ist evident: Über die freiwillige Teilnahme der Gliedstaaten und ihre Einbindung in die makroökonomische Politik wird eine Abstimmung erreicht. Gleichzeitig können die Defizitziele relativ flexibel gehandhabt werden.

Die Regelung in Deutschland entspricht teilweise diesem Modell, verbindet dieses aber mit einem dritten, dem *„regelbasierten Modell"*. Einerseits wird in Deutschland im Finanzplanungsrat, der sich aus Vertretern von Bund, Ländern und Gemeinden zusammensetzt, die mittelfristige Finanzplanung des Bundes unter Einbezug der finanziellen und ökonomischen Daten der Länder und Gemeinden entworfen. Dabei werden Finanzziele festgeschrieben (Potter 1997). Auf diese Weise wird ein Finanzplan entwickelt, der der Abstimmung zwischen den territorialen Ebenen dient und gleichzeitig die Verschuldung einzudämmen hat. Andererseits sind, im Unterschied zu Australien, die Möglichkeiten der deutschen Länder, sich zu verschulden, ähnlich wie in der Schweiz und in den meisten „States" der USA reglementiert. In allen drei föderativen Staaten gilt die so genannte „goldene Regel", nach der sich die Gliedstaaten nur im Umfang der geplanten oder getätigten Investitionsausgaben verschulden dürfen. In der Schweiz gilt häufig in den Kantonen die Regel des „balanced budgets", nach der innerhalb einer gewissen Zeitspanne der Haushalt ausgeglichen werden muss. Außerdem schränken Finanzreferenden in einigen der Kantone die Spielräume der Kantonsregierungen ein, sich exzessiv zu verschulden. Die Schweizerische Bundesregierung kann das Verschuldungsverhalten der Kantone nur wenig beeinflussen, und es gibt auch keine Abstimmung der Haushaltsplanungen zwischen den Ebenen. Der ausgeglichene Haushalt ist auch in den meisten amerikanischen „States" eingeführt. Allerdings werden, so Ter-Minassian und Craig (1997: 160), solche Regeln immer wieder umgangen, sodass marktkorrigierende Mechanismen zur Begrenzung der Verschuldung durchaus wichtig sein können. Auch in den USA kann der Kongress bzw. der Präsident nicht in die Verschuldungspolitik der Einzelstaaten eingreifen.

Belgien kennt seit 1989 eigentlich ein viertes Modell, bei dem die Zentralregierung die Verschuldung der Regionen und Gemeinschaften direkt kontrollieren und im Not-

Übersicht 4: Regeln über die Verschuldung in föderativen Staaten

	Verschuldung
Australien	Kooperation; formalisiert im „Loan Council"
Belgien	Kooperation; formalisiert im „Conseil Supérieur des Finances"; hierarchische Sanktionen
Deutschland	Regelbasiert und Kooperation, formalisiert im Finanzplanungsrat; goldene Regel
Kanada	Markt; keine Koordination
Schweiz	Regelbasiert ohne Kooperation; Direkte Demokratie als Begrenzung; Verpflichtung zu ausgeglichenem Haushalt und goldene Regel
USA	Regelbasiert ohne Kooperation; Verpflichtung zu ausgeglichenem Haushalt und goldene Regel

fall einschränken kann. Zwar haben die unteren Einheiten die Möglichkeit, Kredite aufzunehmen, sie müssen diese aber von der Zentralregierung genehmigen lassen. Im Prinzip werden die unterschiedlichen Bedürfnisse in einem Finanzplanungsrat abgestimmt („Conseil Supérieur des Finances"). Hier werden die Ziele und die Obergrenzen der Staatsverschuldung festgelegt. Die Möglichkeiten der unteren Ebenen, diesen Zielen auszuweichen, sind angesichts der Interventionsmöglichkeiten des Zentralstaats äußerst eingeschränkt. Auf diese Weise konnte zumindest die Neuverschuldung erheblich abgebaut werden.

2.4 Resümee

Wie fügt sich nun das Bild der föderativen Staaten in Bezug auf das Verhältnis von Finanzverfassung und Stabilisierungspolitik zusammen?

Im Falle von *Australien* konnte die durch die quantitative Analyse gewonnene Einschätzung eines fiskalisch zentralisierten föderativen Staates mit geringer „fiskalischer Schwierigkeit" beim Einsatz von Stabilisierungsinstrumenten bestätigt werden. Der Zentralstaat besitzt nach der Verfassung seit dem 2. Weltkrieg die fast alleinige Autorität über die wichtigsten Steuerquellen. Die australischen „States" verfügen aber über eigene Einkommensquellen und die Möglichkeit, diese durch die Steuerbemessungsgrundlage wie durch Hebesätze zu variieren. Dies sind ca. 40 Prozent ihrer Einnahmen (vgl. Craig 1997). Immerhin 40 Prozent der Einnahmen stammen aber ansonsten aus Transfers des Bundes, davon 50 Prozent in Form von zweckgebundenen Subventionen. Mit seinem Anteil von etwa 80 Prozent an den gesamten Steuereinnahmen und mit Finanzhilfen kann die Bundesregierung also Stabilitätspolitik betreiben. Die Gefahr zu hoher Staatsverschuldung ist durch das Kooperationsmodell eingeschränkt. Abstimmungsmöglichkeiten gibt es zusätzlich in den Institutionen des „executive federalism" (s.u.).

In den *USA* ist nach den quantitativen Maßstäben die fiskalische Zentralisierung sehr viel geringer und die fiskalische Schwierigkeit sehr viel höher als in Australien. Die qualitative Analyse kann dies nicht ganz bestätigen. Sicherlich hat der Bund nicht die gleiche dominierende Position in der Finanzverfassung wie in Australien. Aber die wichtigste Einnahmequelle, die Einkommensteuer, steht fast vollständig zu seiner Disposition, und Finanzhilfen zur Steuerung des Ausgabeverhaltens der amerikanischen „States" sind relativ häufig und werden meistens zweckgebunden vergeben. Allerdings fehlt es hier an Abstimmungsmöglichkeiten.

Im dritten angelsächsische Bundesstaat, *Kanada*, hat der Zentralstaat zwar auch umfassende Steuerkompetenzen, und es gibt Perioden in der kanadischen Geschichte, in denen in der Fiskalpolitik auch ein eindeutiger Zentralismus vorgeherrscht hat. Seit den 1960er Jahren hat sich hier aber mehr und mehr das Paradigma der Autonomie der Provinzen durchgesetzt, sodass man heute kaum mehr von einer Dominanz des Zentralstaates sprechen kann (Courchene 1986: 78; Campbell 1995: 193). Die Einnahmen sind in etwa geteilt, die Provinzen haben die Ambitionen einer eigenen Finanzpolitik, und zunehmend fehlen dem Bund die Mittel, um über zweckgebundene Finanzhilfen Einfluss auf das Ausgabeverhalten der Provinzen zu nehmen. Das „Huckepacksystem" bei der Einkommensteuer schränkt außerdem die Möglichkeiten einer Stabilisierungspolitik ein. Auch hier existiert eine Tradition des „executive federalism", die aber wesentlich informeller und weniger erfolgreich ist als in Australien (s.u.). Außerdem besitzt der Bund keine Möglichkeiten, die Verschuldung der Provinzen zu bremsen. Insofern kann gerade hier mehr als in den anderen Systemen das Dilemma kollektiven Handelns auftreten, das von Wibbels (2000) beschrieben wurde.

Die europäischen Bundesstaaten sind stärker durch eine Tradition der Verschränkung und Politikverflechtung charakterisiert, obwohl man der Finanzverfassung nach Deutschland und die Schweiz nur beschränkt miteinander vergleichen kann.

Die *Schweiz* vereinigt Züge des amerikanischen und des deutschen Systems. Sie ähnelt dem amerikanischen Bundesstaat durch die deutliche Trennung von Einnahmen, dem deutschen Bundesstaat wegen der Verflechtung der Ausgaben. Im Prinzip fallen den Kantonen die direkten Steuern zu, dem Bund aber die Mehrwert- und Körperschaftsteuer. Bei der Einkommensteuer erhält der Bund einen geringeren Anteil als in den anderen Staaten. Die Bundeseinkommensteuer hat nicht den gleichen harmonisierenden Effekt wie in Kanada, weil die Kantone nicht an die Steuerbemessungsgrundlage oder die Hebesätze des Bundes gebunden sind. Hier herrscht also ein wirkliches Konkurrenzsystem, obwohl gleichzeitig 30 Prozent der Bundeseinkommensteuer wieder an die Kantone abgeführt werden, von denen etwa 10 Prozent dem Finanzausgleich zwischen den Kantonen dienen. Damit kann die konjunkturempfindlichste Steuer, die Einkommensteuer, nur sehr beschränkt vom Bund genutzt werden, und gleichzeitig besitzen die Kantone in der Schweiz nicht dieselbe Größenordnung wie die Provinzen in Kanada, sodass eine makroökonomische Stabilitätspolitik auf regionaler Ebene kaum erwartet werden kann. Dies bestätigt die Einordnung nach den quantitativen Indizes, wonach die Schweizer Bundesregierung die größten Schwierigkeiten hat, über die Fiskalpolitik stabilitätspolitisch einzugreifen. Zweckgebundene Finanzhilfen mit „matching fund"-Charakter sind eines der wenigen Mittel des Zentralstaates, um die Kantone an seine Ausgabenpräferenzen zu binden. Der Umfang der Finanzhilfen an den Einnahmen der Kantone ist aber im internationalen Vergleich relativ gering. Die Verschuldungspolitik liegt zwar nicht in den Händen des Bundes, hier helfen aber selbstbeschränkende Regeln, sodass die Verschuldung der Kantone im Allgemeinen nicht exzessiv wird.

Auch *Deutschland* gilt nach der quantitativen Analyse als relativ dezentralisiertes Land mit großen fiskalischen Schwierigkeiten (vgl. auch Scharpf 1987). Die Bundesrepublik unterscheidet sich von allen anderen föderativen Staaten vor allem durch das hoch entwickelte Gemeinschaftssystem in den drei wichtigen Steuerarten. Bekanntlich sind die Verteilungsformeln zwischen Bund, Ländern und Gemeinden sowohl in Bezug auf die Einkommensteuer wie auch auf die Körperschaftsteuer in der Verfassung festgelegt, und nur die Umsatzsteuer kann flexibel zwischen Bund und Länder umverteilt werden. Jede Änderung der Bemessungsgrundlagen und Hebesätze erfordert die mehrheitliche Zustimmung der Länder im Bundesrat. Die deutsche Finanzverfassung gibt den Ländern keinerlei selbständigen Spielraum, die drei wichtigen Einkommensarten zu variieren. Damit ist die Gleichwertigkeit der Lebensverhältnisse eindeutig das höchste Ziel der Finanzverfassung. Koordinationsverfahren beim Aufstellen des Bundeshaushalts und Einschränkungen bei der Verschuldungspolitik erschweren zudem Alleingänge der Länder.

Belgien hat eine lange zentralstaatliche Tradition. Dies erklärt, dass auch heute noch, nach der Gründung eines föderativen Staates im Jahre 1993, alle Steuerarten vom Zentralstaat erhoben werden. Anders als früher werden aber Finanzmittel an die Regionen und Communautés abgeführt. Sowohl die Bemessungsgrundlage wie die Hebesätze werden zentral festgelegt. Steueranteile für die Gliedstaaten werden bei der Einkommensteuer nach ökonomischen Kriterien festgelegt, sie sind also nicht abhängig vom Steueraufkommen des Bundes. Bei der Umsatzsteuer sind Kriterien wie die Zahl der Studenten und Studentinnen sowie die Preisentwicklung ausschlaggebend. In dieser Beziehung kann der Bund also nichts variieren. Die Bindung an ökonomische Kriterien wirkt zudem prozyklisch. Der Einfluss des Bundes ist, außer in der Verschuldungspolitik, sehr eingeschränkt, weil er kaum zweckgebundene Finanzhilfen einsetzt und weil die Ausgabenbereiche strikt voneinander getrennt sind und dem Bund relativ wenige Ausgabenkompetenzen verbleiben. Die Staatsverschuldung allerdings wird koordiniert, sodass die unteren Einheiten kaum eine opportunistische Politik betreiben können.

3. Intergouvernementale Beziehungen

Um die dem Föderalismus geschuldeten Varianzen in der makroökonomischen Stabilisierungspolitik erklären zu können, bedarf es – außer der Erläuterung der Finanzverfassung – einer Systematisierung der intergouvernementalen Beziehungen. Nützlich ist dabei eine einfache Unterscheidung, die in der Föderalismusdiskussion von Martin Painter (1991, 2001) vorgeschlagen wurde. Er spricht von den „*kompetitiven*" („competitive") föderativen Systemen und den „*kooperativen*" („collaboration") Systemen (vgl. auch Watts 1996: 54).

Kompetitive Systeme zeichnen sich durch eine distanzierte Haltung des Zentralstaates und der Gliedstaaten zueinander aus. Bei finanzpolitischen Entscheidungen stehen sie in direkter Konkurrenz zueinander. Unilaterales und opportunistisches Handeln wird auf beiden Seiten groß geschrieben, und kooperiert wird nur unter der Bedingung beiderseitiger Vorteile. Unilateralismus und „freiwillige Verhandlungssysteme" (Scharpf 1997) sind die beiden Interaktionsmodi, die in kompetitiven Systemen praktiziert werden. Unilaterales Handeln der einen Seite kann je nach Machtverhältnissen zu „thrust and riposte" (Painter 1991), also zu einer Reaktion der anderen Seite, zu gegenseitiger Anpassung oder zu „negativer Koordination" (Scharpf 1997: 107-115) führen. Freiwillige Verhandlungssysteme dienen der Suche nach wohlfahrtseffizienten Lösungen, bei denen beide Seiten Vorteile für sich zu erreichen versuchen. Sollten diese nicht möglich sein, ziehen sich die Akteure zurück und gehen zu unilateralen Strategien über. Painter nennt als Nachteil kompetitiver Systeme die Konfrontationsneigung (Painter 1991) sowie die Duplizierung von öffentlichen Leistungen (Painter 2001). Auf der anderen Seite erzeugt die Verfügung über eigene Ressourcen ein erhöhtes Verantwortungsgefühl der Gliedstaaten in der öffentlichen Finanzwirtschaft und eine gesteigerte Aufmerksamkeit gegenüber den Bedürfnissen der eigenen Bevölkerung. So kann gemäß der ökonomischen Theorie die Allokationseffizienz gesteigert werden (Breton 1987, 1999).

Die kooperativen Systeme dagegen stellen auf die Überwindung von Gegensätzen über Aushandeln in „Zwangsverhandlungssystemen" ab (Scharpf 1997).[5] Die territorialen Akteure sind vielfältig miteinander verflochten und betrachten die makroökonomische Stabilisierungspolitik im Allgemeinen als „joint production", als ein gemeinsam zu erstellendes öffentliches Gut. Die Vorteile dieser Konstruktion sind evident: Angesichts aufgeteilter Verfügungsrechte kann die Kooperation zu abgestimmtem Handeln führen und damit optimal stabilisieren. Allerdings können die Akteure bei der Erstellung dieses öffentlichen Gutes auch in die „Politikverflechtungsfalle" (Scharpf 1976, 1985) geraten, was zu Immobilismus, gegenseitiger Blockade und suboptimalen Resultaten führt. Die Formalisierung von Verhandlungen zwingt die Akteure zwar an einen gemeinsamen Tisch, sie garantiert aber keineswegs eine wohlfahrtseffiziente Einigung. Außerdem geht der Vorteil unilateralen Handelns verloren, der in vielen Fällen beschleunigtes und auf die jeweiligen regionalen Bedürfnisse zugeschnittenes Reagieren ermöglicht. Zwangsverhandlungssysteme müssen den Ausgleich suchen. Kompetitive Systeme machen Platz für Vielfalt.

Selbstverständlich, so warnt Painter, findet man selten Systeme in Reinform vor. Auch kompetitive Bundesstaaten können Zwangsverhandlungssysteme einführen, und kooperative Bundesstaaten erlauben gelegentlich unilaterales Handeln. Grundsätzlich können aber dominierende Muster intergouvernementaler Beziehungen festgestellt werden, die meist relativ stabil sind. Dies zeigt sich z.B. in Australien, wo man in den 1990er Jahren formalisierte Zwangsverhandlungssysteme einführte, die aber inzwischen wieder verfallen (Painter 1998: 142; s.u.). Und ebenso bedeutet die Zugehörigkeit zu einer der beiden Gruppen nicht unmittelbar, dass die föderativen Staaten auf die gleiche Art und Weise mit Konkurrenz und Kooperation umgehen.

Ich möchte im Folgenden zeigen, wie sich die Unterschiede zwischen diesen beiden Typen des Föderalismus auf die makroökonomische Stabilisierungspolitik auswirken und wie diese Unterschiede erklärt werden können. Der zur Verfügung stehende Platz erlaubt es nicht, alle sechs föderativen Staaten zu diskutieren. Ich möchte deswegen aus jeder Gruppe ein Beispiel herausgreifen: einmal Kanada als dezentraler, kompetitiver Föderalismus und zum anderen Deutschland als zentralisierter, kooperativer Föderalismus. Zudem gehe ich kurz auf je ein anderes Beispiel aus jeder Gruppe ein (Australien als zentralisierter, kompetitiver Bundesstaat und die Schweiz als dezentraler, kooperativer Föderalismus), um die „Standardabweichung" des jeweiligen Typus zu vermessen.

3.1 Kompetitiver Föderalismus und makroökonomische Stabilisierungspolitik

Der kanadische Föderalismus ist in das Westminstermodell eingebettet, das sich durch einen kompetitiven Charakter auszeichnet. Von großer Bedeutung ist, dass erstens die Provinzen praktisch keine Bedeutung bei Entscheidungen auf der Bundesebene haben

---

5 Dies ist das, was Painter (2001) „collaboration" nennt – im Unterschied zu „unfettered cooperation", also der bedingten Kooperation in den kompetitiven Systemen.

(Schultze 1984), die Bundesregierung also nicht durch eine Veto-Position der Provinzen eingeschränkt ist, und dass zweitens das Parteiensystem im Unterschied zu Australien und den USA einen stark dezentralen Charakter hat. Hierdurch wird das Eigeninteresse der regionalen Politiker gefördert. Wahlen in den Provinzen sind daher meist Wahlen, die den Antagonismus Zentrum-Peripherie betonen. Schließlich gibt es in Kanada stärker als in den USA oder in Australien ethnische Konflikte, die, im Falle von Quebec, bis zu Separationsbestrebungen gehen und den dezentralen Charakter des Föderalismus verstärken.

In diesem Umfeld haben sich nur spärliche fiskalpolitische Kooperationsinstitutionen und -bestrebungen entwickelt. Charakteristisch sind die Abstimmungskonferenzen im Rahmen des „executive federalism", die je nach Bedarf die Premierminister von Zentralstaat und Provinzen bzw. die Fachminister zusammenführen (Watts 1989; Brock 1995; Dupré 1985). Es handelt sich hier also, wie bei den deutschen Planungsausschüssen der Gemeinschaftsaufgaben, um Akteure der Exekutive, die – anders als in Deutschland – durch freiwillige Vereinbarungen versuchen, ihre Politik zu koordinieren. Ansonsten bestehen keine geregelten Verfahren oder formalen Institutionen zur Abstimmung.

Wie vollzieht sich nun unter diesen Kontextbedingungen von Finanzverfassung und kompetitivem Föderalismus die makroökonomische Stabilisierungspolitik? Einige Beispiele sollen dies illustrieren. Die Ergebnisse werden in Hypothesen zusammengefasst.

Hypothese 1: Im kompetitiven Föderalismus haben Bundesregierungen die Neigung, dort, wo sie es können, auf die Politiken und Instrumente auszuweichen, die sie unilateral durchführen können. Dies entspricht einem „rationalen Verhalten": Unilaterales Handeln bildet die höchste Präferenz in der Präferenzordnung von Bundesregierungen, weil es Transaktionskosten reduziert und so die eigenen Vorstellungen makroökonomischer Politik ohne Abstriche durchgesetzt werden können.

Illustration: Beispiele, welche diese Hypothese stützen, finden sich in der Steuerpolitik und der monetären Politik. Wie die Übersicht über die Finanzverfassung in Kanada gezeigt hat, ist die Steuerpolitik in ein „Huckepacksystem" eingebunden, das für den Zentralstaat kurzfristige Manipulationen sehr schwierig macht (vgl. Perry 1997). Dieser kann Zuschläge zur Einkommensteuer erheben und Steuerrabatte geben, was vor allem in den 1970er Jahren häufig genutzt wurde. Ebenso wurde die „Sales Tax", die auf jeder staatlichen Ebene bis 1991 existierte, von der Bundesregierung häufig dazu genutzt, die Kaufkraft zu stimulieren oder abzuschöpfen. Die Einkommensteuer war dagegen praktisch kein Thema der Stabilisierungspolitik. Weder über Steuerzusätze oder -erleichterungen noch über die „Sales Tax" konnten allerdings umfassende Stabilisierungsmaßnahmen durchgeführt werden.

Da die Fiskalpolitik also einerseits durch das „Huckepacksystem" erschwert war, andererseits durch unilaterale Strategien nur unzureichend genutzt werden konnte, rückte immer wieder die Geldpolitik in den Vordergrund, die allein in der Verfügungsgewalt des Zentralstaates steht. Dies geschah umso mehr, als die Bekämpfung der Inflation in Kanada immer als wichtiger angesehen wurde als die Reduzierung der Arbeitslosigkeit (Campbell 1995). In den 1990er Jahren brachte diese Politik die Bundesregierung allerdings in deutliche Konflikte mit den meisten Provinzen, die eine weniger rigide Austeritäts- und Geldpolitik forderten, um die ökonomische Krise zu beenden. Die Bundesregierung blieb aber hart und war so in der Lage, auch ohne die Provinzen erfolgreiche Stabilisierungspolitik zu betreiben. Die Provinzen selbst hatten keine andere Wahl, als den Defizitzielen und Ausgabenzielen des Zentralstaates zu folgen. „Ironically, after years of building up their fiscal capacity and the case for collaborative policy involvement, the provinces reverted to a junior partner role in economic management. They accepted, and participated in, an economic policy largely set and driven by Ottawa" (Campbell 1995: 205).

Hypothese 2: Kooperative Vereinbarungen im kompetitiven Föderalismus sind selten; sie lassen sich nur erzielen, wenn alle Seiten profitieren können, und häufig sind sie zum Misserfolg verdammt. Solange unilaterales Handeln eine Alternative ist, dominiert es die Verhandlungen.

Illustration: Kooperative Vereinbarungen in der makroökonomischen Stabilisierungspolitik sind in der kanadischen Geschichte äußerst selten geblieben. Ein Beispiel, das gleichzeitig wiedergibt, wie sehr hierfür ein positiver „pay-off" in Verhandlungen erforderlich ist, stellt der Versuch der Bundesregierung in den 1970er Jahren dar, die hohen Finanzhilfen in der Wohlfahrtspolitik abzubauen. Diese waren in der Form von „matching funds" konzipiert worden mit dem Erfolg, dass die Provinzen ständig ihre Ausgaben steigerten und der Bund dementsprechend seinen Anteil erhöhen musste. Dies führte zu starken inflationären Tendenzen. Der Bund versuchte, mit den Provinzen zu einem Abkommen zu gelangen, in dem er vorschlug, die „matching grants" abzuschaffen und dafür „block grants" zu zahlen, deren Höhe an das Bruttosozialprodukt und an die Bevölkerungszahl in den Provinzen gebunden sein sollte. Tatsächlich hätte die Bundesregierung bei der gegebenen Finanzverfassung die Finanzhilfen auch einseitig abschaffen können. Dann wäre ihr aber jeder Einfluss auf das wichtige Feld der Wohlfahrtspolitik in den Provinzen versagt geblieben. Die Provinzen stimmten schließlich dem „Established Programs Financing" von 1977 zu, weil sie durch den Wechsel von zweckgebundenen zu zweckungebundenen Finanzhilfen mehr Autonomie in der Verwendung der Mittel erhielten, auch wenn sie weiterhin gewisse harmonisierende Regelungen zu respektieren hatten. Außerdem erhielten sie zusätzliche Steuervorteile. Das Beispiel zeigt, wie die Stabilisierung der Ausgaben durch eine „win-win"-Vereinbarung erzielt werden kann. Dies ist aber keineswegs immer erreichbar.

Ende der 1980er Jahre versuchte die Bundesregierung, endlich die Verbrauchssteuern zu vereinheitlichen und auf eine umfassende Basis zu stellen. Sie bot an, diese Steuer durch die Bundesverwaltung einzutreiben und somit die administrativen Kosten zu übernehmen, um dann den Provinzen Anteile an dieser Steuer zuzuführen. Obwohl hiervon alle Beteiligten profitiert hätten – die Steuer sollte eine weitaus großzügigere Bemessungsgrundlage bekommen –, lehnten die Provinzen den Vorschlag ab,[6] vor allem, weil sie meinten, einen wesentlichen Teil ihrer finanziellen Unabhängigkeit zu verlieren.

---

6 Quebec akzeptierte dann, seine „Sales tax" mit dieser „Goods and Services Tax" zu harmonisieren, wollte aber die Steuer selbst eintreiben. 1995 akzeptierten drei weitere Provinzen die Zusammenarbeit.

Einen Misserfolg bei Verhandlungen zwischen den Premierministern gab es auch in der Stabilisierungspolitik der 1990er Jahre, dieses Mal aber wegen der ablehnenden Haltung der Bundesregierung. Es wurde ja bereits angedeutet, dass die Bundesregierung in den 1990er Jahren einen sehr restriktiven Kurs eingeschlagen hatte, der von den Provinzen kritisiert wurde. Um eine Einigung zu finden, wurden mehrere Konferenzen abgehalten, in denen die Provinzen konkrete Vorschläge machten, wie eine expansive Stabilisierungsstrategie zu implementieren sei. Eine Einigung wurde auch nach intensiven Bemühungen in Arbeitsgruppen nicht gefunden, obwohl die Bundesregierung kleinere Zugeständnisse machte. Die Verhandlungen führten schließlich sogar zu einem offenen rhetorischen Schlagabtausch (Campbell 1995: 204). Campbell resümiert so folgerichtig: „Collaboration has some legitimacy and theoretical appeal, but there remain real practical limits to its adoption" (Campbell 1995: 207).[7]

Hypothese 3: Das dominierende Handlungsmuster im kompetitiven Föderalismus ist Konfrontation: Einseitige Handlungen der einen Seite werden mit Vergeltungsakten der anderen Seite beantwortet, wenn hierfür Machtmittel zur Verfügung stehen.

Illustration: Für die Politik des „thrust and riposte" sind die Versuche der Bundesregierung beispielhaft, die Finanzhilfen an die Provinzen zu verringern. Diese Bestrebungen begannen 1984 unter der konservativen Regierung Mulroney. Noch in den 1980er Jahren wagte die liberale Trudeau-Regierung es nicht, auf Konfrontationskurs zu gehen, weil eine größere Verfassungsreform geplant war, bei der es der Zustimmung der Provinzen bedurfte. Trotzdem sollten kleinere Kürzungen vorgenommen werden, die aber von den Provinzen als inakzeptabel abgelehnt wurden. Zur wirklichen Konfrontation kam es aber erst, als der Weg für die Bundesregierung nach der (durch Volksentscheid) abgelehnten Verfassungsreform frei war. Anfang der 1990er Jahre rückte das Ziel in den Vordergrund, die dramatisch gestiegene Staatsschuld und Neuverschuldung zu reduzieren. Die Konfrontation begann, als die Provinz Ontario ein eigenes ausgabenexpansives Stimulierungsprogramm verabschiedete, das den Intentionen der Regierung zuwiderlief. Da hierbei zum Teil „social assistance"-Ausgaben betroffen waren, die immer noch über einen „matching funds" finanziert wurden, war die Bundesregierung gezwungen, diese Ausgaben mitzufinanzieren. Sie entschied daher, die Finanzhilfen für Gesundheit und Bildung (die inzwischen ja über zweckungebundene „block grants" verteilt wurden) einzufrieren und die Ausgaben für die „social assistance" der drei reichsten Provinzen an das Bevölkerungswachstum zu binden („Canada Assistance Plan"). Dies reduzierte nicht nur die Ausgaben, sondern dividierte – zumindest bei der Sozialhilfe – auch die Provinzen auseinander, weil nicht alle betroffen waren. Die Auswirkungen waren allerdings gerade in der ökonomischen Krise bei hoher Arbeitslosigkeit katastrophal: Die Kosten für die Provinzen stiegen dramatisch an. Diese bezichtigten die Bundesregierung, Staatssanierung auf ihre Kosten zu betreiben (siehe Braun u.a. 2000; Campbell 1995). Der Versuch, die Bundesregierung über einen Gerichtsentscheid zur Umkehr zu bringen, blieb erfolglos. Auf diese Weise verschlechterten sich

---

[7] Und weiter „the goal of federal provincial fiscal collaboration has become a relatively abstract ideal" (Campbell 1995: 208).

die intergouvernementalen Beziehungen zusehends. Angesichts der steigenden Ausgaben und sinkenden Einnahmen wurde die Kreditwürdigkeit der Provinzen ständig herabgesetzt, sodass den Provinzen schließlich nichts anderes übrig blieb, als sich dem Austeritätsprogramm der Regierung anzuschließen und ebenfalls einen drakonischen (und schließlich erfolgreichen) Sparkurs einzuschlagen.

Das Beispiel zeigt, dass auch ein Konfrontationskurs der Bundesregierung, zumindest wenn es um eine Austeritätspolitik geht, im kompetitiven Föderalismus Erfolg haben kann. Es bedarf nicht immer der Kooperation. „Thrust and riposte"-Strategien können ihre Wirkung entfalten, wenn den Gliedstaaten die Machtmittel fehlen, auf wirkungsvolle Weise zu reagieren. Schließlich regelte der Markt anstelle der Zentralregierung, was über Kooperation nicht erreicht werden konnte.

Sehen wir uns im Vergleich hierzu den Fall *Australien* an: Australien unterscheidet sich von Kanada vor allem durch seine wesentlich zentralisiertere Finanzverfassung (Watts 1999). Der „Interaktionsmodus" zwischen den Ebenen ist eher auf Distanz ausgerichtet als auf gemeinsames Problemlösen. Trotzdem ist bedingte Kooperation auch hier, neben unilateralem Handeln, eine Option, um in wichtigen Fragen das Störpotenzial der Gliedstaaten einzudämmen, die trotz der Dominanz des Bundes beträchtliche Ressourcen und Ausgabengebiete zur Verfügung haben.

Unilaterales Handeln bildet auch in Australien die höchste Präferenz der bundesstaatlichen Akteure, auch wenn es in den 1990er Jahren Versuche gemeinsamen Problemlösens gegeben hat. Die Möglichkeiten hierzu sind vor allem für den „Commonwealth" vorhanden, der ja, wie bei der Darstellung der Finanzverfassung beschrieben, über ausgedehnte Kompetenzen in der Steuerpolitik verfügt und durch Finanzhilfen das Ausgabenverhalten der „States" wirksam beeinflussen kann. Der Einfluss des Bundes hierbei ist so groß, dass die Koordination eher einem Befehl als einer freiwilligen Abstimmung gleicht (Painter 2001: 135). Selbst in einer Phase, in der einige Koordinationsinstitutionen funktionierten, also in den 1990er Jahren, baute der Bund seine Fähigkeit zu unilateralem Handeln weiter aus. Dies wird besonders ersichtlich an der 1999 eingeführten neuen Umsatzsteuer, die dem Bund die Dominanz über die Verbrauchssteuern verschaffte. Die „States" gaben einige ihrer Steuern auf den Verbrauch auf und erhielten dafür einen Anteil an der vom Bund eingenommenen Umsatzsteuer.

Das Muster von „thrust and riposte" ist in Australien ebenfalls festzustellen, wenngleich angesichts der Machtverteilung zwischen Bund und Gliedstaaten anders als in Kanada. Die „States" besitzen vor allem die Möglichkeit, sich beim Vollzug von stabilitätspolitischen Maßnahmen dem Einfluss des Bundes zu entziehen. Ein Beispiel hierfür ist der misslungene Versuch, Ende der 1980er und Anfang der 1990er Jahre das Haushaltsdefizit abzubauen (Craig 1997: 191). Obwohl im „Loan Council" regelmäßig und gemeinschaftlich Verschuldungsobergrenzen festgelegt wurden, gelang es den „States" über immer raffiniertere Techniken, diese Obergrenzen zu unterlaufen. Der Bund reagierte darauf, indem er ein verbessertes Verfahren zur Kontrolle der Verschuldung mit Hilfe einer mittelfristigen Finanzplanung einführte. Und trotz der propagierten Sparpolitik des Bundes in den 1980er erhöhten die „States" auf Grund einer günstigen Entwicklung der Grundsteuer, die ihnen uneingeschränkt zusteht, weiterhin ihre Ausgaben. In beiden Fällen zeigt sich also ein opportunistisches Verhalten der Gliedstaaten, das man durchaus als Konfrontation im Hinblick auf die Stabilisierungsabsichten des Bundes interpretieren kann. Dem kompetitiven Föderalismus in Australien unterliegt also eine andere Dynamik als in Kanada, die übergreifenden Handlungsmuster bleiben aber gleich.

Interessant ist schließlich, wie im australischen Föderalismus Bund und Gliedstaaten kooperieren. Zunächst fällt auf, dass es außer den Ministerkonferenzen seit den 1920er Jahren den erwähnten gemeinsamen „Loan Council" gibt, der dazu dient, die Verschuldungspolitik des Landes zu koordinieren, und der trotz der opportunistischen Strategien der „States" auch relativ gut funktioniert. Ansonsten entspricht die Praxis der makroökonomischen Stabilisierungspolitik im Allgemeinen dem Muster der bedingten Kooperation im „Schatten des Unilateralismus des Bundes". Noch Anfang der 1990er Jahre scheiterten Versuche, eine engere Partnerschaft zwischen „Commonwealth" und „States" zu erreichen, an der Weigerung der Bundesregierung, ihre Prärogative in der Steuerpolitik aufzugeben und dadurch ihre Handlungsspielräume in der Stabilisierungspolitik einzuschränken (Craig 1997: 193). Auf der anderen Seite lehnten es die Gliedstaaten ab, ihrerseits Wirtschaftsreformen durchzuführen, solange der Bund seine Dominanz in der Steuerpolitik behielte, weil alle positiven finanziellen Auswirkungen solcher Reformen immer unmittelbar dem Bund zukommen würden, ohne dass dieser hierfür Zugeständnisse gemacht hätte.

Dieses Muster der bedingten Kooperation, das immer wieder an Nicht-Übereinstimmung scheitern kann und damit den Status Quo begünstigt, wurde aber in den 1990er Jahren zumindest vorübergehend außer Kraft gesetzt, als man angesichts der Globalisierung versuchte, über ein formalisiertes Zwangsverhandlungssystem die notwendigen ökonomischen Strukturreformen durchzuführen (Painter 2001: 138). Hierzu diente vor allem ein neuer „Council of Australian Governments" (COAG), der für eine abgestimmte Politik in den Bereichen sorgen sollte, in denen vor allem die „States" Kompetenzen hatten. In ihm galt das Einstimmigkeitsprinzip. Mit dieser formalisierten Zusammenarbeit auf dem Gebiet von Wirtschaftsreformen waren die Australier weiter gegangen, als es die Kanadier jemals getan hatten. Trotzdem blieb die übergreifende Handlungslogik und Kultur des kompetitiven Föderalismus erhalten. Die „States" betonten die Freiwilligkeit ihrer Teilnahme am COAG. Einigungen konnte es nur geben, wenn alle Seiten profitieren konnten; die Kompromisse waren meist so formuliert, dass es genügend Spielraum bei der Implementierung gab. Schließlich wurde schon in der zweiten Hälfte der 1990er Jahre deutlich, dass dieses Gremium keinen dauerhaften Einfluss haben konnte. Der Bund baute seine unilaterale Handlungsmacht weiter aus und der COAG verlor zusehends an Bedeutung.

3.2 Kooperativer Föderalismus und makroökonomische Stabilisierungspolitik

Kooperativer Föderalismus meint zunächst nicht mehr, als dass die territorialen Akteure bei fiskalpolitischen Fragen in vielerlei Hinsicht miteinander vernetzt und interdependent sind und Entscheidungen im Allgemeinen in Verhandlungssystemen zwischen den Ebenen getroffen werden. Dies kann als der gemeinsame Nenner der drei föderativen Staaten Deutschland, Belgien und Schweiz bezeichnet werden. Zwischen der Bundesrepublik und der Schweiz, die im Folgenden verglichen werden, bestehen aber erhebliche Unterschiede in den intergouvernementalen Beziehungen, die vor allem durch den unitarischen Charakter in der Bundesrepublik und den dezentralen, auf Vielfalt ausgerichteten Föderalismus der Schweiz bedingt sind.

Es ist hier nicht notwendig, ausführlich auf die intergouvernementalen Beziehungen in der Bundesrepublik einzugehen. Diese sind vielfältig dokumentiert und dürfen großen Teils als bekannt vorausgesetzt werden. Stichwortartig lassen sie sich so benennen: Wie in keinem anderen föderativen Land wirken die Bundesländer bei fast allen wichtigen Entscheidungen in der Finanzpolitik auf der Bundesebene mit. Institutioneller Veto-Punkt ist der Bundesrat, dessen Zustimmung es bei einer großen Anzahl Gesetze bedarf. Und nur in der Bundesrepublik sind die Regierungen der Länder in der zweiten Kammer vertreten. Gleichzeitig ist Deutschland ein Parteienstaat mit zentralisiertem Parteiensystem, dessen Einfluss die Entscheidungen im Bundesrat häufig prägt und Konfrontationen erzeugt. Die Koexistenz von Parteien- und föderalistischer Logik sind ein Wesensmerkmal des deutschen Bundesstaats. Im Bundesrat werden Entscheidungen mit einfacher Mehrheit getroffen, in den vielfältigen Verbundsystemen gilt faktisch das Einstimmigkeitsprinzip (auch in den Gemeinschaftsaufgaben, trotz der offiziell erforderlichen Drei-Viertel-Mehrheit). Seit 1949 verloren die Länder eigene Entscheidungskompetenz in den meisten Ausgabenbereichen, vor allem wegen der Ausschöpfung der konkurrierenden Gesetzgebungskompetenz durch den Bund und wegen des allgemein akzeptierten Prinzips der „Gleichwertigkeit der Lebensverhältnisse". Sie wirken aber in den meisten dieser Bereiche, wie beschrieben, auf der Bundesebene mit. Der Bund bedarf der Kooperation der Länder, da diese die meisten Bundesgesetze vollziehen („funktionale Arbeitsteilung").

Hypothese 1: Im kooperativen Föderalismus sind multilaterale Vereinbarungen die Regel. Wie sie zustande kommen, variiert je nach Entscheidungsregel. Bei der Mehrheitsregel bedarf es der Kompensationszahlungen. Bei Einstimmigkeit drohen die Politikverflechtungsfalle und eine suboptimale Stabilisierungspolitik.

Illustration: Unilaterales Handeln, mag es auch dem rationalen Interesse von Bundesregierungen näher kommen, ist im kooperativen Föderalismus selten eine tragfähige Option. In Deutschland sind hierzu die Mittel des Bundes sehr begrenzt, aber sie bestehen und werden gelegentlich genutzt. Beispiele sind die Mineralölsteuer und die Möglichkeit, in Zeiten ökonomischer Krise zu Stabilisierungszwecken einen Zuschlag zur Einkommensteuer zu erheben.

Die Mineralölsteuer wurde in den 1970er Jahren mehrmals von der Bundesregierung eingesetzt, um dem Bund zusätzliche Einnahmen zu verschaffen. Allerdings stoßen höhere Kosten der Autofahrer in Deutschland im Allgemeinen auf großen Widerstand, weshalb Bundesregierungen aller Parteien nur zögernd zu diesem Instrument greifen. So lehnte es die Bundesregierung Anfang der 1980er Jahre ab, noch einmal die Mineralölsteuer zu erhöhen, weil sie den Verlust von Wählerstimmen befürchtete und auf heftigen Widerstand in den Reihen der eigenen Partei (damals die SPD) stieß.

Die im Stabilitätsgesetz von 1967 geschaffene Möglichkeit, einen auf 10 Prozent begrenzten Steuerzuschlag zur Einkommensteuer zu erheben, sollte die Bundesregierung in die Lage versetzen, schnell und flexibel auf ökonomische Notlagen zu reagieren. Diese Möglichkeit war allerdings auf außergewöhnliche Situationen beschränkt und tatsächlich wurde sie niemals genutzt. Nach der Vereinigung wurde aber zur Finanzierung des Ostens ein bis heute beibehaltener Solidaritätszuschlag von 7,5 Prozent erhoben.

Die Bundesregierung verfügt demnach über Möglichkeiten zum unilateralen Handeln.[8] Für die Stabilisierungspolitik sind sie seit den 1980er Jahren kein taugliches Mittel. Die Bundesregierung ist bei fast allen anderen finanzpolitischen Maßnahmen auf die Zustimmung und Mitarbeit der Bundesländer angewiesen.

Als übergreifendes Muster für die Abstimmung im Bundesrat lässt sich feststellen, dass die Bundesregierung – unabhängig davon, ob die Oppositions- oder die Regierungsparteien im Bundesrat die Stimmenmehrheit haben – durch Kompensationszahlungen die Zustimmung der Länder zu erreichen versucht. Die damit verbundenen hohen Transaktionskosten reduzieren den beabsichtigten Effekt der Stabilisierungspolitik. Hierfür gibt es zahlreiche Beispiele. Häufig wird die Umsatzsteuer für Kompensationen eingesetzt. Die Neuverteilung der Umsatzsteuer ist nach der ursprünglichen Absicht des Gesetzgebers ein Mittel, um eine Verschiebung in den finanziellen Lasten zwischen den Ebenen des Bundesstaats auszugleichen. Inzwischen wird sie aber mehr und mehr von der Bundesregierung genutzt, um die Bundesländer für einen Transfer von Kompetenzen an den Bund oder für einen Einsatz von stabilitätspolitischen Instrumenten zu entschädigen.

So konnte die Bundesregierung 1992 eine Umsatzsteuererhöhung erreichen, die von der SPD-Opposition im Bundestag zuvor abgelehnt worden war. Im Vermittlungsausschuss wusste die Bundesregierung das für die Mehrheitsbeschaffung entscheidende SPD-regierte Land Brandenburg davon zu überzeugen, dass eine gleichzeitige Umschichtung der Umsatzsteueranteile zu Gunsten der Länder genügende Vorteile bringt. Auf diese Weise konnte die Umsatzsteuer von 14 auf 15 Prozent und gleichzeitig der Anteil der Länder an dieser Umsatzsteuer von 35 auf 37 Prozent erhöht werden (Braun u.a. 2000: 154; Sally/Webber 1994).

Die Bundesregierung muss aber selbst dann, wenn ihre Partei die Mehrheit im Bundesrat stellt, damit rechnen, keine Zustimmung im Bundesrat zu finden. Solche Konflikte wurden in den 1980er Jahren von der Regierung Kohl mit Vorliebe über Sonderfinanzhilfen für die eigenen christdemokratisch regierten Bundesländer gelöst.

Gerade bei Stabilitätspolitiken mit Hilfe von Steuersenkungen hat die Bundesregierung wegen der Gemeinschaftssteuern Probleme. Die Länder haben zunächst kein Interesse daran, weniger Steuern einzunehmen, vor allem, wenn sie mit hohen Ausgaben belastet sind und wenn in erster Linie die Bundesregierung von solchen Steuersenkungen beim Wähler profitiert. Seit den 1970er Jahren wurden daher verschiedene Male Steuerreformen vom Bundesrat abgelehnt. Zur Illustration der intergouvernementalen Beziehungen in diesem Bereich ist auf den Versuch der Bundesregierung im Jahre 1986 hinzuweisen, die Zahlung des Kindergeldes zu kürzen und dafür Steuerfreibeträge für Familien einzuführen. Dies hätte den Bundeshaushalt ansehnlich entlastet, die Länder aber hätten einen Verlust an Steuereinnahmen hinnehmen müssen. Auch diese

---

8 Selbstverständlich steht unilaterales Handeln immer unter der Bedingung der Beteiligung der Länder im Bundesrat. Zwar unterliegen die Mineralölsteuer und die Zuschläge zur Einkommensteuer nicht einem Zustimmungsgesetz, wohl aber einem Einspruchsgesetz, sodass der Bundesrat nach wie vor gewichtig in die Entscheidungsfindung eingebunden ist.

Situation wurde schließlich durch einen erhöhten Umsatzsteueranteil für die Länder gelöst (Braun u.a. 2000).

Diese Aushandlungsmuster bedeuten, dass die Bundesregierung zwar häufig imstande ist, ihre Stabilitätspolitik durchzusetzen, dass sie hierfür aber eigene Einnahmen einbüsst und so praktisch gezwungen ist, weitere Sparmaßnahmen durchzuführen, oder dass ein Teil von Einsparungen durch die zusätzlichen Zahlungen konterkariert werden. Im Unterschied zum kompetitiven Föderalismus gibt es weder für den Bund noch für die Länder einen Ausweg: Beide Seiten sind auf die Wahrung stabilitätspolitischer Ziele verpflichtet und müssen schließlich zu einer einvernehmlichen Lösung finden. Die Schwierigkeiten der Kooperation sind nur durch Kompensationszahlungen zu lösen, die meistens zu Lasten des Bundes gehen.

Die Bundesregierung muss sich im kooperativen Föderalismus Mehrheiten suchen. Dies geschieht keineswegs nach dem Muster der positiven Koordination (Scharpf 1997: 132–135), sondern – wenn dies die Kräfteverhältnisse zulassen – eher nach dem Prinzip „divide et impera". Und ebenso sind die Länder, gleich welcher parteipolitischen Couleur, bereit, ihre Veto-Macht erpresserisch gegen die Bundesregierung einzusetzen. Solche Strategien sind in der „bedingten Kooperation" des kompetitiven Föderalismus sehr viel schwieriger, weil hier die Teilnahme freiwillig ist und Strategien des „Herauskaufens" oder der „räuberischen Erpressung" wenig Sinn machen würden.

Bei Entscheidungen über die Gemeinschaftsfinanzierung liegen die Verhältnisse anders, weil hier tatsächlich praktisch Einstimmigkeit vorherrschen muss. Die Interaktionslogik in den Planungsausschüssen und Kooperationsgremien ist vielfach beschrieben worden und soll hier nicht wiederholt werden (Scharpf 1976; Scharpf u.a. 1977; Benz u.a. 1992; Wachendorfer-Schmidt 1998; Scharpf 1994). Als Problem gilt im Allgemeinen die Einengung von Ausgabenpolitiken auf distributive und niemanden benachteiligende Ausgaben, während Strukturpolitik und Umverteilungen kaum möglich sind. Außerdem erlauben es diese Gremien dem Bund zwar, die Ausgabenpolitik der Länder mitzugestalten, aber nur unter Inkaufnahme hoher Transaktionskosten. Hinzu kommt, dass alle Länder in diesen Gremien vertreten sind und nicht nur die Zustimmung des Landes erforderlich ist, das von Ausgaben profitiert, sondern aller Bundesländer. Häufig werden Lösungen dann auch auf der Basis des kleinsten gemeinsamen Nenners oder nach den Interessen des schwächsten Landes gefunden.

Wegen dieser Schwierigkeiten beabsichtigte die Regierung Kohl in den 1980er Jahren, immer weniger in die Gemeinschaftsaufgaben zu investieren. Tatsächlich haben diese gemessen am Mittelumgang seither erheblich an Bedeutung eingebüßt. Die Bundesregierung kann sich aber nicht ohne weiteres aus diesen verfassungsmäßig festgelegten Verpflichtungen zurückziehen, sondern muss auch hier zum Teil Kompensationszahlungen tätigen, damit die Bundesländer entsprechende Aufgaben selbst tätigen können.

Hypothese 2: Der kooperative Föderalismus reduziert opportunistisches Verhalten bei der Implementation von Ausgabenprogrammen, ohne es allerdings ganz auszuschalten.

Illustration: Einer der offensichtlichen Vorteile des kooperativen Föderalismus ist, dass zwar die Transaktions- und Kompensationskosten im Vergleich zum kompetitiven Föderalismus sehr hoch sind, dass aber nach der Verabschiedung eines Gesetzes oder einer Vereinbarung die Gefahren eines „Gegenschlages" oder von „Ausweichmanövern" der Gliedstaaten gering sind. Im Allgemeinen reduzieren Ausgleichszahlungen die Bereitschaft zu opportunistischem Verhalten bei der Implementation. Wie Erfahrungen aus der Schweiz lehren, spielt hierbei eine Rolle, ob die Gliedstaaten hinter der jeweiligen Maßnahme stehen (Linder 1987, 1999). Trotzdem sind etwaige Verzögerungen oder Modifikationen in der Ausführung selten durch den fehlenden Willen der Landesregierungen verursacht. Der Spielraum, im Nachhinein Stabilisierungspolitiken zu stören, ist besonders gering, wenn wichtige Steuern nach dem Gemeinschaftssystem verteilt sind. Die deutschen Länder besitzen keine nennenswerten Möglichkeiten, eine eigene Steuerpolitik zu betreiben, sodass die Steuererleichterungen, wie sie z.B. von der Regierung Kohl bei den Steuerreformen 1986, 1988 und 1990 mit Zustimmung der Länder verabschiedet wurden, schließlich von diesen mitgetragen werden mussten. Hierdurch erreichte die Bundesregierung also eine sehr dauerhafte und koordinierte Stabilisierungspolitik, für die sie zwar zahlen musste, mit der sie aber im weiteren auch beständige Politik machen konnte.

Diese Koordination wird auch in der Verschuldungspolitik im Prinzip durch formale Institutionen wie den Finanzplanungsrat ermöglicht, der es erlaubt, eine mittelfristige Finanzplanung unter Einbezug der Haushaltsprojektionen der Bundesländer zu entwerfen und Planungssicherheit zu fördern. Allerdings hat sich der Finanzplanungsrat bisher nicht immer als effektives Koordinationsgremium erwiesen.

Hypothese 3: *Das dominierende Handlungsmuster im kooperativen Föderalismus ist Aushandeln. „Thrust and riposte" sind keine Handlungsoption. Dabei werden systematisch Produktionsinteressen den Verteilungsinteressen untergeordnet. Dies führt zu einer Asymmetrie in der Stabilisierungspolitik: Die Ausgabenexpansion wird begünstigt und die Ausgabenkürzungen werden benachteiligt.*

Illustration: Der kompetitive Föderalismus erlaubt vor allem bei unilateralen Handlungen der Bundesregierung, die „Produktionsinteressen", also die Interessen, auf die eine Problemlösung zielt, voranzustellen und die Verteilungsinteressen der Gliedstaaten zu vernachlässigen. In der Bundesrepublik werden Produktionsinteressen zwar ernst genommen, sie können aber erst zum Tragen kommen, nachdem die Verteilungsinteressen des Bundes und der Länder befriedigt wurden. Diese Rangordnung von Interessen wurde jüngst in der Forderung des Bundesverfassungsgerichts deutlich, bei der Reform des Finanzausgleichs zuerst ein Maßstäbegesetz zu verabschieden, das die grundsätzlichen Normen und Prinzipien des Finanzausgleichs festhalten sollte, und danach erst über die konkrete Verteilung von Nutzen und Lasten zu entscheiden. Trotz dieser Mahnung standen bei der Neuregelung des Finanzausgleichs die Verteilungsinteressen an erster Stelle, und das jetzt vorliegende Maßstäbegesetz ist eindeutig diesen Interessen nachgeordnet.

Als Folge dieser Dominanz von Verteilungsinteressen ergibt sich aber eine Tendenz, die Ausgaben eher auszuweiten statt sie zu kürzen. Dies liegt daran, dass die Länder kein Eigeninteresse an Ausgabenkürzungen haben können, die ihren Spielraum einschränken, und dass sie gleichzeitig entscheidenden Einfluss auf die Entscheidungen über Ausgaben des Bundes haben. Der Bund kann beabsichtigte Ausgabenkürzungen nur dann ohne teure Kompensationszahlungen durchsetzen, wenn er einen Teil seiner Finanzmacht in Form von Umsatzsteueranteilen oder von spezifischen Finanzierungszuweisungen an die Bundesländer aufgibt.

Wie sieht demgegenüber der Fall *Schweiz* aus?

In der Schweiz sind formal gesehen sehr viel weniger Kompetenzen auf die Bundesebene übertragen worden als in Deutschland. Dies mag zum Teil daran liegen, dass die Kantone keinen offiziellen Einfluss in der Ständekammer besitzen, die nach dem „Senatsprinzip" konstruiert ist. Nach wie vor sind Aufgabenteilung und Subsidiarität die dominanten Prinzipien. In der Realität entstanden aber durch die vielen Finanzhilfen erhebliche Verflechtungen zwischen beiden Ebenen. Erschwerend für die Stabilisierungspolitik durch den Bund kommt hinzu, dass dieser nur über relativ geringe Ressourcen verfügt, die er zur Stimulierung der Kaufkraft einsetzen könnte.

Die unilateralen Handlungsmöglichkeiten der Schweizerischen Bundesregierung sind ähnlich eingeschränkt wie in der Bundesrepublik Deutschland, aber sie bestehen, vor allem in Form so genannter „Notverordnungen" – ein Relikt aus dem 2. Weltkrieg –, die vom Bundesparlament verabschiedet werden und für ein Jahr gültig sind. Nach diesem Jahr müssen sie einer Volksabstimmung unterzogen werden. Praktisch hatten diese Notverordnungen in neuerer Zeit nur in der kurzen „keynesianischen" Periode der 1970er Jahre eine Bedeutung. Schon ab 1977 traten die Austeritätspolitik und damit Ausgabenkürzungen und Rückdrängung der Verschuldung in den Mittelpunkt (vgl. ausführlich Braun u.a. 2000).

In der Schweiz unterliegen alle Entscheidungen in der Steuerpolitik der Notwendigkeit einer Verfassungsänderung, wozu das so genannte „doppelte Mehr", also eine Mehrheit der Abstimmungsberechtigten in der gesamten Schweiz und in den Kantonen notwendig ist. Die Logik des Aushandelns findet in der Schweiz im Vorfeld der Volksabstimmung während des Vernehmlassungsverfahrens statt. Dort haben die Kantone nicht nur das Recht, Stellungnahmen zu den Gesetzesvorhaben abzugeben. Wichtiger sind die informellen Gespräche zwischen Bundesregierung und Kantonen, die z.B. in den „Konferenzen der Regierungsdirektoren" stattfinden. Es gibt kaum genaue Informationen darüber, wie dort Kompromisse ausgehandelt werden. Deutlich ist aber, dass die Schweizerische Bundesregierung niemals ein Gesetzesvorhaben weiter betreiben wird, das auf eindeutige Ablehnung der Kantone stößt. Im Allgemeinen werden aber Kompromisse angestrebt. Diese Verhandlungen gleichen mehr den Konferenzen im „executive federalism" als den Verhandlungen im deutschen Bundesrat, allerdings mit dem Unterschied, dass die Akteure eine kooperative Lösung finden müssen. Dieser Abstimmungszwang hängt mit der Schwäche der beiden Seiten – und nicht wie in Deutschland mit deren Stärke – zusammen: Die Kantone sind untereinander relativ stark fragmentiert und treten selten als geschlossene Koalition gegenüber der Bundesregierung auf, zumal die finanzschwächeren Kantone stark von den Finanzhilfen und Ausgleichsleistungen des Bundes abhängen. Dies und die lange Tradition einer Konkordanzdemokratie lassen kaum eine Fundamentalopposition der Kantone gegenüber dem Bund zu. Auf der anderen Seite weiß der Bund, dass jedes Gesetzesprojekt ohne die Zustimmung der Kantone gefährdet wäre. Er braucht zudem die Unterstützung der Kantone, um Gesetze auszuführen. Diese Konstellation führt im Allgemeinen zu einer Einigung über stabilitätspolitische Reformen.

Besonders bei der Verabschiedung von Finanzhilfen können Kompensationszahlungen für die Kantone eine wichtige Rolle spielen, um einen Konsens zu erreichen. Die Finanzhilfen sind außerdem das entscheidende Instrument des Bundes, Einfluss auf die Ausgaben der Kantone zu nehmen. Zwar ist der Anteil der Finanzhilfen im Kantonsdurchschnitt im internationalen Vergleich nicht sehr hoch, für die kleineren und finanzschwächeren Kantone können sie aber eine große Bedeutung haben. Gleichzeitig ist der Anteil der zweckgebundenen Finanzhilfen in der Schweiz besonders hoch, was noch einmal die Bedeutung dieses Instruments für die Stabilisierungspolitik des Bundes deutlich macht.[9]

Zwar ist zu vermuten, dass in den Aushandlungen zwischen Kantonen und Bund die Verteilungsinteressen dominieren, in der Schweiz herrscht aber ein relativ starker Konsens in Fragen der Finanzpolitik. Dieser wird durch die Mentalität des „sparsamen Hausvaters" geprägt. Wenn der Bund also Ausgaben kürzen möchte, wird er zwar lange verhandeln müssen, das offene Ohr der Kantone ist ihm aber sicher, und die Kantone bemühen sich in der Regel ebenfalls, ihre Ausgaben zu kürzen. Diese Mentalität und die doch erheblich eingeschränkten Möglichkeiten des Bundes, eine eigenständige Ausgabenpolitik zu betreiben, sowie die herrschende Auffassung, dass der Bund subsidiär vorzugehen habe, haben dazu geführt, dass die Ausgabenexpansion in der Schweiz geringer blieb als in der Bundesrepublik, und man kann sich hier offensichtlich schneller auf einen Abbau von Ausgaben auf beiden Ebenen einigen.

Resümierend lässt sich also festhalten, dass im dezentralisierten Typus des kooperativen Föderalismus Bund und Gliedstaaten in ähnlicher Weise wie im zentralisierten Typus in der Finanzpolitik aufeinander angewiesen sind, dass die Kooperation in der Schweiz aber auf Grund der fehlenden institutionellen Veto-Punkte der Kantonsregierungen „geräuschloser" verläuft. Dies liegt auch daran, dass parteipolitische Spannungen eine wesentlich geringere Rolle spielen und eine eingespielte Konkordanzpraktik hilft, Differenzen pragmatisch zu überbrücken. Die Logik von Kompensationszahlungen liegt auch hier den Verhandlungen zu Grunde. Da es in der Schweiz allerdings keine offiziellen Planungskommissionen für die Finanzpolitik gibt, drohen Politikverflechtungsfallen nicht im gleichen Maße wie in Deutschland. „Zuschlagen" und „Zurückschlagen" sind auch in der Schweiz keine Handlungsoptionen. Kommunizieren und Verhandeln sind die gängigen Interaktionsmodi, wobei ein relativ starker Konsens über die Grundlinien der Wirtschafts- und Stabilisierungspolitik die Auseinandersetzungen mäßigt und Einigungen erleichtert. Dies erlaubt es der Bundesregierung, die Kantone auch in der Austeritätspolitik auf eine gemeinsame Haltung festzulegen. Im Unterschied zur Bundesrepublik fehlt die Dynamik der Ausgabenexpansion. Gemeinsam ist beiden Systemen die Tendenz zu einer inkrementalistisch-graduellen Politik und nicht zu einer Politik der „schnellen Schüsse".

---

9 Durch den neuen Finanzausgleich soll eine stärkere Entflechtung erreicht werden.

4. Fazit

Die makroökonomisch ausgerichtete Finanzpolitik von zentralstaatlichen Regierungen in föderativen Staaten kann durch die Machtaufteilung in der Finanzverfassung „gestört" werden. Alle in der Einleitung aufgeführten „Störfälle" sind empirisch nachzuweisen. Trotzdem zeigt sich, dass die entwickelten Bundesstaaten diese Störfälle im Allgemeinen relativ gut unter Kontrolle haben und über unterschiedlichste Mechanismen steuern können, um größere wirtschaftliche Schäden zu vermeiden.

Durch Staatsverschuldung finanzierte unkontrollierte Ausgaben der Gliedstaaten kommen in der Praxis vor. Regulierungen, Kontrollen, Absprachen oder gemeinsame mittelfristige Finanzplanungen, die außer in Kanada in allen Bundesstaaten etabliert wurden, tragen jedoch fast immer dazu bei, solche Tendenzen zu vermeiden. Sollten diese Mechanismen nicht ausreichen, stehen Bundesregierungen häufig Sanktionen bei der Vergabe von Finanzhilfen zur Verfügung, die disziplinierend wirken.

Die Möglichkeiten, eine die Bundespolitik konterkarierende Finanzpolitik auf der Ebene der Gliedstaaten einzuleiten, sind in allen untersuchten Staaten stark eingeschränkt. Denkbar sind sie ohnedies nur in den Bundesstaaten, in denen die Gliedstaaten in der Steuerpolitik und bei Ausgabenentscheidungen autonom sind. Aber auch dann sind lediglich die sehr großen Gliedstaaten, wie z.B. Ontario in Kanada, in der Lage, eine eigenständige Stabilisierungspolitik zu verwirklichen. Tatsächlich findet man diese Fälle lediglich in Kanada, wo sich im Laufe der Zeit relativ selbstbewusste politische Eliten in den Provinzen herausgebildet haben, denen die nötigen Mittel und Erfahrungen zur Verfügung stehen, um eine eigenständige Fiskalpolitik durchzuführen. In allen anderen Bundesstaaten können die Gliedstaaten stören, aber nicht in Konfrontation zur Bundesregierung handeln.

Dies heißt aber nicht, dass in diesen Staaten die föderativen Strukturen keinerlei Einfluss auf die Stabilisierungspolitik des Bundes hätten. Das Störpotenzial ist darin begründet, dass die Bundesregierungen selten auf die von den Gliedstaaten verwalteten Einnahmen und Ausgaben zugreifen können. Hierfür bedarf es oft teurer Tauschgeschäfte und der Verhandlungen mit hohen Transaktionskosten (die bis zum Immobilismus gehen können), die politische Lösungen oft suboptimal werden lassen. Unilateral kann eine Bundesregierung, wie gezeigt, nur in den föderativen Staaten handeln, in denen sie über ausreichende Machtmittel verfügt. Dies trifft aber eigentlich nur in Australien zu. Der Vergleich von kompetitiven und kooperativen intergouvernementalen Beziehungen zeigte hierbei aber, dass auch die australische Bundesregierung in wichtigen Feldern sowie bei wirtschaftlichen Strukturreformen auf die Mitarbeit der „States" angewiesen war. Auf der anderen Seite bewies die kanadische Bundesregierung, dass man auch bei geringeren Machtmitteln (bei großer „fiskalischer Schwierigkeit") mit unilateralen Strategien durchaus erfolgreich Austeritätspolitik betreiben kann, allerdings nur, wenn dabei die Kräfte auf dem Finanzmarkt unterstützend wirken.

Der wesentliche Unterschied zwischen diesen beiden Systemen des Föderalismus scheint mir aber weniger der Gegensatz von unilateralem und kooperativem Handeln zu sein als vielmehr die unterschiedliche Art und Weise, das Störpotenzial der Gliedstaaten über kooperative Mechanismen auszuschalten: In kompetitiven Systemen geschieht dies durch die „bedingte Kooperation", in kooperativen Bundesstaaten durch „unbedingte Kooperation".

Systeme „bedingter Kooperation" sind in sich instabil, weil alle Akteure jederzeit die „Exit-Option" wählen können, eine Formalisierung der Verhandlungen kaum möglich ist und unterschiedlichste Mechanismen der Abstimmungen zur Verfügung stehen (bilateral, multilateral usw.). Die Wahrscheinlichkeit, dass man keine Kompromisse findet, ist relativ hoch. In diesem Fall gilt der „Unilateralismus" als *default*-Bedingung und viel hängt davon ab, welche anderen Mittel die Bundesregierung nutzen kann (z.B. Geldpolitik, Verwendung eigener finanzieller Instrumente). Wenn diese fehlen, bedeutet das Scheitern der Verhandlungen Stillstand und ein Versagen der makroökonomischen Stabilisierungspolitik. Kommt es zu Kompromissen, tragen diese einen anderen Charakter als in kooperativen Systemen: Auf Grund der kompetitiven Grundeinstellung der Akteure ist das „bargaining" die dominante Interaktionsorientierung. Eine langfristige kooperative Einstellung kann sich schwer herausbilden, weil es keine formalisierten und dauerhaften Verhandlungsarenen zur Klärung von Streitfragen gibt. Daraus resultieren, wie der Fall Kanada zeigte, entweder reine „win-win"-Lösungen oder das Scheitern der Verhandlungen.

In kooperativen Bundesstaaten sind Verhandlungen stabil und formalisiert, was die Verpflichtungsfähigkeit der teilnehmenden Akteure erhöht. Da es bei „unbedingter Kooperation" keine Exit-Option gibt, müssen sich die Akteure einigen. Bei Mehrheitsentscheiden kommt es dabei zu oft teuren Kompensationszahlungen, unter der Einstimmigkeitsregel sind Kompromisse auf der Basis des kleinsten gemeinsamen Nenners am wahrscheinlichsten. Trotzdem sind in diesen Systemen auch Verhandlungsergebnisse auf der Basis „positiver Koordination" möglich, weil die Akteure regelmäßig aufeinander treffen und so langfristige Tauschgeschäfte eingehen können. Dies hängt aber vom Einfluss des Parteiensystems ab, das ein starkes kompetitives Element in die Verhandlungen hineinbringen kann. Dort, wo das Parteiensystem wenig Einfluss hat, wie in der Schweiz, kann relativ pragmatisch und konsensorientiert verfahren werden, während die Verhandlungen in Deutschland durch die Parteienkonfrontation eher dem „bargaining" in der „bedingten Kooperation" gleichen. Der Vorteil dieses Systems für die Stabilisierungspolitik ist aber zweifellos die auf Dauer angelegte konzertierte Politik, die Konfrontationen und einseitiges Vorgehen verhindert und relativ große Erwartungssicherheit in der Fiskalpolitik möglich macht.

Literatur

Alt, James E./Lowry, Robert C., 1994: Divided Government, Fiscal Institutions, and Budget Deficits: Evidence from the States, in: American Political Science Review 88, 811–828.
Andel, Norbert, 1998: Finanzwissenschaft. 4. Aufl., Tübingen.
Benz, Arthur/Scharpf, Fritz W./Zintl, Reinhard, 1992: Horizontale Politikverflechtung. Zur Theorie von Verhandlungssystemen. Frankfurt a.M./New York.
Bird, Richard A./Gendron, Pierre-Pascal, 2001: VAT's in Federal States: International Experience and Emerging Possibilities. Discussion Paper, University of Toronto.
Bird, Richard M., 1986: Federal Finance in Comparative Perspective. Toronto.

Braun, Dietmar/Ayrton, Robert/Bullinger, Anne-Béatrice/Wälti, Sonja, 2000: Fiscal Policy Decision Making in Federal States. Lausanne: Université de Lausanne (erscheint bei Ashgate: Aldershot 2002).

Braun, Dietmar/Bullinger, Anne-Béatrice/Wälti, Sonja, 2001: The Influence of Federalism on Fiscal Policymaking, in: European Journal of Political Research 40 (im Erscheinen).

Breton, Albert, 1987: Toward a Theory of Competitive Federalism, in: European Journal of Political Economy 3, 263–329.

Breton, Albert, 1999: The Comparative Efficiency of Competitive and Cooperative Federalism, in: *Richard M. Bird/Michael J. Trebilcock/Thomas A. Wilson* (Hrsg.), Rationality in Public Policy: Retrospect and Prospect, A Tribute to Douglas G. Hartle. Toronto, 9–17.

Brock, Kathy L., 1995: The end of Executive Federalism?, in: *François Rocher/Miriam Smith* (Hrsg.), New Trends in Canadian Federalism. Peterborough u.a., 91–108.

Campbell, Robert M., 1995: Federalism and Economic Policy, in: *François Rocher/Miriam Smith* (Hrsg.), New Trends in Canadian Federalism. Peterborough u.a., 187–210.

Castles, Francis G., 2001: Federalism, fiscal decentralization and economic performance, in: *Ute Wachendorfer-Schmidt* (Hrsg.), Federalism and Political Performance. London, 177–195.

Courchene, Thomas J., 1986: Fiscal policy, in: *Thomas J. Courchene* (Hrsg.), Economic Management and the Division of Powers. Toronto, 71–100.

Craig, John, 1997: Australia, in: *Teresa Ter-Minassian* (Hrsg.), Fiscal Federalism in Theory and Practice. Washington, 175–200.

Dillinger, William/Webb, Steven B., 1999: Fiscal Management in Federal Democracies: Argentina and Brazil, Working Paper, World Bank Institute.

Dupré, J. Stefan, 1985: Reflections on the Workability of Executive Federalism, in: *Richard Simeon* (Hrsg.), Intergovernmental Relations. Toronto, 1–32.

Faust, Jörg, 2001: Fiscal Federalism, Democratisation and Currency Crisis in Brazil. Diskussionspapier präsentiert auf der Konferenz „Der Wandel föderativer Strukturen" in Berlin, 8.–9. Juni.

Haan, Jakob de/Sturm, Jan-Egbert, 1994: Political and institutional determinants of fiscal policy in the European Community, in: Public Choice 80, 157–172.

International Monetary Fund, 1995: National Public Finances. Washington.

Keman, Hans, 2001: Federalism and policy performance. A conceptual and empirical inquiry, in: *Ute Wachendorfer-Schmidt* (Hrsg.), Federalism and Political Performance. London, 196–227.

King, David N., 1984: Fiscal Tiers: The Economics of Multi-level Government. London.

Kirsch, Guy, 1977: Föderalismus. Stuttgart/New York.

Lane, Jan-Erik/Ersson, Svante, 1996: The Federal Model: Is it Superior? Berlin: Europäisches Zentrum für Staatswissenschaften.

Lijphart, Arend, 1999: Patterns of Democracy. Government Forms and Performance in Thirty-Six Countries. New Haven.

Linder, Wolf, 1987: La décision politique en Suisse: Genèse et mise en oeuvre de la législation. Lausanne.

Linder, Wolf, 1999: Schweizerische Demokratie. Institutionen – Prozesse – Perspektiven. Bern.

Lowry, Robert C./Alt, James E./Ferree, Karen E., 1998: Fiscal Policy Outcomes and Electoral Accountability in American States, in: American Political Science Review 92, 759–774.

Norregaard, John, 1997: Tax Assignment, in: *Teresa Ter-Minassian* (Hrsg.), Fiscal Federalism in Theory and Practice. Washington, 49–72.

Oates, Wallace E., 1991: Studies in fiscal federalism. Aldershot.

Oates, Wallace E., 1999: Federalism and Government Finance, in: *John M. Quigley/Eugene Smolensky* (Hrsg.), Modern Public Finance. Cambridge, 126–151.

Painter, Martin, 1991: Intergovernmental Relations in Canada: An Institutional Analysis, in: Canadian Journal of Political Science 24, 269–289.

Painter, Martin, 1998: Collaborative Federalism: Economic Reform in Australia in the 1990s, Cambridge.

Painter, Martin, 2001: When Adversaries Collaborate. Conditional Co-operation in Australia's Arm's Length Federal Polity, in: *Ute Wachendorfer-Schmidt* (Hrsg.), Federalism and Political Performance. London, 130–145.

Perry, David B., 1997: Financing the Canadian Federation: Setting the Stage for Change. Toronto.
Potter, Barry, 1997: Budgetary and Financial Management, in: *Teresa Ter-Minassian* (Hrsg.), Fiscal Federalism in Theory and Practice. Washington, 135–155.
Sally, Razeen/Webber, Douglas, 1994: The German Solidarity Pact: A Case Study in the Politics of Unified Germany, in: German Politics 3, 24–26.
Savoie, Donald J. (Hrsg.), 1996: Budgeting and the Management of Public Spending. Cheltenham.
Scharpf, Fritz W., 1976: Theorie der Politikverflechtung, in: *Fritz W. Scharpf/Bernd Reissert/Fritz Schnabel* (Hrsg.), Politikverflechtung: Theorie und Empirie des kooperativen Föderalismus in der Bundesrepublik. Kronberg/Ts., 13–70.
Scharpf, Fritz W., 1985: Die Politikverflechtungsfalle: Europäische Integration und deutscher Föderalismus im Vergleich, in: Politische Vierteljahresschrift 26, 323–356.
Scharpf, Fritz W., 1987: Sozialdemokratische Krisenpolitik in Europa. Frankfurt a.M.
Scharpf, Fritz W., 1994: Optionen des Föderalismus in Deutschland und Europa. Frankfurt a.M.
Scharpf, Fritz W., 1997: Games Real Actors Play: Actor-Centered Institutionalism in Policy Research. Boulder.
Scharpf, Fritz W./Reissert, Bernd/Schnabel, Fritz (Hrsg.), 1977: Politikverflechtung II. Kritik und Berichte aus der Praxis. Kronberg/Ts.
Schneider, Steffen/Schultze, Rainer-Olaf, 1999: The Price of German Federalism: Paul E. Peterson's Analytical Framework and Intergovernmental Dynamics in the German Federal System, 1949–1988, unveröffentl. Manuskript (Jahrestagung der CPSA, Sherbrooke).
Schultze, Rainer-Olaf, 1984: Entwicklungen des Föderalismus in Deutschland, Kanada und Australien: Wider den Fatalismus unbefragter Unitarisierungsannahmen, in: Zeitschrift für Parlamentsfragen 15, 291–304.
Seitz, Helmut, 2000: Fiscal Policy, Deficits and Politics of Subnational Governments: The Case of the German Laender, in: Public Choice 102, 182–218.
Ter-Minassian, Teresa (Hrsg.), 1997: Fiscal Federalism in Theory and Practice. Washington.
Ter-Minassian, Teresa/Craig, John, 1997: Control of Subnational Government Borrowing, in: *Teresa Ter-Minassian* (Hrsg.), Fiscal Federalism in Theory and Practice. Washington, 156–174.
Vehorn, Charles L./Ahmad, Ehtisham, 1997: Tax Administration, in: *Teresa Ter-Minassian* (Hrsg.), Fiscal Federalism in Theory and Practice. Washington, 108–134.
Wachendorfer-Schmidt, Ute, 1998: Föderalismus und Finanzverfassung, in: *Ursula Männle* (Hrsg.), Föderalismus zwischen Konsens und Konkurrenz. Baden-Baden, 56–71.
Watts, Ronald L., 1989: Executive Federalism: A Comparative Analysis. Kingston.
Watts, Ronald L., 1996: Comparing Federal Systems in the 1990s. Kingston.
Watts, Ronald L., 1999: The Spending Power in Federal Systems: A Comparative Study. Kingston.
Wibbels, Erik, 2000: Federalism and the Politics of Macroeconomic Policy and Performance, in: American Journal of Political Sciences 44, 687–702.

Föderative Staaten in einer entgrenzten Welt:
Regionaler Standortwettbewerb oder gemeinsames Regieren
jenseits des Nationalstaates?*

Tanja A. Börzel

1. Die Entgrenzung der Staatenwelt: Das Ende territorialer Politik?

In der Politikwissenschaft werden die Ausweitung, Intensivierung und Integration grenzübergreifender Aktivitäten auf internationaler und europäischer Ebene als „neuartiges Problem für politisches Handeln" begriffen, „weil nicht nur die Wirkungs- und Gestaltungsräume von Regieren auseinanderfallen, sondern die internationale Expansion von Interaktionsräumen auch zu neuen funktionalen Differenzierungen und internen Grenzverschiebungen führt" (Kohler-Koch 1998a: 11). Wenn wir solche Entgrenzungsprozesse als Entterritorialisierung im Sinne einer Verabschiedung des territorialen Differenzierungsprinzips verstehen, bedrohen sie nicht nur die Existenz des modernen Territorialstaates, sondern stellen auch den Föderalismus als territoriales Ordnungsprinzip grundsätzlich in Frage. Der Befund der Entterritorialisierung von Politik ist jedoch in der Literatur umstritten. Während einige mit Globalisierung und Denationalisierung das Ende der Territorialisierung politischer Gemeinschaften gekommen sehen und die Frage nach neuen, nicht-territorial gebundenen Konzepten zur Organisation politischer Herrschaft aufwerfen (Ruggie 1998), vertreten andere einen weniger radikalen Standpunkt. Sie argumentieren, dass die (teilweise) Aufhebung von Grenzen durch die Errichtung grenzübergreifender politischer Ordnungsräume, wie der Europäischen Gemeinschaft oder der Nordamerikanischen Freihandelszone, das Prinzip territorialer Organisation nicht grundsätzlich aufhebt (Albert 1998; Keating 1998). Die Ausdifferenzierung politischer Handlungskompetenzen auf verschiedene Ebenen mag zu einem gewissen Bedeutungsverlust des Nationalstaates führen, insbesondere wenn das Westfälische Modell zugrunde gelegt wird, in dem sich Territorialität und gesellschaftliche Funktionsräume decken.[1]

Die Nachricht vom Ende der territorialen Politik scheint also verfrüht. Entgrenzungsprozesse bieten Staaten neue Möglichkeiten politischen Handelns durch Interdependenzmanagement in internationalen und supranationalen Institutionen (Zürn 1997, 1998a; Beck 1997). Diese Regierungsformen mögen zwar „jenseits des Nationalstaates" organisiert sein, sie weisen jedoch einen starken territorialen Bezug auf, nicht zuletzt deshalb, weil Staaten eine zentrale Rolle bei der Entscheidungsfindung und bei der Umsetzung internationaler und europäischer Regeln spielen (Wolf 2000). Von einer Entstaatlichung oder gar Entterritorialisierung im Sinne der Verabschiedung des terri-

---

* Ich danke Arthur Benz, Gerhard Lehmbruch, Christine Landfried und Hartmut Marhold für Kritik und Anregungen zu früheren Fassungen des Beitrags.
1 Krasner argumentiert überzeugend, dass es diese Deckungsgleichheit historisch nie vollständig gegeben hat (Krasner 1995, 1999).

torialen Differenzierungsprinzips kann also kaum die Rede sein. Es handelt sich vielmehr um die „Verschiebung von Grenzen innerhalb der territorialen Welt" (Wolf 1998). Entgrenzung wird in diesem Beitrag deshalb als Prozess verstanden, welcher die Verlagerung und Umdeutung von territorialen Grenzen, nicht jedoch die grundsätzliche Aufhebung des Territorialprinzips beinhaltet (vgl. Kohler-Koch 1998a). Folglich geht es hier nicht um die Frage, ob Globalisierung und kontinentale Integration das Ende der Souveränität territorial definierter (Bundes)Staaten bedeuten und wir uns deshalb zurück ins Mittelalter bewegen (Ruggie 1993, 1998; Teschke 1998). Dieser Beitrag will vielmehr untersuchen, wie sich die zunehmende Durchlässigkeit nationalstaatlicher Grenzen (*perforated sovereignty*)[2] auf das Verhältnis zwischen territorialen Gebietskörperschaften innerhalb verschiedener Bundesstaaten auswirkt und ob ein Druck hin zu mehr Wettbewerb (Konkurrenz) oder mehr Kooperation (Konkordanz) erzeugt wird.

Der Beitrag argumentiert, dass die Wirkungen von Entgrenzungsprozessen auf die Politik föderativer Systeme einer ökonomischen und einer politischen Dynamik folgen, wobei erstere mehr Wettbewerb unter den territorialen Gebietskörperschaften verlangt, während von letzterer ein starker Anreiz zur Kooperation ausgeht. Nationale Regierungen haben auf den steten Anstieg an grenzübergreifenden Finanz- und Informationsströmen mit dem Versuch reagiert, ihre Problemlösungsfähigkeit durch internationale Kooperation und Interdependenzmanagement wiederherzustellen (Wolf 2000). Die daraus resultierende Verregelung von Politik in internationalen und europäischen Institutionen hat in föderativen Systemen einen politischen Konkordanzdruck erzeugt, der Dezentralisierungstendenzen und Reformforderungen nach mehr Wettbewerb entgegenwirkt. Während Gliedstaaten über die notwendigen Handlungskapazitäten verfügen, um ihre wirtschaftlichen und politischen Interessen selbständig zu verfolgen, gewinnen sie mehr Einfluss auf das „Regieren jenseits des Nationalstaates", wenn sie mit ihrer Bundesregierung zusammenarbeiten. Dies gilt um so mehr, als auch die nationalen Exekutiven größere Bereitschaft zeigen, ihre Gliedstaaten an Entscheidungen in der internationalen und europäischen Politik teilhaben zu lassen. Die vertikale Kooperation mit der Bundesebene verlangt von den dezentralen Gebietskörperschaften ein zunehmendes Maß an horizontaler Koordination untereinander, um ihre Interessen zu bündeln und wirksam gegenüber der Bundesregierung zu vertreten. Es ist also nicht alleine die Reformunfähigkeit und das Beharrungsvermögen formaler Institutionen, sondern die Herausbildung von Regierungsformen jenseits des Nationalstaates, die mehr Wettbewerbsföderalismus be- bzw. verhindern.

Um dieses Argument zu entwickeln, geht der Beitrag in drei Schritten vor. Der erste Teil entwirft einen konzeptionellen Rahmen, der es erlaubt, die Wirkung von Entgrenzungsprozessen auf die formalen Institutionen, politischen Praktiken und die korrespondierenden Leitideen in föderativen Systemen zu untersuchen. Ausgangspunkt der Überlegungen ist, dass Entgrenzung zwar durch verschärften Standortwettbewerb wirtschaftlichen Druck hin zu mehr Konkurrenz zwischen Gliedstaaten ausübt. Damit einher gehen aber auch politische Anreize zu mehr Kooperation, um am internationalen und europäischen Interdependenzmanagement teilhaben zu können. Die vergleichende

---

2 Duchacek u.a. (1988); Duchacek (1990).

Studie im zweiten Teil zeigt, dass nicht nur die dezentralen Einheiten in von Konkordanz geprägten Bundesstaaten wie Deutschland und Österreich, sondern selbst Regionen in weniger integrierten, traditionell von Konflikt und Konkurrenz bestimmten föderalen Systemen wie Spanien und Belgien diesen Anreizen gefolgt sind. In allen vier Ländern kam es im Bereich internationaler und vor allem europäischer Angelegenheiten zur Herausbildung kooperativer Praktiken, die dann schrittweise formalisiert wurden. In Deutschland und Österreich hat die institutionalisierte Kooperation bereits bestehende Strukturen des Konkordanzföderalismus weiter gestärkt und den Forderungen nach mehr Wettbewerbsföderalismus entgegengewirkt. In Spanien und Belgien hingegen ist es zu einer nachhaltigen Veränderung der historisch gewachsenen Strukturen des kompetitiven Regionalismus gekommen, als Folge dessen sich der Konkordanzföderalismus immer mehr zur Leitidee entwickelt. Der Beitrag schließt mit einer Zusammenfassung der wichtigsten Ergebnisse und einer Diskussion der Implikationen, die sich daraus für die Zukunft von Bundesstaaten in einer zunehmend entgrenzten Welt ergeben. Entgrenzungsprozesse scheinen nicht zwingend das Ende territorialer Politik zu bedeuten. Im Gegenteil, der Blick auf föderale Systeme wie die Schweiz, Kanada oder die USA bestätigen den Befund der Studie, dass die territoriale Logik gegenüber der funktionalen Logik der Politik sogar an Bedeutung gewinnen könnte.

2. Entgrenzung und der Wandel föderativer Politik

Entgrenzung bezeichnet „die Inkongruenz politischer, wirtschaftlicher, sozialer und kultureller Räume und wirft die Frage auf, inwieweit das Entstehen bedeutsamer räumlicher Ordnungsmuster jenseits der territorialstaatlichen Aufteilung des internationalen Systems beobachtet werden kann" (Albert 1998: 51–52; Christiansen 1997). Sie bezieht sich auf die nachlassende Dominanz einer territorialen bzw. territorialstaatlichen Differenzierung sozialer Systeme, die zunehmend von einer funktionalen Differenzierung überlagert wird.

Dieses allgemein geteilte Verständnis von Entgrenzung bildet den Ausgangspunkt für zwei sehr unterschiedliche Auffassungen über die Implikationen eines solchen Prozesses, die Klaus-Dieter Wolf als „Entgrenzung als Entterritorialisierung politischer Räume" und „Entgrenzung als Reorganisation territorialer Räume" unterschieden hat (Wolf 1998). Erstere Auffassung postuliert eine Loslösung politischer, gesellschaftlicher und ökonomischer Handlungszusammenhänge vom Prinzip der territorialen Ordnung und stellt damit das Territorialitätsprinzip grundsätzlich in Frage. Politik, Wirtschaft und Gesellschaft bilden nicht länger eine Einheit, sondern ihre Wirkungsräume driften zunehmend auseinander (Strange 1997: 9). Die wachsende wirtschaftliche und gesellschaftliche Verflechtung über nationale Grenzen hinweg räumt dem Prinzip der territorialen Differenzierung immer geringere Bedeutung ein, da sich wirtschaftliche, gesellschaftliche und kulturelle Handlungszusammenhänge nicht mehr in territorialen Kategorien fassen lassen (Ruggie 1998: 174–175). Die zweite Auffassung ist weniger radikal, da es ihr um Bedeutungsverschiebungen zwischen unterschiedlichen territorialen Grenzziehungen und nicht um deren grundsätzliche Aufhebung geht. In einem Prozess der Reorganisation territorialer Räume wird die Bedeutung nationaler Grenzen relativiert, der „Alleinvertretungsanspruch des souveränen ‚Westfälischen' Staates künftig in einer Kette unterschiedlicher, aber potenziell gleichwertiger territorialer Organisationseinheiten auf lokaler, regionaler und überregionaler politischer Ebene [aufgelöst]" (Wolf 1998: 80; Ohmae 1993). Territoriale Differenzierungsmuster bleiben bedeutsam, verlagern sich aber zunehmend auf die sub- und supranationale Ebene, wo sie mit funktionalen Differenzierungsmustern koexistieren. Dieses Phänomen lässt sich analytisch am ehesten mit dem Begriff des *multilevel governance* fassen, der auf die Verteilung von Handlungskompetenzen und Ressourcen zwischen öffentlichen und privaten Akteuren über mehrere territorial definierte Ebenen abstellt (Marks 1993; Jachtenfuchs/Kohler-Koch 1996).

Diese Diffusion von Regierungs- und Steuerungsfunktionen ist keineswegs nur das Resultat der Integration nationaler Märkte, sondern folgt einer politisch-funktionalen Logik. Sie entspricht dem Versuch der Staaten, Problemlösungsfähigkeit zurückzugewinnen, indem sie einerseits ihre Handlungskompetenzen auf der internationalen Ebene zusammenlegen (Wolf 2000; Zürn 1998a) und andererseits gesellschaftliche, wirtschaftliche sowie subnationale Akteure in die Politikformulierung und -implementation einbeziehen (Scharpf 1991; Kooiman 1993). Letzteres gilt zunehmend auch im Rahmen internationaler Verhandlungssysteme. In Bundesstaaten bietet die Bereitschaft nationaler Regierungen, ihr Außenmonopol aufzugeben und innerstaatliche Akteure am Regieren jenseits des Nationalstaates zu beteiligen, Gliedstaaten einen starken politischen Anreiz zur Zusammenarbeit mit ihrer Bundesregierung, die nur effektiv ist, wenn sie sich auch untereinander abstimmen.

Entgrenzungsprozesse enthalten somit sowohl eine wirtschaftliche als auch eine politische Dynamik, die für die Veränderung von Politik in föderativen Staaten relevant sind und in gegensätzliche Richtungen wirken. Während die Öffnung nationaler Märkte für den globalen Wettbewerb den Konkurrenzdruck zwischen Gliedstaaten erhöht, erfordert die Mitwirkung am „Regieren jenseits des Nationalstaates" ihre gemeinsame Kooperation.

2.1 Die wirtschaftliche Dynamik der Entgrenzung:
Regionen als „Global Market Players"

Seit Ende der sechziger Jahre lässt sich in Bundesstaaten eine Zunahme auswärtiger Aktivitäten von Gliedstaaten beobachten, die in der Literatur gemeinhin als Reaktion auf *„imperatives of interdependence"* erklärt wird (Duchacek 1990: 6). Ereignisse wie die weltweite Rezession im Schatten der Ölkrise Anfang der siebziger Jahre haben die Regionen ihre wirtschaftliche Verwundbarkeit spüren lassen. Sie mussten erfahren, dass ihre Bundesregierung ihnen keinen wirksamen Schutz gegen wirtschaftliche, kulturelle oder andere externe Einflüsse bieten konnte.[3] Darüber hinaus begann sich die internationale Politik zunehmend mit Themen zu beschäftigen, die über den klassischen Bereich der Außen- und Sicherheitspolitik hinausgingen und innenpolitische und interna-

---

3 So z.B. der Gouverneur des US-Staates Arizona, Bruce Babbit, 1983: „The message is clear: the national government will no longer bail us out" (zitiert in Duchacek 1990: 6).

tionale Probleme wie Umweltschutz, Migration oder Transport verschmelzen ließen. Vor allem ressourcenstarke Regionen, wie die US-amerikanischen Bundesstaaten oder die kanadischen Provinzen, fingen deshalb an, eigene außenpolitische Initiativen zu entwickeln. Diese regionale „*paradiplomacy*" (Duchacek 1990) verfolgt vordringlich das Ziel, Wirtschaftswachstum und technologische Entwicklung in der Region durch Exportförderung und Einwerben von ausländischen Direktinvestitionen voranzubringen (Hocking 1986; Soldatos 1990).[4] Zahlreiche Länderstudien haben die paradiplomatischen Aktivitäten von Gliedstaaten untersucht, die parallel, komplementär und manchmal auch im Konflikt mit der zentralstaatlichen Außenpolitik verlaufen (vgl. z.B. die Beiträge in Duchacek u.a. 1988; Michelmann/Soldatos 1990; Hocking 1993a). Dabei steht die Frage im Vordergrund, wie sich die regionale *paradiplomacy* auf die nationale Außenpolitik auswirkt und ob sie die Bundesregierungen zur Aufgabe ihres traditionellen Monopols in der Außenpolitik zwingt. Inwiefern die Politik in den föderativen Staaten dadurch betroffen bzw. verändert wird, ist von nachgeordnetem Interesse. Die empirischen Untersuchungen zeigen jedoch, dass es zwar einen wachsenden Wettbewerb zwischen territorialen Gebietskörperschaften um Exportmärkte und ausländische Direktinvestitionen gibt. Gleichzeitig finden sie aber auch eine Reihe von Beispielen, in denen Gliedstaaten ihre auswärtigen Aktivitäten untereinander koordinieren (Feldman/Feldman 1990; Hocking 1993b; Fry 1990). Auch suchen Gliedstaaten die Zusammenarbeit mit ihrer Bundesregierung, die von sich aus eine „Rationalisierung" außenpolitischer Prozesse anstrebt (Soldatos 1990).

Unter dem Stichwort „*New Regionalism*" griff in den neunziger Jahren der Forschungszweig der *Regional Political Economy* die Frage nach der Auswirkung von Entgrenzungsprozessen auf Territorialstrukturen auf. Ausgangspunkt bildet die Beobachtung, dass Globalisierung und kontinentale Integration zu transnationaler wirtschaftlicher und gesellschaftlicher Verflechtung führen, die Staatsgrenzen immer durchlässiger werden lässt. Dies bedeutet jedoch nicht das Ende territorialer Politik, sondern die Reorganisation territorialer Räume in Form eines „neuen Regionalismus" (Keating 1998; Keating/Loughlin 1997). So argumentiert Michael Keating, dass Globalisierung und europäische Integration die traditionellen Beziehungen des „*dyadic exchange*" destabilisiert haben, in denen Regionen politische Unterstützung gegen zentralstaatlichen Schutz vor globalem Wettbewerbsdruck und staatliche Wirtschaftsförderung tauschten. Kapitalmobilität und der Aufstieg multinationaler Konzerne haben es den Zentralstaaten unmöglich gemacht, die Grenzen ihrer Volkswirtschaften effektiv zu kontrollieren. Da der Nationalstaat als Puffer und Vermittler zwischen seinen Regionen und den globalen Märkten ausfällt, sehen sich Regionen direkt dem internationalen Wettbewerb ausgesetzt, in dem sie miteinander um mobile Steuerquellen, mobile Unternehmen und mobile Investitionen konkurrieren. Weil global operierende Unternehmen mobiler geworden sind, können sie ihre Standorte nach der für sie möglichst optimalen Bündelung von Produktionsfaktoren wie Infrastruktur, Höhe der Lohnnebenkosten, Qualifikation der Arbeitskräfte, Zulieferbetriebe usw. auswählen. Ein großer Teil dieser Leis-

---

4 Die Nebenaußenpolitik von Regionen ist auch von anderen, eher politischen Zielen motiviert (Michelmann 1990: 300–306) wie z.B. die Entwicklung einer eigenständigen politischen Identität auf internationaler Ebene, die im Falle der kanadischen Provinz Quebec als Vorbereitung zur Sezession gewertet wurde (Duchacek 1988; Soldatos 1990).

tungen wird von den Regionen bereitgestellt, weil der Zentralstaat sie nicht (mehr) übernehmen kann oder will. Dies gilt umso mehr, als regionale Netzwerke oder „*development coalitions*" als geeigneter gelten, lokale Entwicklungspotenziale effektiv zu fördern und auszuschöpfen, um so besser im internationalen Wettbewerb bestehen zu können (Keating 1998; Amin/Thrift 1994; Braczyk u.a. 1998).[5] Gleichzeitig lassen globale und kontinentale Freihandelsregime wirtschaftspolitische Steuerungsinstrumente, wie sie der Keynesianische Wohlfahrtsstaat in der Nachkriegszeit entwickelte, stumpf werden. Auch investieren nationale Regierungen angesichts des intensivierten internationalen Wettbewerbs lieber in kompetitive Sektoren als in strukturschwache Regionen. Während internationale Handelsregime sowie die Wettbewerbspolitik der Europäischen Union die Möglichkeiten der wirtschaftspolitischen Steuerung durch zentralstaatliche Subventions- und Fiskalpolitik immer weiter einschränken, bieten vor allem die Europäische Union mit ihrer Strukturpolitik, aber auch die zunehmende Bedeutung grenzübergreifender regionaler Zusammenarbeit den Regionen die Möglichkeit, als unabhängige Akteure außerhalb ihres Nationalstaates aufzutreten, um ihre Attraktivität als Wirtschaftsstandort zu erhöhen (Blatter 2000).

Alles in allem hat die wirtschaftliche Dynamik der Entgrenzung zu einem verschärften regionalen Standortwettbewerb geführt, der die Gliedstaaten föderativer Systeme in unmittelbare Konkurrenz zueinander setzt. Dass dies nicht unbedingt zu mehr Wettbewerbsföderalismus führt, liegt nicht notwendigerweise nur an der Reformunfähigkeit oder dem Beharrungsvermögen von Institutionen, sondern hängt mit der politischen Dynamik der Entgrenzung zusammen.

2.2 Die politische Dynamik der Entgrenzung: Gemeinsames Regieren jenseits des Nationalstaates

Die wirtschaftliche Dynamik der Entgrenzung hat weitreichende Auswirkungen auf die politische Gestaltungsmacht von Staaten. Die fortschreitende wirtschaftliche und gesellschaftliche Verflechtung, die mit der Ausweitung, Intensivierung und Integration grenzübergreifender Aktivitäten einhergeht, löst die Deckungsgleichheit von politischer Regulierung und sozialintegrierten Räumen zunehmend auf. Während gesellschaftliche und wirtschaftliche Transaktionen nationale Grenzen überwinden, bleibt die hierarchische Handlungsfähigkeit des Staates auf sein Territorium beschränkt. Die Bewältigung zentraler gesellschaftlicher Probleme wie die Zerstörung der Ozonschicht, der Treibhauseffekt, der internationale Terrorismus oder der grenzüberschreitende Drogen- und Menschenhandel erfordert Ressourcen, über die der einzelne Nationalstaat keine Kontrolle (mehr) hat (Zürn 1998b). Dieser Befund bedeutet jedoch nicht das Ende staatlicher Politik. Die Staaten bzw. deren Regierungen haben Gegenstrategien entwickelt,

---

5 Keating weist aber gleichzeitig auch darauf hin, dass der Wettbewerb auf globalen Märkten regionale Kulturen und kollektive Identitäten schwächen kann, welche die Grundlage für soziale Solidarität und Kooperation in einer Region bilden. In diesen Fällen führt die wirtschaftliche Dynamik der Entgrenzung nicht nur zu mehr Wettbewerb zwischen Regionen, sondern auch zu mehr Konkurrenz zwischen Akteuren innerhalb einzelner Regionen, die gesellschaftliche Umverteilung und soziale Integration erschweren kann (Keating/Loughlin 1997: 29–32).

um ihren Verlust an Problemlösungsfähigkeit zu kompensieren. Die „neue Staatsräson" (Wolf 2000) besteht zum einen darin, Handlungsressourcen mit anderen Staaten in internationalen und supranationalen Institutionen zusammenzulegen. Damit verlieren nationale Regierungen zwar an Handlungsautonomie, erweitern jedoch den Wirkungsbereich staatlicher Steuerung über nationale Grenzen hinweg auf eher funktional differenzierte Räume (Welthandel, Umwelt, Menschenrechte) und gewinnen dadurch an Problemlösungsfähigkeit zurück (Grande/Risse 2000; Zürn 1998b; Busch/Plümper 1999).

Zum anderen versuchen Staaten, sich die Handlungsressourcen nicht-staatlicher Akteure zu erschließen. So beteiligen sie Expertengemeinschaften, Nichtregierungsorganisationen und Unternehmen zunehmend an der Politikformulierung und Politikimplementation, um deren Fachwissen und Sachverstand zu nutzen (Reinicke 1998; Haas 1992; Czada/Schmidt 1993; Voigt 1995). Die regelmäßige Einbeziehung gesellschaftlicher und wirtschaftlicher Akteure in nationale und internationale Politikprozesse erhöht nicht nur die Effektivität staatlicher Steuerung, sondern hat häufig auch eine legitimierende Wirkung. Dies gilt umso mehr für das „Regieren jenseits des Nationalstaates", das sich nationalen Strukturen demokratischer Kontrolle und Verantwortung weitgehend entzieht (Scharpf 1999; Greven 1998).

Entgrenzungsprozesse schränken also nicht nur staatliche Handlungsfähigkeit ein, sondern schaffen gleichzeitig neue Möglichkeiten der politischen Steuerung. Deshalb muss die Globalisierung keinesfalls das Ende territorialer Politik bedeuten. Im Gegenteil, einige sehen in ihr die „Renaissance von Politik", wenngleich auch in neuen Strukturen und mit anderen Instrumenten (Giddens 1999; Beck 1997). Im Zuge der Entgrenzung werden staatliche Aufgaben immer mehr in Netzwerken wahrgenommen, die über mehrere Ebenen hinweg in funktional definierten Räumen operieren. Während sich solche Netzwerkstrukturen durch die nicht-hierarchische Beziehung zwischen staatlichen und nicht-staatlichen Akteuren auszeichnen, ist es den Staaten häufig gelungen, eine zentrale Position zu behaupten, zumal sie nicht selten als Schnittstellenkoordinatoren zwischen den verschiedenen Arenen innerhalb von Mehrebenensystemen fungieren.

In dem Maße, in dem sich Regierungsstrukturen jenseits des Nationalstaates herausgebildet haben, in denen die strikte Trennung zwischen Außen- und Innenpolitik weitgehend verschwimmt, ist die Neigung nationaler Regierungen, die auswärtigen Aktivitäten ihrer Regionen als gefährliche Einmischung in ihre außenpolitischen Vorrechte zu betrachten, zurückgegangen. Ihre traditionelle Abwehrhaltung ist zunehmend der Einsicht gewichen, dass die auswärtigen Aktivitäten der Regionen eine sinnvolle Ergänzung und häufig auch eine Entlastung nationaler Außenpolitik darstellen, so z.B. wenn es um die Förderung regionaler Wirtschaftsbeziehungen auf internationaler und europäischer Ebene geht (Soldatos 1990; Hocking 1993b; Börzel 2001). Auch können Regionen ihren Zentralregierungen wertvolle Verbündete sein, wenn sie nationale Verhandlungspositionen mitvertreten und ihnen dadurch auch mehr Legitimität verleihen (Kincaid 1993). Darüber hinaus verfügen die Regionen in vielen Bereichen internationaler Dimension, wie z.B. Umweltschutz, Menschenrechte oder Bildung, über wichtige Ressourcen (Information, fachliche Expertise, Regelungskompetenzen), auf die nationale Regierungen sowohl bei der Formulierung internationaler Maßnahmen als auch bei deren" Durchführung angewiesen sind (Hocking 1993c). Insbesondere föderale Gliedstaaten haben rechtliche und administrative Kompetenzen, von denen die effektive Um- und Durchsetzung internationaler und europäischer Regeln häufig abhängt. Schließlich können Regionen in komplexen internationalen Verhandlungen eine wichtige Vermittlerrolle zwischen der nationalen und der lokalen Ebene spielen. So haben regionale Verwaltungen im Zusammenhang mit der Aushandlung der Nordamerikanischen Freihandelszone (NAFTA) nationalen Entscheidungsträgern einen Zugang zu lokalen Interessen verschafft (Hocking 1993b: 100–130).

Das Bestreben nationaler Regierungen, durch die Einbeziehung regionaler Akteure ihre Problemlösungsfähigkeit zu steigern und dabei ihre zentrale Position in der Außenpolitik zu behaupten, trifft bei den Regionen auf die zunehmende Einsicht, dass ihr Weg zu mehr Einfluss auf der internationalen Bühne über den Zentralstaat führt (Hocking 1993c). Zwar können Regionen prinzipiell ihre Interessen außerhalb ihres Nationalstaates unabhängig verfolgen. Ihre Fähigkeit, international als einheitlicher Akteur aufzutreten, ist aber vor allem eine Frage ausreichender Handlungskapazitäten. Es bedarf zunächst der Institutionen, welche die Interessen regionaler Akteure bündeln und deren Vertretung nach außen legitimieren. Darüber hinaus brauchen Regionen ausreichende finanzielle und personelle Ressourcen sowie Informationen und fachliche Expertise, um ihre Belange gegenüber internationalen und supranationalen Einrichtungen durchzusetzen. Regionen verfügen nicht über die internationalen Informations- und Kommunikationsnetzwerke, welche die diplomatischen Dienste ihren Zentralregierungen bereitstellen. Wollen sie nicht nur als – wenn auch durchaus mächtige – Interessengruppen auftreten, die mit einer Vielzahl anderer Akteure in den internationalen Politikarenen konkurrieren, sondern eigenständig internationale Aufgaben erfüllen oder an der Aufgabenerledigung internationaler Organisationen bzw. Regime teilnehmen, benötigen sie außerdem formale Handlungskompetenzen, die ihnen ihre Verfassung oder ihre Bundesregierung in den wenigsten Fällen gewähren. Staaten wie Spanien, die Schweiz und Österreich haben sogar versucht, auf verfassungsrechtlichem, gesetzlichem und politischem Wege die außenpolitischen Aktivitäten ihrer Regionen zu begrenzen. Aber selbst wenn die Regionen außenpolitische Handlungskompetenzen besitzen, gewährt das Völker- und Europarecht subnationalen Einheiten nur selten einen formalrechtlichen Status. Darüber hinaus finden sich wenig Beispiele dafür, dass ausländische Regierungen oder internationale Organisationen offizielle Kontakte zu Regionen unterhalten, wenn die Zentralregierung dagegen opponiert (Hocking 1993c).

Die nationale Regierung erweist sich damit für die Regionen als ein zentrales „*gateway*" in ihrem Bestreben, Zugang zu internationalen Akteuren, Märkten, Investitionen und Handlungsfeldern zu erlangen.[6] Selbst innerhalb der Europäischen Union, die gerade ressourcenstarken Regionen vielfältige Zugangsmöglichkeiten zu politischen Entscheidungsprozessen bietet, bleiben die nationalen Regierungen mit Abstand der wichtigste Einflusskanal für regionale Interessen (Jeffery 2000; Börzel 2001). „Generally, the better regional interests are integrated into the national policy-making system, the better they will be looked after in Brussels" (Keating 1998: 166). Dies gilt umso mehr

---

6 S. B. Cohen spricht von „gateway-states", die den Zugang zum internationalen System, speziell dem Weltmarkt, besonders gut ermöglichen (Cohen 1994). Eine ähnliche Funktion räumt Kenichi Ohmae seinen „region states" ein (Ohmae 1993).

für internationale Verhandlungssysteme wie die Welthandelsorganisation oder die Klimaschutzkonvention, in denen Regionen keinen formalen Status genießen.

Die Kooperation mit dem Zentralstaat erlaubt den Regionen nicht nur, sich Einflussmöglichkeiten auf das Regieren jenseits des Nationalstaates zu sichern. Sie dient häufig auch dazu, Anpassungskosten zu reduzieren. Beim *„burden-sharing"* (Soldatos 1990) geht es nicht nur um die finanzielle Bewältigung wirtschaftlicher und sozialer Umstrukturierungsprozesse, um im globalen Wettbewerb bestehen zu können. Da Gliedstaaten eine zentrale Rolle bei der Umsetzung internationaler und europäischer Regeln spielen, tragen sie einen erheblichen Teil der Kosten, z.B. für die Bereitstellung der administrativen und technischen Infrastruktur zur Überwachung von Umweltstandards.

Die wechselseitige Ressourcenabhängigkeit zwischen Zentral- und Gliedstaaten bei der Bewältigung von wirtschaftlichen und gesellschaftlichen Problemen in entgrenzten Räumen schafft für beide Seiten einen starken Anreiz zur Zusammenarbeit, um Ressourcen zu poolen und Kosten zu teilen. Die vertikale Kooperation mit der Zentralregierung macht jedoch die horizontale Koordination zwischen den Gliedstaaten notwendig, wobei der Kooperationsdruck vornehmlich von der Zentralregierung ausgeht. Schon aus Effizienzgründen kann sie nicht ständig in bilaterale Verhandlungen mit den einzelnen Regionen treten. Auch politisch sind bilaterale Beziehungen nicht unproblematisch, zumal wenn sich einige Regionen wie Quebec oder das Baskenland politisch und wirtschaftlich benachteiligt fühlen. Das heißt nicht, dass bilaterale Beziehungen keine Rolle spielen. Wenn es aber um die Vorbereitung internationaler und europäischer Entscheidungen von allgemeiner Bedeutung geht, muss die nationale Regierung letztendlich eine Einigung mit allen Regionen erzielen, um zu gewährleisten, dass die nationale Position mit einer Stimme nach außen vertreten wird. Gleiches gilt für die Umsetzung. Zur Einhaltung internationaler oder europäischer Regeln bedarf es der Um- und Durchsetzung in allen Regionen. Die Regionen haben wiederum erkannt, dass sie sowohl gegenüber ihrer Regierung als auch gegenüber supranationalen Akteuren wie der Europäischen Kommission mit einer gemeinsamen Position häufig mehr Einfluss ausüben können als mit politischen Alleingängen.

Zusammenfassend lässt sich also festhalten, dass von Entgrenzungsprozessen zwei unterschiedliche Dynamiken ausgehen, die in gegensätzliche Richtungen wirken. Während die wirtschaftliche Dynamik einen verschärften Druck hin zu interregionalem Standortwettbewerb auf globalen Märkten ausübt, geht von der politischen Dynamik ein starker Anreiz zur Kooperation zwischen Regionen und Zentralstaat aus, der auch auf das Verhältnis zwischen den Regionen durchschlägt und zu einem weitreichenden Wandel föderativer Politik hin zu mehr Konkordanz führen mag bzw. einem Wandel hin zu mehr Konkurrenz entgegenwirken kann.

3. Dimensionen des Wandels föderativer Politik

Das Ausmaß von Konkordanz und Konkurrenz zwischen territorialen Gebietskörperschaften manifestiert sich in den formalen und informellen Institutionen eines Bundesstaates (Schaubild 1). Findet ein signifikanter Wandel föderativer Politik statt, schlägt er sich in den institutionellen Strukturen nieder. Dabei wird hier ein weitgefasster Institutionenbegriff zugrunde gelegt, der nicht nur formale Normen, Regeln und Verfahren, sondern auch informelle Praktiken und korrespondierende Leitideen umfasst (March/Olsen 1989, 1998). Formale und informelle Institutionen beeinflussen sich wechselseitig. Während rechtlich festgelegte Normen und Verfahren bestimmten Leitideen folgen,[7] induzieren sie bestimmte politische Praktiken. So hat die verfassungsbedingte Mitwirkung der deutschen Länder an der Gesetzgebung des Bundes zur Herausbildung einer Vielzahl von informellen Abstimmungspraktiken zwischen Bund und Ländern sowie auch zwischen den Ländern untereinander geführt. Solche formalen und informellen Kooperations- und Koordinationsmechanismen entsprechen einer politischen Präferenz für einheitliche Lebensverhältnisse, wie sie im Sozialstaatsprinzip und anderen Vorschriften des Grundgesetzes niedergelegt sind (Hesse 1962; Böckenförde 1980). Sie sind ungleich schwächer ausgeprägt in föderativen Staaten, die ethnisch-kulturelle Unterschiede zu bewahren und in ein politisches System zu integrieren suchen.

Wandel föderativer Politik kann von jeder der drei institutionellen Dimensionen ausgehen. Entgrenzungsprozesse können zur Entstehung politischer Praktiken führen, die außerhalb und gegebenenfalls auch im Widerspruch zu formalen Institutionen stehen. Im Laufe der Zeit werden neue Praktiken häufig kodifiziert und formale Regeln und Verfahren entsprechend angepasst (Börzel 2001). Entgrenzungsprozesse vermögen auch herrschende Leitideen in Frage zu stellen und deshalb den Ruf nach institutionellen Reformen laut werden zu lassen.

Schaubild 1: Dimensionen föderativer Politik

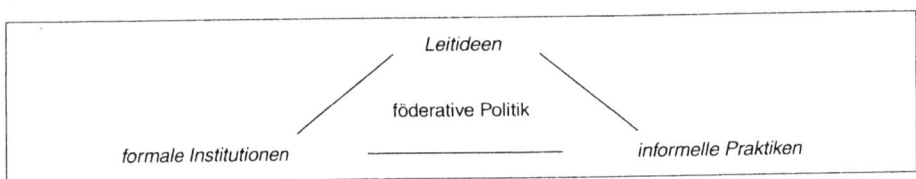

In der Föderalismusliteratur lassen sich zwei Idealtypen föderativer Systeme unterscheiden, die auf abweichenden Leitideen beruhen und sich durch unterschiedliche Konfigurationen formaler Normen, Regeln und Verfahren sowie informeller Praktiken auszeichnen (Tabelle 1; vgl. auch Schultze 1990, 1992). Das Modell des Wettbewerbsföderalismus betont die vertikale Gewaltentrennung zwischen den beiden Regierungsebenen, die durch eine möglichst große Eigenständigkeit der Gliedstaaten gegenüber dem Zentralstaat erreicht werden soll. Einzelstaatliche Autonomie wird durch eine dualistische Kompetenzstruktur angestrebt, die Zuständigkeiten nach Politikfeldern zuordnet und eine schwache Beteiligung der Gliedstaaten an der Bundespolitik durch eine direkt gewählte Zweite Kammer nach dem Senatsprinzip vorsieht. Die institutionelle Unabhängigkeit der beiden Regierungsebenen soll nicht nur die kulturelle und politische Vielfalt unter den Gliedstaaten garantieren, sondern auch den Wettbewerb zwischen ihnen ermöglichen und dadurch zu einer effizienteren Bereitstellung öffentlicher Güter

---

[7] Cornelia Ulbert spricht von Institutionen als „geronnene Ideen" (Ulbert 1997: 13).

und Dienstleistungen beitragen (Tiebout 1956; Wintrobe 1987). Dem Konkordanzföderalismus geht es hingegen nicht um die Trennung und das Gegeneinander der Regierungsebenen, sondern um die vertikale Gewaltenverschränkung, die auf einer Funktions- und Arbeitsteilung staatlicher Aufgaben beruht (Schultze 1990: 479–484). Dem entspricht eine integrierte Kompetenzstruktur, die Zuständigkeiten nach Kompetenzarten aufteilt und eine starke Beteiligung der (Regierungen der) Gliedstaaten an der Bundespolitik über eine Zweite Kammer nach dem Bundesratsprinzip vorsieht. Die wechselseitige Abhängigkeit der beiden Regierungsebenen bei der Erfüllung öffentlicher Aufgaben erfordert ein hohes Maß an innerstaatlicher Kooperation sowohl unter den Gliedstaaten als auch zwischen ihnen und dem Bund. Sie entspricht einer politischen Präferenz für die Gleichheit der Lebensbedingung im gesamten Bundesstaat sowie einer konsensorientierten politischen Kultur.

Tabelle 1: Konkordanz- versus Konkurrenzföderalismus

	Konkordanzföderalismus	*Wettbewerbsföderalismus*
Formale Normen, Regeln und Verfahren	Integrierte Kompetenzstruktur, funktionale Differenzierung	Dualistische Kompetenzstruktur, sektorale Differenzierung
	Bundesratsprinzip	Senatsprinzip
	Umfassende vertikale und horizontale Kooperationsmechanismen	Schwach ausgeprägte intergouvernementale Kooperationsmechanismen
Informelle Praktiken	Multilaterales Aushandeln	Bilaterale Verhandlungen und politische Alleingänge
Leitideen	Integration und Gleichheit der Lebensbedingungen	Eigenständigkeit und Vielfalt
	Konsens	Wettbewerb

Bei den beiden Föderalismusmodellen handelt es sich um Idealtypen, die in der Realität in Reinform kaum zu finden sind. Föderative Systeme lassen sich aber durchaus eher dem einen oder anderen Modell zuordnen. Damit können wichtige Dimensionen föderativer Politik identifiziert werden, deren Veränderungen in der folgenden empirischen Studie als Maßstab für föderativen Wandel hin zu mehr Konkurrenz bzw. Konkordanz dienen sollen.

4. Bundesstaaten vor der Herausforderung der Europäisierung

Die Europäisierung ist der Prozess, in dem Entgrenzung im Sinne der Reorganisation territorialer Räume am weitesten vorangeschritten ist. Nirgendwo sonst auf der Welt findet sich ein so hohes Maß an wirtschaftlicher und gesellschaftlicher Verflechtung über nationale Grenzen hinweg wie innerhalb des Europäischen Binnenmarktes. Die fortschreitende Öffnung nationaler Märkte setzt die Regionen der Mitgliedsstaaten einem wachsenden Wettbewerbsdruck aus. Dabei konkurrieren sie nicht nur um Investitionen und Absatzmärkte, sondern auch um die Vergabe europäischer Strukturhilfemittel, welche die staatliche Subventionspolitik zunehmend ergänzt bzw. ersetzt. Die Schaffung eines integrierten Wirtschaftsraumes mit einer gemeinsamen Währung hat jedoch nicht nur den regionalen Standortwettbewerb erheblich verstärkt. Mit der zunehmenden Übertragung wirtschaftlicher und politischer Handlungskompetenzen auf die europäische Ebene haben die Mitgliedsstaaten ihren „Alleinvertretungsanspruch" bei der Erfüllung öffentlicher Aufgaben eingebüßt. Die Diffusion von Regierungs- und Steuerungsfunktionen über mehrere Ebenen und Politikarenen übt dabei einen beträchtlichen Veränderungsdruck auf Mitgliedsstaaten mit föderativen Systemen aus. Der Vergleich von Deutschland, Österreich, Belgien und Spanien zeigt, dass alle vier Bundesstaaten auf die Herausforderung der Europäisierung mit der Herausbildung kooperativer Praktiken reagiert haben, die der ökonomischen Dynamik der Entgrenzung hin zu mehr Wettbewerb sowie den entsprechenden politischen Forderungen entgegenwirken. Es würde den Rahmen dieses Beitrages sprengen, die Wirkung der ökonomischen und der politischen Europäisierungsdynamik für alle vier föderativen Systeme zu untersuchen (zur wirtschaftlichen Dynamik vgl. z.B. Keating 1998; Keating/Loughlin 1997; Lange 1998). Die folgende Studie beschränkt sich deshalb auf den politischen Veränderungsdruck, der vor allem in Spanien und Belgien zu einem nachhaltigen Wandel formaler und informeller Institutionen föderativer Politik geführt hat (zum Folgenden ausführlicher Börzel 1999, 2000, 2001).

Die Europäisierung stellt die föderativen EU-Mitgliedsstaaten vor zwei zentrale Herausforderungen: die Zentralisierung regionaler Entscheidungskompetenzen auf der nationalen und europäischen Ebene einerseits und die Dezentralisierung von Implementationskosten europäischer Politikprogramme auf der regionalen Ebene andererseits.

4.1 Die Zentralisierung regionaler Entscheidungskompetenzen

Weil die Gliedstaaten in den vier föderativen Mitgliedsländern über umfangreiche legislative und administrative Kompetenzen verfügen, führte die Europäisierung zu einer doppelten Kompetenzverschiebung zu Gunsten des Zentralstaates. Erstens verlieren die Regionen jegliche Entscheidungsrechte, wenn ihre ausschließlichen Kompetenzen auf die europäische Ebene übertragen werden. Der Zentralstaat hingegen, der anders als die Regionen mit seiner Regierung an den entsprechenden europäischen Entscheidungsprozessen beteiligt ist, erhält Zugriff auf regionale Kompetenzen, die ihm auf der innerstaatlichen Ebene verfassungsrechtlich entzogen sind. Zweitens reduziert sich der formale Einfluss der Gliedstaaten von Mitentscheidungsrechten in der Politikformulierung und -entscheidung auf eine Mitwirkung in der Implementation, wenn gemeinsame Kompetenzen von Zentralstaat und Gliedstaaten europäisiert wurden. Der Zentralstaat hingegen, der zwar ebenfalls Einbußen seiner politischen Entscheidungsrechte hinnehmen muss, hat immerhin noch ein umfassendes Mitentscheidungsrecht im europäischen Politikprozess.

Die belgischen, spanischen, deutschen und österreichischen Regionen verfügen nicht in gleichem Maße über regionale Alleinentscheidungsrechte bzw. Mitentscheidungsrechte auf der zentralstaatlichen Ebene. Die Europäisierung trifft die deutschen Länder vor allem in ihren Mitentscheidungsrechten auf der Bundesebene, die sie über die zweite Kammer des nationalen Parlamentes, den Bundesrat, ausüben. In Belgien, Spanien und Österreich sind hingegen die Regionen auf Grund der eher dualistischen

Kompetenzstruktur vor allem im Bereich ihrer Alleinentscheidungsrechte betroffen, wobei es sich dabei auch um Kompetenzen in der rechtlichen Umsetzung zentralstaatlicher (Rahmen-)Gesetze handelt. Obwohl die Kompetenzverluste der Regionen in den vier föderativen Mitgliedsstaaten etwas unterschiedlich gelagert sind, lässt sich doch insgesamt eine erhebliche Kompetenzverschiebung zu Gunsten des Zentralstaates feststellen (vgl. die Länderstudien in Jones/Keating 1995; Jeffery 1997). Daran ändern auch die direkten Einflusskanäle nichts, welche sich die spanischen, belgischen, österreichischen und v.a. die deutschen Gliedstaaten in der europäischen Politikarena geschaffen haben. Kontakte und Konsultationen mit Mitgliedern der Kommission, des Europäischen Parlaments und anderen EU Entscheidungsorganen stellen keinen vollwertigen Ausgleich für den Verlust formaler Entscheidungsrechte dar, zumal solche Beziehungen häufig informeller Art sind und die Regionen mit einer Fülle anderer Akteure um Einfluss auf europäische Entscheidungen konkurrieren. Auch verfügen nicht alle Regionen über ausreichende Handlungskapazitäten, um in Brüssel die Präsenz zu zeigen, die notwendig ist, um ihre Interessen effektiv in den europäischen Politikprozess einzuspeisen. Vielen Gliedstaaten fehlt es sowohl an Ressourcen (Personal, Expertise, finanzielle Mittel) als auch an politischem Selbstverständnis, um gegenüber europäischen Entscheidungsträgern als unabhängige Akteure aufzutreten. Schließlich mussten insbesondere die Autonomen Gemeinschaften Spaniens erfahren, dass europäische Entscheidungsträger auf Versuche der Kontaktaufnahme häufig mit Zurückhaltung reagierten, solange die spanische Regierung ihren Regionen jeden offiziellen Kontakt zur europäischen Ebene untersagte, um eine regionale „Nebenaußenpolitik" zu verhindern, die ihre Verhandlungsposition schwächen könnte.

4.2 Die Dezentralisierung von Implementationskosten

Die Regionen verlieren nicht nur an Entscheidungsrechten im Bereich ihrer Gesetzgebungskompetenzen. Da sie für die Umsetzung eines erheblichen Teils der europäischen Politikprogramme verantwortlich sind, tragen sie häufig den Löwenanteil der Implementationskosten, ohne an den entsprechenden Entscheidungsprozessen auf europäischer Ebene mitgewirkt zu haben. Sie müssen die administrative Infrastruktur bereitstellen bzw. aufbauen, die notwendig ist, um europäische Politikprogramme zur Anwendung zu bringen bzw. deren Anwendung zu überwachen und ggf. durchzusetzen. Die Regionen sind nicht immer bereit oder in der Lage, die damit verbundenen materiellen und politischen Kosten zu tragen, sodass es nicht selten zu erheblichen Implementationsproblemen kommt. In Belgien, Spanien, Deutschland und Österreich haben in vielen Fällen die Regionen, Gemeinschaften und Länder Verletzungen des europäischen Gemeinschaftsrechts zu verantworten. Es sind aber Zentralregierungen, die von der Europäischen Kommission und dem Europäischen Gerichtshof für Verstöße rechtlich haftbar gemacht werden. Diese können nur sehr bedingt Einfluss darauf nehmen, ob und wie ihre Regionen europäisches Recht anwenden und durchsetzen. Der Versuch, die rechtliche Umsetzung von Gemeinschaftsrecht durch detaillierte nationale Gesetzgebung zu zentralisieren, um eine einheitliche und effektive Anwendung auf regionaler Ebene zu gewährleisten, hat sich in allen vier föderativen Mitgliedsstaaten als wenig erfolgreich erwiesen. Es ist vor allem zu einer weiteren Zentralisierung regionaler Entscheidungskompetenzen gekommen, da detaillierte nationale Gesetze den Regionen wenig Spielraum in der Implementation europäischer Politikprogramme lassen.

Die Regionen haben wiederholt versucht, sich den Implementationskosten durch mangelhafte Umsetzung zu entziehen. Die Europäische Union stellt zwar zunehmend Fonds und Programme bereit, um vor allem wirtschaftlich schwächere Regionen bei der Um- und Durchsetzung von Gemeinschaftsrecht finanziell zu unterstützen. Die Verteilung dieser Mittel wird jedoch von den Regierungen der Mitgliedsstaaten kontrolliert, die sich dann auch in der Regel an der Bereitstellung beteiligen. Wenn die Regionen von dieser Art des „burden sharings" profitieren wollen, müssen sie mit der Zentralregierung zusammenarbeiten (Börzel 1998).

Das Bestreben der Gliedstaaten, den Verlust formaler Entscheidungskompetenzen durch effektive Mitsprachemöglichkeiten in europäischen Angelegenheiten auszugleichen sowie die Implementationskosten europäischer Politikprogramme zu minimieren, und das Interesse der Zentralregierungen, eine national geschlossene Verhandlungsposition auf europäischer Ebene zu vertreten sowie eine einheitliche und effektive Umsetzung europäischer Rechtsakte zu gewährleisten, begründet eine wechselseitige Abhängigkeit von Regionen und Zentralstaat im europäischen Politikprozess, die einen starken Anreiz zur multilateralen Zusammenarbeit zwischen den beiden Regierungsebenen schafft (vgl. Schaubild 2).

Schaubild 2: Bundesstaaten vor der Herausforderung der Europäisierung

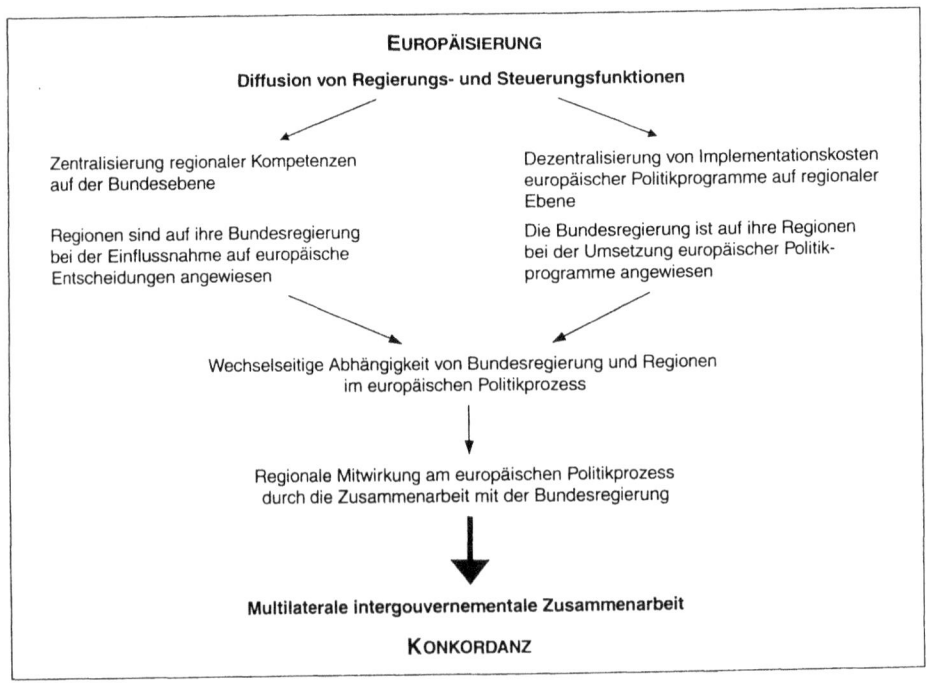

4.3 Kooperation als Antwort auf die doppelte Herausforderung der Europäisierung

Tatsächlich hat die doppelte Herausforderung der Europäisierung in allen vier föderativen Mitgliedsstaaten zur Herausbildung kooperativer Praktiken geführt, die nach und nach formalisiert wurden.[8] So lange die Zentralregierungen die Europapolitik als Teil der Außenpolitik betrachteten und auf ihre außenpolitische Prärogative pochten, beteiligten sie ihre Regionen weitgehend informell an europäischen Angelegenheiten. So wurden die deutschen Länder schon früh bei der Vorbereitung deutscher Verhandlungspositionen herangezogen und durften auch als Mitglieder der deutschen Delegation an Verhandlungen in den europäischen Entscheidungsgremien teilnehmen. Rechtlich verbindliche Mitwirkungsmöglichkeiten auf breiter Ebene erstritten sich die Länder erst mit der Verabschiedung der Einheitlich Europäischen Akte bzw. des Maastrichter Vertrags. Auch in Spanien bedurfte es nach dem Beitritt 1986 mehrerer Jahre der pragmatischen Zusammenarbeit bis sich die Autonomen Gemeinschaften 1994 schließlich mit ihrer Regierung auf ein formales Kooperationsverfahren einigten, das 1997 dann auch gesetzlich verankert wurde. Es würde zu weit führen, die Mitwirkung der Gliedstaaten in europäischen Angelegenheiten im Einzelnen zu schildern. Trotz gewisser Unterschiede in der Ausgestaltung[9] verfügen die Regionen in allen vier Ländern über formale Konsultations- und Mitspracherechte in der Formulierung und Repräsentation der nationalen Verhandlungsposition.[10] Die Verbindlichkeit dieser Rechte variiert mit dem Grad der Betroffenheit regionaler Kompetenzen. Sind ausschließlich Kompetenzen der Gliedstaaten betroffen, können sie mit ihrer einheitlichen Stellungnahme die Zentralregierung bei der Formulierung der nationalen Verhandlungsposition sowie den Verhandlungen und Abstimmungen auf europäischer Ebene festlegen. Mit Ausnahme der spanischen Autonomen Gemeinschaften sitzen die Regionen in diesen Fällen auch offiziell im Ministerrat mit am Verhandlungstisch.[11] Als Mitglieder ihrer nationalen Delegationen haben sie schließlich auch Zugang zu verschiedenen Gremien und Ausschüssen der Kommission und, mit Einschränkungen, auch des Rats.[12]

---

8 Dies trifft allerdings weniger für Österreich zu, wo die Länder schon ihre Zustimmung zum EU-Beitritt an eine formalisierte Zusammenarbeit mit dem Bund in europäischen Angelegenheiten geknüpft hatten. In Belgien ging die Formalisierung der Zusammenarbeit mit der Föderalisierung des politischen Systems einher.
9 Die Stellung der Gliedstaaten bei der Mitwirkung an europäischen Angelegenheiten ist am stärksten in Belgien, gefolgt von Deutschland, Österreich und Spanien.
10 Anders als in Deutschland werden die Mitwirkungsrechte der österreichischen, belgischen und spanischen Gliedstaaten nicht von der Zweiten Kammer des Bundesparlaments als Vertretungsorgan territorialer Interessen auf Bundesebene wahrgenommen. In Spanien geschieht dies innerhalb der Fachministerkonferenzen (conferencias sectoriales). Die österreichischen Länder haben dafür eine „Integrationskonferenz der Länder" geschaffen, in der jedes Land durch den Landeshauptmann und den Landtagspräsidenten vertreten ist. In Belgien finden vor jeder Zusammenkunft des Rates der EU Koordinationssitzungen im Außenministerium statt.
11 Während in Belgien und Deutschland die Verhandlungsführung an einen Minister der Regionen und Gemeinschaften bzw. der Länder übergehen muss, handelt es sich im Falle Österreichs nur um eine Kann-Bestimmung.
12 So haben z.B. nur die belgischen Regionen in vollem Umfang Zugang zu den Sitzungen der Ständigen Vertreter der Mitgliedsstaaten (COREPER), welche die Ratsentscheidungen vorbereiten.

Verschiedene Studien zeigen, dass für die belgischen, deutschen, österreichischen und spanischen Regionen die Zusammenarbeit mit ihrer Regierung den wichtigsten Einflusskanal bei der Verfolgung ihrer Interessen auf europäischer Ebene bildet (Jeffery 2000; Börzel 2001; Kerremans/Beyers 1997; Beyers u.a. 2001; Morass 1997). Direkte Kontakte mit europäischen Entscheidungsträgern haben weitgehend ergänzende Funktion, insbesondere wenn es um die Verfolgung individueller Interessen wie das Einwerben europäischer Subventionen geht. Diese Art der regionalen Nebenaußenpolitik wird von den Zentralregierungen immer weniger als Bedrohung ihrer europapolitischen Handlungsfähigkeit gewertet, sondern zunehmend als Entlastung empfunden.

Die Zusammenarbeit mit dem Zentralstaat in europäischen Angelegenheiten verschafft den Regionen nicht nur effektiven Zugang zum europäischen Entscheidungsprozess und erleichtert die Verfolgung einer koordinierten nationalen Außenpolitik. Die intergouvernementale Kooperation befördert auch die Umsetzung europäischer Politikprogramme. Einerseits werden die Regionen frühzeitig über europäische Initiativen informiert, sodass sie ihren Sachverstand und ihre Implementationserfahrung schon in der Politikformulierungsphase einbringen sowie ggf. Bedenken gegen zu hohe Kosten anmelden können. Andererseits haben Zentralstaat und Regionen die Möglichkeit, ihre Ressourcen in der Implementationsphase zu „poolen" und damit für beide Seiten Kosten zu senken. In Spanien sind z.B. die zuständigen Ministerkonferenzen angehalten, nationale Implementationspläne zu entwickeln, die eine relativ gleichmäßige Umsetzung und Anwendung europäischer Rechtsakte in den 17 Autonomen Gemeinschaften gewährleisten und gleichzeitig die Implementationslasten auf der regionalen Ebene durch finanzielles „burden sharing" mindern sollen. Während diese Art der intergouvernementalen Kooperation in Spanien, Deutschland und Österreich dazu beigetragen hat, Implementationsprobleme zu verringern, haben die belgischen Gemeinschaften und Regionen ihre Zusammenarbeit mit der Zentralregierung bisher nur zögerlich auf die Implementationsphase ausgedehnt. Dies mag einer der Gründe sein, weshalb Belgien zu den Mitgliedsstaaten mit den meisten Vertragsverletzungsverfahren zählt (Beyers u.a. 2001).

Damit das „gemeinsame Regieren jenseits des Nationalstaates" im beiderseitigen Interesse funktioniert, müssen Zentralregierung und Gliedstaaten ihre Interessen in den verschiedenen Phasen des Politikprozesses miteinander abstimmen und gemeinsame Verhandlungspositionen erarbeiten. Dies setzt nicht nur eine effektive Kooperation zwischen den beiden Regierungsebenen voraus, sondern verlangt auch von den Gliedstaaten, dass sie sich zunächst untereinander auf eine gemeinsame Position einigen, die dann mit der Zentralregierung abgestimmt werden kann. Letztere ist nur einer gemeinsamen Stellungnahme der Regionen verpflichtet, die im Falle Spaniens sogar von allen 17 Autonomen Gemeinschaften einstimmig getragen werden muss.[13] Angesichts des Zeitdrucks, der von der Dynamik europäischer Verhandlungsprozesse ausgeht, bedarf die Formulierung einer gemeinsamen Stellungnahme neben den notwendigen Konsultations- und Kooperationsmechanismen auch der Kompromissbereitschaft und der Fle-

---

13 In Belgien müssen die drei Gemeinschaften bzw. Regionen ebenfalls einstimmige Beschlüsse fassen. In Deutschland ist hingegen eine Zweidrittel-Mehrheit der 16 Länder nötig, während in Österreich die Zustimmung von mindestens fünf der sieben Länder ohne Gegenstimme für eine einheitliche Stellungnahme gefordert wird.

xibilität zwischen den Regionen. Selbst im deutschen Föderalismus mit seinen ausgeprägten Formen horizontaler Selbstkoordination auf der dritten Ebene und seiner politischen Kultur der Konsensfindung gelingt es den Ländern nicht immer, sich rechtzeitig auf eine gemeinsame Position zu einigen. Die Einrichtung einer Europakammer des Bundesrates 1987, die kurzfristig zusammentreten kann und deren Beschlüsse als Beschlüsse des Bundesrates gelten (Art. 52 Abs. 3a GG), war der Versuch, die Entscheidungsfähigkeit der Länder in europäischen Angelegenheiten zu erhöhen. Die Notwendigkeit, schnell und flexibel im europäischen Entscheidungsprozess zu reagieren, ist umso mehr ein Problem für die spanischen und belgischen Gemeinschaften und Regionen, deren Beziehungen traditionell von Konflikt und Konkurrenz geprägt sind und die auf keine gewachsenen Kooperationsstrukturen zurückgreifen können. Aber trotz des hohen Konsenszwanges scheinen es die Regionen beider Länder vorzuziehen, ihre Interessen gemeinsam und mit der Zentralregierung auf europäischer Ebene zu verfolgen. Das trifft auch für Katalonien und das Baskenland zu, die nicht nur über die notwendigen Handlungskapazitäten verfügen, um ihre Belange unabhängig nach außen zu vertreten, sondern auf Grund ihres politischen Selbstverständnisses jede Form der multilateralen Zusammenarbeit mit der spanischen Regierung und den anderen Autonomen Gemeinschaften anfangs abgelehnt hatten. Ähnlich wie der Freistaat Bayern haben sie erkannt, dass es unter Umständen aussichtsreicher ist, ihre Handlungsressourcen dafür einzusetzen, die nationale Verhandlungsposition in ihrem Sinne zu beeinflussen als europäische Entscheidungsträger mit regionalen Partikularinteressen zu lobbyieren.

Während die politische Dynamik der Europäisierung einen starken Konkordanzdruck auf alle vier föderativen Mitgliedsstaaten der EU ausgeübt hat, lässt sich nur in zweien ein wirklicher Wandel föderativer Politik feststellen.

4.4 Europäisierung und der Wandel föderativer Politik: Von der Konkurrenz zur Konkordanz

Deutschland und Österreich folgen weitgehend dem Modell des Konkordanzföderalismus, wie er in diesem Beitrag definiert wurde.[14] Beide föderativen Systeme verfügen über umfassende Mechanismen der institutionalisierten Zusammenarbeit zwischen Bund und Ländern sowie zwischen den Ländern untereinander, die durch informelle Praktiken des wechselseitigen Aushandelns in interadministrativen Netzwerken ergänzt und durch eine konsensorientierte Kultur gestützt werden. Die bestehenden Strukturen konnten deshalb den von der politischen Dynamik der Europäisierung induzierten Konkordanzdruck aufnehmen und verarbeiten, indem sie einfach auf den Bereich der europäischen Angelegenheiten übertragen wurden. Die föderative Politik ist dabei weitgehend unverändert geblieben, auch wenn es in Österreich zu einer Formalisierung der

---

14 In Österreich sind die Länder auf der Bundesebene nicht so stark vertreten, weil die Mitglieder des Bundesrates durch die Landtage gewählt werden und grundsätzlich ein freies Mandat ausüben. Der Konkordanzföderalismus wird weniger von den formalen Institutionen als von informellen Praktiken der Kooperation und einer ausgeprägten Konsenskultur getragen.

Zusammenarbeit zwischen Bund und Ländern gekommen ist.[15] Gleichzeitig wirkt die politische Dynamik mit ihrem Konkordanzdruck der ökonomischen Dynamik der Europäisierung mit ihrer Tendenz zu mehr regionalem Wettbewerb entgegen. Es ist also nicht nur die viel beklagte Reformunfähigkeit des deutschen Föderalismus, die den politischen Forderungen nach „mehr Freiheit für die Bundesländer" (Scharpf 2001) im Weg steht, sondern eine wechselseitige Abhängigkeit von Bund und Ländern im europäischen Politikprozess, von der ein starker Anreiz zur Kooperation ausgeht und die die bestehenden Institutionen des kooperativen Föderalismus eher stärkt denn schwächt.

Belgien und Spanien können, wie bereits erwähnt, auf keine gewachsenen Strukturen intergouvernementaler Zusammenarbeit zurückgreifen. Die föderative Politik beider Staaten ist durch eine starke Rivalität sowohl der territorialen Gebietskörperschaften untereinander als auch zwischen ihnen und dem Zentralstaat gekennzeichnet. Die Regionen und Gemeinschaften haben tendenziell jede Form intergouvernementaler Zusammenarbeit als eine Beeinträchtigung ihrer (gerade erst gewonnenen) institutionellen Autonomie abgelehnt bzw. versucht, sich weitgehend auf bilaterale Verhandlungen informeller Art zu beschränken. Um ein effektives Zusammenwirken von Zentralstaat und Regionen in europäischen Angelegenheiten zu ermöglichen, mussten deshalb erst einmal neue Institutionen geschaffen werden. Sowohl in Belgien als auch in Spanien räumen die Verfahren der regionalen Mitwirkung in der Europapolitik den Gliedstaaten zum ersten Mal umfassende Mitspracherechte in zentralstaatlichen Entscheidungen ein, die sie nur wahrnehmen können, wenn sie ihre Interessen untereinander koordinieren. Zwar fehlt es noch weitgehend an formalisierten Mechanismen, es lassen sich jedoch in beiden Ländern erste Ansätze zur Herausbildung informeller Praktiken der horizontalen Selbstkoordination beobachten. Während die politische Dynamik der Europäisierung ein bedeutendes Element der Kooperation und Politikverflechtung in den belgischen und spanischen Wettbewerbsföderalismus eingeführt hat, ist es noch zu früh, um beurteilen zu können, inwieweit die integrierte Kompetenzstruktur sowie die verschiedenen Mechanismen der formalen und informellen Zusammenarbeit im Bereich der Europapolitik auch die Leitideen föderativer Politik grundlegend verändert haben. Aber zumindest in Spanien wird nicht nur im akademischen, sondern zunehmend auch im politischen Diskurs auf das (deutsche) Modell des kooperativen Föderalismus verwiesen, wenn es um die Weiterentwicklung des spanischen Autonomiestaates geht.[16]

Die Herausbildung kooperativer Strukturen als Antwort auf die doppelte Herausforderung der Europäisierung bedeutet nicht die völlige Abwesenheit von Konflikt und Konkurrenz zwischen den Regionen der vier föderativen EU-Mitgliedsstaaten. Der

---

15 Da die Verflechtungsstrukturen in Österreich eher informeller Art gewesen sind, hat die verfassungsmäßig abgesicherte Zusammenarbeit von Bund und Ländern in europäischen Angelegenheiten zu einer Formalisierung der Mitwirkung der Länder an zentralstaatlichen Entscheidungen geführt (Morass 1997).

16 Vgl. z.B. Albertí Rovira 1986; Montoro Chiner 1988; Pueyo Losa 1989; Fernández Farreres 1993; Cienfuegos Mateo 1997; Ministerio para las Administraciones Públicas 1995 sowie die politische Debatte in der Comisión General de las Comunidades Autónomas zum Gesetz, das die Mitwirkung der Autonomen Gemeinschaften in europäischen Angelegenheiten kodifiziert (Diario de Sesiones del Senado, VI Legislatura, Núm. 86, 6 de febrero de 1997).

Konkordanzdruck setzt regionalen Alleingängen jedoch deutliche Grenzen. Selbst ressourcenstarke Gliedstaaten mit einem ausgeprägten politischen Selbstverständnis wie Bayern oder Katalonien sind bemüht, die Kompromissbereitschaft der anderen durch unilaterale Initiativen auf europäischer Ebene nicht unnötig zu strapazieren. Und je mehr Europapolitik zum Gegenstand multilateraler Kooperation zwischen Zentralregierung und Regionen wird, desto schwieriger ist es für einzelne Regionen, eventuelle Exitoptionen unter Umgehung der innerstaatlichen Ebene wahrzunehmen.

5. Entgrenzung und die Renaissance territorialer Politik in Bundesstaaten

Dieser Beitrag hat argumentiert, dass Entgrenzungsprozesse wie die Europäisierung eine ökonomische und eine politischen Dynamik beinhalten, die sich widersprüchlich auf die Politik föderativer Systeme auswirken. Während erstere mehr Wettbewerb unter den territorialen Gebietskörperschaften verlangt, erzeugt letztere einen starken Konkordanzdruck, der Dezentralisierungstendenzen und Reformforderungen nach mehr Wettbewerb entgegenwirkt. Nationale Regierungen haben auf den steten Anstieg grenzübergreifender Finanz- und Informationsströme mit dem Versuch reagiert, ihre Problemlösungsfähigkeit durch Kooperation und Interdependenzmanagement auf der europäischen und internationalen Ebene wiederherzustellen. Die daraus resultierende Diffusion von Regierungs- und Steuerungsfunktionen erzeugt in föderativen Systemen eine wechselseitige Abhängigkeit von Zentralstaat und Regionen, von der für beide Seiten ein starker Anreiz zur Kooperation ausgeht. Die Zentralregierung ist an einem geschlossenen diplomatischen Auftreten nach außen interessiert, das nicht durch regionale Nebenaußenpolitiken unterlaufen wird. Darüber hinaus geht es ihr um die effektive Um- und Durchsetzung internationalen und europäischen Rechts auf der innerstaatlichen Ebene, wofür sie in vielen Fällen auf ihre territorialen Gebietskörperschaften angewiesen ist. Letzteren ist wiederum daran gelegen, ihre Implementationskosten zu minimieren. Außerdem streben Gliedstaaten nach einer effektiven Mitwirkung an internationalen bzw. europäischen Entscheidungsprozessen, die sie für den Verlust ihrer Handlungskompetenzen an übergeordnete Politikebenen entschädigt. Intergouvernementale Kooperation scheint eher in der Lage zu sein, dieser Interessenlage gerecht zu werden, als regionaler Wettbewerb. Dies ist jedenfalls der Befund einer vergleichenden Studie der vier föderalen EU-Mitgliedstaaten im Prozess der Europäisierung. Die Untersuchung zeigt, dass nicht alleine die Reformunfähigkeit und das Beharrungsvermögen formaler Institutionen, sondern die politische Dynamik von Entgrenzungsprozessen mehr Wettbewerbsföderalismus be- bzw. verhindern. Selbst in Belgien und Spanien, deren föderative Systeme von Konflikt und Konkurrenz zwischen den territorialen Gebietskörperschaften geprägt sind, hat der Konkordanzdruck der Europäisierung zur Herausbildung kooperativer Strukturen geführt, welche die föderative Politik der beiden Staaten nachhaltig verändert haben.

Die vergleichende Studie zur Wirkung der Europäisierung auf föderative Systeme stützt die These, dass es bei Entgrenzungsprozessen eher um die Reorganisation territorialer Räume als um die vollständige Entterritorialisierung politischer Räume geht. Weder der Zentralstaat noch seine föderativen Gliedstaaten haben ihre Regierungs- und

Steuerungsfunktionen in einer zunehmend entgrenzten Welt vollständig eingebüßt. Sie haben vielmehr Handlungskompetenzen an andere Politikebenen abgegeben, um sie dort gemeinsam mit anderen Akteuren wahrzunehmen. In solchen Formen des „gemeinsamen Regierens jenseits des Nationalstaates" relativiert sich die zentrale Rolle des Nationalstaats, die territoriale Politik als solche kann sich gegenüber funktionalen Differenzierungsmustern jedoch behaupten. Es lassen sich sogar Ansätze für eine gewisse Stärkung territorialer Differenzierungsmuster finden.

Zum einen haben verschiedene Studien gezeigt, dass territoriale Akteure häufig eine wichtige Funktion als Schnittstellenkoordinatoren bzw. *gate keepers* in Mehrebenenverhandlungssystemen einnehmen (vgl. z.B. Hocking 1993a; Balme 1995; Bache 1998; Kohler-Koch u.a. 1998b). Dies gilt insbesondere auch für regionale Gebietskörperschaften, die systematisch in internationale und europäische Entscheidungsprozesse eingebunden sind. Nicht zuletzt deshalb haben Wirtschaftsunternehmen in EU-Mitgliedsstaaten, wie z.B. in Spanien, politische Dezentralisierungsprozesse – die auch Gefahren der Fragmentierung von Märkten bergen – durchaus unterstützt (Lange 1998).

Zum anderen hat das „gemeinsame Regieren jenseits des Nationalstaates" zu einer Machtverschiebung zwischen Exekutive und Legislative auf der regionalen Ebene geführt (Börzel 2000). Die als Entschädigung für regionale Kompetenzverluste erhaltenen innerstaatlichen Mitwirkungsrechte in europäischen Angelegenheiten werden von den regionalen Exekutiven ausgeübt. Die Interessenkoordination sowohl unter den Regionen als auch zwischen den Regionen und dem Zentralstaat erfolgt im wesentlichen in intergouvernementalen und interadministrativen Netzwerken. Die Regionalparlamente werden von ihren Regierungen bestenfalls sporadisch mit europäischen Angelegenheiten befasst (vgl. die Beiträge in Straub/Hrbek 1997). Damit wird die Vertretung funktional definierter Interessen, denen direkt gewählte Mandatsträger in den Parlamenten eher verpflichtet sind, gegenüber territorial definierten Interessen, welche tendenziell von den Exekutiven vertreten werden (Sbragia 1993), nachhaltig geschwächt. Diese Asymmetrie findet sich – mit Ausnahme Österreichs – auch auf nationaler Ebene wieder, wo die parteipolitisch strukturierten Ersten Kammern der Legislative über keine den regionalen Exekutiven vergleichbaren europapolitischen Mitspracherechte verfügen. Der Dominanz territorialer Interessenvertretung könnte allerdings die wachsende Bedeutung der Fachressorts entgegenwirken, die mit der zunehmenden Verschmelzung von Europa- und Innenpolitik an Gewicht gewinnen und mit ihren jeweiligen Klientelen funktionale Interessen in administrativen Entscheidungsprozessen repräsentieren können (Beer 1976). Europäische Angelegenheiten gelten immer weniger als eigenständiger Bereich, sondern werden in die einzelnen Politiksektoren integriert. Es wird sich zeigen, inwieweit die Sektorialisierung der Europapolitik eine gegenläufige Entwicklung zur Renaissance territorialer Politik darstellt.

Die Belebung der territorialen Dimension der Interessenbildung lässt sich auch in der Schweiz beobachten, die der Europäisierung nur mittelbar ausgesetzt ist. Mit der Vorbereitung des Beitritts zum Europäischen Wirtschaftsraum (EWR) Ende der achtziger Jahre haben die schweizerischen Kantone ihre außenpolitischen Aktivitäten verstärkt (Freiburghaus 1994). Nachdem mit der Ablehnung des EWR-Beitritts auch die verfassungsrechtliche Verankerung ihrer Mitwirkungsrechte in europäischen Angelegenheiten gescheitert war, gründeten die Kantone die „Konferenz der Kantonsregierungen", um ihre außen- und europapolitischen Interessen gegenüber dem Bund zu koordinieren. Die in der Verfassungsreform von 1999 aufgenommenen Bestimmungen zu den auswärtigen Aktivitäten der Kantone (Art. 55) wurden kurze Zeit später in einem „Bundesgesetz zur Mitwirkung der Kantone an der Außenpolitik des Bundes" konkretisiert. Das Gesetzt ähnelt den o.g. Verfahren in den vier föderativen EU-Mitgliedsstaaten, wenn auch die kantonalen Mitwirkungsrechte schwächer ausgefallen sind (vgl. Hänni 2000). Diese Form des rechtlich sanktionierten „Mitwirkungsföderalismus", welche als offener Bruch mit der schweizerischen Tradition des „Selbstbestimmungsföderalismus" gewertet werden kann,[17] wird durch die Notwendigkeit gerechtfertigt, „den Autonomieverlust auszugleichen, den die Kantone bei der Wahrnehmung der [auswärtigen, TAB] Vertragsabschlusskompetenz durch den Bund im Bereich kantonaler Zuständigkeiten erleiden (...)" (Sturny 2000: 204; Schweizer/Brunner 1998). Ähnlich wie in Österreich hat die Europäisierung eine Formalisierung von Kooperationsbeziehungen im Bundesstaat bewirkt. Die Herausbildung zunehmend formalisierter Strukturen, innerhalb derer die schweizerischen Kantone ihre Interessen gegenüber dem Bund koordinieren und artikulieren, führt zu einer Stärkung der territorialen Dimension von Politik gegenüber der parteipolitischen und verbandlichen Logik der Interessenvermittlung, wie sie auch für die vier föderativen EU-Mitgliedsstaaten festgestellt wurde (vgl. Hänni 2000; Blatter 2001).

Während wir in Europa eine allgemeine Belebung territorialer (föderativer) Politik beobachten können, die mit einer gewissen Tendenz zu mehr Konkordanzföderalismus einhergeht, lassen sich vergleichbare Entwicklungen auch in anderen Teilen der Welt erkennen, wenn sie auch ungleich schwächer ausgeprägt sind. So hat in Nordamerika die zunehmende Öffnung der Märkte im Zuge der internationalen sowie regionalen Handelsliberalisierung (NAFTA) zu einem verstärkten Standortwettbewerb zwischen den US-amerikanischen Bundesstaaten bzw. den kanadischen Provinzen geführt. Als Folge dessen haben diese ihre auswärtigen Aktivitäten erheblich intensiviert. Dies gilt insbesondere für die grenzüberschreitende Zusammenarbeit mit Nachbarregionen. Auch unterhalten mittlerweile die meisten der US-amerikanischen Bundesstaaten und kanadischen Provinzen Vertretungen in den Staaten, in denen sich ihre wichtigsten Handelspartner befinden. Gleichzeitig haben sich auf Grund der im zweiten Teil dieses Beitrages bereits geschilderten *„imperatives of interdependence"* (Duchacek 1990: 6) kooperative Mechanismen herausgebildet, die es den Gliedstaaten und ihrer Zentralregierung erlauben, ihre Zuständigkeiten in auswärtigen Angelegenheiten, die zunehmend die Kompetenzbereiche beider Regierungsebenen betreffen, zu koordinieren. Dabei gelingt es den Gliedstaaten, ihre Interessen in die nationale Außenpolitik einzubringen, während die Zentralregierung eher in der Lage ist, international eine kohärentere Position zu vertreten sowie vor allem die Um- und Durchsetzung internationaler Abkommen sicherzustellen. Die intergouvernementale Zusammenarbeit in internationalen Angelegenheiten ist allerdings anders als in Europa kaum rechtlich formalisiert. Einerseits fehlt es auf Grund der dualistischen Kompetenzstruktur des US-amerikanischen und

---

17 Es lässt sich allerdings einwenden, dass auf Grund der hohen Aufgabenverflechtung die Kompetenzstruktur des schweizerischen Föderalismus heute eher integriert als dualistisch ausgelegt ist (vgl. Faganini 1991). Auch sind die Kultur der Konsensbildung und die eidgenössische Solidarität stark ausgeprägt (Kreis 1996).

kanadischen Föderalismus an rechtlichen Mitwirkungskanälen, welche die Interessen der Gliedstaaten systematisch bündeln und gegenüber der Bundesregierung vertreten würden.[18] Andererseits gibt es in der internationalen Politik kein Regime, in dem sich die politische Dynamik der Entgrenzung so konzentriert wie in der EU, die mit über 8.000 Rechtsakten umfassend in Bereiche regionaler Gesetzgebung und Implementation eingreift.

Die US-amerikanischen und kanadischen Gliedstaaten und ihre Bundesregierungen haben vielmehr informelle Praktiken entwickelt, um ihre Interessen und Zuständigkeiten *ad hoc* und problembezogen abzustimmen (vgl. dazu ausführlich Fry 1988, 1990; Kline 1993; Hocking 1993b; Feldman/Feldman 1990). In den USA spielt die *National Governors' Association* eine wichtige Rolle. Das *Committee on International Trade and Foreign Relations* dieses Verbandes koordiniert die gemeinsamen Interessen der Gliedstaatenregierungen in auswärtigen Angelegenheiten und versucht, sie durch verschiedene Lobbyingkanäle in die Bundespolitik einzubringen. Die Fachminister- und Ministerpräsidenten-Konferenzen der Provinzen erfüllen in Kanada eine ähnliche Funktion. In beiden Ländern haben die Zentralregierungen ihrerseits Koordinationsstellen eingerichtet, um die Abstimmung mit den Gliedstaaten zu erleichtern. In den US-Ministerien gibt es die so genannten *Intergovernmental Affairs sections* (IGAs). In Kanada ist neben einer allgemeinen Koordinationsstelle im Außenministerium (*Federal-Provincial Co-ordination Division*) vor allem das *Canadian Trade and Tariffs Committee* von Bedeutung, in dem die Regierung die Provinzen und die Industrie über die Handelsrunden im Rahmen des GATT bzw. der WTO informiert und konsultiert. Forderungen der Provinzen nach einer stärkeren Beteiligung kam die kanadische Regierung durch die Einrichtung von *ad hoc* Ausschüssen auf der Ministerebene entgegen. Sowohl in den USA als auch in Kanada ist es schließlich zunehmend üblich, dass Vertreter der Gliedstaaten als Mitglieder ihrer nationalen Delegation an internationalen Verhandlungen teilnehmen, vor allem in Bereichen wie der Außenhandels- und der Umweltpolitik, in denen die Gliedstaaten nicht nur über wichtige Kompetenzen verfügen, sondern auch ihre Interessen wesentlich berührt werden.

Zusammenfassend lässt sich festhalten, dass der von der politischen Dynamik der Entgrenzung induzierte Konkordanzdruck außerhalb Europas sehr viel diffuser ist und sich deshalb auf die föderative Politik von Staaten wie den USA oder Kanada vergleichsweise schwächer auswirkt. Verschiedene Studien zeigen jedoch, dass die Gliedstaaten auf die Herausforderungen der Internationalisierung nicht nur mit der Intensivierung ihrer Außenaktivitäten im Wettbewerb um ausländische Investitionen und Absatzmärkte reagiert haben, sondern auch zunehmend die Zusammenarbeit mit ihrer Zentralregierung suchen, welche selbst ein vermehrtes Interesse hat, ihre Gliedstaaten in die Außenpolitik miteinzubeziehen. Und auch hier gilt, dass das „gemeinsame Regieren jenseits des Nationalstaates" umso besser funktioniert, je mehr die Regionen ihre Interessen untereinander abstimmen. Angesichts diesen Befunds ist es unwahr-

---

18 Im Gegensatz zu Kanada wirkt der amerikanische Senat über sein Zustimmungsrecht zu völkerrechtlichen Verträgen wesentlich an der US-amerikanischen Außenpolitik mit. Allerdings fungiert der US-Senat nur bedingt als Vertreter gliedstaatlicher Interessen, da die Senatoren über ein direktes und freies Mandat verfügen und damit v.a. auch funktionalen Interessen verpflichtet sind.

scheinlich, dass Entgrenzungsprozesse das Ende territorialer Politik bedeuten – die zu beobachtende Reorganisation territorialer Räume könnte vielmehr zu deren (Wieder-) Belebung führen.

Literatur

Albert, Matthias, 1998: Entgrenzung und Formierung neuer politischer Räume, in: *Beate Kohler-Koch* (Hrsg.), Regieren in entgrenzten Räumen. Opladen, 49–75.
Albertí Rovira, Enoch, 1986: Federalismo y cooperación en la República Federal Alemania. Madrid.
Amin, Ash/Thrift, Nigel, 1994: Globalization, Institutions, and Regional Development in Europe. Oxford.
Bache, Ian, 1998: The Politics of EU Regional Policy: Multilevel Governance or Flexible Gatekeeping? Sheffield.
Balme, Richard, 1995: French Regionalization and European Integration: Territorial Adaptation and Change in a Unitary State, in: *Barry Jones/Michael Keating* (Hrsg.), The European Union and the Regions. Oxford, 167–190.
Balthazar, Louis, 1993: Quebec's International Relations: A Response to Needs and Necessities, in: *Brian Hocking* (Hrsg.), Foreign Relations and Federal Relations. London/New York, 140–152.
Beck, Ulrich, 1997: Was ist Globalisierung? Frankfurt a.M.
Beer, Samuel H., 1976: The Adoption of General Revenue Sharing. A Case Study in Public Sector Politics, in: Public Policy 21, 127–195.
Beyers, Jan/Kerremans, Bart/Bursens, Peter, 2001: Belgium, the Netherlands, and Luxembourg: Diversity Among the Benelux Countries, in: *Eleanor E. Zeff/Ellen B. Pirro* (Hrsg.), The Euopean Union and the Member States. Cooperation, Coordination, and Compromise. Boulder, 59–88.
Blatter, Joachim, 2000: Entgrenzung der Staatenwelt? Politische Institutionenbildung in grenzüberschreitenden Regionen in Europa und Nordamerika. Baden-Baden.
Blatter, Joachim, 2001: Nationale Souveränität als nationalstaatliche Monopolisierung der Außenpolitik – Historische Entwicklung und Unterschiede in Deutschland, Österreich und der Schweiz (unveröffentlichtes Manuskript).
Böckenförde, Ernst-Wolfgang, 1980: Sozialer Bundesstaat und parlamentarische Demokratie, in: *Jürgen Jekewitz/Michael Melzer/Wolfgang Zeh* (Hrsg.), Politik als globale Verfassung. Aktuelle Probleme des nationalen Verfassungsstaates. Festschrift für Friedrich Schäfer. Opladen, 182–199.
Börzel, Tanja A., 1998: Shifting or Sharing the Burden. The Europeanisation of Environmental Policy in Spain and Germany, in: European Planning Studies 6, 537–553.
Börzel, Tanja A., 1999: Towards Convergence in Europe? Institutional Adaptation to Europeanisation in Germany and Spain, in: Journal of Common Market Studies 37, 573–596.
Börzel, Tanja A., 2000: Europäisierung und innerstaatlicher Wandel. Zentralisierung und Entparlamentarisierung, in: Politische Vierteljahresschrift 41, 225–250.
Börzel, Tanja A., 2001: States and Regions in the European Union. Institutional Adaptation in Germany and Spain, Cambridge
Braczyk, Hans-Joachim/Cooke, Philip/Heidenreich, Martin (Hrsg.), 1998: Regional Innovation Systems. The Role of Governances in a Globalized World. London.
Busch, Andreas/Plümper, Thomas (Hrsg.), 1999: Nationaler Staat und internationale Wirtschaft. Baden-Baden.
Christiansen, Thomas, 1997: Reconstructing European Space: From Territorial Politics to Multilevel Governance, in: *Knud Eric Jorgensen* (Hrsg.), Reflective Approaches to European Governance. London, 51–68.
Cienfuegos Mateo, Manuel, 1997: La intervención de las Comunidades Autónomas en cuestiones relativas a las Comunidades Europeas a través de la Comisión General de las Comunidades Autónomas y la Conferencia para asuntos relacionados con las Comunidades Europeas, in: Autonomies, 22, 155–204.

Cohen, Saul B., 1994. Geopolitics in the New World Era: A New Perspective on an Old Discipline, in: *George J. Demko/William B. Wood* (Hrsg.), Reordering the World: Geopolitical Perspectives on the Twenty-first Century. Boulder, 15–48.

Czada, Roland/Schmidt, Manfred G. (Hrsg.), 1993: Verhandlungsdemokratie, Interessenvermittlung, Regierbarkeit. Festschrift für Gerhard Lehmbruch. Opladen.

Duchacek, Ivo D., 1988: Multicommunal and Bicommunal Polities and Their International Relations, in: *Ivo D. Duchacek/Daniel Latouche/Garth Stevenson* (Hrsg.), Perforated Sovereignties and International Relations. Trans-Sovereign Contacts of Subnational Governments. New York u.a., 3–28.

Duchacek, Ivo D., 1990: Perforated Sovereignties: Towards a Typology of New Actors in International Relations, in: *Hans J. Michelmann/Panayotis Soldatos* (Hrsg.), Federalism and International Relations. The Role of Subnational Units. Oxford, 1–33.

Duchacek, Ivo D./Latouche, Daniel/Stevenson, Garth (Hrsg.), 1988: Perforated Sovereignties and International Relations. Trans-Sovereign Contacts of Subnational Governments. New York u.a.

Faganini, Hans Peter, 1991: Föderalistischer Aufgabenverbund in der Schweiz. Bern.

Feldman, Elliot J./Feldman, Lily Gardner, 1990: Canada, in: *Hans J. Michelmann/Panayotis Soldatos* (Hrsg.), Federalism and International Relations. The Role of Subnational Units. Oxford, 176–210.

Fernández Farreres, Germán, 1993: Las conferencias sectoriales y los consorcios en las relaciones de colaboración entre el Estado y las Comunidades Autónomas, in: *Institut d'Estudies Autonómics* (Hrsg.), Las relaciones interadministrativas de cooperación y colaboración. Barcelona, 43–58.

Freiburghaus, Dieter (Hrsg.), 1994: Die Kantone und Europa. Bern.

Fry, Earl H., 1988: Trans-Sovereign Relations of the American States, in: *Ivo D. Duchacek/Daniel Latouche/Garth Stevenson* (Hrsg.), Perforated Sovereignties and International Relations. Trans-Sovereign Contacs of Subnational Governments. New York.

Fry, Earl H., 1990: The United States of America, in: *Hans J. Michelmann/Panayotis Soldatos* (Hrsg.), Federalism and International Relations. The Role of Subnational Units. Oxford, 276–298.

Giddens, Anthony, 1999: Der dritte Weg. Die Erneuerung der sozialen Demokratie. Frankfurt a.M.

Grande, Edgar/Risse, Thomas, 2000: Bridging the Gap: Konzeptionelle Anforderungen an die politikwissenschaftliche Analyse von Globalisierungsprozessen, in: Zeitschrift für Internationale Beziehungen 7, 235–266.

Greven, Michael Th., 1998: Mitgliedschaft, Grenzen und politischer Raum: Problemdimensionen der Demokratisierung der Europäischen Union, in: *Beate Kohler-Koch* (Hrsg.), Regieren in entgrenzten Räumen. PVS Sonderheft 29. Opladen, 249–270.

Haas, Peter M. (Hrsg.), 1992: Knowledge, Power and International Policy Coordination. Cambridge Mass.

Hänni, Peter (Hrsg.), 2000: Schweizerischer Föderalismus und europäische Integration. Die Rolle der Kantone in einem sich wandelnden internationalen Kontext. Zürich.

Hesse, Konrad, 1962: Der unitarische Bundesstaat, Karlsruhe.

Hocking, Brian, 1986: Regional Governments and International Affairs: Foreign Policy Problem or Deviant Behaviour?, in: International Journal 41, 36–51.

Hocking, Brian (Hrsg.), 1993a: Foreign Relations and Federal States. London/New York.

Hocking, Brian, 1993b: Localizing Foreign Policy. Non-Central Governments and Multilayered Diplomacy. Houndmills/London.

Hocking, Brian, 1993c: Managing Foreign Relations in Federal States: Linking Central and Noncentral International Interests, in: *Brian Hocking* (Hrsg.), Foreign Relations and Federal States. London/New York, 68–89.

Hocking, Brian, 1998: Grenzen überbrücken, Verbindungen schaffen. Zum Konzept einer „katalytischen Diplomatie", in: *Raimund Krämer* (Hrsg.), Regionen in der Europäischen Union. Beiträge zur Debatte. Berlin, 26–44.

Jachtenfuchs, Markus/Kohler-Koch, Beate, 1996: Regieren im dynamischen Mehrebenensystem, in: *Markus Jachtenfuchs/Beate Kohler-Koch* (Hrsg.), Europäische Integration. Opladen, 15–44.

Jeffery, Charlie (Hrsg.), 1997: The Regional Dimension of the European Union. Towards a Third Level in Europe? London.

Jeffery, Charlie, 2000: Sub-National Mobilization and European Integration, in: Journal of Common Market Studies 38, 1–23.

Jones, Barry/Keating, Michael (Hrsg.), 1995: The European Union and the Regions. Oxford.

Keating, Michael, 1998: The New Regionalism in Western Europe. Territorial Restructuring and Political Change. Cheltenham.

Keating, Michael/Loughlin, John (Hrsg.), 1997: The Political Economy of Regionalism. London.

Kerremans, Bart/Beyers, Jan, 1997: The Belgian Sub-National Entities in the European Union: Second or Third Level Players?, in: *Charlie Jeffery* (Hrsg.), The Regional Dimension of the European Union. Towards a Third Level in Europe? London, 41–55.

Kincaid, John, 1993: Consumership versus Citizenship: Is there Wiggle-Room for Local Regulation in the Global Economy?, in: *Brian Hocking* (Hrsg.), Foreign Relations and Federal States. London/New York, 27–47.

Kline, John M., 1993: Managing Intergovernmental Tensions: Shaping a State and Local Role in US Foreign Relations, in: *Brian Hocking* (Hrsg.), Foreign Relations and Federal States. London/New York, 105–121.

Kohler-Koch, Beate, 1998a: Einleitung. Effizienz und Demokratie: Probleme des Regierens in entgrenzten Räumen, in: *Beate Kohler-Koch* (Hrsg.), Regieren in entgrenzten Räumen. PVS Sonderheft 29, Opladen, 11–25.

Kohler-Koch, Beate u.a., 1998b: Interaktive Politik in Europa. Regionen im Netzwerk der Integration. Opladen.

Kooiman, Jan (Hrsg.), 1993: Modern Governance. New Government-Society Interactions. London.

Krasner, Stephen D., 1995: Compromising Westphalia, in: International Security 20, 115–151.

Krasner, Stephen D., 1999: Sovereignty: Organized Hypocrisy. Princeton.

Kreis, Georg, 1996: Eidgenössische Solidarität in Geschichte und Gegenwart, in: *Wolf Linder/Prisca Lanfranchi/Ewald R. Weibel* (Hrsg.), Schweizer Eigenart – eigenartige Schweiz. Der Kleinstaat im Kräftefeld der europäischen Integration. Bern, 109–127.

Lange, Niels, 1998: Zwischen Regionalismus und europäischer Integration. Wirtschaftsinteressen in regionalistischen Konflikten. Baden-Baden.

March, James G./Olsen, Johan P., 1989: Rediscovering Institutions. New York.

March, James G./Olsen, Johan P., 1998: The Institutional Dynamics of International Political Orders, in: International Organization 52, 943–969.

Marks, Gary, 1993: Structural Policy and Multilevel Governance in the European Community, in: *Alan Cafruny/Glenda Rosenthal* (Hrsg.), The State of the European Community II: Maastricht Debates and Beyond. Boulder, 391–410.

Michelmann, Hans J., 1990: Conclusion, in: *Hans J. Michelmann/Panayotis Soldatos* (Hrsg.), Federalism and International Relations. Oxford, 299–315.

Michelmann, Hans J./Soldatos, Panayotis (Hrsg.), 1990: Federalism and International Relations. The Role of Subnational Units. Oxford.

Ministerio para las Administraciones Públicas, 1995: La participación de las Comunidades Autonomas en los asuntos comunitarios europeos. Madrid

Montoro Chiner, Maria Jesús, 1988: Beteiligung der Autonomen Gemeinschaften Spaniens an den Entscheidungen der Europäischen Gemeinschaft, in: *Siegfried Magiera/Dieter Merten* (Hrsg.), Bundesländer und Europäische Gemeinschaft. Berlin, 165–178.

Morass, Michael, 1997: Austria: The Case of a Federal Newcomer in European Union Politics, in: *Charlie Jeffery* (Hrsg.), The Regional Dimension of the European Union. Towards a Third Level? London, 76–95.

Ohmae, Kenichi, 1993: The Rise of the Region State, in: Foreign Affairs 72, 78–87.

Pueyo Losa, Jorge, 1989: Sobre el principio y los mecanismos de colaboración entre el gobierno central y las Comunidades Autónomas en asuntos relacionados con las Comunidades Europeas, in: Revista de Instituciones Europeas 16, 29–74.

Reinicke, Wolfgang H., 1998: Global Public Policy. Governing without Government? Washington.

Ruggie, John G., 1993: Territoriality and Beyond: Problematizing Modernity in International Relations, in: International Organization 47, 139–174.
Ruggie, John G., 1998: Constructing the World Polity. London/New York.
Sbragia, Alberta, 1993: The European Community: A Balancing Act, in: Publius 23, 23–38.
Scharpf, Fritz W., 1991: Die Handlungsfähigkeit des Staates am Ende des zwanzigsten Jahrhunderts, in: Politische Vierteljahresschrift 32, 621–634.
Scharpf, Fritz W., 1999: Regieren in Europa. Effektiv und demokratisch? Frankfurt a.M./New York.
Scharpf, Fritz W., 2001: Mehr Freiheit für die Bundesländer. Der deutsche Föderalismus im europäischen Standortwettbewerb, in: Frankfurter Allgemeine Zeitung, 07.04. 2001, 15.
Schultze, Rainer-Olaf, 1990: Föderalismus als Alternative? Überlegungen zur Reorganisation von Herrschaft, in: Zeitschrift für Parlamentsfragen 21, 475–496.
Schultze, Rainer-Olaf, 1992: Föderalismus, in: *Manfred G. Schmidt* (Hrsg.), Lexikon der Politik. München, 95–110.
Schweizer, Rainer J./Brunner, Stephan C., 1998: Die Mitwirkung der Bundesländer an EU-Vorhaben in der Bundesrepublik Deutschland und in Österreich. Ein Modell für die Mitwirkung der Kantone in der Außenpolitik. Bern/Zürich.
Soldatos, Panayotis, 1990: An Explanatory Framework for the Study of Federated States as Foreign-policy Actors, in: *Hans J. Michelmann/Panayotis Soldatos* (Hrsg.), Federalism and International Relations. The Role of Subnational Units. Oxford, 34–53.
Strange, Susan, 1997: Territory, State, Authority and Economy: A New Realist Ontology of Global Political Economy, in: *Robert W. Cox* (Hrsg.), The New Realism. Perspectives on Multilateralism and World Order. Basingstoke/London, 3–19.
Straub, Peter/Hrbek, Rudolf (Hrsg.), 1997: Die europapolitische Rolle der Landes- und Regionalparlamente in der EU. Baden-Baden.
Sturny, Thiemo, 2000: Die Mitwirkung der Kantone an der Außenpolitik des Bundes, in: *Peter Hänni* (Hrsg.), Schweizerischer Föderalismus und europäische Integration. Die Rolle der Kantone in einem sich wandelnden internationalen Kontext. Zürich, 201–266.
Teschke, Benno, 1998: Geopolitical Relations in the European Middle Ages: History and Theory, in: International Organization 52, 325–358.
Tiebout, Charles M., 1956: A Pure Theory of Local Expenditures, in: Journal of Political Economy 64, 416–424.
Ulbert, Cornelia, 1997: Ideen, Institutionen und Kultur. Die Konstruktion (inter-)nationaler Klimapolitik in der BRD und in den USA, in: Zeitschrift für Internationale Beziehungen 4, 9–40.
Voigt, Rüdiger (Hrsg.), 1995: Der kooperative Staat. Baden-Baden.
Wintrobe, Ronald, 1987: Competitive Federalism and Bureaucratic Power, in: European Journal of Political Economy 3, 9–31.
Wolf, Klaus-Dieter, 1998: Die Grenzen der Entgrenzung, in: *Beate Kohler-Koch* (Hrsg.), Regieren in entgrenzten Räumen. PVS Sonderheft 29. Opladen, 77–87.
Wolf, Klaus-Dieter, 2000: Die neue Staatsräson – Zwischenstaatliche Kooperation als Demokratieproblem in der Weltgesellschaft. Baden-Baden.
Zürn, Michael, 1997: „Positives Regieren" jenseits des Nationalstaates, in: Zeitschrift für Internationale Beziehungen 4, 41–68.
Zürn, Michael, 1998a: Gesellschaftliche Denationalisierung und Regieren in der OECD-Welt, in: *Beate Kohler-Koch* (Hrsg.), Regieren in entgrenzten Räumen. PVS Sonderheft 29. Opladen, 91–120.
Zürn, Michael, 1998b: Regieren jenseits des Nationalstaates. Frankfurt a.M.

Schlussfolgerungen

Lehren aus entwicklungsgeschichtlichen und vergleichenden Analysen – Thesen zur aktuellen Föderalismusdiskussion

Arthur Benz

In der Bundesrepublik Deutschland erleben wir seit einigen Jahren eine neue Föderalismusdiskussion, die früheren Reformdiskussionen darin ähnelt, dass Probleme zu sehr vereinfacht werden, sich aber in ihren Inhalten unterscheidet. In den 1960er Jahren galt der kooperative Föderalismus als modern, in den 1970er und 1980er Jahren wurde dann die Politikverflechtung als Hindernis für eine Reformpolitik kritisiert, die dem Ausbau des Sozialstaats durch Umverteilung zu Gunsten strukturschwacher Regionen dienen sollte. Heute dagegen wird, gestützt auf die ökonomische Theorie, der Wettbewerbsföderalismus als Leitidee propagiert. Er soll für mehr Effizienz im öffentlichen Sektor sorgen, im Zweifelsfall auch auf Kosten der Gleichwertigkeit der Lebensverhältnisse (Lambsdorff 1997; Morath 1999; Ottnad/Linnartz 1997; Sachverständigenrat 1991). Zum Teil wird auch eine sozialpolitisch modifizierte Variante eines „sozialen Wettbewerbs" (O. Metzger, zit. nach Hennecke 2001: 176; Bertelsmann-Kommission 2000: 18; Benz 2001: 148) vorgeschlagen, wobei Dezentralisierung und Entflechtung von hinreichenden Ausgleichsmaßnahmen zwischen wirtschaftlich starken und schwachen Ländern begleitet werden sollen.

In dieser Diskussion wird der bestehende kooperative Bundesstaat überwiegend einer strengen Kritik unterzogen, und er wird mit sehr weit reichenden Reformpostulaten konfrontiert (zusammenfassend: Hennecke 2001a; Leonardi 1999; Männle 1998; Morath 1999). Den ehrgeizigen Ansprüchen der reformerischen Programmatik steht allerdings eine ausgeprägte, an Immobilismus grenzende Reformresistenz der bundesstaatlichen Institutionenpolitik gegenüber. Damit stellt sich ein gravierendes Umsetzungsproblem (Jeffery 1995; Lehmbruch 2000a; Lehmbruch, in diesem Band). Zwar wurde der Widerspruch zwischen Reformforderungen und Reformunfähigkeit in der deutschen Föderalismusforschung immer wieder angesprochen, aber richtig aufgelöst werden konnte er bislang nicht.

Die historische und vergleichende Föderalismusforschung kann diesen Widerspruch stärker ins Bewusstsein bringen und dazu beitragen, die Fragen der Zweckmäßigkeit, der Realisierbarkeit sowie der potenziellen Folgen eines Wettbewerbsföderalismus zu klären. Auf der Grundlage der Beiträge, welche in diesem Band zusammengestellt wurden, sollen im Folgenden einige Thesen zur jüngsten Diskussion über Wettbewerbsföderalismus (dualer, dezentralisierter Bundesstaat) und Konkordanzföderalismus (kooperativer Bundesstaat) vorgestellt werden.

1. Zur Notwendigkeit einer grundlegenden Strukturreform in Richtung auf Wettbewerbsföderalismus

Aus wissenschaftlicher Sicht gibt es keine überzeugenden Gründe, welche die Notwendigkeit einer grundlegenden Verfassungsreform in Richtung auf einen Wettbewerbsföderalismus rechtfertigen. Einerseits werden die Nachteile von Kooperation und Verflechtung zwischen den Ebenen sowie die Notwendigkeit einer Systemveränderung des Bundesstaates überschätzt, andererseits werden die Chancen für Wettbewerb innerhalb der bestehenden Verfassungsordnung unterschätzt.

1. These: Die Defizite, die aus der Politikverflechtung resultieren, werden überschätzt.

In der Diskussion wird oft unterstellt, dass die im internationalen Vergleich gegenwärtig feststellbaren oder behaupteten Rückstände Deutschlands in der wirtschaftlichen Entwicklung, in der Qualität des Bildungssystems, in der Modernisierung der öffentlichen Verwaltung u.a.m. durch den Zwang zur Kooperation zwischen Bund und Ländern und damit gleichzeitig zwischen der Regierungsmehrheit und der parlamentarischen Opposition verursacht seien. Ohne die Möglichkeit einfacher Mehrheitsentscheidungen seien grundlegende Strukturreformen und Politikänderungen nicht durchsetzbar. Ferner führe der ausgeprägte Finanzverbund zur Fehlallokation von Mitteln und zu ineffizienter Staatstätigkeit. Richtig daran ist, dass die Verbindung einer Konkurrenzdemokratie mit einem dualistischen Parteienwettbewerb und einem kooperativen Föderalismus, in dem der Koordinationsbedarf zwischen den Mehrheiten in Bundestag und Bundesrat durch unitarische Wertvorstellungen verstärkt wird, hohe Entscheidungskosten erzeugt und Reformen erschwert, die den Status quo erheblich verändern sollen (vgl. Lehmbruch 2000; Scharpf 1994; Grande, in diesem Band).

Die Kritik an der Schwerfälligkeit der Entscheidungsfindung im kooperativen Bundesstaat und an den Defiziten der Politik- und Finanzverflechtung mag also berechtigt sein. Aber die wirtschaftlichen Probleme Deutschlands nach der deutschen Einheit, Mängel im Bildungsbereich oder sozialpolitische Anpassungsprobleme können nicht einfach auf die institutionellen Strukturen des Föderalismus zurückgeführt werden. Wenn man dies tut, so unterstellt man eine determinierende Kausalität zwischen Institutionen und Politikergebnissen, die allen institutionstheoretischen Ansätzen der Sozialwissenschaft widerspricht. Die empirische Staatstätigkeitsforschung hat deswegen – was nicht überraschend ist – keinen eindeutigen Zusammenhang zwischen Staatsorganisation und Leistungsfähigkeit eines Staates feststellen können (vgl. Keman 2000; Castles 2000; Schmidt 2001). Vergleichende Untersuchungen zeigen auch, dass Blockaden und schlechte Kompromisse im kooperativen Bundesstaat nur unter bestimmten zusätzlichen Bedingungen auftreten. Neben den spezifischen Parteienkonstellationen in Bund und Ländern ist vor allem auch die Neigung von Regierungen und Verwaltungen der Länder zu nennen, Verantwortung für Vollzugsdefizite auf die Bundesgesetzgebung abzuschieben, und dieses Verhalten wird wiederum begünstigt durch ein verbreitetes Interesse an einheitlicher Politik im Bundesgebiet.

Darüber hinaus ist zu berücksichtigen, dass Kooperation zwischen Gebietskörperschaften unter bestimmten Voraussetzungen zu positiven Resultaten führen kann. Dies belegen nicht nur vergleichende Analysen unterschiedlicher Typen von Bundesstaaten, wobei hier besonders auf das Beispiel der Schweiz zu verweisen ist (vgl. Neidhart, in diesem Band), sondern auch die komparative Forschung zu Konkordanzdemokratien (Lijphart 1999). Ihre Vorteile liegen vor allem in der Interessenberücksichtigung, in der Konfliktregelung sowie im sozialen Ausgleich, also der Verwirklichung wichtiger politischer Werte, die in der aktuellen Diskussion vielfach vernachlässigt werden.

2. These: Das Modell des dualen Föderalismus ist in keinem der modernen Bundesstaaten verwirklicht, vielmehr gibt es in allen eine Tendenz zu unterschiedlich gearteten Verflechtungen zwischen den Ebenen des Staates.

Der internationale Vergleich zwischen entwickelten Bundesstaaten zeigt, dass eine Ebenentrennung zwischen dem Bund und den Gliedstaaten, wie es das Konzept des Wettbewerbsföderalismus verlangt, nirgends verwirklicht ist. Selbst im Rahmen der Verfassung eines „dualen Föderalismus" gibt es unterschiedlich ausgeprägte Formen der vertikalen und horizontalen Kooperation. Hier ist in erster Linie auf den amerikanischen Föderalismus hinzuweisen, der häufig von Protagonisten eines Wettbewerbsföderalismus als Vorbild angeführt wird. Er unterlag seit dem 19. Jahrhundert Zentralisierungs- und Verflechtungstendenzen (vgl. Kincaid, in diesem Band), und Forderungen nach einer Rückkehr zum ursprünglichen dualen Bundesstaat ließen sich nicht realisieren. Vergleichbare Entwicklungen sind auch in anderen Bundesstaaten festzustellen. Die Politik des Bundes und der Gliedstaaten ist nirgends völlig autonom, vielmehr muss sie in vielen Politikfeldern koordiniert werden (dazu auch Neidhart und Watts, beide in diesem Band). In allen Typen von Bundesstaaten müssen Ebeneninterdependenzen durch institutionelle Regeln und in politischen Prozessen bewältigt werden. Aus der vergleichenden Föderalismusforschung ist zu folgern, dass eine undifferenzierte Entflechtungspolitik vermutlich mehr Probleme erzeugt als sie lösen kann.

3. These: Europäisierung und Globalisierung fördern Regionalisierungstendenzen, aber dadurch nimmt der Kooperationsbedarf im Bundesstaat nicht ab.

Im Zuge der Europäisierung und Globalisierung kommt es zu einer verschärften Konkurrenz zwischen regionalen Wirtschaftsstandorten. Dadurch steigt die Bedeutung der Wirtschaftsförderung, der Infrastrukturpolitik sowie der Arbeitsmarkt- und Sozialpolitik auf dezentraler Ebene, mit der Länder und Regionen ihre Attraktivität zu steigern versuchen. Gleichzeitig erhalten regionale Autonomiebestrebungen der Gliedstaaten Auftrieb, weil sie ein Gegengewicht gegen die Vereinheitlichungstendenzen der Globalisierung bieten (Schultze/Zinterer, in diesem Band). Daraus können aber keine Argumente für einen Umbau des Bundesstaates in Richtung auf einen Wettbewerbsföderalismus abgeleitet werden. Die Gleichzeitigkeit von Europäischer Integration und Globalisierung der Wirtschaft auf der einen Seite und der Aufwertung der regionalen Ebene auf der anderen Seite erfordert mehr Koordination zwischen Bund und Gliedstaaten. Politiker beider Ebenen scheinen dazu zu neigen, sich stärker abzustimmen, um den externen Herausforderungen besser gerecht zu werden (Goetz 1995; Börzel, in diesem Band). Die Chancen für institutionelle Reformen, die die Autonomie der dezentralen Gebietskörperschaften erweitern sollen, sinken dadurch.

Ob mit der Entwicklung transnationaler Föderationen wie der EU Strukturen einer doppelten Politikverflechtung entstehen (Hrbek 1986), muss dennoch bezweifelt werden. Die Tatsache, dass der Bedarf und die Anreize für intergouvernementale Kooperation und Politikkoordination zunehmen, bedeutet nicht, dass deswegen verflochtene Strukturen nach dem Muster der Gemeinschaftsaufgaben entstehen. Es ist vielmehr damit zu rechnen, dass europäische und internationale Verflechtungsstrukturen viel flexibler, nach Politikfeldern unterschiedlich und mit geringeren Kooperationszwängen versehen ausfallen. Die alten Modelle der Föderalismusforschung erscheinen daher kaum geeignet, diese neuen Formen eines Mehrebenensystems angemessen zu beschreiben (Burgess 2001: 24–30).

4. These: Im deutschen Bundesstaat gibt es mehr Möglichkeiten des regionalen Wettbewerbs, als man vermutet.

Die institutionellen Strukturen des kooperativen Bundesstaates in Deutschland schließen keineswegs Wettbewerb aus. So wurde etwa der wirtschaftspolitische Standortwettbewerb nie durch die Politikverflechtung in den Gemeinschaftsaufgaben gebremst, und durch die Beihilfekontrolle der EU wird er reguliert, aber nicht unterbunden. Konkurrenz entwickelt sich vor allem durch das Angebot einer attraktiven Infrastrukturausstattung. Sie wird bekanntlich zu einem großen Teil von den Ländern und Gemeinden bereitgestellt. Die neue Regionalökonomie weist zudem auf die Bedeutung von Faktoren wie Verwaltungseffizienz oder Kontaktstrukturen zwischen öffentlichen und privaten Akteuren hin, die von den Ländern autonom gestaltet werden. Besonders bedeutsam sind regionale Kooperationen zwischen Sozialpartnern, die sich inzwischen in den Ländern entwickelt haben (Karlhofer, in diesem Band). Ferner konkurrieren Länder um Bundesmittel zur Förderung von Infrastruktur oder um attraktive Großprojekte. Schließlich beobachten wir – im Widerspruch zur gängigen Annahme der unitarisierenden Wirkung der Sozialpolitik – in einzelnen Bereichen der Leistungsverwaltung einen Wettbewerb um innovative Politikkonzepte und Problemlösungen (zum Beispiel der aktiven Arbeitsmarktpolitik: Schmid/Blancke 2001). Während in der Bundesrepublik der regulative Wettbewerb durch die weitgehende Zentralisierung der Gesetzgebung ausgeschlossen ist, bestehen Spielräume bei der Implementation von Programmen sowie besonders im Bereich der leistenden und entwicklungsfördernden Politik und Verwaltung. Die Policyforschung stellte dementsprechend divergierende Politikprofile in den Ländern fest (Schmidt 1980). Dass Landesverwaltungen in engen Kooperationsbeziehungen stehen, steht dem nicht notwendigerweise entgegen, vielmehr fördert dies die Diffusion von Innovationen, die in den einzelnen Ländern an die regionalen Gegebenheiten angepasst werden müssen.

2. Zu den Voraussetzungen und Wirkungen des Wettbewerbs im Bundesstaat

Verfechter eines Wettbewerbsföderalismus argumentieren auf der Grundlage der ökonomischen Theorie des Föderalismus. Ob das daraus abgeleitete Modell in der Praxis so funktioniert, wie in der Theorie behauptet wird, ist alles andere als sicher. Jedenfalls wissen wir über die Voraussetzungen und die Folgen eines Wettbewerbs zwischen Gebietskörperschaften noch relativ wenig. Eine Übertragung der Theorie des Marktes auf den Bundesstaat ist nicht unproblematisch. Zu untersuchen wäre zumindest, unter welchen Bedingungen Gebietskörperschaften überhaupt konkurrieren können und wie sich die Konkurrenz auf ihre internen Strukturen und Prozesse auswirkt, nach welchen Regeln sie anlaufen soll (Wettbewerbsordnung), welche politischen und gesellschaftlichen Rahmenbedingungen gegeben sein müssen und welche öffentlichen Aufgaben sich für einen Wettbewerb eignen.

5. These: Der Begriff des Wettbewerbsföderalismus ist für wissenschaftliche Analysen und für die praktische Reformpolitik zu unpräzise.

Schon der Begriff des Wettbewerbsföderalismus, wie er üblicherweise verwendet wird, taugt allenfalls als Schlagwort, nicht aber als Konzept für ernsthafte wissenschaftliche Diskussionen oder als Grundlage für praktikable Reformvorschläge. Zum einen wird meist nicht zwischen vertikalem Wettbewerb der Ebenen und horizontalem Wettbewerb der dezentralen Gebietskörperschaften unterschieden und damit auch übersehen, dass beide Arten kombiniert werden können (Wrede 1997). Zum anderen werden verschiedene Formen des Wettbewerbs vermengt: In diesem kann es um Steuereinnahmen (horizontaler oder vertikaler Steuerwettbewerb) gehen, um die Ansiedlung von Unternehmen und Einwohnern (interregionaler Standortwettbewerb), um das Niveau von Regulierung und Deregulierung privater Aktivitäten (Regulierungswettbewerb) oder um die Qualität politischer Programme (Qualitätswettbewerb). Diese Arten des Wettbewerbs differieren hinsichtlich ihrer Voraussetzungen und Folgen.

6. These: Der Wettbewerb zwischen demokratisch verfassten Gebietskörperschaften funktioniert anders als der Wettbewerb zwischen Unternehmen.

Die Handlungsmotive und Handlungsbedingungen von Regierungen in Gebietskörperschaften können nicht einfach mit denen von Unternehmen im Markt gleichgesetzt werden (so z.B. Breton 1987: 270). Unternehmen orientieren sich an Gewinnen oder Marktanteilen, Politiker hingegen streben ihre Wiederwahl an. Über ihren Erfolg entscheiden, neben ihrem künftigen Programm, ihre Leistungen im gesamten Spektrum öffentlicher Aufgaben und nicht allein die Steuereinnahmen einer Gebietskörperschaft. Zwar argumentieren Kritiker des deutschen Föderalismus, Landesregierungen hätten keine Anreize zum effizienten Einsatz ihrer Mittel, wenn sie über Steuern und Ausgaben nicht autonom entscheiden können, und sie hätten keinen Grund, ihre Steuerbasis auszuschöpfen, wenn sie die erzielten Einnahmen zu einem erheblichen Teil im Finanzausgleich abgeben müssen. Tatsächlich folgt die Regierungspolitik in der Demokratie aber anderen Motiven. Das lässt sich an einem vielfach vorgebrachten Beispiel erläutern: Auch unter der geltenden Finanzverfassung mit ihrem ausgeprägten Steuerverbund und Finanzausgleich muss ein Land an der Ansiedlung oder der Erhaltung von Betrieben interessiert sein, es muss neben den steuerlichen Erträgen die Schaffung von Arbeitsplätzen und die Stabilisierung wirtschaftlicher Strukturen anstreben und diese Nutzen mit den Nachteilen, etwa den Umweltbelastungen in einer Region, abwägen. Ob Steuererträge dem Land verbleiben oder nicht und in welchem Umfang dies der Fall ist, kann nicht das primäre Handlungsmotiv von Politik sein, zumal Bürger andere Aspekte viel stärker gewichten. Kurz gesagt: „Die Konkurrenz, welche die Landes- und Kommunalpolitik antreibt, geht nicht um höhere Steuereinnahmen, sondern um Wählerstimmen" (Scharpf 1999: 32).

Folgt man diesen Überlegungen, dann scheint es, dass die Effizienz demokratischer Politik in erster Linie durch Qualitätswettbewerb gefördert werden kann, der sich nach dem „output" statt nach dem „input" richtet. Dieser verbessert die Transparenz des Regierungshandelns und dient damit der Informationsvermittlung an die Wählerschaft. Zudem fördert er innovative Problemlösungen, die Wähler im Prinzip honorieren. Die Tatsache, dass Innovationen von anderen Ländern sofort kopiert werden (Schmid, in diesem Band), steht der positiven Bewertung nicht entgegen. Die Innovationskonkurrenz wird allerdings abgeschwächt einerseits durch eine Ideologisierung von Politik und andererseits durch das Bestreben der Exekutiven, sich der Kontrolle durch Parlamente und die Wählerschaft zu entziehen, indem sie Programme oder Maßnahmen in intergouvernementalen Verhandlungen absprechen und einander angleichen (Renzsch 1997: 97). Dies bedeutet, dass der Mechanismus der Parteienkonkurrenz den Qualitätswettbewerb zwischen Gebietskörperschaften beeinträchtigen kann. Zwingend ist diese Konsequenz zwar nicht, allerdings bedarf es genauerer Untersuchungen der Effekte, die der Politikwettbewerb in der parlamentarischen Demokratie auf politische Prozesse im Bundesstaat ausübt.

7. These: Wettbewerb setzt die präzise Zuordnung von Verantwortlichkeit für Entscheidungen und für ihre Folgen („Eigentumsrechte") sowie die Fairness des Wettbewerbs voraus.

Wenn Vertreter eines Wettbewerbsföderalismus politische Prozesse in Analogie zum Markt beschreiben, so müsste sie dies veranlassen, über eine Ordnung des Wettbewerbs nachzudenken. In diesem Zusammenhang allerdings reduziert sich die Diskussion zu sehr auf die Trennung von Kompetenzen und die Dezentralisierung. Das mögen wichtige Voraussetzungen für intergouvernementalen Wettbewerb sein, sie sind aber keinesfalls hinreichend, um dessen Funktionsfähigkeit zu garantieren. Unabdingbar sind klare Zurechnungen aller Nutzen und Kosten von Entscheidungen, darüber hinaus aber auch Regeln, die Fairness im Hinblick auf die Wettbewerbsfähigkeit der Gebietskörperschaften gewährleisten.

Wettbewerb dezentraler Gebietskörperschaften setzt Eigentumsrechte an den Gegenständen voraus, um die konkurriert wird (Breton 1987: 281). Schon in der privaten Wirtschaft sind eindeutige Eigentumsrechte nicht die Regel, häufig treten externe Effekte auf, die zu Marktunvollkommenheiten („Marktversagen") führen. Im Vergleich dazu ist es noch schwieriger, öffentliche Aufgaben eindeutig einzelnen Gebietskörperschaften zuzuordnen. Am ehesten gelingt dies bei Infrastruktureinrichtungen, deren Kosten und Nutzen aber regelmäßig zeitlich weit auseinander fallen, jedenfalls nicht in einer Legislaturperiode bilanziert werden können. Viele für die wirtschaftliche, soziale und ökonomische Entwicklung eines Gebiets relevante Faktoren lassen sich nur bedingt der Politik einer Regierung zurechnen. Teilweise resultieren sie aus natürlichen oder historisch gewachsenen Gegebenheiten, teilweise sind sie in der Marktwirtschaft der Disposition des Staates entzogen, teilweise sind Ursachen-Wirkungs-Zusammenhänge so komplex, dass keine Kausalität zwischen politischen Entscheidungen und Politikfolgen hergestellt werden kann, teilweise wird die Verantwortungszurechnung durch Externalitäten zwischen Gebietskörperschaften beeinträchtigt.

Wettbewerb um knappe Ressourcen führt auch insofern zu Interdependenzeffekten, als Entscheidungen der Regierung einer Gebietskörperschaft die Ressourcenverteilung im Bundesstaat verändern können. Dies gilt etwa für den Steuerwettbewerb oder den Standortwettbewerb, der die „natürlichen" Disparitäten zwischen Regionen verstärkt, ohne dass sich die Regierungen in schwachen Regionen dagegen wehren können. Ein solcher Wettbewerb ist unfair. Gleiches gilt, wenn intergouvernementaler Wettbewerb dazu führt, dass bestimmten Gruppen der Bevölkerung mehr Kosten aufgebürdet werden als anderen. Die Standortkonkurrenz kann zu räumlicher Konzentration von Arbeitsplätzen führen, wodurch Menschen in strukturschwachen Gebieten zur Mobilität gezwungen werden. Steuerwettbewerb kann sich – je nach Umständen, die in der Wissenschaft noch unzureichend geklärt sind – negativ auf Sozialleistungen auswirken, während reiche Bürger als potente Steuerzahler durch attraktive öffentliche Leistungen belohnt werden.

Das Modell des Wettbewerbsföderalismus setzt Chancengleichheit der konkurrierenden Gebietskörperschaften voraus. Deswegen eignet es sich nicht für Bundesstaaten, in denen große regionale Disparitäten herrschen, es sei denn, man erreicht durch institutionelle Regeln, dass wirtschaftsstarke bzw. wirtschaftsschwache Regionen untereinander konkurrieren. Insofern ist es unverständlich, warum gerade nach der deutschen Einheit dieses Konzept so stark in den Mittelpunkt gerückt ist. Ursache dafür ist, sieht man von Eigeninteressen einzelner Landesregierungen ab, eine kurzschlüssige Übertragung marktliberaler Ideen auf den Bundesstaat.

8. These: Das Ausmaß von Wettbewerb und Kooperation im Bundesstaat hängt von gesellschaftlichen und politischen Strukturen ab.

Das reale Ausmaß von Wettbewerb und Kooperation in Bundesstaaten wird nicht allein durch die institutionellen Strukturen und damit durch verfassungspolitische Entscheidungen bestimmt. Entscheidende Impulse erhalten sie durch die territoriale Struktur eines Staatsgebiets, die Formen der gesellschaftlichen Interessenvermittlung und das Parteiensystem.

Wettbewerb zwischen Gebieten entwickelt sich besonders in Staaten, in denen ausgewogene Wirtschaftsstrukturen im Raum existieren und in denen gleichzeitig die Bevölkerung ein hohes Maß an regionaler Eigenständigkeit und Identifikation mit ihrer Region entwickelt hat. In Deutschland ist die räumliche Verteilung der Wirtschaft relativ ausgewogen, wobei die Disparitäten nach der Vereinigung West- und Ostdeutschlands deutlich zugenommen haben. Andererseits sind regionale Identitäten kaum ausgeprägt, wenngleich sie im Laufe der Nachkriegsgeschichte zugenommen haben. Ob dies günstige Voraussetzungen für einen Wettbewerbsföderalismus sind, sei hier dahingestellt. Im Vergleich zu anderen Bundesstaaten (vgl. Schultze/Zinterer, in diesem Band) jedenfalls kann man nur einen moderaten Regionenwettbewerb erwarten.

Auch die Organisation der gesellschaftlichen Interessen dürfte den Wettbewerbsföderalismus kaum unterstützen. Zwar ist die These von der Zentralisierung der Gesellschaft und der Dezentralisierung des politischen Systems, mit der Peter Katzenstein (1987) die westdeutsche Bundesrepublik charakterisieren wollte, stark überspitzt. In den meisten Sektoren der Gesellschaft existieren föderativ aufgebaute Verbände. Aber in diesen haben bundesweit tätige Spitzenverbände eine starke Stellung. Das Verbändesystem und die Strukturen der Interessenvermittlung fördern hierzulande die Unitarisierung. Diese Korrespondenz zwischen Strukturen des Staates und der gesellschaftlichen Interessenorganisation muss als stabil, weil sich wechselseitig verstärkend betrachtet werden (Armingeon, in diesem Band).

Die Unitarisierung im Bundesstaat wird in Deutschland ferner durch das Parteiensystem gefördert. Dieses entstand zeitlich parallel mit der Ausbildung der Verfassung des unitarischen und kooperativen Bundesstaates in der zweiten Hälfte des 19. Jahrhunderts. Es zeichnet sich durch eine starke Zentralisierung und eine Kongruenz zwischen der Bundes- und der Landesebene aus (Grande, in diesem Band). Seit der deutschen Einheit beobachten wir Tendenzen einer gemäßigten Pluralisierung des Parteienwettbewerbs (Niedermayer 1997) und einer Regionalisierung in den innerparteilichen Strukturen. Dies kann einen stärkeren Wettbewerb zwischen den Ländern und zwischen Bund und Ländern fördern. Die zunehmende Wahrscheinlichkeit von Regierungswechseln trägt ebenfalls dazu bei, da Landesregierungen durch die Oppositionsparteien, die in anderen Ländern die Regierung stellen, stärker gefährdet sind. Aber gleichzeitig bricht dadurch die Polarisierung zwischen Parteien auf mit der Folge, dass Verhandlungslösungen im kooperativen Bundesstaat leichter erreichbar und die Blockadegefahren verringert werden. Ob die Veränderungen des Parteiensystems dauerhaft sind, ist noch nicht sicher. Keinesfalls werden sie aber einen Umbau des kooperativen Bundesstaates zu einem Wettbewerbsföderalismus erzwingen.

9. These: Wettbewerb und Kooperation im Bundesstaat variieren nach Politikfeldern.

Die Gründe, die Intensität und die Ausformung der oben angesprochenen intergouvernementalen Verflechtungen sind in den einzelnen Bundesstaaten verschieden. Aber generell ist festzustellen, dass in der historischen Entwicklung die Interdependenzen zwischen den Aufgaben einzelner Gebietskörperschaften zugenommen haben. Besonders koordinationsintensiv ist dabei die Finanzpolitik (Braun, in diesem Band), mit der – entweder durch aktive Steuerung oder durch eine konjunkturneutrale Haushaltspolitik – wirtschaftspolitische Ziele verfolgt werden (der Stabilitätspakt der EU erhöht in den europäischen Bundesstaaten den Zwang zur Abstimmung der zentralen und dezentralen Budgets). Ein hoher Koordinationsbedarf besteht auch in der Umweltpolitik, weil groß- und kleinräumige Entwicklungen hier eng zusammenhängen (Knoepfel, in diesem Band). Aber auch in anderen Politikfeldern, die Auswirkungen auf Raumentwicklungen haben, wäre der Übergang zu mehr Autonomie der Gliedstaaten und mehr Konkurrenz zwischen ihnen schädlich. Die Entflechtung der Zuständigkeiten müsste hier zwangsläufig zur Zentralisierung führen, mit allen damit verbundenen Nachteilen.

Die in der ökonomischen Föderalismusforschung bekannte Tatsache, dass die Zuordnung von Kompetenzen auf Ebenen nach Aufgabenarten zu differenzieren ist, muss also auch für die Frage nach den Möglichkeiten und Grenzen von Kooperation und Konkurrenz gelten. Der Koordinations- bzw. Kooperationsbedarf zwischen Bund und Gliedstaaten sowie zwischen den Gliedern eines Bundesstaates variiert in ganz erheblichem Maß nach Politikfeldern. Daher kann der Wettbewerbsföderalismus nicht zum generell gültigen Leitbild der Verfassungspolitik oder einer Reform des Bundesstaates erhoben werden.

Schließlich unterscheiden sich auch die Wirkungen von Kooperation und Wettbewerb im Bundesstaat nach Politikfeldern. Umverteilung ist in Kooperation schwer zu erreichen, aber im Wettbewerb zwischen dezentralen Gebietskörperschaften kommt es zu Verteilungseffekten, die der politischen Steuerung entzogen sind. Ob der Konkurrenzmechanismus zur Qualitätssteigerung oder -reduzierung von regulativer Politik führt, kann nach den vorliegenden Untersuchungen nicht generell gesagt werden. Auch in dieser Hinsicht sind zwischen Politikfeldern variierende Effekte zu vermuten, die im Einzelnen zu untersuchen sind.

3. Zur Reformierbarkeit des Bundesstaates

10. These: Die pfadabhängige Entwicklung und der konfigurative Charakter des Bundesstaates machen grundlegende Strukturreformen riskant, sie schließen aber notwendige Anpassungen von Institutionen und Verfahren nicht aus.

Die Gestaltungsspielräume einer Verfassungspolitik, die auf eine grundlegende Reform des Bundesstaates zielt, sind viel geringer, als sich dies Verfechter des Wettbewerbsföderalismus erhoffen. Die Politik in Bundesstaaten beruht auf historisch gewachsenen Verfassungsregeln, Wertvorstellungen und Praktiken, in denen sich pfadabhängige Entwicklungen im Zusammenwirken zwischen Gesellschaft und Staat widerspiegeln (Lehmbruch, in diesem Band). Zudem stellen sie komplexe Strukturkonfigurationen dar, die aus interdependenten Elementen gebildet sind. Sofern Reformen in Teilbereichen nicht mit der jeweiligen Konfiguration verträglich sind, rufen sie nicht kalkulierbare Folgeeffekte hervor.

Darüber hinaus werden Reformspielräume durch Regeln der Entscheidungsfindung und durch institutionell verankerte Interessen bestimmt. Angesichts der qualifizierten Mehrheiten, die für Verfassungsreformen notwendig sind, spielen Minderheitsinteressen eine wichtige Rolle. Unter den gegenwärtigen Bedingungen wären vor allem die wirtschaftlich schwachen Länder unter den Verlierern, wenn das diskutierte Modell des Wettbewerbsföderalismus verwirklicht würde. Vermeintlich positive Ziele wie eine Dezentralisierung von Kompetenzen können sie, wenn es um konkrete Aufgaben geht, wegen der damit verbundenen Finanzierungslasten meistens nicht befürworten. Im Wettbewerb sind sie in vielen (wenngleich nicht in allen) Politikfeldern in einer schlechteren Startposition als andere Länder.

Diese Überlegungen machen zum einen deutlich, dass die Implementation von theoretischen, zu wenig differenzierten Modellen problematisch ist. Zum anderen können einer Reformpolitik, die nicht auf die konkreten politischen Konfliktstrukturen und Interessenkonstellationen achtet, keine großen Erfolgschancen eingeräumt werden.

In der gegenwärtigen Situation leidet die Reformpolitik im deutschen Bundesstaat darunter, dass das vorherrschende Reformparadigma zwar bei abstrakter Betrachtung Zustimmung findet, aber seine Realisierung den Interessen einer starken Gruppe von Ländern widerspricht. Wenn in dieser Situation Reformen, wie zu erwarten ist, scheitern, so gerät der Bundesstaat in ein Legitimitätsdefizit, und zwar nicht nur, weil er sich als ungeeignet für Problemlösungen wie als reformunfähig darstellt, sondern auch, weil die Kluft zwischen Zielen der Politik und ihren Ergebnissen zu Enttäuschungen führt. Umso dringlicher ist es, das positive Klima für Reformen zu nutzen, um realistische und konsensfähige Anpassungen in den institutionellen Strukturen und Verfahren des Bundesstaates vorzunehmen. Vorschläge hierfür gibt es (z.B. Bertelsmann-Kommission 2000; Braun 1996; Hüttig/Nägele 1999; Scharpf 1999; Schultze 2000).

11. These: Die Reform des Bundesstaates stellt eine Daueraufgabe dar.

Die Reform des deutschen Bundesstaates ist alles andere als überflüssig. Insgesamt muss man der Diagnose der „Überverflechtung" in einer Reihe von Politikfeldern zustimmen. Dieses Urteil betrifft nicht nur den hohen Anteil an zustimmungspflichtigen Gesetzen oder die multilateralen Zwangsverhandlungen in den Gemeinschaftsaufgaben, sondern auch die Zusammenarbeit zwischen Länderregierungen etwa im Bereich der Bildungspolitik. Auch das starre Korsett der Finanzverfassung bedarf sicher einiger Korrekturen. Aber es gibt auch Bereiche, in denen die Koordination zu verbessern ist. In der Haushalts- und Finanzpolitik etwa ist eine intensivere Abstimmung zwischen Bund und Ländern erforderlich, als dies in der Vergangenheit im Finanzplanungsrat geschah.

Die notwendigen Reformen dürfen allerdings nicht einem ideologischen Konzept oder einer abstrakten Modellkonstruktion eines Bundesstaates folgen, sondern müssen an konkreten Strukturproblemen ansetzen. Wie der internationale Vergleich zeigt, gibt es keinen überlegenen Typus eines Bundesstaates. Weder gibt es einen „echten" Föderalismus, noch existiert ein „richtiges" Modell eines Bundesstaates, das für andere Staaten eine Leitvorstellung bieten könnte. Bundesstaatliche Strukturen sind nicht generell gut oder schlecht, sondern nur mehr oder weniger gut an Bedingungen angepasst. Diese Anpassung ist, wie die Geschichte lehrt, immer wieder neu und für einzelne Politikfelder in unterschiedlicher Weise zu bewerkstelligen. Reformpolitik im Bundesstaat sollte daher als Daueraufgabe einer schrittweisen und differenzierten Veränderung begriffen werden (Hesse/Benz 1990: 244).

12. These: Ein Bundesstaat muss als komplexes Mehrebenensystem betrachtet werden, in dem die Koordinationsmechanismen der hierarchischen Steuerung, der intergouvernementalen Kooperation und des Wettbewerbs in unterschiedlichen Kombinationen zusammenwirken und das sich durch eine besondere Eigendynamik auszeichnet.

Die aktuelle Reformdiskussion leidet nicht zuletzt unter der Verwendung eines zu einfachen Bildes des Bundesstaates. Für die ökonomische Theorie reduziert sich eine föderative Staatsorganisation auf die Existenz unterschiedlicher Ebenen, auf die Kompetenzverteilung, Entscheidungsregeln und Finanzverfassung. Und diese Elemente werden als beliebig gestaltbar aufgefasst. Dementsprechend zeichnen sich auch Reformforderungen, sobald sie über Fragen der Einnahmen- und Ausgabenverteilung sowie der Finanzbeziehungen zwischen Bund und Ländern hinausgehen, durch einen starken Abstraktionsgrad aus. Die in diesem Band immer wieder angesprochene Komplexität des Bundesstaates wird dadurch ignoriert.

Bundesstaaten sind als Mehrebenensysteme zu betrachten, die nicht entweder zentral oder dezentral, entflochten oder verflochten, kooperativ oder kompetitiv sind. Entsprechende Bezeichnungen sollten als Aussagen über Entwicklungstendenzen oder als komparative Charakterisierungen einzelner Staaten betrachtet werden, die immer auf bestimmte Aspekte fokussiert sind, aber keine umfassenden Beschreibungen liefern. Die Realität eines Bundesstaates ist wesentlich komplizierter, und eine Politik der institutionellen Reform muss sich mit dieser Komplexität auseinander setzen. Insbesondere muss sie der Tatsache Rechnung tragen, dass die Koordination zwischen den Ebenen und zwischen den dezentralen Gebietskörperschaften teils durch hierarchische Steuerung mittels Regulierung oder finanzieller Anreize, teils durch Verhandlungen und teils durch Wettbewerb erfolgt, häufig aber auch durch Kombinationen aus diesen Mechanismen. Ferner ist zu beachten, dass in Mehrebenensystemen grundsätzlich unterschiedliche, mehr oder weniger kompatible „Regelsysteme" der intragouvernementalen und der intergouvernementalen Institutionen aufeinander treffen, welche die Spielregeln der bundesstaatlichen Politik bestimmen. Schließlich sind nicht nur die Institutionen des Regierungssystems, sondern auch die Strukturen des Parteien- und Verbändesystems für das Verständnis der Funktionslogik des Bundesstaates wichtig.

Nur wenn diese Funktionslogik richtig verstanden ist, kann auch eine institutionelle Reform des Bundesstaates gelingen. Die rechts-, wirtschafts- und politikwissenschaftliche Föderalismusforschung hat bislang vieles zum Verständnis von Bundesstaaten beigetragen, aber die immer noch ausgeprägte Orientierung an formalen Institutionen oder modelltheoretischen Analysen verstellt den Zugang zur empirischen Analyse der Arbeitsweise und der Dynamik föderativer Systeme.

4. Schlussbemerkung

Der Wettbewerbsföderalismus wurde zu einer Zeit als politisches Programm in die politische Diskussion eingebracht, als in der Politikwissenschaft längst die pauschale Kritik am kooperativen Bundesstaat einer differenzierten Analyse und Bewertung gewichen war. Dies zeigt, dass zwischen der wissenschaftlichen Forschung und der Rezeption in der Praxis ein beträchtliches Transferproblem besteht, dessen Ursachen hier nicht näher erörtert werden können. Aber auch innerhalb der Wissenschaft arbeiten die Politikwissenschaft, die Rechtswissenschaft und die Finanzwissenschaft bei der Erforschung des Bundesstaates noch weitgehend in ihren disziplinären Grenzen und nehmen wechselseitig ihre Erkenntnisse zu wenig zur Kenntnis. Die Rezeption der entwicklungsgeschichtlich orientierten und der vergleichenden Forschung ist hierbei noch am schwächsten. Dabei ist ihre Relevanz nicht nur für die Wissenschaft, sondern auch für die Praxis beträchtlich.

Literatur

Benz, Arthur, 2001: From Cooperation to Competition? The Modernization of the German Federal System, in: *Franz Gress/Jackson Jones* (Hrsg.), Reforming Governance. Lessons from the Unites States of America and the Federal Republic of Germany. Frankfurt a.M./New York, 135–152.

Bertelsmann-Kommission, 2000: Bertelsmann-Kommission „Verfassungspolitik und Regierungsfähigkeit", Entflechtung 2005. Zehn Vorschläge zur Optimierung der Regierungsfähigkeit im deutschen Föderalismus. Gütersloh.

Braun, Dietmar, 1996: Der bundesdeutsche Föderalismus an der Wegscheide. Interessenkonstellation, Akteurskonflikte und institutionelle Lösungen, in: Staatswissenschaften und Staatspraxis 7, 101–132.
Breton, Albert, 1987: Towards a Theory of Competitive Federalism, in: European Journal of Political Economy, Special Issue 3, 263–329.
Burgess, Michael, 2001: Federalism and European Union: Building of Europe, 1950–2000. London.
Castles, Francis G., 2000: Federalism, Fiscal Decentralization and Economic Performance, in: *Ute Wachendorfer-Schmidt* (Hrsg.), Federalism and Political Performance. London/New York, 177–195.
Goetz, Klaus H., 1995: National Governance and European Integration: Intergovernmental Relations in Germany, in: Journal of Common Market Studies 33, 91–116.
Hennecke, Hans-Günter, 2001: Modernisierung der bundesstaatlichen Ordnung – wann, wenn nicht jetzt?, in: Der Landkreis 71, 167–184.
Hennecke, Hans-Günter, 2001a: Vorschläge zur Modernisierung der bundesstaatlichen Ordnung, in: Der Landkreis, 318–325.
Hesse, Joachim Jens/Benz, Arthur, 1990: Die Modernisierung der Staatsorganisation. Staatliche Institutionspolitik im internationalen Vergleich: USA, Großbritannien, Frankreich, Bundesrepublik Deutschland. Baden-Baden.
Hrbek, Rudolf, 1986: Doppelte Politikverflechtung: Deutscher Föderalismus und Europäische Integration. Die deutschen Länder im EG-Entscheidungsprozeß, in: *Rudolf Hrbek/Uwe Thaysen* (Hrsg.), Die deutschen Länder und die Europäischen Gemeinschaften. Baden-Baden, 17–31.
Hüttig, Christoph/Nägele, Frank, 1999: Verflochten und Verschuldet. Zum (finanz-)politischen Reformbedarf des deutschen Föderalismus in Europa, Loccumer Protokolle 60/98, Loccum.
Jeffery, Charlie, 1995: The Non-Reform of the German Federal System after Unification, in: West European Politics 18, 252–272.
Katzenstein, Peter J., 1987: Policy and Politics in West Germany. The Growth of a Semi-Souvereign State. Philadelphia.
Keman, Hans, 2000: Federalism and Policy Performance: A Conceptual and Empirical Inquiry, in: *Ute Wachendorfer-Schmidt* (Hrsg.), Federalism and Political Performance. London/New York, 196–227.
Lambsdorff, Otto Graf, 1997: Plädoyer für einen echten Föderalismus, in: Süddeutsche Zeitung, 01.09.1997, 10.
Lehmbruch, Gerhard, 2000: Parteienwettbewerb im Bundesstaat. Regelsysteme und Spannungslagen im Institutionengefüge der Bundesrepublik Deutschland. 3. Aufl., Wiesbaden.
Lehmbruch, Gerhard, 2000a: Bundesstaatsreform als Sozialtechnologie? Pfadabhängigkeit und Veränderungsspielräume im deutschen Föderalismus, in: Jahrbuch des Föderalismus 2000, hrsg. vom Europäischen Zentrum für Föderalismusforschung Tübingen, Baden-Baden, 71–93.
Leonardi, Uwe, 1999: Deutscher Föderalismus jenseits 2000: Reformiert oder deformiert, in: Zeitschrift für Parlamentsfragen 30, 135–162.
Lijphart, Arend, 1999: Patterns of Democracy: Government Forms and Performance in Thirty-Six Countries. New Haven/London.
Männle, Ursula (Hrsg.), 1998: Föderalismus zwischen Konsens und Konkurrenz. Baden-Baden.
Morath, Konrad (Hrsg.), 1999: Reform des Föderalismus. Beiträge zu einer gemeinsamen Tagung von Frankfurter Institut und Institut der deutschen Wirtschaft Köln. Bad Homburg.
Niedermayer, Oskar, 1997: Das gesamtdeutsche Parteiensystem, in: *Oscar W. Gabriel/Oskar Niedermayer/Richard Stöss* (Hrsg.), Parteiendemokratie in Deutschland. Opladen, 106–130.
Ottnad, Adrian/Linnartz, Edith, 1997: Föderaler Wettbewerb statt Verteilungsstreit. Vorschläge zur Neugliederung der Bundesländer und zur Reform des Finanzausgleichs. Frankfurt a.M./New York.
Renzsch, Wolfgang, 1997: Einheitlichkeit der Lebensverhältnisse oder Wettbewerb der Regionen?, in: Staatswissenschaften und Staatspraxis 7, 87–108.
Sachverständigenrat, 1991: Jahresgutachten des Sachverständigenrates zur Begutachtung der gesamtwirtschaftlichen Entwicklung, Bundestags-Drucksache 11/8472.

Scharpf, Fritz W., 1994: Optionen des Föderalismus in Deutschland und Europa. Frankfurt a.M./New York.
Scharpf, Fritz W., 1999: Föderale Politikverflechtung. Was muß man ertragen? Was kann man ändern?, in: *Konrad Morath* (Hrsg.), Reform des Föderalismus. Beiträge zu einer gemeinsamen Tagung von Frankfurter Institut und Institut der deutschen Wirtschaft Köln. Bad Homburg, 23–36.
Schmid, Josef/Blancke, Susanne, 2001: Arbeitsmarktpolitik der Bundesländer. Chancen und Restriktionen einer aktiven Arbeitsmarkt- und Strukturpolitik im Föderalismus. Berlin.
Schmidt, Manfred G., 1980: CDU und SPD an der Regierung: ein Vergleich ihrer Politik in den Ländern. Frankfurt a.M./New York.
Schmidt, Manfred G., 2001: Thesen zur Reform des Föderalismus in der Bundesrepublik Deutschland, in: Politische Vierteljahresschrift 42, 474–491.
Schultze, Rainer-Olaf, 2000: Indirekte Entflechtung: Eine Strategie für die Föderalismusreform?, in: Zeitschrift für Parlamentsfragen 31, 681–698.
Wrede, Matthias, 1997: Tax Competition and Federalism. The Underprovision of Local Public Goods, in: Finanzarchiv N.F. 54, 494–515.

Zusammenfassungen

Arthur Benz, Themen, Probleme und Perspektiven der vergleichenden Föderalismusforschung, S. 9–50.

Der einführende Artikel gibt aus politikwissenschaftlicher Sicht einen Überblick über wesentliche Aspekte der vergleichenden Föderalismusforschung. In kritischer Auseinandersetzung mit den wichtigsten Begriffen des Föderalismus wird ein Konzept dargestellt, das für die vergleichende Forschung geeignet erscheint. Vorgeschlagen wird ein historisch-institutionalistischer Föderalismusbegriff, der Bundesstaaten als komplexe und dynamische Konfigurationen institutioneller Regelsysteme erfasst. Im Weiteren werden Erkenntnisse bzw. Hypothesen zur Entwicklung von Bundesstaaten zusammengefasst, danach Fragen der gesellschaftlichen Interessenvermittlung im Föderalismus und der Leistungsfähigkeit in Bundesstaaten erörtert. Aus diesen Überlegungen wird die Struktur des vorliegenden Bandes begründet. Einige Bemerkungen zur wissenschaftlichen und praktischen Relevanz der vergleichenden Föderalismusforschung schließen den Artikel ab.

Gerhard Lehmbruch, Der unitarische Bundesstaat in Deutschland: Pfadabhängigkeit und Wandel, S. 53–110.

Die Eigenart des deutschen Föderalismus erschließt sich in einer historischen Analyse der bundesstaatlichen Institutionen. Dabei wird ein hohes Maß an Pfadabhängigkeit sichtbar, die ihre Persistenz über einen langen Zeitraum hinweg der Ko-Evolution von politisch-kulturellen Orientierungen („Unitarismus") und institutionellen Arrangements verdankte. Die institutionellen Arrangements entfalteten sich sukzessive über mehrere Entwicklungssequenzen hinweg, die in einer Abfolge komplementärer institutioneller Weichenstellungen (1849, 1867/1871, 1919, 1945–1949) ein System von zunehmender, überaus veränderungsresistenter Komplexität hervorbrachten. Die Langfristanalyse führt zu dem Schluss, dass der institutionelle Kern des komplex verflochtenen „unitarischen Bundesstaates", wie das Ergebnis dieses Entwicklungspfades genannt worden ist, weiterhin eine durch Pfadabhängigkeit bedingte Resistenz gegen „institutional engineering" aufweist. Die „unitarischen" politisch-kulturellen Orientierungen hingegen, die seit der Mitte des 19. Jahrhunderts zur Selbstreproduktion dieses Entwicklungspfades beitrugen und deren Bezugsrahmen der Nationalstaat war, werden in zunehmendem Maße obsolet. Dies könnte Veränderungsspielräume eröffnen, die sich am Dezentralisierungsparadigma orientieren.

Leonhard Neidhart, Elementare Bedingungen der Entwicklung des schweizerischen Föderalismus, S. 111–133.

Der Beitrag will Einblicke in die Entwicklung des schweizerischen Föderalismus liefern. Er stützt sich dabei auf eine systemische Betrachtungsweise und definiert den Föderalismus als Subsystem des politischen Systems. Die zentrale These lautet, dass der schweizerische Bundesstaat im Wesentlichen durch drei Eigenschaften der gesamtgesellschaftlichen Rahmenbedingungen geprägt wird: die Topographie, die Kleinheit des Gebiets und die Knappheit der Ressourcen. Aus diesem Kontext lassen sich die Entwicklung des Föderalismus und seine Stabilität erklären. Außerdem werden die funktionalen Interdependenzen des föderalistischen Elementes mit den direktdemokratischen und den repräsentativen Bestandteilen des Regierungssystems skizziert, weil sie den Wandel des Föderalismus ebenfalls beeinflussen.

John Kincaid, **Föderalismus in den Vereinigten Staaten von Amerika: Eine kontinuierliche Spannung zwischen Personen und Gebieten, S. 134–156.**

Die Entwicklung des amerikanischen Föderalismus kann als eine kontinuierliche Spannung zwischen „Personen" und „Gebieten", zwischen individualistischen und kommunitaristischen Werten beschrieben werden. Seit den 1620er Jahren sind beide tief in der amerikanischen Kultur verwurzelt. Die Entfaltung dieser Spannung hat drei Epochen des Föderalismus bewirkt – den konstitutionellen, den kooperativen und den regulativen Föderalismus – die jeweils unterschiedliche Vorstellungen über das Wesen des Föderalismus und damit auch unterschiedliche Beziehungen und Machtverhältnisse zwischen dem Bund und den Einzelstaaten widerspiegelten. Auseinandersetzungen um Personen und Gebiete zum Beginn des 21. Jahrhunderts lassen vermuten, dass sich ein neues Zeitalter des Föderalismus abzeichnet.

Ronald L. Watts, **Die Evolution des Bundesstaats: Der Fall Kanada, S. 157–176.**

Der kanadische Staat unterlag einem kontinuierlichen Wandel seiner Strukturen und Praktiken. Obwohl die noch heute geltende Verfassung von 1867 einen relativ zentralisierten Bundesstaat schuf, entwickelte dieser sich nach und nach zu einem der am stärksten dezentralisierten Bundesstaaten der Welt. Diese Entwicklung ergab sich kaum durch Verfassungsänderungen, sondern in politischen Prozessen, insbesondere durch die pragmatische Anpassung der intergouvernementalen Beziehungen an die ökonomische, soziale und politische Diversifizierung des Landes. Entscheidende Faktoren waren die Sonderentwicklung Quebecs, starke regionale Unterschiede auch zwischen den anderen Provinzen und in neuerer Zeit das wachsende Selbstbewusstsein der Ureinwohner. Gegen die Regionalisierung wirkten Bestrebungen, allgemeine Bürgerrechte und Sozialleistungen zu garantieren. Nach drei Jahrzehnten erfolgloser Bemühungen um eine grundlegende Verfassungsreform konzentriert sich die Politik heute wieder auf pragmatische intergouvernementale Zusammenarbeit. Angesichts veränderter interner und externer Bedingungen wird sich der kanadische Föderalismus auch künftig kontinuierlich wandeln.

Edgar Grande, **Parteiensystem und Föderalismus – Institutionelle Strukturmuster und politische Dynamiken im internationalen Vergleich, S. 179–212.**

Der Beitrag behandelt die Zusammenhänge zwischen dem Parteiensystem und der Funktionsweise und Entwicklung des Föderalismus im internationalen Vergleich. Untersucht werden die sechs klassischen Bundesstaaten: Australien, Deutschland, Kanada,

Österreich, die Schweiz und die USA. Zunächst wird ein zweidimensionales Modell der Entwicklungsdynamiken föderativer Systeme präsentiert, das als Ordnungsschema für die weitere Interpretation der Fälle dient. Im Weiteren werden die Parteiensysteme und die institutionellen Strukturen des Föderalismus vergleichend analysiert, bevor verschiedene Konfigurationen von Parteiensystem und Föderalismus herausgearbeitet werden. Die je spezifischen Konfigurationen, so das zentrale Argument des Beitrags, erklären die Funktionsweise und die Entwicklungsdynamik föderativer Systeme.

Klaus Armingeon, **Verbändesysteme und Föderalismus. Eine vergleichende Analyse,** S. 213–233.

In diesem Beitrag wird die inter-regionale Heterogenität der Verbändesysteme in OECD-Ländern beschrieben. Untersucht wird, ob es eine Kongruenz zwischen Verbändesystem und Staatsstruktur gibt, ob sich der Unterschied zwischen Bundes- und Einheitsstaat auch in den Strukturen der gesellschaftlichen Interessenorganisation niederschlägt. Eine modifizierte Hypothese der Strukturkongruenz bewährt sich bei einer Re-Analyse der World Values Surveys, 1981–1997. In nicht-unitarischen Bundesstaaten sind die regionalen Differenzen vergleichsweise groß, in Einheitsstaaten sind sie klein. Die Verbändesysteme unitarischer Bundesstaaten gleichen eher jenen der Einheitsstaaten als jenen der Bundesstaaten, die keine Einheitlichkeit der Lebensverhältnisse anstreben.

Ferdinand Karlhofer, **Sozialpartnerschaftliche Interessenvermittlung in föderativen Systemen. Ein Vergleich Deutschland – Österreich – Schweiz,** S. 234–252.

Regionale Verbandssysteme und vor allem sozialpartnerschaftliche Steuerungsstrukturen waren lange Zeit ein Randthema der Korporatismusforschung. Seit der Krise der makroökonomischen Globalsteuerung hat das Thema aber in Zusammenhang mit der Frage an Bedeutung gewonnen, ob nicht gerade die Region besonders geeignet sei für die Bearbeitung spezifischer strukturpolitischer Problemlagen. In einem Dreiländervergleich (Deutschland, Österreich, Schweiz) wird, ausgehend von einer Typologie der Verbandssysteme, zunächst deren Wandel in Richtung auf Dezentralisierung untersucht. Im Anschluss daran wird die Frage erörtert, inwieweit vom Europäisierungsprozess Regionalisierungsimpulse für sozialpartnerschaftliche Beziehungsmuster ausgehen. Abschließend wird der Beitrag des regionalen Mesokorporatismus zur Stabilität der Makroebene beleuchtet: In Gestalt einer subnationalen Erweiterung des nationalen Steuerungssystems wirkt die Mesoebene stabilisierend; als Regionalisierung der Interessenpolitik im Rahmen von Standortpartnerschaften entstehen dagegen Spannungen, die tendenziell die Makroebene schwächen.

Rainer-Olaf Schultze / Tanja Zinterer, **Föderalismus und regionale Interessenkonflikte im Wandel: Fünf Fallbeispiele,** S. 253–276.

Regionale Interessenkonflikte in Bundesstaaten und deren politisch-institutionelle Verarbeitung sind durch die gesamtgesellschaftliche Konstellation und durch ihre je spezifische Pfadabhängigkeit der historischen Veränderungen bestimmt. Angesichts von Prozessen der Globalisierung und der supranationalen Blockbildung droht die Gefahr, dass die Integration regionaler Interessenkonflikte ohne Strukturreformen in institutionellen Arrangements wie im Verhältnis zwischen Gesellschaft und Staat nicht mehr geleistet wird. In dem Artikel wird in einem ersten Abschnitt der systematische Zusammenhang zwischen regionalen Disparitäten und föderativer Ordnung erläutert. Im zweiten Kapitel wird anhand dieser Systematik die historische Entwicklung typischer institutioneller Arrangements von fünf ausgewählten Bundesstaaten in Abhängigkeit von den regionalen Konfliktstrukturen nachgezeichnet. Die Entwicklung dieses Verhältnisses unter dem Einfluss der „Ent"- und „Umgrenzungsprozesse" steht in den folgenden Kapiteln im Mittelpunkt.

Josef Schmid, **Sozialpolitik und Wohlfahrtsstaat in Bundesstaaten**, S. 279–305.

Der Föderalismus gilt vielfach als eine wirkungsvolle Gegenkraft zum Ausbau der Sozialpolitik und des Wohlfahrtsstaats. Allerdings sind die vorliegenden Forschungsergebnisse, vor allem die aus dem internationalen Vergleich, wenig eindeutig und basieren vielfach auf unterkomplexen Studien. Zudem gibt es wichtige empirische und theoretische Hinweise auf gegenläufige Tendenzen. In dem Beitrag steht der deutsche Fall im Mittelpunkt. Dargestellt werden die verfassungsmäßigen und politischen Handlungsmöglichkeiten des Bundes und der Länder in der Sozialpolitik sowie die Folgen für Staatstätigkeiten. Ferner wird die politische Dynamik zwischen den Ebenen erfasst, um ein realistisches Bild der Leistungsfähigkeit und der Probleme des „fragmentierten Wohlfahrtsstaats" (Paul Pierson) bzw. des „sozialen Bundesstaats" zu erhalten.

Peter Knoepfel, **Regulative Politik in föderativen Staaten – das Beispiel der Umweltpolitik**, S. 306–332.

Anhand einer empirischen Studie zeigt der Beitrag, dass die Umweltpolitik im schweizerischen Föderalismus gegenwärtig noch stark geprägt wird von der institutionellen Handlungslogik des Vollzugsföderalismus. Diese stimmt in vielen Fällen nicht mit derjenigen der umweltpolitischen Sektoralpolitiken überein. Die Handlungslogik des Vollzugsföderalismus setzt sich gegen diejenige der Sektoralpolitiken durch, wenn anfänglich breite umweltpolitisch oder ökonomisch motivierte Oppositionsbewegungen im Laufe der Zeit „versanden", weil die Akteure auf Konsenslösungen einschwenken. Dieser „friedenstiftende" Effekt des Vollzugsföderalismus dürfte sich in Zukunft abschwächen. Denn in den Sektoralpolitiken haben sich neue Eliten gebildet, die sich zunehmend von den einem (eher lokalistisch-ländlich geprägten) Föderalismus verpflichteten Machtträgern unterscheiden. Mit einer auf „Entflechtung" abzielenden Föderalismusreform werden diese Spannungen zunehmen, weil die Wirksamkeit neuer Umweltpolitiken von einer vertikal verflochtenen Mehrebenensteuerung abhängt.

Dietmar Braun, **Finanzpolitik und makroökonomische Steuerung in Bundesstaaten**, S. 333–362.

Der Artikel untersucht den Einfluss des Föderalismus auf Möglichkeiten und Grenzen makroökonomischer Stabilisierung durch Finanzpolitik. Dazu werden politische Prozesse in Bundesstaaten mit unterschiedlichen Finanzverfassungen und unterschiedlichen Mustern intergouvernementaler Beziehungen verglichen. Die Untersuchung zeigt, dass der Föderalismus zwar ein „Störfaktor" sein kann, der aber durch besondere Mechanismen relativ gut unter Kontrolle gehalten werden kann. In „kompetitiven" Bundesstaaten geschieht dies durch „bedingte Kooperation" und in kooperativen Bundesstaaten durch „unbedingte Kooperation" zwischen Bund und Gliedstaaten. Die bedingte Kooperation ermöglicht für beide Seiten akzeptable Lösungen, die aber instabil sind. Die unbedingte Kooperation erfordert teure Kompensationszahlungen, wenn der Zentralstaat eine effektive Stabilisierungspolitik betreiben will. Dafür sind die so gefundenen Lösungen aber relativ stabil.

Tanja A. Börzel, **Föderative Staaten in einer entgrenzten Welt: Regionaler Standortwettbewerb oder gemeinsames Regieren jenseits des Nationalstaates?, S. 363–388.**

Globalisierung und Europäisierung werden häufig als Entgrenzungsprozesse verstanden, welche die territoriale Differenzierung von Politik und damit auch den Föderalismus als territoriales Ordnungsprinzip grundsätzlich in Frage stellen. Dagegen zeigt der vorliegende Beitrag, dass Entgrenzungsprozesse eine ökonomische und eine politische Dynamik ausgelöst haben, die sich widersprüchlich auf die Politik föderativer Systeme auswirken. Während erstere mehr Wettbewerb unter den territorialen Gebietskörperschaften verlangt, geht von letzterer ein starker Anreiz zur Kooperation zwischen Regierungen unterschiedlicher Ebenen aus, der Dezentralisierungstendenzen und intergouvernementalem Wettbewerb entgegenwirkt. Eine vergleichende Fallstudie der vier Bundesstaaten in der EU zeigt, dass nicht allein Reformblockaden und das Beharrungsvermögen formaler Institutionen, sondern die Herausbildung von Regierungsformen jenseits des Nationalstaates mehr Wettbewerbsföderalismus verhindern.

Arthur Benz, **Lehren aus entwicklungsgeschichtlichen und vergleichenden Analysen – Thesen zur aktuellen Föderalismusdiskussion, S. 391–403.**

In zwölf Thesen werden die wesentlichen Erkenntnisse der vorangehenden Beiträge zur entwicklungsgeschichtlichen und vergleichenden Föderalismusforschung zusammengefasst, soweit sie für die aktuelle Reformdiskussion im deutschen Bundesstaat relevant sind. Dabei wird vor einer kritiklosen Übernahme des Modells des Wettbewerbsföderalismus aus der ökonomischen Theorie gewarnt, gleichzeitig werden aber Möglichkeiten eines föderativen Wettbewerbs hervorgehoben und deren Voraussetzungen benannt.

Abstracts

Arthur Benz, **Problems and Perspectives of Comparative Federalism Research,** pp. 9–50.

The introductory article gives, from a political science point of view, an overview of important aspects of comparative federalism. It starts by reviewing the most relevant concepts and theories of federalism. The authors then propose a historical and institutionalist concept by defining federalism as a complex and dynamic configuration of institutionalised rule systems. The following sections summarise findings and hypotheses about the historical development of federal states, about the intermediation of societal interests and about policy-making and the performance of government in federal systems. Based on these considerations, the structure and content of the volume at hand is explained. The article ends with some comments on the theoretical and practical relevance of comparative research on federalism and federal states.

Gerhard Lehmbruch, **Unitary Federalism in Germany: Path Dependence and Change,** pp. 53–110.

The characteristic traits of German federalism are best explored in a historical analysis of the federal institutions. These exhibit a high degree of path-dependence that is due to the co-evolution of cultural orientations ("Unitarism") and of the institutional arrangements. The institutional arrangements were shaped in successive sequences of development (1849, 1867/71, 1919, 1945–49) which generated, due to complementary "critical junctures", a system of increasing complexity that was more and more resistant to change. The longitudinal analysis shows that the institutional core of German "unitary federalism" (as it has often been called) with its complex architecture withstands attempts at institutional engineering. However, the "unitary" cultural orientations whose frame of reference was the nation state and which have contributed to the self-reproduction of this development path are now increasingly becoming obsolete. This might open windows of opportunity for greater decentralization.

Leonhard Neidhart, **Crucial Conditions for the Evolution of Swiss Federalism,** pp. 111–133.

The article analyzes the evolution of Swiss federalism. Based on a systemic perspective, it defines federalism as a sub-system of the political system. The central argument is that the Swiss political system is shaped by three societal factors: topography, smallness and resource scarcity. This context explains the development of the Swiss federal system. In addition, functional interpependencies of the federal element with direct democracy and representational elements are shown because they also shape changes of federalism.

John Kincaid, **Federalism in the United States of America: A Continual Tension Between Persons and Places,** pp. 134–156.

The development of American federalism can be characterized as a continual tension between "persons" and "places", namely, the values of individualism and of communitarism. Both of them have been deeply embedded in American culture since the 1620s. The playing out of this tension has produced three eras of federalism – constitutional, cooperative, and coercive – each reflecting different conceptions of the nature of the federal union and, thereby, different relations and balances of power between the federal government and the constituent states. Contested issues over persons and places at the opening of the twenty-first century suggest that a new era of federalism might be emerging on the horizon.

Ronald L. Watts, **Federal Evolution: The Canadian Experience,** pp. 157–176.

While still operating under the Constitution Act of 1867, which established a relatively centralized federation, Canada has undergone a constant evolution of its structure and practices to become one of the world's most decentralized federations. Little of this has occurred through constitutional amendment, but rather through political processes and adaptation, particularly the pragmatic development of intergovernmental practices to accommodate internal economic, social and political diversity. Key factors have been Quebec's distinctiveness, the strength of regional differences in other provinces, and more recently the rising political consciousness of Aboriginal peoples. Countering this have been pressures to ensure non-territorially differentiated citizens' rights and social benefits. After three decades of unsuccessful efforts at mega-constitutional reform, the political focus has returned to pragmatic intergovernmental collaboration. In the face of changing internal and external conditions, the Canadian federation continues to evolve.

Edgar Grande, **Party Systems and Federalism – Institutional Structures and Political Dynamics in Comparative Perspective,** pp. 179–212.

Comparing the six "classical" federal states – Australia, Germany, Canada, Austria, Switzerland, and the United States – the article deals with the interplay between party systems and federalism. First, a two-dimensional scheme of the evolutionary dynamics of federal systems is presented as an analytical framework. Then, party systems and institutional structures of federalism are analyzed in a comparative perspective. Thereafter, different configurations of party systems and federalism are elaborated. The main argument is that these configurations explain the specific functioning and the dynamics of federal systems.

Klaus Armingeon, **Associational Systems and Federalism. A Comparative Analysis,** pp. 213–233.

The article analyzes the heterogeneity of associational systems across OECD countries. It focuses on the question whether state structure and associational systems are congruent, that is, whether differences among unitary and federal states result also in different structures of societal interest intermediation. Based on the World Value Surveys, 1981–1997, the answer modifies the structural hypothesis. In non-unitary countries, regional differences are pronounced, in unitary countries, they are less so. The associational systems of those federal countries which do not aim at an equality of living standards in the different regions resemble those of unitary countries more than those of federal states which do not.

Ferdinand Karlhofer, **Social Partnership in Federal Systems. Comparing Germany, Austria and Switzerland, pp. 234–252.**

Regional associational systems and regional governance by social partnership have long been neglected in the study of corporatism. However, since the crisis of Keynesian policies the question whether regions might serve as arenas for resolving certain structural problem has gained in prominence. In a comparison of three countries (Germany, Austria, Switzerland), first a typology of the associational systems is developed and then changes of these systems towards decentralization are presented. Thereafter the impact of European integration for regional social partnership is explored. Finally, the contribution of regional meso-corporatism to the stability of the macro-level is highlighted: In case that national modes of governance are extended to the regional level, these meso-level arrangements have a stabilizing impact, in case that regional social partnerships emerge in competition to national interest intermediation tensions arise which tend to weaken macro-level arrangements.

Rainer-Olaf Schultze / Tanja Zinterer, **Federalism and the Change of Regional Interest Conflicts: Five Cases, pp. 253–276.**

Regional interest conflicts in federal states and the ways of resolving them are shaped by societal factors and their historical change on the one hand, and their own path dependency on the other. The article argues that globalization and supranationalism endanger the capacity of federal institutional arrangements to resolve regional interest conflicts and necessitate structural reforms of institutional arrangements and state-society relations. The first section presents the relation between regional disparities and federal arrangements. The second section illustrates the historical evolution of five typical federal arrangements and their dependence on regional conflict structures. Thereafter, processes of de- and re-bordering are analyzed.

Josef Schmid, **Social Policy and Welfare State in Federal Countries, pp. 279–305.**

Federalism is often considered to be a countervailing force to the extension of social policies and welfare states. However, the results of international comparative studies are ambiguous and mostly based on relatively simple research designs. Furthermore, there are important empirical and theoretical arguments to the contrary. This article analyzes the German case. First, constitutional and political powers of the federal level and of the states (Länder) in social policy and their consequences are described. Then, the political dynamics among the different levels are analyzed to arrive at a more realistic picture of the capacities and problems of a "fragmented welfare state" (Paul Pierson) or a "social federal state".

Peter Knoepfel, **Regulatory Policy in Federal States – the Example of Environmental Policy,** pp. 306–332.

The article argues that environmental policy in the Swiss federal system is highly shaped by the institutional logic of administrative federalism which differs in many respects from that of sectoral policy-making. The federal logic always predominates when initially broad environmental movements or opposing economic interest groups finally agree to compromise. This peace-creating effect of administrative federalism should grow weaker in the future. In environmental policy new elites have formed, which differ greatly from the (local and rural) administrative elites in the federal system. Reforms of federalism aiming at sorting out the competencies will increase these tensions because the impact of new environmental policies depend to a great deal on vertically linked multi-level governance arrangements.

Dietmar Braun, **Public Finance and Macro-economic Governance in Federal States,** pp. 333–362.

The article analyzes the impact of federalism on macro-economic stabilization through fiscal policies. Accordingly, financial arrangements of federal countries and of their intergovernmental relations are compared. Federalism may have a detrimental impact on these policies but this is usually kept under control by various mechanisms. While the main mechanism in 'competitive' federalism is 'conditional co-operation' between federal and regional governments, it is 'unconditional co-operation' in co-operative federalism. Conditional co-operation allows for solutions acceptable to governments at both levels which are, nonetheless, unstable. Unconditional co-operation results in expensive compensatory payments if the federal level wishes to conduct effective stabilization policies. But these solutions are relatively stable.

Tanja A. Börzel, **Federal States in a Borderless World: Competition Among Regions or Joint Governance Beyond the Nation State?,** pp. 363–388.

Globalization and Europeanization are often considered as processes of de-bordering which put into question the territorial differentiation of political systems and therefore also federalism as such. In contrast, this article shows that these processes trigger political and economic dynamics that have a contradictory impact on federal systems. While the former requires more competition among territorial units the latter generates strong incentives for co-operation among governments at different levels which counteract tendencies of decentralization and intergovernmental competition. Comparative case studies of four federal states in the EU illustrate that not only reform blockades and the persistence of formal institutions but also the evolution of governance beyond the nation state prevent competitive federalism to emerge.

Arthur Benz, **Lessons from Historical and Comparative Analyses – Propositions on the Current Discussion on Federalism,** pp. 391–403.

Focusing on the current discussion on the reform of federalism in Germany, the most important results of the volume at hand are summarized in twelve theses. The presented findings of historical and comparative research do not support the model of competitive federalism favored by economic theory. On the other hand, existing structures of the federal system provide opportunities for intergovernmental competition. However, one should carefully consider the conditions of functioning competition.

Verzeichnis der Autorinnen und Autoren

Herausgeber:
Arthur Benz, Prof. Dr., FernUniversität Hagen, Institut für Politikwissenschaft
Gerhard Lehmbruch, Prof. Dr. em., Universität Konstanz, Fachbereich Politik- und Verwaltungswissenschaft

Autorinnen und Autoren:
Armingeon, Klaus, Prof. Dr., Universität Bern, Institut für Politikwissenschaft
Börzel, Tanja A., Dr., Humboldt-Universität zu Berlin, Institut für Sozialwissenschaften
Braun, Dietmar, Prof. Dr., Université de Lausanne, Institut d' Etudes Politiques et Internationales
Grande, Edgar, Prof. Dr., Technische Universität München, Institut für Sozialwissenschaften, Lehrstuhl für Politische Wissenschaft
Karlhofer, Ferdinand, Prof. Dr., Universität Innsbruck, Institut für Politikwissenschaft
Kincaid, John, Prof. Dr., Robert B. and Helen S. Meyner Professor of Government and Public Service and Director, Meyner Center of State & Local Government, Lafayette College, Easton/PA
Knoepfel, Peter, Prof. Dr., Institut De Hautes Etudes en Administration Publique, Chavannes-près-Renens
Neidhart, Leonhard, Prof. Dr. em., Universität Konstanz, Fachbereich Politik- und Verwaltungswissenschaft
Schmid, Josef, Prof. Dr., Universität Tübingen, Institut für Politikwissenschaft
Schultze, Rainer-Olaf, Prof. Dr., Institut für Kanada-Studien, Universität Augsburg
Watts, Ronald L., Prof. Dr. em., Institute of Intergovernmental Relations, Queen's University Kingston, Ontario
Zinterer, Tanja, M.A., Institut für Kanada-Studien, Universität Augsburg

AUS DEM PROGRAMM

Politikwissenschaft

Joachim Jens Hesse, Thomas Ellwein
Das Regierungssystem der Bundesrepublik Deutschland
Band 1: Text, Band 2: Materialien
8., völlig neubearb. und erw. Aufl. 1997. 1.400 S.
Br. € 49,00
ISBN 3-531-13124-9
Geb. € 74,00
ISBN 3-531-13125-7

Das Standardwerk über das Regierungssystem der Bundesrepublik Deutschland wurde für die achte Auflage umfassend überarbeitet und auf den neuesten Stand gebracht. Allgemein verständlich geschrieben, vereint das Lehrbuch die Vorzüge einer kompakten Gesamtdarstellung mit denen eines Handbuchs und Nachschlagewerkes.

Klaus von Beyme
Das politische System der Bundesrepublik Deutschland
Eine Einführung
9., neu bearb. und akt. Aufl. 1999. 475 S. Br. € 14,90
ISBN 3-531-13426-4

Der seit vielen Jahren in Lehre und Studium bewährte Band ist vor allem dem schwierigen Prozess der deutschen Einigung gewidmet. Außen- und innenpolitische Hindernisse des Prozesses werden dargestellt. Die Schwierigkeiten des Zusammenwachsens von Ost- und Westdeutschland werden mit der Analyse der Institutionen – Parteien, Bundestag, Regierung, Verwaltung, Verfassungsgerichtsbarkeit und Föderalismus – und der politischen Prozesse – Wahlverhalten, Legitimierung des Systems, Durchsetzung organisierter Interessen und Führungsauslese – verknüpft.

Bernhard Schreyer, Manfred Schwarzmeier
Grundkurs Politikwissenschaft:
Studium der Politischen Systeme
Eine studienorientierte Einführung
2000. 243 S. Br. € 17,00
ISBN 3-531-13481-7

Konzipiert als studienorientierte Einführung, richtet sich diese Einführung in erster Linie an die Zielgruppe der Studienanfänger. Auf der Grundlage eines politikwissenschaftlichen Systemmodells werden alle wichtigen Bereiche eines politischen Systems dargestellt. Im Anhang werden die wichtigsten Begriffe in einem Glossar zusammengestellt. Ein Sach- und Personenregister sowie ein ausführliches allgemeines Literaturverzeichnis runden das Werk ab.

www.westdeutschervlg.de

Abraham-Lincoln-Str. 46
65189 Wiesbaden
Tel. 0611. 78 78 - 285
Fax. 06 11. 78 78 - 400

Erhältlich im Buchhandel oder beim Verlag.
Änderungen vorbehalten. Stand: April 2002.

Westdeutscher Verlag

AUS DEM PROGRAMM

Politikwissenschaft

Martin Greiffenhagen, Sylvia Greiffenhagen (Hrsg.)
Handwörterbuch zur politischen Kultur der Bundesrepublik Deutschland
2., völlig überarb. Aufl. 2002. 674 S. Geb. ca. € 43,90
ISBN 3-531-13209-1

Dieses Werk stellt den Wissensstand zum Thema politische Kultur in ca. 120 Stichwörtern umfassend, aktuell und gut verständlich dar. Dieses Handwörterbuch vermittelt Grundwissen über die politische Kultur Deutschlands: ihre Geschichte; ihre institutionellen, sozialen und ökonomischen Bedingungen; die Einstellungen, Werthaltungen und Verhaltensprofile ihrer Bürger. Dabei werden die Entwicklungen seit der Vereinigung Deutschland besonders berücksichtigt. Zugleich informiert das Werk über Theorien und Methoden der politischen Kulturforschung.

Karl-Rudolf Korte (Hrsg.)
„Das Wort hat der Herr Bundeskanzler"
Die großen Regierungserklärungen von Adenauer bis Schröder
2002. ca. 460 S. Br. ca. € 39,00
ISBN 3-531-13695-X

Regierungserklärungen sind ein wichtiges und wirksames Instrument des Regierungshandelns und der Orientierung der Öffentlichkeit. In diesem Sammelband wird dieses Instrument anhand der großen Antrittsreden aller Kanzler erstmals umfassend (politische Situation, Entstehung, Wirkung usw.) untersucht. Die Texte der Regierungserklärungen sind als Anhang zum Buch beigefügt.

Udo Kempf, Hans-Georg Merz (Hrsg.)
Kanzler und Minister 1949 - 1998
Biographisches Lexikon der deutschen Bundesregierungen
2001. IV, 859 S. Geb. € 49,00
ISBN 3-531-13407-8

Dieses Lexikon behandelt erstmals biografisch alle Kanzler und Bundesminister der Bundesrepublik Deutschland von 1949-1998. In ausführlichen Einzelartikeln werden der berufliche und politische Lebensweg der Politiker, die wichtigen politischen Leistungen sowie die bleibenden Resultate ihrer Politik dargestellt und gewürdigt. Insgesamt entsteht so ein lebendiges Gesamtbild der Politik und einzelner Politikfelder in der Bundesrepublik.

www.westdeutschervlg.de

Erhältlich im Buchhandel oder beim Verlag.
Änderungen vorbehalten. Stand: April 2002.

Abraham-Lincoln-Str. 46
65189 Wiesbaden
Tel. 06 11. 78 78 - 285
Fax. 06 11. 78 78 - 400

Westdeutscher Verlag

GPSR Compliance

The European Union's (EU) General Product Safety Regulation (GPSR) is a set of rules that requires consumer products to be safe and our obligations to ensure this.

If you have any concerns about our products, you can contact us on

ProductSafety@springernature.com

In case Publisher is established outside the EU, the EU authorized representative is:

Springer Nature Customer Service Center GmbH
Europaplatz 3
69115 Heidelberg, Germany